Handelsgesetzbuch

vom 10. Mai 1897.

Handelsgesetzbuch

vom 10. Mai 1897.

Mit Erläuterungen

von

O. Rudorff,

Rath am Hanseatischen Oberlandesgerichte.

Stuttgart.

Verlag von Ferdinand Enke.

1898.

Druck der Union Deutsche Verlagsgesellschaft in Stuttgart.

Vorwort.

Das Allgemeine deutsche Handelsgesetzbuch hat seit lange als eins der vorzüglichsten Gesetze gegolten, dessen sich das deutsche Volk zu erfreuen hat. Die Bearbeitung desselben, welche am 1. Januar 1900 ganz in Kraft treten wird, bestätigt das. Denn abgesehen von einzelnen Aenderungen der Auffassung und des Inhalts läßt sich diese Bearbeitung als eine wesentlich redaktionelle bezeichnen. Vor Allem war das Handelsgesetzbuch mit dem Bürgerlichen Gesetzbuche in Uebereinstimmung zu bringen, und es bekundet wieder die bewährte Vorzüglichkeit des alten Gesetzbuches, daß ein Theil seiner Grundsätze in jenem Aufnahme fand. Mir kam es bei der jetzigen Ausgabe des Handelsgesetzbuches für das Deutsche Reich hauptsächlich darauf an, durch Vergleichung einerseits mit dem alten Recht, andererseits mit dem Bürgerlichen Gesetzbuch das Neue und Besondere hervorzuheben und unter umfassender Benutzung der Rechtsprechung für die Praxis ein leicht brauchbares Buch zu liefern, das zu rascher Uebersicht des neuen Stoffes verhilft. Hoffentlich ist mir das gelungen und erfüllt das Buch seinen Zweck.

Hamburg, August 1898.

Otto Rudorff.

Inhaltsübersicht.

Erstes Buch.

Handelsstand.

Zweites Buch.

Handelsgesellschaften und stille Gesellschaft.

Drittes Buch.

Handelsgeschäfte.

Abkürzungen.

AG.: Aktiengesellschaft.
BGB.: Bürgerliches Gesetzbuch.
CPO.: Civilprozeßordnung.
D.: Denkschrift zum Entwurfe eines HGB.
EG.: Einführungsgesetz.
GO.: Gewerbeordnung.
HG.: Handelsgesellschaft.
HGB.: Handelsgesetzbuch.
KG.: Kommanditgesellschaft.
KGE.: Kammergerichtsentscheidung.
KO.: Konkursordnung.
m. b. H.: mit beschränkter Haftung.
o. HG.: offene Handelsgesellschaft.
ö.: öffentlich.
RG.: Reichsgerichtsentscheidung.
RG.Str.: desgleichen in Strafsachen.
StrGB.: Strafgesetzbuch.
J.W.: Juristische Wochenschrift.

Erstes Buch.

Handelsstand.

Erster Abschnitt.

Kaufleute.

§ 1.

Kaufmann im Sinne dieses Gesetzbuchs ist, wer ein Handelsgewerbe betreibt.

Als Handelsgewerbe gilt jeder Gewerbebetrieb, der eine der nachstehend bezeichneten Arten von Geschäften zum Gegenstande hat:

1. die Anschaffung und Weiterveräußerung von beweglichen Sachen (Waaren) oder Werthpapieren, ohne Unterschied, ob die Waaren unverändert oder nach einer Bearbeitung oder Verarbeitung weiter veräußert werden;
2. die Uebernahme der Bearbeitung oder Verarbeitung von Waaren für Andere, sofern der Betrieb über den Umfang des Handwerks hinausgeht;
3. die Uebernahme von Versicherungen gegen Prämie;
4. die Bankier- und Geldwechslergeschäfte;
5. die Uebernahme der Beförderung von Gütern oder Reisenden zur See, die Geschäfte der Frachtführer oder der zur Beförderung von Personen zu Lande oder auf Binnengewässern bestimmten Anstalten sowie die Geschäfte der Schleppschiffahrtsunternehmer;

Publizirt 10. Mai 1897. RGBl. 1897 Nr. 23 S. 19. Gesetzeskraft gleichzeitig mit BGB.; der 6. Abschn. von Buch I außer § 65 ist jedoch mit 1. Januar 1898 in Kraft getreten; auch der 7. Abschn. kann durch Kaiserl. Verordnung früher in Kraft gesetzt werden: EG. Art. 1. — Subsidiäre Geltung des BGB. in Handelssachen: EG. Art. 2.

6. die Geschäfte der Kommissionäre, der Spediteure oder der Lagerhalter;
7. die Geschäfte der Handlungsagenten oder der Handelsmäkler;
8. die Verlagsgeschäfte sowie die sonstigen Geschäfte des Buch- oder Kunsthandels;
9. die Geschäfte der Druckereien, sofern ihr Betrieb über den Umfang des Handwerks hinausgeht.

Erstes Buch. Handelsstand; zerfällt in 8 Abschnitte.

Erster Abschnitt. Kaufleute: §§ 1—7. Daß die HG., von denen das zweite Buch handelt, und auf welches nach § 6 die Vorschriften über Kaufleute auch gelten, zum Handelsstande gehören, ist ebenso klar, wie daß lediglich die Form es verbot, sie in oder neben dem ersten Abschnitt aufzunehmen. — Grundsätzliche Abweichungen vom bisherigen Rechte sind die Aufgabe des Begriffs „Handelsgeschäfte" als Grundlage des Kaufmannsbegriffs und dessen volksthümliche Anknüpfung an das Handelsgewerbe (§ 1), sodann die Einführung des Registerkaufmanns (§§ 2, 5) und die Behandlung des Nebengewerbes im land- und forstwirthschaftlichen Betriebe (§ 3).

§ 1. **Kaufmann.** (Art. 4, I 1, II 1.) „Im Sinne dieses Gesetzbuches": vgl. GVG. § 101 [1], § 103; Genoss.Ges. § 17 Abs. 2; dagegen BGB. § 196 [1]; „Kaufmann ... ist": ganz objektiv; subjektiv wird nur Rechtsfähigkeit (BGB. § 1, Buch I Abschn. 1) vorausgesetzt, vgl. RG. 13 S. 152 (Kridar); Bolze 4 Nr. 1230; 13 Nr. 658; ROHG. 11 S. 343, 387, 17 S. 169, 19 S. 37. HG.: § 6; AG.: § 210 Abs. 2; Genoss.Ges. § 17 Abs. 2. „Daß Alles, was in dem Gesetzbuche über Kaufleute gesagt ist, auch für Frauen gilt, die ein Handelsgewerbe betreiben, versteht sich von selbst"; vgl. EG. Art. 4 u. 14 III, IV; aber auch BGB. §§ 1354, 1395 ff., 1405, 1412, 1442 f., 1452, 1459 ff., 1530 ff., 1549. — Handelsgewerbe (früher: „gewerbsmäßig Handelsgeschäfte": ROHG. 14 S. 117; vgl. Abs. 2, s. aber auch §§ 2, 3); setzt Betrieb, d. h. auf Wiederholung derselben Art von Geschäften gerichteten Willen mit Gewinnabsicht (J.W. 23 S. 19; 25 S. 701) voraus; sonstige Motive sind gleichgültig: ROHG. 5 S. 210; Busch Arch. 12 S. 180; Seuff. Arch. 48 S. 66; im Gegensatz zu bloß gelegentlichem Abschluß: ROHG 14 S. 118; RG. 37 S. 20; Bolze 2 Nr. 712 und bloß gewohnheitsmäßigem Handeln; vgl. ROHG. 13 S. 310, 15 S. 252, 22 S. 386; gleichgültig ist auch, ob der Gewerbebetrieb heimlich oder öffentlich ist, s. aber ROHG. 22 S. 303.

Abs. 2. Nr. 1, 3, 5: d. h. die früher sog. absoluten Handelsgeschäfte des Art. 271; ferner Nr. 2, 4, 6, 8, 9: d. h. die früher sog. relativen Handelsgeschäfte des Art. 272, und endlich Nr. 7 sind jetzt im Sinne des § 343 sämmtlich absolute Handelsgeschäfte; ohne Unterschied, ob sie prinzipaler (Grundgeschäfte: Abs. 2) oder accessorischer Gegenstand des Gewerbebetriebs sind.

Nr. 1: Spekulationskauf und -Verkauf; entgegen Art. 271 Nr. 1, 2 „genügt die Kennzeichnung der auf den Umsatz gerichteten Geschäfte in ihrer Gesammtheit" (Mot.). — Anschaffung: jedes auf den Erwerb von Eigenthum gerichtete entgeltliche Vertragsgeschäft: RGPl. 31 S. 17; nicht die Aktienübernahme bei der Einheitsgründung: RGPl. 31 S. 17, 20, dagegen bei der Zeichnungsgründung: RG. 26 S. 50; bei Konvertirungsgeschäften: RG. 24 S. 108, 20 S. 10, 27 S. 50, 21 S. 32 (Umwandlung in Stamm-Pr.); dagegen ist es jedenfalls ein Anschaffungsgeschäft, wenn nach der Aktienübernahme durch die Gründergesellschaft diese einen Unterkonsortialvertrag abschließt (RG. 26 S. 46); keine Anschaffungsgeschäfte sind ursprüngliche Erwerbe, liberale Erwerbe oder solche von Todeswegen: RGPl. 31 S. 17, daher sind auch jetzt noch die Bearbeitung *eigener* Produkte in Bergbau, Ziegelei, Steinbruch u. s. w. (ROHG. 9 S. 189, 13 S. 385, 14 S. 117, 15 S. 237, 16 S. 380; RG. 6 S. 9, 16 S. 265; Bolze 8 Nr. 314, 13 Nr. 260) keine Grundgeschäfte nach § 1, sondern entweder gewerbliche Unternehmen des § 2 oder Nebengewerbe des § 3; — *und Weiterveräußerung* (nicht: und *die* Weiterveräußerung, sondern dem Sinne nach dasselbe, was früher in Nr. 1 mit den Worten: zum Zwecke der Weiterveräußerung und unter Nr. 2 mit den Worten „zu diesem Zwecke anschafft" ausgedrückt war, d. h. bei einem auf Anschaffung und Veräußerung gerichteten Gewerbebetriebe, jede dieser beiden Seiten desselben; vgl. ROHG. 8 S. 47, 11 S. 241, 14 S. 188, 265; Weiterveräußerung ist *entgeltliche* Uebertragung des Eigenthums (ROHG. 22 S. 329) der *angeschafften* Sachen; — „*Werthpapiere*": „auch Wechsel, Checks und ähnliche Papiere gehören hierher" (Mot.); — *nach einer Bearbeitung oder Verarbeitung*: vgl. ROHG. 7 S. 240; Busch 21 S. 358; z. B. auch Brutanstalten (über Verbauung und Bauunternehmer vgl. ROHG. 11 S. 329, 13 S. 343, 15 S. 257; RG. 14 S. 231; Str. 18 S. 363; Bolze 6 Nr. 631, 7 Nr. 365).

Nr. 2: Art. 271^1, z. B. Färbereien, Bleichen, Reinigungsanstalten u. A.: ROHG. 1 S. 132; RG.Str. 22 S. 271. — Handwerk: s. § 4 Abs. 1.

Nr. 3: Art. 271^3, ROHG. 5 S. 12, 335; auch Lebensversicherung. — Gegensatz: Versicherung auf Gegenseitigkeit: ROHG. 4 S. 199; RG. 14 S. 237, 28 S. 313, „die Einreihung der Gegenseitigkeitsgesellschaften unter die Kaufleute ist der gesetzlichen Regelung des Versicherungsrechts vorbehalten".

Nr. 4: Art. 272^2, *nicht* aber gewerbsmäßiges Ausleihen nur eigenen Geldes: ROHG. 24 S. 35, auch nicht der Vorschußvereine an ihre Mitglieder: ROHG. 5 S. 209; auch Ausleihen gegen Hypothek ROHG. 1 S. 217; Depotgeschäft: RG. 21 S. 34.

Nr. 5: Art. 271^4 u. 272^3, „Darleihen gegen Verbodmung" ist ausgeschieden, da es als Gegenstand eines selbständigen Gewerbebetriebes nicht vorkommt; *zur See*: von Gütern: §§ 556—663, von Reisenden: §§ 664—678; *Frachtführer*: §§ 425—452, nicht der Reichs- u. Staats-Postverwaltungen: § 452; *zu Lande*: Eisenbahnen: §§ 453—473; Post: RGes. über das Postwesen v. 28. Oktober 1871 §§ 11 ff., §§ 16—26, 29 ff., § 50 Nr. 8 u. 10; Postreglement v. 30. November 1871, Postordnung v. 11. Juni 1892 (C.Bl. f. d. d. R. S. 428 ff.); *Binnengewässer*: Ges. betr. d. privatrechtlichen Verhältnisse der Binnenschiffahrt v. 15. Juni 1895 u. EG. Art. 12; *Fiskus* als Frachtführer: ROHG. 3 S. 405, 12 S. 311, 15 S. 25, 28 S. 11; RG. 20 S. 122. — Vgl. auch § 4.

Nr. 6: Art. 272^3; Kommissionäre: §§ 383—406; Spediteure: §§ 407—415; Lagerhalter: §§ 416—424.

Nr. 7: nicht wie in Art. 272^4 „die Vermittelung oder Abschließung von *Handelsgeschäften* für andere Personen": ROHG. 7 S. 301, 23 S. 20; sonst würde zufolge § 343 wohl die gewerbsmäßige Vermittelung von Geschäften, die zum Gewerbebetriebe eines Kaufmanns gehören, nicht aber von Geschäften für Nichtkaufleute z. B. von Miethverträgen, Auktionen u. A., für den Vermittler die Eigenschaft als Kaufmann begründen (Mot.). *Handlungsagenten*: §§ 84—92; *Handelsmäkler*: §§ 93—104.

Nr. 8: Art. 272^5, vgl. RG. 5 S. 67; auch der Selbstverlag, der Kommissionsverlag: ROHG. 23 S. 251; nicht Leihbibliotheken: ROHG. 23 S. 400, s. aber § 2.

Nr. 9: Art. 272^5; Handwerk: s. § 4 Abs. 1.

§ 2.

Ein gewerbliches Unternehmen, das nach Art und Umfang einen in kaufmännischer Weise eingerichteten Geschäftsbetrieb erfordert, gilt, auch wenn die Voraussetzungen des § 1 Abs. 2 nicht vorliegen, als Handelsgewerbe im Sinne dieses Gesetzbuchs, sofern die Firma des Unternehmers in das Handelsregister eingetragen worden ist. Der Unternehmer ist verpflichtet, die Eintragung nach den für die Eintragung kaufmännischer Firmen geltenden Vorschriften herbeizuführen.

§ 2. **Registerkaufmann.** (Neu; I 2, II 2.) „Gewerbliches Unternehmen" unter Ausschluß einerseits von „gemeinnützigen Anstalten wie Sparkassen, landschaftlichen Kreditinstituten u. dgl. m.", andererseits der „Ausübung der Kunst, der Rechtsanwaltschaft, des ärztlichen Berufs u. s. w." (Mot.). Insbesondere gehören hierher die kaufmännischen Immobiliargeschäftsbetriebe; — wegen Land- und Forstwirthschaft s. § 3, wegen Bergwerksgesellschaften EG. Art. 5. Ob die Handelsgärtnerei ein kaufmännisches Unternehmen darstellt oder nicht, richtet sich nach der Lage des einzelnen Falles. — Gleichgültig, ob das Unternehmen von Einzelnen betrieben wird oder von Mehreren, die sich dazu „auf Grund eines Gesellschaftsverhältnisses vereinigen", in letztem Falle entsteht, vorbehältlich § 4 Abs. 2, mit der Eintragung (§ 13) eine offene HG. (§ 105) oder KG. (§ 161), in Betreff deren dann weiter §§ 106 ff., 162 zu beachten sind; wegen der AG. s. §§ 210 Abs. 2, 200; — „erfordert": die Voraussetzung ist von Amtswegen zu prüfen, und wird für die eingetragene Firma durch die Eintragung rechtskräftig festgestellt: § 5.

Satz 2: Vgl. §§ 14, 22 ff., 106 ff., 162; über Rechtsverhältnisse einer gesellschaftlichen Unternehmung vor der Eintragung vgl. die nach §§ 123 Abs. 2, 161 Abs. 2 maßgebenden Vorschriften in BGB. §§ 705 ff.; bei der AG. §§ 210 Abs. 2, 200.

§ 3.

Auf den Betrieb der Land- und Forstwirthschaft finden die Vorschriften der §§ 1, 2 keine Anwendung.

Ist mit dem Betriebe der Land- oder Forstwirthschaft ein Unternehmen verbunden, das nur ein Nebengewerbe des land- oder forstwirthschaftlichen Betriebs darstellt, so findet auf dieses der § 2 mit der Maßgabe Anwendung, daß der Unternehmer berechtigt, aber nicht verpflichtet ist, die Eintragung in das Handelsregister herbeizuführen; werden in dem Nebengewerbe Geschäfte der im § 1 bezeichneten Art geschlossen, so gilt der Betrieb dessenungeachtet nur dann als Handelsgewerbe, wenn der Unternehmer von der Befugniß, seine Firma gemäß § 2 in das Handelsregister eintragen zu lassen, Gebrauch gemacht hat. Ist die Eintragung erfolgt, so findet eine Löschung der Firma nur nach den allgemeinen Vorschriften statt, welche für die Löschung kaufmännischer Firmen gelten.

§ 3. **Land- und forstwirthschaftliche Betriebe.** (Neu; I 3, II 3.)

Abs. 1. Wenn eine AG. aber vor der Eintragung Land- oder Forstwirtschaft betreibt, so ist sie HG. nach § 210 Abs. 2, und § 6 findet Anwendung.

Abs. 2. Land- und forstwirthschaftliche Nebengewerbe sind z. B. Molkerei, Handelsgärtnerei (s. zu § 2), Brennerei u. s. w. Die Voraussetzungen der Eintragsberechtigung sind zu prüfen wie die der Eintragsverpflichtung.

Satz 2 bezieht sich auf den ganzen ersten Satz, nicht bloß auf Grundgeschäfte. „Wird die nach § 3 eingetragene Firma zu Unrecht gelöscht, so behält gleichwohl das Unternehmen die einmal begründete Eigenschaft eines Handelsgewerbes, so lange die in § 2 bezeichneten sachlichen Voraussetzungen in Ansehung der Art und des Umfangs des Betriebes fortbestehen" (D.); wie früher der Markenschutz nicht durch versehentliche Löschung der Firma berührt wurde (RG. 20 S. 167).

§ 4.

Die Vorschriften über die Firmen, die Handelsbücher und die Prokura finden auf Handwerker sowie auf Personen, deren Gewerbebetrieb nicht über den Umfang des Kleingewerbes hinausgeht, keine Anwendung.

Durch eine Vereinigung zum Betrieb eines Gewerbes, auf welches die bezeichneten Vorschriften keine Anwendung finden, kann eine offene Handelsgesellschaft oder eine Kommanditgesellschaft nicht begründet werden.

Die Landesregierungen sind befugt, Bestimmungen zu erlassen, durch welche die Grenze des Kleingewerbes auf der Grundlage der nach dem Geschäftsumfange bemessenen Steuerpflicht oder in Ermangelung einer solchen Besteuerung nach anderen Merkmalen näher festgesetzt wird.

§ 4. **Minderkaufleute.** (Art. 10, I 4, II 4.) Vgl. RG.Str. 4 S. 120, 281; 20 S. 168, 307, 22 S. 311, 25 S. 3 ff.; Seuff. Arch. 50 S. 52 ff. Vorschriften über die Firmen: §§ 17 ff.; Handelsbücher: §§ 38 ff.; Prokura: §§ 48 ff.; vgl. ROHG. 7 S. 237. Sonstige Besonderheiten s. in § 351. Auch die Pflichten der Handelsmäkler werden durch den Kleinverkehr beeinflußt: § 104. — Handwerker: RG.Str. 5 S. 489, 8 S. 147; dagegen 21 S. 209; Bolze 6 Nr. 346; Goldschm. 34 S. 561; ROHG. 7 S. 240. Nicht gemeint sein können die Gewerbetreibenden der Nr. 2 u. 9 des § 1, deren Betrieb über den Umfang des Handwerks nicht hinausgeht; denn ihr Gewerbebetrieb gilt zufolge § 1 überhaupt nicht als Handelsgewerbe, sie sind also überhaupt nicht Kaufleute; sondern gemeint können nur Handwerkerkaufleute nach § 1 Nr. 1 und allenfalls Nr. 5 sein. Ein Antrag: „auf Handwerker" zu streichen, wurde in der Komm. mit der Erwägung abgelehnt, „auch der im Großen betriebene Handwerksbetrieb eigne sich nicht für die vollen Rechte und Pflichten des Kaufmanns". Allein die Kaufleute nach § 1 Nr. 2 u. 9 sind nicht etwa „Handwerker im Großen".

Bäcker: ROHG. 4 S. 240; Brauer: das. 12 S. 97; Gerber: das. 2 S. 442; Müller: das. 11 S. 241; Schneider: das. S. 237; Tischler: RG. 20 S. 127; in Betreff der Wirthe (vgl. J.W. 23 S. 123) ist jetzt auch „nur die Scheidung zwischen Groß- und Kleingewerbe maßgebend" (Mot.). Die nach den EG. einzelner Staaten geltenden Sondervorschriften über weitere Klassen von Kaufleuten minderen Rechts sind nicht aufrecht erhalten; wegen sonstiger gesetzlicher Abgrenzung des Kleingewerbes s. Abs. 3; über das Firmenrecht der Minderkaufleute vgl. ROHG. 2 S. 243, 22 S. 71; RG. 12 S. 10, 15 S. 33, 17 S. 96; Bolze 2 Nr. 989, 3 Nr. 232; Goldschm. 34 S. 566; EG. Art. 9.

Abs. 2: wohl eine stille Gesellschaft: § 335; vgl. RG. 9 S. 80; ROHG. 2 S. 423.

§ 5.

Ist eine Firma im Handelsregister eingetragen, so kann gegenüber demjenigen, welcher sich auf die Eintragung beruft, nicht geltend gemacht werden, daß das unter der Firma betriebene Gewerbe kein Handelsgewerbe sei oder daß es zu den im § 4 Abs. 1 bezeichneten Betrieben gehöre.

§ 5. (Neu; I 5, II 5.) Vgl. § 15 Abs. 2. — Zufolge § 6 Abs. 1 gilt der Grundsatz für Gesellschaftsfirmen wie für Firmen der Einzelkaufleute. „Der Eintragung einer Firma in das HR. wird demnach hinsichtlich der privatrechtlichen Verhältnisse des Unternehmers eine den Prozeßrichter bindende Wirkung beigelegt"; — Kehrseite: § 16; — (anders für den Strafrichter), während Entw. I den Grundsatz in § 111 Abs. 4 allgemein aussprach. Nach Löschung der Firma kann die Wirkung für die Folgezeit nicht mehr geltend gemacht werden, es sei denn die Löschung zu Unrecht erfolgt, s. zu § 3. — Vgl. wegen der Eintragung in das Güterrechtsregister EG. Art. 4.

§ 6.

Die in Betreff der Kaufleute gegebenen Vorschriften finden auch auf die Handelsgesellschaften Anwendung.

Die Rechte und Pflichten eines Vereins, dem das Gesetz ohne Rücksicht auf den Gegenstand des Unternehmens die Eigenschaft eines Kaufmanns beilegt, werden durch die Vorschrift des § 4 Abs. 1 nicht berührt.

§ 6. (Abs. 1: Art. 5 Abs. 1, I 4, II 6.) HG. außer AG. und KG. auf Aktien (§§ 210 Abs. 2, 320 Abs. 3) setzen den Betrieb eines Handelsgewerbes voraus: §§ 105, 161. Siehe wegen der der Eintragungspflicht nicht unterworfenen Reichsbank: R.Bankges. v. 14. März 1875 § 66.

Abs. 2. (I 5 Abs. 3, II 4 Abs. 3.) Vgl. z. B. Genoss.Ges. § 1 Nr. 1—7, § 17 Abs. 2.

§ 7.

Durch die Vorschriften des öffentlichen Rechtes, nach welchen die Befugniß zum Gewerbebetrieb ausgeschlossen oder von gewissen Voraussetzungen abhängig gemacht ist, wird die Anwendung der die Kaufleute betreffenden Vorschriften dieses Gesetzbuchs nicht berührt.

§ 7. (Art. 11, I 6, II 7.) Vorschriften des ö. Rechts, nicht nur gewerbepolizeiliche und -steuerliche, wie nach Art. 11, sondern insbesondere auch diejenigen über die Rechtsverhältnisse der Beamten.

Zweiter Abschnitt.

Handelsregister.

§ 8.

Das Handelsregister wird von den Gerichten geführt.

Zweiter Abschnitt. Handelsregister: §§ 8—16. Inhaltlich im Wesentlichen die alten Grundsätze, zum Theil verallgemeinert und zusammengefaßt; ganz neu ist der § 16 über das Verhältniß von Prozeß- und Registergericht. — Der Abschnitt wird ergänzt durch das Ges. über d. freiw. Gerichtsbarkeit. Vgl. ferner

EG. Art. 4 (Güterrechtsregister), Art. 8 I (Löschung), Art. 11 (Gesellsch. mit beschr. Haftung), Art. 22, 23 (Uebergangsbestimmungen). Durch EG. Art. 15 sind die im RGes. v. 15. Juni 1869 § 3 B Nr. 2 aufrecht erhaltenen landesgesetzlichen Vorschriften über Führung der HR. und Eintragungen in dieselben beseitigt, da weder das EG. sie aufrecht erhält noch das HGB. auf sie verweist. Vgl. aber § 32 u. KO. § 104.

Hinsichtlich der Bedeutung der Eintragungen war die Regel, daß sie nur öffentliche Beurkundungen von Anmeldungen sind, nicht der angemeldeten Thatsachen (anders § 32, s. auch § 15); vgl. RG. 1 S. 243, 20 S. 167; RG.Str. 18 S. 179; ROHG. 3 S. 412, 23 S. 280, 24 S. 320. Ausnahmsweise hatten die Eintragungen rechtsbegründende Kraft. Diese Ausnahmen: Entstehung der AG. (§§ 200, 209 Abs. 2, 333 Abs. 3) und der KG. auf Aktien (§ 320), Aenderung ihrer Statuten (§ 277 Abs. 3, 287 Abs. 1) sind beibehalten; hinzugekommen ist die Wirkung der Richtigkeit (§ 311) und vor Allem die Wirkung der Firmeneintragung überhaupt (§ 5), so daß die bisherige Ausnahme zur Regel geworden ist und in diesen Grenzen jetzt die Eintragung „Ungesetzliches gültig" macht.

§ 8. **Zuständigkeit.** (Art. 12 Abs. 1, I 7, II 8.) Nach dem Ges. über d. freiw. Gerichtsbarkeit, §§ 125 ff., sind die Amtsgerichte zuständig.

§ 9.

Die Einsicht des Handelsregisters sowie der zum Handelsregister eingereichten Schriftstücke ist Jedem gestattet.

Von den Eintragungen kann eine Abschrift gefordert werden; das Gleiche gilt in Ansehung der zum Handelsregister eingereichten Schriftstücke, sofern ein berechtigtes Interesse glaubhaft gemacht wird. Die Abschrift ist auf Verlangen zu beglaubigen.

Das Gericht hat auf Verlangen eine Bescheinigung darüber zu ertheilen, daß bezüglich des Gegenstandes einer Eintragung weitere Eintragungen nicht vorhanden sind oder daß eine bestimmte Eintragung nicht erfolgt ist.

§ 9. **Oeffentlichkeit.** (Art. 12 Abs. 2, I 8, II 9.) Wegen der Beschwerde s. Ges. über d. freiw. Gerichtsbarkeit §§ 19 ff.

Abs. 2. Abschriften, auch beglaubigte, der Eintragungen, nicht aber des ganzen HR., können ohne berechtigtes Interesse gefordert werden; s. aber Ges. über d. freiw. Gerichtsbarkeit § 34. — Auch die Steuerbehörden haben ein berechtigtes Interesse und daher das Recht, „sich durch Mittheilungen aus dem HR. Aufklärung über die Einlagen bestimmter, namhaft zu machender, steuerpflichtiger Personen zu verschaffen". Diese regierungsseitige Erklärung in der Komm. ist keine klare Antwort auf die angeregte und ebenfalls zu bejahende Frage, ob sie berechtigt seien, Abschriften der zum HR. eingereichten Schriftstücke zu verlangen.

Abs. 3. „Ein Recht auf Bescheinigungen über den Inhalt einer erfolgten Eintragung" erkennt das Gesetz nicht an (Mot.), ebensowenig auf allgemeine negative Bescheinigungen.

§ 10.

Das Gericht hat die Eintragungen in das Handelsregister durch den Deutschen Reichsanzeiger und durch mindestens ein anderes Blatt bekannt zu machen. Soweit das Gesetz ein Anderes vorschreibt, werden die Eintragungen ihrem ganzen Inhalte nach veröffentlicht.

Mit dem Ablaufe des Tages, an welchem das letzte der die Bekanntmachung enthaltenden Blätter erschienen ist, gilt die Bekanntmachung als erfolgt.

§ 10. **Veröffentlichung**: (Art. 13, I 9, II 10.) Vom Entwurfe gewollt (Mot.), aber nicht ausgesprochen ist nur eine je einmalige Veröffentlichung; mehrmalige Veröffentlichung sei überflüssig und veranlassen unnötige Kosten. — Man war sich in der Komm. darüber einig, „daß Eintrag und Veröffentlichung ohne jede Verzögerung erfolgen müsse, daß insbesondere eine periodische Ansammlung behufs gleichzeitiger Veröffentlichung nicht zulässig sei.

Abs. 2. Vgl. CPO. § 189; Genoff.Ges. § 167. Die so einmal erfolgte Bekanntmachung kann also durch weitere Anordnungen des Registergerichts nach Erscheinen der erstangeordneten Blätter nicht mehr berührt werden.

§ 11.

Das Gericht hat jährlich im Dezember die Blätter zu bezeichnen, in denen während des nächsten Jahres die im § 10 vorgesehenen Veröffentlichungen erfolgen sollen.

§ 11. (Art. 14, I 10, II 11.) Die bisherige Vorschrift der Veröffentlichung dieses Beschlusses ist beseitigt. Die Vorschrift ist ohne die in Aussicht genommene Mitwirkung der Reichsjustizverwaltung von wenig praktischem Werth. Keinesfalls schließt § 11 die Veröffentlichung auch in nicht bezeichneten Blättern im einzelnen Falle aus.

§ 12.

Die Anmeldungen zur Eintragung in das Handelsregister sowie die zur Aufbewahrung bei dem Gerichte bestimmten Zeichnungen von Unterschriften sind persönlich bei dem Gerichte zu bewirken oder in öffentlich beglaubigter Form einzureichen.

Die gleiche Form ist für eine Vollmacht zur Anmeldung erforderlich. Rechtsnachfolger eines Betheiligten haben die Rechtsnachfolge soweit thunlich durch öffentliche Urkunden nachzuweisen.

§ 12. **Form der Anmeldungen**. (I 11, II 12.) Vgl. Johow 14 S. 14.

Abs. 1. „Welche Behörden die ö. Beglaubigung ertheilen können, insbesondere ob nur die gerichtliche oder notarielle Beglaubigung genügt", ist nicht bestimmt; vgl. BGB. §§ 77, 560, 1154, 1155. Persönlich: Gegensatz: schriftlich, nicht: durch Bevollmächtigte; s. Abs. 2. — Einreichungen von Schriftstücken zum HR. können formlos erfolgen.

Abs. 2. Rechtsnachfolger: d. h. Erben, Vermächtnißnehmer, Käufer eines Handelsgeschäfts u. s. w. Vgl. auch §§ 16, 143 Abs. 3, 148 Abs. 1, 161 Abs. 2. — „Wenn sich nicht besondere Zweifel und Anstände ergeben, wird sich der Registerrichter im Allgemeinen mit den Erklärungen der gehörig legitimirten Betheiligten begnügen müssen", z. B. in Ermangelung besonderer Umstände nicht nachzuforschen haben, ob der Anmeldende in der That das Geschäft eröffnet oder verlegt hat (D.); s. aber Ges. über d. freiw. Gerichtsbarkeit § 12.

§ 13.

Soweit nicht in diesem Gesetzbuch ein Anderes vorgeschrieben ist, sind die Eintragungen in das Handelsregister und die hierzu erforderlichen Anmeldungen und Zeichnungen von Unterschriften sowie die sonst vorgeschriebenen Einreichungen zum Handelsregister bei jedem Registergericht, in dessen Bezirke der Inhaber der Firma eine Zweigniederlassung besitzt, in gleicher Weise wie bei dem Gerichte der Hauptniederlassung zu bewirken.

Eine Eintragung bei dem Gerichte der Zweigniederlassung findet nicht statt, bevor nachgewiesen ist, daß die Eintragung bei dem Gerichte der Hauptniederlassung geschehen ist.

Diese Vorschriften kommen auch zur Anwendung, wenn sich die Hauptniederlassung im Auslande befindet. Soweit nicht das ausländische Recht eine Abweichung erforderlich macht, haben die Anmeldungen, Zeichnungen und Eintragungen bei dem Gerichte der Zweigniederlassung in gleicher Weise zu geschehen, wie wenn sich die Hauptniederlassung im Inlande befände.

§ 13. **Zweigniederlassung.** (Art. 21, 86 Abs. 1 u. a. I 12, II 13.) Vgl. Genoss.Ges. §§ 14, 148 Abs. 2; Gesellsch.Ges. §§ 12, 76 Abs. 2.

Aus Abs. 1 folgt: 1. das Gericht am Orte der Hauptniederlassung ist das Registergericht: §§ 29, 106, 161 Abs. 2, 195, 200, 320 Abs. 3; — 2. die Anmeldungen u. s. w. sind, falls die Firma eine Zweigniederlassung hat, regelmäßig auch bei dem Registergerichte der Zweigniederlassung zu bewirken. Ausnahmen: §§ 33 Abs. 2, 207 Abs. 4, 234 Abs. 2, 265 Abs. 2, 267 Abs. 2, 296 Abs. 2, 333 Abs. 1; — 3. auch eine Zweigniederlassung im Bezirke des Registergerichts der Hauptniederlassung ist bei diesem anzumelden: § 29; bagegen ist die Pflicht zur Anmeldung anderer Zweigniederlassungen beim Hauptniederlassungsgericht weggefallen: EG. Art. 15; s. jedoch über deren Eintragung von Amtswegen: Ges. über d. freiw. Gerichtsbarkeit § 131; — 4. andere Eintragungen als die vom Gesetze (vgl. EG. Art 15) zugelassenen sind unzulässig und eventuell wirkungslos: § 15, s. v. „einzutragende Thatsache"; vgl. ROHG. 6 S. 140.

Abs. 2. Art. 21 Abs. 3, 179 Abs. 2, 212 Abs. 3.

Abs. 3. Art. 179 Abs. 3. — Vgl. auch § 201 letzter Abs. — Ist dem ausländischen Rechte die Eintragung der Hauptniederlassung unbekannt, „so wird dadurch zwar der Eintragungszwang nicht beseitigt, auf die Eintragung findet aber § 13 Abs. 2 keine Anwendung" (Mot.). Die betreffenden partikularrechtlichen Vorschriften sind beseitigt: EG. Art. 15. — Vgl. Johow und Küntzel 3 S. 11; RG. 6 S. 134, 7 S. 68; ROHG. 2 S. 36.

§ 14.

Wer verpflichtet ist, eine Anmeldung, eine Zeichnung der Unterschrift oder eine Einreichung von Schriftstücken zum Handelsregister vorzunehmen, ist hierzu von dem Registergerichte durch Ordnungsstrafen anzuhalten. Die einzelne Strafe darf den Betrag von dreihundert Mark nicht übersteigen.

§ 14. **Ordnungsstrafen.** (Art. 26, 45 Abs. 4 u. a. I 13, II 14.) Vgl. Ges. über d. freiw. Gerichtsbarkeit §§ 33, 132 ff. Verpflichtungsfälle in §§ 29, 31,

33 ff., 53, 106 ff. (offene HG.), 161 Abs. 2 (KG.), 195 ff., 201, 234, 259, 265, 267 Abs. 2, 273, 277, 280, 289, 293, 296, 304, 307 (AG.), 320 Abs. 3, 323, 327 Abs. 4, 330 Abs. 5, 333 (KG. auf Aktien). — Für den Nichtbefolgungsfall wird Wiederholung der Strafe vorausgesetzt; der Wortlaut läßt es nicht unzweifelhaft, ob Strafandrohung oder, wie bisher in Hamburg, sofortige Bestrafung der Säumigen gewollt ist. Nach dem Ges. über d. freiw. Gerichtsbarkeit § 132 zweifellos nur jene. — 300 Mark wie im BGB. § 78. — Auf Eintragungen, welche die Voraussetzung für die Wirksamkeit gewisser an sich fakultativer Rechtsakte bilden und deshalb nicht durch Strafen erzwungen werden können — vgl. §§ 319 Abs. 2, 175, 333 Abs. 1 —, findet § 14 keine Anwendung.

§ 15.

Solange eine in das Handelsregister einzutragende Thatsache nicht eingetragen und bekannt gemacht ist, kann sie von demjenigen, in dessen Angelegenheiten sie einzutragen war, einem Dritten nicht entgegengesetzt werden, es sei denn, daß sie diesem bekannt war.

Ist die Thatsache eingetragen und bekannt gemacht worden, so muß ein Dritter sie gegen sich gelten lassen, es sei denn, daß er sie weder kannte noch kennen mußte.

Für den Geschäftsverkehr mit einer in das Handelsregister eingetragenen Zweigniederlassung ist im Sinne dieser Vorschriften die Eintragung und Bekanntmachung durch das Gericht der Zweigniederlassung entscheidend.

§ 15. **Präjudiz.** (Art. 25 Abs. 2, 3, Art. 46 u. a. m.; I 14, II 15.) Vgl. § 32 a. E.; Genoss.Ges. §§ 29, 84; Gesellsch.Ges. §§ 40, 69; EG. Art. 10 IV, 11 X u. XIX. Bisher nicht allgemein ausgesprochene Grundsätze. Die Vorschrift betrifft nur „einzutragende Thatsachen", d. h. solche, deren Eintragung das Gesetz vorschreibt, ob bei Ordnungsstrafe oder nicht.

Abs. 1. Als „einzutragende Thatsache" ist hier nicht die Anmeldung (RG.Str. 18 S. 179), sondern die angemeldete Thatsache gemeint und die Wahrheit der Anmeldung vorausgesetzt; s. Abs. 2. „Es handelt sich nicht um die Sorgfalt des Anmeldepflichtigen, sondern um die Sicherheit des Verkehrs": ROHG. 23 S. 280. Darum beschränkt sich die Anwendung des § 15 auf Fälle, in welchen die Kenntniß der einzutragenden Thatsache „für das Verhalten des Dritten und seine durch dieses Verhalten beeinflußten Rechte oder Verbindlichkeiten von irgend welcher Bedeutung sein kann", also z. B. nicht bei außerkontraktlichen Beschädigungen. — Eine Anwendung liefert § 25 Abs. 2.

Abs. 2. Wahrheit der Anmeldung wird vorausgesetzt. Die unwahre Eintragung schadet dem Dritten nicht; aber der Eintragende muß sie gegen sich gelten lassen: ROHG. 3 S. 412, 24 S. 320; er kann sich also insbesondere nicht darauf berufen, daß nur eine Scheinerklärung seinerseits eingetragen sei, oder daß er in Bezug auf eingetragene Willenserklärungen im Irrthum befangen, betrogen oder gezwungen sei (BGB. §§ 117 ff.). Dritten gegenüber kann er sich auf solche Anfechtungsgründe nur insofern berufen, als sie abgesehen von der Eintragung gegen sie zutreffen (vgl. § 122 Abs. 2); außerdem kann er nur auf Grund derselben Löschung der Eintragung verlangen.

Abs. 3. Vgl. dagegen früher Art. 200 a E.; Genoss.Ges. § 148 Abs. 3; Gesellsch.Ges. § 76 und jetzt EG. Art. 10 IV u. XIII, Art. 11 XXII. — Anderenfalls würde das Register der Zweigniederlassung seinen Zweck verfehlen und zur Irreleitung der Betheiligten führen. Ist die Zweigniederlassung nicht eingetragen, so ist natürlich das Register des Gerichts der Hauptniederlassung maßgebend. Dieses entscheidet überhaupt allein, „soweit es sich um Rechtsakte handelt, deren Wirksamkeit nicht bloß relativ, sondern unbedingt von der Eintragung in das HR. abhängt, wie die Errichtung einer Aktiengesellschaft" §§ 195 ff., 201, 234, 259 u. a. m., weil hierüber selbstverständlich nur der Inhalt eines einzigen Registers entscheiden kann (D.).

§ 16.

Ist durch eine rechtskräftige oder vollstreckbare Entscheidung des Prozeßgerichts die Verpflichtung zur Mitwirkung bei einer Anmeldung zum Handelsregister oder ein Rechtsverhältniß, bezüglich dessen eine Eintragung zu erfolgen hat, gegen einen von mehreren bei der Vornahme der Anmeldung Betheiligten festgestellt, so genügt zur Eintragung die Anmeldung der übrigen Betheiligten. Wird die Entscheidung, auf Grund deren die Eintragung erfolgt ist, aufgehoben, so ist dies auf Antrag eines der Betheiligten in das Handelsregister einzutragen.

Ist durch eine rechtskräftige oder vollstreckbare Entscheidung des Prozeßgerichts die Vornahme einer Eintragung für unzulässig erklärt, so darf die Eintragung nicht gegen den Widerspruch desjenigen erfolgen, welcher die Entscheidung erwirkt hat.

§ 16. (Neu; I 15, II 16.) Verhältniß des Registergerichts zum Prozeßgericht. Vgl. CPO. §§ 779 und 702. — Ges. über d. freiw. Gerichtsbarkeit § 127.

Abs. 1. In Fällen, in denen bei der Anmeldung Mehrere mitwirken müssen (vgl. §§ 16 Abs. 2, 195 Abs. 1, 277 Abs. 1, 298 Abs. 2), soll der Antrag eines von ihnen genügen, „wenn der Antrag der Uebrigen durch eine Entscheidung des Prozeßrichters ersetzt wird". Nicht zur Mitwirkung Berufene z. B. Pächter eines Handelsgeschäftes bleiben außer Betracht. — Ob die Entscheidung die Verpflichtung zur Anmeldung oder das einzutragende Rechtsverhältniß selbst feststellt, kann keinen Unterschied begründen"; die Feststellung der Verpflichtung oder des Rechtsverhältnisses braucht auch nicht gerade eine Feststellung im Sinne des § 231 CPO. zu sein, vielmehr fallen unter § 16 auch Entscheidungen, die zur Vornahme der Anmeldung verurtheilen, sowie einstweilige Verfügungen, die nicht ein bestehendes Rechtsverhältniß feststellen, sondern selbst in das streitige Rechtsverhältniß rechtserzeugend eingreifen, indem sie z. B. während eines Prozesses über die Ausschließung eines Gesellschafters diesem einstweilen die Vermögensbefugniß ganz oder theilweise entziehen" (D.).

Abs. 2. „Die Vornahme einer Eintragung", d. h. daß eine Eintragung vorgenommen werde Auch hier wird nicht vorausgesetzt, daß die Entscheidung auf Unzulässigkeit der Eintragung laute, sondern nur, daß sie eine Feststellung treffe, aus welcher die Unzulässigkeit einer demnächst begehrten Eintragung folgt, z. B. daß, wie die D. hervorhebt, zu Unterlassung des unbefugten Gebrauchs einer Firma (§ 37 Abs. 2) verurtheilt oder ein Beschluß der Generalversammlung als ungültig angefochten ist (§ 273). Zweifel entsteht über das praktische Verfahren, die unzulässige Eintragung zu verhindern. Um das Registergericht von der Unzulässigkeit zu unterrichten, wird der Widerspruchsberechtigte ihm das Urtheil natürlich unterbreiten müssen. Eine Vormerkung aber kann dasselbe thatsächlich dann gar nicht machen, wenn es sich um die erste Firmeneintragung handelt, und auch bei sonstigen Eintragungen giebt das Gesetz für „Vormerkungen" keinen Anhalt; natürlich kann sich der Registerrichter in der Spalte „Bemerkungen" den Widerspruch notiren. Aber soll er daraufhin, wenn nun die Anmeldung erfolgt, den Widersprechenden hören, ob er den Widerspruch aufrecht erhalten oder auf Grund eines früheren Widerspruchs die Anmeldung ohne Weiteres zurückweisen? Das Wesentliche an der Vorschrift scheint doch darin zu bestehen, daß das Gesetz die urtheilswidrige Eintragung verbietet und damit die trotzdem etwa erfolgte Eintragung dem Widerspruchsberechtigten gegenüber für nichtig erklärt, so daß sie ohne weiteres Verfahren dem Anmeldenden gegenüber, wie § 37 Abs. 2 es voraussetzt, auf Vorlage des Urtheils gelöscht werden muß, wie wenn der Schuldner die Löschung beantragt hätte (CPO. §§ 894, 896 bisher 779). Da es sich um die Unzulässigkeit einer Eintragung handelt, so wird auch ein Widerspruch Dritter zu berücksichtigen sein (D.); vgl. § 37 Abs. 2.

Dritter Abschnitt.

Handelsfirma.

§ 17.

Die Firma eines Kaufmanns ist der Name, unter dem er im Handel seine Geschäfte betreibt und die Unterschrift abgiebt.

Ein Kaufmann kann unter seiner Firma klagen und verklagt werden.

Dritter Abschnitt. Handelsfirma: §§ 17—37. Im Wesentlichen sind die alten Grundsätze über Firmenwahrheit beibehalten, eine neue Einschränkung enthält § 21. Von hervorragender Bedeutung ist die gesetzliche Feststellung der Wirkung der Fortführung des Handelsgeschäfts und der Firma in §§ 25—28. Neu sind ferner die Vorschriften für juristische Personen in den §§ 33—36.

§ 17. **Begriff.** (Art. 15, I 16, II 17.)

Abs. 1. Vgl. ROHG. 10 S. 410, 17 S. 239; gültig ist aber auch die Verpflichtung unter abweichenden bürgerlichen Namen (ROHG. 9 S. 215) oder bei Abkürzung (das. 16 S. 207) oder bei unzulässiger Firmenzeichnung (das. 22 S. 72; RG. 17 S. 75; s. aber Wechselunterschrift in ROHG. 12 S. 173, 14 S. 173, 202). — Die Firma ist der Handelsname des Kaufmanns — auch ohne vorgängige Eintragung (RG. 14 S. 19) —, kein Rechtssubjekt neben und außer ihm: ROHG. 3 S. 411, 11 S. 149, 15 S. 176, 20 S. 36; Goldschm. 40 S. 442; Seuff. Arch. 47 S. 310, mit dem er also auch keine Rechtsgeschäfte schließen kann: Goldschm. 34 S. 561; vgl. Bolze 5 Nr. 714, 10 Nr. 518, 521. — Der Handelsname des Kaufmanns, unter dem er im Handel seine Geschäfte betreibt und seine Unterschrift abgiebt. Ein Antrag, die Firma in deutscher Sprache vorzuschreiben, ist abgelehnt. — Voraussetzung und Umfang des Namens- und Firmenrechtes von Ausländern: Jur. Ztschr. f. Els. L. 19 S. 70 ff.

Abs. 2 entspricht der Judikatur des ROHG. 3 S. 413, 14 S. 307, 23 S. 201. „Dadurch wird aber nicht die Firma als solche Prozeßpartei, Kläger oder Beklagter ist vielmehr immer derjenige, welcher zur Zeit der Klageerhebung Inhaber der Firma ist" (D.); vgl. RG. 9 S. 104; Bl. f. Rechtspfl. in Thür. 42 S. 113. Damit erledigen sich die Schwierigkeiten bei Eidesauflagen (ROHG. 14 S. 305), Todesfall (RG. 6 S. 98), Zwangsvollstreckung; doch wird es immer gerathen sein, die Inhaberschaft der Firma von vornherein festzustellen. Aendert sie sich im Laufe des Prozesses, so kommen für den Eintritt des Rechtsnachfolgers CPO. §§ 239 (217), 246, 249 (223, 226) zur Anwendung.

§§ 18—20 (Art. 16—18, I 17—19, II 18—20), vgl. EG. Art. 22 — bringen den Grundsatz der **Firmenwahrheit** wie bisher zum Ausdruck, nämlich in der Beschränkung auf Bildung neuer Firmen, während §§ 22—24 die bisherigen Ausnahmen wiederholen (Art. 22—24) und etwaige Unzuträglichkeiten dieser Abweichung von der Firmenwahrheit durch EG. Art. 9 in GO. § 15a auszugleichen versucht sind. Gegen §§ 18—20 verstoßende Firmen sind unzulässig und unterliegen dem § 37; vgl. J.W. 24 S. 359. Das beeinträchtigt aber nicht die Gültigkeit ihrer Geschäfte.

§ 18.

Ein Kaufmann, der sein Geschäft ohne Gesellschafter oder nur mit einem stillen Gesellschafter betreibt, hat seinen Familiennamen mit mindestens einem ausgeschriebenen Vornamen als Firma zu führen.

Der Firma darf kein Zusatz beigefügt werden, der ein Gesellschaftsverhältniß andeutet oder sonst geeignet ist, eine Täuschung über die Art oder den Umfang des Geschäfts oder die Verhältnisse des Geschäftsinhabers herbeizuführen. Zusätze, die zur Unterscheidung der Person oder des Geschäfts dienen, sind gestattet.

§ 18. **Einzelkaufmann.**

Abs. 1. Ueber Familiennamen vgl. RG. 16 S. 60, 25 S. 1; „ausgeschriebenen" Vornamen: Zusatz der Komm.

Abs. 2. Zusätze: Goldschm. 37 S. 527; Bolze 9 Nr. 113, 10 Nr. 184b; Kammerg. 10 S. 14; RG. 3 S. 166. — Vgl. auch § 5.

§ 19.

Die Firma einer offenen Handelsgesellschaft hat den Namen wenigstens eines der Gesellschafter mit einem das Vorhandensein einer Gesellschaft andeutenden Zusatz oder die Namen aller Gesellschafter zu enthalten.

Die Firma einer Kommanditgesellschaft hat den Namen wenigstens eines persönlich haftenden Gesellschafters mit einem das Vorhandensein einer Gesellschaft andeutenden Zusatze zu enthalten.

Die Beifügung von Vornamen ist nicht erforderlich.

Die Namen anderer Personen als der persönlich haftenden Gesellschafter dürfen in die Firma einer offenen Handelsgesellschaft oder einer Kommanditgesellschaft nicht aufgenommen werden.

§ 19. **Offene Handelsgesellschaft.** (Art. 17, I 18, II 19.) Auch den Firmen der HG. sind Zusätze gestattet, die zur Unterscheidung des Geschäfts dienen und nicht geeignet sind, eine Täuschung herbeizuführen, vgl. Abs. 4 und § 18 Abs. 2 mit § 5. Zuwiderhandlungen hiergegen und gegen § 19 überhaupt machen § 37 anwendbar, aber die Geschäfte nicht ungültig. Zuwiderhandlung gegen Abs. 4 gibt dem Mißbrauchten ebenfalls den Anspruch aus § 37 gegen die Gesellschaft; wenn derselbe aber den Mißbrauch zugelassen hat, auch dem Dritten Rechte aus § 15 Abs. 1, weil eine Aenderung der mißbräuchlichen Firma nicht eingetragen worden ist.

§ 20.

Die Firma einer Aktiengesellschaft sowie die Firma einer Kommanditgesellschaft auf Aktien ist in der Regel von dem Gegenstande des Unternehmens zu entlehnen; die erstere Firma hat außerdem die Bezeichnung „Aktiengesellschaft", die letztere Firma die Bezeichnung „Kommanditgesellschaft auf Aktien" zu enthalten.

§ 20. **Aktiengesellschaft.** (Art. 18, I 19, II 20.) Vgl. EG. Art. 22; RG. 1 S. 26, 3 S. 68. Neu ist die Gleichstellung beider Gesellschaften vgl. Art. 17 Abs. 3 und die Nothwendigkeit der Bezeichnung: „AG.", „KG. auf Aktien". Dadurch wird zugleich die unter Umständen zweckmäßige und erwünschte Möglichkeit gegeben, Personennamen in die Firma aufzunehmen. — § 20 findet auch schon auf die bei Inkrafttreten des Gesetzes eingetragene Firma solcher Gesellschaften Anwendung, „wenn sie aus Personennamen zusammengesetzt ist und nicht erkennen läßt, daß eine AG. oder eine KG. auf Aktien Inhaberin ist, EG. Art. 22.

§ 21.

Wird ohne eine Aenderung der Person der Name des Geschäftsinhabers oder der in der Firma enthaltene Name eines Gesellschafters geändert, so kann die bisherige Firma fortgeführt werden.

Fortführung der Firma: §§ 21—27.

§ 21. **Namensänderungen.** Neu auf Antrag der Komm. Insbesondere kommen Namensänderungen in Folge Verheirathung in Frage.

§ 22.

Wer ein bestehendes Handelsgeschäft unter Lebenden oder von Todeswegen erwirbt, darf für das Geschäft die bisherige Firma mit oder ohne Beifügung eines das Nachfolgeverhältniß andeutenden Zusatzes fortführen, wenn der bisherige Geschäftsinhaber oder dessen Erben in die Fortführung der Firma ausdrücklich willigen. Die Verpflichtung einer Aktiengesellschaft oder einer Kommanditgesellschaft auf Aktien, die im § 20 vorgeschriebene Bezeichnung in ihre Firma aufzunehmen, wird hierdurch nicht berührt.

Wird ein Handelsgeschäft auf Grund eines Nießbrauchs, eines Pachtvertrags oder eines ähnlichen Verhältnisses übernommen, so finden diese Vorschriften entsprechende Anwendung.

§ 22. **Personenänderungen.** (Art. 22, I 20, II 21.) Satz 2 und Abs. 2 sind neu. — **Wirkung** vgl. §§ 25, 27; „ein bestehendes Handelsgeschäft": O.Tr. in Busch Arch. 20 S. 56 über Johann Maria Farina; ROHG. 6 S. 246; vgl. RG. 9 S. 1; Bolze 6 Nr. 169 (**Konkurs**); einerlei ob eingetragen oder nicht (Kammerg. 5 S. 24), ob Haupt- oder Zweiggeschäft? Bolze 8 Nr. 156; Kammerg. 12 S. 22. Erwerbsakt, nicht mehr bloß Vertrag oder Testament (RG. 9 S. 81), sondern auch z. B. Ersitzung (RG. 25 S. 1); — „für das Geschäft", eine

Aenderung der Geschäftsart ist nicht ausgeschlossen, dagegen RG. 1 S. 260, vgl. Goldschm. 26 S. 1 ff.; — „mit oder ohne ... fortführen": aber andere als Nachfolgerzusätze sind nicht gestattet: — der bisherige Geschäftsinhaber, im Fall des Konkurses nicht etwa der Konkursverwalter (RG. 9 S. 106; Bolze 6 Nr. 169); — auch nicht der Pächter oder Nießbraucher: Abs. 2; — ausdrücklich: ROHG. 10 S. 291; Bolze 6 Nr. 170; s. aber § 25 Abs. 1 Satz 2.

Satz 2 erledigt eine alte Streitfrage, vgl. Staub § 7 zu Art. 22; über den umgekehrten Fall des Erwerbs eines Aktiengeschäfts durch Einzelkaufmann: RG. 15 S. 110, die Bezeichnung AG., KG. auf Aktien darf nicht beibehalten werden, wenn sie nicht mehr paßt: § 18 Abs. 2.

Abs. 2. Um dem Bedürfnisse des Verkehrs zu genügen, muß der Gewerbtreibende, welcher ein Geschäft in der angegebenen Weise übernimmt, befugt sein, die alte Firma als seine eigene in derselben Weise fortzuführen wie der sonstige Erwerber eines Geschäfts (D.). Vgl. auch § 25. Derselbe wird deswegen aber nicht allgemein im Falle einer Nachfolge „bisheriger Geschäftsinhaber" im Sinne des Abs. 1, sondern nur in Bezug auf den das Nachfolgeverhältniß andeutenden Zusatz.

§ 23.

Die Firma kann nicht ohne das Handelsgeschäft, für welches sie geführt wird, veräußert werden.

§ 23. **Firmenveräußerung.** (Art. 23, I 21, II 22.) Letztwillige Vermachung: RG. 9 S. 81; Veräußerung durch Konk.Verw. RG. 9 S. 106; einer Firma, für welche bisher kein Geschäft betrieben wurde, RG. 6 S. 246, 9 S. 1. — Zeitweise Abtretung: Rh.Arch. 85 S. 82 ff. — Rechtsverhältniß zwischen Veräußerer und Erwerber RG. 9 S. 107. Vgl. auch J.W. 23 S. 317.

§ 24.

Wird Jemand in ein bestehendes Handelsgeschäft als Gesellschafter aufgenommen oder tritt ein neuer Gesellschafter in eine Handelsgesellschaft ein oder scheidet aus einer solchen ein Gesellschafter aus, so kann ungeachtet dieser Veränderung die bisherige Firma fortgeführt werden.

Bei dem Ausscheiden eines Gesellschafters, dessen Name in der Firma enthalten ist, bedarf es zur Fortführung der Firma der ausdrücklichen Einwilligung des Gesellschafters oder seiner Erben.

§ 24. **Gesellschafterwechsel.** (Art. 24, I 22, II 23.) Vgl. § 28. Wirkung des Wechsels gegen Dritte: § 128. Wird das Geschäft durch den Wechsel aufgelöst — vgl. § 131 Nr. 4—6 mit §§ 138—142 —, so findet § 24 nicht Anwendung.

Abs. 2 ist Folge des Namensrechtes (BGB. § 12); vgl. J.W. 1893 S. 162; — dessen Name, nicht der etwa gleichlautende eines Anderen: Bolze 13 Nr. 120; — ausdrückliche Einwilligung: ROHG. 10 S. 291; Bolze 6 Nr. 170; Fall der Versagung: RG. 5 S. 111. — Durch Vereinbarung kann auch die Anwendung von Abs. 2 geändert werden: Bolze 7 Nr. 171.

§ 25.

Wer ein unter Lebenden erworbenes Handelsgeschäft unter der bisherigen Firma mit oder ohne Beifügung eines das Nachfolgeverhältniß andeutenden Zusatzes fortführt, haftet für alle im Betriebe des Geschäfts begründeten Verbindlichkeiten des früheren Inhabers. Die in dem Betriebe begründeten Forderungen gelten den Schuldnern gegenüber als auf den Erwerber übergegangen, falls der bisherige Inhaber oder seine Erben in die Fortführung der Firma gewilligt haben.

Eine abweichende Vereinbarung ist einem Dritten gegenüber nur wirksam, wenn sie in das Handelsregister eingetragen und bekannt gemacht oder von dem Erwerber oder dem Veräußerer dem Dritten mitgetheilt worden ist.

Wird die Firma nicht fortgeführt, so haftet der Erwerber eines Handelsgeschäfts für die früheren Geschäftsverbindlichkeiten nur, wenn ein besonderer Verpflichtungsgrund vorliegt, insbesondere wenn die Uebernahme der Verbindlichkeiten in handelsüblicher Weise von dem Erwerber bekannt gemacht worden ist.

§§ 25, 26. **Geschäftsnachfolge unter Lebenden.** (Neu; I 23, II 24.) Vgl. BGB. § 419.

Abs. 1. Früher streitig: vgl. RG. 2 S. 55; Bolze 3 Nr. 569, 13, 435; Ring S. 26 Anm. 3. Geschäftsschulden: ROHG. 8 S. 41, 385; auch Deliktsschulden: RG. 15 S. 54, 121; Verbindlichkeit zur Rechnungslegung: Bolze 6 S. 420; — haftet, nicht nur dem Veräußerer gegenüber (wie früher: ROHG. 16 S. 272); sondern den Gläubigern direkt; vgl. Abs. 2; auch ohne weitere Bekanntmachung (dagegen früher: RG. 8 S. 64, 17 S. 96) ex lege; einerlei ob die Kontrahenten Haftung vereinbart oder ausgeschlossen haben (s. aber Abs. 2), ja selbst ob das Geschäft unter bisheriger Firma mit oder ohne Einwilligung des bisherigen Inhabers (§ 22) fortgeführt wird. Der Veräußerer wird natürlich nicht seiner Schulden quitt (vgl. Bolze 3 Nr. 783; ROHG. 8 S. 382), wenn nicht der Gläubiger ihn entläßt oder Verjährung nach § 26 Abs. 1 eintritt. (Verhältniß bei gegenseitigen Verbindlichkeiten und bei Leistung des Gegenkontrahenten an den Erwerber: RG. 19 S. 129; Bolze 13 Nr. 500), Gesammtschuldverhältniß nach BGB. § 421; ohne Beschränkung auf das Geschäftsvermögen wie nach BGB. § 419 Abs. 2. — Geschäftsforderungen gelten als übergegangen (dagegen früher: ROHG. 2 S. 251; Bolze 1 Nr. 312), d. h. ex lege, ohne daß es einzelner Abtretung bedürfte; oder einer Anzeige (J.W. 1890, S. 375). Die Gläubigerschaft des Veräußerers hört von selbst auf; sonst würde die Lage des Schuldners dadurch erschwert werden, daß ihm nunmehr zwei Gläubiger gegenüberständen, „und auch die Rechte des Erwerbers würden gefährdet, wenn sein Vorgänger noch das Recht hätte, über die Forderung zu verfügen" (D.). Das gilt natürlich auch von Geschäftsforderungen des Zweiggeschäftes (J W. 1891, S. 572); von außerkontraktlichen (ROHG. 1 S. 37); gegen frühere Gesellschafter (Bolze 11 Nr. 380); aus Aufträgen (Bolze 9 Nr. 333); „gewilligt haben": wenn auch nicht ausdrücklich wie nach § 22; thatsächliche Fortführung der Firma mit Einwilligung des Veräußerers genügt für die Schuldner zur Begründung einer exceptio doli gegen die bisherigen Gläubiger.

Abs. 2. Abweichung von § 15, insofern der Eintragung und Bekanntmachung nicht Kenntniß allgemein, sondern nur Kenntniß durch Mittheilung seitens des Erwerbers oder Veräußerers gleichgestellt ist. — Ist die Bekanntmachung oder Mittheilung thatsächlich unrichtig, so ist sie gegen den Dritten nicht wirksam, aber für ihn; s. Anm. zu § 15 Abs. 2. — Vgl. RG. 38 S. 173.

Abs. 3. Vgl. RG. 17 S. 96 ff.; „haftet", nämlich unbeschränkt, s. § 27; — „insbesondere" soll nun diese Bekanntmachung „als ein selbständig wirksamer von der Acceptation der Geschäftsgläubiger unabhängiger obligatorischer Dispositivakt" gelten: ROHG. 21 S. 233; Seuff. Arch. 48 S. 168; Erklärung zum HR. schon genügend? RG. 8 S. 64. — Vgl. BGB. § 419. — Allgemeiner Bekanntmachung entspricht allgemeine Haftung: ROHG. 8 S. 383. — Recht der Minderkaufleute: RG. 17 S. 96; ROHG. 2 S. 443; Goldschm. 34 S. 566.

§ 26.

Ist der Erwerber des Handelsgeschäfts auf Grund der Fortführung der Firma oder auf Grund der im § 25 Abs. 3 bezeichneten Bekanntmachung für die früheren Geschäftsverbindlichkeiten haftbar, so verjähren die Ansprüche der Gläubiger gegen den früheren Inhaber mit dem Ablaufe von fünf Jahren, falls nicht nach den allgemeinen Vorschriften die Verjährung schon früher eintritt.

Die Verjährung beginnt im Falle des § 25 Abs. 1 mit dem Ende des Tages, an welchem der neue Inhaber der Firma in das Handelsregister des Gerichts der Hauptniederlassung eingetragen worden ist, im Falle des § 25 Abs. 3 mit dem Ende des Tages, an welchem die Kundmachung der Uebernahme stattgefunden hat. Konnte der Gläubiger die Leistung erst in einem späteren Zeitpunkte verlangen, so beginnt die Verjährung mit diesem Zeitpunkte.

§ 26. **Verjährung.** (I 24.) Vgl. § 157 u. Art. 146. „Haftet der Erwerber lediglich auf Grund des bürgerlichen Rechts für die Geschäftsschulden, so muß sich auch die Verjährung gegenüber dem früheren Geschäftsinhaber nach den allgemeinen Vorschriften richten." § 24 Abs. 3 ist Druckfehler statt § 25 Abs. 3. — Geschäftsverbindlichkeiten: s. § 25; — „allgemeine Vorschriften" des HGB. z. B. §§ 414, 423, 439 oder des BGB. z. B. §§ 196, 197 oder anderer Gesetze; auch Vorschriften für Ansprüche spezieller Art sind allgemeine im Sinne dieser Gesetzesvorschrift.

Abs. 2. Der frühere Inhaber hat gegen den neuen Erwerber einen Anspruch auf dessen Eintragung, vgl. §§ 14, 29; Konventionalstrafe für jeden Tag der Verzögerung ist empfehlenswerth.

§ 27.

Wird ein zu einem Nachlasse gehörendes Handelsgeschäft von dem Erben fortgeführt, so finden auf die Haftung des Erben für die früheren Geschäftsverbindlichkeiten die Vorschriften des § 25 entsprechende Anwendung.

Die unbeschränkte Haftung nach § 25 Abs. 1 tritt nicht ein, wenn die Fortführung des Geschäfts vor dem Ablaufe von drei Monaten nach dem Zeitpunkt, in welchem der Erbe von dem Anfalle der Erbschaft Kenntniß erlangt hat, eingestellt wird. Auf den Lauf der Frist finden die für die Verjährung geltenden Vorschriften des § 206 des Bürgerlichen Gesetzbuchs entsprechende Anwendung. Ist bei dem Ablaufe der drei

Monate das Recht zur Ausschlagung der Erbschaft noch nicht verloren, so endigt die Frist nicht vor dem Ablaufe der Ausschlagungsfrist.

§ 27. **Geschäftsvererbung.** (I 25, II 26.) Vgl. § 22.

Abs. 1. „Entsprechende Anwendung", soll heißen: falls der Erbe die bisherige Firma mit oder ohne Beifügung eines das Nachfolgeverhältniß andeutenden Zusatzes beibehält (§ 25 Abs. 1) oder die Uebernahme der Verbindlichkeiten des Verstorbenen in landesüblicher Weise bekannt macht (§ 25 Abs. 3), haftet er ohne Rücksicht auf die Vorschriften des bürgerlichen Rechts, nach welchen die Haftung des Erben für die Nachlaßverbindlichkeiten unter gewissen Voraussetzungen auf den Nachlaß beschränkt ist (BGB. § 1967, 1973, 1975 ff., 1994 ff., 2013, 2014 ff.), für die Geschäftsverbindlichkeiten mit seinem ganzen Vermögen, es müßte denn Abs. 2 Platz greifen. Durch §§ 27 Abs. 1, 25 Abs. 1 sollen also vorbehältlich § 27 Abs. 2 die gemeinrechtlichen Beschränkungen der Verhaftung des Erben für die Nachlaßverbindlichkeiten, für die er nach BGB. § 1967 grundsätzlich haftet, mag er das ererbte Handelsgeschäft fortführen oder nicht, dann, wenn er es fortführt und die Firma beibehält, beseitigt sein. — „Entsprechende Anwendung" des § 25 Abs. 3 muß dahin führen, daß, wenn die Firma nicht beibehalten wird, der Erbe vorbehältlich § 27 Abs. 2 nur dann für die Geschäftsverbindlichkeiten unbeschränkt haftet, „wenn ein besonderer Verpflichtungsgrund vorliegt, insbesondere wenn die Uebernahme u. s. w. bekannt gemacht worden ist"; von solchem besonderen Verpflichtungsgrunde abgesehen aber nach BGB. §§ 1967 ff. haftet.

Abs. 2. „Es würde zu weit gehen, dem Erben schon dann, wenn er nicht alsbald nach dem Tode des Erblassers das Geschäft aufgiebt oder eine neue Firma annimmt, entgegen den Vorschriften des BGB. schlechthin eine unbeschränkte Haftung für die Geschäftsverbindlichkeiten aufzuerlegen" (D.); — drei Monaten: s. BGB. § 1944. — BGB. § 206: Verjährung beim Mangel gesetzlicher Vertretung geschäftsunfähiger oder in der Geschäftsfähigkeit beschränkter Personen. — Zum letzten Satze vgl. z. B. BGB. § 1944.

§ 28.

Tritt Jemand als persönlich haftender Gesellschafter oder als Kommanditist in das Geschäft eines Einzelkaufmanns ein, so haftet die Gesellschaft, auch wenn sie die frühere Firma nicht fortführt, für alle im Betriebe des Geschäfts entstandenen Verbindlichkeiten des früheren Geschäftsinhabers. Die in dem Betriebe begründeten Forderungen gelten den Schuldnern gegenüber als auf die Gesellschaft übergegangen.

Eine abweichende Vereinbarung ist einem Dritten gegenüber nur wirksam, wenn sie in das Handelsregister eingetragen und bekannt gemacht oder von einem Gesellschafter dem Dritten mitgetheilt worden ist.

§ 28. **Vergesellschaftung.** (I 26, II 27.) Vgl. § 130. „Wenn der frühere Geschäftsinhaber selbst das Geschäft als Theilhaber weiterbetreibt, so wird selbst bei Annahme einer neuen Firma die Absicht der Parteien kaum jemals auf eine Trennung der alten und der neuen Geschäftsschulden und -Forderungen mit Wirkung nach außen gerichtet sein. Eine solche Scheidung würde stets zu Schwierigkeiten und Verwickelungen führen. Das Naturgemäße ist, daß die Gesellschaft im Betriebe des Geschäfts die alten Schulden berichtigt und die früher entstandenen Forderungen einzieht. Die Gläubiger des bisherigen Einzelkaufmanns dürfen voraussetzen, daß sie sich an das Gesellschaftsvermögen halten können"; um so mehr als die neue Firma aus der bisherigen Firma mit einem das Gesellschaftsverhältniß andeutenden Zusatze bestehen kann (D.). Vgl. auch die entsprechende Bestimmung beim Eintritt in eine HG. in § 173.

Abs. 2. Vgl. § 25 Abs. 2; anders § 130 Abs. 2, wo es sich darum handelt, inwieweit die Gesellschafter für die Gesellschaftsschulden haften, nicht wie hier zunächst nur, welche Schulden als Gesellschaftsschulden anzusehen sind.

§ 29.

Jeder Kaufmann ist verpflichtet, seine Firma und den Ort seiner Handelsniederlassung bei dem Gericht, in dessen Bezirke sich die Niederlassung befindet, zur Eintragung in das Handelsregister anzumelden; er hat seine Firma zur Aufbewahrung bei dem Gerichte zu zeichnen.

§ 29. **Anmeldepflicht.** (Art. 19, I 27, II 28.) Vgl. § 14; über die Befreiung der Reichsbank vgl. Bankges. v. 14. März 1875 § 66; AG. Art 2 Abs. 2; Reichs- und Staatspost: § 452. — Eisenbahn § 454, Stadtgemeinden: Johow 12 S. 17. — Zeichnung der persönlichen Unterschrift ist entbehrlich erschienen, „weil die Firma des Einzelkaufmanns seine Namensunterschrift ersetzt"; Eintragung der Lage der Geschäftsräumlichkeiten, Straße, Hausnummer sowie des Geschäftszweiges ist nicht vorgeschrieben, aber zum Zwecke besserer Unterscheidung unter Umständen erforderlich. — Handelsniederlassung (ROHG. 16 S. 52) gleich Hauptniederlassung (RG. 21 S. 2). — Abweichend von früher (ROHG. 10 S. 289) entsteht in den Fällen der §§ 2 und 3 die Kaufmannsqualität. — Vgl. RG. 22 S. 59.

§ 30.

Jede neue Firma muß sich von allen an demselben Orte oder in derselben Gemeinde bereits bestehenden und in das Handelsregister eingetragenen Firmen deutlich unterscheiden.

Hat ein Kaufmann mit einem bereits eingetragenen Kaufmanne die gleichen Vornamen und den gleichen Familiennamen und will auch er sich dieser Namen als seiner Firma bedienen, so muß er der Firma einen Zusatz beifügen, durch den sie sich von der bereits eingetragenen Firma deutlich unterscheidet.

Besteht an dem Orte oder in der Gemeinde, wo eine Zweigniederlassung errichtet wird, bereits eine gleiche eingetragene Firma, so muß der Firma für die Zweigniederlassung ein der Vorschrift des Abs. 2 entsprechender Zusatz beigefügt werden.

Durch die Landesregierungen kann bestimmt werden, daß benachbarte Orte oder Gemeinden als ein Ort oder als eine Gemeinde im Sinne dieser Vorschriften anzusehen sind.

§ 30. **Schutz der Firma.** (Art. 20, 21 Abs. 2, I 28, II 29.) Vgl. Ges. über den unlauteren Wettbewerb § 8, BGB. § 12. — In derselben Gemeinde: vgl. KG. in Frkf. Rundsch. 1896 S. 154 ff. — „bestehenden Firmen" vgl. ROHG. 6 S. 248; RG. 29 S. 68. — „deutlich unterscheiden": s. z. B. Busch

Arch. 3 S. 75; Johow 10 S. 17, 13 S. 28; Goldschm. 6 S. 575, 40 S. 444; GR. 37 S. 59, 38 S. 84; Bolze 5 Nr. 198, 17 S. 69. — Gegen die Eintragung der neuen Firma steht Klage auf Löschung oder Aenderung nach § 37 Abs. 2; gegen die Nichteintragung Beschwerde zu; vgl. Ges. über d. freiw. Gerichtsbarkeit §§ 19 ff.

Abs. 3. Also ist Firmengleichheit für Haupt- und Zweigniederlassung nicht erforderlich; vgl. § 50 Abs. 3; wird diese Hauptniederlassung, so greift Abs. 2 Platz. Vgl. Johow 14 S. 9 ff., 242, 15 S. 12.

§ 31.

Eine Aenderung der Firma oder ihrer Inhaber sowie die Verlegung der Niederlassung an einen anderen Ort ist nach den Vorschriften des § 29 zur Eintragung in das Handelsregister anzumelden.

Das Gleiche gilt, wenn die Firma erlischt. Kann die Anmeldung des Erlöschens einer eingetragenen Firma durch die hierzu Verpflichteten nicht auf dem im § 14 bezeichneten Wege herbeigeführt werden, so hat das Gericht das Erlöschen von Amtswegen einzutragen.

§ 31. **Aenderung, Erlöschen.** (I 29, II 30.) Vgl. Art. 25 Abs. 1; Ges. v. 30. März 1888.

Abs. 1. Neu ist die Anmeldung der Verlegung der Niederlassung. Nach den Vorschriften des § 29, d. h. nicht nur anzumelden, sondern auch zu zeichnen.

Abs. 2. Die Firma erlischt nicht, wenn sie an einem anderen Orte fortgeführt werden soll: RG. 20 S. 167; auch nicht schon mit Einstellung des Geschäftsbetriebes, vgl. Bolze 6 Nr. 169; Johow 3 S. 24, 5 S. 35. — Durch Satz 2 ist § 1 des Ges. v. 30. März 1888 erledigt und zwar zweifellos in dem bisher streitigen Sinne, daß die Löschung von Amtswegen sich auch auf HG. bezieht.

§ 32.

Wird über das Vermögen eines Kaufmanns der Konkurs eröffnet, so ist dies von Amtswegen in das Handelsregister einzutragen. Das Gleiche gilt von der Aufhebung des Eröffnungsbeschlusses sowie von der Einstellung und Aufhebung des Konkurses. Eine öffentliche Bekanntmachung der Eintragungen findet nicht statt. Die Vorschriften des § 15 bleiben außer Anwendung.

§ 32. **Konkurs.** (I 30, II 31.) Vgl. § 6 Abs. 1, § 34 Abs. 5; KO. §§ 104, 105, 151, 175, 184, 191; Gesellsch.Ges. v. 20. April 1892 § 64 Abs. 3; Genoss.Ges. §§ 95, 149; BGB. § 75. Vgl. auch KG. Johow 13 S. 35 ff.; RG. 28 S. 130 ff.

§ 33.

Eine juristische Person, deren Eintragung in das Handelsregister mit Rücksicht auf den Gegenstand oder auf die Art und den Umfang ihres Gewerbebetriebs zu erfolgen hat, ist von sämmtlichen Mitgliedern des Vorstandes zur Eintragung anzumelden.

Der Anmeldung sind die Satzung der juristischen Person und die Urkunden über die Bestellung des Vorstandes in Urschrift oder in öffentlich beglaubigter Abschrift beizufügen. Bei der Anmeldung zum Handelsregister einer Zweigniederlassung bedarf es der Beifügung der Urkunden über die Bestellung des Vorstandes nicht.

Bei der Eintragung sind die Firma und der Sitz der juristischen Person, der Gegenstand des Unternehmens und die Mitglieder des Vorstandes anzugeben. Besondere Bestimmungen der Satzung über die Befugniß des Vorstandes zur Vertretung der juristischen Person oder über die Zeitdauer des Unternehmens sind gleichfalls einzutragen.

§ 33—36. **Juristische Personen.** (Neu.)

§ 33. **Anmeldung.** (I 31 Abs. 1—3, II 32.)
Abs. 1 vgl. § 36; gemeint sind namentlich die Kolonialgesellschaften auf Grund der §§ 8—10 des Ges. betr. die Rechtsverhältnisse der deutschen Schutzgebiete, ferner Vereine, denen die Rechtsfähigkeit verliehen ist (BGB. §§ 22, 23), und nach § 2 auch Gewerkschaften. Die Vorschriften des § 30 kommen auch bei diesen Firmen zur Anwendung.
Gegenstand: d. h nach § 1; Art und Umfang: d. h. nach § 2 und § 3.
Abs. 2. Vorausgesetzt, daß die juristische Person überhaupt eine Satzung besitzt, was bei älteren Korporationen leicht nicht der Fall sein kann.

§ 34.

Jede Aenderung der nach § 33 Abs. 3 einzutragenden Thatsachen oder der Satzung, die Auflösung der juristischen Person, falls sie nicht die Folge der Eröffnung des Konkurses ist, sowie die Personen der Liquidatoren und die besonderen Bestimmungen über ihre Vertretungsbefugniß sind zur Eintragung in das Handelsregister anzumelden.

Bei der Eintragung einer Aenderung der Satzung genügt, soweit nicht die Aenderung die im § 33 Abs. 3 bezeichneten Angaben betrifft, die Bezugnahme auf die beim Gericht eingereichten Urkunden über die Aenderung.

Die Anmeldung hat durch den Vorstand oder, sofern die Eintragung erst nach der Anmeldung der ersten Liquidatoren geschehen soll, durch die Liquidatoren zu erfolgen.

Die Eintragung gerichtlich bestellter Vorstandsmitglieder oder Liquidatoren geschieht von Amtswegen.

Im Falle des Konkurses finden die Vorschriften des § 32 Anwendung.

§ 34. **Aenderungen.** (I 31 Abs. 4, II 33.) Abs. 5 ist korrekt nachträglich hinzugefügt, da es sich nicht unbedingt um HG. handelt, § 6 Abs. 1 also vielleicht nicht zutreffen kann.

§ 35.

Die Mitglieder des Vorstandes und die Liquidatoren einer juristischen Person haben ihre Unterschrift zur Aufbewahrung bei dem Gerichte zu zeichnen.

§ 35. **Zeichnung.** (I 31 Schlußsatz, II 34.) „Ihre", d. h. der Vorstandsmitglieder und Liquidatoren Unterschrift.

§ 36.

Ein Unternehmen des Reichs, eines Bundesstaats oder eines inländischen Kommunalverbandes braucht nicht in das Handelsregister eingetragen zu werden. Erfolgt die Anmeldung, so ist die Eintragung auf die Angabe der Firma sowie des Sitzes und des Gegenstandes des Unternehmens zu beschränken.

§ 36. **Reichs-, Staats-, Gemeindeunternehmen.** (I 32, II 35.) Z. B. Banken, Eisenbahnen, Schiffahrtsunternehmungen, Manufakturen; über die Reichsbank vgl. Bankges. § 66; über die Post § 452 a. E.

§ 37.

Wer eine nach den Vorschriften dieses Abschnitts ihm nicht zustehende Firma gebraucht, ist von dem Registergerichte zur Unterlassung des Gebrauchs der Firma durch Ordnungsstrafen anzuhalten. Die Höhe der Strafen bestimmt sich nach § 14 Satz 2.

Wer in seinen Rechten dadurch verletzt wird, daß ein Anderer eine Firma unbefugt gebraucht, kann von diesem die Unterlassung des Gebrauchs der Firma verlangen. Ein nach sonstigen Vorschriften begründeter Anspruch auf Schadensersatz bleibt unberührt.

§ 37. **Firmenmißbrauch.** (Art. 26 Abs. 2, 27 Abs. 1, I 33, II 36.) Vgl. Ges. zur Bekämpfung des unlauteren Wettbewerbs § 8; RG. 36 S. 13; BGB. § 12. Jenes setzt unredliche Absicht voraus und Verletzung einer Firma; § 12c will nur den Familiennamen schützen.

Abs. 1. Gutgläubiger Erwerb einer objektiv nicht zustehenden Firma schützt nicht: RG. 25 S. 5. Verboten ist jeder Gebrauch der unberechtigten Firma; vgl. RG. 5 S. 111, 19 S. 21, 22 S. 58 (Anmeldung); 36 S. 13 ff., 37 S. 58, 38 S. 84; Bolze 13 Nr. 122, 16 Nr. 116; ROHG. 14 S. 184, 21 S. 221; über unbefugte Etikettirung vgl. ROHG. 6 S. 246; RG. 3 S. 165, 38 S. 84. Bolze 5 Nr. 201; Anwendung als Telegrammadresse: Sächs. Arch. 5 S. 366; unbefugter Gebrauch durch Mehrere: RG. 3 S. 120. Unlauterer Wettbewerb einer objektiv zustehenden Firma wird durch § 37 nicht getroffen, sondern durch Ges. v. 27. Mai 1896 § 8; vgl. RG. 20 S. 71, 29 S. 61. Vgl. auch Hans. GZ. 1896 85 ff., 266 (Café Bauer) S. 283 ff.

Abs. 2. Rechtsverletzung (ROHG. 6 S. 246; RG. 3 S. 166, 19 S. 20) einer Firma wird nicht erfordert: „Wer", anders Ges. v. 27. Mai 1896 § 8; vgl. aber ROHG. 4 S. 254; — Namensrecht: das. 6 S. 249; Seuff. Arch. 48 S. 3; RG. 7 S. 280, 5 S. 171, 18 S. 139, 29 S. 124; Hans. GZ. 1896 S. 125 ff.; J.W. 24 S. 522; BGB. § 12; — andere Rechte: RG. 3 S. 166, 22 S. 60; —

auch im Auslande: Bolze 9 Nr. 110; a. M. Staub § 3 zu Art. 27 HGB., s. aber BGB. EG. Art. 12.

Satz 2. Nach allgemeinen Grundsätzen ist Anspruch auf Schadensersatz nur bei schuldhafter Rechtsverletzung begründet; vgl. BGB. § 823; EG. Art. 12; vgl. auch CPO. § 260; Veröffentlichung ist auf den Fall des § 13 des Ges. v. 27. Mai 1896 bei unlauterem Wettbewerb beschränkt worden.

Vierter Abschnitt.

Handelsbücher.

§ 38.

Jeder Kaufmann ist verpflichtet, Bücher zu führen und in diesen seine Handelsgeschäfte und die Lage seines Vermögens nach den Grundsätzen ordnungsmäßiger Buchführung ersichtlich zu machen.

Er ist verpflichtet, eine Abschrift (Kopie oder Abdruck) der abgesendeten Handelsbriefe zurückzubehalten und diese Abschriften sowie die empfangenen Handelsbriefe geordnet aufzubewahren.

Vierter Abschnitt: Handelsbücher. §§ 38—47 (Art. 28—40, I 34—42, II 37—46). Der ganze Abschnitt, welcher im Wesentlichen geltendes Recht wiedergiebt, ist instruktionell und wird erst perfekt nach KO. § 209 3. 4, § 210 2. 3, § 214. Vgl. auch § 112 u. EG. z. CPO. § 13 2; Rspr. des RG. 3 S. 304 (Comptoirkalender); ROHG. 2 S. 273, 14 S. 260 (Bei- und Kontobücher); ROHG. 15 S. 171 (Kommissionsbücher) und über die Unvollständigkeit der Instruktion ROHG. 12 S. 19.

§ 38. **Buchführung.** (Art. 28, I 34, II 37.) Jeder Kaufmann: s. §§ 4 Abs. 1, 6 Abs. 1, RG.Str. 8 S. 147, 25 S. 3, 170 ff.; HG.: RG.Str. 13 S. 308, 235; vgl. auch § 41 Abs. 1; — verpflichtet: Entschuldigung: RG.Str. 1 S. 49, Rspr. des RG. 7 S. 730; — nach den Grundsätzen ordnungsmäßiger Buchführung, d. h. „nach den Gepflogenheiten sorgfältiger Kaufleute ist zu beurtheilen, wie die Bücher geführt werden müssen" (D.); vgl. auch RG.Str. 4 S. 119, 5 S. 409, 11 S. 142, 161, 25 S. 36 ff.; Rspr. des RG. 4 S. 106.

Abs. 2. Kopirbuch wird nicht mehr verlangt; vgl. dagegen Rspr. des RG. 6 S. 595, 10 S. 585.

§ 39.

Jeder Kaufmann hat bei dem Beginne seines Handelsgewerbes seine Grundstücke, seine Forderungen und Schulden, den Betrag seines baaren Geldes und seine sonstigen Vermögensgegenstände genau zu verzeichnen, dabei den Werth der einzelnen Vermögensgegenstände anzugeben und einen das Verhältniß des Vermögens und der Schulden darstellenden Abschluß zu machen.

Er hat demnächst für den Schluß eines jeden Geschäftsjahrs ein solches Inventar und eine solche Bilanz aufzustellen; die Dauer des Geschäftsjahrs darf zwölf Monate nicht überschreiten. Die Aufstellung des Inventars und der Bilanz ist innerhalb der einem ordnungsmäßigen Geschäftsgang entsprechenden Zeit zu bewirken.

Hat der Kaufmann ein Waarenlager, bei dem nach der Beschaffenheit des Geschäfts die Aufnahme des Inventars nicht füglich in jedem Jahre geschehen kann, so genügt es, wenn sie alle zwei Jahre erfolgt. Die Verpflichtung zur jährlichen Aufstellung der Bilanz wird hierdurch nicht berührt.

§§ 39—41. **Inventar und Bilanz.** § 39. **Zeit.** (Art. 29, I 35, II 38.) **Abs. 1.** Eröffnungsbilanz; vgl. RG. 16 S. 55; Str. 25 S. 76 ff., 27 S. 226, 29 S. 223; Rspr. des RG. 4 S. 316. Ueber die Bewerthung: RG. 19 S. 119, 22 S. 164; ROHG. 9 S. 119, 24 S. 71. „Die besonderen Bewerthungsregeln des Aktienrechts (§ 261) dehnt das Gesetz nicht über ihr jetziges Anwendungsgebiet aus"; s. dagegen Goldschm. 37 S. 532.

Abs. 2. „Für den Schluß", nicht am Schlusse, eines jeden Geschäftsjahres wie nach RG.Str. 2 S. 33.

Abs. 3. Ausnahmen nur für die Inventur, nicht für die Bilanz: RG.Str. 1 S. 421.

§ 40.

Die Bilanz ist in Reichswährung aufzustellen.

Bei der Aufstellung des Inventars und der Bilanz sind sämmtliche Vermögensgegenstände und Schulden nach dem Werthe anzusetzen, der ihnen in dem Zeitpunkte beizulegen ist, für welchen die Aufstellung stattfindet.

Zweifelhafte Forderungen sind nach ihrem wahrscheinlichen Werthe anzusetzen, uneinbringliche Forderungen abzuschreiben.

§ 40. **Bewerthung.** (Art. 31, I 37, II 39.) Vgl. dagegen für AG. § 261.

Abs. 1 ist neu. Die Inventur dagegen sollte das vorhandene baare Geld in den etwa vorhandenen fremden Münzsorten angeben.

Abs. 2. Abweichende Regeln in Gesellschaftsverträgen sind gültig, sofern dadurch die Vermögensübersicht nicht beeinträchtigt wird.

Abs. 3. Verjährte Forderungen sind zweifelhaft, nicht geradezu unbeibringlich.

§ 41.

Das Inventar und die Bilanz sind von dem Kaufmanne zu unterzeichnen. Sind mehrere persönlich haftende Gesellschafter vorhanden, so haben sie alle zu unterzeichnen.

Das Inventar und die Bilanz können in ein dazu bestimmtes Buch eingeschrieben oder jedesmal besonders aufgestellt werden. Im letzteren Falle sind sie zu sammeln und in zusammenhängender Reihenfolge geordnet aufzubewahren.

§ 41. **Unterzeichnung und Aufbewahrung.** (Art. 30, I 36, II 40.) Ebenfalls instruktionell, vgl. RG.Str. 7 S. 89, 8 S. 425; Unterzeichnung durch die Gesellschafter jedoch prozessualisch verfolgbar (Busch Arch. 7 S. 349).

§ 42.

Unberührt bleibt bei einem Unternehmen des Reichs, eines Bundesstaats oder eines inländischen Kommunalverbandes die Befugniß der Verwaltung, die Rechnungsabschlüsse in einer von den Vorschriften der §§ 39 bis 41 abweichenden Weise vorzunehmen.

§ 42. (Neu.) „Eine unbedingte Durchführung der handelsgesetzlichen Vorschriften über die Aufstellung von Vermögensverzeichnissen und Bilanzen ist für Unternehmungen der bezeichneten Art wegen des Zusammenhangs ihrer Rechnungsführung mit der allgemeinen Staats- oder Gemeinderechnung häufig nicht angängig" (D.). Vgl. § 36.

§ 43.

Bei der Führung der Handelsbücher und bei den sonst erforderlichen Aufzeichnungen hat sich der Kaufmann einer lebenden Sprache und der Schriftzeichen einer solchen zu bedienen.

Die Bücher sollen gebunden und Blatt für Blatt oder Seite für Seite mit fortlaufenden Zahlen versehen sein.

An Stellen, die der Regel nach zu beschreiben sind, dürfen keine leeren Zwischenräume gelassen werden. Der ursprüngliche Inhalt einer Eintragung darf nicht mittelst Durchstreichens oder auf andere Weise unleserlich gemacht, es darf nichts radirt, auch dürfen solche Veränderungen nicht vorgenommen werden, deren Beschaffenheit es ungewiß läßt, ob sie bei der ursprünglichen Eintragung oder erst später gemacht worden sind.

§ 43. **Aeußere Form.** (Art. 32, I 38, II 42.) Ueber Unzulässigkeit loser Zettel s. RG.Str. 17 S. 301; über Bleistiftaufzeichnungen ROHG. 18 S. 231; Urkundenfälschung: RG.Str. 4 S. 4.

§ 44.

Die Kaufleute sind verpflichtet, ihre Handelsbücher bis zum Ablaufe von zehn Jahren, von dem Tage der darin vorgenommenen letzten Eintragung an gerechnet, aufzubewahren.

Dasselbe gilt in Ansehung der empfangenen Handelsbriefe und der Abschriften der abgesendeten Handelsbriefe sowie in Ansehung der Inventare und Bilanzen.

§ 44. **Aufbewahrung.** (Art. 33, I 39, II 43.) Vgl. KO. §§ 209, 210; die Aufbewahrungspflicht besteht unabhängig von der Fortdauer des Handelsgeschäfts. — Die 10 Jahre rechnen in Abs. 2 entsprechend von dem Empfang und der Absendung der Briefe bezw. von der Aufnahme der Inventur oder Bilanz an.

§ 45.

Im Laufe eines Rechtsstreits kann das Gericht auf Antrag oder von Amtswegen die Vorlegung der Handelsbücher einer Partei anordnen.

Die Vorschriften der Civilprozeßordnung über die Verpflichtung des Prozeßgegners zur Vorlegung von Urkunden bleiben unberührt.

§ 46.

Werden in einem Rechtsstreite Handelsbücher vorgelegt, so ist von ihrem Inhalte, soweit er den Streitpunkt betrifft, unter Zuziehung der Parteien Einsicht zu nehmen und geeignetenfalls ein Auszug zu fertigen. Der übrige Inhalt der Bücher ist dem Gericht insoweit offen zu legen, als es zur Prüfung ihrer ordnungsmäßigen Führung nothwendig ist.

§ 47.

Bei Vermögensauseinandersetzungen, insbesondere Erbschafts-, Gütergemeinschafts- und Gesellschaftstheilungssachen, kann das Gericht die Vorlegung der Handelsbücher zur Kenntnißnahme von ihrem ganzen Inhalt anordnen.

§§ 45—47. **Vorlegung.** (Art. 37, 38, 40, I 40—42, II 44—46.) — Vgl. ROHG. 2 S. 130. — Vgl. CPO. §§ 387, 388. Liegen also die besonderen Voraussetzungen der CPO. vor, „so besteht eine vom richterlichen Ermessen unabhängige Pflicht zur Vorlegung der Handelsbücher" (D.), s. dagegen früher RG. 15 S. 380, später aber J.W. 1893 S. 184. — Daß der Rechtsstreit Handelssachen betreffe, fordert das Gesetz nicht, dagegen setzt es nach § 4 voraus, daß die Partei Vollkaufmann ist. — Im Laufe eines Rechtsstreites: vgl. ROHG. 7 S. 72.

Fünfter Abschnitt.

Prokura und Handlungsvollmacht.

§ 48.

Die Prokura kann nur von dem Inhaber des Handelsgeschäfts oder seinem gesetzlichen Vertreter und nur mittelst ausdrücklicher Erklärung ertheilt werden.

Die Ertheilung kann an mehrere Personen gemeinschaftlich erfolgen (Gesammtprokura).

Fünfter Abschnitt. Prokura und Handlungsvollmacht: §§ 48—58. (Alter 5. Titel: Von den Prokuristen und Handlungsbevollmächtigten. Art. 41—56, I 43—53, II 47—57.) Schon die veränderte Ueberschrift tritt der Auffassung entgegen, als ob es sich beim Prokuristen und Handlungsbevollmächtigten einerseits und bei den in der Ueberschrift des 6. Abschnitts genannten Handlungsgehülfen andererseits um verschiedene, in einem Gegensatze zu einander stehende Personenklassen handle. Der 5. Abschnitt regelt nämlich vielmehr ohne Rücksicht auf das innere Verhältniß zwischen dem Inhaber des Handelsgeschäfts und dem Bevollmächtigten die Wirkungen, die durch Ertheilung einer Prokura oder Handlungsvollmacht gegenüber Dritten entstehen. Dagegen behandelt der 6. Abschnitt das Dienstverhältniß zwischen dem Inhaber des Handelsgeschäfts und seinen Angestellten und zwar ohne Unterschied, ob die Letzteren zugleich Bevollmächtigte sind oder nicht. Diese Anordnung liegt auch schon dem Handelsgesetzbuche zu Grunde, ist jedoch in diesem dadurch einigermaßen verdunkelt, daß der Art. 58 die Handlungsgehülfen und Handlungsbevollmächtigten als verschiedene Klassen von Personen einander gegenüberstellt und daß nicht nur den Handlungsgehülfen, sondern in Art. 56 auch den Handlungsbevollmächtigten der eigene Handelsbetrieb untersagt wird, während dieses Verbot nur in dem dauernden Dienstverhältnisse, nicht in der Vollmacht seine Rechtfertigung findet (D.). Art. 56 ist daher hier weggefallen und nur insoweit durch §§ 60, 61 aufrecht erhalten. — Vgl. §§ 4, 6, 125, 161 Abs. 2, 232, 238, 298, 320 letzter Abs. 1 u. EG. Art. 8; ROHG. 7 S. 412, 13 S. 224.

§ 48. **Ertheilung.** (Art. 41, I 43, II 47.) Die schiefe Begriffsbestimmung im ersten Absatz des Art. 41, die inkorrekt das Auftragsverhältniß zum Prinzipal ausdrückte, ist weggelassen. Ebenso die drei Ertheilungsarten des zweiten Absatzes. Vgl. BGB. § 167. — Ausdrückliche Erklärung: „die Wirksamkeit einer bloß stillschweigenden Willenserklärung anzuerkennen, erscheint bei der weittragenden Bedeutung der Prokura nicht angemessen"; vgl. ROHG. 8 S. 316; Busch Arch. 9 S. 125, 21 S. 44; Strieth. Arch. 33 S. 28. — Verpflichtungsfähigkeit des Prokuristen ist nicht erforderlich.

Abs. 2 ist in Wahrheit eine Ausnahme von § 50, daher nicht zu vermuthen. — Vgl. ROHG. 3 S. 183, 17 S. 402; Bolze 8 Nr. 548. Allgemeiner Vertretungsauftrag eines Kollektivprokuristen an den anderen ist ungültig; Bolze 4 Nr. 807; in Bezug auf Wissen oder Nichtwissen ist Kollektivverhältniß gleichgültig (Bolze 1 Nr. 1186, 4 Nr. 807).

§ 49.

Die Prokura ermächtigt zu allen Arten von gerichtlichen und außergerichtlichen Geschäften und Rechtshandlungen, die der Betrieb eines Handelsgewerbes mit sich bringt.

Zur Veräußerung und Belastung von Grundstücken ist der Prokurist nur ermächtigt, wenn ihm diese Befugniß besonders ertheilt ist.

§ 49. **Umfang.** (Art. 42, I 44, II 48.)

Abs. 1: eines Handelsgewerbes, nicht des Handelsgewerbes, z. B. Prozeßführung (ROHG. 21 S. 342), Strafantrag (RG.Str. 15 S. 144), Einspruch (ROHG. 7 S. 412, 11 S. 68); dagegen nicht Verkauf des Geschäfts (ROHG. 23 S. 98; vgl. Bolze 2 Nr. 675).

Abs. 2. Vgl. BGB. §§ 167 ff., § 873; Zurücknahme der Prokura hat also nicht ohne Weiteres Erlöschen dieser Spezialvollmacht zur Folge. Zum Erwerbe und zur Befreiung von Grundstücken bedarf es keiner Spezialvollmacht.

§ 50.

Eine Beschränkung des Umfanges der Prokura ist Dritten gegenüber unwirksam.

Dies gilt insbesondere von der Beschränkung, daß die Prokura nur für gewisse Geschäfte oder gewisse Arten von Geschäften oder nur unter gewissen Umständen oder für eine gewisse Zeit oder an einzelnen Orten ausgeübt werden soll.

Eine Beschränkung der Prokura auf den Betrieb einer von mehreren Niederlassungen des Geschäftsinhabers ist Dritten gegenüber nur wirksam, wenn die Niederlassungen unter verschiedenen Firmen betrieben werden. Eine Verschiedenheit der Firmen im Sinne dieser Vorschrift wird auch dadurch begründet, daß für eine Zweigniederlassung der Firma ein Zusatz beigefügt wird, der sie als Firma der Zweigniederlassung bezeichnet.

§ 50. **Unbeschränkbarkeit.** (Art. 43, I 45, II 49.)
Abs. 1. Selbst wenn die Beschränkung eingetragen und dem Dritten bekannt gewesen sein sollte, es läge denn betrügerische Absicht vor: ROHG. 6 S. 131; RG. 9 S. 148; Bolze 4 Nr. 447. — S. aber § 48 Abs. 2 u. § 52 Abs. 2.
Abs. 2. Die häufige Bestimmung, daß der Prokurist nur in Gemeinschaft mit einem Mitgliede des Vorstandes einer AG. oder der offenen HG. zeichnen dürfe (vgl. Staub § 4 zu Art. 43; ROHG. 8 S. 337; Johow 2 S. 20; Goldschm. 14 S. 452), kann nach §§ 125 Abs. 3, 232 Abs. 2 nicht mehr als unzulässig angesehen werden. — Wegen der zeitlichen Beschränkung s. auch § 52 Abs. 3. Demnach würde die Eintragung einer Prokura auf Lebenszeit des Prinzipals (vgl. § 52 Abs. 3) hinsichtlich dieser zeitlichen Beschränkung Dritten gegenüber nicht unwirksam sein, da sie nicht auf „eine gewisse Zeit" lautet. Dem Prinzipal selbst gegenüber ist der Prokurist natürlich an alle Einschränkungen gebunden und macht sich eventuell durch Zuwiderhandlung einer Dienstverletzung schuldig; vgl. § 72[1].
Abs. 3. **Bisher bestritten:** Johow 12 S. 30; Goldschm. 34 S. 567. Vgl. §§ 126 Abs. 3 u. 30 Abs. 3.

§ 51.

Der Prokurist hat in der Weise zu zeichnen, daß er der Firma seinen Namen mit einem die Prokura andeutenden Zusatze beifügt.

§ 51. **Zeichnung.** (Art. 44, I 47, II 51.) Ordnungsvorschriften für schriftliche Erklärungen (§ 252 Abs. 2; BGB. § 311): ROHG. 10 S. 56, 12 S. 133, 14 S. 319, 15 S. 76, 18 S. 99; Art. 44 Abs. 2 über Zeichnung der Gesammtprokura ist als selbstverständlich weggelassen.

§ 52.

Die Prokura ist ohne Rücksicht auf das der Ertheilung zu Grunde liegende Rechtsverhältniß jederzeit widerruflich, unbeschadet des Anspruchs auf die vertragsmäßige Vergütung.

Die Prokura ist nicht übertragbar.

Die Prokura erlischt nicht durch den Tod des Inhabers des Handelsgeschäfts.

§ 52. **Erlöschen.** (Art. 54, I 48, II 50.) Lediglich in Hinsicht der Wirkung gegen Dritten (s. o.), ohne Rücksicht auf das der Ertheilung zu Grunde liegende

Rechtsverhältniß, jedoch unbeschadet des Anspruchs des Prokuristen auf die vertragsmäßige Vergütung (vgl. Hans. GZ. 1894 S. 283 f.). Anders BGB. § 168. „Für die umfassende und nach außen unbeschränkbare Vertretungsmacht des Prokuristen bildet die freie Widerruflichkeit der Prokura ein nothwendiges Gegengewicht. Selbst dem ausdrücklichen Verzicht auf das Recht des Widerrufs muß deshalb hier die Wirkung versagt werden" (D.).

Abs. 2. (Komm.-Zusatz.) Aus dem Begriff des § 48 Abs. 1 sich nothwendig ergebende Folge.

Abs. 3. Vgl. BGB. §§ 168, 672, 675. Gemeint ist immer Dritten gegenüber; s. § 50.

§ 53.

Die Ertheilung der Prokura ist von dem Inhaber des Handelsgeschäfts zur Eintragung in das Handelsregister anzumelden. Ist die Prokura als Gesammtprokura ertheilt, so muß auch dies zur Eintragung angemeldet werden.

Der Prokurist hat die Firma nebst seiner Namensunterschrift zur Aufbewahrung bei dem Gerichte zu zeichnen.

Das Erlöschen der Prokura ist in gleicher Weise wie die Ertheilung zur Eintragung anzumelden.

§ 53. **Anmeldung und Eintragung.** (Art. 45, 46, I 48, II 52.) — Vgl. §§ 12—16; ROHG. 23 S. 285. Ordnungsvorschriften, kein Erforderniß der Gültigkeit.

Abs. 2. Stempeldruck der Firma genügt nicht: Johow 11 S. 37.

Abs. 3. Also auch durch den Prinzipal.

§ 54.

Ist Jemand ohne Ertheilung der Prokura zum Betrieb eines Handelsgewerbes oder zur Vornahme einer bestimmten zu einem Handelsgewerbe gehörigen Art von Geschäften oder zur Vornahme einzelner zu einem Handelsgewerbe gehöriger Geschäfte ermächtigt, so erstreckt sich die Vollmacht (Handlungsvollmacht) auf alle Geschäfte und Rechtshandlungen, die der Betrieb eines derartigen Handelsgewerbes oder die Vornahme derartiger Geschäfte gewöhnlich mit sich bringt.

Zur Veräußerung oder Belastung von Grundstücken, zur Eingehung von Wechselverbindlichkeiten, zur Aufnahme von Darlehen und zur Prozeßführung ist der Handlungsbevollmächtigte nur ermächtigt, wenn ihm eine solche Befugniß besonders ertheilt ist.

Sonstige Beschränkungen der Handlungsvollmacht braucht ein Dritter nur dann gegen sich gelten zu lassen, wenn er sie kannte oder kennen mußte.

§§ 54—58. **Handlungsvollmacht:** § 54. (Art. 47, I 49, II 53.) „Durch die Fassung des § 54 ist klargestellt, daß der Handlungsbevollmächtigte nicht, wie bisher meistens angenommen wurde (ROHG. 1 S. 50, 5 S. 105, 15 S. 406), in dem Verhältnisse eines Bediensteten oder dauernd im Geschäft angestellten Gehülfen des Vollmachtgebers zu stehen braucht." „Auch wo diese Voraussetzungen nicht zutreffen, die Vertretung vielmehr nur gelegentlich, etwa aus Gefälligkeit, stattfindet, oder wo ein selbständiger Kaufmann zum Vertreter bestellt wird, ist das Bedürfniß nach einer gesetzlichen Begrenzung des Umfangs der Vollmacht vorhanden. Ueberdies kann denjenigen, mit welchen der Vertreter Geschäfte eingeht, die Prüfung des Vertragsverhältnisses, in welchem der Vertreter zum Geschäftsinhaber steht, nicht angesonnen werden" (D.). Vgl. Bolze 3 Nr. 436, 7 Nr. 344. Insofern für das Verhältniß zwischen Prinzipal und Handlungsbevollmächtigtem nicht besondere Bestimmungen getroffen sind, ist dieser § 54 freilich auch für das innere Verhältniß maßgebend: ROHG. 24 S. 196. — Ermächtigung, stillschweigende: ROHG. 7 S. 57, § 55 Abs. 2, 3, § 56; RG. 1 S. 8; Bolze 3 Nr. 436; Keyßner Anm. 8; ROHG. 5 S. 207, 16 S. 127, 23 S. 348; Schluß auf den Umfang aus früheren Geschäften: ROHG. 10 S. 142; Bolze 7 Nr. 344; Inkassovollmacht: § 55 Abs. 2; ROHG. 19 S. 127 gegen 9 S. 104, 11 S. 33, 13 S. 211; Puchelt Anm. 3; Telephonermächtigung: Goldschm. 40 S. 450; dagegen OLG. Hamburg v. 7. März 1897, J.Z. S. 288 Nr. 12. Ueberbringer der Waare mit unquittirter Rechnung gilt deswegen nicht schon für ermächtigt, den Kaufpreis zu anerkennen (Art. 51, vgl. BGB. § 370).

Vornahme einzelner . . . Geschäfte: ROHG. 1 S. 252, 16 S. 131; Bolze 9 Nr. 215. — Betrieb eines derartigen Handelsgewerbes: ROHG. 6 S. 153; Vornahme derartiger Geschäfte; vgl. Strieth. Arch. 69 S. 348; gewöhnlich mit sich bringt: ROHG. 6 S. 400, 12 S. 9, 15 S. 305, vgl. 1 S. 251; Goldschm. 2 S. 402. — Haftung für unerlaubte Handlungen: vgl. BGB. § 831; RG. 15 S. 126; dagegen § 124.

Abs. 2. Vgl. § 49 Abs. 2; — besonders, wenn auch generell: Bolze 6 Nr. 325, 13 Nr. 668. Vgl. Hans. GZ. 1895 S. 105 ff.; Seuff. Arch. 51 S. 420 ff.

Abs. 3. Vgl. § 15. — ROHG. 5 S. 209, 12 S. 279, 20 S. 122. — Vollmachtsgemäße Rechtshandlungen erzeugen nur direkt Rechtsverhältnisse zwischen Vollmachtgeber und Dritten, keine zwischen diesen und dem Vertreter: Art. 52 entbehrlich geworden durch BGB. § 164; desgl. Art. 55 über die Haftung des falsus procurator durch BGB. § 179. Vgl. wegen der Zuständigkeit der Kammer f. Handelssachen GVG. § 101. 3e.

§ 55.

Die Vorschriften des § 54 finden auch auf Handlungsbevollmächtigte Anwendung, die als Handlungsreisende zur Vornahme von Geschäften an Orten verwendet werden, an denen sich eine Niederlassung des Geschäftsinhabers nicht befindet.

Die Reisenden gelten insbesondere für ermächtigt, den Kaufpreis aus den von ihnen abgeschlossenen Verkäufen einzuziehen und dafür Zahlungsfristen zu bewilligen.

Die Anzeige von Mängeln einer Waare, die Erklärung, daß eine Waare zur Verfügung gestellt werde, sowie andere Erklärungen solcher Art können dem anwesenden Reisenden gegenüber abgegeben werden.

§ 55. **Handlungsreisende.** (Art. 49, I 51, II 54.) Vgl. § 87.

Abs. 1. Insbesondere findet also § 54 letzter Abs. auch gegenüber § 55 Abs. 2 u. 3 Anwendung; vgl. ROHG. 5 S. 207, 23 S. 348. — Haftung der Koffer, Muster u. s. w.? Goldschm. 7 S. 597. Frühere Auffassung in ROHG. 1 S. 150, 9 S. 104, 15 S. 405; Gegensatz: Stadtreisende: RG. 6 S. 83. —

Ueber das innere Verhältniß vgl. ROHG. 11 S. 93, 19 S. 9; Bolze 2 Nr. 944, 11 Nr. 321, 322; Goldschm. 14 S. 537, 34 S. 571.

Abs. 2. Nicht zu Kompensation mit eigenen Schulden: Seuff. Arch. 35 Nr. 51; nicht zu Annahme von Wechseln an Zahlungsstatt: Goldschm. 2 S. 402. — Einziehung des Kaufpreises aus anderen Geschäften: ROHG. 4 S. 298, 15 S. 407. — Abgesehen von der Stundung des Kaufpreises sind die Reisenden zu einer nachträglichen Abänderung der Bedingungen eines abgeschlossenen Geschäftes nicht befugt. Auch die Befugniß, die Dispositionsstellung verkaufter und gelieferter Waaren zu genehmigen, kann dem Reisenden nicht eingeräumt werden (D.). Vgl. ROHG. 7 S. 115; Seuff. Arch. 48 S. 70; Goldschm. 11 S. 150, 21 S. 539.

Abs. 3. Dabei wird vorausgesetzt, daß der Reisende am Orte anwesend ist; denn es erscheint nicht angängig, daß der Dritte Erklärungen der fraglichen Art, statt an den Geschäftsinhaber selbst, an dessen anderswo auf Reisen befindlichen Vertreter richtet (D.).

§ 56.

Wer in einem Laden oder in einem offenen Waarenlager angestellt ist, gilt als ermächtigt zu Verkäufen und Empfangnahmen, die in einem derartigen Laden oder Waarenlager gewöhnlich geschehen.

§ 56. **Ladenangestellte.** (Art. 50, I 52, II 55.) — Eine Ausdehnung auf Angestellte in anderen dem Publikum zugänglichen Geschäftsräumen ist nicht rathsam erschienen. Magazine, die Art. 50 besonders hervorhob, fallen unter Waarenlager. — § 56 ist gesetzliche Auslegung des § 54: ROHG. 23 S. 348; bekanntes oder erkennbares Gegentheil ist maßgebend: ROHG. 12 S. 38, 20 S. 122. — Laden ist jedes ständige Verkaufslokal; Bankbureau: ROHG. 12 S. 38; — „offen" d. h. für den Verkehr mit dem Publikum bestimmt. — Wer in . . . angestellt ist: Frage des konkreten Falles: Goldschm. 11 S. 156; Ehefrau: Busch Arch. 39 S. 195; Lehrling: Goldschm. 2 S. 402. — Empfangnahme, auch wenn der Verkauf durch Andere stattfand: Busch Arch. 45 S. 358.

§ 57.

Der Handlungsbevollmächtigte hat sich bei der Zeichnung jedes eine Prokura andeutenden Zusatzes zu enthalten; er hat mit einem das Vollmachtsverhältniß ausdrückenden Zusatze zu zeichnen.

§ 57. **Zeichnung.** (Art. 48, I 50, II 56.) — Ordnungsvorschrift für schriftliche Erklärungen: ROHG. 5 S. 263; RG. 4 S. 320; vgl. Goldschm. 34 S. 569.

§ 58.

Der Handlungsbevollmächtigte kann ohne Zustimmung des Inhabers des Handelsgeschäfts seine Handlungsvollmacht auf einen Anderen nicht übertragen.

§ 58. **Uebertragung.** (Art. 53, I 53, II 57.) Prokura und Handlungsvollmacht; s. jetzt § 52 Abs. 2. — Vgl. BGB. §§ 613, 664; ROHG. 25 S. 92. Im Widerspruch hiermit übertragene Handlungsvollmachten sind wirkungslos. — Art. 54 Abs. 1 über die Widerruflichkeit der Handlungsvollmacht ist nicht wiederholt;

vgl. BGB. § 168; ebenso wenig, daß sie durch den Tod des Geschäftsinhabers nicht erlischt (Art. 54 Abs. 2); vgl. BGB. §§ 168, 672, 675 und andererseits § 724. „Gerade für handelsrechtliche Verhältnisse können die Gesichtspunkte, welche zu der Anerkennung unwiderruflicher Vollmachten im BGB. geführt haben, besondere Bedeutung gewinnen" (D.), z. B. bei Verpachtung oder Nießbrauchsbestellung an einem Handelsgeschäfte.

Sechster Abschnitt.

Handlungsgehülfen und Handlungslehrlinge.

§ 59.

Wer in einem Handelsgewerbe zur Leistung kaufmännischer Dienste gegen Entgelt angestellt ist (Handlungsgehülfe), hat, soweit nicht besondere Vereinbarungen über die Art und den Umfang seiner Dienstleistungen oder über die ihm zukommende Vergütung getroffen sind, die dem Ortsgebrauch entsprechenden Dienste zu leisten sowie die dem Ortsgebrauch entsprechende Vergütung zu beanspruchen. In Ermangelung eines Ortsgebrauchs gelten die den Umständen nach angemessenen Leistungen als vereinbart.

Sechster Abschnitt; tritt mit Ausnahme des § 65 schon am 1. Januar 1898 in Kraft: EG. Art. 1 Abs. 2. — Handlungsgehülfen: §§ 59—75; Handlungslehrlinge: §§ 76—82; Angestellte für andere als kaufmännische Dienste: § 83. — Eine erschöpfende Zusammenstellung der für die Verhältnisse der Handlungsgehülfen maßgebenden Rechtsvorschriften will das BGB. nicht geben; „neben denselben kommt noch eine Reihe anderer Gesetze in Betracht; vgl. EG. Art. 2, 9 Ia insbesondere GO. Tit. VII über gewerbliche Arbeiter: §§ 105 ff.; R.Krankenvers.Ges. § 1 Abs. 4; BGB. §§ 611 ff., 278, 831.

§ 59. **Begriff. Rechte und Pflichten.** (Art. 57, I 54, II 58.) a) Art der Dienstleistungen. Bei der Entscheidung, welche Dienste als kaufmännisch anzusehen sind, ist selbstverständlich auf die Verkehrsauffassung Rücksicht zu nehmen. Hat der Angestellte außer seinen kaufmännischen Dienstleistungen nebenbei noch gewisse technische Arbeiten, z. B. behufs der Erhaltung leicht verderblicher Waaren, zu verrichten, so schließt dies den Begriff des Handlungsgehülfen nicht aus. Vgl. auch Hans. GZ. 1895 S. 217 ff. — Der Ortsgebrauch kommt eventuell auch für die Frage in Betracht, ob der handlungsreisende Gehülfe in der Zeit zwischen seinen Reisen auch Comptoirdienste zu verrichten hat, was an den einzelnen Handelsplätzen sehr verschieden ist. Der erste Entwurf enthielt einen dahin gehenden Abs. 2. Anträge auf gesetzliche Regelung wurden von der Komm. abgelehnt. — b) Umfang der Dienstleistungen auch hinsichtlich der Zeit; aber begriffsmäßig nicht über die Zeit des Dienstverhältnisses hinaus, s. § 66; vgl. auch § 74. — c) Vergütung: §§ 62—65. Anträge wegen eines Rückbehaltungsrechts an Schriften, Mustern, Kundenbüchern u. dgl. wurden abgelehnt; weil das bürgerliche Recht ausreichend sei (vgl. BGB. §§ 855, 1000; aber auch § 273; Busch Arch. 10 S. 418); den Reisenden schlechter zu stellen, als jeden Dritten liegt kein

Grund vor. Gehaltserhöhungs-Zusage: ROHG. 18 S. 258; Weihnachtsgeschenke: RG. 26 S. 18; Goldschm. 37 S. 534. Ueber den Anspruch auf ein Dienstzeugniß: § 73.

§§ 60, 61. **Konkurrenzverbot.** (Art. 56, 59, I 55, 56, II 59, 60.)

§ 60.

Der Handlungsgehülfe darf ohne Einwilligung des Prinzipals weder ein Handelsgewerbe betreiben noch in dem Handelszweige des Prinzipals für eigene oder fremde Rechnung Geschäfte machen.

Die Einwilligung zum Betrieb eines Handelsgewerbes gilt als ertheilt, wenn dem Prinzipal bei der Anstellung des Gehülfen bekannt ist, daß er das Gewerbe betreibt, und der Prinzipal die Aufgabe des Betriebs nicht ausdrücklich vereinbart.

§ 60. Vgl. § 343. Das Verbot endet ohne Weiteres mit dem Dienstverhältniß, s. aber § 74; vgl. ROHG. 16 S. 169.

§ 61.

Verletzt der Handlungsgehülfe die ihm nach § 60 obliegende Verpflichtung, so kann der Prinzipal Schadensersatz fordern; er kann statt dessen verlangen, daß der Handlungsgehülfe die für eigene Rechnung gemachten Geschäfte als für Rechnung des Prinzipals eingegangen gelten lasse und die aus Geschäften für fremde Rechnung bezogene Vergütung herausgebe oder seinen Anspruch auf die Vergütung abtrete.

Die Ansprüche verjähren in drei Monaten von dem Zeitpunkt an, in welchem der Prinzipal Kenntniß von dem Abschlusse des Geschäfts erlangt; sie verjähren ohne Rücksicht auf diese Kenntniß in fünf Jahren von dem Abschlusse des Geschäfts an.

§ 61. Vgl. § 113; ROHG. 16 S. 169, 290. Die Ansprüche des Prinzipals sind nicht mehr kumulativ, wie früher, sondern wie in § 113 wahlweise gewährt; — „die ... bezogene Vergütung": frühere Auffassung in ROHG. 15 S. 416; RG. 8 S. 48; Busch Arch. 22 S. 457; vgl. RG.Str. 1 S. 405. — Rechnungslegung: Goldschm. 10 S. 201; Bolze 8 Nr. 543; — Klage auf künftige Unterlassung? ROHG. 19 S. 138.
Abs. 2. BGB. §§ 187, 188, 205 ff.

§ 62.

Der Prinzipal ist verpflichtet, die Geschäftsräume und die für den Geschäftsbetrieb bestimmten Vorrichtungen und Geräthschaften so einzurichten und zu unterhalten, auch den Geschäftsbetrieb und die Arbeitszeit so zu regeln, daß der Handlungsgehülfe gegen eine Gefährdung seiner Gesundheit, soweit die Natur des Betriebs es gestattet, geschützt und die Aufrechterhaltung der guten Sitten und des Anstandes gesichert ist.

Ist der Handlungsgehülfe in die häusliche Gemeinschaft aufgenommen, so hat der Prinzipal in Ansehung des Wohn- und Schlafraums, der Verpflegung sowie der Arbeits- und Erholungszeit diejenigen Einrichtungen und Anordnungen zu treffen, welche mit Rücksicht auf die Gesundheit, die Sittlichkeit und die Religion des Handlungsgehülfen erforderlich sind.

Erfüllt der Prinzipal die ihm in Ansehung des Lebens und der Gesundheit des Handlungsgehülfen obliegenden Verpflichtungen nicht, so finden auf seine Verpflichtung zum Schadensersatze die für unerlaubte Handlungen geltenden Vorschriften der §§ 842 bis 846 des Bürgerlichen Gesetzbuchs entsprechende Anwendung.

Die dem Prinzipal hiernach obliegenden Verpflichtungen können nicht im voraus durch Vertrag aufgehoben oder beschränkt werden.

§ 62. **Fürsorgepflicht des Prinzipals.** (Neu; I 57, II 61.)
Abs. 1 u. 2. Vgl. BGB. § 618, GO. §§ 120 a und b.
Abs. 3. BGB. § 842 bestimmt den Umfang der Schadensersatzpflicht, § 843 bei Aufhebung der Erwerbsfähigkeit in Folge einer Verletzung des Körpers oder der Gesundheit, § 844 im Falle der Tödtung, § 845 gegenüber einem Dritten, dem der Verletzte kraft Gesetzes zur Dienstleistung im Hauswesen oder Gewerbe verpflichtet war, § 846 bei konkurrirendem Verschulden des Verletzten. Geltende Vorschriften sind dies freilich erst vom 1. Januar 1900 ab, gewollt ist aber nach EG. Art. 1 zweifellos, daß sie insoweit auch schon vom 1. Januar 1898 ab gelten sollen; vgl. dagegen § 65.
Abs. 4. Der letzte Absatz entspricht BGB. § 619. „Danach ist jede Vereinbarung dieser Art, soweit sie sich auf die Folgezeit bezieht, unwirksam; nur für einen nachträglichen Verzicht auf Schadensersatz oder ähnliche Ansprüche aus der Vergangenheit bleibt Raum" (D.).

§ 63.

Wird der Handlungsgehülfe durch unverschuldetes Unglück an der Leistung der Dienste verhindert, so behält er seinen Anspruch auf Gehalt und Unterhalt, jedoch nicht über die Dauer von sechs Wochen hinaus.

Der Handlungsgehülfe ist nicht verpflichtet, sich den Betrag anrechnen zu lassen, der ihm für die Zeit der Verhinderung aus einer Kranken- oder Unfallversicherung zukommt. Eine Vereinbarung, welche dieser Vorschrift zuwiderläuft, ist nichtig.

§ 63. **Fortbezug bei Verhinderung.** (Art. 60, I 58, II 62.) „Unverschuldetes Unglück", sei es in seiner Person, z. B. Erkrankung, Verhaftung, Eisenbahnunglück, oder nicht, z. B. Krieg (ROHG. 8 S. 153), Seuche, Feuersbrunst. Ein Komm.Antrag statt „unverschuldetes Unglück" zu sagen: einen in seiner Person liegenden Grund ohne sein Verschulden wurde bekämpft und zurückgezogen. Militärische Dienstleistung (vgl. § 72 [3]); auswärtiger Zeugentermin u. dgl. sind kein „Unglück" (a. M. früher Staub § 1). „Wird der Handlungsgehülfe nicht durch unverschuldetes Unglück, sondern aus einem anderen, von ihm nicht verschuldeten Grunde an der Verrichtung seiner Dienste verhindert, so kommt BGB. § 616 zur Anwendung" (D.). — Im Falle selbstverschuldeter Behinderung steht der Anspruch überhaupt nicht zu; auch nicht aus BGB. § 616. — Andererseits wird er nicht mehr wie nach Art. 60 nur bei zeitweiser, sondern nach § 63 allgemein, also auch bei von vornherein als dauernd erkennbarer Verhinderung gewährt. Er fällt weg, sobald das Dienstverhältniß zu Ende ist; vgl. BGB. § 617; jedoch nicht, wenn der Prinzipal wegen dieser Verhinderung ohne Einhaltung der Kündigungsfrist kündigt (§ 72 Abs. 2, ebenso BGB. § 617 Abs. 1 a. E.).

Ist bei einem dauernden Dienstverhältniß der Handlungsgehülfe in die häusliche Gemeinschaft des Prinzipals aufgenommen (§ 62 Abs. 2), so findet wegen Verpflegung und ärztlicher Behandlung neben § 63 auch BGB. § 617 Anwendung.

Abs. 2. Komm.Beschluß; Entwürfe entgegengesetzt, entsprechend BGB. § 616. Vgl. Krankenvers.Ges. § 1 Abs. 4, und § 57 Abs. 2. Uebrigens soll der Handlungsgehülfe durch die Behinderung keinen Gewinn machen.

§ 64.

Die Zahlung des dem Handlungsgehülfen zukommenden Gehalts hat am Schlusse jedes Monats zu erfolgen. Eine Vereinbarung, nach der die Zahlung des Gehalts später erfolgen soll, ist nichtig.

§ 64. **Zeit der Gehaltszahlung.** (Neu nach II 63.) Der Schlußsatz ist Komm.Beschluß. Vgl. BGB. § 614 Abs. 2.

§ 65.

Ist bedungen, daß der Handlungsgehülfe für Geschäfte, die von ihm geschlossen oder vermittelt werden, Provision erhalten solle, so finden die für die Handlungsagenten geltenden Vorschriften des § 88 und des § 91 Satz 1 Anwendung.

§ 65. **Provision.** (Neu; I 59, II 64.) — Die besonderen Bestimmungen über den Provisionsanspruch derjenigen Agenten, welche für einen bestimmten Bezirk bestellt sind (§ 89, § 91 Abs. 2), dehnt das Gesetz nicht auf die Handlungsgehülfen aus, weil bei der abhängigen Stellung, in der sich der Gehülfe befindet, nicht ohne Weiteres angenommen werden kann, daß der Prinzipal dem Handlungsgehülfen durch die Anstellung für einen bestimmten Bezirk gleichfalls das Recht auf Provision auch für solche Geschäfte, die ohne seine Mitwirkung in dem betreffenden Bezirke durch den Geschäftsherrn oder für diesen geschlossen sind, einräumen wollte. Ist dies im einzelnen Falle dennoch anzunehmen, so gilt natürlich auch § 89 und § 91 Abs. 2. Offenbar wegen der Anwendbarkeit der §§ 88, 91 Satz 1 tritt § 65 noch nicht am 1. Januar 1898 in Kraft. — Verschieden Handlungsgehülfe mit Anspruch auf Reingewinn (commis interessé): ROHG. 1 S. 194, 6 S. 25, Bolze 10 Nr. 428, 430, der deswegen auch im Falle eines Rechtsstreites (§ 45) Anspruch auf Einsicht der Bilanz, der Bücher u. s. w., nicht aber auf Rechnungslage hat: ROHG. 1 S. 194, 17 S. 275, Bolze 4 Nr. 677, 10 Nr. 226; Verjährung, Gruchot 35 S. 120.

§ 66.

Das Dienstverhältniß zwischen dem Prinzipal und dem Handlungsgehülfen kann, wenn es für unbestimmte Zeit eingegangen ist, von jedem Theile für den Schluß eines Kalendervierteljahrs unter Einhaltung einer Kündigungsfrist von sechs Wochen gekündigt werden.

§ 66. **Kündigungsfrist:** §§ 66—69. (Art. 61 Satz 1, I 60, II 65.) Gesetzliche Kündigungsfrist von sechs Wochen vor Ablauf des betreffenden Kalenderquartals, also 17. Februar, 19. Mai, August, November. — Für unbestimmte Zeit: auf Lebenszeit oder für länger als fünf Jahre eingegangen, ist das Dienstverhältniß nach BGB. § 624 kündbar. Vor Dienstantritt zulässig: Goldschm. 40 S. 452. Unberechtigte Entlassung wirkt wenigstens als Kündigung? (So: Staub § 2.) Verspätete Kündigung als zum folgenden Vierteljahrsschluß? Beweislast? Vgl. RG. 1 S. 383. Mittheilungshindernisse? Goldschm. 34 S. 572. Bestimmtheit: ROHG. 4 S. 342; bedingte Kündigung: Bolze 12 Nr. 400. — Beschränkung der Vertragsfreiheit: §§ 67—70.

§ 67.

Wird durch Vertrag eine kürzere oder längere Kündigungsfrist bedungen, so muß sie für beide Theile gleich sein; sie darf nicht weniger als einen Monat betragen.

Die Kündigung kann nur für den Schluß eines Kalendermonats zugelassen werden.

Die Vorschriften des Abs. 1 finden auch in dem Falle Anwendung, wenn das Dienstverhältniß für bestimmte Zeit mit der Vereinbarung eingegangen wird, daß es in Ermangelung einer vor dem Ablaufe der Vertragszeit erfolgten Kündigung als verlängert gelten soll.

Eine Vereinbarung, die diesen Vorschriften zuwiderläuft, ist nichtig.

§ 67. (Art. 61 Satz 2, I 61, II 66.)

Abs. 1. Auslegung: Busch Arch. 8 S. 390, aber auch BGB. § 621; Fristberechnung: BGB. §§ 621, 188, vgl. Seuff. Arch. 47 S. 432.

Abs. 2. Bei einer derartigen Regelung findet die leichteste und sicherste Ausgleichung von Angebot und Nachfrage statt (D.).

Abs. 3. Vgl. BGB. § 625 und Busch Arch. 12 S. 385.

§ 68.

Die Vorschriften des § 67 finden keine Anwendung, wenn der Handlungsgehülfe einen Gehalt von mindestens fünftausend Mark für das Jahr bezieht.

Sie bleiben ferner außer Anwendung, wenn der Handlungsgehülfe für eine außereuropäische Handelsniederlassung angenommen ist und nach dem Vertrage der Prinzipal für den Fall, daß er das Dienstverhältniß kündigt, die Kosten der Rückreise des Handlungsgehülfen zu tragen hat.

§ 68. (Neu, insbesondere auf Wunsch der Hansestädte; II 67.)

Abs. 1. Ein Schutzbedürfniß gegen nothgedrungene Eingehung ungünstiger Kündigungsbedingungen liegt dann nicht vor.

Abs. 2. Weil unter dieser Voraussetzung die Auslagen des Prinzipals für Hin- und Herreise von selbst dahin führen werden, daß das Dienstverhältniß nicht ohne Noth von ihm gekündigt wird; andererseits neben jenen an und für sich schweren Verpflichtungen dem Prinzipal frei gelassen werden müsse, sowohl sich den betreffenden Handlungsgehülfen auf länger zu sichern, wie sich kurze Kündigungsfrist zu bedingen, um ungeeignete Leute rasch wieder entfernen zu können (Komm.B.).

§ 69.

Wird ein Handlungsgehülfe nur zu vorübergehender Aushülfe angenommen, so finden die Vorschriften des § 67 keine Anwendung, es sei denn, daß das Dienstverhältniß über die Zeit von drei Monaten hinaus fortgesetzt wird. Die Kündigungsfrist muß jedoch auch in einem solchen Falle für beide Theile gleich sein.

§ **69.** (Neu; I 62, II 68.) **Soweit es sich um bloße Aushülfsstellen handelt, soll im Interesse beider Betheiligten die Vertragsfreiheit nach § 67 nur durch das Erforderniß der Gleichheit der Kündigungsfrist beschränkt** sein. **Für eine ähnliche Ausnahme von** § 67 bei Anstellung nur zur Probe besteht „um so weniger ein Bedürfniß als es auch künftig gestattet bleibt, den Dienstvertrag nur für bestimmte Zeit abzuschließen, in welchem Falle das Verhältniß mit dem Ablaufe des betreffenden Zeitraumes ohne Weiteres endigt" (D.). Beweislast? Unbedingter Vertrag, dessen jederzeitige Kündbarkeit beweisen muß, wer sie behauptet.

§§ 70—72. **Kündigung.** Durch die Fassung der §§ 70—72 ist außer Zweifel gestellt, daß in den fraglichen Fällen die Auflösung des Dienstverhältnisses nicht eines Richterspruchs bedarf, sondern daß sie in Folge der Kündigung ohne Weiteres eintritt, sofern diese gerechtfertigt war" (D.); vgl. ROHG. 13 S. 221; RG. 22 S. 37.

§ 70.

Das Dienstverhältniß kann von jedem Theile ohne Einhaltung einer Kündigungsfrist gekündigt werden, wenn ein wichtiger Grund vorliegt.

Wird die Kündigung durch vertragswidriges Verhalten des anderen Theiles veranlaßt, so ist dieser zum Ersatze des durch die Aufhebung des Dienstverhältnisses entstehenden Schadens verpflichtet.

§ **70. Voraussetzung und Wirkung.** (Art. 62, I 63, II 69.)

Abs. 1. Ebenso BGB. § 626. Anspruch des Gehülfen auf Vergütung bei vertragsmäßigem Verhalten des Prinzipals gemäß §§ 63, 72 Abs. 2 und BGB. § 626 Abs. 1. — Der Entlassung gegenüber braucht der Gehülfe weder zu protestiren (Goldschm. 34 S. 574) noch seine Dienste zur Verfügung zu stellen (ROHG. 2 S. 284). — „Wenn ein wichtiger Grund vorliegt": der Kündigende braucht ihn nicht anzugeben und kann hinterher andere Gründe anführen (ROHG. 17 S. 220, 21 S 252; RG. bei Goldschm. 34 S. 574); „wichtig": nach richterlichem Ermessen (Art. 62 Abs. 2), jedoch mit der aus §§ 71, 72 hervorgehenden Maßgabe, vgl. § 71; Verschulden wird nicht erfordert (RG. 38 S. 27), kommt aber für die Folgen in Betracht nach § 75. Daneben bestehen die Vertragsaufhebungsgründe des bürgerlichen Rechts weiter: Irrthum (BGB. § 119 Abs. 2; Goldschm. 8 S. 171; RG. 12 S. 102); Beginn oder Fortsetzung des Dienstverhältnisses trotz Kenntniß des Kündigungsgrundes beweist dessen Unwichtigkeit oder Verzeihung (ROHG. 19 S. 114). Kündigung absorbirt die bis dahin bekannten Entlassungsgründe (Goldschm. 8 S. 171; s. aber ROHG. 17 S. 221, 19 S. 114).

Abs. 2 entspricht BGB. § 628 Abs. 2. Vgl. ROHG. 14 S. 121. — Der dem Gehülfen zu leistende Schadensersatz bei vertragswidrigem Verhalten des

Prinzipals wird regelmäßig in der Zahlung des Gehalts für die Zeit bis zum Ablaufe der Kündigungsfrist oder für den Rest der vertragsmäßigen Dauer des Dienstverhältnisses bestehen. Dessen ungeachtet ist es nicht vertragsmäßige Vergütung, sondern Schadensersatz; daher ist die Verjährung nicht nach BGB. § 196, sondern nach § 852 oder § 195 zu berechnen; daher das RGes. betr. die Beschlagnahme des Arbeits- und Dienstlohnes v. 21. Juni 1869 unanwendbar. — Schaden: vgl. auch BGB. § 627 Abs. 2; einschließl. entgangenem Gewinn (ROHG. 14 S. 19); abzüglich jedoch anderweiten Erwerbes außer § 63 Abs. 2: ROHG. 17 S. 221, 18 S. 370; Bolze 12 Nr. 402, 736. — Vgl. auch § 75.

§§ 71, 72. **Gründe.** (Art. 63, 64, I 64, 65, II 70, 71.) Die Aufzählungen sind auch jetzt weder erschöpfend noch trotz der verpflichtenderen Fassung zwingend; vgl. ROHG. 4 S. 398, 6 S. 214, 10 S. 185; J.W. 1892 S. 275.

§ 71.

Als ein wichtiger Grund, der den Handlungsgehülfen zur Kündigung ohne Einhaltung einer Kündigungsfrist berechtigt, ist es, sofern nicht besondere Umstände eine andere Beurtheilung rechtfertigen, namentlich anzusehen:

1. wenn der Handlungsgehülfe zur Fortsetzung seiner Dienste unfähig wird;
2. wenn der Prinzipal den Gehalt oder den gebührenden Unterhalt nicht gewährt;
3. wenn der Prinzipal den ihm nach § 62 obliegenden Verpflichtungen nachzukommen verweigert;
4. wenn sich der Prinzipal Thätlichkeiten, erhebliche Ehrverletzungen oder unsittliche Zumuthungen gegen den Handlungsgehülfen zu Schulden kommen läßt oder es verweigert, den Handlungsgehülfen gegen solche Handlungen eines anderen Angestellten oder eines Familienangehörigen des Prinzipals zu schützen.

§ 71: des Gehülfen: sofern nicht u. s. w. z. B. (Komm.B.) wenn wegen Ausbleibens einer Geldsendung, oder Verlust des Kassenschlüssels der Gehalt nicht rechtzeitig gezahlt wird (Nr. 2); „namentlich": vgl. außerdem z. B. § 81 (Unfähigkeit); ROHG. 18 S. 370 (Wechsel der Geschäftsinhaber); KO. § 22; vgl. ROHG. 19 S. 393 (Konkurs); Goldschm. 37 S. 535 (Entziehung der Prokura).

Nr. 1: vgl. BGB. §§ 275, 325.

Nr. 2: diese Verpflichtungen des Prinzipals sind so dringend und nach § 64 so bestimmt, daß schon Nichtgewährung Kündigungsgrund genug ist und es vorbehältlich der allgemeinen Voraussetzung, daß „nicht besondere Umstände eine andere Beurtheilung rechtfertigen", keiner vorgängigen Aufforderung zur Erfüllung bedarf; anders

Nr. 3: wo gemäß § 62 Verweigerung, sei es ausdrückliche oder stillschweigende, jedenfalls nach vorgängiger ausdrücklicher oder stillschweigender Aufforderung zur Erfüllung verlangt wird; ist also der Handlungsgehülfe in die häusliche Gemeinschaft aufgenommen, und wird der gebührende Unterhalt nicht gewährt (2), so kommt als speziellere Vorschrift diese Nr. 3 zur Anwendung.

Nr. 4: „erhebliche Ehrverletzungen", geringfügige, insbesondere symbolischer Art, sollten ausgeschieden werden; „oder unsittliche Zumuthungen",

„oder es verweigert" bis zum Schluß sind Zusätze der Komm. Beantragt war: „oder es unterläßt u. s. w."; dem wurde entgegen gehalten, daß der Prinzipal vielleicht nicht in der Lage gewesen sei, die Thätlichkeiten, Ehrverletzungen, unsittlichen Zumuthungen zu hindern (Komm.B.); daher bedarf es weder einer ausdrücklichen Aufforderung noch einer ausdrücklichen Verweigerung, Schutz zu gewähren; Nichterfüllung der Schutzpflicht trotz Erkenntniß des Schutzbedürfnisses ist Schutzverweigerung und ein vertragswidriges Verhalten.

§ 72.

Als ein wichtiger Grund, der den Prinzipal zur Kündigung ohne Einhaltung einer Kündigungsfrist berechtigt, ist es, sofern nicht besondere Umstände eine andere Beurtheilung rechtfertigen, namentlich anzusehen:

1. wenn der Handlungsgehülfe im Dienste untreu ist oder das Vertrauen mißbraucht oder die ihm nach § 60 obliegende Verpflichtung verletzt;
2. wenn er seinen Dienst während einer den Umständen nach erheblichen Zeit unbefugt verläßt oder sich beharrlich weigert, seinen Dienstverpflichtungen nachzukommen;
3. wenn er durch anhaltende Krankheit, durch eine längere Freiheitsstrafe oder Abwesenheit oder durch eine die Zeit von acht Wochen übersteigende militärische Dienstleistung an der Verrichtung seiner Dienste verhindert wird;
4. wenn er sich Thätlichkeiten oder erhebliche Ehrverletzungen gegen den Prinzipal oder dessen Vertreter zu Schulden kommen läßt.

Erfolgt die Kündigung, weil der Handlungsgehülfe durch unverschuldetes Unglück längere Zeit an der Verrichtung seiner Dienste verhindert ist, so wird dadurch der im § 63 bezeichnete Anspruch des Gehülfen nicht berührt.

§ 72: des Prinzipals. Zu Abs. 1 vgl. Anm. zu § 71 und GO. §§ 123, 124, 133c und d „namentlich": vgl. ROHG. 18 S. 24; RG. 12 S. 102; KO. § 22 (Schulden, Konkurs); Goldschm. 14 S. 541 (mangelhafte Schulbildung), (eklige Krankheit das. S. 538); vgl. auch Anm. zu § 70. Weggelassen ist Art. 64[6], „wenn er sich einem unsittlichen Lebenswandel ergiebt" (Goldschm. 8 S. 172, 34 S. 574), nicht als ob das in Zukunft nicht mehr als Entlassungsgrund gelten könne, sondern wegen der Dehnbarkeit des Begriffes und wegen der dann unvermeidlichen Nothwendigkeit, den gleichen Entlassungsgrund in der Person des Prinzipals zu Gunsten des Handlungsgehülfen aufzustellen.

Nr. 1: „untreu" nicht nothwendig im Sinne von StrGB. § 266 (RG.Str. 28 S. 155), vgl. ROHG. 21 S. 393 (fingirte Bestellungen), 19 S. 115, Goldschm. 8 S. 169 (Verrath von Geschäftsgeheimnissen), S. 164 (Weigerung, Gelder abzuliefern), 21 S. 564 (Scheinkrankheit), 34 S. 574 (Notizen zum Privatgebrauch gegen Verbot), Busch Arch. 21 S. 349 (Verletzung des Briefgeheimnisses), 23 S. 5 (fingirte Reisetage), nicht aber schon der Verdacht der Unredlichkeit (anders ROHG. 4 S. 398, Hans. GZ. 1895 S. 239); — nach § 60: vgl. ROHG. 16 S. 290, 19 S. 115.

Nr. 2: Dienstversäumniß muß ein Verlassen des Dienstes darstellen, wodurch der Gegensatz zu einfachen Verspätungen noch schärfer hervorgehoben wird; erhebliche Zeit; vgl. Busch Arch. 30 S. 160; — unbefugt, früher: „ohne einen rechtmäßigen Hinderungsgrund", z. B. wegen Krankheit: ROHG. 7 S. 262; — Ausbleiben ohne Entschuldigung: Busch Arch. 21 S. 351; — beharrliche Dienstverweigerung: nicht jeder Widerspruch: Goldschm. 8 S. 167; auch wenn sie, z. B. durch den Gesundheitszustand, gerechtfertigt sein sollte; mit seiner Gesundheit unverträgliche Dienste durfte der Handlungsgehülfe eben nicht übernehmen.

Nr. 3: „Anhaltend", „länger" nach richterlicher Würdigung; — Dienstleistung: Goldschm. 40 S. 434.

Nr. 4: „Vertreter": Zus. d. Komm.; Beleidigung der Ehefrau des Prinzipals, Busch Arch. 9 S. 380.

Abs. 2: nicht bei Einziehung zu militärischen Dienstleistungen s. § 63.

§ 73.

Bei der Beendigung des Dienstverhältnisses kann der Handlungsgehülfe ein schriftliches Zeugniß über die Art und Dauer der Beschäftigung fordern. Das Zeugniß ist auf Verlangen des Handlungsgehülfen auch auf die Führung und Leistungen auszudehnen.

Auf Antrag der Handlungsgehülfen hat die Ortspolizeibehörde das Zeugniß kosten- und stempelfrei zu beglaubigen.

§ 73. **Zeugniß.** (Neu; I 66, II 72.) Vgl. BGB. § 630, nach dessen Vorbilde der Entw. redaktionell geändert wurde, während materielle Abänderungsvorschläge, wie: „nach erfolgter Kündigung" und „vom Tage der Kündigung an bis sechs Monate nach dem Abgange" abgelehnt wurden, indem man „konstatirte, daß nach dem BGB. darüber kein Zweifel sein könne, daß nach Maßgabe der Bestimmungen über Treu und Glauben bei Verträgen das Zeugniß schon verlangt werden könne vom Tage der Kündigung an und auch nach dem Austritt", auch hervorhob, „daß der Handlungsgehülfe unter Umständen ein großes Interesse daran haben könne, auch nach sechs Monaten noch ein Zeugniß zu bekommen; z. B. wenn er sich selbständig gemacht habe und später wieder genöthigt sei, eine Stellung anzunehmen". — Auch ein Antrag auf Bestimmung freier Zeit zum Aufsuchen einer neuen Stellung wurde abgelehnt unter Hinweis auf BGB. § 629; endlich gegenüber einem Antrage, entgegenstehende Vereinbarungen für nichtig zu erklären, wurde „festgestellt, daß diese Bestimmungen überhaupt einen öffentlich-rechtlichen Charakter tragen und daher durch Verträge nicht abgeändert werden können". — Vgl. auch § 80, und RG. 36 S. 71 f.

§ 74.

Eine Vereinbarung zwischen dem Prinzipal und dem Handlungsgehülfen, durch welche dieser für die Zeit nach der Beendigung des Dienstverhältnisses in seiner gewerblichen Thätigkeit beschränkt wird, ist für den Handlungsgehülfen nur insoweit verbindlich, als die Beschränkung nach Zeit, Ort und Gegenstand nicht die Grenzen überschreitet, durch welche eine unbillige Erschwerung des Fortkommens des Handlungsgehülfen ausgeschlossen wird.

Die Beschränkung kann nicht auf einen Zeitraum von mehr als drei Jahren von der Beendigung des Dienstverhältnisses an erstreckt werden.

Die Vereinbarung ist nichtig, wenn der Handlungsgehülfe zur Zeit des Abschlusses minderjährig ist.

§§ 74, 75. **Konkurrenzklausel.** § 74. (Neu; I 67 Abs. 1, II 73.)
Die Frage, ob eine Vereinbarung die bezeichneten Grenzen überschreitet, ist vom Richter nach den Umständen des einzelnen Falles zu entscheiden, nur in Hinsicht der Zeit ist ein gesetzliches Maximallimit in Abs. 2 gesetzt. Bei der Beurtheilung sind insbesondere zu berücksichtigen die Verhältnisse und Bedürfnisse des vom Prinzipal betriebenen Geschäftes, die Höhe des von dem Gehülfen bezogenen Gehaltes und der etwa für die Beschränkung seiner späteren Thätigkeit gewährten besonderen Vergütung, und ob also die besonderen Vortheile des Gehülfen aus dem Dienstverhältnisse zugleich als ausreichende Entschädigung für die ihm auferlegte Beschränkung anzusehen sind. Wo ein berechtigtes Interesse des Prinzipals an einer solchen überhaupt nicht anzuerkennen ist, wird regelmäßig auch jede Beschränkung als Unbilligkeit erscheinen. Vgl. Bolze 16 Nr. 386, 388, 17 Nr. 423, 18 Nr. 409. J.W. 25 S. 407; „nach Zeit, Ort, Gegenstand": alle näheren Bestimmungen, außer nach Abs. 2, wurden von der Komm. abgelehnt, und in allen drei Richtungen, insbesondere auch in Betreff des Gegenstandes des Geschäftes, der Branche, wie in Betreff der Höhe der Vertragsstrafe (§ 74 Abs. 2 a. E.) freies richterliches Ermessen statuirt.

Abs. 2 ist Zusatz der Komm.

Abs. 3: Nichtig, einerlei ob die Vereinbarung mit dem gesetzlichen Vertreter des Gehülfen oder mit diesem selbst geschlossen ist. Denn eine derartige Vereinbarung darf den Gehülfen nur binden, wenn er bei Uebernahme der Verpflichtung in der Lage ist, deren Tragweite in vollem Umfange selbst zu würdigen.

§ 75.

Giebt der Prinzipal durch vertragswidriges Verhalten dem Handlungsgehülfen Grund, das Dienstverhältniß gemäß den Vorschriften der §§ 70, 71 aufzulösen, so kann er aus einer Vereinbarung der im § 74 bezeichneten Art Ansprüche nicht geltend machen. Das Gleiche gilt, wenn der Prinzipal das Dienstverhältniß kündigt, es sei denn, daß für die Kündigung ein erheblicher Anlaß vorliegt, den er nicht verschuldet hat, oder daß während der Dauer der Beschränkung dem Handlungsgehülfen das zuletzt von ihm bezogene Gehalt fortgezahlt wird.

Hat der Handlungsgehülfe für den Fall, daß er die in der Vereinbarung übernommene Verpflichtung nicht erfüllt, eine Strafe versprochen, so kann der Prinzipal nur die verwirkte Strafe verlangen; der Anspruch auf Erfüllung oder auf Ersatz eines weiteren Schadens ist ausgeschlossen. Die Vorschriften des Bürgerlichen Gesetzbuchs über die Herabsetzung einer unverhältnißmäßig hohen Vertragsstrafe bleiben unberührt.

Vereinbarungen, welche diesen Vorschriften zuwiderlaufen, sind nichtig.

§ 75. (Neu; I 67 Abs. 2, II 74.)
Abs. 1: Will der Prinzipal in seinem Geschäfte dem Gehülfen die Möglichkeit weiteren Fortkommens, so weit es angeht, nicht gewähren, sondern veranlaßt er selbst durch vertragswidriges Verhalten dessen Kündigung oder kündigt seinerseits ohne Noth, so wäre es unbillig, den Gehülfen zu hindern, daß er ein ander-

weitiges Unterkommen suche, wo es sich ihm immer nur bietet. Daraus ergiebt sich andererseits die Billigkeit des in der Komm. zugefügten Schlußsatzes, daß der Prinzipal trotz seiner selbst aus unerheblichem Anlaß erfolgten Kündigung die Konkurrenzklausel geltend machen kann, wenn er dem Gehülfen dessen letztes Gehalt weiterzahlt.

Abs. 2 Satz 1 entspricht der jedoch nur dispositiven Vorschrift in BGB. § 340 Abs. 1. — Satz 2 s. BGB. § 343; steht erst in Entw. II; vgl. dagegen § 348 d. Ges.

§§ 76—82. **Handlungslehrlinge.** Vgl. GO. §§ 126 ff., 120 u. 154. Das alte HGB. bestimmte nur eine einzige Abweichung von den für Handelsgehülfen gegebenen Vorschriften in Art. 61 Abs. 2 über die Dauer der Lehrzeit. — Für den Abschluß des Lehrvertrages empfiehlt sich wegen § 79 die schriftliche Form. — Wer ist Kontrahent? Vgl. ROHG. 13 S. 106, 14 S. 18, 17 S. 394; Busch Arch. 21 S. 329. — Gewährleistung für vertragsmäßiges Verhalten: s. ROHG. 14 S. 18.

§ 76.

Die Vorschriften der §§ 60 bis 63, 74, 75 finden auch auf Handlungslehrlinge Anwendung.

Der Lehrherr ist verpflichtet, dafür zu sorgen, daß der Lehrling in den bei dem Betriebe des Geschäfts vorkommenden kaufmännischen Arbeiten unterwiesen wird; er hat die Ausbildung des Lehrlings entweder selbst oder durch einen geeigneten, ausdrücklich dazu bestimmten Vertreter zu leiten. Die Unterweisung hat in der durch den Zweck der Ausbildung gebotenen Reihenfolge und Ausdehnung zu geschehen.

Der Lehrherr darf dem Lehrlinge die zu seiner Ausbildung erforderliche Zeit und Gelegenheit durch Verwendung zu anderen Dienstleistungen nicht entziehen; auch hat er ihm die zum Besuche des Gottesdienstes an Sonntagen und Festtagen erforderliche Zeit und Gelegenheit zu gewähren. Er hat den Lehrling zur Arbeitsamkeit und zu guten Sitten anzuhalten.

In Betreff der Verpflichtung des Lehrherrn, dem Lehrlinge die zum Besuch einer Fortbildungsschule erforderliche Zeit zu gewähren, bewendet es bei den Vorschriften des § 120 der Gewerbeordnung.

§ 76. **Lehre.** (I 68, II 75.) Vgl. GO. § 126.

Abs. 1 vgl. §§ 60, 61 (eigener Geschäftsbetrieb); § 62 (Fürsorge des Prinzipals); § 63 (Fortbezug bei unverschuldeter Behinderung); §§ 74, 75 (Konkurrenzklausel); vgl. auch §§ 73, 80, 77 u. 70—72.

Abs. 2—4 betreffen die Unterweisung und Fortbildung des Lehrlings; Präjudiz: § 77 Abs. 3, § 82.

Abs. 4: d. h. Lehrlingen unter 18 Jahren ist die erforderlichen Falls von der zuständigen Behörde festzusetzende Zeit zu gewähren.

§ 77.

Die Dauer der Lehrzeit bestimmt sich nach dem Lehrvertrag, in Ermangelung vertragsmäßiger Festsetzung nach den örtlichen Verordnungen oder dem Ortsgebrauche.

Das Lehrverhältniß kann, sofern nicht eine längere Probezeit vereinbart ist, während des ersten Monats nach dem Beginne der Lehrzeit ohne Einhaltung einer Kündigungsfrist gekündigt werden. Eine Vereinbarung, nach der die Probezeit mehr als drei Monate betragen soll, ist nichtig.

Nach dem Ablaufe der Probezeit finden auf die Kündigung des Lehrverhältnisses die Vorschriften der §§ 70 bis 72 Anwendung. Als ein wichtiger Grund zur Kündigung durch den Lehrling ist es insbesondere auch anzusehen, wenn der Lehrherr seine Verpflichtungen gegen den Lehrling in einer dessen Gesundheit, Sittlichkeit oder Ausbildung gefährdenden Weise vernachlässigt.

Im Falle des Todes des Lehrherrn kann das Lehrverhältniß innerhalb eines Monats ohne Einhaltung einer Kündigungsfrist gekündigt werden.

§ 77. **Lehrzeit.** (Art. 61 Abs. 2, I 69, II 76.) Vgl. GO. § 128.

Abs. 1. Der Lehrvertrag ist an keine Form gebunden; vgl. aber § 79. Die eventuell maßgebenden örtlichen Verordnungen und Ortsgebräuche sind die am Erfüllungsorte, d. h. also am Orte der Niederlassung, und bei mehreren Niederlassungen (Haupt- und Zweig-N.), im Zweifel derjenigen, für welche der Lehrling angenommen wird.

Abs. 2 Satz 1; vgl. § 66. BGB. §§ 187 Abs. 1, 188 Abs. 2. Satz 2 erklärt unmittelbar nur die Vereinbarung dieses Inhalts für nichtig, mittelbar kann dadurch der ganze Lehrvertrag, in welchem diese Vereinbarung getroffen ist, nichtig werden, wenn nicht anzunehmen ist, daß er auch ohne jene nichtige Vereinbarung geschlossen sein würde: BGB. § 139.

Abs. 3. Also jedenfalls nach dem dritten Monat. „Daß der Lehrvertrag namentlich dann aufgelöst werden kann, wenn der Lehrherr zur Erfüllung der ihm vertragsmäßig obliegenden Verpflichtungen unfähig wird (GO. § 128 Abs. 3 a. E.), braucht nicht besonders ausgesprochen zu werden" (D.). Ebenso versteht sich von selbst, daß bei der Bedeutung der Persönlichkeit des Lehrherrn der Wechsel der Geschäftsinhaberschaft ein wichtiger Kündigungsgrund sein kann.

Abs. 4. Vgl. BGB. §§ 187 Abs. 1, 188 Abs. 2.

§ 78.

Wird von dem gesetzlichen Vertreter des Lehrlinges oder, sofern dieser volljährig ist, von ihm selbst dem Lehrherrn die schriftliche Erklärung abgegeben, daß der Lehrling zu einem anderen Gewerbe oder zu einem anderen Beruf übergehen werde, so endigt, wenn nicht der Lehrling früher entlassen wird, das Lehrverhältniß nach dem Ablauf eines Monats.

Tritt der Lehrling der abgegebenen Erklärung zuwider vor dem Ablaufe von neun Monaten nach der Beendigung des Lehrverhältnisses in ein anderes Geschäft als Handlungslehrling oder als Handlungsgehülfe ein, so ist er dem Lehrherrn zum Ersatze des diesem durch die Beendigung des Lehrverhältnisses entstandenen Schadens verpflichtet. Mit ihm haftet als Gesammtschuldner der neue Lehrherr oder Prinzipal, sofern er von dem Sachverhalte Kenntniß hatte.

§ 78. **Vorzeitige Auflösung.** (I 70, II 77.) Vgl. GO. § 131. Gesetzlicher Vertreter: BGB. §§ 1626, 1630, 1685, 1696, 1707, 1757 (Eltern), 1793 (Vormund), 1915 (Pfleger). — Volljährig: d. h. 21 Jahre alt ist. Durch Volljährigkeitserklärung erlangt der Minderjährige die rechtliche Stellung eines Volljährigen (BGB. § 3), hat also auch selbst diese Erklärung abzugeben. — Zu einem anderen Gewerbe: ein solches ist auch zweifellos ein gewerbliches Unternehmen der §§ 2, 3 vor der Eintragung; denn eher ist es kein Handelsgewerbe; s. aber Abs. 2.

Abs. 2 bezieht sich ausschließlich auf die nach Abs. 1 abgegebene schriftliche Erklärung, zu einem anderen Gewerbe oder Berufe übergehen zu wollen oder zu sollen, auf Grund deren das frühere Lehrverhältniß von Rechtswegen geendigt hat. Erweist sich dieser Grund im Laufe der folgenden neun Monate als objektiv falsch und daher das Lehrverhältniß objektiv zu Unrecht gelöst, insofern als der Lehrling in dieser Zeit, der Erklärung zuwider, im Handelsgewerbe als Lehrling oder Gehülfe bleibt, so soll er auch den Schaden der fälschlich und unrechtmäßig erfolgten Auflösung des früheren Lehrverhältnisses dem Lehrherrn ersetzen. Trat der Lehrling in ein gewerbliches Unternehmen der in §§ 2, 3 erwähnten Art ein, ehe es eingetragen war, so ist den Worten nach zwar der abgegebenen Erklärung nicht entgegen gehandelt, that er es aber in Aussicht der solchergestalt beabsichtigten Umwandlung in ein Handelsgewerbe, handelt er von vornherein subjektiv bösgläubig seiner „Erklärung zuwider". Die Frist ist ziemlich willkürlich, berechnet sich übrigens nach BGB. §§ 187 Abs. 1, 188 Abs. 2. — Gesammtschuldner: BGB. §§ 421 ff.

§ 79.

Ansprüche wegen unbefugten Austritts aus der Lehre kann der Lehrherr gegen den Lehrling nur geltend machen, wenn der Lehrvertrag schriftlich geschlossen ist.

§ 79. **Schriftlichkeit.** (Neu; II 78.) Vgl. BGB. § 126. Ein Antrag, Schriftlichkeit des Lehrvertrages allgemein vorzuschreiben, wurde abgelehnt, insbesondere aus Rücksicht auf die dann eintretende schwierige Lage der Lehrlinge bei mündlichem Uebereinkommen; man genehmigte jedoch diese im zweiten Entwurf vorgeschlagene relative Unwirksamkeit eines bloß mündlichen Lehrvertrages. Zu den durch dessen Schriftlichkeit bedingten Ansprüchen gehören auch diejenigen des § 78; denn wenn die nach § 78 Abs. 1 abgegebene, den Austritt rechtfertigende Erklärung sich hinterher als falsch erweist, so wird auch der auf Grund derselben erfolgte Austritt ex post ein unbefugter. Sonst könnte das Gesetz den Lehrling nicht zum Ersatze des durch die Beendigung, nämlich rechtswidrige Beendigung, entstandenen Schadens verpflichten. Im Uebrigen vgl. GO. § 130.

§ 80.

Bei der Beendigung des Lehrverhältnisses hat der Lehrherr dem Lehrling ein schriftliches Zeugniß über die Dauer der Lehrzeit und die während dieser erworbenen Kenntnisse und Fähigkeiten sowie über sein Betragen auszustellen.

Auf Antrag des Lehrlinges hat die Ortspolizeibehörde das Zeugniß kosten- und stempelfrei zu beglaubigen.

§ 80. **Zeugniß.** (I 71, II 79.) Neu; aus der GO. § 129 übernommen. Vgl. § 73. Auch bei der Beendigung im Fall des § 78 und bei einer von vornherein rechtswidrig durch den Lehrling veranlaßten Beendigung des Lehrverhältnisses, es müßte denn der Prinzipal nach BGB. § 274 zur Zurückbehaltung berechtigt sein, weil er berechtigt ist, den Wiedereintritt des Lehrlings zu verlangen.

§ 81.

Personen, die nicht im Besitze der bürgerlichen Ehrenrechte sind, dürfen Handlungslehrlinge weder halten noch sich mit der Anleitung von Handlungslehrlingen befassen. Der Lehrherr darf solche Personen zur Anleitung von Handlungslehrlingen nicht verwenden.

Die Entlassung von Handlungslehrlingen, welche diesem Verbote zuwider beschäftigt werden, kann von der Polizeibehörde erzwungen werden.

§ 81. **Unfähigkeit Lehrlinge zu halten.** (Neu; I 72, II 80.) Vgl. StrGB. §§ 32, 36, 37. Da nach Abs. 2 die Entlassung sogar polizeilich erzwungen und nach § 82 die Zuwiderhandlung bestraft werden kann, so ist dieselbe natürlich auch ein triftiger Grund, ohne Einhaltung der Kündigungsfrist zu kündigen (§§ 70, 71).

§ 82.

Wer die ihm nach § 62 Abs. 1, 2 oder nach § 76 Abs. 2, 3 dem Lehrlinge gegenüber obliegenden Pflichten in einer dessen Gesundheit, Sittlichkeit oder Ausbildung gefährdenden Weise verletzt, wird mit Geldstrafe bis zu einhundertfünfzig Mark bestraft.

Die gleiche Strafe trifft denjenigen, welcher entgegen der Vorschrift des § 81 Handlungslehrlinge hält, ausbildet oder ausbilden läßt.

§ 82. **Strafe.** (Neu; I 73.) Die Bestimmung fehlte im Entw. II, wurde aber von der Komm. aus Entw. I wieder aufgenommen.

§ 83.

Hinsichtlich der Personen, welche in dem Betrieb eines Handelsgewerbes andere als kaufmännische Dienste leisten, bewendet es bei den für das Arbeitsverhältniß dieser Personen geltenden Vorschriften.

§ 83. **Andere Bedienstete.** (Art. 65, I 74, II 81.) Vgl. Anm. zu § 59, BGB. §§ 611—630 und GO. §§ 105 ff.

Siebenter Abschnitt.

Handelsagenten.

Siebenter Abschnitt. Handlungsagenten: §§ 84—92; kann durch Kaiserl. Verordnung mit Zustimmung des Bundesraths vor 1. Januar 1900 in Kraft gesetzt werden: EG. Art. 1 Abs. 3.

§ 84.

Wer, ohne als Handlungsgehülfe angestellt zu sein, ständig damit betraut ist, für das Handelsgewerbe eines Anderen Geschäfte zu vermitteln oder im Namen des Anderen abzuschließen (Handlungsagent), hat bei seinen Verrichtungen das Interesse des Geschäftsherrn mit der Sorgfalt eines ordentlichen Kaufmanns wahrzunehmen.

Er ist verpflichtet, dem Geschäftsherrn die erforderlichen Nachrichten zu geben, namentlich ihm von jedem Geschäftsabschluß unverzüglich Anzeige zu machen.

§ **84. Begriff.** (I 75, II 82.) Vgl. ROHG. 2 S. 303; Goldschm. 34 S. 570; — ständige Vermittelung für das Handelsgewerbe eines Anderen, ohne in demselben als Handelsgehülfe angestellt zu sein, unterscheidet den Agenten vom Handelsmäkler: § 93; vgl. aber z. B. RG. 31 S. 60; der selbständige Gewerbebetrieb unterscheidet ihn vom Handlungsgehülfen (§§ 5, 9); vgl. RG. 31 S. 60; der Abschluß im Namen des Anderen vom Kommissionär (§ 383); — betraut ist: die Agentur ist eine Vertrauensstellung; vgl. über das innere Verhältniß RG. 30 S. 29, 216 (Differenzgeschäfte), 31 S. 601; ROHG. 5 S. 169, 19 S. 86, 22 S. 373; J.W. 1891 S. 13, 1893 S. 21, 22; Goldschm. 34 S. 570; mit dem Dritten steht der Agent als solcher überhaupt nicht in Vertragsverhältniß; vgl. RG. 12 S. 17. — „Geschäfte ... zu vermitteln ... oder abzuschließen"; vgl. ROHG. 5 S. 105, 15 S. 271; Bolze 3 Nr. 712; hat er letzteren Falls ein für alle Mal Vollmacht zu festem Abschluß, so ist er Handlungsbevollmächtigter: § 54; vgl. auch § 87 und RG. 31 S. 60; aber das Gesetz stellt dafür keine Vermuthung auf; „eine Regelung in diesem Sinne würde den thatsächlichen Verhältnissen nicht entsprechen und unter Umständen zu einer schweren Gefährdung des Geschäftsherrn führen; wegen der Inkassovollmacht, jetzt § 86, vgl. ROHG. 9 S. 104, 13 S. 211, 19 S. 123. — Unterschied von der Werkverdingung: RG. 31 S. 60; J.W. 1892 S. 373. — „Handlungsagent", er ist als solcher, im Gegensatz zum Handlungsgehülfen, selbständiger Gewerbetreibender, Kaufmann nach § 1 Abs. 2 Nr. 7. Außer Waarenagenten gehören hierher Versicherungsagenten (nicht aber der Gesellschaften auf Gegenseitigkeit, da sie kein Handelsgewerbe betreiben), Auswanderungs- (Ges. v. 9. Juni 1897 §§ 11 ff.), Transportagenten.

„Sorgfalt eines o. Kaufmanns" gemäß § 347, vgl. § 384 (Kommissionär), § 408 (Spediteur); Beweislast des Agenten: ROHG. 6 S. 215. Darin liegt auch Prüfungspflicht in Bezug auf Zahlungsfähigkeit des Kontrahenten (ROHG. 14 S. 400, 22 S. 118; RG. 18 S. 112); ferner Verpflichtung zur Vermeidung unmittelbar schädigender Konkurrenz (Bolze 3 Nr. 635); Vertretung mehrerer Geschäftsherren desselben Handelszweiges, ja derselben Waarengattung ist jedoch nicht unbedingt unzulässig, sondern sogar üblich (D.). Den §§ 60, 61 analoge Bestimmungen des ersten Entwurfes (I § 76) sind schon vom zweiten Entwurfe aufgegeben.

Abs. 2. Der Prinzipal muß die Offerten, auf Grund deren die Geschäfte geschlossen werden, in dem Sinne gelten lassen, in welchem sie seinem Agenten erklärt sind (Differenzgeschäfte: RG. 30 S. 29, 216). Der Agent verletzt also seine Vertragspflicht, wenn er schuldhafter Weise hierüber falsche Nachrichten giebt.

§§ 85—87. **Verhältniß zu Dritten.**

§ 85.

Hat ein Handlungsagent, der nur mit der Vermittelung von Geschäften betraut ist, ein Geschäft im Namen des Geschäftsherrn mit einem Dritten abgeschlossen, so gilt es als von dem Geschäftsherrn genehmigt, wenn dieser nicht unverzüglich, nachdem er von dem Abschlusse Kenntniß erlangt hat, dem Dritten gegenüber erklärt, daß er das Geschäft ablehne.

§ 85. **Genehmigung.** (II 83.) Ist der Agent zum festen Abschlusse der betreffenden Geschäfte ermächtigt, so ist er eben Handlungsbevollmächtigter und finden §§ 54 ff. Anwendung; vgl. auch § 87. Bekannt oder erkennbar ist aber das konkrete Vertragsverhältniß zwischen Agenten und Geschäftsherrn Dritten gewöhnlich nicht; um daher diese dagegen zu schützen, daß ein Geschäft, welches sie mit jenem, der aber nicht mit dem Geschäftsabschluß, sondern nur mit der Geschäftsvermittelung betraut ist, als Bevollmächtigten geschlossen haben, noch nach längerer Zeit von dem Geschäftsherrn mit der Behauptung zurückgewiesen wird, der Agent sei nur zur Vermittelung, nicht aber zum Abschluß solcher Geschäfte bestellt gewesen, stellt § 85 eine praesumtio juris et de jure ihrer Genehmigung auf, wenn der Geschäftsherr nicht unverzüglich dem Dritten erklärt, daß er ablehne. Der Vertrag ist also in der Weise fest abgeschlossen, daß der Dritte von vornherein unbedingt gebunden ist, der Geschäftsherr ein unverzüglich auszuübendes Rücktrittsrecht, nicht (vgl. RG. 18 S. 10) eine Acceptationsfrist hat; — „unverzüglich", vgl. § 362 und BGB. § 121; vgl. auch § 377. ROHG. 13 S. 166; — erklärt, d. h. entweder die Erklärung dem Gegenwärtigen abgiebt (vgl. Art. 318) oder sie absendet; in diesem Falle liegt eine Erklärung „dem Dritten gegenüber" erst vor, wenn sie diesem zugeht: BGB. § 130; — „ablehne", es handelt sich nicht um eine Annahmeerklärung. Ob daher eine Annahme unter Bedingungen oder Einschränkungen, die nach Art. 322 als Ablehnung zu gelten hatte, als eine genügende Erklärung des Geschäftsherrn, „daß er das Geschäft ablehne", angesehen werden kann, ist lediglich Auslegungsfrage.

§ 86.

Zur Annahme von Zahlungen für den Geschäftsherrn sowie zur nachträglichen Bewilligung von Zahlungsfristen ist der Handlungsagent nur befugt, wenn ihm die Ermächtigung dazu besonders ertheilt ist.

Die Anzeige von Mängeln einer Waare, die Erklärung, daß eine Waare zur Verfügung gestellt werde, sowie andere Erklärungen solcher Art können dem Handlungsagenten gegenüber abgegeben werden.

§ 86. **Zahlungsannahmeerklärungen.** (II 84.)
Abs. 1. Begrifflich nothwendige Folge von § 84 Abs. 1 im Gegensatz zu § 54 Abs. 1; — besonders, vgl. § 54.
Abs. 2 vgl. § 55 Abs. 3.

§ 87.

Ist der Handlungsagent als Handlungsreisender thätig, so finden die Vorschriften des § 55 Anwendung.

§ 87. **Handlungsreisender Agent.** (II 85.) Die Verhältnisse dieser Agenten liegen mit denen der reisenden Gehülfen so ähnlich, daß es unter Umständen zweifelhaft sein kann, ob der Reisende Agent oder Gehülfe ist. Jedenfalls kann Dritten nicht zugemuthet werden, hierüber Ermittelungen anzustellen. Eine solche Untersuchung würde aber erforderlich, wenn die Vertretungsmacht beider Arten von Hülfspersonen verschieden geregelt würde (D.).

§§ 88—91. **Ansprüche des Agenten.**

§ 88.

Soweit nicht über die dem Handlungsagenten zu gewährende Vergütung ein Anderes vereinbart ist, gebührt ihm eine Provision für jedes zur Ausführung gelangte Geschäft, welches durch seine Thätigkeit zu Stande gekommen ist. Besteht die Thätigkeit des Handlungsagenten in der Vermittelung oder Abschließung von Verkäufen, so ist im Zweifel der Anspruch auf die Provision erst nach dem Eingange der Zahlung und nur nach dem Verhältnisse des eingegangenen Betrags erworben.

Ist die Ausführung eines Geschäfts in Folge des Verhaltens des Geschäftsherrn ganz oder theilweise unterblieben, ohne daß hierfür wichtige Gründe in der Person desjenigen vorlagen, mit welchem das Geschäft abgeschlossen worden ist, so hat der Handlungsagent die volle Provision zu beanspruchen.

Ist die Höhe der Provision nicht bestimmt, so ist die übliche Provision zu entrichten.

Die Abrechnung über die zu zahlenden Provisionen findet, soweit nicht ein Anderes vereinbart ist, am Schlusse eines jeden Kalenderhalbjahrs statt.

§ 88. **Provision.** (I 77, II 86.) Vgl. § 65. Die alte Streitfrage, ob schon die Vermittelung bezw. der Abschluß oder erst die Ausführung des Geschäfts den Provisionsanspruch begründe (vgl. Staub S. 90 unter d, S. 124 § 7; ROHG. 11 S. 198, 14 S. 429; Bolze 3 Nr. 436, 4 Nr. 644), ist, unter Vorbehalt des Abs. 2, im Sinne der letzten Auffassung gelöst. — Wenn das Geschäft zur Ausführung gelangt ist, „insbesondere ob dazu nothwendig die vollständige Abwickelung der beiderseitigen Leistungen gehört", ist, abgesehen von der Verkaufsagentur (Satz 2 d. Abs.), vom Gesetze nicht gesagt, und nach Lage des konkreten Falles unter Berücksichtigung des Ortsgebrauchs und der kaufmännischen Anschauung zu entscheiden. — Ueber die Verkaufsprovision gilt ein fester Handelsgebrauch, den das Gesetz in Satz 2 fixirt hat, weil bei den Handelsagenten „die Gefahr besonders nahe liegt, daß sie, um die Provision zu verdienen, einem Dritten ohne genügende Prüfung seiner Zahlungsfähigkeit Waaren verkaufen und so dem Geschäftsherrn Verluste verursachen" (D.).

Abs. 2. Ausnahme von der Abs. 1 Satz 1 aufgestellten Regel. Vorausgesetzt wird natürlich auch hier, daß, wenn der Agent nicht zum festen Abschlusse von Geschäften ermächtigt war, der Geschäftsherr nach § 85 das überschriebene Geschäft genehmigt haben muß, ehe überall von Provision die Rede sein kann.

Abs. 3. Wenn aber keine Ueblichkeit existirt, eine nach den Verhältnissen zu ermittelnde angemessene Provision.

Abs. 4. Vgl. §§ 91, 353, 355.

§ 89.

Ist der Handlungsagent ausdrücklich für einen bestimmten Bezirk bestellt, so gebührt ihm die Provision im Zweifel auch für solche Geschäfte, welche in dem Bezirk ohne seine Mitwirkung durch den Geschäftsherrn oder für diesen geschlossen sind.

§ 89. **Bezirksagent.** (I 78, II 87.) Vgl. Anm. zu § 65. — Vgl. ROHG. 16 S. 33, Bolze 3 Nr. 633, Goldschm. 38 S. 233. Inwiefern der Geschäftsherr gegen den Anspruch des Agenten auf Provision für solche „direkte" Geschäfte einwenden kann, daß derselbe es an ausreichenden Bemühungen für die Aufsuchung von Geschäftsgelegenheiten und für die Vermittelung von Geschäften habe fehlen lassen und dadurch der Geschäftsherr genöthigt worden sei, direkt selbst oder durch Andere Geschäfte zu machen, beantwortet sich nach den Umständen des Falles, vgl. § 84; ebenso ob der Agent vom Geschäftsherrn Schadensersatz verlangen kann, falls dieser in Folge geänderter Entschließungen in dem Agenturbezirke überhaupt keine Geschäfte mehr machen will; vgl. auch Goldschm. 38 S. 233 und RG. 31 S. 60.

§ 90.

Für die im regelmäßigen Geschäftsbetrieb entstandenen Kosten und Auslagen kann der Handlungsagent in Ermangelung einer entgegenstehenden Vereinbarung oder eines abweichenden Handelsgebrauchs Ersatz nicht verlangen.

§ 90. **Kosten und Auslagen.** (I 79, II 88.) Vgl. ROHG. 19 S. 259, 14 S. 430; Bolze 3 Nr. 632. Im regelmäßigen Geschäftsbetrieb entstandenen Kosten stehen diejenigen gegenüber, welche durch die besondere Beschaffenheit des einzelnen Geschäftes hervorgerufen werden.

§ 91.

Der Handlungsagent kann bei der Abrechnung mit dem Geschäftsherrn die Mittheilung eines Buchauszugs über die durch seine Thätigkeit zu Stande gekommenen Geschäfte fordern. Das gleiche Recht steht ihm in Ansehung solcher Geschäfte zu, für die ihm nach § 89 die Provision gebührt.

§ 91. **Buchauszug.** (I 80, II 89.) Vgl. § 65; J.W. 1891 S. 474; Bolze 13 Nr. 377 und zu Satz 2: 7 Nr. 51. Entsteht über die Richtigkeit und Vollständigkeit des Auszuges Streit, so kann das Gericht zu § 45 Abs. 1 greifen. Außerhalb des Rechtsstreites Vorlage der Bücher zu gewähren, ist hiernach nicht erforderlich, noch auch dem Geschäftsherrn zuzumuthen.

§ 92.

Das Vertragsverhältniß zwischen dem Geschäftsherrn und dem Handlungsagenten kann, wenn es für unbestimmte Zeit eingegangen ist, von jedem Theile für den Schluß eines Kalendervierteljahrs unter Einhaltung einer Kündigungsfrist von sechs Wochen gekündigt werden.

Das Vertragsverhältniß kann von jedem Theile ohne Einhaltung einer Kündigungsfrist gekündigt werden, wenn ein wichtiger Grund vorliegt.

§ 92. **Kündigung.** (I 81, II 90.)

Abs. 1. Vgl. § 66. Die Vertragsfreiheit wird hier nicht beschränkt. Denn die Agenten sind selbständige Kaufleute, vertreten sehr oft mehrere Firmen gleichzeitig oder betreiben das Agenturgeschäft nur nebenbei, stehen daher den Geschäftsherren nicht in der Abhängigkeit gegenüber wie die schutzbedürftigen Handlungsgehülfen. — Bei unbestimmter Vertragsdauer kann daher jederzeit zurückgetreten werden: ROHG. 19 S. 259; Goldschm. 38 S. 235; s. aber Sächs.Arch. 1 S. 522; J.W. 1892 S. 373.

Abs. 2. Vgl. BGB. §§ 626, 628; Beleidigung: Bolze 5 Nr. 578; Aussichtslosigkeit des Geschäfts? J.W. 1892 S. 373. Konkurs des Agenten (ROHG. 2 S. 438) wie des Geschäftsherrn ist jedenfalls Kündigungsgrund (KO. §§ 19, 22, 27). Als selbständige Kaufleute können die Agenten bezüglich der Befriedigung im Konkurse nicht ohne Weiteres den in KO. § 54[1] genannten Personen gleichgestellt werden (D.). Grundlose, unzeitige Aufhebung verpflichtet zu Schadensersatz: BGB. § 628 Abs. 2; RG. 31 S. 60; ROHG. 2 S. 330; Bolze 1 Nr. 986.

Achter Abschnitt.

Handelsmäkler.

Achter Abschnitt. Handelsmäkler: §§ 93—104. HGB. 7. Titel, Art. 66 bis 84 betraf lediglich die amtlichen Sensale. Abschnitt 8 kennt dagegen dieses im Wesentlichen, nämlich im Börsenhandel, durch das Börsengesetz vom 22. Juni 1896 beseitigte Institut überhaupt nicht mehr und betrifft nur die bisher als Privathandelsmäkler bezeichneten Personen. Das Gesetz geht mit der Praxis von dem Grundgedanken aus, die für amtliche Handelsmäkler geltenden Vorschriften auf die Privathandelsmäkler zu übertragen. — Hierdurch wird die öffentliche Bestellung von Handelsmäklern zur Wahrnehmung von Verrichtungen, die nicht in der Vermittelung von Geschäften bestehen, nicht ausgeschlossen, wie auch bei der jetzigen Feststellung der Kurse durch die Kursmäkler (EG. Art. 14), welche im Uebrigen wie andere Handelsmäkler gelten, die Uebertragung dieser öffentlichen Funktion an sie vorausgesetzt wird und sowohl dieses Gesetz (§ 376) wie das BGB. (§ 385) für gewisse Käufe und Verkäufe öffentlich ermächtigte Handelsmäkler voraussetzen. Die Frage, durch welche Behörden oder sonstigen öffentlichen Organe die Auswahl und Bestellung derselben zu erfolgen hat, bestimmt sich nach den Landesgesetzen. — Vgl. StrGB. § 266 Nr. 3.

§ 93.

Wer gewerbsmäßig für andere Personen, ohne von ihnen auf Grund eines Vertragsverhältnisses ständig damit betraut zu sein, die Vermittelung von Verträgen über Anschaffung oder Veräußerung von Waaren oder Werthpapieren, über Versicherungen, Bodmerei, Schiffsmiethe oder sonstige Gegenstände des Handelsverkehrs übernimmt, hat die Rechte und Pflichten eines Handelsmäklers.

Auf die Vermittelung anderer als der bezeichneten Geschäfte, insbesondere auf die Vermittelung von Geschäften über unbewegliche Sachen, finden, auch wenn die Vermittelung durch einen Handelsmäkler erfolgt, die Vorschriften dieses Abschnitts keine Anwendung.

§ 93. **Begriff.** (Art. 66, 67, I 82, II 91.) „Gewerbsmäßig", d. h. um sich durch solche Thätigkeit eine dauernde Einnahmequelle zu verschaffen; über den Anspruch auf Mäklerlohn vgl. § 99; RG. 28 S. 117, 22 S. 378, 29 S. 232, 31 S. 290, 39 S. 231; Seuff. 49 S. 419; Hans. GZ. 1896 S. 61 ff.; — „ohne ... ständig damit betraut zu sein" bildet den Gegensatz zum Handlungsagenten (§ 84). Eine Firma mag wohl thatsächlich ständig einen bestimmten Mäkler mit der Vermittelung betrauen, es geschieht aber nicht „auf Grund eines Vertragsverhältnisses". — „Vermittelung", d. h. die Mäkler geben nicht Erklärungen als Vertreter oder im Namen des Anderen, schließen das Geschäft nicht ab, sondern bestimmen die Parteien zum Abschluß, übermitteln den Konsens der einen Partei an die andere und bekunden den erfolgten Abschluß: ROHG. 4 S. 412, vgl. § 97, aber auch § 95. — „Vermittelung von Verträgen über ... Gegenstände des Handelsverkehrs", nicht mehr von Handelsgeschäften im Sinne des § 343; s. folg. Abs. — Geschäftsvermittler im Kleinverkehr haben beschränkte Pflichten: § 104.

Abs. 2. Auch dann nicht, wenn die bezeichneten Geschäfte Handelsgeschäfte sind. Grundstücke bilden eben „keinen regelmäßigen Gegenstand des Handelsverkehrs" (D.). Werden in einzelnen Fällen solche Geschäfte durch Handelsmäkler vermittelt, so kommen §§ 652 ff. BGB. zur Anwendung.

§§ 94, 95. **Schlußnote.** (Art. 73, I 83, II 92.) — „Unverzüglich": BGB. § 121, ROHG. 2 S. 234.

§ 94.

Der Handelsmäkler hat, sofern nicht die Parteien ihm dies erlassen oder der Ortsgebrauch mit Rücksicht auf die Gattung der Waare davon entbindet, unverzüglich nach dem Abschlusse des Geschäfts jeder Partei eine von ihm unterzeichnete Schlußnote zuzustellen, welche die Parteien, den Gegenstand und die Bedingungen des Geschäfts, insbesondere bei Verkäufen von Waaren oder Werthpapieren deren Gattung und Menge sowie den Preis und die Zeit der Lieferung, enthält.

Bei Geschäften, die nicht sofort erfüllt werden sollen, ist die Schlußnote den Parteien zu ihrer Unterschrift zuzustellen und jeder Partei die von der anderen unterschriebene Schlußnote zu übersenden.

Verweigert eine Partei die Annahme oder Unterschrift der Schlußnote, so hat der Handelsmäkler davon der anderen Partei unverzüglich Anzeige zu machen.

§ 94. **Ordnungsvorschrift.** Die Schlußnote bedingt nicht die Gültigkeit des Geschäfts und begründet nicht einmal eine gesetzliche Vermuthung für die Genehmigung des Geschäfts: ROHG. 13 S. 295. Schadensersatzpflicht des Mäklers bei Zuwiderhandlung: Goldschm. 34 S. 575; OLG. Hamburg I 98. Nahnsen c. Brenschedt.

§ 95.

Nimmt eine Partei eine Schlußnote an, in der sich der Handelsmäkler die Bezeichnung der anderen Partei vorbehalten hat, so ist sie an das Geschäft mit der Partei, welche ihr nachträglich bezeichnet wird, gebunden, es sei denn, daß gegen diese begründete Einwendungen zu erheben sind.

Die Bezeichnung der anderen Partei hat innerhalb der ortsüblichen Frist, in Ermangelung einer solchen innerhalb einer den Umständen nach angemessenen Frist zu erfolgen.

Unterbleibt die Bezeichnung oder sind gegen diese bezeichnete Person oder Firma begründete Einwendungen zu erheben, so ist die Partei befugt, den Handelsmäkler auf die Erfüllung des Geschäfts in Anspruch zu nehmen. Der Anspruch ist ausgeschlossen, wenn sich die Partei auf die Aufforderung des Handelsmäklers nicht unverzüglich darüber erklärt, ob sie Erfüllung verlange.

§ 95. **Aufgabevorbehalt.** (Neu, I 84, II 93.) Vgl. R.Stempelges. § 8 Abs. 2; ROHG. 7 S. 105. Der Mäkler, der sich in der Schlußnote die Aufgabe der anderen Partei vorbehalten hat, gewinnt dadurch nicht das Recht zum Selbsteintritt, sondern steht für den Erfolg seiner Mäklerthätigkeit derart ein, daß er dem Auftraggeber innerhalb ortsüblicher oder angemessener Frist eine einwandsfreie, namentlich zahlungsfähige Gegenpartei zu bezeichnen verpflichtet ist. Der Auftraggeber darf eine Schlußnote mit vorbehaltener Aufgabe zurückweisen; nimmt er sie aber an (Abs. 1), so muß er bis zum Ablaufe jener Frist auf die nachträgliche Bezeichnung warten und jeden einwandsfreien Dritten als Gegenpartei annehmen. Wird der Dritte nicht rechtzeitig benannt oder lassen sich gegen ihn begründete Einwendungen erheben (Abs. 3), so ist die Partei befugt, den Mäkler selbst auf Erfüllung des Geschäftes in Anspruch zu nehmen. Um dabei Spekulationen auf seine Kosten vorzubeugen, kann der Mäkler eine unverzügliche Erklärung des Auftraggebers verlangen, ob er Erfüllung fordere (Abs. 3 Satz 2). Mangels solcher Erklärung des Auftraggebers ist dessen Anspruch, nämlich auf Erfüllung, ausgeschlossen und damit thatsächlich auch ein Schadensanspruch aus § 98. Es handelt sich also bei vorbehaltener Aufgabe um einen festen Hauptvertrag mit einem unbestimmten Gegenkontrahenten, und einen stillschweigenden gesetzlichen Nebenvertrag mit dem Mäkler, daß dieser für die Einwandfreiheit jenes bei Meidung eigener Erfüllung einstehe. Mehr als Erfüllung kann der Auftraggeber vom Mäkler nicht verlangen.

§ 96.

Der Handelsmäkler hat, sofern nicht die Parteien ihm dies erlassen oder der Ortsgebrauch mit Rücksicht auf die Gattung der Waare davon entbindet, von jeder durch seine Vermittelung nach Probe verkauften Waare die Probe, falls sie ihm übergeben ist, so lange aufzubewahren, bis die Waare ohne Einwendung gegen ihre Beschaffenheit angenommen oder das Geschäft in anderer Weise erledigt wird. Er hat die Probe durch ein Zeichen kenntlich zu machen.

§ 96. **Probe.** (Art. 80, I 85, II 94.) — Kauf nach Probe: BGB. § 494; HGB. Art. 340; — die Probe, nicht nothwendig die ganze Probe, jedenfalls aber einen solchen Theil, welcher die Vergleichung ermöglicht (Prot. z. HGB. S. 973); — „erledigt wird“ z. B. nach § 377.

§ 97.

Der Handelsmäkler gilt nicht als ermächtigt, eine Zahlung oder eine andere im Vertrage bedungene Leistung in Empfang zu nehmen.

§ 97. **Empfangsermächtigung.** (Art. 67 Abs. 2, I 86, II 95.) Der Satz folgt aus dem Mäklerbegriff in § 93. Selbstverständlich kann eine derartige wie jede andere Ermächtigung gegeben werden: ROHG. 11 S. 241.

§ 98.

Der Handelsmäkler haftet jeder der beiden Parteien für den durch sein Verschulden entstehenden Schaden.

§ 98. **Schadensersatz.** (Art. 81, I 87, II 96.) Abweichend vom bürgerlichen Recht, vgl. BGB. § 654, gilt der Mäkler als Vermittler für beide Parteien, vgl. § 99; es ist meist vom Zufall abhängig, welche sich zuerst an ihn gewandt hat. Daher haftet er jeder Partei für die Sorgfalt eines ordentlichen Mäklers und muß sie nöthigen Falls beweisen (ROHG. 4 S. 415, 6 S. 218, 10 S. 190; Bolze 4 Nr. 646, 647), unter Umständen solidarisch mit dem Gegenkontrahenten (Bolze 3 Nr. 643); bei schuldhafter Irrthumserregung über den Vertragsschluß: Bolze 3 Nr. 637; Goldschm. 34 S. 575, 576; vgl. RG. 12 S. 21. — Anspruch auf Erfüllung? § 95 Abs. 3; vgl. die vorherigen Urtheile.

§ 99.

Ist unter den Parteien nichts darüber vereinbart, wer den Mäklerlohn bezahlen soll, so ist er in Ermangelung eines abweichenden Ortsgebrauchs von jeder Partei zur Hälfte zu entrichten.

§ 99. **Mäklerlohn.** (Art. 82, 83, I 88, II 97.) Vgl. Bolze 1 Nr. 973, 5 Nr. 583, 7 Nr. 506 und wegen der Bedingungen des Anspruchs und der Höhe des Mäklerlohns BGB. § 652 Abs. 1. — Auslagen sind dem Mäkler nur zu ersetzen, wenn es vereinbart ist, das. Abs. 2; vgl. ROHG. 19 S. 258. Für die Beurtheilung darüber, ob eine Vereinbarung anzunehmen ist, bietet die in § 90 für Agenten gegebene Regel auch hier einigen Anhalt.

§ 100.

Der Handelsmäkler ist verpflichtet, ein Tagebuch zu führen und in dieses alle abgeschlossenen Geschäfte täglich einzutragen. Die Eintragungen sind nach der Zeitfolge zu bewirken; sie haben die im § 94 Abs. 1 bezeichneten Angaben zu enthalten. Das Eingetragene ist von dem Handelsmäkler täglich zu unterzeichnen.

Die Vorschriften der §§ 43, 44 über die Einrichtung und Aufbewahrung der Handelsbücher finden auf das Tagebuch des Handelsmäklers Anwendung.

§ 101.

Der Handelsmäkler ist verpflichtet, den Parteien jederzeit auf Verlangen Auszüge aus dem Tagebuche zu geben, die von ihm unterzeichnet sind und Alles enthalten, was von ihm in Ansehung des vermittelten Geschäfts eingetragen ist.

§ 102.

Im Laufe eines Rechtsstreits kann das Gericht auch ohne Antrag einer Partei die Vorlegung des Tagebuchs anordnen, um es mit der Schlußnote, den Auszügen oder anderen Beweismitteln zu vergleichen.

§ 103.

Handelsmäkler, die den Vorschriften über die Führung und Aufbewahrung des Tagebuchs zuwiderhandeln, werden mit Geldstrafe bis zu eintausend Mark bestraft.

§ 104.

Auf Personen, welche die Vermittelung von Waarengeschäften im Kleinverkehre besorgen, finden die Vorschriften über Schlußnoten und Tagebücher keine Anwendung.

§§ 100—104. **Tagebuch.** (Art. 71 ff., I 89 ff., II 98—100.) Der Handelsmäkler muß stets in der Lage sein, den Parteien, welchen er als Vermittler gedient hat, durch seine Buchführung ein Beweismittel für den Abschluß und die Bedingungen des vermittelten Geschäfts an die Hand zu geben. — Maßgebend für die Einrichtung und Aufbewahrung des Tagebuchs sind die Vorschriften für die Handelsbücher; straft sich ihre Vernachlässigung erst bei Ausbruch eines Konkurses, so bedurfte es für Handelsmäkler unbedingter, sofort anwendbarer Strafbestimmungen (§ 103) zur Durchführung dieser Ordnungsvorschriften. — Zu § 104 vgl. § 4.

Zweites Buch.

Handelsgesellschaften und stille Gesellschaft.

Erster Abschnitt.

Offene Handelsgesellschaft.

Zweites Buch. Handelsgesellschaften, §§ 105—334, **und stille Gesellschaft,** §§ 335—342. Die sog. Gelegenheitsgesellschaft zum Abschluß einzelner Handelsgeschäfte ist ganz weggefallen (BGB. §§ 705 ff.), und „die stille Gesellschaft" als fünfter Abschnitt diesem Buche lediglich deshalb angehängt, weil die wenigen Vorschriften über sie nicht wohl ein Buch für sich bilden konnten. Die beschränkte Bedeutung des Ausdruckes „Handelsgesellschaften", „deren gemeinsames Merkmal darin besteht, daß sie eine selbständige Firma haben, unter welcher sie Rechte erwerben und Verbindlichkeiten eingehen, klagen oder verklagt werden können", ist also beibehalten.

Im Uebrigen enthält dieses Buch, namentlich über die Aktiengesellschaften erhebliche Abweichungen vom HGB. und viele positive Feststellungen bisherigen streitigen Rechts. Dieselben sind am Eingange der betreffenden Abschnitte hervorgehoben.

Erster Abschnitt. Offene Handelsgesellschaft: §§ 105—160. Die positiven Abweichungen des Gesetzes vom HGB. bestehen abgesehen von der nach EG. Art. 2 anderweit geordneten Geltung des BGB. und abgesehen von der schärferen Ablehnung eines ideellen Miteigenthums der Gesellschafter am Gesellschaftsvermögen (vgl. §§ 120, 121: Kapitalantheil) wesentlich in Folgendem:

§ 117: die Befugniß zur Geschäftsführung kann in allen Fällen, nicht nur wenn sie im Gesellschaftsvertrage übertragen ist, entzogen werden;

§ 121: feste Verzinsung der Kapitalantheile findet nicht statt;

§ 125: Kollektivvertretung schließt Einzelermächtigung nicht unbedingt aus;

§ 128: beschränkt die nur subsidiäre Haftung der Gesellschafter nach Eröffnung des Gesellschaftskonkurses für den Ausfall in diesem (Art. 122) auf den Fall des gleichzeitigen Gesellschafterkonkurses;

§ 129: stellt die zulässigen Einwendungen des Gesellschafters gegen Gesellschaftsgläubiger fest;

§§ 131b, 133, 140: gerichtliche Entscheidung zu Gunsten der Auflösung ist (konstitutiv) Auflösungsgrund;

§ 135: Kündigung durch den Gläubiger setzt nicht vorgängige vergebliche Zwangsvollstreckung durch ihn selbst voraus;
§ 136, 137: Fiktion des Fortbestehens der Gesellschaft in Betreff der Geschäftsführungspflicht;
§ 139: gesetzliches Beitrittsrecht der Erben als Kommanditisten bei vertragsmäßiger Fortsetzung der Gesellschaft nach dem Tode;
§ 141: Zulässigkeit der Fortsetzung bei Ausscheiden durch Gläubigerkündigung und Konkurs;
§ 142: desgleichen bei Ausscheiden eines von nur zwei Gesellschaftern;
§ 143: Eintragung der Auflösung ohne Mitwirkung der Erben; Eintragung des Konkurses von Amtswegen: §§ 32, 6;
§ 144: Zulässigkeit der Fortsetzung der Gesellschaft nach Beendigung ihres Konkurses durch Zwangsvergleich oder Einstellung;
§§ 146, 147: gerichtliche Berufung und Abberufung von Liquidatoren sind Maßregeln der freiw. Gerichtsbarkeit;
§ 157 Abs. 2.: desgleichen die Bestimmung über die Verwahrung der Bücher und Papiere der aufgelösten Gesellschaft;
§ 154: Aufstellung einer Anfangs- und Schlußbilanz durch die Liquidatoren;
§ 155: Vermögensvertheilung nicht nach Maßgabe des Illationswerthes, sondern lediglich nach Verhältniß der Kapitalantheile;
§ 158: die Liquidationsnormen sind im Verhältniß zu Dritten maßgebend für eine andere Auseinandersetzung statt der Liquidation.

Erster Titel.

Errichtung der Gesellschaft.

§ 105.

Eine Gesellschaft, deren Zweck auf den Betrieb eines Handelsgewerbes unter gemeinschaftlicher Firma gerichtet ist, ist eine offene Handelsgesellschaft, wenn bei keinem der Gesellschafter die Haftung gegenüber den Gesellschaftsgläubigern beschränkt ist.

Auf die offene Handelsgesellschaft finden, soweit nicht in diesem Abschnitt ein Anderes vorgeschrieben ist, die Vorschriften des Bürgerlichen Gesetzbuchs über die Gesellschaft Anwendung.

§ **105. Begriff.** (Art. 85 Abs. 1, I 94, II 103.) Vgl. BGB. § 705. Die offene Handelsgesellschaft ist auch jetzt keine juristische Person (vgl. ROHG. 14 S. 5, 25 S. 126, RG. 3 S. 57, 5 S. 55, 16 S. 11, 18 S. 139 ff.) trotz der dieser Meinung (vgl. Goldschm. 32 S. 2, Arch. f. bürg. Recht 5 S. 1) günstigeren Fassung. Die Denkschrift betont ausdrücklich, daß künftig um so weniger Veranlassung zur Annahme der juristischen Persönlichkeit vorliege, als bei der Gesellschaft des BGB. eine rechtliche Trennung des Gesellschaftsvermögens von dem Vermögen der einzelnen Gesellschafter gleichfalls anerkannt sei, und zwar unter Verwerthung eines Rechtsgedankens, der im Allgemeinen auch zur Erklärung der Eigenthümlichkeiten der offenen Handelsgesellschaft ausreiche. Das ist der deutsch-rechtliche Gedanke eines selbständigen, den Grundsätzen der sog. Rechtsgemeinschaft zur gesammten Hand unterliegenden Gesellschaftsvermögens (Denkschr. z. Entw. eines BGB. S. 87), an welchem, solange die Gesellschaft besteht, weder der einzelne Gesellschafter (BGB. § 719) noch seine Gläubiger (das. § 725 Abs. 2) Rechte hat, außer an den nach Maßgabe des Gesellschaftsverhältnisses ausscheidbaren Antheilen (vgl. §§ 124

Abs. 2, 129; BGB. §§ 718, 719; die obigen Citate und RG. 9 S. 143, 11 S. 117, 25 S. 256). Daraus folgt ohne Weiteres die Möglichkeit der Bildung mehrerer offenen Handelsgesellschaften durch dieselben Personen (vgl. § 112, RG. 16 S. 16; Goldschm. 40 S. 456; vgl. ROHG. 24 S. 156). Dagegen ist es begrifflich ausgeschlossen, daß eine offene Handelsgesellschaft Mitglied einer anderen sei: RG. 36 S. 139.

Die Gesellschaft, daher auch die offene Handelsgesellschaft, beruht ihrem Begriff und Wesen nach im Gegensatz zu der weiteren Gemeinschaft (vgl. BGB. Ueberschrift des 14. Tit. und § 705) auf einem Gesellschafts*vertrage*, sie ist nicht ein Verhältniß, durch das ohne Rücksicht auf die zu Grunde liegenden inneren Beziehungen der Betheiligten lediglich die Haftung für die Schulden eines unter gemeinschaftlicher Firma betriebenen Handelsgewerbes geregelt wird. Davon geht das neue wie das alte HGB. aus, vgl. § 109. Die Gemeinschaft der Erben eines vererbten Handelsgeschäftes z. B. bildet nicht *ohne Weiteres* eine offene Handelsgesellschaft (§ 27; vgl. RG. 16 S. 40 und 339 mit ROHG. 11 S. 101, RG. 10 S. 101, 35 S. 17). Vgl. jedoch über die Wirkungen der Eintragung einer Nichthandelsgesellschaft als offene Handelsgesellschaft RG. 40 S. 146 und die dortigen Citate. Aus dem Begriff der Gesellschaft folgt ohne Weiteres die Bedeutung der Persönlichkeit der Gesellschafter, daher ist Art. 98 (vgl. ROHG. 13 S. 64, 17 S. 354; RG. 18 S. 43), daß ohne Einwilligung der übrigen Gesellschafter kein Gesellschafter einen Dritten als Gesellschafter aufnehmen und einseitig keine Gesellschafterrechte gegen die Gesellschaft verschaffen kann, nicht ausdrücklich aufgenommen. Aus dem Begriff folgt ferner der nothwendige Gegensatz des Verhältnisses der Gesellschafter nach außen und unter einander (vgl. Hans. GZ. 1895 S. 13 ff.; RG. 40 S. 146: stille Gesellschaft nach außen, offene nach innen).

Zweck der offenen Handelsgesellschaft ist „der Betrieb eines Handelsgewerbes unter gemeinschaftlicher Firma". Gesellschaft wie Gemeinschaftlichkeit setzen nothwendig zwei oder mehrere Personen (Art. 85) voraus; nicht nothwendig nur physische Personen; a. M. Goldschm. 40 S. 457; Johow 11 S. 17; vgl. RG. 36 S. 139. *Betreiben* können das Handelsgewerbe nur diese Personen, die Gesellschafter (RG. 37 S. 58 ff.); deren vertragsmäßige Vereinigung die Gesellschaft bildet. Namens der Gesellschaft, sei es ausdrücklich oder stillschweigend, müssen die Geschäfte geschlossen werden (vgl. RG. 37 S. 61, Bolze 3 Nr. 789, Goldschm. 30 S. 516). — *Handelsgewerbe* s. §§ 1—3. Gesellschaften, deren Betrieb im An- und Verkauf von Grundstücken besteht (vgl. auch § 93 Abs. 2), werden, wenn sonst die Voraussetzungen von § 105 Abs. 1 vorliegen, jetzt durch die Eintragung offene Handelsgesellschaften (vgl. dagegen früher Bolze 6 Nr. 631, 8 Nr. 314, 9 Nr. 711a, ROHG. 11 S. 263, 15 S. 236, RG. 6 S. 4). Eine *Handelsgesellschaft* aber, welche unter ihrer Firma auch Nichthandelsgeschäfte betreibt, z. B. Grundstücke erwirbt oder veräußert, oder sonstige Verträge über unbewegliche Sachen schließt (s. jetzt aber § 343), hört auch im Bereiche dieser Geschäfte nicht auf, Handelsgesellschaft zu sein (RG. 32 S. 32 ff.; J.W. 23 S. 318); — „*unter gemeinschaftlicher Firma*", wesentliches Erforderniß; vgl. RG. 13 S. 230; Bolze 1 Nr. 1153, 3 Nr. 789; ROHG. 5 S. 388, 8 S. 248; J.W. 23 S. 431 f.

Abs. 2. Der Abs. 2 des Art. 85 (vgl. Art. 317, ROHG. 9 S. 283, Bolze 3 Nr. 795), welcher die Formfreiheit des Gesellschaftsvertrages aussprach, ist gestrichen, weil das BGB. von der Formfreiheit der Verträge als Regel ausgeht. In allen Fällen, wo das BGB. ausnahmsweise für Verträge eine besondere Form verlangt (vgl. BGB. §§ 311, 313, 315), wird dieselbe für den Gesellschaftsvertrag beobachtet werden müssen, wenn dieser einen solchen Vertrag z. B. über die Einbringung von Grundstücken (vgl. RG. 13 S. 2) enthält, und *von seiner Gültigkeit die Existenz des Gesellschaftsvertrages* abhängt. Dieser würde als solcher nicht nichtig sein wegen Formmangels (BGB. § 125), sondern wegen mangelnder Voraussetzung (BGB. § 139). Die Vorschriften des BGB. sind folgende:

§ 705. Durch den Gesellschaftsvertrag verpflichten sich die Gesellschafter gegenseitig, die Erreichung eines gemeinsamen Zweckes in der durch den Vertrag bestimmten Weise zu fördern, insbesondere die vereinbarten Beiträge zu leisten.

§ 706. Die Gesellschafter haben in Ermangelung einer anderen Vereinbarung gleiche Beiträge zu leisten.

Sind vertretbare oder verbrauchbare Sachen beizutragen, so ist im Zweifel anzunehmen, daß sie gemeinschaftliches Eigenthum der Gesellschafter werden sollen. Das Gleiche gilt von nicht vertretbaren und nicht verbrauchbaren Sachen, wenn sie nach einer Schätzung beizutragen sind, die nicht bloß für die Gewinnvertheilung bestimmt ist.

Der Beitrag eines Gesellschafters kann auch in der Leistung von Diensten bestehen.

§ 707. Zur Erhöhung des vereinbarten Beitrags oder zur Ergänzung der durch Verlust verminderten Einlage ist ein Gesellschafter nicht verpflichtet.

§ 708. Ein Gesellschafter hat bei der Erfüllung der ihm obliegenden Verpflichtungen nur für diejenige Sorgfalt einzustehen, welche er in eigenen Angelegenheiten anzuwenden pflegt.

§ 709. Die Führung der Geschäfte der Gesellschaft steht den Gesellschaftern gemeinschaftlich zu; für jedes Geschäft ist die Zustimmung aller Gesellschafter erforderlich.

Hat nach dem Gesellschaftsvertrage die Mehrheit der Stimmen zu entscheiden, so ist die Mehrheit im Zweifel nach der Zahl der Gesellschafter zu berechnen.

§ 710. Ist in dem Gesellschaftsvertrage die Führung der Geschäfte einem Gesellschafter oder mehreren Gesellschaftern übertragen, so sind die übrigen Gesellschafter von der Geschäftsführung ausgeschlossen. Ist die Geschäftsführung mehreren Gesellschaftern übertragen, so finden die Vorschriften des § 709 entsprechende Anwendung.

§ 711. Steht nach dem Gesellschaftsvertrage die Führung der Geschäfte allen oder mehreren Gesellschaftern in der Art zu, daß jeder allein zu handeln berechtigt ist, so kann jeder der Vornahme eines Geschäfts durch den anderen widersprechen. Im Falle des Widerspruchs muß das Geschäft unterbleiben.

§ 712. Die einem Gesellschafter durch den Gesellschaftsvertrag übertragene Befugniß zur Geschäftsführung kann ihm durch einstimmigen Beschluß oder, falls nach dem Gesellschaftsvertrage die Mehrheit der Stimmen entscheidet, durch Mehrheitsbeschluß der übrigen Gesellschafter entzogen werden, wenn ein wichtiger Grund vorliegt; ein solcher Grund ist insbesondere grobe Pflichtverletzung oder Unfähigkeit zur ordnungsmäßigen Geschäftsführung.

Der Gesellschafter kann auch seinerseits die Geschäftsführung kündigen, wenn ein wichtiger Grund vorliegt; die für den Auftrag geltenden Vorschriften des § 671 Abs. 2, 3 finden entsprechende Anwendung.

§ 713. Die Rechte und Verpflichtungen der geschäftsführenden Gesellschafter bestimmen sich nach den für den Auftrag geltenden Vorschriften der §§ 664—670, soweit sich nicht aus dem Gesellschaftsverhältniß ein Anderes ergiebt.

§ 714. Soweit einem Gesellschafter nach dem Gesellschaftsvertrage die Befugniß zur Geschäftsführung zusteht, ist er im Zweifel auch ermächtigt, die anderen Gesellschafter Dritten gegenüber zu vertreten.

§ 715. Ist im Gesellschaftsvertrag ein Gesellschafter ermächtigt, die anderen Gesellschafter Dritten gegenüber zu vertreten, so kann die Vertretungsmacht nur nach Maßgabe des § 712 Abs. 1 und, wenn sie in Verbindung mit der Befugniß zur Geschäftsführung ertheilt worden ist, nur mit dieser entzogen werden.

§ 716. Ein Gesellschafter kann, auch wenn er von der Geschäftsführung ausgeschlossen ist, sich von den Angelegenheiten der Gesellschaft persönlich unterrichten, die Geschäftsbücher und die Papiere der Gesellschaft einsehen und sich aus ihnen eine Uebersicht über den Stand des Gesellschaftsvermögens anfertigen.

Eine dieses Recht ausschließende oder beschränkende Vereinbarung steht der

Geltendmachung des Rechtes nicht entgegen, wenn Grund zu der Annahme unredlicher Geschäftsführung besteht.

§ 717. Die Ansprüche, die den Gesellschaftern aus dem Gesellschaftsverhältnisse gegen einander zustehen, sind nicht übertragbar. Ausgenommen sind die einem Gesellschafter aus seiner Geschäftsführung zustehenden Ansprüche, soweit deren Befriedigung vor der Auseinandersetzung verlangt werden kann, sowie die Ansprüche auf einen Gewinnantheil oder auf dasjenige, was dem Gesellschafter bei der Auseinandersetzung zukommt.

§ 718. Die Beiträge der Gesellschafter und die durch die Geschäftsführung für die Gesellschaft erworbenen Gegenstände werden gemeinschaftliches Vermögen der Gesellschafter (Gesellschaftsvermögen).

Zu dem Gesellschaftsvermögen gehört auch, was auf Grund eines zu dem Gesellschaftsvermögen gehörenden Rechtes oder als Ersatz für die Zerstörung, Beschädigung oder Entziehung eines zu dem Gesellschaftsvermögen gehörenden Gegenstandes erworben wird.

§ 719. Ein Gesellschafter kann nicht über seinen Antheil an dem Gesellschaftsvermögen und an den einzelnen dazu gehörenden Gegenständen verfügen; er ist nicht berechtigt, Theilung zu verlangen.

Gegen eine Forderung, die zum Gesellschaftsvermögen gehört, kann der Schuldner nicht eine ihm gegen einen einzelnen Gesellschafter zustehende Forderung aufrechnen.

§ 720. Die Zugehörigkeit einer nach § 718 Abs. 1 erworbenen Forderung zum Gesellschaftsvermögen hat der Schuldner erst dann gegen sich gelten zu lassen, wenn er von der Zugehörigkeit Kenntniß erlangt; die Vorschriften der §§ 406—408 finden entsprechende Anwendung.

§ 721. Ein Gesellschafter kann den Rechnungsabschluß und die Vertheilung des Gewinns und Verlustes erst nach der Auflösung der Gesellschaft verlangen.

Ist die Gesellschaft von längerer Dauer, so hat der Rechnungsabschluß und die Gewinnvertheilung im Zweifel am Schlusse jedes Geschäftsjahres zu erfolgen.

§ 722. Sind die Antheile der Gesellschafter am Gewinn und Verluste nicht bestimmt, so hat jeder Gesellschafter ohne Rücksicht auf die Art und die Größe seines Beitrags einen gleichen Antheil am Gewinn und Verluste.

Ist nur der Antheil am Gewinn oder am Verluste bestimmt, so gilt die Bestimmung im Zweifel für Gewinn und Verlust.

§ 723. Ist die Gesellschaft nicht für eine bestimmte Zeit eingegangen, so kann jeder Gesellschafter sie jederzeit kündigen. Ist eine Zeitdauer bestimmt, so ist die Kündigung vor dem Ablaufe der Zeit zulässig, wenn ein wichtiger Grund vorliegt; ein solcher Grund ist insbesondere vorhanden, wenn ein anderer Gesellschafter eine ihm nach dem Gesellschaftsvertrag obliegende wesentliche Verpflichtung vorsätzlich oder aus grober Fahrlässigkeit verletzt oder wenn die Erfüllung einer solchen Verpflichtung unmöglich wird. Unter der gleichen Voraussetzung ist, wenn eine Kündigungsfrist bestimmt ist, die Kündigung ohne Einhaltung der Frist zulässig.

Die Kündigung darf nicht zur Unzeit geschehen, es sei denn, daß ein wichtiger Grund für die unzeitige Kündigung vorliegt. Kündigt ein Gesellschafter ohne solchen Grund zur Unzeit, so hat er den übrigen Gesellschaftern den daraus entstehenden Schaden zu ersetzen.

Eine Vereinbarung, durch welche das Kündigungsrecht ausgeschlossen oder diesen Vorschriften zuwider beschränkt wird, ist nichtig.

§ 724. Ist eine Gesellschaft für die Lebenszeit eines Gesellschafters eingegangen, so kann sie in gleicher Weise gekündigt werden wie eine für unbestimmte Zeit eingegangene Gesellschaft. Dasselbe gilt, wenn eine Gesellschaft nach dem Ablaufe der bestimmten Zeit stillschweigend fortgesetzt wird.

§ 725. Hat ein Gläubiger eines Gesellschafters die Pfändung des Antheils des Gesellschafters an dem Gesellschaftsvermögen erwirkt, so kann er die Gesellschaft ohne Einhaltung einer Kündigungsfrist kündigen, sofern der Schuldtitel nicht bloß vorläufig vollstreckbar ist.

Solange die Gesellschaft besteht, kann der Gläubiger die sich aus dem Gesellschaftsverhältniß ergebenden Rechte des Gesellschafters, mit Ausnahme des Anspruchs auf einen Gewinnantheil, nicht geltend machen.

§ 726. Die Gesellschaft endigt, wenn der vereinbarte Zweck erreicht oder dessen Erreichung unmöglich geworden ist.

§ 727. Die Gesellschaft wird durch den Tod eines der Gesellschafter aufgelöst, sofern nicht aus dem Gesellschaftsvertrage sich ein Anderes ergiebt.

Im Falle der Auflösung hat der Erbe des verstorbenen Gesellschafters den übrigen Gesellschaftern den Tod unverzüglich anzuzeigen und, wenn mit dem Aufschube Gefahr verbunden ist, die seinem Erblasser durch den Gesellschaftsvertrag übertragenen Geschäfte fortzuführen, bis die übrigen Gesellschafter in Gemeinschaft mit ihm anderweit Fürsorge treffen können. Die übrigen Gesellschafter sind in gleicher Weise zur einstweiligen Fortführung der ihnen übertragenen Geschäfte verpflichtet. Die Gesellschaft gilt insoweit als fortbestehend.

§ 728. Die Gesellschaft wird durch die Eröffnung des Konkurses über das Vermögen eines Gesellschafters aufgelöst. Die Vorschriften des § 727 Abs. 2 Satz 2, 3 finden Anwendung.

§ 729. Wird die Gesellschaft in anderer Weise als durch Kündigung aufgelöst, so gilt die einem Gesellschafter durch den Gesellschaftsvertrag übertragene Befugniß zur Geschäftsführung zu seinen Gunsten gleichwohl als fortbestehend, bis er von der Auflösung Kenntniß erlangt oder die Auflösung kennen muß.

§ 730. Nach der Auflösung der Gesellschaft findet in Ansehung des Gesellschaftsvermögens die Auseinandersetzung unter den Gesellschaftern statt.

Für die Beendigung der schwebenden Geschäfte, für die dazu erforderliche Eingehung neuer Geschäfte sowie für die Erhaltung und Verwaltung des Gesellschaftsvermögens gilt die Gesellschaft als fortbestehend, soweit der Zweck der Auseinandersetzung es erfordert. Die einem Gesellschafter nach dem Gesellschaftsvertrage zustehende Befugniß zur Geschäftsführung erlischt jedoch, wenn nicht aus dem Vertrage sich ein Anderes ergiebt, mit der Auflösung der Gesellschaft; die Geschäftsführung steht von der Auflösung an allen Gesellschaftern gemeinschaftlich zu.

§ 731. Die Auseinandersetzung erfolgt in Ermangelung einer anderen Vereinbarung in Gemäßheit der §§ 732—735. Im Uebrigen gelten für die Theilung die Vorschriften über die Gemeinschaft.

§ 732. Gegenstände, die ein Gesellschafter der Gesellschaft zur Benutzung überlassen hat, sind ihm zurückzugeben. Für einen durch Zufall in Abgang gekommenen oder verschlechterten Gegenstand kann er nicht Ersatz verlangen.

§ 733. Aus dem Gesellschaftsvermögen sind zunächst die gemeinschaftlichen Schulden mit Einschluß derjenigen zu berichtigen, welche den Gläubigern gegenüber unter den Gesellschaftern getheilt sind oder für welche einem Gesellschafter die übrigen Gesellschafter als Schuldner haften. Ist eine Schuld noch nicht fällig oder ist sie streitig, so ist das zur Berichtigung Erforderliche zurückzubehalten.

Aus dem nach der Berichtigung der Schulden übrig bleibenden Gesellschaftsvermögen sind die Einlagen zurückzuerstatten. Für Einlagen, die nicht in Geld bestanden haben, ist der Werth zu ersetzen, den sie zur Zeit der Einbringung gehabt haben. Für Einlagen, die in der Leistung von Diensten oder in der Ueberlassung der Benutzung eines Gegenstandes bestanden haben, kann nicht Ersatz verlangt werden.

Zur Berichtigung der Schulden und zur Rückerstattung der Einlagen ist das Gesellschaftsvermögen, soweit erforderlich, in Geld umzusetzen.

§ 734. Verbleibt nach der Berichtigung der gemeinschaftlichen Schulden und der Rückerstattung der Einlagen ein Ueberschuß, so gebührt er den Gesellschaftern nach dem Verhältniß ihrer Antheile am Gewinne.

§ 735. Reicht das Gesellschaftsvermögen zur Berichtigung der gemeinschaftlichen Schulden und zur Rückerstattung der Einlagen nicht aus, so haben die

Gesellschafter für den Fehlbetrag nach dem Verhältniß aufzukommen, nach welchem sie den Verlust zu tragen haben. Kann von einem Gesellschafter der auf ihn entfallende Beitrag nicht erlangt werden, so haben die übrigen Gesellschafter den Ausfall nach dem gleichen Verhältnisse zu tragen.

§ 736. Ist im Gesellschaftsvertrage bestimmt, daß, wenn ein Gesellschafter kündigt oder stirbt oder wenn der Konkurs über sein Vermögen eröffnet wird, die Gesellschaft unter den übrigen Gesellschaftern fortbestehen soll, so scheidet bei dem Eintritt eines solchen Ereignisses der Gesellschafter, in dessen Person es eintritt, aus der Gesellschaft aus.

§ 737. Ist im Gesellschaftsvertrage bestimmt, daß, wenn ein Gesellschafter kündigt, die Gesellschaft unter den übrigen Gesellschaftern fortbestehen soll, so kann ein Gesellschafter, in dessen Person ein die übrigen Gesellschafter nach § 723 Abs. 1 Satz 2 zur Kündigung berechtigender Umstand eintritt, aus der Gesellschaft ausgeschlossen werden. Das Ausschließungsrecht steht den übrigen Gesellschaftern gemeinschaftlich zu. Die Ausschließung erfolgt durch Erklärung gegenüber dem auszuschließenden Gesellschafter.

§ 738. Scheidet ein Gesellschafter aus der Gesellschaft aus, so wächst sein Antheil am Gesellschaftsvermögen den übrigen Gesellschaftern zu. Diese sind verpflichtet, dem Ausscheidenden die Gegenstände, die er der Gesellschaft zur Benutzung überlassen hat, nach Maßgabe des § 732 zurückzugeben, ihn von den gemeinschaftlichen Schulden zu befreien und ihm dasjenige zu zahlen, was er bei der Auseinandersetzung erhalten würde, wenn die Gesellschaft zur Zeit seines Ausscheidens aufgelöst worden wäre. Sind gemeinschaftliche Schulden noch nicht fällig, so können die übrigen Gesellschafter dem Ausscheidenden, statt ihn zu befreien, Sicherheit leisten.

Der Werth des Gesellschaftsvermögens ist, soweit erforderlich, im Wege der Schätzung zu ermitteln.

§ 739. Reicht der Werth des Gesellschaftsvermögens zur Deckung der gemeinschaftlichen Schulden und der Einlagen nicht aus, so hat der Ausscheidende den übrigen Gesellschaftern für den Fehlbetrag nach dem Verhältnisse seines Antheils am Verlust aufzukommen.

§ 740. Der Ausgeschiedene nimmt an dem Gewinn und dem Verlust Theil, welcher sich aus den zur Zeit seines Ausscheidens schwebenden Geschäften ergiebt. Die übrigen Gesellschafter sind berechtigt, diese Geschäfte so zu beendigen, wie es ihnen am vortheilhaftesten erscheint.

Der Ausgeschiedene kann am Schlusse jedes Geschäftsjahrs Rechenschaft über die inzwischen beendigten Geschäfte, Auszahlung des ihm gebührenden Betrags und Auskunft über den Stand der noch schwebenden Geschäfte verlangen. —

§§ 106—108. **Anmeldung.** (Art. 86—88, I 95—97, II 104—106.) Vgl. §§ 12—16 und wegen der auf die Vertretung der Gesellschaft bezüglichen Anmeldungen (Art. 86 Abs. 2 Nr. 4 und Art. 87) § 125. Ueber die richterliche Prüfungspflicht vgl. auch Bad. Ann. 61 S. 119 ff., 132 ff.

§ 106.

Die Gesellschaft ist bei dem Gericht, in dessen Bezirke sie ihren Sitz hat, zur Eintragung in das Handelsregister anzumelden.

Die Anmeldung hat zu enthalten:

1. den Namen, Vornamen, Stand und Wohnort jedes Gesellschafters;
2. die Firma der Gesellschaft und den Ort, wo sie ihren Sitz hat;
3. den Zeitpunkt, mit welchem die Gesellschaft begonnen hat.

§ 106. Sitz der offenen Handelsgesellschaft ist im Zweifel der Ort ihrer Hauptniederlassung. Vgl. Busch Arch. 9 S. 453; CPO. § 17 (19) Abs. 1: „Als Sitz gilt, wenn nicht ein Anderes erhellt, der Ort, wo die Verwaltung geführt wird." Ueber Eintragung im Konsular-Gesellschaftsregister vgl. J.W. 24 S. 84, 25 S. 178.

Abs. 2 Nr. 2: Firma: § 19. — Nr. 3: Beginn: vgl. § 123 Abs. 2.

§ 107.

Wird die Firma einer Gesellschaft geändert oder der Sitz der Gesellschaft an einen anderen Ort verlegt oder tritt ein neuer Gesellschafter in die Gesellschaft ein, so ist dies ebenfalls zur Eintragung in das Handelsregister anzumelden.

§ 107. Vgl. §§ 31, 21, 24.

§ 108.

Die Anmeldungen sind von sämmtlichen Gesellschaftern zu bewirken. Die Gesellschafter, welche die Gesellschaft vertreten sollen, haben die Firma nebst ihrer Namensunterschrift zur Aufbewahrung bei dem Gerichte zu zeichnen.

§ 108.

Abs. 1. Kollektivverpflichtung; so lange ein Gesellschafter nicht mitwirkt, sind sie überhaupt nicht bewirkt (§ 14).

Abs. 2. Einzelverpflichtung; Strafe: § 14.

Zweiter Titel.

Rechtsverhältniß der Gesellschafter unter einander.

Zweiter Titel. Rechtsverhältniß der Gesellschafter unter einander: §§ 109—122. Nach Maßgabe des § 156 kommen diese Vorschriften auch während der Liquidation zur Anwendung. — Gemäß § 105 Abs. 2 gelten eventuell auch die hauptsächlich in Bezug auf das innere Verhältniß der Gesellschafter gegebenen Vorschriften des BGB., namentlich anstatt der gestrichenen Art. 9[1] Abs. 1, 92, 94, 98 die §§ 706 Abs. 2, 707, 708 (vgl. aber § 133 Abs. 2), 717 BGB., ferner § 712 Abs. 2; s. o. S. 58. Nicht aus dem HGB. ausgeschieden werden sollten nur diejenigen Vorschriften, welche „mit denen des HGB. in besonders nahem Zusammenhange stehen". Daß dies kein scharfes Merkmal sein kann, ist klar; Wiederholungen sind deshalb unvermeidlich gewesen, vgl. §§ 110, 111 mit BGB. §§ 733, 667—670, 256; § 114 mit BGB. §§ 709, 710; § 115 mit BGB. § 711; § 117 mit BGB. § 712; § 118 mit BGB. 716; § 119 mit BGB. § 709 (s. o. S. 58).

§ 109.

Das Rechtsverhältniß der Gesellschafter unter einander richtet sich zunächst nach dem Gesellschaftsvertrage; die Vorschriften der §§ 110 bis

122 finden nur insoweit Anwendung, als nicht durch den Gesellschaftsvertrag ein Anderes bestimmt ist.

§ 109. **Dispositive Natur der Vorschriften des zweiten Titels.** (Art. 90, I 98, II 107.) § 109 proklamirt das Selbstbestimmungsrecht der offenen Handelsgesellschaft in Bezug auf das Verhältniß der Gesellschafter unter einander. Demnach ist, wie bisher, in erster Linie der Gesellschaftsvertrag maßgebend, in zweiter Linie wenn dieser nicht ein Anderes bestimmt §§ 110—122, in dritter Linie aber, also wenn weder Vertrag nach §§ 110—122 ein Anderes bestimmen, sollen die Vorschriften des BGB. in §§ 705—740 (oben § 105 S. 58) zur Anwendung kommen. Auf die Vorschriften des vierten Titels über die Auflösung der Gesellschaft bezieht sich § 109 nicht; bezüglich derselben ist im einzelnen Falle je nach dem Charakter derselben zu prüfen, ob sie der öffentlichen Ordnung angehören oder nicht: RG. 38 S. 121.

Gesellschaftsvertrag ist nicht nur der einzelne bei der Errichtung der Gesellschaft vorgenommene Akt der Vereinbarung, sondern die Summe des Einverständnisses, welches unter den sämmtlichen Gesellschaftern vor oder während bestehender Gesellschaft über deren zukünftige Gestaltung hergestellt ist. Vgl. § 105 und ROHG. 7 S. 273, 9 S. 38, Busch Arch. 46 S. 298, RG. 12 S. 304; Beweislast: ROHG. 3 S. 173. Ueber Einlagen vgl. § 111, RG. 2 S. 306, J.W. 1893 S. 161, Busch Arch. 19 S. 257, und über persönliche Rechte, welche nicht als Einlage eingebracht sind, Hans. GZ. 1895 S. 13 ff. Die Eigenthumspräsumtion nach Eintragung in das unterschriebene Inventar (Art. 91 Abs. 2) ist mit Rücksicht auf CPO. § 286 gestrichen. — Im Uebrigen richtet sich die Gültigkeit des Gesellschaftsvertrages nach allgemeinen Grundsätzen: BGB. §§ 305 ff. Unzulässig ist die Bestimmung des Ausschlusses durch Majorität erklärt in ROHG. 21 S. 84. Zulässig Majorisirung in Betreff der Vertretungsbefugniß bei Bolze 13 Nr. 498 (s. aber § 125).

§ 110.

Macht der Gesellschafter in den Gesellschaftsangelegenheiten Aufwendungen, die er den Umständen nach für erforderlich halten darf, oder erleidet er unmittelbar durch seine Geschäftsführung oder aus Gefahren, die mit ihr untrennbar verbunden sind, Verluste, so ist ihm die Gesellschaft zum Ersatze verpflichtet.

Aufgewendetes Geld hat die Gesellschaft von der Zeit der Aufwendung an zu verzinsen.

§ 110. **Ersatzpflicht der Gesellschaft.** (Art. 93 Abs. 1, 2, I 99, II 108.) Eine Besonderheit der offenen Handelsgesellschaft ist (wie in Art. 93 Abs. 1), daß die Gesellschaft dem Gesellschafter auch schlechthin für Verluste haftet, die er unmittelbar durch seine Geschäftsführung oder aus Gefahren erleidet, die von ihr unzertrennlich sind. Dies erscheint deswegen billig, weil im Gegensatz zu der gewöhnlichen Gesellschaft die offene Handelsgesellschaft meist eine engere Gemeinschaft der Gesellschafter begründet und die Theilnehmer nöthigt, ihre ganze Thätigkeit und Arbeitskraft der Gesellschaft zu widmen. Im Uebrigen wiederholt § 110 Rechtssätze, die sich schon aus BGB. §§ 713, 670, 683, 256 ergeben.

Die Bestimmung des Art. 93 Abs. 3, daß der Gesellschafter für seine Bemühungen bei dem Betriebe der Gesellschaftsgeschäfte keine Vergütung beanspruchen könne, ist nicht aufgenommen, weil einerseits diese Vorschrift insoweit selbstverständlich ist, als solche Bemühungen zu der jedem Gesellschafter obliegenden Geschäftsführung (§ 114) gehören (vgl. ROHG. 3 S. 173, 4 S. 379), andererseits sich aber insoweit nicht allgemein rechtfertigt, als es sich um andere Dienste handelt, namentlich um solche, zu denen der Gesellschafter kraft besonderen Berufes befähigt ist. Ist das der Fall, so ist nach den Umständen zu prüfen, ob nicht Vergütung dafür als stillschweigend vereinbart anzunehmen ist; vgl. ROHG. 3 S. 232. Die Gesellschaft ist verpflichtet, nicht, so lange sie besteht, die anderen Gesellschafter: ROHG. 13 S. 143, 19 S. 415; und zwar ohne Abzug des auf die eigene Person entfallenden Antheils: Busch Arch. 9 S. 393. — Wegen Aufwendungen vgl. BGB. § 670, RG. 36 S. 141; wegen der Verzinsung (Abs. 2), § 352 d. Ges. (5%), auch wenn der Gesellschafter höhere Zinsen zahlen muß: Bolze 19 Nr. 623. — Darlehensklage: RG. 36 S. 60. — Neben der Ersatzpflicht der Gesellschaft besteht nach § 105 Abs. 2 und BGB. §§ 713, 669 eine Vorschußpflicht derselben. — Darlehen begründen keine Erhöhung der Einlage: Bolze 19 Nr. 621.

§ 111.

Ein Gesellschafter, der seine Geldeinlage nicht zur rechten Zeit einzahlt oder eingenommenes Gesellschaftsgeld nicht zur rechten Zeit an die Gesellschaftskasse abliefert oder unbefugt Geld aus der Gesellschaftskasse für sich entnimmt, hat Zinsen von dem Tage an zu entrichten, an welchem die Zahlung oder die Ablieferung hätte geschehen sollen oder die Herausnahme des Geldes erfolgt ist.

Die Geltendmachung eines weiteren Schadens ist nicht ausgeschlossen.

§ 111. **Verzinsungspflicht des Gesellschafters.** (Art. 95, I 100, II 109.)
Abs. 1 (vgl. BGB. §§ 668, 713; § 352 d. Ges. (5%); eines besonderen Verschuldens bedarf es nicht.

Abs. 2. Vgl. BGB. § 288. Vorausgesetzt, daß ein weiterer Schadensersatzanspruch rechtlich begründet ist, vgl. BGB. § 708, oben bei § 105, auch ROHG. 24 S. 48. Vgl. auch BGB. §§ 249 ff. und dazu Goldschm. 22 S. 284. Ebensowenig sind andere Folgen etwaiger Pflichtwidrigkeit (§§ 133, 140, 117, 127) ausgeschlossen.

§§ 112, 113. **Konkurrenzverbot.** (Art. 96, 97, I 101, 102, II 110, 111.) Vgl. §§ 60, 61. Zu §§ 112, 113 wurde im Einverständniß mit den verbündeten Regierungen als die ausdrückliche Meinung der Kommission festgestellt, daß die Bestimmungen auch bei Gesellschaften von nur zwei Mitgliedern Platz greifen. Ueber die Auslegung des Versprechens, sich an einem Konkurrenzgeschäft zu betheiligen, vgl. RG. 40 S. 97.

§ 112.

Ein Gesellschafter darf ohne Einwilligung der anderen Gesellschafter weder in dem Handelszweige der Gesellschaft Geschäfte machen noch an einer anderen gleichartigen Handelsgesellschaft als persönlich haftender Gesellschafter Theil nehmen.

Die Einwilligung zur Theilnahme an einer anderen Gesellschaft gilt als ertheilt, wenn den übrigen Gesellschaftern bei Eingehung der Gesellschaft bekannt ist, daß der Gesellschafter an einer anderen Gesellschaft als persönlich haftender Gesellschafter Theil nimmt, und gleichwohl die Aufgabe dieser Betheiligung nicht ausdrücklich bedungen wird.

§ 112.

Abs. 1. Auch das Konkurrenzverbot ist nur dispositives Recht, das ohne irgend eine der in § 74 gezogenen Beschränkungen gemäß § 109 nach jeder Richtung geändert werden kann; vgl. ROHG. 15 S. 163; RG. 2 S. 118, 40 S. 97. — Das Verbot richtet sich gegen jeden Gesellschafter, sei er geschäftsführender oder nicht, weil jeder durch Kenntniß der Bücher und der Geschäftsbeziehungen der Gesellschaft (§ 118) konkurrenzgefährlich ist. — Ebenso ist nothwendig die Einwilligung eines jeden Gesellschafters, weil das Gesellschaftsverhältniß ein Widerspruchsrecht jedes Gesellschafters mit sich bringt; vgl. § 113 Abs. 2. — Geschäfte machen, sei es für eigene oder fremde Rechnung (Art. 96; über Aktienkauf s. Bolze 8 Nr. 543). Der stille Gesellschafter (§ 335), der Aktionär, der Kommanditist, Mitglieder einer eingetragenen Genossenschaft oder Gesellschaft mit beschr. Haftung „machen keine Geschäfte" in diesem Sinne, nehmen auch trotz §§ 217, 171 nicht als persönlich haftende Gesellschafter an einer gleichartigen Handelsgesellschaft theil. A. M. Staub weil der Kommanditist Mitinhaber des Geschäfts sei; vgl. aber § 165.

Abs. 2 stellt als Auslegungsbeispiel einen Fall gesetzlicher Vermuthung des Verzichts auf, wie in § 60 Abs. 2. Da die Einwilligung der übrigen Gesellschafter, also eines jeden von ihnen, erforderlich ist, so muß auch die Kenntniß ohne Widerspruch, aus welcher das Gesetz die Einwilligung folgert, in der Person jedes derselben vorhanden sein. Kenntniß eines, bei Unkenntniß eines anderen der übrigen Gesellschafter, kann also der Gesellschaft nicht präjudiziren, s. § 113 Abs. 3. Wissenmüssen ersetzt die Kenntniß nicht. — „Ausdrücklich", wenn auch nicht ausgesprochenermaßen; also: wenn das Verlangen der Aufgabe nicht ausgesprochen wird oder einen anderen positiven Ausdruck gefunden hat, z. B. durch Kopfschütteln auf dahingehende Frage, so gilt die Einwilligung zur Theilnahme stillschweigend ertheilt (anders RG. 11 S. 311, preuß. Recht); vgl. BGB. §§ 130, 147 u. z. B. § 625; selbst bei schriftlicher Eingehung der Gesellschaft kann nach allgemeinen Grundsätzen eine ausdrückliche Forderung der Aufgabe wirksam unschriftlich, unausgesprochen, durch Zeichen erfolgen. — War die Einwilligung gegeben, so kann dem anderen Gesellschafter sein wohlerworbenes Recht nicht gegen seinen Willen entzogen werden und von einer Verletzung seiner Verpflichtung mit den Folgen des § 113 keine Rede sein, unbeschadet der Anwendung der §§ 131^2, 119, sowie der §§ 133, 140, 142, wenn nämlich etwa trotz gegebener Einwilligung die Theilnahme des Gesellschafters an der anderen Gesellschaft sich als ein wichtiger Grund zur Auflösung herausstellt.

§ 113.

Verletzt ein Gesellschafter die ihm nach § 112 obliegende Verpflichtung, so kann die Gesellschaft Schadensersatz fordern; sie kann statt dessen von dem Gesellschafter verlangen, daß er die für eigene Rechnung gemachten Geschäfte als für Rechnung der Gesellschaft eingegangen gelten lasse und die aus Geschäften für fremde Rechnung bezogene Vergütung herausgebe oder seinen Anspruch auf die Vergütung abtrete.

Ueber die Geltendmachung dieser Ansprüche beschließen die übrigen Gesellschafter.

Die Ansprüche verjähren in drei Monaten von dem Zeitpunkt an, in welchem die übrigen Gesellschafter von dem Abschlusse des Geschäfts oder von der Theilnahme des Gesellschafters an der anderen Gesellschaft Kenntniß erlangen; sie verjähren ohne Rücksicht auf diese Kenntniß in fünf Jahren von ihrer Entstehung an.

Das Recht der Gesellschafter, die Auflösung der Gesellschaft zu verlangen, wird durch diese Vorschriften nicht berührt.

§ **113.** Vgl. § 61. Die Geschäfte bleiben gültig; auch wird keine Vermuthung begründet, daß sie für die Gesellschaft geschlossen seien (ROHG. 18 S. 227); das Gegentheil ist Voraussetzung der Pflichtverletzung des Gesellschafters. — Schadensersatz: BGB. §§ 249 ff.; der Schaden der Gesellschaft und der Gewinn des zuwiderhandelnden Gesellschafters brauchen sich natürlich nicht zu decken. — Vergütung: s. § 61, und zwar ohne Abzug der etwa auf seinen Antheil fallenden Rate. Ebensowenig kann etwa mit der exceptio doli die Rate eines um die Theilnahme wissenden Gesellschafters abgezogen oder gar deswegen überhaupt Ersatz geweigert werden.

Abs. 2. Die Geltendmachung soll nicht dem Belieben eines jeden Gesellschafters überlassen sein, zumal es sich nicht um eine Thätigkeit der Geschäftsführung handelt. Sind nur zwei Gesellschafter vorhanden (s. o. §§ 112, 113), so bedarf es natürlich keines Beschlusses.

Abs. 3. „Die Ansprüche“ — nämlich auf Grund des ersten Abs., vgl. Abs. 4 — natürlich sind immer nur gemeint solche, welche vor 3 Monaten entstanden; — „verjähren“, jetzt zweifellos nach BGB. §§ 194 ff. im eigentlichen Rechtssinne; es handelt sich nicht um Präklusivfristen (Prot. zu Art. 97 S. 190). Kenntniß der übrigen Gesellschafter — nicht wie Art. 97 zweideutig und deshalb Zweifel und Streit anregend (vgl. Staub § 4) sagte: der Gesellschaft — ist maßgebend; sie ist erst vorhanden, wenn jeder der übrigen Gesellschafter Kenntniß erhalten hat.

Abs. 4. Vgl. § 133. Der Vorbehalt führt zugleich in Verbindung mit § 140 zu der Folge, daß statt der Auflösung der Gesellschaft Ausschließung des Gesellschafters erfolgen kann, ein Recht, das ebensowenig wie jenes durch Abs. 1—3 berührt wird. — Wie aber verhält es sich mit den Ansprüchen auf künftige Unterlassung (ROHG. 19 S. 136, Busch Arch. 1 S. 281), auf Feststellung nach CPO. § 256 (vgl. RG. 40 S. 98, Staub § 5 zu Art. 97), auf Rechnungslegung (Bolze 8 Nr. 543)? Daß solche durch Abs. 1 ausgeschlossen sein sollten, ist ebensowenig anzunehmen, wie, daß sie noch nach Verjährung der in Abs. 1 erwähnten Ansprüche geltend gemacht werden könnten; das ergiebt sich aus ihrem im Verhältniß zu diesen gewissermaßen vorbereitenden oder accessorischen Charakter.

§§ **114—117. Geschäftsführung.** (Art. 99—104, I 103—106, II 112—115.) Die Grundsätze des geltenden HGB. sind beibehalten, in § 117 erweitert, die Anordnung ist geändert. Vgl. dagegen BGB. §§ 709—715, oben bei § 105.

Grundsätzliche Verschiedenheit: a) nach HGB. (§ 114, 115) ist im Zweifel jeder Gesellschafter allein zu handeln berechtigt, nach BGB. (§§ 709, 711) nur alle gemeinschaftlich; b) Entziehung der Geschäftsführung ist nach HGB. (§ 117) allgemein, nach BGB. (§ 712) nur zulässig, wenn sie durch Gesellschaftsvertrag übertragen ist. — Die Geschäftsführung ist nicht nur ein unwiderrufliches (§ 117) Recht, sondern auch eine Pflicht des Gesellschafters (§ 114 Abs. 1), deren Verletzung nach §§ 117, 133, 140 Folgen haben kann. Nach BGB. § 708 haften die Geschäftsführer wie alle Gesellschafter für Sorgfalt wie in eigenen Angelegenheiten; s. aber § 133 Abs. 2. — Ihren Umfang bestimmt § 116. — Verschieden von der lediglich das innere Verhältniß betreffenden Geschäftsführungspflicht und -Befugniß ist die lediglich gegen Dritte sich äußernde Vertretungsmacht der Gesellschafter: §§ 125 ff.

§ 114.

Zur Führung der Geschäfte der Gesellschaft sind alle Gesellschafter berechtigt und verpflichtet.

Ist im Gesellschaftsvertrage die Geschäftsführung einem Gesellschafter oder mehreren Gesellschaftern übertragen, so sind die übrigen Gesellschafter von der Geschäftsführung ausgeschlossen.

§ 114. **Grundsatz.** (I 103, II 112.)

Abs. 1. (Art. 102 Abs. 1.) Vorausgesetzt wird — im Gegensatz zu Abs. 2 —, daß der Gesellschaftsvertrag nicht über die Geschäftsführung bestimmt hat. Eine Unterscheidung in Betreff des Widerrufs (vgl. Staub § 1 zu Art. 101) wird dadurch nicht mehr begründet: § 117.

Abs. 2. (Art. 99.) Gemeint ist die nur nach § 117 entziehbare Uebertragung der Geschäftsführung im Sinne von Abs. 1, d. h. als eines Rechts und einer Pflicht gegenüber der Gesellschaft. Auftragsmäßige und daher (BGB. § 671) jederzeit widerrufliche Ueberweisung der Geschäftsbesorgung (Bolze 2 Nr. 1095) ist etwas ganz Anderes; — „ausgeschlossen": den anderen Gesellschaftern gegenüber natürlich sofort, Dritten gegenüber von der Vertretungsmacht erst durch Eintragung: § 125 letzter Abs. Der Ausschluß von der Geschäftsführung beseitigt so wenig alle Rechte des Gesellschafters (§§ 112, 118, 131², 133, 134, 137, 139 ff.) wie sonstige Pflichten (§ 133 Abs. 2; BGB. § 708: diligentia quam suis, oben bei § 105); er beseitigt unbedingt jedes Widerspruchsrecht in Betreff der Geschäftsführung, nicht im Uebrigen, vgl. §§ 112, 116 Abs. 2, 131², 139 Abs. 2, 140. — Von der Geschäftsführung können alle Gesellschafter ausgeschlossen werden, indem sie einen Dritten damit betrauen, nicht aber von der Vertretung (§ 125).

§ 115.

Steht die Geschäftsführung allen oder mehreren Gesellschaftern zu, so ist jeder von ihnen allein zu handeln berechtigt; widerspricht jedoch ein anderer geschäftsführender Gesellschafter der Vornahme einer Handlung, so muß diese unterbleiben.

Ist im Gesellschaftsvertrage bestimmt, daß die Gesellschafter, denen die Geschäftsführung zusteht, nur zusammen handeln können, so bedarf es für jedes Geschäft der Zustimmung aller geschäftsführenden Gesellschafter, es sei denn, daß Gefahr im Verzug ist.

§ 115. **Widerspruch. Gesammtgeschäftsführung.** (I 104, II 113.)

Abs. 1. (Art. 100 Abs. 2; vgl. BGB. § 711.) — Ob der Widerspruch sachlich gerechtfertigt ist oder nicht, ist für seine Wirksamkeit gleichgültig; er exkulpirt den in Folge desselben das Geschäft unterlassenden Gesellschafter. Die trotz Widerspruchs vorgenommene Handlung ist insoweit Dritten gegenüber gültig und verbindlich, verpflichtet aber die Gesellschaft dem handelnden Gesellschafter gegenüber eventuell nicht gemäß § 110 und berechtigt eventuell die widersprechenden Gesellschafter gemäß §§ 117, 127, 133, 140. Für diese Verantwortlichkeit des eigenmächtigen Gesellschafters kann natürlich der Erfolg des Geschäfts und die sachliche Berechtigung des Widerspruchs große Bedeutung haben.

Abs. 2 (Art. 100 Abs. 1) enthält als Ausnahme die Regel des BGB. § 709 Abs. 1 in Betreff der Geschäftsführung mit der Maßgabe, daß bei Gefahr im Verzuge jeder einzelne Gesellschafter nach Handelsrecht allein handeln darf und daher auch allein zu handeln verpflichtet ist (§ 114 Abs. 1). Die Bedürfnisse des Handelsverkehrs machen diese Ausnahme trotz vertragsmäßig beliebter Kollektivgeschäftsführung nothwendig. In konsequenter Unterscheidung von Gesammtgeschäftsführung und Gesammtvertretung (§ 125 Abs. 2) erfordert abweichend vom HGB. Art. 100 Abs. 1 das Gesetz nicht gemeinsame Mitwirkung bei Vornahme des Geschäftes, sondern Zustimmung der übrigen Gesellschafter für dasselbe. Nur für die Gesammtvertretung kommt die gemeinsame Vornahme des Geschäftes in Betracht, nicht die unerkennbare Zustimmung; vgl. RG. 5 S. 16. — Gefahr im Verzuge, d. h. in einem Verzuge, welcher zur Einholung der Zustimmung aller geschäftsführenden Gesellschafter nöthig sein würde, liegt dann vor, wenn ein wirklicher Schaden auf dem Spiele steht, nicht wenn nur der Verlust eines Gewinnes zu befürchten ist (Prot. z. HGB. S. 194). Diese Voraussetzung alleiniger Geschäftsführungsbefugniß ist aber für die Gesammtvertretung (§ 125 Abs. 2) ohne Belang, da dem Dritten natürlich nicht erkennbar ist oder sein muß, ob und wie Gefahr im Verzuge ist. — Vgl. auch BGB. § 665, der nach BGB. § 713 und § 105 Abs. 2 d. Ges. eventuell anwendbar ist.

§ 116.

Die Befugniß zur Geschäftsführung erstreckt sich auf alle Handlungen, die der gewöhnliche Betrieb des Handelsgewerbes der Gesellschaft mit sich bringt.

Zur Vornahme von Handlungen, die darüber hinausgehen, ist ein Beschluß sämmtlicher Gesellschafter erforderlich.

Zur Bestellung eines Prokuristen bedarf es der Zustimmung aller geschäftsführenden Gesellschafter, es sei denn, daß Gefahr im Verzug ist. Der Widerruf der Prokura kann von jedem der zur Ertheilung oder zur Mitwirkung bei der Ertheilung befugten Gesellschafter erfolgen.

§ 116. **Umfang.** (I 105, II 114.)

Abs. 1 (Art. 99 a. E.), „des“ Handelsgewerbes der Gesellschaft, nicht eines Handelsgewerbes; vgl. dagegen über den Umfang der Vertretungsmacht § 126.

Abs. 2. (Art. 103.) Maßgebend ist natürlich vor Allem der Gesellschaftsvertrag und die Absicht der Gesellschafter, dann aber auch der thatsächliche Betrieb des Geschäfts, andererseits die Art, die Größe und Gefährlichkeit der vorzunehmenden Handlung: ROHG. 20 S. 244. Vgl. auch BGB. §§ 665, 713; § 105 Abs. 2 d. Ges. — Daß eine einseitige Aufnahme eines Gesellschafters (Art. 98 Abs. 1) dem Wesen der Gesellschaft widerstrebt, ist klar; dasselbe gilt von einer Uebertragung der Vertretungsmacht (§ 125 letzter Abs., RG. 2 S. 32); die Aufnahme eines stillen Gesellschafters (ROHG. 13 S. 64) geht jedenfalls über den gewöhnlichen Betrieb eines Handelsgewerbes hinaus. „Wenn ein Gesellschafter einseitig einen Dritten an seinem Antheile betheiligt oder seinen Antheil an denselben abtritt“ (Art. 98 Abs. 2), so sind das überhaupt nicht Handlungen der Geschäftsführung, sondern reine Privatdispositionen, die natürlich „gegen die Gesellschaft unmittelbar keine Rechte“ begründen, nämlich keine gesellschaftlichen Herrschafts- oder Verwaltungsrechte (auch nicht auf Rechnungslegung, Strieth. Arch. 83 S. 129); wohl kann der Cessionar die cedirten Vermögensrechte — während bestehender Gesellschaft die Ansprüche auf Zinsen und Gewinn (§§ 120—122), nach Auflösung der Gesellschaft diejenigen auf Auskehrung des verhältnißmäßigen Antheils (§ 155) — unmittelbar gegen die Gesellschaft geltend machen; vgl. über diese sog. „Antheilsabtretung" RG. 18 S. 39, 43; ROHG. 5 S. 70. Vgl. auch BGB. § 717.

Abs. 3. (Art. 104.) Vgl. dagegen hinsichtlich der Vertretungsmacht gegen Dritte § 126 Abs. 1. Vgl. auch RG. 2 S. 30. — Der bisherige Streit über die Befugniß zum Widerruf: widerrufen darf, wer ertheilen darf (im Zweifel also nur alle bezw. alle geschäftsführenden Gesellschafter: Art. 104 Abs. 2), oder widerrufen darf, wer bei der Ertheilung mitzuwirken hat (im Zweifel also jeder bezw. jeder geschäftsführende Gesellschafter, Keyßner Anm. 2), ist durch den Schlußsatz im Sinne der letzten Auffassung entschieden. Ein Recht des Widerspruches steht den übrigen Gesellschaftern gegen einen solchen einseitigen Widerruf nicht zu. — Wenn alle Gesellschafter von der Geschäftsführung ausgeschlossen sein sollten, so muß zur Bestellung eines Prokuristen die Einwilligung aller Gesellschafter für erforderlich gehalten werden (Abs. 2, Johow 10 S. 26).

§ 117.

Die Befugniß zur Geschäftsführung kann einem Gesellschafter auf Antrag der übrigen Gesellschafter durch gerichtliche Entscheidung entzogen werden, wenn ein wichtiger Grund vorliegt; ein solcher Grund ist insbesondere grobe Pflichtverletzung oder Unfähigkeit zur ordnungsmäßigen Geschäftsführung.

§ 117. **Entziehung.** (Art. 101, I 106, II 115.) Vgl. BGB. §§ 712 und 27 (Verein). — Die Abweichung vom BGB. besteht in zweierlei: a) Die Entziehung beschränkt sich nicht auf die im Gesellschaftsvertrage übertragene Geschäftsführung, wie in Art. 101; b) sie erfolgt nicht privatim, wie der erste Entwurf in Uebereinstimmung mit BGB. vorgeschlagen hatte, sondern wie auch in Art. 101 vorausgesetzt wurde, auf Antrag der übrigen Gesellschafter durch gerichtliche Entscheidung; es müßte denn, wie § 109 auch hierauf bezüglich ausdrücklich bestimmt, durch den Gesellschaftsvertrag ein Anderes ausgemacht sein; vgl. dagegen § 127. Die Denkschrift äußert sich freilich (S. 86 und 97) so, als wenn die §§ 117, 127, 133 in Hinsicht ihrer zwingenden Natur aus öffentlich-rechtlichem Interesse ganz gleich ständen; allein im Hinblick auf § 109 offenbar mit Unrecht. Vgl. RG. 38 S. 119 ff. c) Abweichend von Art. 101 endlich beschränkt sich die Entziehung nicht auf den Fall des § 114 Abs. 2, sondern umfaßt auch § 114 Abs. 1. — Bei bloß mandatsmäßiger Geschäftsüberweisung bedarf es selbstverständlich keiner richterlichen Entziehung (Bolze 2 Nr. 1095). Gegenstand der Entziehung ist die Befugniß nach innen, zur Geschäftsführung, nicht die nach außen, zur Vertretung: § 127, ROHG. 1 S. 27. „Auf Antrag", nämlich nicht nur im Wege der Klage, sondern auch (ROHG. 16 S. 72; RG. 22 S. 170) des Antrages auf einstweilige Verfügung. Es handelt sich also um einen wirklichen Prozeß auf Grund des Gesellschaftsvertrages, nicht um einen Akt freiwilliger Gerichtsbarkeit. Daß dieses Verfahren nur eintreten kann, „so lange die Gesellschaft dauert" (Art. 101), versteht sich zwar nach §§ 145, 156 insofern von selbst, als mit Auflösung der Gesellschaft von einer Geschäftsführung der Gesellschaft im eigentlichen Sinne nicht mehr geredet werden kann, jedoch ist dabei zu beachten, daß in den Fällen des § 137 die aufgelöste Gesellschaft deswegen gerade in Bezug auf die Geschäftsführungspflicht der Gesellschafter als fortbestehend gilt.

Das Recht des geschäftsführenden Gesellschafters, seinerseits, wenn ein wichtiger Grund vorliegt, die Geschäftsführung zu kündigen, bestimmt sich nach BGB. § 712 Abs. 2.

§ 118.

Ein Gesellschafter kann, auch wenn er von der Geschäftsführung ausgeschlossen ist, sich von den Angelegenheiten der Gesellschaft persönlich unterrichten, die Handelsbücher und die Papiere der Gesellschaft einsehen und sich aus ihnen eine Bilanz anfertigen.

Eine dieses Recht ausschließende oder beschränkende Vereinbarung steht der Geltendmachung des Rechtes nicht entgegen, wenn Grund zu der Annahme unredlicher Geschäftsführung besteht.

§ 118. **Informationsrecht.** (Art. 105, II 116.) Die Vorschrift ist, nur mit Umschreibung des Ausdrucks Bilanz, wörtlich in BGB. § 716 übernommen und hier nur des Zusammenhangs wegen wiederholt. Es handelt sich hier übrigens nicht um ein „Kontrolrecht", wie es vielfach genannt wurde, sondern um ein weitergehendes Interesse, über schließlich eigene Angelegenheiten sich zu unterrichten, das sowohl während bestehender Gesellschaft wie bei der Liquidation vorhanden ist und mit deren Wesen nicht in Widerspruch steht, was das Kontrolrecht allerdings thun würde (§ 156; vgl. dagegen ROHG. 7 S. 71). Vgl. auch BGB. §§ 666, 713; § 105 Abs. 2 d. Ges. — „persönlich", nicht durch gewillkürte Vertreter (vgl. Busch Arch. 2 S. 173), wohl unter Zuziehung Sachverständiger, insbesondere eines gerichtlichen Bücherrevisors (ROHG. 7 S. 71; RG. 25 S. 88); — „die Handelsbücher", alle, auch wenn unzulässiger Weise Privatbücher benutzt sein sollten (ROHG. 6 S. 296); — „einsehen", dagegen nicht Herausgabe verlangen, vgl. § 45; — „sich ... eine Bilanz anfertigen", die allgemeine Pflicht zur Rechnungslegung (BGB. § 666) wird dadurch nicht unter allen Umständen erschöpft; vgl. ROHG. 3 S. 48, 5 S. 201, 16 S. 48, 19 S. 346; RG. 26 S. 257; Seuff. Arch. 48 S. 35.

Abs. 2. Unredliche Geschäftsführung setzt keineswegs Betrug voraus, vgl. § 72[1].

§ 119.

Für die von den Gesellschaftern zu fassenden Beschlüsse bedarf es der Zustimmung aller zur Mitwirkung bei der Beschlußfassung berufenen Gesellschafter.

Hat nach dem Gesellschaftsvertrage die Mehrheit der Stimmen zu entscheiden, so ist die Mehrheit im Zweifel nach der Zahl der Gesellschafter zu berechnen.

§ 119. **Beschlußfassung.** (Art. 103 Abs. 3, I 107, II 117.) Vgl. §§ 113 Abs. 2, 116 Abs. 2; die Vorschrift bezieht sich allerdings nur auf die Geschäftsführung, vgl. aber § 131[2].

Abs. 1. „Zur Mitwirkung ... berufen", d. h. nach dem Gesetze, also z. B. nicht derjenige Gesellschafter, gegen den es sich darum handelt, nach § 113 Abs. 2 Ansprüche geltend zu machen oder nach § 117 wegen Entziehung der Geschäftsführung einzuschreiten u. s. w. Vgl. § 252 Abs. 3.

Abs. 2 wörtliche Wiederholung von BGB. § 709 Abs. 2.

§§ 120, 121. **Gewinn- und Verlustantheile.** (Art. 106—109, I 108, 109, II 118, 119.) Die Abweichung vom geltenden HGB. besteht im Wesentlichen darin, daß keine feste Verzinsung der Kapitalantheile (HGB.: „Antheile am Gesellschaftsvermögen") mehr stattfindet (Art. 106), sondern nur aus dem Jahresgewinn 4%, eventuell, wenn er nicht reicht, weniger jedem Kapitalantheile zugeschrieben wird; die Abweichung vom BGB. § 722 Abs. 1 besteht darin, daß nur der danach verbleibende Rest, nicht der ganze Jahresgewinn nach Köpfen vertheilt wird. — Nach § 105 Abs. 2 hat neben §§ 120, 121 die Vorschrift des BGB. 722 Abs. 2 Geltung, daß im Zweifel der Antheil an Gewinn und Verlust gleich ist.

§ 120.

Am Schlusse jedes Geschäftsjahrs wird auf Grund der Bilanz der Gewinn oder der Verlust des Jahres ermittelt und für jeden Gesellschafter sein Antheil daran berechnet.

Der einem Gesellschafter zukommende Gewinn wird dem Kapitalantheile des Gesellschafters zugeschrieben; der auf einen Gesellschafter entfallende Verlust sowie das während des Geschäftsjahrs auf den Kapitalantheil entnommene Geld wird davon abgeschrieben.

§ 120. **Rechnungsabschluß.** (Art. 107.)

Abs. 1. Wegen des Geschäftsjahrs vgl. § 39 Abs. 2. Da ein Inventar nur alle zwei Jahre aufgenommen zu werden braucht (§ 39 Abs. 3), so ist zweckmäßig gegen früher eine Ermittelung nur auf Grund der Bilanz angeordnet. — Für jeden Gesellschafter: eine societas leonina giebt es so wenig im Handelsrecht wie nach BGB. § 722.

Abs. 2. Kapitalantheil, nicht wie bisher „Antheil am Gesellschaftsvermögen" (vgl. J.W. 24 S. 454), ist gesagt, um dem Mißverständnisse entgegenzutreten, als ob die zum Gesellschaftsvermögen gehörenden Gegenstände nach dem Verhältnisse der Kapitalkonten im Miteigenthum der Gesellschafter ständen, was zumal dann nicht richtig ist, wenn das Konto eines Gesellschafters mit einem Passivsaldo schließt (D.). Die während Bestehens der Gesellschaft lediglich rechnerische oder fiktive Bedeutung des Antheils ist nach wie vor dieselbe. Daß auch die im Laufe des Geschäftsjahres von dem Gesellschafter auf seine Einlage gemachten Leistungen seinem Kapitalkonto zuzuschreiben sind, versteht sich ebenso von selbst, wie daß die auf den Kapitalantheil entnommenen Gelder davon abgeschrieben werden (§ 121 Abs. 2); Art. 107 erwähnt daher konsequent keins von Beiden.

§ 121.

Von dem Jahresgewinne gebührt jedem Gesellschafter zunächst ein Antheil in Höhe von vier vom Hundert seines Kapitalantheils. Reicht der Jahresgewinn hierzu nicht aus, so bestimmen sich die Antheile nach einem entsprechend niedrigeren Satze.

Bei der Berechnung des nach Abs. 1 einem Gesellschafter zukommenden Gewinnantheils werden Leistungen, die der Gesellschafter im Laufe des Geschäftsjahrs als Einlage gemacht hat, nach dem Verhältnisse der seit der Leistung abgelaufenen Zeit berücksichtigt. Hat der Gesellschafter im Laufe des Geschäftsjahrs Geld auf seinen Kapitalantheil entnommen, so werden die entnommenen Beträge nach dem Verhältnisse der bis zur Entnahme abgelaufenen Zeit berücksichtigt.

Derjenige Theil des Jahresgewinns, welcher die nach den Abs. 1, 2 zu berechnenden Gewinnantheile übersteigt, sowie der Verlust eines Geschäftsjahrs wird unter die Gesellschafter nach Köpfen vertheilt.

§ 121. **Gewinn- und Verlustvertheilung.** (Art. 106.)

Abs. 1 weicht dadurch von HGB. Art. 106 ab, daß die unbedingte prioritätische Verzinsung des Kapitalantheils aufgegeben wird. Das entspricht der Billigkeit, weil bei fester Verzinsung die Vermögenseinlage vor der Arbeitseinlage und die höhere Vermögenseinlage vor der geringeren bevorzugt wird. Denn bei ungünstigem Geschäftsgange werden die Zinsen, welche den Gewinn übersteigen und nicht verdient sind, thatsächlich schließlich aus den Einlagen oder aus dem Privatvermögen der Mitgesellschafter gedeckt, auf deren Seite durch ihre Gutschrift bei dem höheren Kapitalkonto ein Passivsaldo entsteht oder erhöht wird. „Eine derartige Verzinsung der Einlage auf Kosten der Mitgesellschafter würde sich nur aus der Annahme einer wechselseitigen Zinsgarantie der Gesellschafter rechtfertigen lassen." „Wie die Entschädigung für die Arbeitsleistungen der Gesellschafter nur aus dem Gewinn erfolgt, so muß billiger Weise auch das gesetzliche Entgelt für die Vermögenseinlage sich auf den Antheil am Gewinne beschränken" (D.). Dem thatsächlichen Bedürfniß, selbst wenn kein Gewinn erzielt ist, aus dem Gesellschaftsvermögen den Lebensunterhalt zu decken (Prot. z. HGB. S. 1022), wird durch § 122 und die Freiheit anderer Disposition genügt. Ein Antrag auf Herstellung des bestehenden Rechts wurde deshalb in der Kommission zurückgezogen.

Abs. 2 stimmt sachlich mit dem geltenden Recht überein und trägt durch die andere Fassung nur dem Gedanken Rechnung, daß befugte Entnahmen aus der Gesellschaftskasse keine Schuld an die Gesellschaft begründen (RG. 3 S. 59), daher auch nicht wohl von einer Verzinsung wie in Art. 106 geredet werden kann. Thatsächlich handelt es sich um Nichtverzinsung des entnommenen Kapitalantheils.

Abs. 3. (Art. 109.) Natürlich ebenfalls gemäß § 109 nur dispositive Vorschrift. Vgl. über Arbitrium eines Dritten ROHG. 16 S. 427.

§ 122.

Jeder Gesellschafter ist berechtigt, aus der Gesellschaftskasse Geld bis zum Betrage von vier vom Hundert seines für das letzte Geschäftsjahr festgestellten Kapitalantheils zu seinen Lasten zu erheben und, soweit es nicht zum offenbaren Schaden der Gesellschaft gereicht, auch die Auszahlung seines den bezeichneten Betrag übersteigenden Antheils am Gewinne des letzten Jahres zu verlangen.

Im Uebrigen ist ein Gesellschafter nicht befugt, ohne Einwilligung der anderen Gesellschafter seinen Kapitalantheil zu vermindern.

§ 122. **Entnahme.** (Art. 108, I 110, II 120.)

Abs. 1. Berechtigt, nicht verpflichtet: § 120 Abs. 2. — Klage: ROHG. 19 S. 416. — Kompensation wegen nicht gemachter Einlage: Goldschm. 7 S. 463. Es handelt sich hier bloß um Entnahmen zu Lasten des Gesellschafters, s. Abs. 2, nicht z. B. von Vorschüssen, die der Gesellschafter etwa gemäß BGB. § 669 zu Lasten der Gesellschaft entnehmen darf. — Während der Liquidation fällt die Berechtigung weg: § 155 Abs. 2.

Abs. 2. Ebensowenig ist der Gesellschafter zu einseitiger Erhöhung seines Kapitalantheils befugt, weil er dadurch Rechte der Mitgesellschafter auf die vertragsmäßig feststehenden Verhältnisse kränkt; so wenig wie er zur Erhöhung genöthigt werden kann: BGB. § 707.

Dritter Titel.

Rechtsverhältniß der Gesellschafter zu Dritten.

Dritter Titel. Rechtsverhältniß der Gesellschafter zu Dritten: §§ 123 bis 130. (Art. 110—122, I 111—118, II 121—129.) Vgl. BGB. §§ 714, 715, 718—720; die Vorschriften dieses Titels gelten nach Maßgabe des § 156 auch nach der Liquidation. Im Gegensatz zu denen des zweiten Titels sind sie insofern absolut, als sie mit Wirkung gegen Dritte nicht durch Vertrag der Gesellschafter geändert werden können; s. §§ 123, 126 Abs. 2, 128, 130 Abs. 2. Die Ermächtigung zur Vertretung unterliegt der ausschließlichen Bestimmung der Gesellschafter: §§ 125, 127, mit der aus § 126 sich ebenfalls unabänderlich ergebenden Beschränkung.

§ 123.

Die Wirksamkeit der offenen Handelsgesellschaft tritt im Verhältnisse zu Dritten mit dem Zeitpunkt ein, in welchem die Gesellschaft in das Handelsregister eingetragen wird.

Beginnt die Gesellschaft ihre Geschäfte schon vor der Eintragung, so tritt die Wirksamkeit mit dem Zeitpunkte des Geschäftsbeginns ein, soweit nicht aus dem § 2 sich ein Anderes ergiebt.

Eine Vereinbarung, daß die Gesellschaft erst mit einem späteren Zeitpunkt ihren Anfang nehmen soll, ist Dritten gegenüber unwirksam.

§ 123. **Beginn.** (Art. 110, I 111, II 121.)

Abs. 1. Ein Verhältniß der Gesellschaft zu Dritten kann erst entstehen durch Bethätigung nach außen. Eine solche stellt das Gesetz fest mit dem Geschäftsbeginn, jedenfalls mit der Eintragung; vgl. RG. 34 S. 53 ff. Eine allgemeine Kundgebung nach außen von einer Existenz der Gesellschaft steht dem Geschäftsbeginn gleich; und mit einer solchen Kundgebung tritt sie auch Dritten gegenüber in Wirksamkeit. Unbefugte Veröffentlichung: ROHG. 13 S. 375, 15 S. 21, 24 S. 320; RG. 6 S. 214. — Vorher existirt die Gesellschaft, wenn sie überhaupt existirt (§ 2), jedenfalls für Dritte nicht (ROHG. 6 S. 141) und haftet ihnen nicht einmal aus der Bereicherung (ROHG. 7 S. 430; Seuff. Arch. 51 S. 64 f.). — Maßgebend ist der Zeitpunkt schon der Eintragung, nicht erst der Bekanntmachung; vgl. aber § 15.

Abs. 2. Geschäftsbeginn nur mit Willen der Gesellschafter: ROHG. 7 S. 431, 12 S. 406; Bolze 3 Nr. 789; durch Anschaffungen (Busch Arch. 7 S. 187), Versendung von Preislisten (Bolze 3 Nr. 795), Hingabe von Wechselaccepten (ROHG. 12 S. 411).

Abs. 3. Selbst wenn eine derartige Vereinbarung, sei es hinsichtlich des Geschäftsbeginns oder der Eintragung oder allgemeinen Bekanntmachung ohne solche, in das Handelsregister eingetragen und dem Dritten bekannt wäre, es müßte denn Durchstecherei vorliegen. Ueber die Bedeutung der Eintragung für eine Nichthandelsgesellschaft vgl. RG. 40 S. 146.

§ 124.

Die offene Handelsgesellschaft kann unter ihrer Firma Rechte erwerben und Verbindlichkeiten eingehen, Eigenthum und andere dingliche

Rechte an Grundstücken erwerben, vor Gericht klagen und verklagt werden.

Zur Zwangsvollstreckung in das Gesellschaftsvermögen ist ein gegen die Gesellschaft gerichteter vollstreckbarer Schuldtitel erforderlich.

§ 124. **Selbständigkeit des Gesellschaftsvermögens.** (Art. 111 Abs. 1, I 112, II 122.) Vgl. BGB. §§ 719, 720.

Abs. 1 wiederholt Art. 111 außer dessen durch CPO. § 17 (vgl. ROHG. 12 S. 216, 14 S. 36; RG. 4 S. 394, 32 S. 45 [Erfüllungsort]) erledigten zweiten Absatz wegen des Gerichtsstandes. — Die Rechtsfähigkeit der offenen Handelsgesellschaft wie ihre Parteifähigkeit wird vermittelt durch die vertretungsmächtigen Gesellschafter, welche die Gesellschaft unmittelbar berechtigen und verpflichten (Art. 114 Abs. 2; BGB. § 164). Rechte erwerben: z. B. Nießbrauch (RG. 16 S. 1; vgl. ROHG. 10 S. 410); auch durch letztwillige Verfügung, die offene Handelsgesellschaft ist erbfähig. — Verbindlichkeiten eingehen, auch durch unerlaubte Handlungen ihrer Vertreter in Ausübung des Geschäftsbetriebes: vgl. (gegen ROHG. 19 S. 202, 25 S. 347) RG. 10 S. 301, 17 S. 93, 15 S. 121 (Patentverletzung), 20 S. 190 (unredliche Empfehlung), 32 S. 327 (Bauvergehen); Bolze 4 Nr. 792, 5 Nr. 741, 6 Nr. 633, 7 Nr. 631, 13 Nr. 495; Hans. GZ. 1896 S. 105 ff., 268 (Kreditschädigung). — Vgl. die gleichmäßige Behandlung der Vereinsvertretung in BGB. § 31, andererseits dagegen BGB. § 831. — Eigenthum ꝛc. an Grundstücken: vgl. GrundbuchO. § 31; — klagen und verklagt werden: vgl. §§ 17 Abs. 2, 6 Abs. 1; für den Einzelkaufmann handelt es sich dort um das Rubrum, für die offene Gesellschaft aber um die Fähigkeit, selbst Prozeßsubjekt zu sein, um die Parteifähigkeit; vgl. Hans. GZ. 1894 S. 71; — CPO. § 110 (Ausländer?); Sächs. Ann. 5 S. 707. Vgl. im Einzelnen ROHG. 9 S. 16, 21 S. 344; RG. 3 S. 57, 5 S. 55 und 70, 11 S. 117, 17 S. 366, 30 S. 35; CPO. §§ 56, 130¹, 253 letzter Abs., 313¹; Gesellschafter als Nebenintervenient: RG. 5 S. 71, 34 S. 361 (CPO. § 69), als Zeuge: 17 S. 365, eidespflichtig: RG. 14 S. 20; Hans. GZ. 1894 S. 1 ff.; — Einfluß der Liquidation: CPO. § 241; RG. 35 S. 288 f.; ROHG. 5 S. 390, 25 S. 277; Bolze 9 Nr. 470, 477, 13 Nr. 502; Goldschm. 35 S. 228. — Prozesse zwischen Gesellschaft und Gesellschafter selbst: ROHG. 13 S. 143, 19 S. 415; RG. 3 S. 59, 16 S. 17; Seuff. Arch. 48 S. 72; nach der Liquidation: RG. 29 S. 16; im Konkurse: ROHG. 5 S. 205.

Abs. 2. Art. 119, 120; Revers: § 129 letzter Abs. Vgl. dagegen betreffs der gewöhnlichen Gesellschaften: CPO. § 736. Der Absatz ist neu, eine nothwendige Folge der Selbständigkeit des Gesellschaftsvermögens nach innen (BGB. §§ 717, 718, 719 Abs. 1) wie nach außen, welche erfordert, daß es überhaupt dem unmittelbaren Zugriff der Privatgläubiger der Gesellschafter entzogen wird, wie es auch durch das BGB. § 719 (s. o. S. 59), entsprechend dem Art. 121 hinsichtlich der Kompensation mit (Abs. 1) oder gegen (Abs. 2) Gesellschaftsforderungen vorgeschrieben ist.

Der vollstreckbare Gesellschaftsschuldtitel genügt andererseits aber nicht zur Vollstreckung gegen die einzelnen Gesellschafter: § 129 letzter Abs. Um die für sie nach § 128 persönlich als Gesammtschuldner verbindliche Schuld in ihr Privatvermögen vollstrecken zu können, bedarf es der Klage und des Urtheils gegen sie selbst, allein (ROHG. 6 S. 419) oder zusammen mit der Klage gegen die Gesellschaft (Bolze 9 Nr. 469). Nach § 128 bildet aber die Gesellschaftsschuld die nothwendige Voraussetzung für die Verpflichtung der Gesellschafter als solcher. Daher kann auch auf Grund der rechtskräftigen Urtheilsschuld der Gesellschaft gegen die einzelnen Gesellschafter geklagt (dagegen ROHG. 20 S. 180), und dieser Klage gegenüber von dem Gesellschafter keine Einwendungen aus dem Gesellschaftsschuldverhältnisse mehr vorgebracht werden (§ 129), welche von der verurtheilten Gesellschaft erhoben werden konnten (vgl. dagegen CPO. §§ 767, 775). Solche Einwendungen sind auch für ihn rechtskräftig erledigt (RG. 3 S. 57, 5 S. 70, 13 S. 96). Andererseits begründet aber auch das rechtskräftige Urtheil über die Gesellschaftsschuld Rechtskraft zu Gunsten des Gesellschafters (§ 129 Abs. 2, 3). Das bloß vorläufig vollstreckbare Urtheil erzeugt solche Wirkungen nicht: RG. 3 S. 339. — Ueber Einwendungen des Gesellschafters auf Grund eines vom Gläubiger mit der Gesellschaft abgeschlossenen Zwangsvergleiches s. RG. 23 S. 119; aber auch KO. § 211 (200).

§§ 125—127. **Vertretung.** (Art. 114—118, I 113—115, II 123—125.) Die Grundsätze des A. D. HGB. sind im Wesentlichen beibehalten und nur hinsichtlich der Kollektivvertretung (§ 125 Abs. 2, 3) erweitert und bisherigen Streitfragen gegenüber festgestellt. — Vgl. dagegen BGB. §§ 714, 715. — Daß durch die von vertretungsmächtigen Gesellschaftern abgeschlossenen Geschäfte die Handelsgesellschaft unmittelbar berechtigt und verpflichtet wird (Art. 114 Abs. 2), folgt schon aus BGB. § 164.

§ 125.

Zur Vertretung der Gesellschaft ist jeder Gesellschafter ermächtigt, wenn er nicht durch den Gesellschaftsvertrag von der Vertretung ausgeschlossen ist.

Im Gesellschaftsvertrage kann bestimmt werden, daß alle oder mehrere Gesellschafter nur in Gemeinschaft zur Vertretung der Gesellschaft ermächtigt sein sollen (Gesammtvertretung). Die zur Gesammtvertretung berechtigten Gesellschafter können einzelne von ihnen zur Vornahme bestimmter Geschäfte oder bestimmter Arten von Geschäften ermächtigen. Ist der Gesellschaft gegenüber eine Willenserklärung abzugeben, so genügt die Abgabe gegenüber einem der zur Mitwirkung bei der Vertretung befugten Gesellschafter.

Im Gesellschaftsvertrage kann bestimmt werden, daß die Gesellschafter, wenn nicht mehrere zusammen handeln, nur in Gemeinschaft mit einem Prokuristen zur Vertretung der Gesellschaft ermächtigt sein sollen. Die Vorschriften des Abs. 2 Satz 2, 3 finden in diesem Falle entsprechende Anwendung.

Der Ausschluß eines Gesellschafters von der Vertretung, die Anordnung einer Gesammtvertretung oder eine gemäß Abs. 3 Satz 1 getroffene Bestimmung sowie jede Aenderung in der Vertretungsmacht eines Gesellschafters ist von sämmtlichen Gesellschaftern zur Eintragung in das Handelsregister anzumelden.

§ 125. **Vollmacht.** Vgl. §§ 114, 115. ROHG. 2 S. 41. Ob der Gesellschafter als Vertreter der Gesellschaft gehandelt hat (Art. 114 Abs. 2), ist reine Auslegungsfrage (RG. 17 S. 75, 30 S. 77; Bolze 8 Nr. 546); ausdrückliches Handeln Namens der Gesellschaft (RG. 28 S. 118) ist nicht erforderlich, wenn nicht gerade die Form maßgebend ist, wie bei Wechselzeichnungen (vgl. ROHG. 12 S. 172, 20 S. 262, andererseits ROHG. 14 S. 201), jedoch muß auf beiden

Seiten darin Uebereinstimmung herrschen, daß für die Gesellschaft gehandelt werde (ROHG. 16 S. 357, 22 S. 62).

Abs. 1 hat den Zeitpunkt des Gesellschaftsbeginns vor Augen; bestimmt der Gesellschaftsvertrag nichts über die Vertretung, so ist jeder Gesellschafter zur Vertretung ermächtigt, analog § 114 Abs. 1; ebenso, wenn die Vertretung Jedem übertragen ist. In beiden Fällen bedarf es keiner Eintragung des Gesellschaftsvertrages (Art. 86⁴, Abs. 4 dieses Paragraphen). — Die Erklärung, der oder der Gesellschafter sei zur Vertretung befugt, ist nicht genügend (Busch Arch. 9 S. 453). — Einen Ausschluß aller Gesellschafter von der Vertretung (Johow 10 S. 26) hält Staub (§ 2 zu Art. 86) für nicht angängig, weil die Gesellschaft dann ohne Vertretung sein würde, sobald der bestellte Vertreter seine Vollmacht aufgiebt; allein diese Eventualität kann nur zur Folge haben, daß eintretenden Falls, eventuell durch einstweilige Verfügung, die Gesellschafter genöthigt werden können, für Vertretung der Gesellschaft zu sorgen.

Wie die Ausschließung von vornherein erfolgen kann, so auch nachträglich (Abs. 4), aber unterschiedlich von der Entziehung (§ 127), nur durch übereinstimmende Erklärung aller Gesellschafter, auch des auszuschließenden, wie sie auch von allen anzumelden ist (Abs. 4).

Abs. 2. **Gesammtvertretung.** Die Bestimmung kollektiver Firmenzeichnung wird als Bestimmung einer Gesammtvertretung angesehen (RG. 24 S. 27). — Auf der Anerkennung des Bedürfnisses, Ausnahmen von der Nothwendigkeit gemeinsamen Handelns sämmtlicher Kollektivvertreter zuzulassen, auch wenn die Gesammtvertretung als allgemeine Regel im Gesellschaftsvertrage angeordnet ist, z. B. zur Ausstellung von Quittungen über den Empfang von Zahlungen oder Postsendungen (vgl. RG. 24 S. 28), beruht die Vorschrift des zweiten Satzes. Der ermächtigte Gesellschafter wirkt zu seiner eigenen Ermächtigung mit; vgl. BGB. § 181. Diese Ermächtigung kann sich auf Gesellschafter beschränken oder auf solche in Verbindung mit Prokuristen oder auch Handlungsbevollmächtigten erstrecken (vgl. ROHG. 8 S. 337; RG. 40 S. 17; § 50); jedenfalls ist sie nur eine Ausnahme von der Nothwendigkeit der Gesammthandlung im einzelnen Falle und hebt die Befugnisse der Gesammtvertretung in Bezug auf die bestimmten Geschäfte nicht auf. Immerhin liegt eine Aenderung der vereinbarten Kollektivvertretung vor, die nach Abs. 4 der Eintragung bedarf. Diese Ermächtigung ist jederzeit widerruflich: BGB. § 168. — Anders verhält es sich mit der im folgenden Satze bestimmten gesetzlichen Befugniß zur Entgegennahme von Willenserklärungen. Dieselbe enthält keine Aenderung, sondern nur eine gesetzliche Bestimmung der Kollektivvollmacht. Vgl. BGB. § 28 Abs. 2; CPO. § 71 Abs. 3; Art. 117 Abs. 2 (Zustellung an sich selbst ist unzulässig: RG. 7 S. 404). Um so mehr genügt die Kenntniß eines Kollektivvertreters, wenn es sich um die Kenntniß von Thatsachen handelt: Bolze 1 Nr. 1186, 4 Nr. 807.

Abs. 3. Die Möglichkeit einer Gesammtvertretung durch Gesellschafter und Prokuristen war bisher bestritten (Staub § 4 Art. 43) und ist hier, wie in § 232 für die Aktiengesellschaft (vgl. § 161 Abs. 2, § 320 Abs. 3), in Gemäßheit von ROHG. 8 S. 337; RG. 40 S. 17, entsprechend dem Verkehrsbedürfnisse, gesetzlich festgestellt. Der Umfang der solchergestalt geschaffenen gemeinsamen Vertretungsmacht richtet sich natürlich nach dem Inhalt der geringeren (vgl. §§ 49 und 126 Abs. 1), des Prokuristen. — Eine allgemeine Kollektivvertretung durch Gesellschafter und Handlungsbevollmächtigten ist unzulässig, weil die Handlungsvollmacht an sich einen fest bestimmten und durch Eintrag erkennbaren Inhalt nicht hat. Aber die Kollektivvertreter können gemäß Abs. 2 Satz 2 Gesellschafter mit Handlungsbevollmächtigten zu bestimmten Geschäften kollektiv ermächtigen.

Abs. 4 bestimmt genauer als Art. 86 Nr. 4, welche Anmeldungen hinsichtlich der Vertretungsmacht zum Handelsregister erforderlich sind. Vgl. zu Abs. 2 und §§ 12, 13, 106. Der Ausschluß eines Gesellschafters von der Vertretung ist ein gemäß § 125 Abs. 1 durch den Gesellschaftsvertrag oder nach § 127 durch

Entziehung erfolgter; nicht etwa eine private Entziehung der Vertretungsmacht durch die Uebrigen, die nur Wirkung nach innen äußern könnte, auch wenn sie eingetragen wäre. Der Eintragung widersprechendes Verhalten der Gesellschafter kann dieselbe wirkungslos machen.

§ 126.

Die Vertretungsmacht der Gesellschafter erstreckt sich auf alle gerichtlichen und außergerichtlichen Geschäfte und Rechtshandlungen einschließlich der Veräußerung und Belastung von Grundstücken sowie der Ertheilung und des Widerrufs einer Prokura.

Eine Beschränkung des Umfanges der Vertretungsmacht ist Dritten gegenüber unwirksam; dies gilt insbesondere von der Beschränkung, daß sich die Vertretung nur auf gewisse Geschäfte oder Arten von Geschäften erstrecken oder daß sie nur unter gewissen Umständen oder für eine gewisse Zeit oder an einzelnen Orten stattfinden soll.

In Betreff der Beschränkung auf den Betrieb einer von mehreren Niederlassungen der Gesellschaft finden die Vorschriften des § 50 Abs. 3 entsprechende Anwendung.

§ **126. Umfang.** (Art. 116.)

Abs. 1. Vgl. § 49 wegen der Prokura, §§ 231, 235 Abs. 2, 238 wegen der Vertretung der Aktiengesellschaft. Die Vertretungsmacht der Gesellschafter, nämlich sofern sie nach § 125 besteht. Gegensatz zur Geschäftsführung: § 116. Auch bei Ertheilung oder Widerruf der Prokura (Art. 118) macht es für die Wirkung gegen Dritte keinen Unterschied, ob Gefahr im Verzuge vorliegt oder nicht.

Abs. 2. Die Unwirksamkeit bleibt auch dann bestehen, wenn die Dritten die Beschränkung kannten, Durchstecherei wie immer ausgenommen. Dritte sind als Gegenkontrahenten auch die Gesellschafter selbst: ROHG. 6 S. 140; RG. 6 S. 11, 7 S. 119; vgl. aber BGB. § 181. — Einem entgegengesetzten Verkehrsbedürfniß wird durch § 125 Abs. 2 Rechnung getragen; — „für eine gewisse Zeit": eine ganz andere Frage ist, ob der Gesellschafter zu der betreffenden Zeit vertretungsbefugt war: ROHG. 19 S. 318. — Beginn der Vertretungsbefugniß: ROHG. 15 S. 22.

§ 127.

Die Vertretungsmacht kann einem Gesellschafter auf Antrag der übrigen Gesellschafter durch gerichtliche Entscheidung entzogen werden, wenn ein wichtiger Grund vorliegt; ein solcher Grund ist insbesondere grobe Pflichtverletzung oder Unfähigkeit zur ordnungsmäßigen Vertretung der Gesellschaft.

§ **127. Entziehung.** (Vgl. Art. 115 u. 87.) Wörtliche Wiederholung von § 117. § 117 steht aber gemäß § 109 unter dem Parteiwillen; § 127 nicht. Wenn also auch der Gesellschaftsvertrag den übrigen Gesellschaftern die Entziehungsbefugniß in Bezug auf die Vertretungsmacht eines Gesellschafters eingeräumt haben sollte, so würde die Ausführung einer solchen Befugniß durch die Uebrigen gemäß § 125 Abs. 1 Dritten gegenüber gänzlich wirkungslos sein. Daß nach dieser ausdrücklichen Gewährung der Klage auf Entziehung der Vertretungsmacht auch ein Antrag auf Einstellung derselben durch einstweilige Verfügung (CPO. § 938) noch zulässig ist (Goldschm. 40 S. 462; vgl. Prot. 242; ROHG. 16 S. 72; RG. 22 S. 169), sollte nicht zweifelhaft sein. Urtheil wie Verfügung sind nach § 125 Abs. 4 zum HR. anzumelden.

§§ 128—130. **Haftpflicht der Gesellschafter.** (Art. 112, 113, I 116—118, II 126—128.) Der Grundsatz der Art. 112, 113 ist beibehalten und in § 129 unter gesetzlicher Entscheidung bisheriger Streitfragen konsequent entwickelt.

§ 128.

Die Gesellschafter haften für die Verbindlichkeiten der Gesellschaft den Gläubigern als Gesammtschuldner persönlich. Eine entgegenstehende Vereinbarung ist Dritten gegenüber unwirksam.

§ 128. **Grundsatz.** (Art. 112.) Die persönliche solidarische Verhaftung der Gesellschafter für die Gesellschaftsschulden ist das Merkmal der offenen Handelsgesellschaft, das unmittelbar aus ihrem Begriffe (§ 105) folgt; vgl. dagegen wegen der gewöhnlichen bürgerlichen Gesellschaft BGB. § 735; wegen nicht eingetragener Vereine BGB. § 54. Ueber das Gesammtschuldverhältniß vgl. BGB. §§ 421 ff. Hinsichtlich des Rückgriffes (BGB. § 426) ist jedoch zu berücksichtigen, daß eine Auseinandersetzung unter den Gesellschaftern erst nach der Auflösung stattfindet. — Diese Gesammtschuld verhält sich zur Gesellschaftsschuld so (vgl. § 129), daß das Gesellschaftsvermögen zugleich mit dem Privatvermögen der Gesellschafter haftet (RG. 5 S. 53, 31 S. 83; J.W. 1893 S. 254); nicht etwa (vgl. aber § 129 Abs. 2, 3; KO. § 212, Art. 122) haftet zunächst jenes und eventuell dieses (Garantieverpflichtung, wie das RG. 30 S. 35 angenommen hat). Gesellschafter wie Gesellschaft haften Dritten aus demselben Rechtsgrunde (vgl. RG. 32 S. 45), daher objektive Streitgenossenschaft (CPO. § 39; Bolze 9 Nr. 469); vgl. auch § 129, ROHG. 13 S. 66 und oben zu § 124. „Eine entgegenstehende Vereinbarung", daher auch die Uebernahme der Gesellschaftsschulden durch einen Gesellschafter (ROHG. 6 S. 3), auch der Ausschluß eines Gesellschafters oder die Auflösung der Gesellschaft durch Parteiwillen (ROHG. 5 S. 392; vgl. § 159). — Jenes Verhältniß ändert sich erst in Folge des Konkurses und zwar nur insoweit (K.O. § 212, Art. 122), als über das Vermögen der Gesellschaft und des betreffenden Gesellschafters Konkurs ausbricht. In diesem Falle tritt zu Gunsten der Privatgläubiger eine subsidiäre Haftung des Privatvermögens für Gesellschaftsschulden des bankerotten Gesellschafters ein, während die gleichzeitige solidarische Verhaftung der nicht in Konkurs gerathenen Gesellschafter bestehen bleibt. Vgl. RG. 35 S. 10; Seuff. Arch. 51 S. 65 ff. Vgl. auch RG. 40 S. 29.

Ein falsus socius haftet wie der falsus procurator dem gutgläubigen Gläubiger ebenfalls persönlich und solidarisch: ROHG. 13 S. 376; Goldschm. 37 S. 540, vgl. BGB. § 54.

§ 128 macht keinen Unterschied, ob die Verbindlichkeit der Gesellschaft gegen einen Gesellschafter (vgl. z. B. ROHG. 13 S. 143, 19 S. 415; RG. 3 S. 59, 16 S. 17; Seuff. 48 S. 72) oder gegen beliebige Dritte besteht. Man hat es für dolos gehalten, wenn ein Gesellschafter Gesellschaftsschulden gegen seine Mitgesellschafter geltend mache, und sie dadurch zwinge, ihre Einlage zu erhöhen (Staub § 10 zu Art. 112; ROHG. 13 S. 145; Bolze 7 Nr. 633). Die neuere Rechtsprechung (vgl. RG. 36 S. 60; J.W. 25 S. 58) ist jedoch von dieser Auffassung abgegangen und hat vielmehr unter gewissen Einschränkungen auch dem einzelnen

Gesellschafter das Recht zugestanden, wegen seiner Forderungen an die Gesellschaft die Mitgesellschafter in Anspruch zu nehmen. Demzufolge ist der Grundsatz des bisherigen Art. 112 unverändert wiedergegeben; daher denn aber auch § 128 ohne Einschränkung auf Verbindlichkeiten der Gesellschaft und der Mitgesellschafter gegen Gesellschafter anzuwenden. — Ueber deren Erfüllungsort vgl. RG. 32 S. 44 ff.; J.W. 23 S. 201.

§ 129.

Wird ein Gesellschafter wegen einer Verbindlichkeit der Gesellschaft in Anspruch genommen, so kann er Einwendungen, die nicht in seiner Person begründet sind, nur insoweit geltend machen, als sie von der Gesellschaft erhoben werden können.

Der Gesellschafter kann die Befriedigung des Gläubigers verweigern, solange der Gesellschaft das Recht zusteht, das ihrer Verbindlichkeit zu Grunde liegende Rechtsgeschäft anzufechten.

Die gleiche Befugniß hat der Gesellschafter, solange sich der Gläubiger durch Aufrechnung gegen eine fällige Forderung der Gesellschaft befriedigen kann.

Aus einem gegen die Gesellschaft gerichteten vollstreckbaren Schuldtitel findet die Zwangsvollstreckung gegen die Gesellschafter nicht statt.

§ 129. **Einwendungen des Gesellschafters.** (Neu.)

Abs. 1 ist die natürliche und nothwendige Folge aus §§ 105 u. 128. Gegen die Gesellschaftsschuld, für welche er mit dem Gesellschafts- und mit seinem Privatvermögen haftet, kann er sowohl die der Gesellschaft wie die ihm in eigener Person zustehenden Einwendungen erheben; die einen wie die anderen sind nicht ex jure tertii; Einwendungen ex jure tertii kann er nach allgemeinen Grundsätzen nicht geltend machen. Das ist der eine, positive Gesichtspunkt. Der andere negative Inhalt der Vorschrift ist der, daß der Gesellschafter Einwendungen der Gesellschaft auch seinerseits nicht mehr geltend machen kann, wenn und insoweit die Gesellschaft es nicht mehr könnte. Insbesondere also hat sowohl ein rechtsverbindliches Anerkenntniß der Gesellschaft, z. B. auch gemäß KO. § 211 (200) ein geschlossener Zwangsvergleich, wie auch ein gegen sie ergehendes Urtheil die Wirkung des Anerkenntnisses und der Rechtskraft auch gegen den einzelnen Gesellschafter, durch welche erledigte oder präkludirte Einwendungen aus dem Gesellschaftsschuldverhältnisse auch dem Gesellschafter gegenüber zurückgewiesen werden. Diese Wirkung berührt aber nicht die in der Person des Gesellschafters begründeten Einwendungen. Ein deutliches Beispiel bietet die Einrede der Verjährung, diejenige aus dem Gesellschaftsschuldverhältnisse läßt sich der Replik der Rechtskraft u. s. w. gegenüber nicht halten, wohl aber diejenige aus § 159.

Abs. 2 u. 3. Jener positive Inhalt des ersten Absatzes muß jedoch eine Beschränkung erleiden, insoweit als es sich um die Geltendmachung von Ansprüchen handelt, welche zu dem Gesellschaftsvermögen gehören, weil insoweit der Grundsatz des BGB. § 719 Abs. 1 im Wege steht, daß ein Gesellschafter nicht über seinen Antheil am Gesellschaftsvermögen und an den einzelnen dazu gehörigen Gegenständen verfügen kann. Die hieraus sich ergebenden Beschränkungen sind durch Abs. 2 und 3 in der Weise geregelt, daß aus Anfechtungs- (Abs. 2) und Aufrechnungsansprüchen (Abs. 3) der Gesellschaft dem Gesellschafter nach Analogie des Bürgen (BGB. § 770) eine aufschiebende Einrede gegeben wird. Der Gesellschafter kann sich also mit der Forderung der Gesellschaft vertheidigen, ohne sie zu verbrauchen.

Abs. 4 bildet die konsequente Kehrseite von § 124 Abs. 2; vgl. CPO. §§ 735, 736 (670 a, b).

§ 130.

Wer in eine bestehende Gesellschaft eintritt, haftet gleich den anderen Gesellschaftern nach Maßgabe der §§ 128, 129 für die vor seinem Eintritte begründeten Verbindlichkeiten der Gesellschaft, ohne Unterschied, ob die Firma eine Aenderung erleidet oder nicht.

Eine entgegenstehende Vereinbarung ist Dritten gegenüber unwirksam.

§ 130. Eintritt in eine bestehende Gesellschaft. (Art. 113.) § 130 betrifft einerseits nicht den Fall, wo Jemand in das Geschäft eines Einzelkaufmanns als Gesellschafter eintritt oder zwei Kaufleute ihre Geschäfte vereinigen (§ 28; vgl. ROHG. 4 S. 198, 16 S. 274, 21 S. 234; RG. 8 S. 65; Bolze 6 Nr. 418 f.), noch den Fall des Eintritts in eine Kommanditgesellschaft (§§ 173, 176 Abs. 2), sondern lediglich den Fall, daß Jemand einer bestehenden offenen Handelsgesellschaft als persönlich haftender Gesellschafter beitritt, sei es an Stelle eines ausscheidenden Gesellschafters (vgl. ROHG. 14 S. 151; Bolze 9 Nr. 478) oder nicht. Ein solcher eintretender Gesellschafter soll zufolge § 130 für die bisherigen Gesellschaftsschulden haften wie die anderen Gesellschafter, und zwar mit dem Augenblicke seines Eintritts, mag dieser nach außen erkennbar geworden sein (§§ 125 Abs. 4, 106 Nr. 1; vgl. ROHG. 17 S. 354), mag die Firma geändert sein, oder nicht (vgl. § 24). Anders liegt die Sache im Falle des § 25; vgl. ROHG. 2 S. 45. Betreibt der Eintretende selbst ein Handelsgewerbe und bringt sein Geschäft in die Gesellschaft ein, so liegt eine Kombination von §§ 130 und 25 vor, und es richtet sich nach Maßgabe des § 25, ob und inwieweit die Handelsgesellschaft für die Geschäftsschulden des Eintretenden haftet (vgl. ROHG. 2 S. 143; J.W. 1893 S. 311).

Abs. 2 ist lediglich ein wiederholter Ausdruck des allgemeinen Gesichtspunktes dieses Titels, s. die Anfangsbemerkung. Ueber die Haftung im Konkurse s. zu § 128.

Vierter Titel.

Auflösung der Gesellschaft und Ausscheiden von Gesellschaftern.

Vierter Titel. Auflösung der Gesellschaft und Ausscheiden von Gesellschaftern: §§ 131—144. (Art. 123—132, I 119—130, II 129—142.) Vgl. BGB. §§ 723 ff.; Genoss.Ges. Abschn. 5 u. 6, §§ 65 ff.; m. a. W. im technischen Sinne gänzliche Auflösung und bloßer Personenwechsel unter Fortsetzung der Gesellschaft (vgl. §§ 138—140; RG. 15 S. 82), welche auch bei jener unter Umständen, nämlich bei Zeitablauf (§ 134) und Konkurseröffnung (§ 144), unlogischer aber zweckmäßiger Weise durch ausdrückliche Vereinbarung herbeigeführt werden kann. Im Uebrigen bedeutet Auflösung der Gesellschaft lediglich Aufhören des gesellschaftlichen Gewerbebetriebes (§ 136) und was damit zusammenhängt, also: „Aufhebung der produktiven Seite" der Gesellschaft (RG. 28 S. 132). Insofern hört die offene Handelsgesellschaft begrifflich (§ 105 Abs. 1) auf; aber das Gesellschaftsvermögen besteht aktiv wie passiv weiter und bedarf der Abwickelung und Vertheilung in der Liquidation. Mit Rücksicht hierauf besteht die offene Handelsgesellschaft *so lange als noch ungetheiltes Gesellschaftsvermögen vorhanden ist* (§ 158). So lange besteht also nach Maßgabe des § 156 auch das Rechtsverhältniß der bisherigen Gesellschafter unter einander sowohl wie zu Dritten (vgl. Gruchot 40 S. 1101 ff.; RG. 34 S. 361 ff., 15 S. 104, 16 S. 2; §§ 149 f., 153,

156 ff.; Genoss.Ges. § 87; Gesellsch.Ges. § 69). — Auch hinsichtlich der Auflösung selbst, in diesem Sinne, muß unterschieden werden das Rechtsverhältniß der Gesellschafter unter einander und zu Dritten. Unter einander bewirkt im Zweifel schon das Eintreten des Auflösungsgrundes bezw. der richterliche Ausspruch die Auflösung (vgl. § 136); Dritten gegenüber, außer im Fall des Konkurses (§ 143), wird sie in Gemäßheit des § 15 erst durch die Bekanntmachung wirksam. (Vgl. ROHG. 19 S. 21.)

§ 131.

Die offene Handelsgesellschaft wird aufgelöst:

1. durch den Ablauf der Zeit, für welche sie eingegangen ist;
2. durch Beschluß der Gesellschafter;
3. durch die Eröffnung des Konkurses über das Vermögen der Gesellschaft;
4. durch den Tod eines Gesellschafters, sofern nicht aus dem Gesellschaftsvertrage sich ein Anderes ergiebt;
5. durch die Eröffnung des Konkurses über das Vermögen eines Gesellschafters;
6. durch Kündigung und durch gerichtliche Entscheidung.

§ **131. Auflösungsgründe.** (Art. 123, I 119, II 129.) Das Gesetz unterscheidet Auflösungsgründe (Nr. 1, 2, 3), welche die Gesellschaft unmittelbar als Ganzes treffen, und solche, welche in der Person eines einzelnen Gesellschafters entstehen (Nr. 4, 5, 6) und läßt im letzten Falle immer unter Ausscheiden des Einzelnen (§§ 138 ff.), aber auch sogar in jenem Falle unter Umständen (§§ 134, 144) Fortsetzung der Gesellschaft zu. Die bisherigen Auflösungsgründe sind im Wesentlichen, in anderer Reihenfolge, beibehalten; weggefallen ist nur bei Nr. 5 (alte Nr. 3) die Unfähigkeit zur selbständigen Vermögensverwaltung, wegen welcher gegebenen Falls auf Auflösung geklagt werden muß (§ 133), und zugesetzt ist bei Nr. 6 die Auflösung durch gerichtliche Entscheidung (§ 133). Der gesetzliche Endigungsgrund des BGB. § 726, „wenn der vereinbarte Zweck erreicht oder dessen Erreichung unmöglich geworden ist", wurde auch auf Anfrage in der Kommission als Auflösungsgrund nicht aufgenommen, weil sich bei der offenen Handelsgesellschaft nur selten ohne Weiteres, insbesondere ohne Streit, jene Thatsachen erkennen lassen, und es daher schon mit Rücksicht auf das Verhältniß nach außen nicht angängig erscheine, sie als von Rechtswegen wirkende Auflösungsgründe anzuerkennen, es vielmehr am besten den Gesellschaftern überlassen werde, gemeinsam die Auflösung zu beschließen (Nr. 2) oder sie im Wege gerichtlicher Entscheidung herbeizuführen (§ 133), da sie „unter allen Umständen als ein wichtiger Grund zur Auflösung angesehen werden müssen".

Anstatt gegenseitiger Uebereinkunft (alte Nr. 4) endlich sagt das Gesetz (Nr. 2): durch Beschluß der Gesellschafter, was zufolge § 119 Abs. 2 unter Umständen nur mittelbar auf gegenseitige Uebereinkunft hinausläuft. Die Aufzählung ist insofern in der That erschöpfend, als jeder andere vertragsmäßige Auflösungsgrund nothwendig unter Nr. 6 fällt. Dieselbe hat, wie in Art. 123 [6] ausdrücklich gesagt war, eine für unbestimmte Zeit eingegangene Gesellschaft im Auge und trifft daher insofern auf jede Gesellschaft mit einem, sei es nach ob? ungewissen oder nach wann? unberechenbaren Endtermin zu; z. B. auf Gesellschaften bis zur Einführung oder Endschaft eines Einfuhrverbots, eines Zolles, eines Patentes u. s. w. Welchen Sinn die Festsetzung eines solchen Ereignisses haben soll, ob den, daß die Gesellschaft jedenfalls bis dahin dauere und nicht früher aufgelöst werden solle, oder den, daß sie dann jedenfalls aufgelöst sein solle, ist Auslegungsfrage. — Wechsel in der Geltendmachung eines Auflösungsgrundes ist Klagänderung (RG. im Rh.Arch. 89 II S. 42).

Nr. 1 (alte Nr. 5). Gemeint ist eine kalendermäßig bestimmte oder bestimmbare Zeit, im Gegensatz zu unbestimmter Zeit (§§ 132, 133 Abs. 1, 134), als welche auch eine auf Lebenszeit geschlossene Gesellschaft gilt (§ 134). — Der Auflösungsgrund ist, wie § 134 zeigt, kein zwingender.

Nr. 2 (alte Nr. 4). Vgl. § 119. Auch dieser Grund ist nicht zwingend, sondern kann natürlich so lange das Geschäft noch besteht rückgängig gemacht werden (ROHG. 14 S. 15; Bolze 9 Nr. 478). Uebrigens bedarf es keines förmlichen Beschlusses, allgemeine Uebereinkunft (Art. 123⁴, s. o.), die sich aus schlüssigen Handlungen ergiebt, z. B. wenn alle Gesellschafter auf Auflösung klagen (Goldschm. 35 S. 233), muß einem Beschlusse mindestens gleichstehen. Ein Majoritätsbeschluß ist ein „Beschluß der Gesellschafter" im Sinne dieser Nr. 2, wenn der Gesellschaftsvertrag allgemein oder für den Fall der Auflösung einen Majoritätsbeschluß für maßgebend erklärt hat; vgl. §§ 119, 109 u. RG. 38 S. 119.

Nr. 3 (alte Nr. 1). Vgl. KO. §§ 209 (199) ff.: die Eröffnung des Konkurses ist entscheidend, weil mit ihr die bisherige Befugniß aufhört, das Gesellschaftsvermögen zu verwalten und über dasselbe zu verfügen (KO. § 6 [5]). Der Grund ist daher zwingend und gleichgültig für die Auflösung ist der Verlauf des eröffneten Konkurses; wird er jedoch durch Zwangsvergleich erledigt oder auf Antrag des Gemeinschuldners eingestellt, so können nach § 144 die Gesellschafter die Fortsetzung der aufgelösten Gesellschaft beschließen. Die in Art. 122 ausgesprochene Wirkung des Gesellschaftskonkurses, daß er das bisherige gleichstufige Haftungsverhältniß von Gesellschaft und Gesellschafter zu einem nachgeordneten umwandelt, und eine subsidiäre Haftung des Gesellschaftervermögens für den Ausfall aufstellt, ist aufgegeben und nur beibehalten für den Fall, daß auch der Gesellschafter in Konkurs geräth (KO. § 212 [201]).

Nr. 4 (alte Nr. 2). Auch der Tod eines Gesellschafters (vgl. § 137) führt nur dann die Auflösung der Gesellschaft herbei, wenn der ursprüngliche Gesellschaftsvertrag (§ 139) oder ein nachträglicher Vertrag (Bolze 11 Nr. 264) nicht anders bestimmt.

Nr. 5 (alte Nr. 3). Konkurs eines Gesellschafters, einerlei ob eines geschäftsführenden oder nicht. Der Grund der Auflösung liegt in dem Wegfall eines begrifflichen Erfordernisses der offenen Handelsgesellschaft, daß nämlich jeder Gesellschafter persönlich und mit seinem ganzen Vermögen für die Gesellschaftsschulden haftet (§ 105), indem mit der Eröffnung des Konkurses der Gemeinschuldner die Befugniß verliert, sein Vermögen zu verwalten und über dasselbe zu verfügen. Da hierdurch zunächst nur der Einzelne, nicht die Gesellschaft in ihrer Gesammtheit, ergriffen wird, so kann auch hier wie im Todesfalle die Fortsetzung der Gesellschaft, durch die übrigen Gesellschafter, vertragsmäßig vorgesehen werden: § 138; vgl. auch §§ 137 Abs. 2, 141 Abs. 2, 142 Abs. 2.

Nr. 6 (alte Nr. 6). Kündigung: vgl. §§ 132, 135, 136, 138, 141. — Gerichtliche Entscheidung: vgl. §§ 133, 140.

§ 132.

Die Kündigung eines Gesellschafters kann, wenn die Gesellschaft für unbestimmte Zeit eingegangen ist, nur für den Schluß eines Geschäftsjahrs erfolgen; sie muß mindestens sechs Monate vor diesem Zeitpunkte stattfinden.

§ 132. **Kündigung.** (Art. 124, I 120, II 130.) Vgl. BGB. § 723. Kündigung, d. h. die Bekundung an die Jenseite, das Gesellschaftsverhältniß nicht fortsetzen zu wollen, kann in jeder Form erfolgen und unterliegt überhaupt den allgemeinen Grundsätzen über empfangsbedürftige Willenserklärungen: BGB. §§ 116 ff. Sie wirkt also unter Anwesenden sofort, unter Abwesenden mit dem Augenblick des Eintreffens (BGB. §§ 130—132). Danach richtet sich die einseitige Widerrufsmöglichkeit; sie ist unter Anwesenden ausgeschlossen, unter Abwesenden bis zum Eintreffen der Kündigung und noch gleichzeitig vorhanden. Widerruf wird angenommen werden dürfen, wenn der Kündigende auf sofortigen Widerspruch schweigt, denn das Gesellschaftsverhältniß verpflichtet ihn, sofortigen Widerspruch zurückzuweisen, wenn er erkennen lassen will, daß er ihm nicht nachgebe. Jenseite sind die anderen Kontrahenten, die Mitgesellschafter; eine an die Gesellschaft gerichtete Kündigung hat ohne Weiteres keine Bedeutung. Ausnahmsweise erfolgt die Kündigung nicht von Gesellschafter zu Gesellschafter, d. h. der Gläubiger eines Gesellschafters ist nach § 135 kündigungsberechtigt. — Kann die Kündigung nicht mehr einseitig widerrufen werden, so kann sie doch noch vertragsmäßig rückgängig gemacht werden (vgl. § 134), so lange nicht die Auflösung (§ 132) bezw. das Ausscheiden (§ 138) thatsächlich eingetreten ist, d. h. in Ermangelung anderweitiger Zeitbestimmung bis zum Schluß des Geschäftsjahres.

Die Kündigungsbefugniß beruht auf öffentlichem Interesse zur Wahrung der individuellen Freiheit und kann weder von vornherein durch den Gesellschaftsvertrag noch hinterher allgemein ausgeschlossen werden: BGB. § 723 Abs. 3; vgl. RG. 21 S. 94; J.W. 23 S. 504; auch RG. 38 S. 119 ff. Das Gesetz kennt keine Kündigung einer auf b e s t i m m t e Zeit (§ 131 Nr. 1) eingegangenen Gesellschaft, sondern wahrt in solchem Falle die individuelle Freiheit durch die Antragsbefugniß auf gerichtliche Entscheidung (§ 133). In der That würde eine Gesellschaft mit äußerstem Endtermine aber gleichzeitiger Vereinbarung vorheriger Kündigungsbefugniß eine auf unbestimmte Zeit, nur n i c h t über einen gewissen Zeitpunkt h i n a u s, eingegangene Gesellschaft sein, für welche also § 132 maßgebend wäre. Die Bestimmung der Dauer durch einen ungewissen Endtermin macht die Dauer von vornherein im Sinne des Gesetzes nicht bestimmt, wie es die für Lebenszeit (§ 134) eingegangene Gesellschaft ausdrücklich als eine solche von unbestimmter Dauer bezeichnet (a. M. Staub § 9 zu Art. 123). Ist das ungewisse Ereigniß eingetreten, so ist die Dauer rückwärts freilich sogar kalendermäßig bestimmt. B i s z u m Eintritt dieses ungewissen Endtermins aber liegt eine unbestimmte Zeit vor und muß die Gesellschaft daher nach § 132 kündbar sein. — Die aus Art. 124, 123 Nr. 5, 6 übernommene Kündigungsfrist ist dispositiv gemeint, soweit nicht ein Anderes vereinbart ist. Die Denkschrift läßt hierüber trotz der sehr zwingend klingenden Fassung des Gesetzes keinen Zweifel. Etwaige Abänderungen dürfen nur nicht die Kündigungsbefugniß überhaupt illusorisch machen. Ueber die Wirkungslosigkeit verspäteter Kündigung s. ROHG. 12 S. 202. Kündigung schließt den Antrag auf gerichtliche Entscheidung nach § 133 nicht aus; vgl. ROHG. 6 S. 112; beide können verbunden werden: ROHG. 10 S. 433.

§ 133.

Auf Antrag eines Gesellschafters kann die Auflösung der Gesellschaft vor dem Ablaufe der für ihre Dauer bestimmten Zeit oder bei einer für unbestimmte Zeit eingegangenen Gesellschaft ohne Kündigung durch gerichtliche Entscheidung ausgesprochen werden, wenn ein wichtiger Grund vorliegt.

Ein solcher Grund ist insbesondere vorhanden, wenn ein anderer Gesellschafter eine ihm nach dem Gesellschaftsvertrag obliegende wesentliche

Verpflichtung vorsätzlich oder aus grober Fahrlässigkeit verletzt oder wenn die Erfüllung einer solchen Verpflichtung unmöglich wird.

Eine Vereinbarung, durch welche das Recht des Gesellschafters, die Auflösung der Gesellschaft zu verlangen, ausgeschlossen oder diesen Vorschriften zuwider beschränkt wird, ist nichtig.

§ 133. **Gerichtliche Entscheidung.** (Art. 125, I 121, II 131.) Nach BGB. § 723 berechtigt ein wichtiger Grund nur zur Kündigung; nach Art. 125 zum Verlangen der Auflösung den anderen Gesellschaftern gegenüber (vgl. ROHG. 6 S. 112, 12 S. 103; Goldschm. 35 S. 233) und im Fall der Nichtzustimmung zur Klage auf gerichtliche Auflösung, von der jedoch streitig war, ob sie nur Deklaration des berechtigten Verlangens war (ROHG. 12 S. 98) oder konstitutive Bedeutung hatte (Staub § 3 zu Art. 125). Diesen Zweifel beseitigt das Gesetz, indem es, „ebenso wie (s. aber zu § 117) bei Entziehung der Geschäftsführungs- und Vertretungsbefugniß (§§ 117, 127), zum Schutze der übrigen Gesellschafter und im Interesse der Verkehrssicherheit ausdrücklich eine die Auflösung aussprechende richterliche Entscheidung verlangt" (D.). Der Antrag ist mittelst gewöhnlicher Klage zu stellen, welche auf Grund des Gesellschaftsvertrags (actio pro socio) Auflösung der Gesellschaft beantragt (ROHG. 1 S. 27, 11 S. 264, 12 S. 101, Goldschm. 35 S. 233). Gerichtsstand: CPO. §§ 22, 29. — „Wichtiger Grund". Art. 125 führte 5 Beispiele an: 1. Unmöglichkeit der Erreichung des Gesellschaftszweckes (vgl. ROHG. 12 S. 102; Goldschm. 8 S. 592, 35 S. 333); 2. Unredlichkeit eines Gesellschafters als solchen (vgl. ROHG. 13 S. 179; Bolze 7 Nr. 630, Goldschm. 11 S. 565); 3. Unterlassung wesentlicher Obliegenheiten (vgl. Abs. 2); 4. Mißbrauch der Firma oder des Gesellschaftsvermögens (vgl. ROHG. 20 S. 265, 9 S. 432); 5. Unfähigkeit, die Geschäfte zu besorgen (vgl. ROHG. 18 S. 396; Goldschm. 8 S. 590; Bolze 12 Nr. 503). Die Denkschrift erklärt, die Beispiele seien „für die Rechtsprechung ohne wesentlichen Nutzen und deshalb entbehrlich". Das Gesetz führt in Abs. 2 denn auch nur Art. 125 Nr. 3 auf und außerdem die Unmöglichkeit eines anderen Gesellschafters, eine ihm nach dem Gesellschaftsvertrage obliegende wesentliche Verpflichtung zu erfüllen. In der Kommission wurde jedoch ausdrücklich auch Nr. 1 als wichtiger Grund hervorgehoben, während (vgl. §§ 117, 127) Nr. 2 und 4 in Wahrheit durch Abs. 2 umfaßt werden. Die Denkschrift erwähnt ferner als wichtigen Grund noch den Umstand, daß einem Gesellschafter die Befugniß zur Geschäftsführung oder zur Vertretung wider seinen Willen entzogen wird, eine derartige Maßregel könne dem davon betroffenen Gesellschafter, „namentlich wenn ihn kein Verschulden trifft", das Recht auf sofortige Auflösung der Gesellschaft geben. Allein bei verschuldeter Verwirkung erscheint das im Hinblick auf §§ 117, 127 a. E. außerordentlich bedenklich; wenn ein solcher Gesellschafter unter dieser Entziehung allein leidet, so haben die Anderen sicher keine Veranlassung, Auflösung zu verlangen; und jener selbst kann durch solche selbstverschuldete Folge unmöglich noch ein Recht auf Auflösung der Gesellschaft erwerben (s. Abs. 2). — Immerhin ist festzuhalten, daß keineswegs Verschulden eines Gesellschafters vorausgesetzt wird, oder auch nur, daß der Grund in dessen Person liege. Es ist auch nicht erforderlich, daß ein einzelnes Moment für sich als durchschlagend hervortritt; verschiedene Umstände können in ihrer Verbindung und vielleicht durch dieselbe als wichtiger Grund erscheinen; namentlich auch in der Person verschiedener Gesellschafter liegende Gründe, wobei selbst ein in der Person des Antragenden liegender Grund berücksichtigt werden kann: RG. 24 S. 136. — Der Ausspruch erfolgt durch Urtheil, da es sich um eine wahre Klage handelt, Auflösung als vorläufige Maßregel durch einstweilige Verfügung ist nicht wohl denkbar. Die Auflösung tritt also ein mit der Rechtskraft des Urtheils. Dasselbe ist nicht ohne Weiteres maßgebend für einen etwaigen Schadensersatzanspruch; vgl. ROHG. 17 S. 366, 24 S. 308; Bolze 5 Nr. 744.

Abs. 2. „Wenn ein anderer Gesellschafter . . . verletzt". Wegen der eigenen Pflichtverletzung erwirkt ein Gesellschafter, wie zu Abs. 1 bemerkt, gewiß keinen Anspruch auf Auflösung, zumal dann nicht, wenn sie für so erheblich erachtet wurde, daß die Mitgesellschafter ihm deswegen Geschäftsführung oder Vertretung entzogen; — nach dem Gesellschaftsvertrag obliegende wesentliche Verpflichtung, d. h. eine aus dem Gesellschaftsverhältniß entspringende, mag sie in dem etwaigen schriftlichen Vertrage erwähnt sein oder nicht; wesentlich muß die verletzte Verpflichtung natürlich sein, wenn die Gesellschaft deswegen aufgelöst werden soll, darüber entscheidet richterliches Ermessen unter Berücksichtigung der individuellen Verhältnisse, eine Pflichtverletzung kann in einem Gesellschaftsverhältnisse wesentlich sein, die es in einem anderen nicht ist; vgl. z. B. ROHG. 18 S. 397. — Beispiele: Nichteinlage (Bolze 8 Nr. 544), Unterlassung von Inventur und Bilanz, Eigenmacht (ROHG. 20 S. 244), Unthätigkeit (Goldschm. 7 S. 463). — Auch genügt nicht Verletzung der in eigenen Angelegenheiten angewendeten Sorgfalt, zu der das Gesellschaftsverhältniß im Allgemeinen verpflichtet (BGB. § 708), sondern es wird Vorsatz oder grobe Fahrlässigkeit erfordert; — „unmöglich wird", ohne daß dabei vorsätzliche oder grobe fahrlässige Pflichtverletzung vorzuliegen braucht, z. B. Verlegung des Wohnsitzes (Busch Arch. 16 S. 86), Mangel technischer Fähigkeiten (Bolze 12 Nr. 503; Goldschm. 8 S. 590); hierher gehört auch ein persönliches Verhalten, das ein gesellschaftliches Zusammenarbeiten unmöglich macht, Beleidigung, Mißhandlung u. dgl.: ROHG. 11 S. 265, 20 S. 268, 24 S. 308.

Abs. 3 versteht sich aus dem öffentlichen Interesse zum Schutze der Willensfreiheit und ist auch in seinem zweiten Theile: „diesen Vorschriften zuwider beschränkt", nur so zu verstehen. Es kann also nicht von vornherein z. B. darauf verzichtet werden, im Falle von Beleidigungen oder Mißhandlungen Auflösung zu verlangen; aber nichts hindert den Beleidigten oder Mißhandelten, nachträglich auf diesen Anspruch zu verzichten, wie er auf den Strafantrag verzichten kann.

§ 134.

Eine Gesellschaft, die für die Lebenszeit eines Gesellschafters eingegangen ist oder nach dem Ablaufe der für ihre Dauer bestimmten Zeit stillschweigend fortgesetzt wird, steht im Sinne der Vorschriften der §§ 132, 133 einer für unbestimmte Zeit eingegangenen Gesellschaft gleich.

§ 134. **Stillschweigende Fortsetzung nach Zeitablauf.** (I 120, II 132.) Vgl. BGB. § 724. Aus der Gleichstellung einer auf Lebenszeit eines Gesellschafters eingegangenen Gesellschaft mit einer auf unbestimmte Zeit eingegangenen Gesellschaft läßt sich folgern, daß, wenn für die Gesellschaft ein Endtermin in Aussicht genommen ist, von dem nicht einmal sicher ist, ob er eintritt, gewiß nicht von einer auf bestimmte Zeit eingegangenen Gesellschaft gesprochen werden kann. Bestimmung der Dauer der Gesellschaft, z. B. bis zur Aufhebung eines Einfuhrverbots, bis zum Erlöschen eines Verlagsrechts, eines Erfindungspatents u. dgl., schafft niemals, wenn nicht diese Ereignisse kalendermäßig bestimmbar sind, eine von vornherein zeitlich bestimmte Gesellschaft. Für eine solche trifft daher, so lange das unsichere Ereigniß nicht eingetreten ist, stets § 132 zu, und ist Kündigung zulässig; nach Eintritt des Ereignisses läßt sich freilich behaupten, daß die Zeit abgelaufen sei, für welche die Gesellschaft eingegangen war, und es tritt daher nach § 131[1] Auflösung ein, wenn nicht nach diesem § 134 die Gesellschaft stillschweigend fortgesetzt wird.

Da stillschweigende Fortsetzung nur statthaben kann, nachdem die bestimmte Zeit abgelaufen und damit eo ipso die Gesellschaft nach § 131[1] aufgelöst war, so liegt in § 132 eine Anerkennung des Grundsatzes, daß auch nachträglich, d. h.

nach der Auflösung, die Fortsetzung der Gesellschaft vereinbart werden kann. Einer allgemeinen gesetzlichen Anerkennung dieser Auffassung, meint die I. Denkschrift S. 103, bedürfe es nicht; sie ist aber in Gemäßheit des zweiten Entwurfs dennoch erfolgt, insofern sie gerade für den bestrittensten Punkt (Konkurs) in § 144 ausgesprochen wurde.

§ 135.

Hat ein Privatgläubiger eines Gesellschafters, nachdem innerhalb der letzten sechs Monate eine Zwangsvollstreckung in das bewegliche Vermögen des Gesellschafters ohne Erfolg versucht ist, auf Grund eines nicht bloß vorläufig vollstreckbaren Schuldtitels die Pfändung und Ueberweisung des Anspruchs auf dasjenige erwirkt, was dem Gesellschafter bei der Auseinandersetzung zukommt, so kann er die Gesellschaft ohne Rücksicht darauf, ob sie für bestimmte oder unbestimmte Zeit eingegangen ist, sechs Monate vor dem Ende des Geschäftsjahrs für diesen Zeitpunkt kündigen.

§ 135. **Kündigung seitens eines Privatgläubigers.** (Art. 126, I 122, II 133.) Vgl. BGB. § 725; Genoss.Ges. § 66. Das Gesetz weicht vom BGB. § 725 insofern ab, als dieses lediglich die Pfändung und Ueberweisung des Gesellschaftsantheils voraussetzt, von Art. 126 insofern, als dieser vorgängige vergebliche Zwangsvollstreckung durch denselben Privatgläubiger verlangte und weder eine nachherige Frist noch — wenigstens nicht ausdrücklich — einen endgültig vollstreckbaren Schuldtitel forderte.

Zweck des Gesetzes ist, dem Privatgläubiger, der nicht zugleich Gesellschaftsgläubiger ist — sonst könnte er ein Urtheil gegen die Gesellschaft erwirken und dieses vollstrecken lassen —, Befriedigung aus dem Gesellschaftsvermögen auch wider den Willen der Gesellschafter zu verschaffen; weil der gegen den Privatgläubiger gerichtete Schuldtitel nicht gegen die Gesellschaft vollstreckbar ist (§ 124 Abs. 2) und andererseits der Privatgläubiger die Gesellschaftsrechte des Gesellschafters, außer dem Anspruch auf den Gewinnantheil, so lange die Gesellschaft besteht, nicht geltend machen kann (BGB. 725 Abs. 2). Er muß also in die Lage gesetzt werden, eine Auflösung der Gesellschaft herbeizuführen, um an das Gesellschaftsvermögen herankommen zu können. Zur Vermeidung ungerechtfertigter Eingriffe in das Dasein einer Gesellschaft wird vorausgesetzt:

1. vergeblich vollzogene Zwangsvollstreckung a) einerlei, ob durch diesen oder einen anderen Gläubiger; b) dieselbe muß in das *bewegliche* Vermögen stattgefunden haben, wie dies andererseits genügt; es genügt aber nicht — wie nach Art. 126 und Genoss.Ges. § 66 — Zwangsvollstreckung in das Privatvermögen überhaupt, nämlich nicht vergebliche *Immobiliar*zwangsvollstreckung; c) ob *diese vergebliche* Zwangsvollstreckung aus einem rechtskräftigen oder nur vorläufig vollstreckbaren Schuldtitel stattgefunden hat, ist gleichgültig, denn es handelt sich lediglich um die Feststellung des Mangels bereiter Befriedigungsmittel;

2. eine nach dieser vergeblichen Zwangsvollstreckung erwirkte Pfändung und Ueberweisung des eventuellen Antheils des Gesellschafters und zwar a) muß *diese* erwirkt sein durch den Gläubiger, der die Gesellschaft kündigt; b) innerhalb sechs Monaten nachdem jene Zwangsvollstreckung ohne Erfolg versucht war, weil nicht jede beliebig früher einmal stattgehabte Zahlungsunfähigkeit für dieses Auseinandersetzungsbegehren genügen kann. Die sechs Monate sind zu berechnen entweder nach dem Datum des Karenzaktes (CPO. § 762), wenn die Vollstreckung gar keinen Erfolg hatte, oder des Verkaufs (CPO. § 816), oder der Ueberweisung (CPO. § 835) bezw. Beitreibung (§§ 840 ff.), wenn die gepfändeten Gegenstände im Erfolg sich als zur Deckung ungenügende herausstellten; c) diese Antheils-

pfändung und -Ueberweisung muß auf Grund rechtskräftigen Schuldtitels (CPO. §§ 704, 794 Nr. 1, 2, 4, 5, 799—801) erfolgt sein, ein vorläufig vollstreckbarer Schuldtitel (CPO. §§ 708 ff.) genügt hierzu natürlich nicht; d) unter allen Umständen ist die in § 132 für den Gesellschafter selbst gesetzte Kündigungsfrist einzuhalten; dieselbe soll aber nöthigen Falls auch gelten, selbst wenn die Gesellschaft auf bestimmte Zeit eingegangen ist. Liegt in diesem Falle der Endtermin noch vor Ablauf der sechs Monate, so bedarf es der Kündigung immerhin, wenn der Gläubiger nicht Gefahr laufen will, bei stillschweigender Fortsetzung nach § 134 erst am Schlusse des nächsten Geschäftsjahres die Auseinandersetzung zu ermöglichen.

§ 136.

Wird die Gesellschaft in anderer Weise als durch Kündigung aufgelöst, so gilt die Befugniß eines Gesellschafters zur Geschäftsführung zu seinen Gunsten gleichwohl als fortbestehend, bis er von der Auflösung Kenntniß erlangt oder die Auflösung kennen muß.

§§ 136, 137. **Fortgesetzte Geschäftsführung bei Auflösung der Gesellschaft.** (Neu; I 124, 125, II 134, 135.) Während die hier nachgeahmten §§ 727—729 des BGB. über die Fortdauer des Rechts und der Pflicht zur Geschäftsführung sich naturgemäß (§ 710) nur auf die, durch den Gesellschaftsvertrag übertragene Geschäftsführung beziehen, bringt das HGB. sie allgemein auch auf die kraft Gesetzes zustehende Geschäftsführung in Anwendung. Mit Auflösung der Gesellschaft hört mit dem Erwerbsbetriebe die Geschäftsführung der Gesellschafter eo ipso auf. Der von der Auflösung nichts wissende geschäftsführende Gesellschafter könnte in großen Schaden kommen, wenn seine nach der Auflösung der Gesellschaft bona fide fortgesetzte Geschäftsführung nicht für Rechnung der Gesellschaft ginge, wenn er gar Dritten als falsus procurator haften sollte. Daher die Fiktion des BGB. § 729 und dieses § 136. Dieselbe ist ausgeschlossen, wenn die Gesellschaft durch Kündigung aufgelöst wurde, da diese entweder von dem Gesellschafter selbst ausgegangen oder ihm erklärt worden ist, er also um die Kündigung weiß oder wissen muß. — Die Fiktion gilt insbesondere auch im Falle der Auflösung durch Zeitablauf, der allerdings jedem Gesellschafter aus dem Gesellschaftsvertrage bekannt sein muß, aber gerade bei stillschweigender Fortsetzung (§ 134) ohne Bedeutung ist. — Die Fiktion gilt nur zu Gunsten des gutgläubigen geschäftsführenden Gesellschafters und betrifft überhaupt nur die Geschäftsführung, also die innere Seite des Gesellschaftsverhältnisses. Nach BGB. § 714 folgt aus der Geschäftsführung im Zweifel zugleich die Vermuthung der Vollmacht gegen Dritte und darauf beruht die ausdrückliche Vorschrift des § 169 BGB., daß die Fiktion nicht zu Gunsten eines Dritten gelte, der das Erlöschen der Vollmacht kannte oder kennen mußte. Für das Handelsrecht sind Dritten gegenüber lediglich die § 125 letzter Abs. und § 15 maßgebend; eine Fiktion kann nicht in Frage kommen.

Die §§ 136, 137 haben eine aus mehr als zwei Personen bestehende Gesellschaft im Auge. Sind nur zwei Gesellschafter da, so gilt zutreffenden Falls § 142.

§ 137.

Wird die Gesellschaft durch den Tod eines Gesellschafters aufgelöst, so hat der Erbe des verstorbenen Gesellschafters den übrigen Gesellschaftern den Tod unverzüglich anzuzeigen und bei Gefahr im Verzuge die von seinem Erblasser zu besorgenden Geschäfte fortzuführen, bis die übrigen

Gesellschafter in Gemeinschaft mit ihm anderweit Fürsorge treffen können. Die übrigen Gesellschafter sind in gleicher Weise zur einstweiligen Fortführung der von ihnen zu besorgenden Geschäfte verpflichtet. Die Gesellschaft gilt insoweit als fortbestehend.

Die Vorschriften des Abs. 1 Satz 2, 3 finden auch im Falle der Auflösung der Gesellschaft durch die Eröffnung des Konkurses über das Vermögen eines Gesellschafters Anwendung.

§ 137. **Im Todesfalle.** Im Falle des Todes eines Gesellschafters können sich dreierlei Folgen ergeben, nämlich a) entweder ist für diesen Fall im Gesellschaftsvertrage Fortsetzung der Gesellschaft unter den übrigen Gesellschaftern vorgesehen (§ 138); dann hört jede Betheiligung des verstorbenen Gesellschafters mit seinem Tode auf, und es erfolgt Auseinandersetzung der unter den übrigen Gesellschaftern weiter bestehenden Gesellschaft mit seinen Erben; — oder b) es ist Fortsetzung der Gesellschaft mit diesen seinen Erben vorgesehen; dann tritt diese nach Maßgabe des § 139 ein oder nicht; — oder c) keine dieser Bestimmungen ist für den Todesfall getroffen; dann wird die Gesellschaft mit dem Tode aufgelöst und die Erben haben für die Liquidation oder die statt derselben beliebte andere Auseinandersetzungsart einen gemeinsamen Vertreter zu bestellen: § 146 Abs. 1 Schlußsatz und § 158. Wenn die Gesellschaft auch ein die individuelle Persönlichkeit stark berücksichtigendes Verhältniß ist, so können doch die Erben eines Gesellschafters sich nicht den Verpflichtungen entziehen, die sich aus der Thatsache der durch den Tod beendigten Mitgliedschaft ihres Erblassers ergeben, ganz abgesehen von der Frage ihrer eigenen Fortsetzungsbefugniß (§ 139). Diese Pflichten bestehen, abgesehen von den vermögensrechtlichen und vererblichen Verpflichtungen eines jeden Gesellschafters aus der Liquidation der Gesellschaft, mag der Erblasser ausgeschieden sein, die Gesellschaft mit den Erben fortgesetzt oder aufgelöst werden: a) in der unverzüglichen Anzeige des Todes an die übrigen Gesellschafter; — b) in der Fortführung der vom verstorbenen Gesellschafter zu besorgenden Geschäfte bei Gefahr im Verzuge; — c) in der Bestellung eines gemeinsamen Vertreters zum Zweck der Liquidation (§ 146 Abs. 2 a. E.). Für die Erfüllung dieser Pflichten haften mehrere Erben solidarisch (BGB. §§ 432, 440); aber keinenfalls strenger als ihr Erblasser; sie haben mithin keine größere Sorgfalt als in eigenen Angelegenheiten zu leisten (BGB. § 708). — Zu dieser sind sie verpflichtet, weil sie *Erben* sind; aber sie haften für *eigenes* Thun und Unterlassen; die Nachlaßverbindlichkeit ist der *Grund*, nicht der Gegenstand ihrer Haftung; dieselbe ist also unbeschränkt; weder Ausschlagungsfrist, Inventarserrichtung noch Nachlaßverwaltung berührt sie; sobald der Erbe aber aufhört, Erbe zu sein (§ 1953 BGB.), hört natürlich auch seine weitere Verpflichtung auf. Die übrigen Gesellschafter haben die gleiche einstweilige Fürsorgepflicht, welche ihnen nach Maßgabe des Gesellschaftsvertrages oder zufolge § 125 Abs. 2 obliegt. — *Die Gesellschaft gilt insoweit*, d. h. in Bezug auf die einstweilige beiderseitige Fortsetzung der Geschäftsführung, *als fortbestehend*. Wenngleich es sich also insofern wieder um eine Vorschrift über das innere Gesellschaftsverhältniß handelt, während für die Rechtsverhältnisse nach außen § 125 letzter Abs. und § 15 maßgebend sind, so spielt doch offenbar das öffentliche Interesse eine große Rolle bei der Aufstellung dieser für die wirthschaftliche Existenz sowohl wie für das Publikum dringend wünschenswerthen Vorschriften.

Abs. 2. Im Falle des Konkurses eines Gesellschafters geht das Verwaltungs- und Verfügungsrecht des Gemeinschuldners, soweit es nach § 156 noch in Betracht kommt, nach KO. § 6 (5) auf den Konkursverwalter über; mit ihm behalten die übrigen Gesellschafter ihre Geschäftsführungspflichten, als wenn die Gesellschaft fortbestände.

§§ 138—141. **Fortsetzung bei Ausscheiden eines Gesellschafters.** (Art. 127, 128, 130 Abs. 1, 132, I 125—128, II 136—139.) Es handelt sich um Fortsetzung der Gesellschaft:

1. im Falle von Kündigung, Tod, Konkurs eines Gesellschafters: § 138,
2. speziell mit den Erben eines Gesellschafters: § 139,
3. in Folge gerichtlicher Ausschließung: § 140,
4. in Folge Antrages eines Privatgläubigers: § 135, und Konkurses eines Gesellschafters: § 141.

Dem Ausscheiden eines Gesellschafters entspricht Fortsetzung der Gesellschaft unter den übrigen Gesellschaftern. Auch hier handelt es sich nur um Gesellschaften von mehr als zwei Mitgliedern. Sind nur zwei Gesellschafter da, so kommt § 142 in Betracht. Unter Ausscheiden versteht das Gesetz, wie BGB. §§ 736, 737 und das Genoss.Ges. im fünften Abschnitt, im Gegensatze zum A. D. HGB., sowohl freiwilligen Austritt wie Ausschließung eines Gesellschafters. Aus §§ 138, 141 ergiebt sich, daß in den Fällen der in der Person des einzelnen Gesellschafters entstehenden Auflösungsgründe (§ 131 Abs. 4, 5, 6: Tod, Konkurs, Kündigung und Ausschließung) eine Fortsetzung der Gesellschaft nach dem Ausscheiden eines Gesellschafters nur dann vom Gesetze anerkannt wird, wenn solche Fortsetzung bereits im Gesellschaftsvertrage bestimmt war, d. h. wenn vor Eintritt des ausscheidenden Ereignisses die Gesammtheit der vorhandenen Gesellschafter insofern ihr Selbstbestimmungsrecht ausgeübt hatte. Dem steht naturgemäß gegenüber ein Beschluß der nach Eintritt jenes Ereignisses übrig bleibenden Gesellschafter; ein solcher wäre selbst dann dem Gesellschaftsvertrage nicht gleichwerthig, wenn ihm der Ausgeschiedene zustimmen sollte, weil seine Zustimmung jetzt immerhin nur die Zustimmung eines Dritten wäre. Eine solche könnte für die Fortführung der Firma nach § 24 in Betracht kommen, nicht aber für die innere Organisation und mithin für den Fortbestand der dem Dritten eben fremden Gesellschaft. Durch ein solches nachträgliches Einverständniß desselben mit dem Fortbestehen der Gesellschaft könnte die alte nur neu begründet, aber nicht fortgesetzt werden. In den erwähnten Fällen des Ausscheidens ist diese Absicht des Gesetzes klar ausgedrückt. Anders verhält es sich mit den Auflösungsgründen, welche unmittelbar auf die Gesellschaft in ihrer Gesammtheit wirken (§ 131 Abs. 1—3): nämlich Zeitablauf, Gesellschaftskonkurs, Beschluß. Das Gesetz erkennt im ersten und auch, übereinstimmend mit dem RG. 28 S. 130, im zweiten Falle (§§ 134, 144) unumwunden an, daß nachträgliche Vereinbarung Fortsetzung der de jure aufgelöst gewesenen Gesellschaft ermöglicht. Warum es bei Auflösung durch gemeinsamen Beschluß anders sein sollte, ist nicht einzusehen; vorausgesetzt, daß der Auflösungsbeschluß vor thatsächlichem Eingreifen der Liquidation durch gegentheilige auf Fortsetzung gerichtete Verständigung rückgängig gemacht worden ist. Da nach § 158 die Gesellschafter statt der Liquidation eine andere Art der Auseinandersetzung beschließen können, so muß ihnen auch die Macht zustehen, die Auseinandersetzung überhaupt zu unterlassen und den Auflösungsbeschluß ungeschehen zu machen.

Aus dem Gegensatze zwischen Auflösung der Gesellschaft und ihrer Fortsetzung unter Ausscheidung eines Gesellschafters ergiebt sich klar, daß die fortgesetzte Gesellschaft lediglich die bisherige unter verminderter subjektiver Beziehung sein soll. Dem scheint es zu widersprechen, wenn eine andere Firma angenommen wird, da die Führung der gemeinschaftlichen Firma zum Wesen und Begriff der offenen Handelsgesellschaft gehört (§ 105) und auch sonst ohne Auflösung des alten Geschäfts keine neue Firma angenommen zu werden pflegt; (a. M. Staub § 1 zu Art. 127). Ein Auslegungsmoment für die Absicht der Gesellschafter kann darin liegen. Der ausdrücklichen Einwilligung des ausscheidenden Gesellschafters oder seiner Erben in die Fortführung der Firma, wenn man sie nicht schon in einer solchen Fortsetzungsvereinbarung finden will, bedarf es jedenfalls nur, wenn sein Name in der Firma enthalten ist (§ 24 Abs. 2).

§ 138.

Ist im Gesellschaftsvertrage bestimmt, daß, wenn ein Gesellschafter kündigt oder stirbt oder wenn der Konkurs über sein Vermögen eröffnet wird, die Gesellschaft unter den übrigen Gesellschaftern fortbestehen soll, so scheidet mit dem Zeitpunkt, in welchem mangels einer solchen Bestimmung die Gesellschaft aufgelöst werden würde, der Gesellschafter, in dessen Person das Ereigniß eintritt, aus der Gesellschaft aus.

1. § 138. Bei Kündigung, Tod, Konkurs eines Gesellschafters (§ 131 Nr. 4, 5, 6; vgl. §§ 135, 141) wird die Gesellschaft nicht aufgelöst, wenn im Gesellschaftsvertrage bestimmt ist, daß die Gesellschaft unter den übrigen — also mehreren, s. dagegen § 142 — Gesellschaftern fortbestehen soll.

Unter Gesellschaftsvertrag ist auch hier nicht der Errichtungsakt allein verstanden, sondern das unter sämmtlichen Gesellschaftern vor Eintritt eines solchen auflösenden Ereignisses hergestellte und daher allesammt berechtigende und verpflichtende und deshalb die Gestaltung der Gesellschaft als solcher selbst bestimmende Einverständniß.

Eine nach dem Eintritt des auflösenden — und nicht etwa rückgängig gemachten — Ereignisses unter den übrig bleibenden Gesellschaftern, selbst mit Zustimmung des ausgeschiedenen, getroffene Vereinbarung ist nicht mehr ein Ausdruck des Selbstbestimmungsrechtes der bisherigen Gesellschaft, und kann nur eine neue Gesellschaft gründen, deren Geschäftsführung und Vertretung insbesondere nicht nach dem alten Gesellschaftsvertrage, wenigstens nur vermittelst Sanktionirung desselben eventuell nach §§ 114, 125 ff. sich regelt, sollte auch dasselbe Handelsgewerbe, dieselbe Firma u. s. w. beibehalten sein.

Jener von vornherein getroffenen Selbstbestimmung Rechnung zu tragen, und statt der nicht gewollten Totalwirkung der Auflösung nur die gewollte abgeschwächte subjektive Ausscheidung eintreten zu lassen, kann vom Standpunkte des Interesses Dritter gar kein Bedenken haben; denn wenn auch Dritten die einzelnen Mitglieder der Gesellschaft nach § 106 aus dem Handelsregister ersichtlich sein sollen, so macht es für sie doch in der That keinen Unterschied, ob die Gesellschaft in Folge Ausscheidens eines von ihnen aufgelöst und liquidirt wird oder nicht, weil ebensowohl die fortbestehende Gesellschaft und die in ihr verbleibenden Mitglieder nach §§ 124, 128 fortgesetzt wie auch nach § 159 noch 5 Jahre lang der ausgeschiedene Gesellschafter für alle bisherigen Schulden der Gesellschaft verhaftet bleiben. Andererseits stünde den Gesellschaftern — selbst bei Gläubigerkündigung oder Konkurs eines Gesellschafters — nichts im Wege, unter Anwendung der §§ 145 Abs. 1, 146 Abs. 1, denselben materiellen Erfolg herbeizuführen, den eine Fortsetzung der Gesellschaft haben würde, indem sie vereinbaren, daß die neue Gesellschaft desselben Namens (§ 24) das Vermögen der aufgelösten alten im gewöhnlichen Geschäftsbetriebe liquidire und diese gemäß § 155 den Saldo feststellt und begleicht oder einzieht.

Zeitpunkt: im Falle der Kündigung § 132, im Falle des Todes § 137, § 131 [4], im Falle des Konkurses die Eröffnung § 131 [5], im Falle des § 135, § 141. — Anmeldung: § 143 Abs. 2; — scheidet ... aus: Demgemäß setzt sich die Gesellschaft mit ihm nach BGB. §§ 738 ff. aus einander. — Der Ausscheidende wird mit seinem Ausscheiden der Gesellschaft und seinen bisherigen Mitgesellschaftern gegenüber ein Dritter im Sinne des dritten Titels; bleibt aber — selbst oder sein Erbe — bisherigen Dritten gemäß § 159 verhaftet. Anstatt der Liquidation tritt nach dem Ausscheiden eine Auseinandersetzung der fortgesetzten Gesellschaft mit dem ausscheidenden Gesellschafter ein (nach Maßgabe des BGB. §§ 138 ff.;

vgl. ROHG. 8 S. 178, 10 S. 61; RG. 7 S. 94, 25 S. 256). § 138 erwähnt den Fall nicht, daß ein Privatgläubiger nach § 135 kündigt, es kann nicht zweifelhaft sein, daß dieser Fall dem der Kündigung durch den Gesellschafter insofern vollständig gleichsteht, als auch dieser Fall, und eintretenden Falls der Fortbestand der Gesellschaft bereits im Gesellschaftsvertrage vorgesehen sein kann und alsdann nach Maßgabe dieses § 138 zu behandeln ist. Vgl. § 141.

§ 139.

Ist im Gesellschaftsvertrage bestimmt, daß im Falle des Todes eines Gesellschafters die Gesellschaft mit dessen Erben fortgesetzt werden soll, so kann jeder Erbe sein Verbleiben in der Gesellschaft davon abhängig machen, daß ihm unter Belassung des bisherigen Gewinnantheils die Stellung eines Kommanditisten eingeräumt und der auf ihn fallende Theil der Einlage des Erblassers als seine Kommanditeinlage anerkannt wird.

Nehmen die übrigen Gesellschafter einen dahin gehenden Antrag des Erben nicht an, so ist dieser befugt, ohne Einhaltung einer Kündigungsfrist sein Ausscheiden aus der Gesellschaft zu erklären.

Die bezeichneten Rechte können von dem Erben nur innerhalb einer Frist von drei Monaten nach dem Zeitpunkt, in welchem er von dem Anfalle der Erbschaft Kenntniß erlangt hat, geltend gemacht werden. Auf den Lauf der Frist finden die für die Verjährung geltenden Vorschriften des § 206 des Bürgerlichen Gesetzbuchs entsprechende Anwendung. Ist bei dem Ablaufe der drei Monate das Recht zur Ausschlagung der Erbschaft noch nicht verloren, so endigt die Frist nicht vor dem Ablaufe der Ausschlagungsfrist.

Scheidet innerhalb der Frist des Abs. 3 der Erbe aus der Gesellschaft aus oder wird innerhalb der Frist die Gesellschaft aufgelöst oder dem Erben die Stellung eines Kommanditisten eingeräumt, so haftet er für die bis dahin entstandenen Gesellschaftsschulden nur nach Maßgabe der die Haftung des Erben für die Nachlaßverbindlichkeiten betreffenden Vorschriften des bürgerlichen Rechtes.

Der Gesellschaftsvertrag kann die Anwendung der Vorschriften der Abs. 1 bis 4 nicht ausschließen; es kann jedoch für den Fall, daß der Erbe sein Verbleiben in der Gesellschaft von der Einräumung der Stellung eines Kommanditisten abhängig macht, sein Gewinnantheil anders als der des Erblassers bestimmt werden.

2. § 139. Wenn Fortsetzung der Gesellschaft mit den Erben eines Gesellschafters im Gesellschaftsvertrage (s. o. S. 89 — einseitige testamentarische Bestimmung kann die Wirkung nicht haben) bestimmt ist, so würden an und für sich nach allgemeinen Grundsätzen auf Grund des sie bindenden Willens ihres Erblassers und der vertragsmäßig gebundenen Zustimmung der Mitgesellschafter die Erben mit Eintritt der Erbenqualität Mitglieder der offenen Handelsgesellschaft werden, aus welcher ihr Erblasser ausgeschieden ist, also für deren Schulden persönlich und

solidarisch, wie ihr Erblasser, haften. Sie könnten sich dieser nothwendigen Konsequenz nur durch Ausschlagung der Erbschaft entziehen. Das ist denn auch in der That der Standpunkt des HGB. Art. 123 Nr. 2; vgl. RG. 16 S. 40. Diese Beschränkung der freien Willensbestimmung durch Aufzwingung eines die Persönlichkeit in Anspruch nehmenden und möglichen Falls über die Mittel der Erbschaft hinaus verpflichtenden Gesellschaftsverhältnisses enthält eine unnöthige Härte. Statt dessen die Erben nur bis zum Belaufe der Erbschaft haften zu lassen, gestattet die nothwendige Sicherheit des Verkehrs nicht. Das Gesetz stellt daher unter Ausschluß abweichender Vertragsbestimmungen (Abs. 5) den Erben frei, als Kommanditisten in der Gesellschaft zu bleiben, indem es davon ausgeht, daß es den Gesellschaftern bei Vereinbarung jener Bestimmung des Gesellschaftsvertrages wesentlich um die Erhaltung der Einlage des verstorbenen Gesellschafters in dem Gesellschaftsvermögen zu thun war, und daß, soweit dieser Erfolg sich ohne persönliche Haftung der Erben (abgesehen von § 171) erreichen läßt, dieselben sich von dem Zwange der Mitgliedschaft als persönlich haftende Gesellschafter müssen befreien können.

Das Gesetz verlangt daher in dem gegebenen Falle nur, daß der Erbe mit dem bisherigen Gewinnantheile und mit der Einlage des Erblassers als Kommanditist der Gesellschaft beitrete. Der Erbe muß diesen Beitritt aber binnen 3 Monaten seit Kenntniß des Erbschaftsanfalls (vgl. § 27 Abs. 2), jedenfalls vor Ablauf der Frist, innerhalb welcher er die Erbschaft ausschlagen muß (BGB. § 1944), erklären (Abs. 3); andernfalls haftet er nunmehr persönlich und solidarisch wie jeder andere Gesellschafter (RG. 16 S. 40; vgl. RG. 2 S. 30) und ist gemäß §§ 106, 125 letzter Abs. zum Handelsregister anzumelden (vgl. Bolze 3 Nr. 794). Hat der Erbe die Erbschaft angenommen, so ist er dem ihn bindenden Gesellschaftsvertrage seines Erblassers gemäß ohne Weiteres persönlich haftender Gesellschafter (RG. 16 S. 40); er kann sich aber mit den Gründen, die ihn zur Anfechtung der Annahme berechtigen (BGB. §§ 1949, 1954, 119 ff., 142), dieser Haftung wieder entziehen und in die durch Abs. 1 gegebene Lage zurückversetzen. Erklärt der Erbe rechtzeitig, als Kommanditist beitreten zu wollen, und nehmen die anderen Gesellschafter diesen Antrag an, so verwandelt sich die offene Handelsgesellschaft nunmehr in eine Kommanditgesellschaft (§ 161). Damit hört die offene Handelsgesellschaft aber nicht auf, denn sie soll ja gerade fortgesetzt werden, und bleibt mit der neuen in subjektiver Beziehung bestehen; der hinzutretende Gesellschafter haftet nach Maßgabe des § 172 für die vor seinem Eintritte begründeten Verbindlichkeiten der Gesellschaft.

Nehmen die übrigen Gesellschafter den Antrag auf Kommanditbetheiligung nicht an, so kann der Erbe nunmehr sofort sein Ausscheiden erklären, in Folge dessen sich die Gesellschaft mit ihm auseinandersetzen muß (Abs. 2). Dies kann natürlich wiederum für die übrigen Gesellschafter ein Grund sein, die Auflösung der Gesellschaft zu beschließen, und für jeden von ihnen Veranlassung geben, die Auflösung nach § 133 zu beantragen. In allen diesen drei Fällen haftet der Erbe, wenn die Ausscheidung, Auflösung, Umwandlung innerhalb der drei Monats- eventuell der Ausschlagungsfrist fällt, für die bis dahin entstandenen Gesellschaftsschulden nur nach Maßgabe des BGB.; vgl. §§ 1973 ff., 1990, 1994, 2013 ff., 2063. Löst sich die Gesellschaft in Folge Ausscheidens der Erben (Abs. 2) auf, so müssen diese für die Liquidation einen gemeinsamen Vertreter bestellen (§§ 146 Abs. 1, Schluß, 158).

Abs. 1. Die Vorschrift ist zwingend; nur der Gewinnantheil des Erben kann für diesen Fall durch den Gesellschaftsvertrag (nicht etwa nachträglich einseitig) anders als der des Erblassers bestimmt werden (letzter Abs.). In Folge der Bestimmung des Gesellschaftsvertrages sind die Erben, sozusagen, geborene Mitglieder der Gesellschaft; es handelt sich nicht um ihre Aufnahme als Gesellschafter, sondern um ihr Verbleiben in der Gesellschaft. Deswegen haften sie auch gemäß Abs. 4 für die bis zu ihrem Ausscheiden oder Beitritt als Kommanditisten gemachten Gesellschaftsschulden. — Was von den Erben gesagt ist, gilt nach allgemeinen Erbrechtsgrundsätzen auch von deren Erben; das Recht der Ausschlagung der Erbschaft ist vererblich (BGB. § 1952).

Abs. 2. Der Antrag ist jedem Mitgesellschafter zu machen, er sei Geschäftsführer oder nicht, da in Bezug auf die Begründung des neuen Gesellschaftsverhältnisses jeder von ihnen Gegenkontrahent ist und dieselbe nicht Gegenstand der Geschäftsführung sein kann. Ueber die Annahme entscheidet BGB. §§ 147 ff., die Erklärung der Annahme kann daher im Falle des BGB. § 151 unterbleiben. Im Uebrigen wird Annahme erfordert, da es sich um einen neuen Vertrag handelt. Nichtablehnung präjudizirt dem Erben nicht. — Die Ausscheidungserklärung ist ebenfalls den anderen Gesellschaftern, nicht der Gesellschaft zu machen. — Die Gesellschafter sind natürlich sowohl gleichem wie verschiedenem Verhalten mehrerer Erben gegenüber vollständig frei. Sie können also einen Antrag eines Erben nach Abs. 1 annehmen, den eines anderen nicht, und den dritten Erben, der sich nicht erklärt, oder positiv beitritt, als persönlich haftenden Gesellschafter aufnehmen.

Abs. 3. § 206 bestimmt, daß beim Mangel gesetzlicher Vertretung einer ganz oder theilweise geschäftsunfähigen Person die Frist nicht vor ihrem Ablaufe nach dem Eintritt unbeschränkter Geschäftsfähigkeit bezw. nach dem Wegfall des Vertretungsmangels vollendet wird. — Ist das Recht, die Erbschaft auszuschlagen, noch nicht, sei es durch Annahme (BGB. § 1943; vgl. aber § 1949), sei es durch Zeitablauf (BGB. §§ 1943, 1944; vgl. aber § 1957), verloren, so kann der Erbe sich wie jeder Gesellschaftspflicht, so auch der in Abs. 1 ihm nachgelassenen Erklärung noch immer durch Ausschlagung der Erbschaft entziehen. Löst sich die Gesellschaft innerhalb der dem Erben zustehenden Frist auf, ehe er sich erklärt hat, so kann von einem Beitritt als Kommanditist nicht mehr die Rede sein (§§ 145 Abs. 1, 149) und er haftet für die Gesellschaftsschulden nach Maßgabe des bürgerlichen Rechtes (Abs. 4).

Abs. 4. Tritt keine der hervorgehobenen drei Alternativen: Ausscheidung, Auflösung, Umwandlung in Folge des Erbfalls innerhalb der in Abs. 3 gesetzten Frist ein, so haftet nunmehr der Erbe, bezw. jeder Erbe als Gesellschafter persönlich und mit seinem ganzen Vermögen.

Abs. 5. Da der Kommanditist zur Geschäftsführung nicht verpflichtet ist, bei der Regelung der Gewinnvertheilung außer der Kapitaleinlage auch die persönliche Thätigkeit in Betracht kommt, so ist es billig, den Gesellschaftern freizustellen, daß sie im Gesellschaftsvertrage für den Erben — Kommanditisten — einen anderen Gewinnantheil als für den Erblasser festsetzen.

§ 140.

Tritt in der Person eines Gesellschafters ein Umstand ein, der nach § 133 für die übrigen Gesellschafter das Recht begründet, die Auflösung der Gesellschaft zu verlangen, so kann vom Gericht anstatt der Auflösung die Ausschließung dieses Gesellschafters aus der Gesellschaft ausgesprochen werden, sofern die übrigen Gesellschafter dies beantragen.

Für die Auseinandersetzung zwischen der Gesellschaft und dem ausgeschlossenen Gesellschafter ist die Vermögenslage der Gesellschaft in dem Zeitpunkte maßgebend, in welchem die Klage auf Ausschließung erhoben ist.

3. § 140. **Ausschließung.** (Art. 128, I 127, II 138.) — Auch § 140 setzt wie Art. 128 eine aus mehr als zwei Personen bestehende offene Handelsgesellschaft voraus; vgl. ROHG. 11 S. 160; RG. 7 S. 21. Die bisherige Lücke im Falle einer nur aus zwei Personen bestehenden Gesellschaft wird durch § 142

ausgefüllt. Das Gesetz setzt aber ferner voraus, daß nicht die Ausschließung der übrigen Gesellschafter von Einem verlangt wird. Denn bei dem Erfolge dieses Verlangens, beim Uebrigbleiben nur dieses Einen, ließe sich die Auflösung naturgemäß nicht vermeiden; sondern es läge dann ein dem § 142 analoger Fall vor. Nach § 140 soll die Auflösung der Gesellschaft bei Eintritt eines Auflösungsgrundes in der Person eines oder mehrerer Gesellschafter dann umgangen werden können, wenn die zwei oder mehreren übrig bleibenden Gesellschafter auf Grund desselben nur die Ausschließung jenes oder jener verlangen. Daraufhin läßt das Gesetz dann anstatt der Totalauflösung Theilauflösung durch Ausscheiden dieses oder dieser einzelnen Gesellschafter zu. Voraussetzung ist unter allen Umständen, daß ein wichtiger Grund zur Auflösung vorliegt (§ 133); daraus folgt nicht nothwendig, daß er wichtig genug zur Ausscheidung ist (vgl. ROHG. 18 S. 393, 20 S. 244; Bolze 9 Nr. 465, 466). Beides deckt sich nicht, es ist schon denkbar, daß der Gesammtthatbestand eine Auflösung rechtfertigt, daß davon aber nur ein Bruchtheil in der Person eines Gesellschafters vorliegt; aber selbst wenn der ganze Grund in der Person eines Gesellschafters eintritt, und wichtig genug zur Auflösung wäre, muß er nicht nothwendig zur Ausscheidung genügen. So wenig jenes ein Minus von diesem ist (RG. 24 S. 140), ebensowenig dieses von jenem; bei vier Gesellschaftern ist das Ausscheiden eines Gesellschafters immerhin nicht $1/4$ Auflösung, es läßt sich als Theilauflösung nur bezeichnen im Verhältniß zu der Personenvereinigung, die von vier auf drei reduzirt wird, aber nicht in Bezug auf die Gesellschaft als Zweckvermögen; von diesem scheidet eben nicht $1/4$ aus, zufällig vielleicht dem Gesammtwerthe nach, keinenfalls als Theil der einzelnen Werthe. Also ist Ausscheidung nicht quantitativ weniger, sondern etwas begrifflich Anderes (RG. 24 S. 140). — Daraus folgt nothwendig, daß, wenn die Klage auf Auflösung ging und im Laufe des Prozesses auf Ausscheidung gerichtet wurde, dies keine zulässige Beschränkung nach CPO. § 268² (240), sondern Klageänderung ist. — Setzen die Gesellschafter in Kenntniß des Auflösungsgrundes die Gesellschaft fort, ohne auf Auflösung oder Ausscheidung zu klagen, so kann das die Vermuthung eines Verzichts begründen (ROHG. 6 S. 112).

Der in Abs. 1 gemeinte Antrag ist der Klageantrag. Ob Klage zu erheben ist, unterliegt der Beschlußfassung der übrigen Gesellschafter nach § 119. — Die Parteirollen bei der Klage auf Auflösung und auf Ausscheidung sind verschieden: bei der Klage auf Ausschließung ist immer der auszuschließende Gesellschafter Beklagter, bei der Klage auf Auflösung (§ 133) immer sämmtliche Mitgesellschafter des Klägers und dieser unter Umständen der Beklagte der Ausscheidungsklage, dadurch verbietet sich gewöhnlich schon ein Austausch oder eine Häufung der beiden Klagbegehren, diese kann aber vorkommen. — Der Ausspruch der Ausschließung hat konstitutive Wirkung und bewirkt die Ausschließung mit der Rechtskraft des Urtheils.

Abs. 2. Die Vorschrift entspricht den allgemeinen Grundsätzen über die Wirkung der Rechtshängigkeit; vgl. BGB. §§ 291 f., 287 ff. — Die Auseinandersetzung ist Sache der geschäftsführenden Gesellschafter und erfolgt nach Maßgabe der §§ 738—740 BGB. (s. § 105).

§ 141.

Macht ein Privatgläubiger eines Gesellschafters von dem ihm nach § 135 zustehenden Rechte Gebrauch, so können die übrigen Gesellschafter auf Grund eines von ihnen gefaßten Beschlusses dem Gläubiger erklären, daß die Gesellschaft unter ihnen fortbestehen solle. In diesem Falle scheidet der betreffende Gesellschafter mit dem Ende des Geschäftsjahrs aus der Gesellschaft aus.

Diese Vorschriften finden im Falle der Eröffnung des Konkurses über das Vermögen eines Gesellschafters mit der Maßgabe Anwendung, daß die Erklärung gegenüber dem Konkursverwalter zu erfolgen hat und daß der Gemeinschuldner mit dem Zeitpunkte der Eröffnung des Konkurses als aus der Gesellschaft ausgeschieden gilt.

4. § 141. **Ausscheiden: a) auf Antrag des Privatgläubigers** (Abs. 1); b) **des Gemeinschuldner-Gesellschafters** (Abs. 2). Der § 141 setzt voraus, daß der Fall nicht schon im Gesellschaftsvertrage vorgesehen ist (§ 138). Ist dies der Fall, also Ausscheiden eines Gesellschafters vereinbart, dessen Privatgläubiger kündigt, so tritt nach Analogie von § 138, auch ohne weitere Erklärung der übrigen Gläubiger, die in § 141 vorgesehene Folge ein. Hiervon abgesehen müssen die anderen Gesellschafter ihre dahingehende Erklärung vor Ende des Geschäftsjahres abgeben, weil andernfalls die Gesellschaft mit Ende des Geschäftsjahres aufgelöst sein würde (§§ 135 a. E., 131 [6]) und die Liquidation nur mit Zustimmung des Gläubigers vermieden werden könnte (§ 145 Abs. 2). Eine Erklärung auf jene Erklärung ist weder erforderlich noch von Bedeutung; auch wenn der Gläubiger zugestimmt hätte, würden die Gesellschafter sie vor Ablauf des Geschäftsjahres zurücknehmen und die Gesellschaft in Liquidation gehen lassen können. Nach Ablauf des Geschäftsjahres dagegen nicht mehr, sondern sie haften dann für die Auseinandersetzung als Gesammtschuldner: BGB. §§ 738 ff. (s. o. bei § 105) und Art. 130 Abs. 2—4, 131. — Nach Maßgabe des Schlußsatzes ist für die Auseinandersetzung zwischen der Gesellschaft und dem Gläubiger die Vermögenslage am Ende des Geschäftsjahres maßgebend.

Abs. 2 wendet im Gegensatz zum alten HGB. die Vorschrift des Abs. 1 auf den Konkurs eines Gesellschafters entsprechend an (vgl. auch § 145 Abs. 2); wenn also § 138 nicht Platz greift und der Gesellschaftsvertrag den Fortbestand der Gesellschaft nicht vorsieht. Der für die Auseinandersetzung in diesem Falle maßgebende Zeitpunkt ist die Eröffnung des Konkurses.

§ 142.

Sind nur zwei Gesellschafter vorhanden, so kann, wenn in der Person des einen von ihnen die Voraussetzungen vorliegen, unter welchen bei einer größeren Zahl von Gesellschaftern seine Ausschließung aus der Gesellschaft zulässig sein würde, der andere Gesellschafter auf seinen Antrag vom Gerichte für berechtigt erklärt werden, das Geschäft ohne Liquidation mit Aktiven und Passiven zu übernehmen.

Macht bei einer aus zwei Gesellschaftern bestehenden Gesellschaft ein Privatgläubiger des einen Gesellschafters von der ihm nach § 135 zustehenden Befugniß Gebrauch oder wird über das Vermögen des einen Gesellschafters der Konkurs eröffnet, so ist der andere Gesellschafter berechtigt, das Geschäft in der bezeichneten Weise zu übernehmen.

Auf die Auseinandersetzung finden die für den Fall des Ausscheidens eines Gesellschafters aus der Gesellschaft geltenden Vorschriften entsprechende Anwendung.

§ 142. **Auflösung bei nur zwei Gesellschaftern.** (Neu; I 129, II 140.) Vgl. auch § 25. Eine nur aus zwei Mitgliedern bestehende Gesellschaft muß sich nothwendig auflösen, wenn ein Mitglied ausscheidet; von einer Fortsetzung kann keine Rede sein; daher wurde Art. 128 auf diesen Fall nie angewendet (ROHG. 11 S. 160; RG. 7 S. 21; Seuff. Arch. 50 S. 247 ff., 412); vielmehr mußte das Geschäft der mit dem Austritt oder Ausschluß eines der beiden Gesellschafter aufgelösten Gesellschaft immer liquidirt werden (Busch Arch. 8 S. 216), obwohl praktisch der Fall nicht anders lag, wie wenn im Falle des Art. 127 von mehreren Gesellschaftern nur einer übrig blieb, der dann das Geschäft übernahm und sich nach Analogie des Art. 130 auseinandersetzte (vgl. Keyßner S. 119; Makower Anm. 12 ^{b}; Bolze 12 Nr. 416). Diese Lücke wird nunmehr durch § 142 im Sinne jener Praxis gesetzlich ausgefüllt, damit das genau so wie in allen Fällen der Fortsetzung der Gesellschaft trotz Ausscheidens berechtigte Interesse des von zweien übrig bleibenden Gesellschafters, die Liquidation des Geschäfts zu vermeiden, nicht an dem äußerlichen Umstande scheitert, daß kein Anderer da ist, mit dem er die Gesellschaft fortsetzen könnte. § 142 gewährt die Möglichkeit der Uebernahme des Geschäftes durch den einen von nur zwei Gesellschaftern ohne Liquidation in den vom Gesetze hervorgehobenen drei Fällen; dagegen nicht im Falle der Kündigung. Für den letzten Fall wird ebenso gewiß regelmäßig, ja muß der Gesellschaftsvertrag vernünftiger Weise Bestimmung treffen, wie er es für jene Fälle — jedenfalls für den Ausschluß — nicht thun wird. — Die Klage ist eine Feststellungsklage wie in RG. 21 S. 93. Vgl. auch RG. 35 S. 388.

Abs. 3. Maßgebender Zeitpunkt für die Auseinandersetzung ist im Falle des Abs. 1 die Zustellung der Klage auf Berechtigung zur Geschäftsübernahme; im Falle des Abs. 2 das Ende des Geschäftsjahres (§ 141 Abs. 1) bezw. die Eröffnung des Konkurses (§ 141 Abs. 2).

§ 143.

Die Auflösung der Gesellschaft ist, wenn sie nicht in Folge der Eröffnung des Konkurses über das Vermögen der Gesellschaft eintritt, von sämmtlichen Gesellschaftern zur Eintragung in das Handelsregister anzumelden.

Das Gleiche gilt von dem Ausscheiden eines Gesellschafters aus der Gesellschaft.

Ist anzunehmen, daß der Tod eines Gesellschafters die Auflösung oder das Ausscheiden zur Folge gehabt hat, so kann, auch ohne daß die Erben bei der Anmeldung mitwirken, die Eintragung erfolgen, soweit einer solchen Mitwirkung besondere Hindernisse entgegenstehen.

§ 143. Anmeldung. (Art. 129, I 130, II 141.) Vgl. §§ 106, 125 letzten Abs., 12, 14 ff.; wegen Anmeldung des Konkurses: §§ 34, 6.

Abs. 1. Also auch die Auflösung durch Ablauf der Zeit; also auch die Auflösung einer überhaupt nicht eingetragenen offenen Handelsgesellschaft: ROHG. 22 S. 201; 23 S. 227.

Abs. 2 vgl. §§ 138—142; anmeldepflichtig sind sämmtliche, also auch der ausscheidende Gesellschafter.

Abs. 3 vgl. § 137. Die Vorschrift erledigt eine gegenwärtige Streitfrage, vgl. ROHG. 21 S. 373; preuß. Instr. I § 58.

Da nach §§ 15 u. 159 (Verjährung) die Eintragung und Bekanntmachung (§ 10) der Auflösung erhebliche civilrechtliche Bedeutung hat, so ist ihre Bewirkung nicht nur eine ordnungspolizeiliche Pflicht und Befugniß, sondern auch ein jedem Gesellschafter gegen den anderen zustehendes Recht; vgl. § 16. — Die Nichteintragung ändert nichts an der Auflösung der Gesellschaft, aber diese läßt sich gegen

Dritte nicht geltend machen, es sei denn, daß sie ihnen bekannt war (§ 15 Abs. 1; ROHG. 19 S. 17, 21 S. 374). Die Eintragung und Bekanntmachung der Auflösung andererseits deckt die Gesellschaft und die Gesellschafter gegen Ansprüche Dritter aus nachträglichem unbefugtem Auftreten für die Gesellschaft, es sei denn, daß der Dritte die Auflösung dennoch weder kannte noch kennen mußte; vgl. RG. 4 S. 82; ROHG. 19 S. 17.

§ 144.

Ist die Gesellschaft durch die Eröffnung des Konkurses über ihr Vermögen aufgelöst, der Konkurs aber nach Abschluß eines Zwangsvergleichs aufgehoben oder auf Antrag des Gemeinschuldners eingestellt, so können die Gesellschafter die Fortsetzung der Gesellschaft beschließen.

Die Fortsetzung ist von sämmtlichen Gesellschaftern zur Eintragung in das Handelsregister anzumelden.

§ 144. **Fortsetzung nach Gesellschaftskonkurse** (II 142). Vgl. für die Aktiengesellschaft § 307 Abs. 2 und RG. 28 S. 130, dessen Auffassung damit sanktionirt ist. Vgl. KO. § 211 (200).

Abs. 2. Schon deswegen, weil die Konkurseröffnung eingetragen war: §§ 32, 6. Vgl. §§ 125 letzter Abs., 106, 12, 14 ff. Vgl. KO. § 211 (210) Abs. 1.

Fünfter Titel.

Liquidation der Gesellschaft.

Fünfter Titel. Liquidation der Gesellschaft: §§ 145—158. (Art. 133—145, I 133—144, II 143—156.) Nur uneigentlich spricht man von der Liquidation des Geschäftes auch eines Einzelkaufmannes; vgl. RG. 1 S. 265; Busch Arch. 24 S. 285.

§ 145.

Nach der Auflösung der Gesellschaft findet die Liquidation statt, sofern nicht eine andere Art der Auseinandersetzung von den Gesellschaftern vereinbart oder über das Vermögen der Gesellschaft der Konkurs eröffnet ist.

Ist die Gesellschaft durch Kündigung des Gläubigers eines Gesellschafters oder durch die Eröffnung des Konkurses über das Vermögen eines Gesellschafters aufgelöst, so kann die Liquidation nur mit Zustimmung des Gläubigers oder des Konkursverwalters unterbleiben.

§ 145. **Eintritt.** (Art. 133, I 131, II 143.) Die Liquidation ist die gesetzliche, aber nicht nothwendige (vgl. ROHG. 24 S. 144) Folge der Auflösung der offenen Handelsgesellschaft, wenn nicht Konkurs über sie eröffnet wird. Auf die Liquidation hat also außer diesem Falle jeder Gesellschafter, eventuell an seiner Stelle sein Gläubiger (Abs. 2), ein unentziehbares Recht (vgl. ROHG. 22 S. 204; Bolze 19 Nr. 619); aber die Gesellschaftsgläubiger können sie nicht fordern. — Diese gesetzliche, eventuell die statt ihrer gewillkürte (§ 158) Folge der Auflösung tritt mit dieser selbst ohne Weiteres ein; d. h. die bisherige offene Handelsgesellschaft, die nach wie vor ihren Sitz hat (§ 146 Abs. 2) und ihr Vermögen behält (§ 155 Abs. 1), auch im Verhältniß zu Dritten m. m. nach den bisherigen Vorschriften beurtheilt wird, aber eine andere Vertretung erhält (§ 149) und ihrem Namen einen Zusatz beifügen muß (§ 153), aber deswegen nicht eine neue Gesellschaft sui generis wird (wie Staub § 2 zu Art. 133 meint) — bezweckt nicht den weiteren Betrieb ihres Handelsgewerbes (§ 105), sondern wickelt ihr Geschäft ab (§ 149), damit das Gesellschaftsvermögen, welches nach Deckung der Schulden übrig bleibt, unter die Gesellschafter vertheilt werde. Sobald das geschehen ist, hört die gegenstandslos gewordene Gesellschaft auf (§ 155) und erlischt die Firma. So lange die aufgelöste, vielmehr in Auflösung begriffene Gesellschaft besteht, unterliegt ihr Verhältniß zu Dritten und das Verhältniß ihrer Mitglieder unter einander den bisherigen Grundsätzen nach Maßgabe des § 156. — Uebrigens ist § 145 nicht ganz korrekt gefaßt, da er den Fall des § 142, daß die Gesellschaft nur aus zwei Gesellschaftern besteht und durch das Ausscheiden des einen ohne Liquidation aufgelöst wird, außer Acht läßt.

Eine andere Art der Auseinandersetzung (vgl. § 158) können die Gesellschafter vereinbaren, also mit allgemeinem Einverständniß; Majorisirung (§ 119) findet nicht statt.

Ist über das Vermögen der Gesellschaft Konkurs eröffnet (KO. §§ 209 ff.) und nach dessen Beendigung noch Vermögen der Gesellschaft vorhanden, so kann auch in Bezug auf dieses keine Liquidation mehr eintreten; denn nach KO. § 161 (149) erfolgt die Schlußvertheilung sobald die Verwerthung der Masse beendet ist unter der Genehmigung des Gerichts; es müßte denn nach dem Schlußvertheilungstermin das Konkursverfahren aufgehoben (KO. § 163) und dann noch unverwerthetes Vermögen vorhanden sein (vgl. ROHG. 16 S. 289; Bolze 1 Nr. 1177; Busch Arch. 29 S. 294).

Abs. 2 (vgl. §§ 131 [5], 137, 135 im Gegensatz zu §§ 138, 141) ist eine nothwendige Folge davon, daß der Gläubiger oder Konkursverwalter Rechte des Gesellschafters ausüben, welche diesem nicht entzogen werden können; der Gläubiger ist betheiligt: § 146 Abs. 2; der Konkursverwalter ist sogar Vertreter des Gesellschafters: § 146 Abs. 3.

§ 146.

Die Liquidation erfolgt, sofern sie nicht durch Beschluß der Gesellschafter oder durch den Gesellschaftsvertrag einzelnen Gesellschaftern oder anderen Personen übertragen ist, durch sämmtliche Gesellschafter als Liquidatoren. Mehrere Erben eines Gesellschafters haben einen gemeinsamen Vertreter zu bestellen.

Auf Antrag eines Betheiligten kann aus wichtigen Gründen die Ernennung von Liquidatoren durch das Gericht erfolgen, in dessen Bezirke die Gesellschaft ihren Sitz hat; das Gericht kann in einem solchen Falle Personen zu Liquidatoren ernennen, die nicht zu den Gesellschaftern gehören. Als Betheiligter gilt außer den Gesellschaftern im Falle des § 135 auch der Gläubiger, durch den die Kündigung erfolgt ist.

Ist über das Vermögen eines Gesellschafters der Konkurs eröffnet, so tritt der Konkursverwalter an die Stelle des Gesellschafters.

§ 146. **Berufung der Liquidatoren.** (Art. 133, I 132, II 144.) — Die Berufung der Liquidatoren, d. h. der Geschäftsführer und Vertreter der Gesellschaft in Liquidation (nicht etwa auch für die persönlichen Rechte der einzelnen Gesellschafter: Hans. GZ. 1895 S. 13 ff.; vielleicht, aber nicht regelmäßig, Angestellte der Gesellschaft: J.W. 25 S. 76), erfolgt (Abs. 1):

a) zunächst entweder durch den Gesellschaftsvertrag, d. h. durch unmittelbare gemeinsame Vereinbarung (§ 105, vgl. RG. 9 S. 215); oder durch Beschluß der Gesellschafter (§§ 119, 156), oder eventuell wenn Beides nicht der Fall ist, durch das Gesetz (Abs. 1), und

b) durch das Gericht (Abs. 2), d. h. in jedem Falle der Berufung unter a) kann auch gerichtliche Platz greifen, jene durch diese ersetzt oder ergänzt werden. Es ist nicht gesagt, daß im Falle gerichtlicher Berufung alle Liquidatoren durch das Gericht bestellt würden, das Gericht kann vielmehr auch neben den gemäß a) Berufenen oder an Stelle Einzelner derselben Liquidatoren bestellen. Im einen, wie im anderen Falle sind gemäß § 152 die Liquidatoren Mandatare der Betheiligten (Abs. 2). Sie haften ihren Auftraggebern nach BGB. §§ 666 ff., ebenso wie diese ihnen nach §§ 670, 675 und zwar als Gesammtschuldner (BGB. § 427). Vgl. ROHG. 22 S. 324; RG. 3 S. 186. Die Gesellschafter können als Liquidatoren ohne Weiteres keine Vergütung für die Liquidationsbesorgung fordern; vgl. Goldschm. 37 S. 544; BGB. §§ 662, 675.

Abs. 1. Das Gesetz beruft eventuell, d. h. wenn weder der Gesellschaftsvertrag noch ein Gesellschafterbeschluß (§§ 119, 156) dafür gesorgt hat, sämmtliche, nicht nur die geschäftsführenden Gesellschafter. Art. 133, welcher insofern lediglich wiederholt werden sollte, sagte: „die sämmtlichen bisherigen Gesellschafter oder deren Vertreter. Ist einer der Gesellschafter gestorben, so haben" u. s. w. Gemeint sind hiernach offenbar die zur Zeit der Auflösung vorhandenen Gesellschafter beziehungsweise ihre gesetzlichen Vertreter, also auch derjenige Gesellschafter, durch dessen Wegfall die Gesellschaft aufgelöst wurde. Erfolgte die Auflösung durch seinen Konkurs, so tritt nach Abs. 3 und KO. § 6 der Konkursverwalter an seine Stelle. Bei Auflösung durch Kündigung des Gläubigers (§ 135) wird dieser Betheiligter (vgl. §§ 145 Abs. 2, 146 Abs. 2), aber nicht Liquidator. Im Falle der Auflösung durch Tod tritt der Erbe an die Stelle des Erblassers und haben mehrere Erben, indem sie nur als eine Gesammtheit (kollektiv) berufen werden, falls nichts Anderes vereinbart oder beschlossen ist, einen gemeinsamen Vertreter zu bestellen (Abs. 1 Schlußsatz). Derselbe Fall tritt ein, wenn ein Gesellschafter-Liquidator nach der Auflösung stirbt und mehrere Erben hinterläßt. Wenn aber die Erben dieser Vorschrift nicht Genüge leisten? Geht man davon aus, daß die gesetzlich Berufenen die Berufung ablehnen können, so liegt es nahe zu sagen, daß da die Erben keinen Gesammtvertreter bestellen, sie als ablehnend zu behandeln sind, und ohne ihre Mitwirkung zu liquidiren ist (so Behrend, Lehrb. d. HRechts § 81 Anm. 20 u. 23; Keyßner in Goldschm. 10 S. 334). Geht man aber mit Staub (§ 4 zu Art. 133) auf Grund des Wortlautes: „Die Liquidation erfolgt", davon aus, daß der gesetzliche Delat nicht ablehnen kann, so muß er auch nöthigen Falls zur Mitwirkung gezwungen werden können, falls nicht sämmtliche Betheiligte ihn nach § 147 abberufen. Dasselbe muß konsequent in Bezug auf die Präsentationspflicht der Erben gelten. Dieselbe kann also mit der Gesellschaftsklage ebenso erzwungen werden wie die Erfüllung anderer den Erben aus dem Gesellschaftsvertrage ihres Erblassers überkommenen persönlichen Pflichten (vgl. § 137; CPO. § 888). Sind aber die Erben zur Mitwirkung bei der Liquidation mittelst eines gemeinsamen Vertreters berufen, so kann angesichts der gesetzlichen Kollektivvollmacht der Liquidatoren dessen Zuziehung nicht umgangen werden; vgl. § 150 Abs. 1; vgl. auch §§ 147 und 152. — Für mehrere gesetzliche Vertreter eines geschäftsunfähigen Gesellschafters ist die Bestellung eines gemeinschaftlichen Vertreters nicht vorgeschrieben. Die Frage der Ablehnung ist übrigens nicht einheitlich zu beantworten. Gerichtlich bestellte Personen können wie Jeder den Auftrag und die Vollmacht ablehnen. Für die gesetzlichen Delaten aber bleibt mit § 156 der sich aus § 712 Abs. 2 BGB. ergebende Grundsatz maßgebend, daß sie aus wichtigen Gründen den Auftrag zur Geschäftsführung kündigen können. Liegt ein solcher Grund schon bei der Berufung vor, so wäre es vorbehältlich § 671 Abs. 2 u. 3 widersinnig, die Uebernahme des Auftrages zu verlangen, der in demselben Augenblicke gekündigt werden kann.

Abs. 2. Die Streitfrage, ob diese Maßregel prozessualischer Natur oder nichtstreitige Gerichtsbarkeit ist oder unter Umständen Beides (RG. 13 S. 155), ist im Gesetze nicht entschieden; die Denkschriften sprechen aber ausdrücklich aus, daß über den Antrag nicht im Prozeßwege, sondern in einem einfachen Beschlußverfahren entschieden werden solle, dessen Ordnung dem Ges. über d. freiw. Gerichtsbarkeit vorbehalten ist. Dieses hat darüber in § 145 bestimmt. — Nur ein Betheiligter kann die gerichtliche Liquidatorenbestellung beantragen. Betheiligt sind vor Allem die Geschäftsinhaber, einschließlich — insofern ist die Fassung nicht genau — der Erben eines verstorbenen Gesellschafters in Kollektivvertretung, ausschließlich des Gemeinschuldners, der durch den Konkursverwalter vertreten wird, Abs. 3; betheiligt ist ferner der kündigende Gläubiger neben seinem Schuldner; nicht aber der Cessionar des künftigen Saldo. Das Gericht, nämlich das Registergericht, Amtsgericht (freiw. GGes. § 145) hat sich lediglich mit der Ernennung zu befassen, es kann und muß eventuell aber wegen § 150 Abs. 1 bestimmen, ob die Liquidatoren einzeln handeln können. Aber es kann nicht statt Liquidatoren zu ernennen andere Maßregeln treffen (vgl. RG. 12 S. 32). — Wichtige Gründe (vgl. § 133) sind mit Rücksicht darauf festzustellen, daß es sich „nicht um das Gedeihen einer bestehenden, sondern um die Abwickelung der Geschäfte einer aufgelösten Gesellschaft" handelt. Beispiele: Nichtbestellung eines gemeinsamen Vertreters durch die Erben eines Gesellschafters (s. o.), Unverträglichkeit, Streitigkeiten (§ 16 Anm.), große Anzahl der Gesellschafter (vgl. Bolze 12 Nr. 504). Daher genügt schon der Antrag eines Betheiligten. Gegen die Abweisung des Antrages auf Ernennung steht jedem Verletzten nach freiw. GGes. §§ 19 ff. die Beschwerde zu. Denn das Gericht kann, heißt nicht: nach Belieben und Willkür; sondern, wenn der Antrag begründet ist, muß es ihm deferiren.

Abs. 3. Vgl. KO. § 6 (5).

§ 147.

Die Abberufung von Liquidatoren geschieht durch einstimmigen Beschluß der nach § 146 Abs. 2, 3 Betheiligten; sie kann auf Antrag eines Betheiligten aus wichtigen Gründen auch durch das Gericht erfolgen.

§ 147. **Abberufung.** (Art. 134, I 133, II 145.) Vgl. freiw. GGes. § 145. — Daß die erwählten wie die gesetzlichen Liquidatoren durch Vereinbarung oder einstimmigen Beschluß sämmtlicher Betheiligten abberufen werden können, erscheint nach § 146 Abs. 1, § 145 Abs. 2 klar; daß auf dieselbe Weise auch die Abberufung gerichtlich ernannter Liquidatoren erfolgen kann, ist nach der Allgemeinheit der Fassung des ersten Satzes und bei dessen Gegensatze zum zweiten anzunehmen.

Abberufung und Einschränkung der Vertretungsmacht (vgl. aber § 151) stehen sich in Hinsicht der Befugnisse der betheiligten Vollmachtgeber gleich; vgl. ROHG. 20 S. 11; Beides verlangt Einstimmigkeit. — Nach der wörtlichen Auslegung würden unter den nach § 146 Abs. 2, 3 Betheiligten (vgl. § 152) nicht die Erben eines verstorbenen Gesellschafters, beziehungsweise ihr gemeinsamer Vertreter, zu verstehen sein, denn § 146 Abs. 2 u. 3 spricht außer von dem Konkursverwalter und dem Gläubiger nach § 135 nur von Gesellschaftern, was die Erben eines verstorbenen Gesellschafters trotz § 137 Abs. 1 außer nach § 139 nicht sind. Daß das Gesetz aber in Abs. 1 zu den Gesellschaftern auch die einen Verstorbenen repräsentirenden Erben und zu den Betheiligten in § 146 Abs. 2 ebenfalls die Erben rechnet, ist nach der Denkschrift einem Zweifel nicht unterworfen. Abberufung auch durch einstweilige Verfügung? Hans. GZ. 1894 S. 292 ff. Gegen die Abberufung durch sämmtliche Betheiligte hat der Abberufene keine Beschwerde (Johow u. K. 3 S. 29), da Auftrag und Vollmacht widerruflich sind (BGB. §§ 168, 671), gegen die gerichtliche Abberufung dagegen hat er Beschwerde: Ges. über die freiw. Gerichtsbarkeit § 19. — Gegen die Ablehnung des Antrages auf Abberufung steht auch dem Antragsteller Beschwerde zu. Nicht minder, wenn der Richter über seine Befugniß statt der Abberufung, die ihm allein zusteht, etwa nur die Vertretungsmacht eingeschränkt hätte. (Vgl. auch RG. 12 S. 33.) — „Wichtige Gründe" s. o. zu § 146 Abs. 2 u. ROHG. 9 S. 30.

§ 148.

Die Liquidatoren sind von sämmtlichen Gesellschaftern zur Eintragung in das Handelsregister anzumelden. Das Gleiche gilt von jeder Aenderung in den Personen der Liquidatoren oder in ihrer Vertretungsmacht. Im Falle des Todes eines Gesellschafters kann, wenn anzunehmen ist, daß die Anmeldung den Thatsachen entspricht, die Eintragung erfolgen, auch ohne daß die Erben bei der Anmeldung mitwirken, soweit einer solchen Mitwirkung besondere Hindernisse entgegenstehen.

Die Eintragung gerichtlich bestellter Liquidatoren sowie die Eintragung der gerichtlichen Abberufung von Liquidatoren geschieht von Amtswegen.

Die Liquidatoren haben die Firma nebst ihrer Namensunterschrift zur Aufbewahrung bei dem Gerichte zu zeichnen.

§ **148. Anmeldung.** (Art. 135, I 134, II 146.) Die Anmeldung, welche, außer betreffs der gerichtlich ernannten und abberufenen Liquidatoren (Abs. 2), stets zu erfolgen hat, muß von sämmtlichen Liquidatoren bewirkt werden (vgl. §§ 296, 320 Abs. 3; Genoss.Ges. § 84; Gesellsch.Ges. § 67; BGB. § 67). Hierbei vertritt der etwaige Konkursverwalter nach § 146 Abs. 3 wieder den Gesellschafter-Kridar, nicht aber der kündigende Gläubiger (§ 135) seinen Schuldner. Die Anmeldung setzt voraus, daß nicht nur über die Liquidation selbst (§ 145 Abs. 1, § 158), sondern auch über die Person der Liquidatoren allgemeines Einverständniß herrscht. Solange dieses nicht vorliegt, kann — abgesehen von der Frage wegen der Erben (Abs. 1, Schlußsatz) — der Registerrichter nicht eintragen. Weigerungen sind von den Gesellschaftern daher zuvor nöthigen Falls durch Klage zu beseitigen. Umgekehrt kann der sich weigernde Gesellschafter ein Urtheil auf Unzulässigkeit der verlangten Eintragung erwirken; vgl. § 16; ROHG. 10 S. 437. Solche Differenzen sind ein hervorragender Grund, einstweilige Ernennung richterlicher Liquidatoren zu beantragen.

Registergericht: §§ 12, 13; Ordnungsstrafe: § 14; privatrechtliche Bedeutung: § 15; vgl. ROHG. 16 S. 73. Ueber die Mitwirkung der Erben verstorbener Gesellschafter vgl. § 143.

Abs. 2 umfaßt nicht die Aenderung der Vertretungsmacht durch Ernennung von Mitliquidatoren oder die Abberufung gerichtlich ernannter Liquidatoren durch einstimmigen Beschluß der Betheiligten (§ 147); diese Umstände sind vielmehr nach Abs. 1 von sämmtlichen Gesellschaftern anzumelden.

Abs. 3 bestimmt abweichend von Art. 135 (vgl. Johow u. K. 3 S. 29), daß die Liquidatoren auch die Firma zu zeichnen haben, d. h. „die bisherige" als Liquidationsfirma zu bezeichnende Firma (§ 153).

§ 149.

Die Liquidatoren haben die laufenden Geschäfte zu beendigen, die Forderungen einzuziehen, das übrige Vermögen in Geld umzusetzen und die Gläubiger zu befriedigen; zur Beendigung schwebender Geschäfte können sie auch neue Geschäfte eingehen. Die Liquidatoren vertreten innerhalb ihres Geschäftskreises die Gesellschaft gerichtlich und außergerichtlich.

§ 149. **Geschäftskreis.** (Art. 137, I 135, II 147.) § 149 bestimmt sowohl den Umfang des Auftrages wie der Vollmacht. — Die Liquidatoren (§ 150) haben u. s. w., nicht mehr der einzelne Gesellschafter; vgl. Bolze 13 Nr. 501. — Der Geschäftskreis ergiebt sich aus dem Zwecke der offenen HG. in Liquidation; sie will kein Handelsgewerbe mehr betreiben, sondern das betriebene auflösen. Daher können die Liquidatoren z. B. keine Prokuristen bestellen (ROHG. 13 S. 223), den Sitz der Gesellschaft nicht verlegen u. a. — „Die laufenden Geschäfte zu beendigen", d. h. sachgemäß zu Ende zu führen, nicht etwa einzustellen: RG. 5 S. 8, desgl. schwebende Prozesse: ROHG. 21 S. 127. — Die Forderungen einzuziehen: Bolze 1 Nr. 1179; ROHG. 21 S. 142, 22 S. 136, 25 S. 165; RG. 4 S. 66; — aber nicht die Passivsaldos der einzelnen Gesellschafter: ROHG. 5 S. 390; J.W. 25 S. 303; s. aber Hans. GZ. 1894 S. 300. Anderweite Verwerthung uneinziehbarer Forderungen ist nicht ausgeschlossen. — Das übrige Vermögen in Geld umzusetzen, auch Grundstücke, wobei die Liquidatoren auch die Bedingungen der Veräußerung festzusetzen haben (RG. in Bad. Ann. 61 S. 283; Bolze 20 Nr. 580); vgl. dagegen BGB. §§ 711 Abs. 2, 733 Abs. 3. Das Vermögen ist stets vollständig in Geld umzusetzen, wenn nicht die Gesellschafter einstimmig beschließen, daß die schließliche Auseinandersetzung in Naturaltheilung bestehen solle. — Die Gläubiger zu befriedigen, auch wenn es selbst Gesellschafter sind; vgl. J.W. 25 S. 58; RG. 29 S. 16; nicht aber verjährte Forderungen anerkennen: ROHG. 9 S. 85; — neue Geschäfte eingehen, aber nur in der bestimmten Beschränkung, die für die Liquidatoren sowohl nach Innen wie gegen Dritte besteht; vgl. ROHG. 13 S. 226, 17 S. 215, 21 S. 308; RG. 4 S. 65 (Prolongationswechsel). Diesen Zusammenhang zu beweisen, liegt demjenigen ob, der ihn behaupten muß, um seinen Anspruch zu begründen (ROHG. 13 S. 226). — Die Befugniß Kompromisse und Vergleiche zu schließen (Art. 137) ist nicht wiederholt, weil sie „keiner besonderen gesetzlichen Anerkennung" bedürfe; die Beschränkung, unbewegliche Sachen nur durch ö. Versteigerung zu verkaufen (das. Abs. 2), nicht, weil sie mit Rücksicht auf die heutigen Verkehrsverhältnisse nicht mehr gerechtfertigt erscheine.

§ 150.

Sind mehrere Liquidatoren vorhanden, so können sie die zur Liquidation gehörenden Handlungen nur in Gemeinschaft vornehmen, sofern nicht bestimmt ist, daß sie einzeln handeln können; eine solche Bestimmung ist in das Handelsregister einzutragen.

Durch die Vorschrift des Abs. 1 wird nicht ausgeschlossen, daß die Liquidatoren einzelne von ihnen zur Vornahme bestimmter Geschäfte oder bestimmter Arten von Geschäften ermächtigen. Ist der Gesellschaft gegenüber eine Willenserklärung abzugeben, so findet die Vorschrift des § 125 Abs. 2 Satz 3 entsprechende Anwendung.

§ 150. **Gesammtvollmacht.** (Art. 136, I 136, II 148.) Die gesetzliche Regel ist wie bisher Kollektivvertretung der Liquidatoren; sie ist nur dispositiv; solange sie aber besteht — vorbehältlich Abs. 2 — ausnahmslos, auch bei Gefahr im Verzuge und mit unbedingter Suspensivwirkung des Widerspruchs eines Einzelnen (RG. 12 S. 33). Die Befugniß, einzeln zu handeln, ist zulässig; sie muß besonders eingeräumt werden und zwar durch die Berufungsorgane (§ 146), also entweder im Gesellschaftsvertrage, eventuell durch Beschluß sämmtlicher Gesellschafter, bei gerichtlicher Ernennung durch das Gericht. Hat das Gericht eine solche Anordnung nicht gleich bei der Ernennung getroffen, so kann es sie nicht nachholen, wenigstens nicht ohne vorgängige Beschwerde, falls sie beantragt war; denn sie wäre eine Aenderung der Vertretungsmacht der Liquidatoren, welche dem Gerichte überhaupt nicht zusteht. — Die Abweichung von der gesetzlichen Regel ist nach Maßgabe des § 148 zum HR. anzumelden, also im Falle des Abs. 1 bzw. durch sämmtliche Gesellschafter einschließlich des gemeinsamen Vertreters mehrerer Erben eines Gesellschafters; während im Falle des Abs. 2 die Eintragung durch das Gericht von Amtswegen erfolgt. — Vgl. auch CPO. § 171 (157) Abs. 3.

Abs. 2. Vgl. § 125 Abs. 2 Anm.

§ 151.

Eine Beschränkung des Umfanges der Befugnisse der Liquidatoren ist Dritten gegenüber unwirksam.

§ 151. **Beschränkung der Vollmacht.** (Art. 138, I 137, II 149.) Die Vorschrift gilt auch für den Fall des § 152; ferner auch trotz der Kenntniß des Dritten, es müßte denn Durchstecherei vorliegen (RG. 9 S. 149). Ist der Liquidator selbst bei Verträgen mit ihm Dritter in diesem Sinne? RG. 7 S. 120. — Aufhebung der Vertretungsmacht (§§ 125 letzter Abs., 127, 156) kann einem Liquidator gegenüber nur Abberufung als solcher bedeuten; ein Liquidator ohne Vertretungsmacht ist nicht denkbar.

Von einer Erweiterung der Vertretungsmacht der Liquidatoren kann keine Rede sein, da sie über den Zweck der Liquidation, wie er sich nach § 149 in ihrem Geschäftskreise ausdrückt, hinausgehen und begriffswidrig sein würde. Dessenungeachtet wird nicht zu bezweifeln sein, daß die Geschäftsinhaber, was übrigens auch aus § 152 folgt, den Liquidatoren über ihre ihnen als solchen gesetzlich zustehende Vertretungsmacht hinaus weitere Vollmacht geben können. Aber diese enthält keine Aenderung ihrer gesetzlichen Liquidatorenvollmacht im Sinne des § 148 Abs. 1, ist deshalb so wenig wie irgend welche andere Vollmacht in das HR. einzutragen und unterliegt deshalb nicht den Vorschriften des § 15, sondern bestimmt sich als beiläufige Vollmacht nach Maßgabe des BGB. §§ 164 ff. Auf Grund einer solchen handelt der Ermächtigte nicht als Liquidator.

§ 152.

Gegenüber den nach § 146 Abs. 2, 3 Betheiligten haben die Liquidatoren, auch wenn sie vom Gerichte bestellt sind, den Anordnungen Folge zu leisten, welche die Betheiligten in Betreff der Geschäftsführung einstimmig beschließen.

§ 152. **Anordnungen der Betheiligten.** (Art. 140, I 138, II 150.) Die Vorschrift folgt aus den allgemeinen Grundsätzen über den Auftrag, der bei richterlicher Ernennung doch auch nur für die Betheiligten ertheilt wird; vgl. ROHG. 23

S. 330. Daraus ergiebt sich sowohl die Verpflichtung zur auftragsgemäßen Erledigung wie die Verantwortlichkeit wegen Nichterfüllung dieser Verpflichtung (BGB. §§ 662, 664 ff.). Wegen Abweichung von der Instruktion vgl. BGB. § 665. Davon abgesehen hat der Mandatar den Anordnungen nachzukommen, vorbehältlich seines ihm nach BGB. § 712 Abs. 2 zustehenden Kündigungsrechtes, wenn etwa die Anordnung für ihn ein wichtiger Grund ist, das Auftragsverhältniß zu lösen. Solche Anordnungen können natürlich sowohl „zur Liquidation gehörende Handlungen" wie andere betreffen; in jenem Falle ist mit Rücksicht auf § 150 anzunehmen, daß die Anordnungen allen Liquidatoren ertheilt sind; im Uebrigen ist es Frage des einzelnen Falles, wer Mandatar ist. Mehrere Beauftragte haften wie mehrere Auftraggeber für die nach BGB. §§ 666 ff. aus dem Auftrage sich ergebenden gegenseitigen Verpflichtungen solidarisch.

Die Vorschrift bezieht sich allerdings zunächst nur (a. M. Staub § 1 zu Art. 140) auf die innere Seite des Verhältnisses, wie durch die Worte „gegenüber den . . . Betheiligten" jetzt klar zum Ausdruck gekommen ist, auch aus § 151 folgt; es handelt sich um Anordnungen in Betreff der Geschäftsführung; jedoch läßt sich nicht leugnen, daß diese Anordnungen unter Umständen eine wesentliche Wirkung äußern müssen auf die Vertretungsmacht, insofern als diese in mancher Hinsicht nur aus dem Auftrage erkennbar wird, z. B. in Betreff des Eingehens neuer Geschäfte zur Beendigung schwebender Geschäfte; indem ein Zweifel, ob ein neues Geschäft hierzu diente, wohl durch einen bezüglichen Auftrag klar gestellt werden kann. Demgegenüber würde sich die Gesellschaft nicht darauf berufen können, daß das Geschäft nicht nach § 149 im Geschäftskreise der Liquidatoren gelegen habe. Davon abgesehen können aber die Betheiligten durch ihre Anordnungen solange sie durch diese Liquidatoren liquidiren wollen, dieselben Dritten gegenüber zu nichts Anderem machen, als was sie sind: Gesellschaftsvertreter innerhalb ihres Liquidationsgeschäftskreises.

Die „nach § 146 Abs. 2, 3 Betheiligten" sind wiederum die Gesellschafter einschließlich ihrer Repräsentantenerben und gesetzlichen Vertreter, Konkursverwalter und kündigender Gläubiger. Da Einstimmigkeit dieser Betheiligten gefordert wird, so ergiebt sich auch hieraus wieder die unumgängliche Nothwendigkeit und Erzwingbarkeit der Bestellung eines gemeinsamen Vertreters der Erben, der zwar nicht zur Zustimmung gezwungen werden kann, aber vorhanden sein muß, um wenigstens die Möglichkeit der Anwendung des Gesetzes zu sichern.

§ 153.

Die Liquidatoren haben ihre Unterschrift in der Weise abzugeben, daß sie der bisherigen, als Liquidationsfirma zu bezeichnenden Firma ihren Namen beifügen.

§ 153. **Unterschrift.** (Art. 139, I 139, II 151.)

Die Vorschrift enthält lediglich eine Anweisung, deren Beachtung oder Nichtbeachtung die Gültigkeit eines Geschäftes nicht berührt; vgl. §§ 17 ff.; ROHG. 9 S. 215. — Die Firma bleibt dieselbe (vgl. Goldschm. 35 S. 235, 37 S. 529; RG. 15 S. 105, 29 S. 68). Sie ist bei der Unterschrift als Liquidationsfirma zu bezeichnen, aber nicht als solche einzutragen: § 157 Abs. 1; vgl. § 37.

§ 154.

Die Liquidatoren haben bei dem Beginne sowie bei der Beendigung der Liquidation eine Bilanz aufzustellen.

§ 154. **Bilanz.** (Neu; I 140, II 152.) Da es sich nicht um ein weiter betriebenes Handelsgewerbe handelt, so konnten die Vorschriften des § 39 keine Anwendung finden; das Gesetz fordert, wie lange auch die Liquidation dauert, nur eine Anfangs- und eine Schlußbilanz (§ 155 Abs. 1). Die Liquidationszeit bildet einen in sich geschlossenen Rechnungsabschnitt, für den der Gesammtgewinn oder Gesammtverlust auf Grund beider Bilanzen berechnet werden muß. Die Jahresbilanzen (§ 120) haben nur die Bedeutung, den Gesellschaftern eine Uebersicht über den Vermögensstand zu verschaffen; sie anzuordnen oder anzufertigen, kann den Gesellschaftern überlassen bleiben. Für Inhalt und Form der Aufstellung der Anfangs- und Schlußbilanz sind die §§ 39—41 maßgebend.

§ 155.

Das nach Berichtigung der Schulden verbleibende Vermögen der Gesellschaft ist von den Liquidatoren nach dem Verhältnisse der Kapitalantheile, wie sie sich auf Grund der Schlußbilanz ergeben, unter die Gesellschafter zu vertheilen.

Das während der Liquidation entbehrliche Geld wird vorläufig vertheilt. Zur Deckung noch nicht fälliger oder streitiger Verbindlichkeiten sowie zur Sicherung der den Gesellschaftern bei der Schlußvertheilung zukommenden Beträge ist das Erforderliche zurückzubehalten. Die Vorschriften des § 122 Abs. 1 finden während der Liquidation keine Anwendung.

Entsteht über die Vertheilung des Gesellschaftsvermögens Streit unter den Gesellschaftern, so haben die Liquidatoren die Vertheilung bis zur Entscheidung des Streites auszusetzen.

§ 155. **Vertheilung.** (Art. 141, 142, I 141, II 153.)

Abs. 1. Vgl. § 158. Art. 143 bestimmte, daß einem Gesellschafter für die von ihm eingebrachten Sachen, welche Eigenthum der Gesellschaft geworden sind, der Werth erstattet werden soll, zu dem sie übernommen wurden, eventuell den sie bei der Einbringung hatten. Allein der richtige Maßstab für den dafür zu erstattenden Betrag ergiebt sich, wenn die Vertheilung nach Verhältniß der Kapitalantheile auf Grund der Schlußbilanz erfolgt. In dieselbe kann natürlich nicht der ursprüngliche Werth eingestellt werden, da sie auf Grund der früheren Bilanzen aufgestellt wird, also unter Berücksichtigung der inzwischen stattgefundenen Ab- und Zuschreibungen. — Geliehene Gegenstände sind nach BGB. § 732 in Natur zurückzugewähren. — Zuschüsse der Gesellschafter können nicht verlangt werden: BGB. § 707, oben hinter § 105; vgl. ROHG. 22 S. 202, 25 S. 160. Reicht das Gesellschaftsvermögen zur Deckung der Schulden nicht aus, so ist das Passivvermögen ebenso wie das Aktivvermögen nach Verhältniß der Kapitalantheile zu theilen. Ein Ausfall in der Person eines Gesellschafters ist von allen Gesellschaftern antheilmäßig zu tragen (BGB. § 735). Vgl. auch RG. 40 S. 29.

Abs. 2. Welche Gelder entbehrlich sind, läßt sich nach der Eröffnungsbilanz ebenso wie der zur Deckung eines möglichen Liquidationsverlustes zurückzuhaltende Betrag (Satz 2) schätzen; daher kann auch auf einstweilige Auskehrung geklagt werden: ROHG. 3 S. 338; RG. 29 S. 16; Bolze 13 Nr. 504. — Zurückbehaltung wird vorgeschrieben: a) für streitige oder „noch nicht fällige Verbindlichkeiten" (vgl. RG. 9 S. 14 mit ROHG. 10 S. 65) und b) zur Sicherung des Auseinandersetzungsguthabens; vgl. ROHG. 5 S. 390. — § 122 Abs. 1 ist im

Gegensatz zum geltenden Recht für unanwendbar erklärt; einmal weil solche Erhebung aus der Gesellschaftskasse unter Umständen das Ergebniß der Liquidation beeinträchtigen könnte und es in Ermangelung von Jahresbilanzen an der nöthigen Grundlage fehlt, andererseits dazu im Hinblick auf den Anspruch wegen Vertheilung der entbehrlichen Gelder kein Bedürfniß vorliegt (D.).

Abs. 3. Vgl. ROHG. 5 S. 390. Der Gerichtsstand des Sitzes der Gesellschaft nach CPO. § 17 (19) ist immer noch zutreffend: das. § 22. — Abs. 3 setzt nicht nothwendig voraus, daß die Versilberung des Vermögens bereits stattgefunden habe, da auch über die Vertheilung des entbehrlichen Geldes während der Liquidation Streit entstehen kann; vgl. ROHG. 23 S. 194; J.W. 1892 S. 374.

Wörtlich setzt das Gesetz Streit unter den Gesellschaftern voraus; man muß aber nach dem Zwecke des Gesetzes und der ganzen Stellung des nach § 135 kündigenden Gläubigers einem von ihm erhobenen Prozeß dieselbe Wirkung beimessen.

§ 156.

Bis zur Beendigung der Liquidation kommen in Bezug auf das Rechtsverhältniß der bisherigen Gesellschafter unter einander sowie der Gesellschaft zu Dritten die Vorschriften des zweiten und dritten Titels zur Anwendung, soweit sich nicht aus dem gegenwärtigen Titel oder aus dem Zwecke der Liquidation ein Anderes ergiebt.

§ 156. **Rechtsverhältniß während der Liquidation.** (Art. 144, I 144, II 154.)

Der Grundsatz, daß in dem Rechtsverhältnisse der Gesellschafter unter einander und der Gesellschaft zu Dritten durch die Liquidation nichts geändert wird, findet seine Einschränkung durch den Zweck der Liquidation und die positiven Vorschriften dieses Titels. Insbesondere werden nicht etwa die vorhandenen Gesellschaftsschulden mit der Auflösung fällig (vgl. RG. 9 S. 14), noch wird in ihrem Inhalte sonst etwas geändert (Solidarhaft, ROHG. 5 S. 393, 13 S. 145), auch haften die Gesellschafter für neu gemäß § 149 eingegangene Schulden der Gesellschaft solidarisch (dagegen ROHG. 21 S. 47). Andererseits ändern sich nicht die Ansprüche der einzelnen Gesellschafter gegen die Gesellschaft und ihre Mitgesellschafter, §§ 110, 120, 128, 129; BGB. § 719 (vgl. RG. 29 S. 16; Bolze 7 Nr. 633, 13 Nr. 504; dagegen ROHG. 23 S. 195 und 12 S. 273), außer daß sie gewisse aus der Liquidation sich ergebende Ansprüche (§§ 145, 146 Abs. 1 und § 155 Abs. 2) erwerben, dagegen ihr Erhebungsrecht aus der Gesellschaftskasse (§ 122 Abs. 1) eingestellt wird. Hiervon abgesehen sind unanwendbar die Konkurrenzvorschriften (§§ 112, 113), weil der Gewerbebetrieb der Gesellschaft aufhört, sowie die Vorschriften über Geschäftsführung und Vertretung der Gesellschafter (§§ 114 ff.), weil die Liquidatoren an deren Stelle als Geschäftsführer und Vertreter der Gesellschaft treten; vgl. ROHG. 5 S. 390, 9 S. 86, 21 S. 390.

Das gilt „bis zur Beendigung der Liquidation"; d. h. falls nicht inzwischen Konkurs ausbricht, der der Liquidation ohne Weiteres ein Ende macht (§ 145 Abs. 1), bis zur Vertheilung des Gesellschaftsvermögens. Den aus der Liquidation sich ergebenden Passivsaldo der einzelnen Gesellschafter einzuziehen, ist nicht Sache der Liquidatoren, denn derselbe ist nicht Gesellschaftsforderung. Ihre wechselseitigen Ansprüche auszugleichen ist Sache der bisherigen Gesellschafter.

§ 157.

Nach der Beendigung der Liquidation ist das Erlöschen der Firma von den Liquidatoren zur Eintragung in das Handelsregister anzumelden.

Die Bücher und Papiere der aufgelösten Gesellschaft werden einem der Gesellschafter oder einem Dritten in Verwahrung gegeben. Der Gesellschafter oder der Dritte wird in Ermangelung einer Verständigung durch das Gericht bestimmt, in dessen Bezirke die Gesellschaft ihren Sitz hat.

Die Gesellschafter und deren Erben behalten das Recht auf Einsicht und Benutzung der Bücher und Papiere.

§ 157. **Erlöschen der Firma.** (Neu; Abs. 1.) **Verwahrung der Bücher.** (Art. 145 Abs. 2; I 143, II 155.)

Abs. 1. (Neu.) Die Vorschrift entspricht den §§ 31, 29, 6; insbesondere findet § 31 auch in Bezug auf Eintragung von Amtswegen Anwendung; wegen des engen Zusammenhanges des Erlöschens der Firma mit der Durchführung der Liquidation ist die Eintragung den Liquidatoren übertragen. Vgl. auch § 158. Ges. über die freiw. Gerichtsbarkeit §§ 141 ff.

Abs. 2. (Art. 145.) Satz 2 enthält einen Akt der freiwilligen Gerichtsbarkeit, was bisher streitig war; vgl. Staub § 2 zu Art. 145, auch ROHG. 7 S. 74. Zur Prozeßführung in dieser Richtung sind die Liquidatoren nicht mehr befugt: J.W. 25 S. 303. Vgl. jetzt Ges. über die freiw. Gerichtsbarkeit § 145.

Abs. 3 schließt die Sondernachfolger mit Absicht gegenüber Art. 145 Abs. 2 des alten HGB. aus.

§ 158.

Vereinbaren die Gesellschafter statt der Liquidation eine andere Art der Auseinandersetzung, so finden, solange noch ungetheiltes Gesellschaftsvermögen vorhanden ist, im Verhältnisse zu Dritten die für die Liquidation geltenden Vorschriften entsprechende Anwendung.

§ 158. **Andere Auseinandersetzung.** (Neu; I 144, II 156.)

Die Vorschrift soll den Mißständen vorbeugen, welche sich aus den Zweifeln ergeben, ob die aufgelöste Gesellschaft, auch wenn keine Liquidation erfolgt, noch unter ihrer Firma klagen und verklagt werden kann. Die Befugniß der Gesellschaftsgläubiger, sich an die einzelnen Gesellschafter zu halten, bietet keinen ausreichenden Ersatz für den Ausschluß der Möglichkeit aus dem Gesellschaftsvermögen Befriedigung zu erlangen. Wörtlich setzt § 158 voraus, daß die Gesellschafter statt der Liquidation eine andere Art der Auseinandersetzung vereinbaren; solange die Gesellschafter hierüber noch keine bestimmte Entschließung gefaßt haben, findet abgesehen vom Konkurse schon nach § 145 Liquidation statt. Die Gesellschaft gilt also einstweilen als fortbestehend; Klagen und Vollstreckungshandlungen gegen sie als solche sind zulässig. Die Gesellschafter haben in diesem Falle die unbeschränkbare gesetzliche Vertretungsbefugniß der Liquidatoren (§§ 149—151); sie haben schließlich auch das Erlöschen der Firma anzumelden (§ 157).

§ 158 hat in den Fällen des § 131 [5], § 135 zur zweiten Voraussetzung die Zustimmung des kündigenden Gläubigers bezw. des Konkursverwalters zu der anderen Art der Auseinandersetzung; ohne eine solche kann diese nicht erfolgen (§ 145 Abs. 2).

Sechster Titel.

Verjährung.

Sechster Titel. Verjährung: §§ 159, 160. (Art. 146—149, I 145, 146, II 157, 158.) Vgl. BGB. §§ 194 ff.

§ 159.

Die Ansprüche gegen einen Gesellschafter aus Verbindlichkeiten der Gesellschaft verjähren in fünf Jahren nach der Auflösung der Gesellschaft oder nach dem Ausscheiden des Gesellschafters, sofern nicht der Anspruch gegen die Gesellschaft einer kürzeren Verjährung unterliegt.

Die Verjährung beginnt mit dem Ende des Tages, an welchem die Auflösung der Gesellschaft oder das Ausscheiden des Gesellschafters in das Handelsregister des für den Sitz der Gesellschaft zuständigen Gerichts eingetragen wird.

Wird der Anspruch des Gläubigers gegen die Gesellschaft erst nach der Eintragung fällig, so beginnt die Verjährung mit dem Zeitpunkte der Fälligkeit.

§ 159 spricht in Abs. 1, den Abs. 2 und 3 durch Bestimmung des Beginns der Verjährung lediglich ergänzen, offenbar nur von Ansprüchen gegen Gesellschafter, welche vor der Auflösung entstanden sind. Dieselben Grundsätze müssen aber angewendet werden auf die Verjährung von Ansprüchen gegen Gesellschafter aus Verbindlichkeiten der Gesellschaft, welche überhaupt erst nach der Auflösung, im Liquidationszustande der Gesellschaft gemäß § 149 entstanden sind. In Betreff des Beginns der Verjährung gilt für diese Ansprüche Abs. 3 ebenfalls. — Durch Abs. 2 wird jetzt auch die Verjährung im Falle des Konkurses getroffen, da derselbe nach §§ 32, 6 von Amtswegen einzutragen ist, während nach bisherigem Rechte eine Verjährung in diesem Falle gar nicht eintreten konnte (vgl. RG. 35 S. 24 ff.). — Befindet sich der Gesellschafter selbst auch im Konkurse, so wird die Verjährung gehemmt, bis der Ausfall im Gesellschaftskonkurse feststeht (KO. § 212); denn solange ist der Gesellschafter zur Verweigerung jeder Leistung berechtigt (BGB. § 202 Abs. 2). — Konkurrenz verschiedener Verjährungen im Fall des § 28.

Abs. 3. Vgl. BGB. §§ 198, 202.

§ 160.

Die Unterbrechung der Verjährung gegenüber der aufgelösten Gesellschaft wirkt auch gegenüber den Gesellschaftern, welche der Gesellschaft zur Zeit der Auflösung angehört haben.

§ 160. **Wirkung der Unterbrechung.** (Art. 148 Abs. 2, I 146, II 158.) Darauf, wie die Unterbrechung erfolgt, kommt es nicht an, ob durch „Rechtshandlungen gegen die Liquidatoren" (Art. 148 Abs. 2), durch Anmeldung der Forderung im Gesellschaftskonkurse, durch Anerkenntniß der Gesellschaft oder in sonstiger Weise. — Dagegen wird die zu Gunsten eines ausgeschiedenen Gesellschafters laufende Verjährung nicht durch Rechtshandlungen gegen die fortbestehende

Gesellschaft und ebensowenig die zu Gunsten eines Gesellschafters laufende Verjährung durch Rechtshandlungen gegen einen anderen Gesellschafter unterbrochen (Art. 148, BGB. § 425). — Auch Art. 149 des alten HGB. über den Lauf der Verjährung gegen minderjährige, bevormundete und juristische Personen ist weggefallen, da das BGB. eine allgemeine Hemmung zu Gunsten derselben überhaupt nicht kennt, die besonderen Vorschriften aber (BGB. §§ 204, 206, 207) auch hier, auf die fünfjährige Verjährung, anwendbar sind.

Zweiter Abschnitt.

Kommanditgesellschaft.

Zweiter Abschnitt. Kommanditgesellschaft: §§ 161—177. (Art. 150 bis 172, I 150—164, II 159—175. Die KG. ist wie bisher (Art. 150 u. 157 u. s. w.) lediglich als eine Abart der offenen HG. behandelt. Dieses ist in der Form noch schärfer als bisher dadurch zum Ausdruck gebracht, daß in § 161 Abs. 2 ausdrücklich die für die offene HG. gegebenen Vorschriften für anwendbar erklärt werden, soweit nicht in diesem Abschnitt Anderes vorgeschrieben ist, und durch § 173 die bisherige Ansicht zurückgewiesen wird, daß durch die Umwandlung einer offenen HG. in eine KG. (vgl. § 139) jene aufhöre und diese eine durchaus neue Gesellschaft sei. In Gemäßheit des § 161 Abs. 2 stellt sich daher der ganze Abschnitt als eine Maßgabe des ersten Abschnittes dar, nämlich:

1. § 162 zu Titel 1 (§§ 106—108) über die Anmeldung;
2. §§ 163—169 zu Titel 2 (§§ 109—122) über das Rechtsverhältniß der Gesellschafter unter einander;
3. §§ 170—176 zu Titel 3 (§§ 123—130) über das Rechtsverhältniß der Gesellschaft zu Dritten;
4. § 177 zu Titel 4 rect. § 131 von der Auflösung der Gesellschaft.

Daraus ergiebt sich schon, daß Abschnitt I Titel 5 von der Liquidation der offenen HG. überhaupt keine Aenderung erfahren hat, soweit natürlich nicht § 156 durch die §§ 163—176 Einschränkungen erleidet.

Die wesentlichen positiven Aenderungen bezw. Feststellungen, welche das Gesetz auf dem Gebiete des Kommanditistenrechts gegenüber dem bisherigen HGB. bringt, liegen abgesehen von den Neuerungen für die offene HG. wesentlich in Folgendem: § 169 das Recht der Entnahme aus der Gesellschaftskasse bis zu 4 % hört auf; § 171 spricht unmittelbare Haftung des Kommanditisten gegen die Gläubiger aus; §§ 173, 174, 175 Erhöhung und Herabsetzung der Einlage erfordern zur Wirkung gegen Dritte Erklärung an diese bezw. Eintragung.

§ 161.

Eine Gesellschaft, deren Zweck auf den Betrieb eines Handelsgewerbes unter gemeinschaftlicher Firma gerichtet ist, ist eine Kommanditgesellschaft, wenn bei einem oder bei einigen von den Gesellschaftern die Haftung gegenüber den Gesellschaftsgläubigern auf den Betrag einer bestimmten Vermögenseinlage beschränkt ist (Kommanditisten), während bei dem anderen Theile der Gesellschafter eine Beschränkung der Haftung nicht stattfindet (persönlich haftende Gesellschafter).

Soweit nicht in diesem Abschnitt ein Anderes vorgeschrieben ist, finden auf die Kommanditgesellschaft die für die offene Handelsgesellschaft geltenden Vorschriften Anwendung.

§ 161. **Begriff.** (Art. 150, I 147, II 159.) Der Begriff ist schärfer gefaßt, indem der Gegensatz zwischen Kommanditisten und „persönlich" haftenden Gesellschaftern nicht auf die „Betheiligung" an dem Handelsgewerbe gestellt ist, was auf das innere Verhältniß hindeutet, sondern auf die mehr dem § 105 angepaßte maßgebendere Haftung den Gläubigern gegenüber. Diese und die Betheiligung, Haftsumme und Vermögenseinlage können verschieden sein, vgl. § 171—173 insbesondere § 172 Abs. 1. Freilich pflegt die Absicht der Betheiligten natürlich zunächst nicht auf Festsetzung einer Garantiesumme für die Verbindlichkeiten der Gesellschaft (Außenseite), sondern auf die Betheiligung mit einer einzuschießenden Vermögenseinlage gerichtet zu sein, um ein gemeinschaftliches Handelsgewerbe zu betreiben (Innenseite). Aber bei der hervorragenden Rolle, die der Kredit spielt, tritt von vornherein jene Haftung nach außen in den Vordergrund. Uebrigens decken sich innere und äußere Verpflichtung der Kommanditisten in den meisten Fällen und die Haftung ist ausgeschlossen, soweit die Einlage, d. h. die im HR. eingetragene Einlage (§ 172 Abs. 1), geleistet ist (§ 171).

Die Vermögenseinlage muß auf einen bestimmten „Betrag", eine Geldsumme, festgesetzt sein (§§ 161, 172 Abs. 1). Das schließt nicht aus, daß die Einlage nicht durch Baarzahlung, sondern durch Einbringen anderer Vermögensgegenstände geleistet wird (vgl. RG. 2 S. 306, 17 S. 40; Eröffnung eines Waarenkredits ist keine Vermögenseinlage: Bolze 16 Nr. 486); dies bewirkt andererseits aber wieder nicht eine Aenderung der Haftung, für diese ist lediglich der in der Eintragung angegebene Betrag maßgebend (§ 172 Abs. 1). Der Begriff der Baarzahlung, der in § 195 für die Aktie aufgestellt wird, kommt hier nicht in Betracht.

Was über die Selbständigkeit des Zweckvermögens und über das Nichtsein einer juristischen Person von der offenen HG. gesagt ist, gilt auch von der KG. (vgl. Johow 6 S. 54; ROHG. 25 S. 280; RG. 12 S. 229).

Die Verschiedenartigkeit der Haftung beider Personenelemente der KG. ist näher zu erörtern. Der Gegensatz des Ausdrucks „persönlich haftende Gesellschafter" für die Komplementäre ist irreleitend, wenn man daraus folgern wollte, der Kommanditist hafte nicht persönlich, und ebenso würde es mit dem anderen Gegensatze sein, daß der Komplementär mit seinem ganzen Vermögen haftet, wenn man daraus folgern wollte, daß das beim Kommanditisten nicht der Fall sei. Die Sache liegt vielmehr so. Solange der Kommanditist seine eingetragene Einlage (§ 172 Abs. 1) nicht eingezahlt hat, haftet er bis zu deren Belaufe auch den Gläubigern persönlich, unmittelbar und mit seinem ganzen Vermögen, insofern als denselben der Zugriff in sein ganzes Vermögen freisteht bis der eingetragene Betrag der Einlage gedeckt ist.

Desgleichen haftet der Kommanditist der Gesellschaft persönlich und mit seinem ganzen Vermögen, bis er die versprochene Einlage gezahlt hat. Bis dahin ist also zwischen Komplementären und Kommanditisten kein anderer Unterschied, als daß jene ohne Beschränkung, diese mit Beschränkung auf eine gewisse Summe für die Schulden haften. Das wird anders sobald der Kommanditist die Einlage bezahlt hat, und auf dieser Voraussetzung beruht der Gegensatz „persönlich haftender Gesellschafter" zu Kommanditisten. Denn von da ab haftet dieser nur mit dem aus seinem Vermögen ausgeschiedenen Betrage seiner Einlage und außerdem gar nicht mehr, weder der Gesellschaft, wenn er die versprochene Einlage zahlte, noch den Gläubigern, wenn er die eingetragene Einlage zahlte; diese haftet, nicht mehr er, d. h. er kann sie verlieren und nicht zurückverlangen, wenn sie zur Deckung der Gesellschaftsschuld verbraucht ist oder nöthig wird.

Beide, Komplementäre wie Kommanditisten, sind Kaufleute; denn beide zusammen — als Gesellschaft — betreiben das Handelsgewerbe (§ 1), sind Herren der abgeschlossenen Geschäfte, während der stille Gesellschafter nicht im Verhältniß seiner Einlage Geschäftsinhaber wird und die im Betriebe des Handelsgeschäfts geschlossenen Geschäfte den Geschäftsinhaber allein berechtigen und verpflichten (§ 335 Abs. 2). Dennoch kann man nicht sagen, daß die Kommanditisten als solche im Sinne des § 112 „Geschäfte machen", die Geschäfte machen, welche von der KG. geschlossen werden; denn sie sind von der Geschäftsführung gänzlich ausgeschlossen und können einem gewöhnlichen Betriebe des Handelsgewerbes nicht einmal widersprechen. Ebensowenig nehmen sie bei normaler Geschäftslage, welche das Gesetz voraussetzt, an der HG. als persönlich haftende Gesellschafter Theil. Darum ist die Anwendung der §§ 112, 113 auf Kommanditisten jedenfalls im Verhältnisse zur eigenen Gesellschaft ausgeschlossen (§ 165) und muß auch für ausgeschlossen gelten im Verhältnisse zu einer offenen HG., wenn sie einer solchen angehören.

Abs. 2 ersetzt die vielen Einzelbezugnahmen des alten HGB.; vgl. Art. 150 Abs. 2, 157, 158, 161, 169, 170, 172. Demnach gilt vor Allem § 105 Abs. 2 und damit subsidiär das BGB. (s. o. bei § 105); sodann gelten §§ 106—108 über die Anmeldung nach Maßgabe des § 162, ferner Titel 2, §§ 109—122 über das innere Rechtsverhältniß nach Maßgabe der §§ 163—169; Titel 3 §§ 123—130 über das äußere Rechtsverhältniß nach Maßgabe der §§ 170—176, Titel 4 über die Auflösung mit der Ergänzung durch § 177 und Titel 5 über die Liquidation. Auf das zu diesen Vorschriften Bemerkte wird verwiesen.

§ 162.

Die Anmeldung der Gesellschaft hat außer den im § 106 Abs. 2 vorgesehenen Angaben die Bezeichnung der Kommanditisten und den Betrag der Einlage eines jeden von ihnen zu enthalten.

Bei der Bekanntmachung der Eintragung ist nur die Zahl der Kommanditisten anzugeben; der Name, der Stand und der Wohnort der Kommanditisten sowie der Betrag ihrer Einlagen werden nicht bekannt gemacht.

Diese Vorschriften finden im Falle des Eintritts eines Kommanditisten in eine bestehende Handelsgesellschaft und im Falle des Ausscheidens eines Kommanditisten aus einer Kommanditgesellschaft entsprechende Anwendung.

§ 162. **Anmeldung.** (Art. 151—156, I 148, II 160.) Vgl. §§ 106 bis 108, 12, 14 ff., 31, 6. — Vgl. ferner § 123, ROHG. 23 S. 280.

Abs. 1 folgt aus dem Begriffe der KG. und §§ 171, 172 (Art. 151 Nr. 2 und 4). Enthält die Eintragung unzulässiger Weise den Betrag der Einlage eines Kommanditisten nicht, der übrigens als Kommanditist bezeichnet ist, so wird derselbe zwar nicht persönlich haftender Gesellschafter, er kann sich aber auf den Betrag der versprochenen Einlage dem Gläubiger gegenüber nach § 15 Abs. 1 nicht berufen, es sei denn, daß dieser ihn kannte. In der Wirkung läuft es also in jenem Falle darauf hinaus, als wenn er persönlich haftete. — Trifft für die Auslassung bei der Eintragung den Registerbeamten ein Verschulden, so haftet derselbe nach BGB. §§ 839, 441.

Abs. 2 entspringt aus einer im Interesse der Gesellschaftsgläubiger nothwendigen Berücksichtigung des Verkehrslebens; denn wenn das Gesetz zu einer Veröffentlichung des Namens der Kommanditisten und des Betrages ihrer Einlagen zwänge, so wäre zu besorgen, daß die Betheiligten, um dem zu entgehen, keine KG. sondern eine stille Gesellschaft (§§ 335 ff.) bilden.

Abs. 3. Vgl. §§ 139, 173; der Umstand, ob das Kommanditverhältniß von Anfang an bestand oder erst während Bestehens der Gesellschaft begründet wird, kann natürlich keinen Unterschied begründen; vgl. § 107 s. v. „oder tritt ein neuer Gesellschafter in die Gesellschaft ein". Die ausdrückliche Erwähnung ist aber bedeutsam als Anerkennung des Grundsatzes, daß bei Eintritt eines Kommanditisten in eine offene HG. die bisherige HG. fortbesteht und die KG. nicht als eine neu errichtete HG. gilt (vgl. § 139 Abs. 1). — Daß diese Vorschriften, nämlich Abs. 1 und 2, auch im Falle des Ausscheidens eines Kommanditisten entsprechende Anwendung finden sollen, kann nur bedeuten, daß derselbe — nicht etwa zu löschen, sondern — als ausgeschieden einzutragen und die Verminderung der Kommanditistenzahl bezw., wenn er der einzige war, der Wegfall von Kommanditisten bekannt zu machen ist. Im letzten Falle tritt eine Umwandlung der KG. in eine offene HG. nach Maßgabe der §§ 138, 140, 142 ohne Auflösung ein.

§ 163.

Für das Verhältniß der Gesellschafter unter einander gelten in Ermangelung abweichender Bestimmungen des Gesellschaftsvertrags die besonderen Vorschriften der §§ 164 bis 169.

§ 163—169. **Rechtsverhältniß der Gesellschafter unter einander.** Vgl. Abschnitt I Titel 2.

In erster Linie ist natürlich der Gesellschaftsvertrag (vgl. § 109) für das innere Verhältniß maßgebend und kann die verschiedenartigsten Schattierungen hervorrufen. Denn der Gesellschaftsvertrag braucht gar nicht einmal als ein einziger vorhanden zu sein, noch braucht er unter allen Gesellschaftern geschlossen zu werden, vielmehr können von vornherein persönlich haftende und andere, nur mit einer Einlage haftende, Gesellschafter die Gesellschaft gründen; selbstverständlich stehen dann diese mit jenen und unter einander in einem Gesellschaftsvertragsverhältnisse, freilich in einem solchen, nach welchem sie sich gleichzeitig jeder Geschäftsführung und jeder nur dadurch ermöglichten Erhebung von Ansprüchen gegen ihre Mitkommanditisten begeben. Oder die persönlich haftenden Gesellschafter kontrahiren mit den Kommanditisten auf einmal oder gleichzeitig oder nach einander in verschiedenen Verträgen, dann sind die Kommanditisten nur ein Vertragstheil gegenüber den persönlichen Haftern bezw. der durch diese gebildeten offenen HG. oder durch dieselben vertretenen KG. als anderen Vertragstheil; aber niemals Kontrahenten unter einander. Auf diese Weise können über die Vertragsrechte einzelner Kommanditisten, über ihre Widerspruchsrechte, über ihre gemeinsame Vertretung, über die Beschlußfassung die verschiedenartigsten Rechtsbildungen entstehen, vgl. ROHG. 2 S. 171. — Gesellschaftsvertrag ist hier immer derjenige mit dem betreffenden Kommanditisten; inwieweit andere Verträge sein Gesellschaftsverhältniß beeinflussen können, richtet sich nach dem einzelnen Falle und BGB. §§ 328 ff. Vgl. im Uebrigen wegen des Gesellschaftsvertrages §§ 109, 114 Abs. 2, 115 Abs. 2, 119 Abs. 2 u. Anm.

In Ermangelung abweichender Bestimmungen des Gesellschaftsvertrages, nämlich in Bezug auf das in §§ 164—169 Geordnete, gelten diese besonderen Vorschriften. Im Uebrigen gilt zunächst der Gesellschaftsvertrag (§ 109), eventuell Titel 2 des 2. Abschnitts (§ 161 Abs. 2), eventuell das BGB. (§ 105 Abs. 2).

§ 164.

Die Kommanditisten sind von der Führung der Geschäfte der Gesellschaft ausgeschlossen; sie können einer Handlung der persönlich haftenden

Gesellschafter nicht widersprechen, es sei denn, daß die Handlung über den gewöhnlichen Betrieb des Handelsgewerbes der Gesellschaft hinausgeht. Die Vorschriften des § 116 Abs. 3 bleiben unberührt.

§ 164. **Geschäftsführung.** (Art. 158, I 150, II 162.) Die Vorschriften sind nur dispositiv: § 163; Kommanditisten können also zu Geschäftsführern durch den Gesellschaftsvertrag eventuell durch eine im Gesellschaftsvertrage zugelassene Beschlußfassung bestellt werden; in diesem Falle sind die §§ 114—117 analog anwendbar. — Gewöhnlicher Betrieb des Handelsgewerbes s. § 116 Abs. 2. — § 116 Abs. 3 bleibt unberührt, d. h. unter Vergleichung mit §§ 170, 48: a) zur Bestellung eines Prokuristen bedarf es der Zustimmung aller geschäftsführenden Gesellschafter (folglich auch des Kommanditisten, wenn er es nach dem Gesellschaftsvertrage ist); b) es sei denn, daß Gefahr im Verzuge ist, in welchem Falle es also nicht der Zustimmung Aller bedarf, sondern jeder gesetzliche Vertreter (§§ 48, 125 Abs. 1, 170), also nicht der Kommanditist, Prokura für die Gesellschaft ertheilen kann; c) der Widerruf kann von jedem zur Ertheilung oder zur Mitwirkung bei der Ertheilung befugten Gesellschafter erfolgen, d. h. also wenn nach dem Gesellschaftsvertrage der Kommanditist geschäftsführender Gesellschafter ist, auch von diesem.

§ 165.

Die §§ 112, 113 finden auf die Kommanditisten keine Anwendung.

§ 165. **Konkurrenzverbot.** (Art. 159, I 151, II 163.) Vgl. zu § 161. Die §§ 112, 113 finden auf Kommanditisten keine Anwendung, das soll hier doch nur heißen; im Verhältnisse zu ihrer KG. Dies gilt auch dann, wenn sie zu geschäftsführenden Gesellschaftern bestellt sind. Denn die §§ 112, 113 enthalten singuläre Rechtsvorschriften und werden daher nur durch Vereinbarung mit den Kommanditisten anwendbar und nur insoweit als sie vereinbart werden. Aus einem vertragsmäßigen Konkurrenzverbot für Kommanditisten folgt daher noch nicht ohne Weiteres deren Haftung bei Zuwiderhandlung nach § 113, sondern zunächst nur die allgemeine Schadensersatzpflicht nach §§ 249 ff., 708, 277 wegen Vertragsbruches.

§ 166.

Der Kommanditist ist berechtigt, die abschriftliche Mittheilung der jährlichen Bilanz zu verlangen und ihre Richtigkeit unter Einsicht der Bücher und Papiere zu prüfen.

Die im § 118 dem von der Geschäftsführung ausgeschlossenen Gesellschafter eingeräumten weiteren Rechte stehen dem Kommanditisten nicht zu.

Auf Antrag eines Kommanditisten kann das Gericht, wenn wichtige Gründe vorliegen, die Mittheilung einer Bilanz oder sonstiger Aufklärungen sowie die Vorlegung der Bücher und Papiere jederzeit anordnen.

§ 166. **Informationsrecht.** (Art. 160, I 152, II 164.) Mittheilung der jährlichen Bilanz kann der Kommanditist jederzeit verlangen (Gegensatz: Abs. 3) und kann auch deren Prüfung unter Einsicht der Bücher und Papiere, da wo diese sich befinden, jederzeit vornehmen. Daraus folgt ohne Weiteres das Recht auf Richtigstellung der Bilanz und nach Abs. 3 und § 167 f. das Recht auf alsbaldige Richtigstellung (CPO. § 256 [231]): RG. bei Gruchot 40 S. 1109. Weitere Informationsrechte hat der Kommanditist nicht: Abs. 2; er kann sich nicht allgemein über die Vermögenslage unterrichten und sich eine Bilanz anfertigen (§ 118 Abs. 1).

Er kann auch nicht über die jederzeitige Vermögenslage eine Uebersicht und ebensowenig Vorlage der Bücher und Papiere verlangen. Das gestattet Abs. 3 nur aus wichtigen Gründen auf gerichtliche Anordnung (vgl. RG. 9 S. 334, 27 S. 432); z. B. wenn die Bilanz oder die Bücher und Papiere unvollständig sind. Diese Anordnung ist wiederum ein Akt der freiwilligen Gerichtsbarkeit, vgl. Ges. über freiw. Gerichtsbarkeit § 145.

Auf die durch § 166 dem Kommanditisten eingeräumten Rechte findet § 118 Abs. 2 Anwendung. — Andererseits steht nichts im Wege, dem Kommanditisten eine größere Berechtigung als nach § 166 Abs. 1 einzuräumen (§ 163).

§ 167.

Die Vorschriften des § 120 über die Berechnung des Gewinns oder Verlustes gelten auch für den Kommanditisten.

Jedoch wird der einem Kommanditisten zukommende Gewinn seinem Kapitalantheile nur so lange zugeschrieben, als dieser den Betrag der bedungenen Einlage nicht erreicht.

An dem Verluste nimmt der Kommanditist nur bis zum Betrage seines Kapitalantheils und seiner noch rückständigen Einlage Theil.

§§ 167, 168. **Gewinn- und Verlustberechnung.** (Art. 161, Abs. 1, 2, I 153, II 165.) — § 120 Abs. 1 über die jährliche Ermittelung von Gewinn und Verlust und die Berechnung des Antheils daran findet ohne Weiteres Anwendung, ebenso wie die Abschreibung des Verlustantheils. Dagegen der Satz des Abs. 2 über die Zuschreibung des Gewinnantheils findet ohne Weiteres seine Einschränkung durch die Haftbeschränkung des Kommanditisten auf seine Einlage (§ 161). Die Zuschreibung des Gewinnantheils erfolgt daher, in Uebereinstimmung mit der thatsächlichen Uebung (D.), nur so lange, bis der Kapitalantheil die vertragsmäßige Einlage erreicht hat (Abs. 2). Der Ueberschuß der Gewinnantheile wird wie eine gewöhnliche Buchforderung des Kommanditisten behandelt. Derselbe nimmt zu diesem Betrage daher weder an Gewinn noch an Verlust Theil; immer vorbehältlich anderer Vereinbarung. Selbstverständlich kann der ausgeschiedene Kommanditist nicht ohne Weiteres seine Einlage zurückfordern (Bolze 17 Nr. 515); sondern nur sein Geschäftsguthaben auf Grund der zur Zeit seines Ausscheidens bestehenden Vermögenslage verlangen (§ 138, BGB. §§ 721, 738 ff.).

§ 168.

Die Antheile der Gesellschafter am Gewinne bestimmen sich, soweit der Gewinn den Betrag von vier vom Hundert der Kapitalantheile nicht übersteigt, nach den Vorschriften des § 121 Abs. 1, 2.

In Ansehung des Gewinns, welcher diesen Betrag übersteigt, sowie in Ansehung des Verlustes gilt, soweit nicht ein Anderes vereinbart ist, ein den Umständen nach angemessenes Verhältniß der Antheile als bedungen.

§ 168. (Art. 162.) Die in § 121 Abs. 1 aufgestellte Regel, wonach keine feste Verzinsung der Kapitalantheile mit 4% erfolgt, sondern nur, soweit der Jahresgewinn reicht, Zinsen von 4% dem Kapitalantheile zugeschrieben (§ 167 Abs. 2) eventuell gutgeschrieben oder ausgezahlt werden, findet auch auf die Gesellschafter bei der KG. Anwendung. Auch sollen bei der Berechnung dieser 4% vom Kapitalantheil die Leistungen und Entnahmen im Laufe des Geschäftsjahres nach § 121 Abs. 2 berücksichtigt werden. Dagegen kann bei der Ungleichheit der persönlichen und der bloß kommanditistischen Betheiligung der solche 4 % übersteigende Gewinn ebensowenig wie der Verlust grundsätzlich nach Köpfen vertheilt werden. Für die Bestimmung dieser Gewinnantheile galt bisher eventuell richterliches Ermessen, jetzt soll ein den Umständen nach angemessenes Verhältnis der Antheile als eventuell bedungen gelten.

§ 169.

Der § 122 findet auf den Kommanditisten keine Anwendung. Dieser hat nur Anspruch auf Auszahlung des ihm zukommenden Gewinns; er kann auch die Auszahlung des Gewinns nicht fordern, solange sein Kapitalantheil durch Verlust unter den auf die bedungene Einlage geleisteten Betrag herabgemindert ist oder durch die Auszahlung unter diesen Betrag herabgemindert werden würde.

Der Kommanditist ist nicht verpflichtet, den bezogenen Gewinn wegen späterer Verluste zurückzuzahlen.

§ 169. **Erhebung des Gewinns.** (Art. 161 Abs. 1 und 3, I 155, II 167.) Wenn man mit Art. 161 Abs. 3 dem Kommanditisten wie dem persönlichen Gesellschafter im Verhältniß zu seinen Mitgesellschaftern das Recht gab, bis zu 4 % der Einlage aus der Gesellschaftskasse zu entnehmen und sich belasten zu lassen (§ 122 Abs. 1), so bedeutet das, insoweit als die 4 % nicht verdient sind, Zulassung einer Verringerung der Einlage, die insoweit den Gläubigern gegenüber als gar nicht geleistet gelten müßte (§ 172 Abs. 4) (D.). Wenn daher auch die persönlich haftenden Gesellschafter, die gewiß das Recht haben, zu verlangen, daß die einzige Leistung der Kommanditisten, ihre Einlage, nicht verringert werde, nach § 122 Abs. 2, damit einverstanden wären, so dürfte es doch, um die Gläubigerrechte nicht zu verkürzen (§ 171), nicht zugelassen werden. Vgl. §§ 172 Abs. 3, 4; 174, 175. Daher der Ausschluß des § 122 Abs. 1 und 2 für Kommanditisten und die weitere Vorschrift im zweiten Satze. Hierdurch ist nicht ausgeschlossen, daß der Kommanditist Gewinnbeträge früherer Jahre, die nach § 167 Abs. 2 nicht mehr zum Kapitalantheil geschrieben sind, sich auszahlen läßt. Nur eine Ausnahme von diesen Grundsätzen gestattet das Gesetz. Wenn der Kommanditist auf Grund gutgläubig errichteter, thatsächlich irriger Bilanz gutgläubig Gewinn bezogen hat, die thatsächlich seine Einlage verminderten, so braucht er sie nicht zurückzuzahlen: § 172 letzt. Abs.

§§ 170—176. **Rechtsverhältniß der Gesellschafter zu Dritten.** (Art. 163 bis 169, I 156—163, II 168—174.) Es handelt sich lediglich um Bestimmungen über die Vertretung der Gesellschaft (§ 170) und über die Haftung der Kommanditisten (§§ 171—176). — §§ 109, 163 gelten nicht für das Rechtsverhältniß nach außen.

§ 170.

Der Kommanditist ist zur Vertretung der Gesellschaft nicht ermächtigt.

a) § 170. **Vertretung der Gesellschaft.** (Art. 167, I 163, II 174.) Er würde nach § 125 Abs. 1, der also hier nicht anwendbar ist, zur Vertretung ermächtigt sein, wenn er nicht durch den Gesellschaftsvertrag von der Vertretung ausgeschlossen ist. Der Kommanditist als solcher hat keine Vertretungsmacht und kann sie auch nicht durch Beschluß oder Gesellschaftsvertrag bekommen, denn § 163 gilt für diesen § 170 nicht. Dieser Ausschluß von der Vertretung von Rechtswegen bedarf keiner Eintragung. Vgl. letzten Abs. des § 125, welcher im Uebrigen auch auf Kommanditgesellschaften anwendbar ist (ROHG. 7 S. 412). Doch kann dem Kommanditisten zweifellos ebenso wie dritten Personen Prokura und Handlungsvollmacht ertheilt werden. Davon abgesehen haftet er Dritten aus seiner Geschäftsführung als ein falsus procurator (Art. 167 Abs. 3); vgl. RG. 10 S. 301; Bolze 1 Nr. 960; Busch Arch. 47 S. 71.

§ 171.

Der Kommanditist haftet den Gläubigern der Gesellschaft bis zur Höhe seiner Einlage unmittelbar; die Haftung ist ausgeschlossen, soweit die Einlage geleistet ist.

Ist über das Vermögen der Gesellschaft der Konkurs eröffnet, so wird während der Dauer des Verfahrens das den Gesellschaftsgläubigern nach Abs. 1 zustehende Recht durch den Konkursverwalter ausgeübt.

b) **§ 171. Unmittelbare Haftung.** (Art. 165 Abs. 1, I 156, II 168.)

Abs. 1. Die Streitfrage, ob der Kommanditist mit dem nicht eingezahlten Theile seiner Einlage den Gläubigern unmittelbar hafte, ist damit aus Zweckmäßigkeitsgründen im Sinne von ROHG. 19 S. 349; RG. 1 S. 69, 17 S. 37 entschieden, insbesondere um im Falle der Auflösung eine andere Form der Auseinandersetzung als durch die sonst unerläßliche Liquidation zulassen zu können (D.). — Wurde die Einlage in versprochener und eingetragener (§ 172 Abs. 1) Höhe geleistet, so hat der Kommanditist Alles geleistet, was er zu leisten schuldig war, und weder Gesellschaft noch Gläubiger haben Ansprüche an ihn; es sei denn, daß Zurückzahlungen an ihn stattgefunden haben (§ 172 Abs. 4). Dabei ist einerlei, wie die Einlage geleistet worden ist, ob durch Einzahlung, Aufrechnung (vgl. RG. 17 S. 40, 37 S. 82 ff., 133 ff.) u. s. w. unmittelbar an die Gesellschaftskasse oder mittelbar durch Befriedigung eines Gesellschaftsgläubigers (RG. 7 S. 48). Der Kommanditist, welcher Zahlung behauptet, hat natürlich zu beweisen (Bolze 17 Nr. 516). Abs. 1 setzt den Normalfall voraus, daß die KG. ihre Geschäfte erst mit oder nach der Eintragung begonnen hat (§ 123 Abs. 1) und daher die Höhe der Einlage gemäß § 162 Abs. 2 aus dem HR. ersichtlich war. In diesem Normalfall ist der eingetragene Betrag der Einlage für die unmittelbare Haftung des Kommanditisten maßgebend (§ 172 Abs. 1), nicht der versprochene Betrag, der aber von den Mitgesellschaftern herangezogen und durch diese Vermittelung als Exekutionsobjekt den Gläubigern der Gesellschaft haftbar werden kann. Von jenem Normalfalle (§ 172 Abs. 1) abgesehen sind verschiedene Eventualitäten denkbar:

1. die Gesellschaft hat vor der Eintragung ihre Geschäfte begonnen: § 176; a) dann kann der Kommanditist sich nach § 15 auf seine Kommanditisteneigenschaft nicht berufen sondern haftet wie ein persönlich haftender Gesellschafter, wenn der Geschäftsbeginn mit seiner Zustimmung stattgefunden hat; b) es sei denn, daß der Dritte seine Kommanditisteneigenschaft gekannt hat, in welchem Falle der Kommanditist ebenso wie c) in dem Falle, daß der Geschäftsbeginn ohne seine Zustimmung erfolgte, nur mit der versprochenen Einlage haftet;

2. die Einlage des übrigens als Kommanditist bezeichneten Gesellschafters ist in unzulässiger Weise nicht eingetragen worden (vgl. § 162), dann haftet der Kommanditist, da über diese seine Eigenschaft kein Zweifel war, wie in 1 b wieder mit dem versprochenen Betrage seiner Einlage, und eventuell nach BGB. § 839 ihm oder dem Gläubiger der fahrlässige Registerbeamte.

Die erfolgte Leistung seiner Einlage muß der Kommanditist beweisen, wenn er den Ausschluß seiner Haftung geltend macht; vgl. RG. 25 S. 279.

Der in Abs. 1 ausgesprochene Grundsatz, daß der Kommanditist bis zur Höhe der Einlage den Gesellschaftsgläubigern unmittelbar hafte, hat nicht die prozessualische Bedeutung, daß ein gegen die Gesellschaft vollstreckbarer Titel nicht nur in die Einlageforderung der Gesellschaft gegen den Kommanditisten, sondern in einen der Einlage entsprechenden anderen Theil seines Vermögens vollstreckt werden könnte; das ist nach § 129 Abs. 4 ausgeschlossen; sondern die materiellrechtliche Bedeutung, daß der Gläubiger aus dem Einlageversprechen des Kommanditisten an die Gesellschaft selbständig und unmittelbar gegen den Kommanditisten forderungsberechtigt wird.

Aus diesem Einlageversprechen (s. aber § 171 Abs. 1) haftet der Kommanditist den Gläubigern, d. h. sämmtlichen Gesellschaftsgläubigern, die ihm gegenüber nach BGB. § 428 solidarisch berechtigt sind, bis zu dem bestimmten Betrage unmittelbar und mit den anderen persönlich und kommanditistisch haftenden Gesellschaftern wie mit der Gesellschaft selbst (§ 124) solidarisch (BGB. § 421). Der Gläubiger kann also aus seiner Forderung gegen die Gesellschaft den Kommanditisten unmittelbar verklagen, indem er dessen Passivlegitimation auf die Eintragung der Einlage oder sonstige Mittheilung des Einlageversprechens (§ 172 Abs. 2) stützt. Dieser Klagebegründung gegenüber stehen dem Kommanditisten alle Einwendungen zu, die der Gesellschafter nach § 129 gegen den Gesellschaftsgläubiger hat, insbesondere die Einrede, daß die Einlage geleistet. Hierfür kann er sich auf alle Thatsachen berufen, welche nach bürgerlichem Rechte geeignet sind, durch effektive Leistung die Verpflichtung erlöschen zu lassen: Erfüllung (§ 362), Eintragung (§§ 378, 379), Aufrechnung (§ 387), mögen dieselben der Gesellschaft gegenüber oder einem anderen Gläubiger gegenüber erfolgt sein; nicht aber auf Erlaß (BGB. § 397, vgl. § 172 Abs. 3).

Behauptet der Gläubiger solcher Einrede gegenüber, die Einlage sei zurückbezahlt oder in der von § 172 Abs. 4 verbotenen Weise herabgemindert, so hat er diese Replik zu beweisen.

Abs. 2. Im Konkurse der Gesellschaft muß die Ausübung des Rechts des Gesellschaftsgläubigers aus der unmittelbaren Haftung der Einlage auf den Konkursverwalter übergehen, weil die fragliche Forderung auf die versprochene Einlage ein Bestandtheil des gemeinschuldnerischen Vermögens ist, das seit der Konkurseröffnung zur gemeinschaftlichen Befriedigung aller persönlichen Gläubiger dient (KO. § 3). Der einzelne Gesellschaftsgläubiger, welcher sich bis zur Höhe der Einlage an einen Kommanditisten hält, würde also durch dessen Leistung an ihn der Masse den Anspruch auf die rückständige Einlage entziehen. Diese Wirkung tritt mit der Konkurseröffnung ein. Dagegen können Leistungshandlungen, welche vor derselben vorgenommen sind, nicht nach KO. §§ 23, 24 zu Gunsten der Konkursmasse angefochten werden, weil der Gläubiger mit Fug und Recht seinen Anspruch nur bis zur Höhe der ihm unmittelbar haftenden Einlage des Kommanditisten aus dessen, nicht aus Gesellschaftsvermögen befriedigt hat. Wohl können solche Leistungshandlungen des Kommanditisten von den übrigen Gläubigern auf Grund des Gesetzes vom 21. Juli 1879 angefochten werden, sofern die sonstigen Voraussetzungen vorliegen, da nach Abs. 1 sie alle Solidargläubiger des Kommanditisten sind. Auch diese Anfechtungsklagen sind aber während des Gesellschaftskonkurses durch den Konkursverwalter anzustrengen, welcher auf Grund der zu Unrecht getilgten Gesellschaftsforderung auf die Einlage deren Rückgewähr in das kommanditistische und demnächstige Leistung in das gemeinschuldnerische Gesellschaftsvermögen verlangt. Kontraktliche Gläubigerin der Einlage ist und bleibt immer die Gesellschaft, ihre Forderung wird von den Gesellschaftsgläubigern aus dem gesellschaftsschuldnerischen Vermögen realisirt; sie sind sozusagen procuratores in rem suam. Eine dem Kommanditisten gegen die Gesellschaft zustehende Verjährungseinrede muß daher auch gegen den Gläubiger ebenso zustehen wie die Verjährungseinrede der Gesellschaft gegen diesen. Mit dieser Maßgabe findet auch § 159 hier Anwendung.

Ueber ein Mehreres als die Ausübung des Garantierechtes kann der Konkursverwalter andererseits nicht verfügen, und Ansprüche, die den Gläubigern nach §§ 171 ff. auf die Einlage zustehen, ohne ihr Einverständniß in keiner Weise — auch nicht durch Vergleich — aufgeben.

§ 172.

Im Verhältnisse zu den Gläubigern der Gesellschaft wird nach der Eintragung in das Handelsregister die Einlage eines Kommanditisten durch den in der Eintragung angegebenen Betrag bestimmt.

Auf eine nicht eingetragene Erhöhung der aus dem Handelsregister ersichtlichen Einlage können sich die Gläubiger nur berufen, wenn die Erhöhung in handelsüblicher Weise kundgemacht oder ihnen in anderer Weise von der Gesellschaft mitgetheilt worden ist.

Eine Vereinbarung der Gesellschafter, durch die einem Kommanditisten die Einlage erlassen oder gestundet wird, ist den Gläubigern gegenüber unwirksam.

Soweit die Einlage eines Kommanditisten zurückbezahlt wird, gilt sie den Gläubigern gegenüber als nicht geleistet. Das Gleiche gilt, soweit ein Kommanditist Gewinnantheile entnimmt, während sein Kapitalantheil durch Verlust unter den Betrag der geleisteten Einlage herabgemindert ist, oder soweit durch die Entnahme der Kapitalantheil unter den bezeichneten Betrag herabgemindert wird.

Was ein Kommanditist auf Grund einer in gutem Glauben errichteten Bilanz in gutem Glauben als Gewinn bezieht, ist er in keinem Falle zurückzuzahlen verpflichtet.

c) § 172. **Betrag der Einlage.** (Art. 165 Abs. 2 ff., I 157, II 169.) Maßgebend für die Haftung des Kommanditisten im Verhältniß zu den Gesellschaftsgläubigern ist und bleibt die ihnen gegenüber ausdrücklich oder stillschweigend abgegebene Erklärung.

Abs. 1 setzt den Regelfall voraus, daß auch die Einlage eingetragen ist und daß die Gesellschaft ihre Geschäfte vor der Eintragung nicht begonnen hat; vgl. Anm. zu § 171 Abs. 1. Nach seinem klaren Wortlaut gilt Abs. 2 auch dann, wenn die Einlage von vornherein etwa nicht in der ganzen versprochenen Höhe, sondern mit einem niedrigeren Betrage eingetragen ist (vgl. dagegen ROHG. 25 S. 114). Das bezieht sich aber nur auf die Einlage im Verhältniß zu den Gläubigern, d. h. in Hinsicht ihrer unmittelbaren Haftung (§ 171); es schließt nicht aus die Geltendmachung der Einlageforderung der Gesellschaft gegen den Kommanditisten durch die Gläubiger (CPO. §§ 730, 810), s. aber auch Abs. 2. — Die Eintragung ist namentlich auch gegenüber der handelsüblichen Bekanntmachung oder Mittheilung eines geringeren Betrages maßgebend, vorausgesetzt wie immer, einmal daß die Eintragung der Anmeldung entspricht, sodann daß nicht diese nach §§ 117 ff. BGB. anfechtbar ist; vgl. § 122 BGB.

Abs. 2 muß auch für den Fall gelten, daß von vornherein, aus welchen Gründen immer, nicht der volle versprochene Betrag der Einlage eingetragen, dieser aber in handelsüblicher Weise kundgemacht oder den Gläubigern mitgetheilt ist.

Abs. 3 ist einfache Konsequenz des unmittelbaren Gläubigerrechts des § 171.

Abs. 4 desgleichen; Rückzahlung bedeutet jede Zuwendung von Gesellschaftsvermögen an den Kommanditisten, die seine Ansprüche an die Gesellschaft zufolge § 169 Abs. 1 übersteigt, die aber mit Einverständniß der Gesellschafter natürlich erfolgen kann.

Abs. 5. Vgl. § 169 Abs. 2.

§ 173.

Wer in eine bestehende Handelsgesellschaft als Kommanditist eintritt, haftet nach Maßgabe der §§ 171, 172 für die vor seinem Eintritte begründeten Verbindlichkeiten der Gesellschaft, ohne Unterschied, ob die Firma eine Aenderung erleidet oder nicht.

Eine entgegenstehende Vereinbarung ist Dritten gegenüber unwirksam.

d) § 173. **Haftung für frühere Gesellschaftsschulden.** (Art. 166, I 158, II 170.) Vgl. § 24.

Abs. 1 ist lediglich eine Anwendung des schon in § 28 Abs. 1 ausgesprochenen Grundsatzes.

Abs. 2 ist, abweichend von § 28 Abs. 2, eine kategorische Forderung der Verkehrssicherheit; die Vereinbarung mag eingetragen, dem Dritten bekannt gewesen sein oder nicht, sie bleibt ihm gegenüber unwirksam.

Daß ein neu eintretender Komplementär absolut für Vorschulden haftbar ist, folgt aus § 130.

§ 174.

Eine Herabsetzung der Einlage eines Kommanditisten ist, solange sie nicht in das Handelsregister des Gerichts, in dessen Bezirke die Gesellschaft ihren Sitz hat, eingetragen ist, den Gläubigern gegenüber unwirksam; Gläubiger, deren Forderungen zur Zeit der Eintragung begründet waren, brauchen die Herabsetzung nicht gegen sich gelten zu lassen.

e) § 174. **Herabsetzung der Einlage.** (Neu; I 159, II 171.) Die Doppelseitigkeit des Verhältnisses des Gesellschafters nach innen und nach außen erfordert, daß in Betreff aller Abmachungen der Gesellschafter, welche nach außen sowohl wie bloß nach innen wirken können, dann wenn sie nach außen wirken *sollen*, dieses unzweideutig bekundet werden muß, und Dritte sie nicht schon deswegen nach § 15 gegen sich gelten lassen müssen, weil sie sie kennen oder kennen müssen. Für die den Gläubigern zu Statten kommende Erhöhung genügt schon die in § 172 Abs. 2 zugelassene Bekanntmachung; um eine Herabsetzung der Einlage für Gläubiger verbindlich zu machen, erfordert das Gesetz dagegen Eintragung mit der selbstverständlichen Maßgabe, daß dessen ungeachtet durch die Herabsetzung bereits begründete Rechte von Gläubigern nicht beeinträchtigt werden können.

§ 175.

Die Erhöhung sowie die Herabsetzung einer Einlage ist durch die sämmtlichen Gesellschafter zur Eintragung in das Handelsregister anzumelden. Die Bekanntmachung der Eintragung erfolgt gemäß § 162 Abs. 2. Auf die Eintragung in das Handelsregister des Sitzes der Gesellschaft finden die Vorschriften des § 14 keine Anwendung.

f) § 175. **Anmeldung von Veränderungen der Einlage.** (Neu; I 160, II 172.)

Abs. 1. Falls die von den Gesellschaftern vereinbarte oder beschlossene Herabsetzung der Einlage von Kommanditisten die Gläubiger der Gesellschaft mit dem höheren Betrage ausschließen soll, muß sie eingetragen werden (§ 174), desgleichen nach Maßgabe des § 172 Abs. 2 die Erhöhung, wenn die Gläubiger in die Lage gesetzt werden sollen, sich darauf zu berufen. Diese Wirkung nach außen herbeizuführen, d. h. die Veränderung in das Register des Sitzes der Gesellschaft eintragen zu lassen, kann das Registergericht die Gesellschaft nicht zwingen, daher der Ausschluß des § 14 im letzten Satze. Haben die Gesellschafter jedoch die Veränderung in das Handelsregister des Sitzes der Gesellschaft (§ 106) eintragen lassen, so kann von keinem unzulässigen Willenszwange mehr die Rede sein, sondern zutreffenden Falls gemäß § 14 bei Ordnungsstrafe verlangt werden, daß die Eintragung nun auch in das Register des Sitzes einer etwaigen Zweigniederlassung (§ 13) erfolge. — Die Anmeldung hat von sämmtlichen Gesellschaftern, einschließlich der Kommanditisten, zu geschehen. — Die Bekanntmachung unterliegt der Vorschrift des § 162 Abs. 2, d. h. weder der Name u. s. w. eines Kommanditisten noch die Höhe der Einlage bezw. Herabsetzung oder Erhöhung, sondern nur die Thatsache der Herabsetzung oder Erhöhung wird veröffentlicht.

§ 176.

Hat die Gesellschaft ihre Geschäfte begonnen, bevor sie in das Handelsregister des Gerichts, in dessen Bezirke sie ihren Sitz hat, eingetragen ist, so haftet jeder Kommanditist, der dem Geschäftsbeginne zugestimmt hat, für die bis zur Eintragung begründeten Verbindlichkeiten der Gesellschaft gleich einem persönlich haftenden Gesellschafter, es sei denn, daß seine Betheiligung als Kommanditist dem Gläubiger bekannt war. Diese Vorschrift kommt nicht zur Anwendung, soweit sich aus dem § 2 ein Anderes ergiebt.

Tritt ein Kommanditist in eine bestehende Handelsgesellschaft ein, so findet die Vorschrift des Abs. 1 Satz 1 für die in der Zeit zwischen seinem Eintritt und dessen Eintragung in das Handelsregister begründeten Verbindlichkeiten der Gesellschaft entsprechende Anwendung.

§ 176. **Haftung des Kommanditisten vor der Eintragung.** (Art. 163 Abs. 3, I 161, II 173.)

Abs. 1. Vgl. zum ersten Satze die Anm. zu § 171 Abs. 1. Nachdem die unbeschränkte Haftung von dem in Art. 161 Abs. 3 nicht ausdrücklich erwähnten Erforderniss der Zustimmung des Kommanditisten zum Geschäftsbeginn abhängig gemacht ist, kann in der Vorschrift keine unbillige Härte gefunden werden; „sie ist nicht zu entbehren, weil sie das wirksamste Mittel bildet, um die schleunige Eintragung in das HR. und hierdurch eine sichere Grundlage für das Verhältniß zu Dritten herbeizuführen" (D.).

Die in § 2 erwähnten Unternehmen werden erst durch Eintragung überhaupt Handelsgewerbe und die Inhaber erst durch Eintragung Kaufleute bezw. Handelsgesellschaften. Eine derartige Gesellschaft vor der Eintragung ins HR. unterliegt daher lediglich den Vorschriften des BGB. §§ 705 ff., insbesondere § 735.

Abs. 2 folgt nothwendig aus Abs. 1 Satz 1.

§ 177.

Der Tod eines Kommanditisten hat die Auflösung der Gesellschaft nicht zur Folge.

5. § **177. Auflösung.** (Art. 170, I 164, II 175.) Eintragung der Erben nach § 162? s. Bolze 3 Nr. 794. Die Erben des Kommanditisten übernehmen, mag Fortsetzung der Gesellschaft vereinbart sein oder nicht, mit der Erbschaft die Rechte und Pflichten ihres Erblassers aus seinem Gesellschaftsverhältnisse und haften gemäß BGB. §§ 2058 ff. entweder als Gesammtschuldner oder nur für ihren Erbantheil. — Die Folge dieses durch die gesetzliche Normalstellung des Kommanditisten, als eines in Hinsicht seiner Persönlichkeit gar nicht, sondern nur mit einer Vermögenseinlage in Betracht kommenden Gesellschafters, gebotenen Grundsatzes, ist die Unanwendbarkeit der für den Fall der Auflösung einer offenen Handelsgesellschaft durch den Tod eines Gesellschafters (§ 137) wie für den Fall vereinbarter Fortsetzung der Gesellschaft mit den Erben (§ 139) gegebenen Vorschriften. — Dagegen kann natürlich im Gesellschaftsvertrage vereinbart sein, daß mit dem Tode eines Kommanditisten dessen Erben ausscheiden (§ 138).

Abgesehen von der Auflösung durch den Tod eines Kommanditisten finden zufolge § 161 Abs. 2 auch auf die Auflösung der Kommanditgesellschaft die für die offene Handelsgesellschaft geltenden Vorschriften (§§ 131 ff.) Anwendung (vgl. RG. 21 S. 93; Kammerger. 11 S. 29), insbesondere auch §§ 138, 140; und da die KG. aus einem Komplementär und einem Kommanditisten bestehen kann, § 142.

Dritter Abschnitt.

Aktiengesellschaft.

Erster Titel.

Allgemeine Vorschriften.

Dritter Abschnitt. Aktiengesellschaft: §§ 178—319. (Art. 207—249g, I 165—291, II 176—310.) Das Gesetz hat die unzulängliche Begriffsbestimmung des alten HGB. Art. 207 Abs. 1, als einer Gesellschaft, an der „sich die sämmtlichen Gesellschafter nur mit Einlagen betheiligen, ohne persönlich für die Verbindlichkeiten der Gesellschaft zu haften", weggelassen. Sie ist geeignet, zu dem Irrthum zu verleiten, als ob eine derartige Gesellschaft unter allen Umständen eine Aktiengesellschaft sein müßte, und hat dahin geführt, die Rechtsgültigkeit von Gesellschaften anzuzweifeln, die auf Grund landesgesetzmäßiger Verleihung der Korporationsrechte errichtet waren (D.).

Grundlegende Aenderungen des bisherigen Aktienrechts kommen nicht in Frage. Denn wie die Denkschrift hervorhebt, hat das Aktiengesetz vom 18. Juli 1884, in seinem Bestreben, die damaligen Mißbräuche „durch thunlichste Oeffentlichkeit der Vorgänge bei der Gründung und Verwaltung der Gesellschaften und durch eine streng durchgeführte strafrechtliche und privatrechtliche Verantwortlichkeit der bei der Gründung und Verwaltung mitwirkenden Personen nach Möglichkeit einzudämmen", die erwartete Wirkung gehabt. Die Mittel, den noch vorhandenen Mißbräuchen entgegenzutreten, liegen „weniger auf dem Gebiete des Aktienrechts, als auf dem der Börsengesetzgebung".

Immerhin sind namentlich in Bezug auf

die Revision der Gründungen: §§ 192—194;
die Erhöhung des Aktienkapitals durch Ausgabe neuer Aktien, insbesondere das Recht der Aktionäre auf neue Aktien: §§ 278 ff.;
die Veräußerung des Gesellschaftsvermögens im Ganzen: §§ 300 ff.;

die größere Machtbefugniß der Gesellschaft bei Herabsetzung des Aktienkapitals: § 290;
die Nichtigkeitserklärung von AG.: §§ 309 ff.

größere sachliche Neuerungen getroffen. Im Uebrigen ist die Abänderung des alten HGB. im Wesentlichen redaktionell; in dieser Hinsicht fällt die Umstellung des Abschnitts von der KG. auf Aktien (§§ 320 ff.) hinter die AG. anstatt hinter die KG. (Art. 173—206) ins Auge.

Uebergangsbestimmungen enthält das EG. z. HGB. in den Artikeln 22 (über die Firma), 23 (über die Errichtung), 24 (über den Nennbetrag der Aktien und die Erhöhung des Grundkapitals), 25, 26 (über Kraftloserklärung und Außerkurssetzung von Aktien), 27 (über das Konkurrenzverbot für Vorstandsmitglieder), 28 (über die Rechte auf junge Aktien).

Der ganze dritte Abschnitt zerfällt in sechs Titel:

I. Allgemeine Vorschriften: §§ 178—209;
II. Rechtsverhältnisse der Gesellschaft und der Gesellschafter: §§ 210—230;
III. Verfassung und Geschäftsführung: §§ 231—273;
IV. Abänderungen des Gesellschaftsvertrages: §§ 274—291;
V. Auflösung und Nichtigkeit der Gesellschaft: §§ 292—311;
VI. Strafvorschriften: §§ 312—319.

Erster Titel. Allgemeine Vorschriften: §§ 178—209. (Art. 207—215, I 165—195, II 176—207.) Vgl. EG. Art. 22—24.

§ 178.

Die sämmtlichen Gesellschafter der Aktiengesellschaft sind mit Einlagen auf das in Aktien zerlegte Grundkapital der Gesellschaft betheiligt, ohne persönlich für deren Verbindlichkeiten zu haften.

§ 178. **Begriffsmerkmale.** (Art. 207 Abs. 1 u. 2, I 165, II 176.)

Die Begriffsbestimmung des Art. 207 Abs. 1 ist nicht wiederholt (s. o.), statt dessen sind die in derselben und in Art. 207 Abs. 2 enthaltenen wesentlichen Begriffsmerkmale der AG.: Gesellschafterbetheiligung nur durch Einlage, Zerlegung des Grundkapitals der Gesellschaft in Aktien als Thatsachen hervorgehoben. Aus ihnen in Verbindung mit §§ 182, 184, 200, 210, 211 ergiebt sich der Begriff der AG. als einer durch vertragsmäßige Vereinigung von ursprünglich mindestens fünf Mitgliedern gebildeten und in das Handelsregister eingetragenen Gesellschaft mit juristischer Persönlichkeit (ROHG. 22 S. 241; RG. 6 S. 71, 7 S. 69, 23 S. 202), deren Grundkapital in auszugebende Aktien, d. h. ziffermäßig verbriefte Antheilseinheiten, zerlegt ist, und bei welcher alle Gesellschafter, ohne persönlich zu haften, sich mit Geld nur zu deren Nennwerthe, eventuell höherem Ausgabebetrage, betheiligen; vgl. RG. 17 S. 14, 21 S. 256; J.W. 24 S. 602. Daß das Grundkapital bei Ausgabe über Nennwerth (§ 184 Abs. 2) der Summe der Aktiennennwerthe nicht gleich ist, macht die Begriffsbestimmung nicht unschlüssig; nicht die Werthziffer des Grundkapitals und die Nennziffer der Aktie sind zu vergleichen, sondern das Verhältniß des Antheils zum Grundkapitale ist entscheidend, der Nenner dieses Verhältnisses bleibt immer derselbe, die Ausgabe mag erfolgen wie sie will. — Eine Gesellschaft im gemeinen Rechtssinne (BGB. § 705, nicht nothwendig eine HG. im Begriffe der §§ 105, 1—3) ist zur Begründung der AG. erforderlich (§ 182), nicht aber zu ihrer weiteren Existenz. Diese ist kraft ihrer juristischen Persönlichkeit von der Person der einzelnen Gesellschafter unabhängig, und sie wird daher auch bei Vereinigung aller Aktien in einer Hand nicht aufgelöst, was sonst begrifflich nothwendige Folge des Gesellschaftsbegriffes wäre (vgl. §§ 142, 131 Nr. 4—6, 138; BGB. §§ 705, 726). — Zur Einlage ist jeder Werthgegenstand (z. B. auch Firmenrecht, Fabrikationsgeheimniß, Patent) geeignet, der „als Aktivum in die Bilanz aufgenommen werden kann" (Mot. z. Nov. I S. 151; vgl. § 261 Nr. 2); auch Accepte des Aktionärs? Wenn derselbe nicht Aussteller ist, wohl, aber nicht eigene Wechsel, da sie lediglich eine formale Wiederholung des Einlageversprechens bedeuten würden.

Die Einlagen erfolgen entweder in baar oder in anderen Werthen (Sacheinlagen), die zu einem Aktienbetrage geschätzt werden können oder müssen. Sie erfolgen „auf das in Aktien zerlegte Grundkapital", d. h. durch die Einlagen wird das Grundkapital ziffermäßig bezw. taxmäßig gebildet; aber schon bevor es überhaupt effektiv zusammengebracht ist, ist es in Aktien zerlegt, d. h. es besteht eine Zeit lang zum großen Theil nur aus Forderungen an die Aktionäre, und die Aktien können dann nur ausgegeben werden unter Nennung des Aktionärs (§ 179 Abs. 3), stellen dann also ein Antheilsrecht an einem zum Theil von ihm selbst mitgeschuldeten Grundkapital vor. — Die Ausgabe der Aktien setzt das Gesetz als natürlich und unumgänglich voraus (§ 182). Aktie aber ist nach dem Gesetz sowohl das Antheilsrecht des Gesellschafters wie die Urkunde darüber. Als solche ist sie Trägerin des darin verbrieften Rechtes, eine selbständige und zwar untheilbare Sache, an welcher, wie an anderen Werthpapieren, Besitz, Eigenthum u. s. w. möglich ist (§§ 179 Abs. 1, 183, 188, 366, 367; vgl. BGB. §§ 372 ff., 700 Abs. 2, 1, 814 [Hinterlegung], 437 Abs. 2 [Haftung des Verkäufers], 783 [Anspruch aus einer Anweisung auf Leistung], 1292 ff. [Verpfändung], 1362 [praesumtio Muciana]; und RG. 22 S. 219).

§§ 179—181. **Aktien und Interimsscheine.** Die bisherigen Grundsätze sind im Wesentlichen beibehalten, nur ist das durch Art. 215 c Abs. 3 ausgesprochene Verbot, vor Leistung des vollen Nominalbetrages Aktien auszugeben, auf Inhaberaktien und -Interimsscheine beschränkt worden (§ 179 Abs. 3 und 4).

§ 179.

Die Aktien sind untheilbar.

Sie können auf den Inhaber oder auf Namen lauten.

Aktien, die vor der vollen Leistung des Nennbetrags oder, falls der Ausgabepreis höher ist, vor der vollen Leistung dieses Betrags ausgegeben werden, dürfen nicht auf den Inhaber lauten. Das Gleiche gilt von Antheilscheinen, die den Aktionären vor der Ausgabe der Aktien ausgestellt werden (Interimsscheine).

Werden auf Namen lautende Aktien vor der vollen Leistung der Einzahlungen ausgegeben, so ist der Betrag der geleisteten Einzahlungen in den Urkunden anzugeben.

§ 179. **Untheilbarkeit; Arten.** (Art. 207 Abs. 3—5, 215 c, I 166, II 177.)

Abs. 1. Die Untheilbarkeit der Aktien (besser wäre: der Aktie) ist sowohl körperlich wie nur ziffermäßig gedacht. Mehrere Mitberechtigte, z. B. Miterben einer Aktie, müssen daher nicht alle gemeinschaftlich (BGB. § 432), sondern durch einen gemeinschaftlichen Vertreter ihr untheilbares Aktionärrecht geltend machen (§ 225); vgl. z. B. auch §§ 228 ff. und BGB. §§ 432, 753.

Abs. 2. Lautet die Aktie auf den Inhaber, so unterliegt sie allen Bestimmungen über Inhaberpapiere; vgl. § 367; BGB. §§ 234 (Sicherheitsleistung); 1362 Abs. 1, 1381 Abs. 1, 1392 f. (eheliches Güterrecht); 935 Abs. 2, 1006, 1007 (possession vaut titre); 1081 (Nießbrauch); 1293 ff. (Pfandrecht); 1614 (Erwerb für das Hauskind); 1815, 1820, 1853, 2116 (Hinterlegung und Umschreibung).

Auch die Vorschriften des BGB. §§ 793—808 über Schuldverschreibungen auf den Inhaber, soweit sie Fragen regeln, welche die Natur der Inhaberpapiere überhaupt betreffen, werden auf Aktien wie auf Inhaberpapiere überhaupt anwendbar sein. Das HGB., weder das alte noch dieses, enthält keine Vorschriften über Inhaberpapiere außer § 367. — Lautet die Aktie auf Namen, so muß sie in das Aktienbuch der Gesellschaft eingetragen werden (§ 222). Sie ist ein sog. Orderpapier, dessen Uebertragung gemäß § 222 stattfindet, und das auch gemäß WO. Art. 12 durch Blankoindossament übertragen, und dessen Uebertragung von der Zustimmung der Gesellschaft abhängig gemacht werden kann (vgl. §§ 212, 180 Abs. 3).

Abs. 3. Art. 207 Abs. 5 verbot ebenfalls, um die Haftung für die Vollzahlung der auszugebenden Aktien zu sichern (§§ 219, 220), die Ausgabe von Interimsscheinen auf den Inhaber; der gleiche Grund verbietet die Ausgabe von Inhaberaktien selbst — anstatt von Interimsscheinen — vor voller Zahlung des Nennbetrages oder höheren Ausgabepreises (§ 184 Abs. 2). Die Novelle von 1884 Art. 215c Abs. 3 verbot aber vor voller Leistung dieser Beträge die Ausgabe der Aktie überhaupt, also auch wenn sie auf Namen lautete, unnöthiger Weise; denn wenn Interimsscheine oder Aktien auf Namen lauten, so ist die Person des nach § 219 haftenden Aktionärs und seiner Rechtsvorgänger (§ 220) nach Maßgabe der §§ 223, 224 und der rückständige Betrag zufolge Abs. 4 dieses Paragraphen unbedingt festgestellt. Andererseits wurden von dem Verbot jeder Aktienausgabe vor Vollzahlung insbesondere die Versicherungsgesellschaften unbequem getroffen, welche „ihr in Namensaktien zerlegtes Grundkapital zum größten Theil als einen Garantiefonds behandeln, dessen Einforderung unter regelmäßigen Verhältnissen überhaupt nicht stattfinden soll. Solche Gesellschaften sind gegenwärtig dauernd außer Stand gesetzt, eigentliche Aktien auszugeben. Sie müssen sich mit der Ausgabe von Interimsscheinen begnügen, obgleich diese sich ihrem Wesen nach nur als ein vorübergehender Ersatz für die später auszugebenden endgültigen Antheilscheine darstellen und deshalb dem thatsächlichen Verhältnisse in Fällen der bezeichneten Art nicht entsprechen" (D.). Vgl. auch § 278.

Vor Vollzahlung ausgegebene Aktien und Interimsscheine auf den Inhaber sind nichtig; die Ausgeber haften den Besitzern für den durch die widerrechtliche Ausgabe verursachten Schaden: § 209. — Haftung des Vorstandes: § 241 4. — Strafbarkeit der Zuwiderhandlung: § 314 ². — Diese Gleichstellung von Aktien und Interimsscheinen beruht erst auf dem zweiten Entwurf, ebenso wie der folgende Absatz.

Abs. 4. In diesem Falle haben die Aktienbesitzer in der Aktie einen Antheil an einem Grundkapital, das sie selbst zum Theil noch schulden. — Vgl. §§ 211 u. 223. Durch Angabe der geleisteten Einzahlungen in den Urkunden ergiebt sich die Kontrole des Rückstandes der Einzahlung von selbst. — Zuwiderhandlung ist strafbar nach § 314 ².

§ 180.

Die Aktien müssen auf einen Betrag von mindestens eintausend Mark gestellt werden.

Für ein gemeinnütziges Unternehmen kann im Falle eines besonderen örtlichen Bedürfnisses der Bundesrath die Ausgabe von Aktien, die auf Namen lauten, zu einem geringeren, jedoch mindestens zweihundert Mark erreichenden Betrage zulassen. Die gleiche Genehmigung kann ertheilt werden, wenn für ein Unternehmen das Reich, ein Bundesstaat oder ein Kommunalverband oder eine sonstige öffentliche Körperschaft auf die Aktien einen bestimmten Ertrag bedingungslos und ohne Zeitbeschränkung gewährleistet hat.

Auf Namen lautende Aktien, deren Uebertragung an die Zustimmung der Gesellschaft gebunden ist, dürfen auf einen Betrag von weniger als eintausend, jedoch nicht von weniger als zweihundert Mark gestellt werden.

Im Falle des Abs. 2 soll die ertheilte Genehmigung, im Falle des Abs. 3 sollen die Beschränkungen, denen nach § 222 Abs. 4 die Aktionäre in Ansehung der Uebertragung ihrer Rechte unterliegen, in den Aktien ersichtlich gemacht werden.

Diese Vorschriften gelten auch für Interimsscheine.

§ 180. **Aktiennennwerth.** (Art. 207a, 215c Abs. 4; I 167, II 178.) Vgl. EG. Art. 24.

§ 180 wiederholt die angeführten bisherigen Vorschriften. Aktien oder Interimsscheine, die auf einen geringeren als den hiernach zulässigen Betrag lauten, sind nichtig und machen die Ausgeber schadensersatzpflichtig: § 209.

Abs. 1 u. 5. Regel: die Aktien und (Abs. 5) Interimsscheine, d. h. die neu auszugebenden Aktien und Interimsscheine müssen über mindestens 1000 Mark lauten. — Alleinige Ausnahmen: Abs. 2 u. 3. — Zuwiderhandlung strafbar nach § 314 [4]. — Uebergangsbestimmungen: EG. Art. 24. Daß die Aktien sämmtlich auf denselben Betrag gestellt seien, ist nicht erforderlich. Der Grund für diesen gesetzlichen Mindestbetrag ist ein wesentlich volkswirthschaftlicher und polizeilicher. Derselbe soll einerseits hoch genug sein, um die kleinen Vermögen von der Theilnahme an solchen immerhin Schwankungen leicht ausgesetzten Aktienunternehmungen zurückzuhalten, andererseits nicht zu hoch, um nicht den Erwerb solcher unter Umständen sicherer Aktien zu sehr zu erschweren und das Kapital ausländischen Papieren mit geringerem Nennwerthe zuzutreiben. Beide Rücksichten rechtfertigen die in Abs. 2 und 3 allein zugelassenen Ausnahmen. Fallen die Voraussetzungen für dieselben weg, so entfällt damit zwar die materielle Berechtigung des ausnahmsweisen Aktiennennwerthes; aber die formelle Gültigkeit sowohl der Aktien wie der Aktiengesellschaft ist unanfechtbar, es müßte denn die ertheilte Genehmigung nichtig oder ein anderer als der in der Genehmigungsurkunde vorausgesetzte Gegenstand des Unternehmens in das HR. eingetragen, in Folge dessen die Bestimmung der Höhe der Aktien (§ 182 Nr. 3) nichtig sein und deswegen nach § 309 Grund zu einer Nichtigkeitsklage vorliegen würde. Eine bloß thatsächliche Aenderung des Gegenstandes des Unternehmens hätte nach § 277 Abs. 3 keine Wirkung, ehe sie nicht in das HR. eingetragen ist; nach § 319 Abs. 2 aber ist der Registerrichter nicht in der Lage, solche Eintragung gemäß § 14 zu erzwingen. Wenn also die Gesellschaft nach § 275 Abs. 2 mit ³/₄-Majorität eine Abänderung des Gegenstandes des Unternehmens beschlossen hätte, ohne gleichzeitige Erhöhung des Aktiennennwerthes auf mindestens 1000 Mark, so würde der Registerrichter die Eintragung zunächst ablehnen können, er würde ferner aber auch für befugt zu halten sein, wenn die gültig beschlossene Abänderung des Gegenstandes des Unternehmens ohne Erhöhung des Aktiennennwerthes — übrigens nicht unzulässiger Weise, sonst wäre sie nach freiw. GGes. § 142 von Amtswegen zu löschen — eingetragen wäre, nunmehr auf Grund der §§ 277 Abs. 3, 195 Nr. 1, 199 Nr. 2, 182 Nr. 1, 180 Abs. 2, 309 nach § 14 die Anmeldung des nach § 180 Abs. 1 vorgeschriebenen Nennbetrages der Aktien durch Ordnungsstrafen zu erzwingen, weil der eingetragene geringere Betrag nichtig ist.

Dasselbe würde gelten, wenn die Garantie (Abs. 2 Satz 2) oder die Vinkulirung (Abs. 3) wegfällt.

Abs. 2 enthält als Ausnahme von der Regel des ersten Absatzes zwei Fälle fakultativer bundesrathlicher Genehmigung einer Ausgabe von Aktien mit geringerem Nennbetrage, jedoch nicht unter 200 Mark, nämlich a) für ein gemeinnütziges Unternehmen — z. B. Sekundärbahnen, Kanäle, Straßen und sonstige Verkehrsverbindungen, Gas-, Wasser-, Badeanstalten (Mot. z. Nov. von 1884, I S. 102). Kasinos (s. dagegen Komm.Ber. Nr. 735 S. 57), zoologische und andere öffentliche Gärten, unter Umständen sogar Fabriken (Stenogr. Ber.) — aus besonderen örtlichen Bedürfnissen, d. h. nicht etwa nothwendig eines einzelnen Ortes, sondern aus irgendwie bezirklich, sei es städtisch oder gemeindlich, selbst provinziell oder kleinstaatlich abgegrenzten, nur nicht allgemeinen Bedürfnissen (das. Reichstagssitzung v. 5. April 1897 S. 5548). — Der gesunde wirthschaftliche Gedanke ist maßgebend, „daß kleine Aktien nur ausgegeben werden sollen für solche Unternehmungen, welche auch wirklich sich in engeren räumlichen Grenzen bewegen, weil man Aktien von kleinerem Nominalbetrage nicht unter das große Publikum und hier vor Allem unter die kleinen Leute gelangen lassen will" (Staatssekretär Nieberding; b) für ein Unternehmen, dem ein bestimmter Ertrag auf die Aktie seitens des Reiches, eines Bundesstaates, Kommunalverbandes oder einer sonstigen öffentlichen Körperschaft, d. h., wie sich aus den Worten Reich und Bundesstaat ergiebt, einheimischen, deutschen Körperschaft (auch Reichsbank: RG. 15 S. 236) bedingungslos (wenn auch unter Gegenleistungen) und ohne Zeitbeschränkung (d. h. innerhalb der für das Aktienunternehmen selbst vorgesehenen Zeit, § 292 Nr. 1) gewährleistet ist. Ein Antrag zu setzen: „den Aktionären" wurde zurückgezogen, nachdem auf die daraus erwachsende erhebliche Schwierigkeit und Beschwerung des Geschäftsverkehrs hingewiesen war, wenn der Garant genöthigt wäre, immer an jeden Aktionär zu zahlen. „Heute erledige sich die Garantie in der Regel durch einmalige Zahlung an die Aktiengesellschaft, die übrigens nur Empfängerin für die einzelnen Aktionäre sei, so daß diese — was der Antragsteller befürchtete — auch im Konkursfalle nicht geschädigt würden." — Das Gesuch um Genehmigung ist dem Reichskanzler einzureichen. — Die Urkunde der erfolgten Genehmigung ist der Anmeldung zum HR. beizufügen: §§ 195^6, 284^4. — Daß die Genehmigung im Falle a keine Nachprüfung durch den Registerrichter zuläßt, ist mit Recht unbestritten, weil die Beurtheilung der Gemeinnützigkeit sowohl wie des besonderen örtlichen Bedürfnisses, wenn solche auch keineswegs zweifelsfrei sein mag, doch zweifellos eine Zweckmäßigkeitsfrage und daher ausschließlich Verwaltungssache ist. Dagegen ist das Nachprüfungsrecht bestritten im Falle b; vgl. zu §§ 195 Nr. 6, 284 Nr. 4.

Abs. 3 gestattet als zweite Ausnahme von der Regel des Abs. 1 sog. „vinkulirte" Namensaktien (z. B. § 212), weil diese Vinkulirung ohne Weiteres ihre Benutzung zu Börsenspekulationen und damit eine Gefährdung des großen Publikums ausschließt. — Vgl. § 222 Abs. 4.

Veränderungen des Gegenstandes eines gemeinnützigen Unternehmens (Abs. 2) erheischen $^3/_4$-Majoritätsbeschlüsse der Generalversammlung; die Unabänderlichkeit der Bestimmung hinsichtlich der Vinkulirung von Namensaktien (Art. 215 Abs. 7) ist beseitigt.

Abs. 4. (Art. 215c Abs. 4.) Die zulässiger Weise auf einen geringeren als den Regelbetrag lautenden Aktien und Interimsscheine sollen den Grund, die bundesrathliche Genehmigung (Abs. 2) und die Wirkung der Vinkulirung (Abs. 3, § 222 Abs. 4) ersehen lassen. Die Vorschrift ist ihrem Wortlaute nach eine Ordnungsvorschrift; die Umgehung der Uebertragungsbeschränkung dagegen (§ 222 Abs. 4) hat Nichtigkeit der Uebertragung zur Folge.

§ 181.

Zur Unterzeichnung von Aktien und Interimsscheinen genügt eine im Wege der mechanischen Vervielfältigung hergestellte Namensunterschrift. Die Gültigkeit der Unterzeichnung kann durch eine in die Urkunde aufgenommene Bestimmung von der Beobachtung einer besonderen Form abhängig gemacht werden.

§ 181. **Aktienunterzeichnung.** (Neu; II 179.) Die Vorschrift wiederholt wörtlich, unter Umstellung des ersten und zweiten Satzes, den zweiten Absatz des § 793 BGB.; vgl. EG. z. BGB. Art. 100 Nr. 1.

§§ 182—186. **Gesellschaftsvertrag.**

§ 182.

Der Inhalt des Gesellschaftsvertrags muß von mindestens fünf Personen, welche Aktien übernehmen, in gerichtlicher oder notarieller Verhandlung festgestellt werden. In der Verhandlung ist der Betrag und, wenn verschiedene Gattungen von Aktien ausgegeben werden, die Gattung der von Jedem übernommenen Aktien anzugeben.

Der Gesellschaftsvertrag muß bestimmen:

1. die Firma und den Sitz der Gesellschaft;
2. den Gegenstand des Unternehmens;
3. die Höhe des Grundkapitals und der einzelnen Aktien;
4. die Art der Bestellung und Zusammensetzung des Vorstandes;
5. die Form, in der die Berufung der Generalversammlung der Aktionäre geschieht;
6. die Form, in der die von der Gesellschaft ausgehenden Bekanntmachungen erfolgen.

Bekanntmachungen, die durch öffentliche Blätter erfolgen sollen, sind in den Deutschen Reichsanzeiger einzurücken. Andere Blätter außer diesem bestimmt der Gesellschaftsvertrag.

a) § 182. **Feststellung und nothwendiger Inhalt.** (Art. 209, I 168, II 180.) Art. 209 ist außer dessen Nr. 4 über die Art der Aktien und eventuell die Zahl von der einzelnen Aktienart (vgl. § 183 Abs. 1) wiederholt.

Die Feststellung des Inhaltes des zu schließenden Gesellschaftsvertrages und der Abschluß selbst sind zu unterscheiden, wenngleich sie sowohl bei der Einheits-(Simultan-), wie bei der Zeichnungs-(Succesiv-)Gründung zeitlich zusammenfallen können (vgl. Mot. z. Nov. § 7; RG. 21 S. 249 ff.). Die Feststellung des Inhaltes des zu schließenden Gesellschaftsvertrages ist ein nothwendiger Theil des Gründungsaktes, der erledigt sein muß, wenn zum wirklichen Vertragsschlusse geschritten wird. Die Vereinbarung selbst über die zu leistenden Beiträge (BGB. § 705), die Einlage der Gesellschafter, also die wesentlichste Bestimmung des Gesellschaftsvertrages wird deshalb unter dem nach § 182 nothwendigen Inhalt des Gesellschaftsvertrages nicht hervorgehoben. Sie kann eben nach Lage der Verhältnisse oft nicht darin enthalten sein. Läßt sie sich mit der übrigen Feststellung des Gesellschaftsvertrages gleichzeitig erledigen, so ist auch mit diesem vollkommenen Gesellschaftsvertrage die Errichtung der Gesellschaft vollendet (§ 188 Abs. 2); ist das aber nicht der Fall, so muß der nach § 182 nothwendige Inhalt des Gesellschaftsvertrages deswegen zunächst festgestellt werden, damit nicht nach Feststellung der Antheile, nach Beschaffung der Einlagen (§§ 187, 188 Abs. 1), beziehungsweise nach Zeichnung der Aktien (§ 189 Abs. 1) über jene allerersten Grundlagen des Vertragsverhältnisses selbst Streit entstehe und die ganze Errichtung in Frage gestellt werde (vgl. ROHG. 11 S. 375; Bolze 1 Nr. 1187).

Das Gesetz setzt zwei Arten von Gründungen voraus: erstens die Einheitsgründung (Simultangründung), indem die Gründer (§ 187), sei es bei der sog. Feststellung des Gesellschaftsvertrages in einem Akte oder nachher in besonderem Akte, alle Aktien übernehmen (§ 188), und zweitens die Zeichnungsgründung (Successivgründung), indem der von den Gründern nicht übernommene Rest des Grundkapitals gezeichnet wird (§ 189, § 190 Abs. 2) und nach Wahl eines Vorstandes und Aufsichtsrathes (§ 190 Abs. 2, 3) und Anmeldung der Gesellschaft zum HR. (§ 195) in einer von dem Registergericht berufenen Generalversammlung der Zeichner über die Errichtung Beschluß gefaßt wird (§ 196). In beiden Fällen muß die sog. Feststellung des Gesellschaftsvertrages fertig vorliegen.

Abs. 1. „Fünf Personen, welche Aktien übernehmen", das sind Gründer, aber nicht nothwendig alle Gründer der Gesellschaft (§ 147). Uebernahmen sie alle Aktien, so ist mit der Feststellung des Gesellschaftsvertrages (§ 182) die Gesellschaft errichtet (§ 188 Abs. 2); — „in gerichtlicher oder notarieller Verhandlung", nach Maßgabe des Landesrechts (EG. z. BGB. § 141) und des Ges. über d. freiw. Gerichtsbarkeit (§§ 168 ff.). Die gerichtliche oder notarielle Verhandlung erfolgt so, daß der Gesellschaftsvertrag entweder in der Verhandlung zu gerichtlichem oder notariellem Protokolle festgestellt wird oder der vorher aufgenommene Gesellschaftsvertrag zu demselben anerkannt und ihm beigeheftet wird; also entweder unter Abschluß vor Notar oder Gericht (z. B. bei der Auflassung: BGB. § 925) oder unter Beurkundung des erfolgten Abschlusses vor Notar oder Gericht (z. B. §§ 311, 313, 518, vgl. BGB. § 128). Beglaubigung der Unterschrift (freiw. GGes. § 183, Hamb. Not. v. § 19) genügt nicht. — „Und wenn verschiedene Gattungen von Aktien ausgegeben werden, die Gattung." Dieser von der Kommission beantragte Zusatz, welchen die Regierungsvertreter für selbstverständlich erklärten, hatte hinter den Worten „ausgegeben werden" in Klammern den § 183 (jetzigen § 185) angeführt, welcher schließlich doch weggelassen ist. Daraus ergiebt sich deutlich, daß unter „verschiedenen Gattungen von Aktien" Stamm- und Vorzugsaktien (§ 185), nicht etwa Namen- und Inhaberaktien (§ 183) verstanden sind. Die Kommission stellte denn auch ausdrücklich fest, „daß eine besondere Gattung von Aktien nur dann vorliege, wenn verschiedene Rechte mit verschiedenen Aktien verbunden sind: Prioritätsrechte bezüglich der Dividendenvertheilung, verschiedene Rechte bezüglich der Höhe der Dividenden, Vorrechte bei der Vermögensvertheilung; nicht dagegen dann, wenn bei gleichartigen" d. h. also in Bezug auf die inhaltliche Berechtigung gleichartigen — „Aktien lediglich verschiedene Serien vorliegen oder die Aktien lediglich einen verschiedenen Nominalwerth haben" (Komm.B.).

Abs. 1 giebt den nothwendigen Inhalt des Gesellschaftsvertrages an, mangels dessen die Gesellschaft für nichtig erklärt werden kann (§ 309), der Registerrichter daher ihre Eintragung (§§ 195, 198) abzulehnen hat, und wenn sie dennoch erfolgt sein sollte, als nichtig löschen kann (Ges. über d. freiw. Gerichtsbarkeit § 144). Der Gesellschaftsvertrag muß der Anmeldung beigefügt sein (§ 195 Abs. 2 Nr. 1).

Nr. 1. Firma; vgl. §§ 20; RG. 1 S. 26, 3 S. 68. Sitz ist nicht nothwendig der Ort der Hauptniederlassung (§ 13), sondern frei wählbar (KG. Johow 13 S. 45; vgl. ROHG. 17 S. 315, 21 S. 37); mehrfacher Sitz? vgl. ROHG. 17 S. 315, CPO. § 17 (19). Vorausgesetzt wird Sitz im Inlande, vgl. §§ 200 und 201 letzter Abs.

Nr. 2. Der Gegenstand des Unternehmens bedingt unter Umständen den Aktiennennwerth: § 180; insoweit muß er bestimmt sein; vgl. auch § 236. — Veränderung: § 275 Abs. 2.

Nr. 3. Höhe des Grundkapitals (vgl. §§ 188, 189, 205, 207 Abs. 1, 278 [Erhöhung], 288 [Herabsetzung] und der einzelnen Aktien (vgl. § 180, § 313 Nr. 1). Vgl. auch Bolze 19 Nr. 628.

Nr. 4. Vgl. § 190 Abs. 3. Ein Antrag, die Bestimmung zu streichen und statt § 231 Abs. 2 eine ähnliche Bestimmung wie in § 243 über den Aufsichtsrath dort einzufügen, wurde abgelehnt. — Eine Bestimmung über den Aufsichtsrath muß der Gesellschaftsvertrag nicht enthalten, er kann aber darüber bestimmen, und zwar was die Zusammensetzung betrifft, unbeschränkt (vgl. § 243 Abs. 1), was aber die Art der Bestellung betrifft, nur insoweit als nicht bei der Zeichnungsgründung der Generalversammlung das ausschließliche Bestellungsrecht entzogen wird. Mit Rücksicht auf § 190 Abs. 1 ist es wünschenswerth, daß auch über den Aufsichtsrath schon im Gesellschaftsvertrage bestimmt wird.

Nr. 5. Vgl. §§ 253, 255.

Nr. 6 (vgl. §§ 265, 256) wurde als die Anschauung der Komm. festgestellt, daß die Form der Gesellschaftsbekanntmachungen gleichbedeutend mit der Art der Bekanntmachung sei und daß nach dieser Vorschrift in dem Statut festzustellen sei, ob die Bekanntmachungen durch öffentliche Blätter, eingeschriebenen Brief, einfachen Brief oder wie sonst erfolgen, daß dagegen die Form der Unterzeichnung solcher Bekanntmachungen nicht unter diese Bestimmung falle. Wie Willenserklärungen für die Gesellschaft erfolgen, stellen § 228 und § 229 (jetzt 232, 233) fest. (Komm.B.)

Abs. 3 (Art. 209 Abs. 3) gehört zu Nr. 6 des zweiten Absatzes und bezieht sich lediglich auf die vorhin erwähnten Bekanntmachungen, ist aber offenbar wegen des mit Abs. 2 verknüpften Präjudizes (§ 309) davon abgesondert.

§ 183.

Ist im Gesellschaftsvertrage nichts darüber bestimmt, ob die Aktien auf den Inhaber oder auf Namen lauten sollen, so sind sie auf Namen zu stellen.

Im Gesellschaftsvertrage kann bestimmt werden, daß auf Verlangen des Aktionärs die Umwandlung seiner auf Namen lautenden Aktie in eine Inhaberaktie oder umgekehrt stattzufinden hat.

b) § 183. **Art und Umwandlung der Aktien.** (Art. 209 Abs. 2 Nr. 4, 209 a Nr. 3, I 169, II 181.)

Abs. 1 ersetzt Art. 209 Abs. 2 Nr. 4, ohne zu wiederholen, daß bei Zulassung von beiderlei Aktien die Zahl von jeder Art angegeben werden soll. Eine Bestimmung, daß die Aktien zum Theil auf Namen, zum Theil auf den Inhaber lauten sollen, wäre also gemäß Abs. 1 zulässig; vgl. Abs. 2.

Abs. 2. Ein Antrag, auszusprechen, daß die Umwandlung mangels Vertragsbestimmung durch den Vorstand erfolge, wurde abgelehnt, weil „es selbstverständlich sei, daß die Umwandlung durch den Vorstand erfolge, da eine reine Verwaltungshandlung in Frage stehe". Diese Umwandlung setzt voraus, daß nach dem Gesellschaftsvertrage Namensaktien und Inhaberaktien nicht verschieden berechtigt sind, daß sie nicht verschiedene Gattungen im Sinne des § 182 darstellen. Daß durch diese Umwandlung nicht derartige Verschiebungen von Rechten bewirkt werden können, versteht sich eigentlich von selbst. Jedoch wurde offenbar unter dem Einfluß der bisherigen Bestimmung, welche jede Anzahl der einzelnen Art von Aktien im Gesellschaftsvertrage festgestellt wissen will und der deswegen sehr streitigen Frage, ob die Umwandlung überhaupt ein Verwaltungsakt sei oder nicht (vgl. Staub § 4 zu Art. 209 a), in zweiter Lesung ein Antrag gestellt, als dritten Absatz eine Vorschrift einzufügen, daß, wenn einer dieser beiden „Gattungen von Aktien" besondere Rechte, z. B. Stimmrecht, eingeräumt wären, die erfolgte Umwandlung zum HR. angemeldet werden müsse. Der Antrag wurde abgelehnt, nach dem Hinweise darauf, daß § 252 jeder Aktie Stimmrecht gewähre; die Bestimmung würde daher keine Klarheit verschaffen, sondern „im Gegentheil werde der Zweifel entstehen, ob nicht durch Verwaltungshandlungen des Vorstandes Umwandlungen einer Aktie von einer Gattung in die andere auf Antrag eines Aktionärs vorgenommen werden können, auch wenn die Aktien verschiedene Rechte gewähren. Dies sei gesetzlich unzulässig". — Die Umwandlung kann nur „auf Verlangen des Aktionärs" in Betreff seiner Aktie erfolgen. Dasselbe ist an den Vorstand zu richten. Darüber, inwieweit eine Umwandlung der Aktien durch Mehrheitsbeschluß der Aktionäre erzwungen werden kann, sagt das Gesetz nichts, weil auch ohne besondere Anerkennung im Gesetze der Grundsatz gelten muß, daß eine Zwangsumwandlung, da sie in Sonderrechte der Aktionäre eingreift, nur auf Grund einer vor der Entstehung der betreffenden Antheilsrechte zu Stande gekommenen Bestimmung des Gesellschaftsvertrages zulässig ist. (D.) Vgl. auch § 275 Abs. 3.

§ 184.

Für einen geringeren als den Nennbetrag dürfen Aktien nicht ausgegeben werden.

Die Ausgabe für einen höheren Betrag ist statthaft, wenn sie im Gesellschaftsvertrage zugelassen ist.

§ **184. Ausgabe unter und über dem Nennbetrage.** (Art. 209 Abs. 1 Nr. 2, Abs. 2, I 170, II 182.)

Abs. 1 verbietet die Unterpariemission absolut.

Abs. 2 gestattet die Ueberpariemission, wenn der Gesellschaftsvertrag sie zuläßt. Daß der Gesellschaftsvertrag dann aber auch den höheren Ausgabebetrag, den **Kurs**, angeben müsse, verlangt das Gesetz nicht (a. M. Staub § 3 zu Art. 209 a). Eine derartige Forderung wäre auch sehr unzweckmäßig, da die Ausgabegelegenheit zur Zeit des Gesellschaftsvertrages und zur Zeit der Ausgabe sehr verschiedene sein können und die Fixirung eines bestimmten Ueberparikurses, nicht nur eines Maximal- oder Minimallimits, der Ausgabe überhaupt sehr hinderlich sein könnte.

§ 185.

Im Gesellschaftsvertrage können für einzelne Gattungen von Aktien verschiedene Rechte, inbesondere in Betreff der Vertheilung des Gewinns oder des Gesellschaftsvermögens, festgesetzt werden.

§ **185. Verschiedene Berechtigung.** (Art. 209 a Abs. 1 Nr. 4, I 171, II 183.) Das bisherige Gesetz hob als verschiedene Rechte hervor, insbesondere solche betreffs der Zinsen oder Dividenden oder des Antheils am Gesellschaftsvermögen; vgl. Anm. zu § 182 und über Dividendennachbezug RG. 9 S. 30, 15 S. 101; ROHG. 22 S. 372. — Welche Rechtsverhältnisse entstehen, wenn nach Maßgabe dieses § 185 **Prioritätsaktien** ausgegeben werden, überläßt das Gesetz, abgesehen von § 275 Abs. 3, § 278 Abs. 2 (Sonderbeschluß), dem Gesellschaftsvertrage (vgl. ROHG. 22 S. 361; RG. 9 S. 30; vgl. auch RG. 22 S. 61). Daß Prioritätsrechte auch ohne Erhöhung des Grundkapitals eingeräumt werden können, ergiebt sich aus § 262 Nr. 3. — Sind im Gesellschaftsvertrage solche verschiedene Rechte für einzelne Gattungen von Aktien nicht festgesetzt, so enthält jeder dahingehende Generalversammlungsbeschluß eine Abänderung des Gesellschaftsvertrages, welche nach § 275 Abs. 1 $^3/_4$-Mehrheit erfordert; sind nach dem Gesellschaftsvertrage verschiedene Aktiengattungen verschieden berechtigt, und soll dieses Verhältniß zum Nachtheil einer Gattung geändert werden, so bedarf es auch eines Sonderbeschlusses dieser Aktionäre (§ 275 Abs. 3), und wenn es sich um Erhöhung des Grundkapitals durch Ausgabe neuer Aktien oder um Herabsetzung desselben handelt, durch welche alle bisherige Gattungen betroffen werden, eines Sonderbeschlusses innerhalb jeder Gattung (§§ 278 Abs. 2, 288 Abs. 3). Mit Rücksicht darauf, und mit Rücksicht auf das Privat- und öffentliche Interesse, schlechtstehende Gesellschaften saniren zu können, wurde ein Antrag, auszusprechen, daß die einer Gattung von Aktien gewährten Vorrechte zu Gunsten bereits ausgegebener oder künftig auszugebender

Aktien nur geschmälert werden könne, wenn dies bei Ausgabe jener Aktien im Gesellschaftsvertrage vorbehalten sei, abgelehnt. Ein anderer Antrag, die Gewährung von Vorrechten an bereits ausgegebenen Aktien gegen Zuzahlung über den Nennwerth hinaus für unzulässig zu erklären, wurde nach Hinweis darauf, daß ein solches Bedürfniß namentlich dann hervorgetreten sei, wenn die Lage des Kapitalmarktes die Ausgabe neuer Prioritätsaktien verbiete, für erledigt erklärt.

§ 186.

Jeder zu Gunsten einzelner Aktionäre bedungene besondere Vortheil muß im Gesellschaftsvertrag unter Bezeichnung des Berechtigten festgesetzt werden.

Werden auf das Grundkapital von Aktionären Einlagen gemacht, die nicht durch Baarzahlung zu leisten sind, oder werden vorhandene oder herzustellende Anlagen oder sonstige Vermögensgegenstände von der zu errichtenden Gesellschaft übernommen, so müssen der Gegenstand der Einlage oder der Uebernahme, die Person, von welcher die Gesellschaft den Gegenstand erwirbt, und der Betrag der für die Einlage zu gewährenden Aktien oder die für den übernommenen Gegenstand zu gewährende Vergütung im Gesellschaftsvertrage festgesetzt werden.

Von diesen Festsetzungen gesondert ist der Gesammtaufwand, welcher zu Lasten der Gesellschaft an Aktionäre oder Andere als Entschädigung oder Belohnung für die Gründung oder deren Vorbereitung gewährt wird, im Gesellschaftsvertrage festzusetzen.

Jedes Abkommen über die vorbezeichneten Gegenstände, welches nicht die vorgeschriebene Festsetzung im Gesellschaftsvertrage gefunden hat, ist der Gesellschaft gegenüber unwirksam.

§ 186. **Besondere Vortheile. Sacheinlagen.** (Art. 209 b, I 172, II 184.) Wissentlich falsche Angaben sind strafbar nach § 313 Nr. 1.

Abs. 1. Nicht jeder Vortheil, d. h. Vermögensvortheil, kann zu Gunsten einzelner Aktionäre bedungen werden, vgl. wegen Zusicherung junger Aktien § 283 Abs. 2; vgl. auch § 317. — Einräumung besonderer nicht im Gesellschaftsvertrage festgesetzter Vortheile nach Errichtung der Gesellschaft erfordert insoweit Statutenänderung (§ 274, § 275 Abs. 1).

Abs. 2. Die Sacheinlage, der Illationsvertrag, ist nicht Kaufvertrag, sondern Theil des Gesellschaftsvertrages (RG. 2 S. 303), eine Vereinbarung über die Erfüllung der Einlagepflicht des einen Gesellschafters gegen die übrigen; es sei denn, daß außer den gesellschaftlichen Rechten dem Einbringer in Höhe des überschießenden Werthbetrages noch eine bestimmte anderweite Vergütung zugesichert wird: J.W. 1895 S. 331. Ein derartiger nach Errichtung, aber vor Eintragung der Gesellschaft geschlossener Vertrag (RG. 21 S. 244) ist für die Gesellschaft überhaupt unverbindlich (§ 200; vgl. Bolze 3 Nr. 804). Zu den „Sacheinlagen" gehören auch die wiederkehrenden nicht in Geld bestehenden Leistungen des § 212. — Einlage: s. § 178. Der Einleger braucht ebensowenig wie ein anderer Gründer zu zeichnen; vgl. §§ 187 und 189 Abs. 1. — Ein Beschluß der Reduktionskommission, hier wie später statt „Baarzahlung" „Geld" zu sagen, wurde insbesondere auch aus dem unzutreffenden Grunde, daß Zahlung Leistung durch den Schuldner voraussetze (vgl. dagegen BGB. §§ 293, 241, 362), in zweiter Lesung aufgehoben; es sei nicht wünschenswerth, ohne zwingenden Grund das bestehende Gesetz zu ändern. — Von dem Einbringungsvertrage verschieden ist der Uebernahmevertrag. Derselbe kann freilich auch zwischen einem Gesellschafter und den übrigen Gründern stattfinden, aber jener handelt nicht in Erfüllung seiner Einlagepflicht als Gesellschafter, sondern kontrahirt wie jeder Dritte mit den übrigen Gründern zu Gunsten der zu errichtenden wie der errichteten Gesellschaft (RG. 21 S. 244 ff.). Für die Einlage sind begriffsmäßig Aktien zu gewähren, für die übernommenen Gegenstände die vereinbarte Vergütung. Auch solche Abkommen sind bei Meidung der Unwirksamkeit gegen die Gesellschaft (Abs. 4) in dem Gesellschaftsvertrage festzusetzen, sind aber begrifflich selbständige Kauf- oder sonstige Verträge (RG. 21 S. 244 ff.; vgl. Bolze 11 Nr. 587). Nicht der Aufnahme ihres ganzen Inhalts bedarf es, sondern nur der hervorgehobenen Momente; vgl. RG. a. a. O. u. 18 S. 68. Zur Verhütung von Umgehungen durch nachträgliche Uebernahme nach Eintragung der Gesellschaft dienen die §§ 207, 208.

Auf diese Gründungen mit Sacheinlagen oder Uebernahmen hatte bereits die Novelle von 1884 ihr besonderes Augenmerk gerichtet, weil sie hervorragend geeignet sind, den wahren Vermögensstand der Gesellschaft zu verschleiern, und die Gefahr einer unangemessenen und unverhältnißmäßigen Belastung in sich bergen, welche von vornherein die Unrentabilität der Gesellschaft bedingt und die Erreichung ihres reellen Zweckes unmöglich macht. Derartige Abkommen müssen aus dem Gesellschaftsvertrage klar ersichtlich sein; vgl. daher § 189 Abs. 3 Nr. 1, §§ 191, 192 Abs. 2, 193, 195 Abs. 2 Nr. 2, 196 Abs. 3, 5, 199 Nr. 1, 202 ff., 313 Nr. 1 und 2.

Abs. 3. Die dritte Art der im Gesellschaftsvertrage festzusetzenden besonderen Vortheile zu Lasten der Gesellschaft bildet der sog. Gründerlohn, die Entschädigung oder Belohnung an Aktionäre oder Dritte für die Gründung oder ihre Vorbereitung. Persönliche Bemühung für die Gesellschaft kann auch Gegenstand einer Einlage sein und insofern begriffsmäßig ihren Gegenwerth in Aktien finden; die Vergütung für Bemühungen um die Gründung oder ihre Vorbereitung dagegen besteht ebensowenig wie für Uebernahmen begrifflich nothwendig in Aktien. Der Gründerlohn soll „gesondert", nicht aber spezifizirt, d. h. als Gesammtaufwand für sich, nicht zusammengeworfen mit anderen Vergütungen, im Gesellschaftsvertrage festgesetzt werden. Eine Vergütung, die nicht unter den also zu bezeichnenden Gründungsaufwand aufgenommen ist, haben die Gründer bezw. die Empfänger zu ersetzen (§ 202 Abs. 1, Abs. 4 Nr. 1).

Abs. 4. Inwieweit die Gründer sich gegenseitig oder Dritten aus solchen Abkommen haften, wenn sie nicht vorschriftsmäßig in den Gesellschaftsvertrag aufgenommen sind, richtet sich nach dem bürgerlichen Rechte. — Daß, wenn die Abkommen vorschriftsmäßig im Gesellschaftsvertrage aufgenommen sind, sie dessen ungeachtet allen Anfechtungsgründen des bürgerlichen Rechts (Schein, Zwang, Betrug u. s. w.) unterliegen, versteht sich von selbst; vgl. RG. 26 S. 41; Str. 18 S. 105; vgl. andererseits § 313 Nr. 1. — Die über diese Gegenstände getroffenen Abkommen können vor oder nach der Festsetzung im Gesellschaftsvertrage vereinbart sein, aber sie müssen schriftlich aufgenommen und jedenfalls vor der Anmeldung der Gesellschaft zum HR. geschlossen sein, da die betreffenden Verträge der Anmeldung der Gesellschaft zum HR. beizufügen sind (§ 195 Abs. 2 Nr. 2). Aus denselben haften die Handelnden persönlich und solidarisch (§ 200), die Gesellschaft erst, nachdem sie sie durch ihre auf Grund derselben beschlossene Errichtung genehmigt hat.

§ 187.

Die Aktionäre, welche den Gesellschaftsvertrag festgestellt haben oder andere als durch Baarzahlung zu leistende Einlagen machen, gelten als die Gründer der Gesellschaft.

§ 187. **Gründer.** (Art. 209c, I 173, II 185.) Vgl. §§ 188—191, 194 (Thätigkeit), 202—204, 208 (Haftpflicht), 313 (Strafbarkeit). Gründer können nur Aktionäre sein. Gründer sind sowohl diejenigen mindestens fünf Aktionäre, welche den Gesellschaftsvertrag festgestellt haben (§ 182), wie auch alle diejenigen Aktionäre, welche vor oder bei Errichtung der Gesellschaft Aktien übernehmen und dafür nicht Baareinlagen machen. Jene sind bei jeder Gründung nothwendige Personen, diese treten regelmäßig bei der Umwandlung bestehender Geschäfte in eine Aktiengesellschaft auf. — Alle Gründer zusammen — das sog. Gründerkonsortium — bilden eine Gesellschaft bürgerlichen Rechts (BGB. §§ 705 ff.), indem sie sich verpflichten, die Erreichung des gemeinsamen Zweckes, Errichtung der betreffenden AG. in der durch den Vertrag bestimmten Weise, zu fördern, insbesondere die vereinbarten Beiträge, d. h. die Einlagen (§§ 178, 186 Abs. 2), zu leisten; vgl. ROHG. 18 S. 390, 20 S. 198.

Wird die Gründung gewerbsmäßig unter gemeinsamer Firma betrieben, so kann das Konsortium selbst eine Handelsgesellschaft (§§ 105, 1 Nr. 4) bilden.

§§ 188—197. **Errichtung der Gesellschaft.** Ist mit der Feststellung des Gesellschaftsvertrages (§§ 182—186) die unumgängliche übrige Grundlage für die zu errichtende Gesellschaft gewonnen, so muß die Feststellung der materiellen Hauptsache, der Höhe der Betheiligung der Aktionäre, erfolgen; wie bisher in zweierlei Weise:

entweder, indem die Gründer (§ 187) alle Aktien übernehmen; damit ist Alles fertig, was zur Errichtung der Gesellschaft gehört (§ 188): Einheitsgründung, auch Simultangründung genannt;

oder, indem die Gründer (§ 187) nicht alle Aktien übernehmen, sondern den nicht übernommenen Theil zur Zeichnung auflegen (§ 189); dann ist durch eine gerichtlich berufene und geleitete Generalversammlung der Zeichner (§ 195^{3}) und der Gründer, welche eventuell noch den auch nach der Zeichnung noch fehlenden Rest übernehmen (§ 202 Abs. 1), über die Errichtung der Gesellschaft zu beschließen (§ 196): Zeichnungsgründung, auch Successivgründung genannt.

In beiden Fällen verläuft die weitere Entwickelung der Gründung ziemlich gleichmäßig. Sowohl a) nach der Uebernahme aller Aktien (§ 188), wie b) nach der Zeichnung des Grundkapitals (§ 189, vgl. § 202) bedarf es zur Prüfung der Gründung (§ 192) wie zur Anmeldung (§ 195) der Bestellung eines ersten Vorstandes und eines ersten Aufsichtsrathes. Dieselbe erfolgt in Gemäßheit des Gesellschaftsvertrages, die Bestellung des Aufsichtsrathes jedoch — und darin liegt eine Ergänzung des alten HGB. — im Falle der Einheitsgründung, mangels anderweiter Bestimmung, durch die Gründer, im Falle der Zeichnungsgründung nothwendig durch eine von den Gründern zu diesem Zwecke zu berufende Generalversammlung von Gründern und Zeichnern. Ist auf diese Weise die Gesellschaft organisirt worden, so ist — eventuell (§ 186 Abs. 2) nach Vorlage der Gründererklärung — von Vorstand und Aufsichtsrath, nöthigen Falls auch durch Revisoren, der Hergang der Gründung zu prüfen (§§ 192—194), und nach Erstattung der Prüfungsberichte (§§ 193 Abs. 2, 3, 194 Abs. 1, 195 Abs. 2 Nr. 5) die Gesellschaft zum HR. anzumelden (§ 195).

§ 188.

Uebernehmen die Gründer alle Aktien, so gilt mit der Uebernahme der Aktien die Gesellschaft als errichtet.

Soweit die Uebernahme nicht schon bei der Feststellung des Gesellschaftsvertrags erfolgt, kann sie in einer besonderen gerichtlichen oder notariellen Verhandlung unter Angabe der Beträge, welche die einzelnen Gründer noch übernehmen, bewirkt werden.

§ 188. **Einheitsgründung.** (Art. 209d, I 179, II 186.)

Abs. 1. Die Gründer können alle Aktien selbst übernehmen, oder wenn nicht, den Rest zur Zeichnung auflegen. Jene Aktienübernahme sowohl wie die Zeichnung des Restes kann zugleich mit der Feststellung des Gesellschaftsvertrages, aber auch in getrennten Akten (Abs. 2, 189 Abs. 2) stattfinden. Erfolgt die Uebernahme aller Aktien durch die Gründer (Einheitsgründung), so gilt die Gesellschaft mit der Uebernahme als errichtet. Die Aktiengesellschaft als solche besteht noch nicht (§ 200), aber eine Gesellschaft besteht, und zwar nicht nur nach innen, in der also vor Allem die — freilich noch nicht übertragbaren (§ 200 Abs. 2) — Antheilsrechte der zukünftigen Aktionäre feststehen, sondern sie kann und muß auch, insbesondere bei Abschluß der Uebernahmeverträge (§ 206 Abs. 2), nach außen thätig werden, damit die AG. als solche zur Entstehung gelange (vgl. RG. 21 S. 244). Kommt diese nicht zu Stande, sondern löst die Gesellschaft sich vor der Eintragung wieder auf, so kann gar nicht der fünfte Titel (§§ 292 ff.), sondern muß BGB. §§ 723 ff. Anwendung finden. Wegen der Haftpflicht für vorherige Thätigkeit Namens der Gesellschaft vgl. § 200. Wegen der weiteren Entwickelung (§§ 190—195) s. o.

Abs. 2. Gewiß ist nur von einer besonderen Verhandlung die Rede, aber daß es in der That nur noch eine einzige Verhandlung nach der Feststellung des Gesellschaftsvertrages geben könne und daß, wenn in dieser Verhandlung nicht der ganze Aktienrest übernommen wird, nun die Einheitsgründung als gescheitert anzusehen sei (Staub § 1 zu Art. 209d), davon steht im Gesetze nichts, und noch weniger ist dafür der vom Gesetze gar nicht gebrauchte Ausdruck Simultangründung zu verwerthen, der so wie so besser mit Einheitsgründung (d. h. einheitliche Gründung durch die Gründer allein) vertauscht wird. Kein Gründer hat einen Anspruch darauf, es müßte denn im Gesellschaftsvertrage festgesetzt sein, daß in der einzigen nächsten Verhandlung die Aktienübernahme sich erledige, andernfalls die Einheitsgründung möglichen Falls durch einen ganz harmlosen Umstand, vielleicht Verspätung eines Gründers und deswegen Uebernahme durch die gegenwärtigen Gründer unter Vorbehalt der sicheren Uebernahme durch den ausgebliebenen, als gescheitert zu gelten habe. Nur so viel ergiebt sich aus dem gesellschaftlichen Verhältnisse der Gründer, daß keiner von ihnen bis zur Unzeit zu warten, sondern nur eine nach den Umständen angemessene Frist sich gefallen zu lassen braucht; vgl. BGB. § 723 Abs. 2.

Die Verhandlung stellt sich formell als ein Anhang oder Nachtrag zum Gesellschaftsvertrage des § 182 dar; die Uebernahme ist eine Zusage den Konsortialbeteiligten gegenüber. — Gerichtlich oder notariell: vgl. Anm. zu § 182, BGB. § 128 und EG. z. BGB. Art. 141.

§ 189.

Uebernehmen die Gründer nicht alle Aktien, so hat der Errichtung der Gesellschaft die Zeichnung der übrigen Aktien vorherzugehen.

Die Zeichnung erfolgt durch schriftliche Erklärung, aus der die Betheiligung nach der Anzahl und, falls verschiedene Aktien ausgegeben werden, nach dem Betrag oder der Gattung der Aktien hervorgehen muß.

Die Erklärung (Zeichnungsschein) soll doppelt ausgestellt werden; sie hat zu enthalten:

1. den Tag der Feststellung des Gesellschaftsvertrags, die im § 182 Abs. 2 und im § 186 vorgesehenen Festsetzungen und, wenn mehrere Gattungen von Aktien mit verschiedener Berechtigung ausgegeben werden, den Gesammtbetrag einer jeden;

2. den Namen, Stand und Wohnort der Gründer;
3. den Betrag, für welchen die Ausgabe der Aktie stattfindet, und den Betrag der festgesetzten Einzahlungen;
4. den Zeitpunkt, in welchem die Zeichnung unverbindlich wird, sofern nicht bis dahin die Errichtung der Gesellschaft beschlossen ist.

Zeichnungsscheine, welche diesen Inhalt nicht vollständig haben oder außer dem unter Nr. 4 bezeichneten Vorbehalte Beschränkungen in der Verpflichtung des Zeichners enthalten, sind nichtig. Erfolgt ungeachtet eines hiernach nichtigen oder wegen verspäteter Errichtung der Gesellschaft unverbindlichen Zeichnungsscheins die Eintragung der Gesellschaft in das Handelsregister, so ist der Zeichner, wenn er auf Grund einer dem Abs. 2 entsprechenden Erklärung in der Generalversammlung, die zur Beschlußfassung über die Errichtung der Gesellschaft berufen wird, stimmt oder später als Aktionär Rechte ausübt oder Verpflichtungen erfüllt, der Gesellschaft wie aus einem gültigen Zeichnungsscheine verpflichtet.

Jede nicht in dem Zeichnungsschein enthaltene Beschränkung ist der Gesellschaft gegenüber unwirksam.

§ 189. **Zeichnungsgründung.** (Art. 209e, I 175, II 187.)

Abs. 1. Das Grundkapital muß in der durch den Gesellschaftsvertrag bestimmten Höhe (§ 182 Nr. 3) untergebracht sein, sei es durch Uebernahme, sei es durch Zeichnung der Aktien, in die es zerlegt ist; d. h. es muß für die zu errichtende Gesellschaft ein Anspruch auf Leistung des gesammten Grundkapitals erworben sein, ehe die Gesellschaft errichtet werden kann. Ist dasselbe daher nicht ganz übernommen (§ 188), so muß der Rest gezeichnet werden und, wenn die Zeichnungen nicht den ganzen Rest decken, der Rückstand eventuell noch nachträglich von den Gründern übernommen werden (§ 202). Sonst kann die Gründung nicht zum HR. angemeldet werden, da bei dieser Anmeldung die Zeichnung des nicht von den Gründern übernommenen Grundkapitals nachzuweisen ist (§ 195[3]), und ohne solche Anmeldung wiederum kann nicht von Berufung einer Generalversammlung durch das Registergericht die Rede sein, welche über die Errichtung der Gesellschaft zu beschließen hat. Das Gesetz betont den Gegensatz zwischen Uebernahme und Zeichnung; die Gründer zeichnen nicht, sondern übernehmen Aktien (§§ 182, 188).

Ueber das Verhältniß zwischen Gründern und Zeichnern wird viel gestritten; vgl. Staub § 13 zu Art. 209e. Richtig ist gewiß, daß nicht die Aufforderung zur Zeichnung seitens der Gründer, sondern die Zeichnungserklärung seitens der Zeichner ein Vertragsangebot ist, welches jene entgegenzunehmen sich bereit erklären, und daß den Gegenstand sowohl der Aufforderung wie des Angebots Betheiligung in bestimmter Höhe an der zu errichtenden Aktiengesellschaft bildet, nicht Betheiligung an einer bereits bestehenden Gesellschaft, daß die Errichtung der Aktiengesellschaft gesetzlich conditio sine qua non, conditio juris inhaerens ist, indem sich die Zeichner mit diesem Angebot dem eventuellen — von dem Willen eines jeden derselben unabhängigen — Mehrheitsbeschluß über die Errichtung der AG. als maßgebend für ihre übrigens unbedingte Einlageverpflichtung unterwerfen. Unrichtig aber ist es, überhaupt diese Voraussetzung der Errichtung als Bedingung aufzufassen, die mit Wirkung aus BGB. § 162 als vereitelt anzusehen wäre, wenn Gründer oder Zeichner einen Mehrheitsbeschluß für die Errichtung durch ihre Abstimmung vereiteln. Das Angebot ist so unbedingt als möglich und verträgt irgend welche Bedingung — sei sie potestativ oder sonst welcher Art — so wenig, daß eine Hinzufügung die ganze Zeichnung nichtig machen würde (Abs. 3 Nr. 4). Der einzige Vorbehalt, den die Zeichnung verträgt, ist eine nothwendig aus dem Scheine selbst ersichtliche Zeitgrenze, bis zu welcher das Gesellschaftsangebot Geltung habe, mit deren Erreichung die Zeichnung unverbindlich werde. Die Zeichnung bindet nach Maßgabe des § 189 den Zeichner der zu errichtenden Gesellschaft gegenüber bis zu dem gesetzten Termine sofort und unbedingt. Gerade aus dieser Bindung kann aber auf Grund des letzten Absatzes möglichen Falls ein Entschädigungsanspruch gegen alle oder einzelne Gründer sich ergeben, welche gerade für die Folgen solcher Verpflichtung sich dem Zeichner gegenüber haftbar gemacht haben.

Wann die Gründer das in der Zeichnung enthaltene Einlageangebot annehmen und daran ihrerseits gebunden sind, ist wieder sehr bestritten. Auch hier ist zu unterscheiden zwischen persönlicher Verbindlichkeit der Gründer und Verpflichtung der Gesellschaft. Jene wird, abgesehen von besonderen Zusagen und Vereinbarungen, für alle Gründer gleichmäßig durch die Zutheilung der Aktien begründet. Daraus folgt aber noch keineswegs ein Mitgliedschaftsrecht der Gesellschaft gegenüber und irgend welcher Anspruch gegen diese, welcher auf Mitgliedschaft beruht. Ihr gegenüber erscheint es von vornherein ausgeschlossen, daß andere Zeichner Mitgliedschaftsrechte in Anspruch nehmen können, als diejenigen, welche in das Aktionärverzeichniß aufgenommen sind (§ 195 Abs. 2 Nr. 3). Aus der Zutheilung der Aktien an die Zeichner, als unzweideutiger Erklärung der Annahme ihrer Angebote, folgt für die Gründer Zweierlei, einmal, daß sie den somit als Aktionäre angenommenen Zeichnern gegenüber verpflichtet sind, sie in das Aktionärverzeichniß (§ 195 Abs. 2 Nr. 3) aufzunehmen, sodann, daß sie der Gesellschaft gegenüber für eine spätere, seit jener Annahme etwa eingetretene Zahlungsunfähigkeit des in jenes Verzeichniß aufgenommenen Aktionärs nicht mehr haften (§ 202 Abs. 3).

Abs. 1 setzt voraus, daß die von den Gründern nicht schon übernommenen Aktien gezeichnet werden. Geschieht dies demnächst etwa nicht, so ist die Gründung nicht als gescheitert zu betrachten, sondern es muß den Gründern freistehen (§ 202 Abs. 1), auch jetzt noch den noch übrigen Rest der Aktien gemäß § 188 Abs. 2 zu übernehmen, damit die Voraussetzung des § 190 Abs. 2 zu weiterem Vorgehen gegeben ist. Ob, wenn die Gründer hierüber nicht einig sind, abgeneigte Konsortialbetheiligte von ihren Mitgründern dazu gezwungen werden können, ist eine andere Frage, die sich nach dem Gesellschaftsvertrage beantwortet.

Abs. 2. Schriftlichkeit ist die gesetzliche Form der Zeichnung. Nach BGB. § 125 ist also eine nichtschriftlich, z. B. telegraphisch, erklärte Zeichnung nichtig. Nach BGB. § 126 wird die schriftliche Form durch gerichtliche oder notarielle Beurkundung ersetzt. — Auch die schriftliche Erklärung ist nichtig, wenn sie den in diesem Absatze als nothwendig („muß") bestimmten Inhalt nicht hat, also auch wenn sie in Bezug auf denselben z. B. unleserlich ist; vgl. RG. 14 S. 93, 19 S. 194. — Im Uebrigen unterliegt die Erklärung, als eine Willenserklärung den allgemeinen Grundsätzen über die Gültigkeit solcher; vgl. BGB. §§ 116 ff., 131, 138, 142; ROHG. 5 S. 415; RG. 9 S. 37; zweiseitige Simulation: BGB. § 117; ROHG. 7 S. 107; Bolze 12 Nr. 509; Nichternstlichkeit: BGB. § 118; z. B. ad Calendas Graecas, bis zum jüngsten Gerichte, Nr. 4; über „Strohmänner" vgl. RG. 28 S. 77, 30 S. 51; Irrthum: BGB. § 119; RG. 19 S. 124; Täuschung: BGB. § 123; Bolze 7 Nr. 644; die Heilbarkeit dieser Mängel bestimmt sich nach BGB. §§ 141—144.

Abs. 3. Doppelte Ausstellung ist Ordnungsvorschrift; wegen § 195 Abs. 2 f. Nr. 3. — Der vorgeschriebene Inhalt ist Gültigkeitsvoraussetzung nach Maßgabe des Abs 4; denn die Zeichnungsscheine sollen die Gewähr bieten, daß der Zeichner über alle wesentlichen Punkte der von ihm mit der Zeichnung eingegangenen Verpflichtung bei genügendem Nachdenken klar sein mußte. — Nr. 1 und 2 bezwecken zunächst die zweifellose Identifizirung der Gesellschaft, Nr. 2 außerdem Aufklärung über die Solidität des Unternehmens mit Rücksicht auf die Person der

Gründer (Mot. z. Novelle II S. 102). — Zu Nr. 1 vgl. auch § 185; — zu Nr. 2 § 187; — zu Nr. 3 § 182 Nr. 3; einem Antrage, auch die Zeit der Einzahlung im Gesellschaftsvertrage festzusetzen, wurde entgegengehalten, daß zur Zeit der Zeichnung der Aktie nicht immer vorausgesehen werden könne, wann die Zahlung zu erfolgen habe, und der Vorschlag praktisch undurchführbar sei; vgl. auch § 179 letzt. Abs. — Nr. 4 will die Verhaftung des Zeichners aus seiner Zeichnung, die doch nicht ewig dauern kann, dem Zwecke der Zeichnung entsprechend zeitlich begrenzen. Es ist die einzige Beschränkung, die das Gesetz im Zeichnungsscheine zuläßt, vgl. Abs. 4. Wollte das Gesetz außer diesem Zeitpunkt, dessen Eintritt aus dem Zeichnungsscheine selbst klar ersichtlich ist, noch andere Beschränkungen zulassen, so würde den Zeichnungen die Unbedingtheit genommen, die zur Sicherung des Grundkapitals und damit für den ganzen weiteren Errichtungsakt erforderlich ist. Ueber Erkennbarkeit der Nichternstlichkeit aus diesen Zeitangaben s. o. — Wegen Verstoßes gegen Abs. 3, sowie wegen Ablaufes der Frist darf der Registerrichter auch jetzt noch, trotz der Möglichkeit der Konvaleszenz, nach Abs. 4 die Eintragung ablehnen; er kann aber nicht für verpflichtet gehalten werden, jeden Zeichnungsschein auf seine Gültigkeit zu prüfen, wenn ihm auch durch Ueberreichung der Duplikate der Zeichnungsscheine Prüfungsgelegenheit gegeben werden muß.

Abs. 4. Wenn es daher vorkommen kann, daß der Registerrichter den Nachweis der Zeichnung des Grundkapitals auf Grund des unterschriebenen Aktionärverzeichnisses für erbracht ansieht, während dem Abs. 2 zwar entsprechende, aber nach Abs. 3 nichtige Zeichnungsscheine untergelaufen sind, so soll eine Heilung dieses Mangels gestattet sein, wenn der Zeichner in der vom Gesetze angegebenen Weise seine Zeichnung genehmigt, nämlich wenn er in der errichtenden Generalversammlung stimmt — wenn auch gegen die Errichtung — oder nach derselben, in welcher ja erst die AG. entsteht und der Zeichner Aktionär wird, als solcher d. h. in den Angelegenheiten der Gesellschaft oder dieser gegenüber Rechte ausübt oder Verpflichtungen erfüllt; vgl. §§ 211 ff., §§ 250, 252, 254, 256 Abs. 1, 257, 266 Abs. 2, 270, 271 u. a. Um so mehr muß eine ausdrückliche Bestätigung der nichtigen Zeichnung nach BGB. § 141 dieselbe Wirkung haben. — Die Wirkung ist aber natürlich nicht die, daß der Zeichnungsschein so wie er lautet gültig wird, denn gerade weil er so lautet, ist er ja nichtig, sondern daß der Zeichner aus ihm „wie aus einem gültigen Zeichnungsscheine verpflichtet" wird. Mit anderen Worten, es wird so angesehen, als wenn der Zeichnungsschein den vorgeschriebenen Inhalt vollständig hätte und außer dem unter Nr. 4 bezeichneten Vorbehalte keine Beschränkungen enthielte; die Bestätigung hat rückwirkende Kraft (BGB. § 141 Abs. 2; vgl. Bolze 12 Nr. 507).

Abs. 5 erscheint auf den ersten Blick seltsam, da nach Abs. 4, abgesehen von der Haftfrist, jede in dem Zeichnungsschein enthaltene Beschränkung denselben nichtig macht. Der Gegensatz ist, daß den Gründern gegenüber gemachte Vorbehalte und von diesen eingegangene Bedingungen, z. B. Waarenlieferung statt Baarzahlung (RG. 18 S. 3), ihnen gegenüber gültig sein und zu wirksamen Ansprüchen auf Befreiung, auf Schadensersatz u. a. gegen sie berechtigen können. Davon abgesehen treffen natürlich alle nach der Annahme des Zeichnungsangebots entstehenden Beschränkungen der Verbindlichkeiten des in die Aktionärliste aufgenommenen Zeichners die Gesellschaft so gut wie andere Gläubiger, also z. B. ein Zwangsvergleich im Konkurse desselben (ROHG. 25 S. 293).

§ 190.

Uebernehmen die Gründer alle Aktien, so haben sie gleichzeitig mit der Errichtung der Gesellschaft oder in einer besonderen gerichtlichen oder notariellen Verhandlung den ersten Aufsichtsrath der Gesellschaft zu bestellen.

Uebernehmen die Gründer nicht alle Aktien, so haben sie nach der Zeichnung des Grundkapitals eine Generalversammlung zur Wahl des Aufsichtsraths zu berufen.

Diese Vorschriften finden auch auf die Bestellung des ersten Vorstandes Anwendung, sofern nicht nach dem Gesellschaftsvertrage die Bestellung in anderer Weise als durch Wahl der Generalversammlung zu geschehen hat.

§ 190. **Erster Vorstand und erster Aufsichtsrath.** (Art. 209 f., 175e Abs. 2, I 176, II 188.) § 190 ergänzt eine Lücke des alten HGB., welches über die Wahl des ersten Aufsichtsrathes der AG. keine Bestimmungen enthielt und dessen Art. 175e über die KG. auf Aktien daher analog auf die AG. auch bei Einheitsgründung angewendet wurden, wobei immer noch zweifelhaft blieb, wer die Generalversammlung zu berufen hatte. Andererseits beendet § 190 einen Streit in Anlaß des § 2 der Novelle v. 18. Juli 1884, welcher Art. 209 f. auf früher angemeldete AG. für nicht anwendbar erklärte, indem das Gesetz jetzt klar stellt, daß alle AG. ohne Ausnahme einen Aufsichtsrath haben müssen. — Was das Gesetz in den ersten beiden Absätzen über die Bestellung des Aufsichtsrathes sagt, soll nach Abs. 3 für die Bestellung des Vorstandes maßgebend sein, sofern dieser durch die Generalversammlung zu berufen ist. Hieraus in Verbindung mit § 197 ergiebt sich, daß das Gesetz die Bestellung durch die Gesammtheit der Gründer bei der Einheitsgründung (Abs. 1) in Hinsicht der Wirkung der Bestellung durch die Generalversammlung — die in diesem Falle ja auch nur durch die Gründer gebildet wird — gleichstellt, und daß daher § 243 über die Mitgliederzahl und über die Amtszeit des ersten Aufsichtsraths sowohl auf den nach Abs. 1 wie auf den nach Abs. 2 bestellten Aufsichtsrath Anwendung zu finden hat. Wollte man das nicht annehmen, so enthielte nunmehr dieses Gesetz eine Lücke in Hinsicht der Zahl und der Amtszeit des ersten Aufsichtsrathes im Falle der Einheitsgründung. — Demnach werden der erste Aufsichtsrath und — wenn nach dem Gesellschaftsvertrage die Generalversammlung ihn wählt (Abs. 3) — der Vorstand bei der Einheitsgründung durch die Gründer in Gemäßheit des Abs. 1; bei der Zeichnungsgründung durch die von den Gründern zu berufende Generalversammlung bestellt.

Auf das Auftragsverhältniß der Mitglieder des Aufsichtsraths wie des Vorstandes finden die Grundsätze über den Auftrag nach BGB. §§ 662 ff., 675 Anwendung, soweit nicht das HGB. Abweichungen vorschreibt. Vgl. §§ 231 ff., 243 ff.

Abs. 1. Im Falle der Einheitsgründung (§ 188) haben die Gründer, d. h. alle gemeinschaftlich, wenn nicht in ihrem Gesellschaftsvertrage Mehrheitsbeschlüsse zugelassen sind (BGB. § 709), den Aufsichtsrath zu bestellen. Sie bilden zu dieser Zeit thatsächlich die Generalversammlung, auf deren Berufung und Beschlußfassung jedoch nach § 197 nicht die für eigentliche Generalversammlungen geltenden Vorschriften Anwendung finden. Ihre betreffende Verhandlung ist aber ebenfalls gerichtlich oder notariell zu beurkunden (§§ 182 Abs. 1, 188 Abs. 2). Die Bestellung des ersten Aufsichtsraths muß gleichzeitig mit der Errichtung (§ 188) oder in einer besonderen — wenn auch wiederum (vgl. § 188 Abs. 2) nicht gerade nothwendig der einzigen — Verhandlung erfolgen; z. B. in dem Falle, daß ein von den Gründern bestimmtes Mitglied des Aufsichtsrathes nicht gleich seine Annahme der Wahl erklären kann oder will, was dann in einer ebenfalls gerichtlichen oder notariellen Verhandlung (vgl. EG. z. BGB. § 141 u. oben § 182) geschehen muß. Denn die Bestellung setzt nicht nur die Wahl, sondern auch deren Annahme voraus und es versteht sich von selbst, daß die den Gründern nach Abs. 1 obliegende Bestellungspflicht nicht mit der bloßen Wahl abgethan ist, sie haben dafür zu sorgen, daß die Wahl angenommen wird. — Ueber die Zahl der Mitglieder und die Amtszeit des ersten Aufsichtsrathes bestimmt, wie hervorgehoben, § 243. — Dieselben Grundsätze gelten für die Wahl des ersten Vorstandes bei der Einheitsgründung, falls derselbe nach dem Gesellschaftsvertrage (§ 182 Nr. 4) durch die Generalversammlung bestellt wird (Abs. 3).

Abs. 2. Im Falle der Zeichnungsgründung (§ 189) haben die Gründer „nach der Zeichnung des Grundkapitals" eine Generalversammlung zu berufen. Die Fassung ist nicht ganz korrekt, insofern nicht das Grundkapital, sondern nur der nicht übernommene Rest desselben, zu zeichnen ist (§ 189 Abs. 1). Nach Zeichnung dieses Restes „haben" die Gründer eine Generalversammlung „zu berufen", d. h. diesen Weg schreibt das Gesetz den Gründern vor, wenn sie ihr Vorhaben durchführen wollen, sie sind auch sich gegenseitig dazu nach Maßgabe ihres Abkommens verpflichtet, und könnten die zu der Berufung etwa erforderliche Willenserklärung nöthigenfalls erzwingen (CPO. § 779). Dritten, insbesondere den Zeichnern gegenüber haben die Gründer aber keinerlei Verpflichtung. — Was zunächst geschieht, wenn von den Gründern nicht alle Aktien übernommen sind, sagt das Gesetz nicht und kann es nicht sagen, denn das ist lediglich Vertragssache der Gründer. Ist ihr Abkommen dahin zu verstehen, daß, wenn die nicht übernommenen Aktien nicht gezeichnet werden, jeder seiner übernommenen Gesellschaftsverpflichtung los und ledig sei, so ist mit Unterzeichnung des Grundkapitalsrestes nach Analogie des BGB. § 726 das Gesellschaftsverhältniß aufgelöst; dies wird im Zweifel anzunehmen sein, weil es nach § 189 Abs. 1 gesetzliche Voraussetzung ist, daß der von den Gründern bezweckten Errichtung der AG. „die Zeichnung der übrigen Aktien" vorhergehe. Es kann aber auch umgekehrt Einverständniß darüber herrschen, daß, wie die Aufforderung zur Zeichnung von Seiten der Gründer überhaupt zunächst und bis zur Anmeldung der Gesellschaft, ein Versuch ist, wenn Nichts oder nicht Alles gezeichnet wird, auch der Rest des Grundkapitals übernommen werden soll. Das ist Frage des einzelnen Falles. — Die Generalversammlung wird gebildet aus Gründern und Zeichnern. Sie dient lediglich zur Wahl des Aufsichtsrathes und, wenn der Vorstand nach § 182 Nr. 4 durch die Generalversammlung bestellt wird, zur Wahl des Vorstandes. (Wegen Zahl und Amtszeit s. § 243.) Dieser Zweck ist nach §§ 256, 197 bekannt zu machen, wie denn überhaupt zufolge § 197, abgesehen von § 253, die Vorschriften über die Berufung (§§ 255 ff.) und Beschlußfassung (§§ 251 ff.) entsprechende Anwendung finden. — Wer diese Generalversammlung leitet, darüber sagt das Gesetz nichts; jedenfalls ist § 196 nicht anwendbar; die Generalversammlung hat also ihren Vorsitzenden selbst zu wählen, wenn nichts Besonderes bestimmt ist.

Abs. 3 bezieht sich auf beide vorhergehende Absätze und besagt also, daß der erste Vorstand, wenn die Bestellung zufolge § 182 Nr. 4 durch die Generalversammlung zu erfolgen hat, im Falle der Einheitsgründung durch die Gründer (Abs. 1), im Falle der Zeichnungsgründung durch die von den Gründern zu berufende Generalversammlung (Abs. 2) zu bestellen ist.

§ 191.

Die Gründer haben im Falle des § 186 Abs. 2 in einer schriftlichen Erklärung die wesentlichen Umstände darzulegen, von welchen die Angemessenheit der für die eingelegten oder übernommenen Gegenstände gewährten Beträge abhängt.

Sie haben hierbei die vorausgegangenen Rechtsgeschäfte, die auf den Erwerb durch die Gesellschaft hingezielt haben, ferner die Erwerbs- und Herstellungspreise aus den letzten beiden Jahren und im Falle des Ueberganges eines Unternehmens auf die Gesellschaft die Betriebserträgnisse aus den letzten beiden Geschäftsjahren anzugeben.

§ 191. **Gründerbericht.** (Art. 209 g, I 177, II 189). — Ueber diese Erklärung, den Gründerbericht (die Denkschrift sagt statt dessen weniger prägnant „Gründererklärung"), vgl. §§ 195 Nr. 1, 193 Abs. 3, 202 ff., § 313 Nr. 1 u. 2; RG. 18 S. 68, 26 S. 41; Str. 18 S. 105.

Abs. 1 weicht vom ersten Satze des Art. 209 g dadurch ab, daß dieser mehr auf das subjektive Ermessen der Gründer hinwies, „mit Rücksicht auf welche ihnen die Höhe der . . . Beträge gerechtfertigt erscheint". Selbstverständlich bezieht sich die Darlegungspflicht immer nur auf diejenigen Umstände, welche die Gründer bei pflichtmäßiger Sorgfalt (§ 202 Abs. 2) nach Maßgabe der in dem fraglichen Zeitpunkte bestehenden Verhältnisse als wesentlich für die Werthbemessung ansehen müssen. Daraus dürfen aber nicht, wie geschehen (D.), Folgerungen gezogen werden, welche die Verpflichtung der Gründer zur Offenlegung der objektiv wesentlichen Umstände in zweckwidriger Weise beschränken. Daher die objektivere Fassung. Die Erklärung ist an den Vorstand zu richten, welcher sie dem Aufsichtsrath mitzutheilen hat. Wenn auch die errichtete oder zu errichtende AG. als solche noch nicht existirt (§ 210 Abs. 1), so vertritt er sie doch den Gründern gegenüber insofern schon jetzt (§ 231). Die Mitglieder des Vorstandes und des Aufsichtsraths haben daraufhin den Hergang der Gründung zu prüfen, und der Vorstand bezw. der Aufsichtsrath hat nöthigenfalls die Ernennung von Revisoren zu veranlassen (§ 192), welche insbesondere diesen Gründerbericht zu prüfen haben (§ 193).

Abs. 2 hat dem zweiten Satze des Art. 209 f. die Pflicht zur Angabe der Betriebserträgnisse aus den letzten zwei Jahren als Schlußpassus hinzugefügt, da diese selbstverständlich bei der „Umgründung" für die Beurtheilung des Werthes des Unternehmens außerordentlich wichtig sind. Die Folge der Vorschrift über die Angabe der Betriebserträgnisse aus den letzten zwei Jahren kann unter Umständen eine unnatürliche Anspannung einerseits und übertriebene Beschränkung andererseits im Betriebe sein, aber im Allgemeinen wird unter Berücksichtigung dessen und der Konjunktur überhaupt die schon bisher vielfach beobachtete Angabe ein richtiges Bild geben.

§§ 192—195. **Prüfung der Gründung.** Die Prüfung hat stattzufinden, die Gründung mag Einheits- oder Zeichnungsgründung sein, das öffentliche Interesse in Folge der Befassung des Publikums mit den Aktien besteht in jenem Falle so gut wie in diesem. Es können daher auch die Zeichner so wenig auf die Prüfung wie die Revisoren auf den Gründerbericht verzichten. Die gegebenen Revisoren sind der erste Vorstand (§§ 231, 239, 240) und der erste Aufsichtsrath (§ 246), außerdem muß unter Umständen (Abs. 2) noch eine Revision durch besondere Revisoren stattfinden. Die Abweichung des Gesetzes liegt nun a) in der Erweiterung der Voraussetzungen, indem stets, wenn § 186 Abs. 2, Sacheinlage oder -übernahme, vorliegt, besondere Revisoren eintreten (§ 192 Abs. 2); — b) in der Beseitigung des Einflusses von Vorstand und Aufsichtsrath in Bezug auf deren Bestellung (§ 192 Abs. 3), während jene bisher dieselbe eventuell vornehmen (§ 192 Abs. 3); — c) in dem Präjudiz für die Gründer, wenn diese den Revisoren nicht die gewünschte Aufklärung geben (§ 194 Abs. 1); — d) in der Unabhängigkeit der Revisoren hinsichtlich ihrer Vergütung (§ 194 Abs. 2).

§ 192.

Die Mitglieder des Vorstandes und des Aufsichtsraths haben den Hergang der Gründung zu prüfen.

Gehört ein Mitglied des Vorstandes oder des Aufsichtsraths zu den Gründern oder hat sich ein Mitglied einen besonderen Vortheil oder für die Gründung oder deren Vorbereitung eine Entschädigung oder Belohnung ausbedungen oder liegt ein Fall des § 186 Abs. 2 vor, so hat außerdem eine Prüfung durch besondere Revisoren stattzufinden.

Die Revisoren werden durch das für die Vertretung des Handelsstandes berufene Organ, in Ermangelung eines solchen durch das Gericht bestellt, in dessen Bezirke die Gesellschaft ihren Sitz hat.

§ 192. **Revisoren.** (Art. 209 h Abs. 1, I 178, II 190.)

Abs. 1. Die Mitglieder, d. h. jedes Mitglied des Vorstandes und des Aufsichtsrathes sind, so zu sagen, die geborenen Revisoren, die kraft ihres Amtes zu solcher Prüfung berechtigt und verpflichtet sind und solche mit der Sorgfalt eines ordentlichen Kaufmanns vorzunehmen haben: §§ 241, 249, deren Untreue auch in dieser Hinsicht nach § 312 strafbar ist.

Abs. 2 führt als weitere Nothwendigkeit der Prüfung durch besondere Revisoren den Fall des § 186 Abs. 2 auf. Die Mitglieder des Aufsichtsraths und des Vorstandes werden ihrer Pflicht nicht dadurch überhoben, daß besondere Revisoren zu ernennen sind und ernannt werden. Sie bleiben nach wie vor zur Prüfung verpflichtet, neben und mit den besonderen Revisoren.

Abs. 3. Unter dem für die Vertretung des Handelsstandes berufenen Organ (vgl. GVG. § 112), das in den verschiedenen deutschen Staaten und in Preußen selbst verschieden ist, kann ebenfalls nur das örtlich zuständige, d. h. dasjenige gemeint sein, „in dessen Bezirke die Gesellschaft ihren Sitz hat". Diese Worte müssen sowohl auf „Organ" wie auf „Gericht" bezogen werden. In Preußen kommen in Frage die Handelskammern, die ostelbischen kaufmännischen Korporationen, das Kommerzkolleg in Altona, in Hamburg, Bremen, Lübeck ebenfalls die Handelskammern. Die Denkschrift sagt: „Hinsichtlich der Frage, welche Organe zur Vertretung des Handelsstandes berufen sind, kann, da die betreffenden Einrichtungen in den einzelnen Bundesstaaten vielfach abweichen, nichts Näheres festgesetzt werden; soweit in einem Bundesstaate verschiedene Vertretungsorgane dieser Art bestehen, wird es Sache der Landesregierung sein, die nöthigen Bestimmungen zu treffen." Natürlich kann damit nur die sachliche, nicht die örtliche Zuständigkeit gemeint sein. — Es ist klar, daß die Handelskammer nur auf Antrag Revisoren bestellt. Zu dem Antrage berechtigt wie verpflichtet sind auf Grund ihrer Amtspflicht der Vorstand und der Aufsichtsrath, für berechtigt müssen aber auch die Gründer gelten, da sie ja für die Richtigkeit und Vollständigkeit ihrer Angaben haften (§ 202), also das dringendste Interesse daran haben, daß dieselbe durch die Revisoren festgestellt werde; außerdem haben diese drei Faktoren die Gesellschaft zum HR. anzumelden und dabei die Prüfungsberichte oder die in § 195 Nr. 5 erwähnte Bescheinigung vorzulegen, wenn sie nicht Ablehnung der Eintragung bezw. weiteren Vorgehens des Registergerichts nach § 196 gewärtigen wollen. Sie müssen also auch befugt sein, dafür zu sorgen, daß dieselben gegeben werden können. Bei der Einheitsgründung können die Gründer allerdings den Vorstand und den Aufsichtsrath auf Grund ihres Mandatsverhältnisses zur Beobachtung ihrer Pflicht zwingen; bei der Zeichnungsgründung dagegen haben sie, da die Generalversammlung Mandantin beider Organe ist, kein direktes Zwangsmittel gegen dieselben. Die Zeichner können nach ihrer, wie oben ausgeführt, allgemeinen Stellung eine solche Antragsberechtigung nicht haben. — Das Organ des Handelsstandes kann die Bestellung der Revisoren nicht ablehnen, demselben ist durch Abs. 3 sowohl Befugniß wie Pflicht dazu übertragen. Im Falle der Ablehnung ist daher Dienstbeschwerde an die vorgesetzte Behörde gegeben.

Erst wenn für den betreffenden Bezirk kein Organ des Handelsstandes besteht, ist das Gericht des Bezirks zu der Bestellung berufen. Daß es sich hier um einen Akt nicht streitiger Gerichtsbarkeit handelt, kann nicht zweifelhaft sein. Zuständig sind die Amtsgerichte: Ges. über d. freiw. Gerichtsbarkeit § 145. Auch das Gericht wird in der Regel nur auf Antrag in die Lage kommen, die Revisoren zu bestellen; es hat solchen Antrag a limine zurückzuweisen bezw. dem Organe des Handelsstandes des Bezirks zu überweisen, wenn ein solches für den Sitz der Gesellschaft besteht. Andernfalls hat es dem Antrage zu entsprechen. Das Gericht wird sogar von Amtswegen die Revisoren bestellen können, wenn es durch die Anmeldung erfährt, daß eine Prüfung des Hergangs der Gründung durch besondere Revisoren hätte stattfinden müssen, aber übersehen ist, und kein Organ des Handelsstandes für den Bezirk besteht. — Gegen die Ablehnung des Antrages findet Beschwerde nach Maßgabe des Ges. über d. freiw. Gerichtsbarkeit (§§ 19 ff.) statt.

Gesetzliche Vorschriften, wie sie in der CPO. für die Annahme oder Ablehnung des Sachverständigergutachtens aufgestellt sind, existiren für die Uebernahme oder Ablehnung der Bestellung zum Revisor nicht. Nur müssen Personen, die als Revisoren öffentlich bestellt sind oder sich öffentlich erboten haben, ihre etwaige Ablehnung des Auftrages dem Auftraggeber unverzüglich anzeigen: BGB. § 663. — Für die ordnungsmäßige Ausführung der Prüfung haften die Revisoren nach BGB. §§ 675, 635; vgl. RG. 5 S. 19.

§ 193.

Die Prüfung hat sich insbesondere auf die Richtigkeit und Vollständigkeit der Angaben zu erstrecken, die in Ansehung der Zeichnung und Einzahlung des Grundkapitals sowie in Ansehung der im § 186 vorgesehenen Festsetzungen von den Gründern gemacht sind. Der Inhalt der im § 191 bestimmten Erklärung ist auch in der Richtung zu prüfen, ob bezüglich der Angemessenheit der für die eingelegten oder übernommenen Gegenstände gewährten Beträge Bedenken obwalten.

Ueber die Prüfung ist unter Darlegung der im Abs. 1 bezeichneten Umstände schriftlich Bericht zu erstatten.

Sind die Revisoren durch das für die Vertretung des Handelsstandes berufene Organ bestellt, so haben sie diesem ein Exemplar des Berichts einzureichen. Die Einsicht des eingereichten Berichts ist Jedem gestattet.

§ 193. **Gegenstand der Prüfung.** (Art. 209h Abs. 2, 3, I 179, II 191). § 193 bezieht sich sowohl auf die Prüfung durch Vorstand und Aufsichtsrath, wie durch besondere Revisoren.

Abs. 1 geht davon aus, „daß einer Revision, die sich nicht auf die in Frage stehende sachliche Seite der Gründung erstrecke, kaum eine Bedeutung beizulegen“ ist (D.). Die Zahlungsfähigkeit der Zeichner zu prüfen, liegt den Revisoren gewiß nicht ob, wenn ihnen nicht geradezu Bedenken entgegentreten.

Abs. 2. Der Bericht wird der Gesellschaft erstattet und zwar de jure von jedem Mitgliede des Vorstandes und des Aufsichtsrathes und jedem Revisor. Die Berichte sind der Anmeldung zum HR. beizufügen (§ 195 Nr. 5).

Abs. 3 ist erst vom zweiten Entwurfe hinzugefügt und erledigt die Erörterungen über Veröffentlichung des Prüfungsberichts. Veröffentlichung im allgemeinen Sinne, ist ebensowenig wie bisher, vorgeschrieben, vgl. §§ 195[5], 199 Abs. 2; aber auch die Namen der Revisoren werden nicht mehr veröffentlicht, weil „eine solche Veröffentlichung mangels einer gleichzeitigen Bekanntgabe des Ergebnisses der Revision unter Umständen nur dazu führt, eine grundlose Reklame für das Unternehmen zu machen“ (D.). Der Handelskammer selbst soll auf diese Weise Gelegenheit gegeben werden, in den Hergang der Gründung einen Einblick zu gewinnen und dem Publikum Einsicht zu gewähren. Das ist einmal im öffentlichen Interesse, sodann für die Handelskammer nicht überflüssig wegen § 194, Abs. 2. Die Einsichtsmöglichkeit für Jedermann beseitigt jede Heimlichkeit in Betreff von Gründungen und ist zugleich eine Fürsorge für die Zeichner, denen daran liegt, sich über die Lage der Gesellschaft schon vor der Generalversammlung zu unterrichten.

§ 194.

Ergeben sich zwischen den im § 192 Abs. 2, 3 bezeichneten Revisoren und den Gründern Meinungsverschiedenheiten über den Umfang der von den Gründern zu gewährenden Aufklärungen und Nachweise, so entscheidet endgültig diejenige Stelle, von welcher die Revisoren ernannt sind. Solange sich die Gründer weigern, der Entscheidung nachzukommen, unterbleibt die Erstattung des Prüfungsberichts.

Die Revisoren haben Anspruch auf Ersatz angemessener baarer Auslagen und auf Vergütung für ihre Thätigkeit. Die Auslagen und die Vergütung werden durch die im Abs. 1 bezeichnete Stelle festgesetzt.

§ 194. **Meinungsverschiedenheiten. Vergütung.** (Neu, I 180, II 193.)

Abs. 1. Es handelt sich hier lediglich um die Entscheidung von Meinungsverschiedenheiten. Voraussetzung ist, daß die besonderen Revisoren Aufklärungen oder Nachweise von den Gründern wünschen, welche diese nicht ertheilen wollen. In diesem Falle können beide Theile ihren Streit der Stelle unterbreiten, welche die Revisoren ernannt hat. Diese entscheidet endgültig; Beschwerde ist nicht statthaft. Von einem Vollzug der Entscheidung kann schon ihrer Natur nach keine Rede sein, abgesehen davon, daß das Organ des Handelsstandes überhaupt keine Mittel dazu hat, und daß eine Vollstreckung, etwa der Herausgabe des Nachweises, außerdem mit der Stellung der Gründer, wie sie oben (§ 189) erörtert ist, nicht zu vereinigen wäre. Die Folge weiterer Weigerung der Gründer, die Entscheidung zu befolgen, kann nur Zurückhaltung des Revisionsberichtes, und da dieser zur Anmeldung nöthig ist (§ 195[5]), Einhalt der ganzen Gründung sein, bis die Gründer der Entscheidung nachkommen. — Durch diese Möglichkeit einer Anrufung der Handelskammer erhalten die Revisoren den Gründern gegenüber eine selbständigere und geschütztere Stellung. „Eine Verantwortlichkeit der Handelskammer für die Gründung kommt dabei eben so wenig wie bisher in Frage" (D.). — Auch im Falle das Gericht thätig wird, handelt es sich nicht eigentlich um freiwillige Gerichtsbarkeit, überhaupt nicht um Gerichtsbarkeit, sondern um eine Feststellung durch das arbitrium eines Unparteiischen, eine Thätigkeit, welcher EG. z. GVG. § 4 gewiß nicht entgegensteht.

Abs. 2. Satz 1 ist allgemeinen Grundsätzen entsprechend; vgl. BGB. §§ 632, 670, 675. Der Anspruch geht gegen die Gesellschaft. Der Anspruch gehört zum Gesammtaufwande der Gründung im Sinne von § 186 Abs. 3, § 202 Abs. 1, zu den allgemeinen Unkosten, welche die Gründung und ihre Vorbereitung verursachen, und welche der AG. zur Last zu schreiben sind, wenn sie entsteht (§ 200), welche aber wie alle Unkosten von den Gründern zu tragen sind, wenn sie nicht entsteht. Die Zeichner können zu denselben nicht herangezogen werden; denn die Entstehung der AG. ist die gesetzliche Voraussetzung jeder Verbindlichkeit derselben.

Satz 2 ist wieder sehr geeignet, die Unabhängigkeit der Revisoren zu fördern. Die Festsetzung erfolgt durch die Handelskammer u. s. w. bezw. durch das bestellende Registergericht. Endgültig? Dagegen spricht, daß dies trotz Bezugnahme auf Abs. 1 nicht wiederholt ist. Beschwerde ist also zulässig.

§§ 195—201. **Anmeldung, Errichtung, Eintragung, Veröffentlichung.**

Die ganze Konstruktion der AG. hat in Folge der gesetzlichen Sicherungsmaßregeln gegen Täuschung des Publikums und volkswirthschaftliche Schädigung etwas Gekünsteltes bekommen. Das zeigt sich insbesondere auch in der Anmeldung zum HR. Dieselbe muß nicht nur vorgenommen werden, ehe die Gesellschaft überhaupt errichtet ist — das ist im Hinblick auf die rechtliche Fürsorge für Ungeborene nichts Außerordentliches —, aber sie muß auch erfolgen, damit die Gesellschaft errichtet werden kann. Das Gesetz bestimmt die Anmeldung der Gesellschaft, die im Falle der Zeichnungsgründung noch gar nicht errichtet ist, deren Errichtung möglichenfalls auch gar nicht beschlossen wird, für den Fall, daß sie errichtet wird, damit, wenn dieser Fall eintritt, alle rechtspolizeilichen Vorsichtsmaßregeln, die der Staat im Interesse des Publikums für nöthig erachtet, erfüllt sind. Ueber die Rechtsfolgen, wenn der Fall nicht eintritt, die Generalversammlung die Errichtung der Gesellschaft nicht beschließt, äußert das Gesetz sich nicht. Diese Rechtsfolgen sind daher nach BGB. zu beurtheilen; sie bewegen sich in verschiedenen Richtungen: einmal in Bezug auf das Verhältniß der Gründer unter einander, ferner zu Dritten, von denen die Gesellschaft Anlagen u. s. w. übernommen hat, endlich zu den Zeichnern, deren Angebot die Gründer durch Zutheilung der Aktien angenommen haben und mit denen sie dadurch ein aktuelles Gesellschaftsverhältniß de ineunda societate eingegangen sind. Diese Vertragsverhältnisse sind vorhanden und festgestellt in Bezug auf das Verhältniß der Gründer unter sich durch den Konsortialvertrag, in Bezug auf Uebernahmen aus dem Vermögen der zukünftigen Gesellschaft durch den Uebernahmevertrag, in Bezug auf das Verhältniß zu den Zeichnern durch den Zeichnungsvertrag. Nach Scheiterung des Zeichnungsgründungsplans liegt die Sache also nicht etwa so, als wenn mit Nichterreichung des Zweckes, zu welchem jene Verträge eingegangen wurden, nun Alles nichtig wäre. Es sind allerlei Kosten entstanden, der Gesammtaufwand der Gründung, Generalunkosten, z. B. Druckkosten, Revisorenhonorar u. A., ferner Kosten und Stempel der notariellen und gerichtlichen Verträge, Kosten, welche, wenn sie zu Stande gekommen wäre, die Gesellschaft zu tragen hätte (§ 195 Nr. 2), andererseits haben regelmäßig bereits bei der Zeichnung, jedenfalls bei der Anmeldung (§ 195 Abs. 3), Einzahlungen der Zeichner und Einlagen der Gründer stattgefunden, die zurückzuvergüten sind u. s. w. In diesen Hinsichten sind stets namens der zu errichtenden Gesellschaft vorgenommene Handlungen Dritten gegenüber und Ansprüche aus dem zwiefachen Gesellschaftsverhältnisse einmal der Konsortialbetheiligten, sodann der Gründer und der Zeichner zu unterscheiden; vgl. hierüber § 200.

Die Konstruktion des bisherigen Gesetzes ist beibehalten; die einzelnen Abweichungen betreffen den Gegenstand der Anmeldung (§ 195 Abs. 1 u. 3); — die Beifügung der Bescheinigung über den Revisorenbericht (§ 195 Nr. 5); das Stimmrecht von Einzelrechtsnachfolgern (§ 198 Abs. 2); die Bestimmung der Mehrheit im Falle des § 186 (§ 196 Abs. 4); die öffentliche Bekanntmachung (§ 199 Nr. 2).

§ 195.

Die Gesellschaft ist bei dem Gericht, in dessen Bezirk sie ihren Sitz hat, von sämmtlichen Gründern und Mitgliedern des Vorstandes und des Aufsichtsraths zur Eintragung in das Handelsregister anzumelden.

Der Anmeldung sind beizufügen:

1. der Gesellschaftsvertrag und die im § 182 Abs. 1 und im § 188 Abs. 2 bezeichneten Verhandlungen;
2. im Falle des § 186 die Verträge, welche den dort bezeichneten Festsetzungen zu Grunde liegen oder zu ihrer Ausführung ge-

schlossen sind, die im § 191 vorgesehene Erklärung und eine Berechnung des der Gesellschaft zur Last fallenden Gründungsaufwandes, in der die Vergütungen nach Art und Höhe und die Empfänger einzeln aufzuführen sind;

3. wenn nicht alle Aktien von den Gründern übernommen sind, zum Nachweise der Zeichnung des Grundkapitals die Duplikate der Zeichnungsscheine und ein von den Gründern unterschriebenes Verzeichniß aller Aktionäre, welches die auf jeden entfallenen Aktien sowie die auf die letzteren geschehenen Einzahlungen angiebt;
4. die Urkunden über die Bestellung des Vorstandes und des Aufsichtsraths;
5. die gemäß § 193 Abs. 2 erstatteten Berichte nebst ihren urkundlichen Grundlagen sowie im Falle des § 193 Abs. 3 die Bescheinigung, daß der Prüfungsbericht der Revisoren bei dem zur Vertretung des Handelsstandes berufenen Organ eingereicht ist;
6. wenn der Gegenstand des Unternehmens der staatlichen Genehmigung bedarf, sowie in den Fällen des § 180 Abs. 2 die Genehmigungsurkunde.

In der Anmeldung ist die Erklärung abzugeben, daß auf jede Aktie, soweit nicht andere als durch Baarzahlung zu leistende Einlagen bedungen sind, der eingeforderte Betrag baar eingezahlt und im Besitze des Vorstandes ist. Der Betrag, zu welchem die Aktien ausgegeben werden, und der hierauf baar eingezahlte Betrag sind anzugeben; dieser muß mindestens ein Viertheil des Nennbetrags und im Falle der Ausgabe von Aktien für einen höheren als den Nennbetrag auch den Mehrbetrag umfassen. Als Baarzahlung gilt nur die Zahlung in deutschem Gelde, in Reichskassenscheinen sowie in gesetzlich zugelassenen Noten deutscher Banken.

Die Mitglieder des Vorstandes haben ihre Namensunterschrift zur Aufbewahrung bei dem Gerichte zu zeichnen.

Die der Anmeldung beigefügten Schriftstücke werden bei dem Gericht in Urschrift oder in beglaubigter Abschrift aufbewahrt.

§ 195. **Anmeldung.** (Art. 210, I 181, II 193.)

Abs. 1. Nicht mehr „der Gesellschaftsvertrag" auch nicht, was allein den Thatsachen entsprechen würde, einfach „die Gründung", sondern unlogischer Weise „die Gesellschaft", welche es im Falle der Zeichnungsgründung noch gar nicht giebt, die aber vielleicht errichtet wird, ist bei dem Gericht, in dessen Bezirke sie ihren Sitz hat, d. h. vielleicht haben wird, wenn nämlich ihre Errichtung beschlossen wird, zur Eintragung in das HR. anzumelden. Der Grund dieser sachlich bedeutungslosen Aenderung, die natürlich durch Bezugnahme auf die Eintragung der offenen HG. und der KG. nicht gerechtfertigt wird, da diese als existirende eingetragen werden, ist das Bedenken wegen der Eintragung des Inhalts des Gesellschaftsvertrages, dem damit freilich ausgewichen wird; vgl. § 198. — Die Anmeldung muß erfolgen, nämlich wenn der Zweck der Errichtung erreicht werden soll. Erzwingbar von Staatswegen ist sie als ein Akt freiwilliger Gerichtsbarkeit im wahren, eigentlichen Sinne nicht: § 319 Abs. 2; dagegen haben die Gründer die gegenseitige Verpflichtung zur Mitwirkung aus ihrem Konsortialvertrage sowohl im Falle der Einheits- wie der Zeichnungsgründung, im letzten Falle volle Zeichnung des nach dem Gesellschaftsvertrage erforderlichen Grundkapitals vorausgesetzt. Auch die Mitglieder des Vorstandes und Aufsichtsrathes sind den Gründern aus dem übernommenen Auftrage zur Anmeldung dann verpflichtet, wenn Einheitsgründung vorliegt und § 190 Abs. 1 auch auf den Vorstand Anwendung findet. Andernfalls ihre Auftraggeberin, die Generalversammlung, die sie gewählt hat. Diese hat aber kein Organ zur Geltendmachung ihres Mandats, wenn sie nicht etwa die Gründer mit ihrer Vertretung beauftragt hat, sie müßte wieder berufen werden, um eine solche Vertretung zu bestellen; vgl. § 268 Abs. 2.

Die Anmeldung muß von sämmtlichen Gründern und Mitgliedern des Vorstandes und Aufsichtsrathes erfolgen, d. h. von sämmtlichen zur Zeit der Anmeldung vorhandenen. Im Falle des Todes eines Gründers kommen BGB. §§ 727, 736; (vgl. auch § 12 Abs. 2 d. Ges.); im Falle des Todes eines Vorstands- oder Aufsichtsrathsmitgliedes BGB. § 671 in Anwendung. — Stellvertretung von Aufsichtsrathsmitgliedern ist nicht zulässig (§ 246 Abs. 4); von Vorstandsmitgliedern nur nach Maßgabe der §§ 242, 248; vgl. § 195 vorletzten Abs.; Stellvertretung von Gründern ist zulässig in Gemäßheit des § 12.

Die Anmeldung ist, wie aus § 196 Abs. 3 hervorgeht, von sämmtlichen Anmeldern zu unterzeichnen. BGB. Art. 210 Abs. 4 enthielt diese keineswegs selbstverständliche, hier weggelassene Vorschrift. Sie ist in dem Ges. über d. freiw. Gerichtsbarkeit §§ 11, 128, 177 im Falle der Anmeldung zu Protokoll des Gerichtsschreibers wiederholt.

Abs. 2 zählt die der Anmeldung beizufügenden Schriftstücke auf. Dieselben können natürlich nicht veröffentlicht werden, soweit sie nicht eingetragen werden (§ 198; vgl. aber § 199 Nr. 1). Bei der Veröffentlichung der Eintragung ist aber anzugeben, daß die Einsicht der überreichten Schriftstücke, wobei der Prüfungsbericht hervorzuheben ist, bei Gericht, bezw. der Bericht der Revisoren bei der Handelskammer u. s. w. freistehe.

Nr. 1: der Gesellschaftsvertrag und die anfänglichen (§ 182 Abs. 1) und nachträglichen (§ 188 Abs. 2) notariellen oder gerichtlichen Verhandlungen über die Aktienübernahme der Gründer.

Nr. 2: nämlich die Verträge, in welchen

a) zu Gunsten einzelner Aktionäre besondere Vortheile bedungen sind: § 186 Abs. 1;
b) Aktionären Aktien gegen Sacheinlagen gewährt werden: das. Abs. 2;
c) Anlagen oder andere Vermögensgegenstände durch die zu errichtende Gesellschaft übernommen werden (ebenda);
d) die Entschädigung für den Gründeraufwand vereinbart wird (das. Abs. 3).

Daraus folgt, daß auch diese Verträge schriftlich abgefaßt werden müssen, sonst lassen sie sich der Anmeldung nicht beifügen. Notarielle oder gerichtliche Form ist dagegen nach dem HGB. nicht, wohl aber je nach dem Gegenstande vielleicht auf Grund des BGB. erforderlich; vgl. BGB. §§ 311 (Vermögensübertragung), 313 (Immobiliareigenthumsübertragung), 518 (Schenkungsversprechen). — Der Gründungsaufwand § 186 Abs. 4 fällt der Gesellschaft natürlich nur zur Last, wenn sie errichtet ist oder wird; das setzt das Gesetz voraus. Die Berechnung muß „die Vergütungen nach Art und Höhe und die Empfänger einzeln" aufführen; also nicht jeden einzelnen Posten einer einzelnen Art, z. B. unter der „Art" Porto nicht jede einzelne Sendung.

Nr. 3: Fall der Zeichnungsgründung: § 189. Die „Zeichnung" des Grundkapitals im eigentlichen Sinne muß und kann gar nicht nachgewiesen werden, da die in jedem Falle von den Gründern übernommenen Aktien nicht gezeichnet werden (s. Nr. 1). Das Gesetz meint wieder die Unterbringung des

Grundkapitals zur Uebernahme und Zeichnung. Die Zeichnungen auf den überreichten Zeichnungsscheinen und die nach Nr. 1 ersichtlichen Beträge übernommener Aktien zusammen müssen das aus dem Verzeichniß aller Aktionäre ersichtliche Grundkapital ergeben. Aus Nr. 3 folgt, daß nunmehr einerseits laut Verzeichniß und Zeichnungsscheinen die Feststellung derjenigen Zeichner erfolgt sein muß, mit welchen die Gründer sich entschlossen haben und jetzt dem Handelsgericht erklären, die AG. zu errichten, andererseits der nicht von Anderen gezeichnete Rest des Grundkapitals von ihnen gezeichnet sein muß (§ 202).

Nr. 4: Vgl. § 182 Nr. 4 und § 190. Erfolgte die Bestellung durch die Generalversammlung, so ist das gemäß § 259 aufgenommene Protokoll in öffentlich beglaubigter Abschrift beizulegen.

Nr. 5: Der Prüfungsbericht ist dem Registergerichte bei der Anmeldung vorzulegen, außerdem, wenn die Revisoren durch die Handelskammer u. s. w. ernannt wurden (§ 193 Abs. 3), die Bescheinigung, daß der Handelskammer ein Exemplar desselben eingereicht sei. Das Exemplar ist also von der Handelskammer entgegenzunehmen und Bescheinigung darüber von ihr zu ertheilen; eventuell muß es ihr, um Beschwerde zu vermeiden, durch Gerichtsvollzieher oder Notar zugestellt werden.

Nr. 6: Vgl. Ges. v. 11. Juni 1870 § 3; und z. B. GO. §§ 16, 24, 30, 32 ff.; vgl. auch § 201 Abs. 5 und § 284; daß AG. die Erlaubniß zu konzessionspflichtigen Gewerben nicht ertheilt werden könnte, hat allerdings das OVG. 9 S. 287 angenommen, jedoch nicht überzeugend. Ehe die staatliche Genehmigung eines konzessionspflichtigen Unternehmens — als dessen erste Voraussetzung — dem Registerrichter vorliegt, hat er sich auf die Anmeldung überall nicht einzulassen (vgl. Johow 11 S. 23); ob das Unternehmen aber konzessionspflichtig ist, hat er allerdings zu prüfen, wie jede Rechtsvoraussetzung, er kann also nicht eine Verwaltungsbescheinigung verlangen, daß der Gegenstand des Unternehmens nicht konzessionspflichtig sei; liegt eine solche Bescheinigung der zuständigen Behörde aber vor, so ist sie für ihn, wenn auch nicht formell, maßgebend. Die Prüfungspflicht des Registerrichters kann nicht in Anmaßung der Befugnisse des anderen Ressorts ausarten. Im Falle der Genehmigung ist die Genehmigungsurkunde selbst vorzulegen und nicht etwa eine Bescheinigung über die erfolgte Genehmigung. — Dasselbe gilt von der bundesrathlichen Genehmigung im Falle des § 180 Abs. 2.

Abs. 3. Baareinlagen müssen baar eingezahlt sein, Annahme an Zahlungsstatt (BGB. § 364 Abs. 1) ist ausgeschlossen; vgl. Anm. zu § 186, 189 Abs. 3 Nr. 3. Ebensowenig genügt Gutschrift bei der Bank. Ein dahinzielender Antrag wurde von der Kommission ausdrücklich abgelehnt, nachdem hervorgehoben war, daß aus der Ueberweisung von Guthaben in einer Reihe von Fällen für den Vorstand Schwierigkeiten der AG. mit dem Bankhause zu erwarten seien; aus demselben Grunde solle die Zahlung nicht durch einen Check geleistet werden können (vgl. RG.Str. 24 S. 9). Einzahlung durch den Aktionär selbst ist nicht erforderlich; vgl. Anm. zu § 186; aber auf seine Aktien, und eventuell auf jede seiner Aktien muß der Betrag (mindestens 25 %) gezahlt sein; hat er 2 Aktien und auf eine 50 % eingezahlt, während nur 25 % auf jede einzuzahlen waren, so sind nicht die überschüssigen 25 % auf die andere Aktie zu rechnen; RG.Str. 26 S. 66 ff.; BGB. § 266. — Folgen der Säumigkeit des Aktionärs: §§ 218, 219.

Die Baareinlagen müssen auch im Besitze des Vorstandes sein. Wie der Vorstand, nachdem er die baare Einzahlung erhalten hat, dieselbe für die Gesellschaft aufbewahrt oder anlegt, ist seine Sache, wenn er nur pflichtmäßig dabei verfährt (Komm.B.). Ein Antrag, statt „im Besitze“, analog dem § 8 Abs. 2 des Gesellsch.Ges., zu sagen „in der freien Verfügung des Vorstandes“, wurde in der Komm. abgelehnt, mit dem Hinweise darauf, daß bei Gesellschaften m. b. H. die Gefahr der Natur der Sache nach kleiner sei. Daraus ergiebt sich, daß der Vorstand den Besitz, sei er nun unmittelbarer oder mittelbarer (BGB. §§ 854, 868), der Baareinlagen behalten muß, und das Baarkapital nicht etwa in Werthpapieren, Hypotheken, Banquierguthaben „anlegen“ darf, wenn er pflichtmäßig handeln will. Eine wissentlich falsche Angabe über diesen „Besitz" ist aber nicht nach § 313, sondern nur nach § 314 strafbar.

Ueber Ausgabekurs: vgl. § 189 Abs. 3 Nr. 3, § 184. Derselbe ist zu veröffentlichen (§ 199 Nr. 2). Falsche Angabe ist nach § 313 Nr. 1 u. 2 strafbar. — „Als Baarzahlung gilt nur": das „nur" ist Zusatz der Komm. Daraus folgt keineswegs, daß das Grundkapital und der Aktiennennbetrag in deutscher Währung lauten muß, aber die Vorschrift nöthigt mindestens dazu, schon in den Aktien einen festen Umrechnungskurs in deutscher Währung aufzustellen; zumal nach § 211 Nachzahlung behufs späterer Umwandlung in Reichswährung nicht erzwungen werden kann (ROHG. 23 S. 298); vgl. auch BGB. §§ 244, 245. — Ueber gesetzlich zugelassene Banknoten vgl. R.bankges. vom 14. März 1875 § 9 Anl.

Abs. 4. Denn der Vorstand vertritt die Gesellschaft: §§ 231, 233. — Von den Stellvertretern der Vorstandsmitglieder (§ 242) kann hier keine Rede sein, denn Stellvertretung in dieser Zeichnung des eigenen Namens giebt es nicht, nur in der Anmeldung, vgl. § 12.

Abs. 5. „In Urschrift oder in beglaubigter Abschrift"; das soll heißen: das der Anmeldung beigefügte Exemplar oder eine beglaubigte Abschrift desselben; ob das beigefügte Exemplar selbst Urschrift oder Abschrift ist, darüber sagt diese Vorschrift nichts. In der That liegt es bei den verschiedenen Nummern ganz verschieden. Von allen gerichtlichen oder notariellen Verhandlungen (Nr. 1, 2, 4) werden von Gerichten und Notarien — von nicht in Betracht kommenden Ausnahmen abgesehen — Urschriften nicht herausgegeben; es kann sich hier nur um Ausfertigungen handeln; die in Nr. 2 erwähnten Verträge, wenn Privatverträge, werden in Urschrift vorzulegen sein; der Gründerbericht, die Berechnung des Gründungsaufwandes, das Aktionärverzeichniß (3) sind, wie alle einseitigen Erklärungen, in dem Exemplare, welches von dem Autor überreicht wird, immer als Urschrift anzusehen, sollte es auch von einem anderen Exemplare abgeschrieben sein; die einseitigen Erklärungen dritter Personen oder von Behörden, wie Zeichnungsscheine (3), Prüfungsberichte und Bescheinigung (5), Genehmigungsurkunde (6), sind wieder in Original vorzulegen, da von einer anderen Form nichts erwähnt ist. Eine Abschrift der Genehmigungsurkunde z. B. ist doch nicht die Genehmigungsurkunde selbst. Diese überreichten Schriften bleiben in Urschrift bei den HR.-Akten oder es werden, wenn ihre Rückgabe gewünscht wird, Abschriften davon zu denselben genommen. Das ist schon wegen der Veröffentlichung erforderlich.

§ 196.

Haben die Gründer nicht alle Aktien übernommen, so beruft das im § 195 bezeichnete Gericht eine Generalversammlung der in dem Verzeichniß aufgeführten Aktionäre zur Beschlußfassung über die Errichtung der Gesellschaft.

Die Versammlung findet unter der Leitung des Gerichts statt.

Der Vorstand und der Aufsichtsrath haben sich über die Ergebnisse der ihnen in Ansehung der Gründung obliegenden Prüfung auf Grund der im § 193 Abs. 2 bezeichneten Berichte und ihrer urkundlichen Grundlagen zu erklären. Jedes Mitglied des Vorstandes und des Aufsichtsraths kann bis zur Beschlußfassung die Unterzeichnung der Anmeldung zurückziehen.

Die der Errichtung der Gesellschaft zustimmende Mehrheit muß mindestens ein Viertheil aller in dem Verzeichniß aufgeführten Aktionäre umfassen; der Betrag ihrer Antheile muß mindestens ein Viertheil des gesammten Grundkapitals darstellen. Auch wenn diese Mehrheit erreicht wird, gilt die Errichtung als abgelehnt, sofern hinsichtlich eines Theiles der Aktionäre die Voraussetzungen des § 186 vorliegen und sich die Mehrheit der von anderen Aktionären abgegebenen Stimmen gegen die Errichtung erklärt.

Die Zustimmung aller erschienenen Aktionäre ist erforderlich, wenn die im § 182 Abs. 2 Nr. 1 bis 4, im § 183, im § 184 Abs. 2 sowie die im § 185 bezeichneten Bestimmungen des Gesellschaftsvertrags abgeändert oder die im § 186 vorgesehenen Festsetzungen zu Lasten der Gesellschaft erweitert werden sollen. Dasselbe gilt, wenn die Dauer der Gesellschaft über die im Gesellschaftsvertrage bestimmte Zeit verlängert oder die im Gesellschaftsvertrage für Beschlüsse der Generalversammlung vorgesehenen erschwerenden Erfordernisse beseitigt werden sollen.

Die Beschlußfassung ist zu vertagen, wenn es von den Aktionären mit einfacher Stimmenmehrheit verlangt wird.

§ 196. **Errichtende Generalversammlung.** (Art. 210a, I 182, II 194.) Nach Anmeldung der Zeichnungsgründung hat das Registergericht zunächst den weiteren Betrieb hinsichtlich der Errichtung der Gesellschaft. Es hat daher, falls die Prüfung der Anmeldung ergiebt, daß die Gründung den gesetzlichen Erfordernissen entspricht, die Generalversammlung der Aktionäre zu berufen, welche über die Errichtung der Gesellschaft beschließen muß. HGB. Art. 210a sagte „ohne Verzug", das Gesetz hat die einerseits selbstverständlichen, andererseits aber verleitlichen Worte fortgelassen. Im Uebrigen weicht § 196 sachlich nur (Abs. 4) in Betreff der Stimmberechtigung (nicht Einzelrechtsnachfolger) und der Berechnung der Mehrheit (Nichtzählung der nach § 186 Berechtigten) sowie (Abs. 5, Schlußsatz) in weiteren Einstimmigkeitserfordernissen vom Art. 210a ab. Auch dieser § 196 spricht wieder von Aktien, Aktionären u. s. w., obwohl es weder solche noch eine AG. schon giebt, in der Unterstellung der Errichtung und Eintragung der Gesellschaft.

Abs. 1. Berufung. Zufolge § 197 finden auch auf die Form der Berufung dieser Generalversammlung die Bestimmungen des Gesellschaftsvertrages nach § 182 Nr. 5, sowie die §§ 255—257 Anwendung. — Zu berufen sind die in dem Verzeichniß (§ 195 Nr. 3) aufgeführten „Aktionäre", d. h. die Gründer, welche Aktien übernommen haben, und die Zeichner; sind dieselben verstorben und an ihrer Stelle Erben als Nachtrag zum Verzeichniß angemeldet, diese.

Abs. 2. Leitung. Das „Gericht", d. h. zufolge Ges. über d. freiw. Gerichtsbarkeit § 125 „das Amtsgericht", leitet die Versammlung. Das ist ungenau; denn „das Amtsgericht" besteht aus Richter und Gerichtsschreiber, und es ist klar, daß nicht diese beiden Beamten die Versammlung leiten, sondern lediglich der Amtsrichter.

Nach § 259 ist über die Verhandlung ein gerichtliches oder notarielles Protokoll zu führen; dasselbe muß von dem Richter oder Notar vollzogen werden. Daraus folgt, daß in diesem Falle der leitende Amtsrichter selbst oder der von ihm zugezogene Notar das Protokoll zu führen hat. Der Zuziehung eines Gerichtsschreibers bedarf es nicht, und wenn er zugezogen wird, kommt er für die Gültigkeit nicht in Betracht; sowenig wie etwa der Schreiber des Notars. — Bei Vornahme dieser Amtshandlung stehen dem Amtsrichter die in den §§ 177—181 des GVG. bezeichneten Befugnisse zu; Ges. über d. freiw. Gerichtsbarkeit § 8.

Nach § 6 desselben Gesetzes ist der Richter in den hervorgehobenen Fällen unmittelbarer oder mittelbarer Betheiligung von der Ausübung des Richteramtes ausgeschlossen, er darf also keinenfalls Aktionär oder Mitaktionär, oder Vertreter oder gesetzlicher Vertreter eines solchen sein. Weitgehender ist seine Unfähigkeit für die Beurkundung der Verhandlung, für welche das Ges. über d. freiw. Gerichtsbarkeit §§ 168 ff. gelten; vgl. § 259.

Abs. 3. Der Vorstand und der Aufsichtsrath, d. h. für jedes dieser Organe mindestens einer, aber nicht die Mitglieder derselben, müssen sich über den Hergang der Gründung erklären und zwar auf Grund der „urkundlichen" (Zusatz der Komm.) Grundlagen, d. h. der Anmeldungsanlagen (§ 195 Abs. 2 Nr. 1—6), insbesondere der Prüfungsberichte. Daß die Generalversammlung auf diese Erklärungen nicht einstimmig verzichten könnte, läßt sich nicht behaupten. Ein öffentliches Interesse, dem der einstimmige Wille der Betheiligten sich unterzuordnen hätte, liegt nicht vor, denn das Gericht — die den Staat vertretende Behörde — kannte ja bereits alle Grundlagen dieser Erklärungen, deren Unwahrheit ferner nach § 314 Nr. 1 strafbar ist. — Andererseits kann jedes Mitglied des Vorstandes und des Aufsichtsrathes bis zur Beschlußfassung von der Anmeldung zurücktreten, indem es die Unterzeichnung derselben zurückzieht. Die nothwendige Folge davon ist die Nichtigkeit der Anmeldung, da diese von sämmtlichen Mitgliedern des Vorstandes wie des Aufsichtsraths ausgehen muß. — Die Strafbarkeit für wissentlich falsche Angaben nach § 313 Nr. 1 wird übrigens durch die Zurückziehung nicht ausgeschlossen, da das Vergehen mit der Angabe zum Zweck der Eintragung vollendet ist, und die Vollendung nicht etwa Eintragung voraussetzt.

Abs. 4. Mehrheit. Abweichend von Art. 210a führt das Gesetz zunächst „die Rechtsnachfolger" nicht als stimmberechtigt auf. Damit fallen die Einzelrechtsnachfolger weg, während die Denkschrift es als selbstverständlich hinstellt, daß die Gesammtrechtsnachfolger, die Erben der ersten Zeichner oder Gründer, die Gesellschaftsrechte ihres Erblassers auch in der konstituirenden Generalversammlung ausüben können, vorausgesetzt natürlich, daß zufolge Bestimmung des Gesellschaftsvertrages die Societät durch den Tod des Gründers nicht aufgelöst ist; vgl. BGB. §§ 727, 736. Die andere Abweichung besteht darin, daß die nach § 186 Begünstigten gegenüber Dissentienten nicht den Ausschlag für die Errichtung geben können, wenn, abgesehen von ihnen, jene die Mehrheit haben.

Aus Abs. 4 ergiebt sich, hiervon abgesehen, Folgendes:

a) für die Errichtung muß die Mehrheit der in der Versammlung vertretenen Aktien nach § 252 stimmen, Stimmengleichheit ist also Ablehnung;

b) diese Mehrheit muß nach Köpfen und Aktien mindestens $1/4$ der in dem überreichten Verzeichnisse (§ 195 Nr. 3) verzeichneten Aktionäre und Aktien betragen;

c) ist also gar nicht $1/4$ erschienen, so ist die Versammlung beschlußunfähig; sie kann sich nach dem letzten Absatze jedoch vertagen;

d) ist gerade $1/4$ erschienen, so muß Stimmeneinheit für Errichtung sein;

e) trotz jener Mehrheit (b) für die Errichtung gilt dieselbe abgelehnt, sofern hinsichtlich eines Theils der Aktionäre § 186 zutrifft, und sich die Mehrheit der von anderen Aktionären abgegebenen Stimmen gegen die Errichtung erklärt; denn für jene Personen besteht immerhin ein besonderes mit dem Interesse der übrigen Aktionäre nicht zusammenfallendes Interesse an dem Zustandekommen der Gesellschaft.

Aus dieser bedingten Stimmberechtigung ergiebt sich:

1. daß, wenn nur § 186er erschienen sind, von ihnen die nach b genügende Mehrheit unbedingt den Ausschlag giebt;

2. daß, wenn die § 186er von der Mehrheit abgezogen werden müssen, sie auch bei der Minderheit nicht zählen können, sondern nur die übrigen Aktionäre;

3. daß, wenn nach Wegfall der durch § 186er gebildeten Mehrheit die übrigen, d. h. nicht unter § 186 fallenden Aktionäre Stimmengleichheit aufweisen, die Errichtung beschlossen ist;

4. daß, wenn selbst eine ³/₄- oder ⁷/₈-Mehrheit für die Errichtung ist, dieselbe aber nur aus § 186ern besteht, der eine einzige gegnerische nicht unter § 186 fallende Aktionär den Ausschlag gegen die Errichtung giebt, wenn nicht nach Abs. 6 Vertagung beschlossen wird.

Abs. 5. Einstimmigkeit ist erforderlich für Aenderung: 1. der Firma und des Sitzes der Gesellschaft, 2. des Gegenstandes des Unternehmens, 3. der Höhe des Grundkapitals und der einzelnen Aktien, 4. der Art der Bestellung und der Zusammensetzung des Vorstandes (§ 182 Abs. 2); — ferner für Aenderung der Art der Aktien, ob auf Namen oder Inhaber (§ 183) — des Betrages, zu dem die Aktien ausgegeben werden sollen (§ 184 Abs. 2) — der Berechtigung verschiedener Aktiengattungen (§ 185) — sowie für Erweiterung der nach § 186 für Aktionäre oder Dritte festgesetzten besonderen Vortheile, Aktiengewährung für Sacheinlagen, Vergütung für Uebernahmen, Entschädigung oder Belohnung für die Gründung. Die im zweiten Satze aufgestellten Gründe einstimmiger Beschlußfassung sind neu. Ihre Rechtfertigung, was den Zeitablauf betrifft, ergiebt sich ohne Weiteres aus § 292 Nr. 1, was die Beseitigung im Gesellschaftsvertrage vorgesehener erschwerender Erfordernisse für Beschlüsse der Generalversammlung betrifft, aus der Erwägung, daß sie eine Aufgabe von Rechten enthält, welche sich Gründer und Zeichner gegenseitig zugesichert haben. — Nach der Eintragung bedarf es für Aenderungen des Gesellschaftsvertrages nur einer ³/₄-Mehrheit: § 275 Abs. 1.

Letzter Abs. Vertagung. Bei der Vertagung ist die in den Zeichnungsscheinen bedungene Haftfrist § 189 Abs. 3 Nr. 4 zu berücksichtigen. — Bei dieser Abstimmung zählen die Stimmen der § 186er Aktionäre unbedingt mit.

§ 197.

Soweit nicht in den §§ 190, 196 ein Anderes bestimmt ist, finden auf die Berufung und Beschlußfassung der vor der Eintragung der Gesellschaft stattfindenden Generalversammlungen die Vorschriften entsprechende Anwendung, welche für die Gesellschaft nach der Eintragung maßgebend sind.

§ 197. **Vorgängige Generalversammlungen.** (Art. 210b, I 183, II 195.) Da vor der Eintragung noch keine AG. besteht, so kann eigentlich auch von einer Generalversammlung der Aktionäre keine Rede sein. Um die für die Berufung und Beschlußfassung einer solchen gegebenen Vorschriften (vgl. §§ 250 ff.) auf Generalversammlungen vor der Eintragung anwendbar zu machen, bedurfte es dieses § 197. — Abweichungen von § 253 enthalten § 190: Berufung durch die Gründer, und § 196: Berufung durch das Gericht; eine weitere Vorschrift für die Berufung nach der Eintragung: Mittheilung durch eingeschriebenen Brief (§ 257) fällt mit der dortigen Voraussetzung, der Hinterlegung, weg. Dagegen muß § 258 als die Beschlußfassung betreffend angewendet werden. Eine Abweichung von § 251 liegt in der durch § 196 Abs. 2 vorgeschriebenen Bedingtheit des Stimmrechts der Gründeraktionäre (vgl. aber § 252 Abs. 3).

§ 198.

Bei der Eintragung der Gesellschaft in das Handelsregister sind die Firma und der Sitz der Gesellschaft, der Gegenstand des Unternehmens, die Höhe des Grundkapitals, der Tag der Feststellung des Gesellschaftsvertrags und die Mitglieder des Vorstandes anzugeben.

Enthält der Gesellschaftsvertrag besondere Bestimmungen über die

Zeitdauer der Gesellschaft oder über die Befugniß der Mitglieder des Vorstandes oder der Liquidatoren zur Vertretung der Gesellschaft, so sind auch diese Bestimmungen einzutragen.

§ 198. **Eintragung.** (Neu; I 184, II 196.) Ueber Eintragung späterer Aenderungen vgl. im Allgemeinen § 277. — Firma: §§ 182 Nr. 1, 18 Abs. 2, 20, 22. — Sitz: §§ 182 Nr. 1, 13 Abs. 1; CPO. § 17. — Gegenstand des Unternehmens: § 182 Nr. 21 (vgl. §§ 2, 3, 33 Abs. 2, Aenderung: § 275 Abs. 2; — Höhe des Grundkapitals: §§ 182 Nr. 3, 184 Abs. 2; die Höhe der einzelnen Aktien braucht nicht angegeben zu werden, obwohl sie im Gesellschaftsvertrage festgestellt und daher auch jede Aenderung eingetragen werden muß (§§ 182 Nr. 3, 277). Vgl. §§ 280, 284, 289, 291: — Tag der Feststellung des Gesellschaftsvertrages: § 189 Abs. 3 Nr. 1; — die Mitglieder des Vorstandes: §§ 182 Abs. 2 Nr. 4, 190 Abs. 3, wegen späterer Aenderung vgl. § 234.

Abs. 2. Wegen der Zeitdauer der Gesellschaft vgl. § 292 Nr. 1; wegen der Vertretungsbefugniß der Vorstandsmitglieder und Liquidatoren §§ 231, 232, 238, 298, 15 und 200. — Was hiernach Gegenstand der Eintragung, muß auch veröffentlicht werden.

§ 199.

In die Veröffentlichung, durch welche die Eintragung bekannt gemacht wird, sind außer dem Inhalte der Eintragung aufzunehmen:

1. die sonstigen im § 182 Abs. 2, 3 und in den §§ 183, 185, 186 bezeichneten Festsetzungen;
2. der Betrag, zu welchem die Aktien ausgegeben werden;
3. der Name, Stand und Wohnort der Gründer und die Angabe, ob sie die sämmtlichen Aktien übernommen haben;
4. der Name, Stand und Wohnort der Mitglieder des ersten Aufsichtsraths.

Zugleich ist bekannt zu machen, daß von den mit der Anmeldung der Gesellschaft eingereichten Schriftstücken, insbesondere von dem Prüfungsberichte des Vorstandes, des Aufsichtsraths und der Revisoren, bei dem Gericht Einsicht genommen werden kann. Im Falle des § 193 Abs. 3 ist ferner bekannt zu machen, daß von dem Prüfungsberichte der Revisoren auch bei dem zur Vertretung des Handelsstandes berufenen Organ Einsicht genommen werden kann.

§ 199. **Veröffentlichung.** (Art. 210c, I 185, II 197.) Abweichend von Art. 210c ist insbesondere Nr. 2 und Abs. 2.

Abs. 1. Durch die Anführung in Nr. 1 werden alle nicht einzutragenden nothwendigen (§ 182 Abs. 2 und 3) oder fakultativen (§§ 183, 185, 186) Festsetzungen getroffen; wegen § 184 Abs. 2 s. Nr. 2.

Nr. 2 ist neu; sie macht die Veröffentlichung des nach § 184 Abs. 2 gefaßten Beschlusses überflüssig, da die Aktien nicht selten nach kürzester Zeit zu weit höheren Beträgen für Rechnung der ersten Betheiligten an die Börse gebracht werden, so ist die Mittheilung in der Bekanntmachung von wesentlicher Bedeutung. Vgl. § 195 Abs. 3.

Nr. 3. Vgl. § 189 Abs. 3 Nr. 2; die Angabe, ob die Gründer sämmtliche Aktien übernommen haben oder nicht, ob also eine Einheitsgründung oder Zeichnungsgründung vorliegt, würde mehr Werth haben, wenn daneben auch die übernommenen und gezeichneten Beträge bekannt gemacht werden müßten.

Nr. 4. 1. Aenderungen werden demnächst durch die Gesellschaftsblätter bekannt gemacht (§ 244); 2. vgl. auch über die Amtszeit des ersten Aufsichtsraths (§ 243 Abs. 2).

Abs. 2. Die Namen der Revisoren, sollen um Reklamezwecken vorzubeugen nicht mehr veröffentlicht werden. — Die Vorschrift erfüllt nach Möglichkeit das Bedürfniß nach Kenntniß dieser Berichte, für die hinterher kein allgemeines Interesse mehr besteht, und die selbst zu veröffentlichen daher keinen besonderen Zweck hat und unnöthig enorme Kosten machen würde. Mit Rücksicht auf § 193 Abs. 3 hat der Entwurf II die Gelegenheit allgemeiner Kenntnißnahme noch mit Bezug auf die Handelskammer u. s. w. erweitert.

§ 200.

Vor der Eintragung in das Handelsregister des Sitzes der Gesellschaft besteht die Aktiengesellschaft als solche nicht. Wird vorher im Namen der Gesellschaft gehandelt, so haftet der Handelnde persönlich; handeln Mehrere, so haften sie als Gesammtschuldner.

Die Antheilsrechte können vor der Eintragung der Gesellschaft in das Handelsregister mit Wirksamkeit gegenüber der Gesellschaft nicht übertragen, Aktien oder Interimsscheine können vorher nicht ausgegeben werden.

§ 200. **Wirkung der Eintragung; vorherige Haftung.** (Art. 211, 215c Abs. 2, I 186, II 198.)

Abs. 1, wie Art. 211, enthält zwei Grundsätze:

a) vor der Eintragung besteht die AG. als solche nicht;
b) durch die gültige (vgl. §§ 309 ff.; Ges. über d. freiw. Gerichtsbarkeit §§ 147, 137) Eintragung entsteht die AG.

a) Eine Gesellschaft besteht, wie wiederholt hervorgehoben ist, schon vor der Eintragung, und zwar in allen Fällen seit der Errichtung eine solche, welche ordnungsmäßig alle Voraussetzungen der AG. in sich trägt, deren Mitglieder durch fest normirte Vereinbarung gegenseitig gebunden sind und an deren Bestande, wenn sie überhaupt durch die Eintragung als AG. zur Entstehung kommen soll, vor der Eintragung gar nichts geändert werden kann und darf. Daß im Namen dieser errichteten Gesellschaft schon vor der Eintragung auch Dritten gegenüber gehandelt werden kann, ist klar und wird sogar im Gesetze (in Betreff von Verträgen in Ausführung der nach § 186 getroffenen Festsetzungen) vorausgesetzt: § 195 Abs. 2 Nr. 2. Warum die Thätigkeit der errichteten Gesellschaft nach außen auf jene Ausführungsverträge unbedingt beschränkt wäre, ist nicht einzusehen, die von Staub (§ 1 zu Art. 211) hierfür angezogene Entscheidung RG. 21 S. 250 (Kaufvertrag mit der errichteten Gesellschaft) sagt das nicht. Aber auch im Namen der erst noch zu errichtenden AG. kann und muß vor der Errichtung kontrahirt werden können, wie wiederum §§ 186 Abs. 2, 190 Nr. 2 geradezu positiv voraussetzen, indem jener von Uebernahmen seitens „der zu errichtenden Gesellschaft" spricht, welche in dem Gesellschaftsvertrage festgesetzt werden müssen, dieser die Beifügung der Verträge fordert, „welche den dort — nämlich im Gesellschaftsvertrage — bezeichneten Festsetzungen zu Grunde liegen". Dies etwa nur von dem Falle zu verstehen, daß die Feststellung des Gesellschaftsvertrages und die Aktienübernahme, der Errichtungsakt bei der Einheitsgründung zusammenfallen, ist durch nichts geboten. Ist das aber richtig, so kann ein Handeln „im Namen der Gesellschaft" nicht nur auf das Handeln des falsus procurator beschränkt werden (so Staub § 6 und die von ihm angeführten gegen Ring, Cosack, Förtsch), sondern es muß — wie auch der Wortlaut anzeigt — zunächst und vor Allem an den Regelfall gedacht werden, daß von den dazu Befugten mit Wollen und Wissen des anderen Theils namens der zu errichtenden Gesellschaft kontrahirt wird, d. h. namens einer Person, die noch nicht existirt und vielleicht auch nicht existent wird, die aber nach Absicht der Handelnden existent werden soll und vielleicht nur auf Grund dieser gesetzmäßigen Thätigkeit existent werden kann, aus der aber, jedenfalls solange als diese Voraussetzung nicht erfüllt ist, die Handelnden persönlich haften müssen, wenn überhaupt Jemand dem Anderen haften soll. Vgl. RG. 32 S. 97. — Gesammtschuldner: BGB. §§ 421 ff. Wird demnächst auf der gegebenen Grundlage die Gesellschaft errichtet, in deren Namen gehandelt worden ist und damit diese Vertretung genehmigt, so hört ohne Weiteres die Haftung der Handelnden auf (BGB. §§ 184, 164). Andernfalls kommt die persönliche Haftung nach Maßgabe von BGB. § 179 Abs. 1 und 3 zur Geltung. Vgl. auch RG. 32 S. 97.

b) Die Eintragung schafft die AG. als solche nicht unbedingt, sondern nur die von vornherein gültige oder in ihrem Mangel nachträglich geheilte Eintragung; vgl. § 273.

1. Enthält der eingetragene Gesellschaftsvertrag nicht die nach § 182 Abs. 2 wesentlichen Bestimmungen oder ist eine dieser Bestimmungen nichtig, so kann auf Nichtigkeit der Gesellschaft geklagt werden (§§ 309 ff.).

2. Jedoch kann ein Mangel in Betreff der Bestimmungen über die Firma und den Sitz der Gesellschaft (§ 182 Abs. 1 Nr. 1), über den Gegenstand des Unternehmens (das. Nr. 2), über Bestellung und Zusammensetzung des Vorstandes (das. Nr. 4), über die Form der Berufung der Generalversammlung (das. Nr. 5) oder die Form der Bekanntmachungen der Gesellschaft (das. Nr. 6) durch eine Statutenänderung (vierter Titel, §§ 274 ff.) geheilt werden, und zwar einerlei, ob der Gesellschaftsvertrag die betreffenden Bestimmungen überhaupt nicht enthält oder ob die getroffenen nichtig sind (§ 310).

3. Unheilbar ist nur ein Mangel in Betreff der Bestimmung zu Nr. 3 in § 182 über die Höhe des Grundkapitals und der einzelnen Aktien, welche den Begriff der AG. (§ 178) darstellt, da die im öffentlichen Interesse getroffenen Bestimmungen hierüber nicht umgangen werden können.

4. Ein Mangel in der Form, in Folge dessen die Anmeldung der Gesellschaft nichtig sein würde (BGB. § 125) — was aber nicht von Verstößen gegen Ordnungsvorschriften gesagt werden kann; vgl. ROHG. 16 S. 358; RG. 5 S. 78; Seuff. Arch. 44 S. 332) —, muß ebenfalls als heilbar angesehen werden. In Betreff der Zeichnung ist dies durch das Gesetz selbst in § 189 Abs. 4 und § 202 vorgesehen und entspricht allgemeinen Rechtsgrundsätzen: BGB. §§ 141, 144; vgl. RG. 26 S. 73.

Abs. 2 entspricht in seinem zweiten Satze dem Art. 215 c Abs. 2 und verallgemeinert den ihm zu Grunde liegenden Gedanken im ersten Satze des ersten Absatzes. Solange die Eintragung nicht erfolgt ist, die AG. „als solche" also nicht existirt, kann es streng genommen „Antheilsrechte" überhaupt nicht geben; „die Betheiligungen an dem Unternehmen bilden keinen zur Veräußerung geeigneten Gegenstand und auch aus allgemeinen wirthschaftlichen Gründen muß die Zulassung eines Handels mit Antheilen an einer noch nicht ins Leben getretenen Gesellschaft als bedenklich erscheinen". „Die Gültigkeit eines Vertrages, durch welchen der eine Theil lediglich die Verpflichtung übernimmt, die von ihm gezeichneten Aktien dem anderen zu übertragen, wird durch die Vorschrift nicht berührt" (D.). — Zuwiderhandlung bewirkt Nichtigkeit: BGB. § 134. Bestätigung des nichtigen Rechtsgeschäftes: das. § 141; vgl. RG. in Bad. Ann. 62 S. 87, 101; J.W. 25 S. 189; Goldschm. 47 S. 108 Nr. 223. — Strafbarkeit: § 314 Nr. 3.

§ 201.

Die Anmeldung der Gesellschaft zur Eintragung in das Handelsregister eines Gerichts, in dessen Bezirke sie eine Zweigniederlassung besitzt, ist durch sämmtliche Mitglieder des Vorstandes zu bewirken.

Der Anmeldung ist der Gesellschaftsvertrag in Urschrift oder in öffentlich beglaubigter Abschrift beizufügen; die Vorschriften des § 195 Abs. 2, 3 finden keine Anwendung.

Die Eintragung hat die im § 198 bezeichneten Angaben zu enthalten.

In die Veröffentlichung, durch welche die Eintragung bekannt gemacht wird, sind außer dem Inhalte der Eintragung auch die sonstigen im § 182 Abs. 2, 3 und in den §§ 182, 185 bezeichneten Festsetzungen aufzunehmen. Erfolgt die Eintragung innerhalb der ersten zwei Jahre, nachdem die Gesellschaft in das Handelsregister ihres Sitzes eingetragen worden ist, so sind alle im § 199 bezeichneten Angaben zu veröffentlichen; in diesem Falle ist der Anmeldung ein Exemplar der für den Sitz der Gesellschaft ergangenen gerichtlichen Bekanntmachung beizufügen.

Befindet sich der Sitz der Gesellschaft im Auslande, so ist das Bestehen der Aktiengesellschaft als solcher und, sofern der Gegenstand des Unternehmens oder die Zulassung zum Gewerbebetrieb im Inlande der staatlichen Genehmigung bedarf, auch diese mit der Anmeldung nachzuweisen. Die Angaben, deren öffentliche Bekanntmachung nach Abs. 4 zu erfolgen hat, sind in die Anmeldung aufzunehmen.

§ 201. **Zweigniederlassung.** (Art. 212, 179 Abs. 2, 3, I 187, II 199.) Die Absätze 1—4 beziehen sich auf inländische und mit der aus § 13 Abs. 3 sich ergebenden Maßgabe: „soweit das ausländische Recht eine Abweichung nöthig macht auch auf ausländische AG. mit Zweigniederlassungen im Inlande," Abs. 5, auf ausländische AG., ohne wesentliche Abweichungen vom bisherigen Recht.

Abs. 1. Auch dieses Gesetz schreibt lediglich Anmeldung der AG. beim Gericht der Zweigniederlassung vor (vgl. § 13), nicht Anmeldung der Zweigniederlassung beim Gerichte der Hauptniederlassung. Dieselbe ist aber jetzt allgemein von Amtswegen diesem mitzutheilen und in dessen Register zu vermerken; desgleichen die Aufhebung: Ges. über d. freiw. Gerichtsbarkeit § 131; vgl. preuß. Instr. v. 12. Dez. 1861 §§ 31, 32. — Auch hier ist die Anmeldung nicht durch den Vorstand — dessen Sache die Errichtung von Zweigniederlassungen lediglich ist —, sondern durch sämmtliche Mitglieder des Vorstandes zu bewirken, was auch immer der Gesellschaftsvertrag über die Vertretung der Gesellschaft durch den Vorstand bestimmen mag (§§ 231, 232). Sie haben auch hier (vgl. zu § 195) die Anmeldung zu unterzeichnen (§ 13 Abs. 1, vgl. Art. 212 Abs. 2); dasselbe gilt von der Zeichnung ihrer Unterschrift (§ 195 Abs. 4) zur Aufbewahrung bei dem Registergerichte der Zweigniederlassung (folgt aus § 13 Abs. 1). — Uebrigens bedarf der Vorstand zur Errichtung von Zweigniederlassungen, wenn sie nicht nach dem Gesellschaftsvertrage ausgeschlossen ist, keiner besonderen Ermächtigung; vgl. RG. im Rh. Arch. 1889 II S. 29 ff., Goldschm. 47 S. 105 Nr. 213.

Abs. 2. Da der Gesellschaftsvertrag, sei er gerichtlich oder notariell aufgenommen, in Urschrift nicht herausgegeben wird, so kann unter derselben nur die den Gründern ausgehändigte Ausfertigung verstanden sein; „öffentliche" Beglaubigung der Abschrift wurde von der Komm. verlangt; vgl. EG. z. BGB. § 141; Ges. über d. freiw. Gerichtsbarkeit § 182.

Abs. 3. Vgl. § 13 Abs. 1. Daß diese in das HR. am Sitze der Gesellschaft eingetragen sind, ist nachzuweisen: § 13 Abs. 2.

Abs. 4. Zu Satz 1 vgl. §§ 198, 199; betreffs § 186 vgl. §§ 203 und 207. Satz 2 ist durch die Nothwendigkeit gerechtfertigt, innerhalb der ersten zwei Jahre (§ 203) jede Abweichung von der ursprünglichen Veröffentlichung zu vermeiden.

Abs. 5. Ausländische Gesellschaften: § 13 Abs. 3. — Sitz im Sinne von § 182 Abs. 2 Nr. 1; nicht gerade Hauptniederlassung; vgl. aber BGB. §§ 24, 80; CPO. § 17 (19). — „Das Bestehen der AG. als solcher" ist natürlich nach Maßgabe des ausländischen Rechts, dagegen das Erforderniß staatlicher Genehmigung nach Maßgabe des deutschen Rechts nachzuweisen. — Im Uebrigen hat § 13 Abs. 3 aber auch für inländische Zweigniederlassungen ausländischer AG. Geltung; der Vorbehalt desselben, „soweit das ausländische Recht nicht Abweichungen erfordert", kann z. B. hinsichtlich der Bekanntmachung des ersten Aufsichtsraths von Bedeutung sein, wenn das ausländische Recht einen Aufsichtsrath von AG. überhaupt nicht kennt. — Der letzte Satz entspringt der Rücksicht, daß „dem Registergericht nicht wohl zugemuthet werden kann, sich die betreffenden Thatsachen lediglich aus den mit der Anmeldung eingereichten, nach den Bestimmungen eines fremden Rechtes errichteten Urkunden zusammenzustellen" (D.).

§ 202.

Der Gesellschaft sind die Gründer für die Richtigkeit und Vollständigkeit der Angaben, welche sie in Ansehung der Zeichnung und Einzahlung des Grundkapitals sowie in Ansehung der im § 186 vorgesehenen Festsetzungen zum Zwecke der Eintragung der Gesellschaft in das Handelsregister machen, als Gesammtschuldner verhaftet; sie haben, unbeschadet der Verpflichtung zum Ersatze des sonst etwa entstehenden Schadens, insbesondere einen an der Zeichnung des Grundkapitals fehlenden Betrag zu übernehmen, fehlende Einzahlungen zu leisten und eine Vergütung, die nicht unter den zu bezeichnenden Gründungsaufwand aufgenommen ist, zu ersetzen. Wird die Gesellschaft von Gründern durch Einlagen oder Uebernahmen der im § 186 bezeichneten Art böslicherweise geschädigt, so sind ihr alle Gründer für den Ersatz des entstehenden Schadens als Gesammtschuldner verpflichtet.

Von dieser Verbindlichkeit ist ein Gründer befreit, wenn er die Unrichtigkeit oder Unvollständigkeit der Angabe oder die bösliche Schädigung weder kannte noch bei Anwendung der Sorgfalt eines ordentlichen Geschäftsmanns kennen mußte.

Entsteht durch Zahlungsunfähigkeit eines Aktionärs der Gesellschaft ein Ausfall, so sind ihr die Gründer, welche die Betheiligung des Aktionärs in Kenntniß seiner Zahlungsunfähigkeit angenommen haben, als Gesammtschuldner zum Ersatze verpflichtet.

Mit den Gründern sind der Gesellschaft zum Schadensersatz als Gesammtschuldner verpflichtet:

1. wenn eine Vergütung nicht unter den zu bezeichnenden Gründungsaufwand aufgenommen ist, der Empfänger, welcher zur Zeit des Empfanges wußte oder nach den Umständen annehmen mußte, daß die Verheimlichung beabsichtigt oder erfolgt war, und jeder Dritte, welcher zur Verheimlichung wissentlich mitgewirkt hat;
2. im Falle einer böslichen Schädigung durch Einlagen oder Uebernahmen jeder Dritte, welcher zu dieser Schädigung wissentlich mitgewirkt hat.

§ 202. **Haftung der Gründer und Genossen.** (Art. 213a, I 188, II 200.) Die Vorschrift stimmt fast wörtlich mit Art. 213a überein, abgesehen von Abs. 3 über die Haftung für Ausfall in Folge von Zahlungsunfähigkeit eines Aktionärs.

Abs. 1. Haftung der Gründer gegen die Gesellschaft für Richtigkeit und Vollständigkeit ihrer Erklärungen und für bösliche Schädigung der Gesellschaft.

Das HGB. behandelt lediglich die Haftung der Gründer gegen die Gesellschaft. Ihr Verhältniß unter sich und gegen die Zeichner (vgl. die Bemerk. vor § 195) richtet sich nicht nach diesem Gesetz, sondern nach bürgerlichem Recht, weil hier die ganze Gründung überhaupt nur in Absicht der zu gründenden AG. als solcher in Frage steht. Dieser Gesichtspunkt ist in diesem wie im alten HGB. klar durchgeführt und scheint nur in Betreff der Neuerung in Abs. 3 von der Denkschrift einigermaßen verlassen zu sein.

Nach Abs. 1 machen nicht alle beliebigen falschen Angaben der Gründer in Bezug auf die Gründung sie der Gesellschaft haftbar, sondern die Gründer haften der Gesellschaft civilrechtlich für Vollständigkeit und Richtigkeit ihrer Angaben nur in dreierlei Richtung: a) bei der Zeichnungsgründung in Betreff der Zeichnung und b) bei jeder Gründung in Betreff der Einzahlung des Grundkapitals, sowie c) bei jeder Gründung in Betreff der Festsetzungen nach § 186, nämlich 1. besonderer Aktionärvortheile, 2. der Sacheinlagen eines Aktionärs, 3. der Uebernahmen durch die Gesellschaft, 4. des Gründungsaufwandes. Die Angaben in dieser dreifachen Richtung müssen aber ferner gemacht sein zum Zwecke der Eintragung der Gesellschaft in das HR. Darunter werden unbedenklich gerechnet die Erklärungen im Gründerbericht (§ 191, vgl. RG. 26 S. 42), aber nur diejenigen, welche sie bei der Anmeldung, sei es durch ausdrückliche Erklärung (z. B. § 195 Abs. 3) oder in den Anlagen, machen. Kommen die Angaben daher für die Eintragung nicht in Betracht, so gehören sie nicht hierher; z. B. Angaben über die Zahlungsfähigkeit von Zeichnern; vgl. Mot. z. Nov. Art. 213a II S. 120). Gründer, welche solche unrichtige oder unvollständige Angaben trotz besseren Wissens machen, sind nach § 313 Nr. 1 außerdem strafbar.

a) Aus einer Unvollständigkeit oder Unrichtigkeit der Angaben in Betreff der Zeichnung folgert das Gesetz — weitere Verpflichtung zum Schadensersatze vorbehalten — unbedingte Pflicht zur Uebernahme des an der Zeichnung des Grundkapitals fehlenden Betrages, so daß die Sache thatsächlich der Wirkung nach so liegt, als wenn dem Gesetze gemäß der ganze nicht gezeichnete Betrag übernommen wäre, während das Gesetz verlangt (§ 189 Abs. 1), daß der nicht übernommene Betrag gezeichnet sei. Das Gesetz sagt aber nicht, daß die Gründer so angesehen würden, als wenn sie den an den Zeichnungen fehlenden Betrag übernommen hätten, sondern sie haben ihn zu übernehmen, also in der Weise, wie nach dem Gesetze Uebernahmen der Gründer erfolgen, d. h. nach Maßgabe des § 188 Abs. 2 in gerichtlicher oder notarieller Verhandlung. Wird der Mangel, die Unterzeichnung, bei der Anmeldung (§ 195 Abs. 3) entdeckt, so hat der Registerrichter, ehe er zur Berufung der Generalversammlung schreitet (§ 196), den Anmeldern die Beseitigung aufzugeben, falls auf Errichtung der Gesellschaft bestanden wird. Verlangen kann diese Uebernahme jetzt aber außer jedem Gründer gegen den anderen, weil es sich um eine Gesammtschuldübernahme handelt, auch jeder Zeichner, da er durch die Zutheilung der Aktien von den Gründern als Gesellschafter acceptirt ist und aus dem pactum de ineunda societate einen Anspruch auf Erfüllung der den Gründern obliegenden gesetzlichen Vorbedingungen der Errichtung hat. Die Gründer können nicht mehr einseitig durch Mehrheitsbeschluß dieselbe ablehnen und dadurch diesen nachträglichen Uebernahmen vorbeugen. — Wurde der Mangel, die Unterzeichnung, nicht rechtzeitig entdeckt, sondern die Generalversammlung berufen, so kann in dieser die Uebernahme zu dem gerichtlichen oder notariellen Sitzungsprotokolle erfolgen, andernfalls würden die Pflichtigen sich der Tragung der Kosten der frustrirten Generalversammlung aussetzen. — Wurde die Gesellschaft sogar ohne Entdeckung der Unterzeichnung eingetragen, so liegt nicht etwa eine unheilbare Nichtigkeit in Bezug auf die Bestimmung des Grundkapitals vor (§§ 309, 310; vgl. RG. in Bad. Ann. 62 S. 87, 101 ff.; Goldschm. 47 S. 105 Nr. 207), sondern die Gesellschaft hat gegen die Gründer als Gesammtschuldner eine Klage auf Uebernahme des an der Zeichnung fehlenden Betrages, d. h. da eine vorherige gerichtliche oder notarielle Erklärung darüber nun überflüssig ist, auf Feststellung bezw. Zahlung des danach schuldigen Betrages. Der Gesellschaft haften die Gründer für denselben als Gesammtschuldner; ob sie ihn nach Köpfen oder nach Verhältniß ihrer Antheile unter sich zu theilen haben, richtet sich nach dem Konsortialvertrage, eventuell tritt Kopftheilung ein (BGB. §§ 722, 735).

b) „fehlende Einzahlungen zu leisten". Vgl. § 195 Abs. 3. Haben die Gründer einen höheren Betrag für eingezahlt angegeben, als wirklich eingezahlt ist, so haften sie der Gesellschaft ohne Weiteres für den Fehlbetrag als Gesammtschuldner, vorbehältlich ihres Rückgriffs gegen die Zahlungspflichtigen. Sie können sich hiergegen insbesondere nicht damit entschuldigen, daß der Vorstand, in dessen Besitz der eingeforderte Betrag nach § 195 Abs. 3 sich befinden müßte, den Fehlbetrag hätte ermitteln müssen; vgl. § 204.

c) eine Vergütung, die nicht unter den zu bezeichnenden Gründungsaufwand aufgenommen ist (§§ 186 Abs. 3), zu ersetzen. Unrichtige Angaben in dieser Richtung liegen z. B. auch dann vor, wenn zufolge heimlicher Abrede diese Vergütung von einem Gründer aus der ihm für seine Einlage (§ 186 Abs. 2) zu gewährenden Vergütung gezahlt werden sollte; vgl. RG. 26 S. 37, 41; Str. 18 S. 105 ff.

Wissentlich falsche Angaben der Gründer in dieser dreifachen Richtung machen sie strafbar nach § 313 Nr. 1.

Für bösliche Schädigung durch Einlagen oder Uebernahmen aus § 186 haften die Gründer der Gesellschaft gleichfalls insgesammt, wenn auch die Angaben zum Zweck der Eintragung ins HR. richtig und vollständig sind; vgl. ROHG. 10 S. 218; RG. 1 S. 22 u. 38, 7 S. 125. Das folgt schon aus BGB. §§ 823, 826, 840. „Böslicher Weise" umfaßt im Sinne dieses Gesetzes sowohl den bösen Vorsatz wie die luxuria; vgl. §§ 269 letzten Abs. und 273 Abs. 2.

Abs. 2. Durch die Ausdrucksweise des Gesetzes ist klar gestellt, daß die Voraussetzungen der Haftpflicht nach Abs. 1 nur in der Person eines Gründers nachgewiesen werden müssen, um ihn und alle Mitgründer als Gesammtschuldner haftbar zu machen; daß es demgegenüber Sache dieser Mitgründer ist, sich ihrerseits zu entschuldigen, indem sie nachweisen, daß sie die Unrichtigkeit oder Unvollständigkeit der Angaben oder die bösliche Schädigung weder kannten noch kennen mußten, nämlich zu der Zeit, wo diese Angaben oder schädigenden Maßnahmen sich ereigneten. Hinterherige Kenntniß schadet nicht. — Die Sorgfalt eines ordentlichen Geschäftsmannes hat auch der Gründer zu beobachten, der möglicher Weise nicht Kaufmann ist.

Abs. 3. Haftung für Zahlungsfähigkeit der Aktionäre. Der entsprechende Absatz in Art. 213a machte die Gründer verantwortlich für einen Ausfall in Folge Zahlungsunfähigkeit eines Aktionärs, wenn sie dieselbe bei der

Anmeldung zum HR. kannten; statt dessen sagt das neue Gesetz: wenn sie dieselbe bei der Annahme der Betheiligung des Aktionärs kannten. Der Zahlungsunfähige (KO. § 102; RG.Str. 3 S. 195) muß also vor allen Dingen Aktionär sein; ursprünglicher Aktionär, der Gesellschaft gegenüber, ist jedenfalls nur derjenige, welcher in das Aktionärverzeichniß eingetragen ist. Insofern ist die Aktienzutheilung allein, obwohl in ihr zweifellos eine Erklärung der Annahme des Zeichnungsangebots ist, der Gesellschaft gegenüber nicht maßgebend. Aber hinsichtlich eines demnächst in das Aktionärverzeichniß eingetragenen Zeichners, dem auf Grund seiner Zeichnung Aktien zugetheilt sind, ist der maßgebende Zeitpunkt für die Verantwortlichkeit der Gründer in Betreff seiner Zahlungsfähigkeit die Aktienzutheilung. Eine Verpflichtung, sich über dieselbe zu unterrichten, ist den Gründern nicht zuzumuthen, aber wenn sie seine Zahlungsunfähigkeit kannten und ihn dessen ungeachtet durch Aktienzutheilung als demnächstigen Aktionär annehmen, so haften sie der Gesellschaft billiger Weise für den damit auf ihre Gefahr übernommenen Ausfall. Sie stehen nicht ein für seine Zahlungsfähigkeit — und deshalb steht Kennenmüssen der Kenntniß der Zahlungsunfähigkeit nicht gleich —, wohl aber nach Treu und Glauben für ihren bewußten Leichtsinn, der Gesellschaft einen zahlungsunfähigen Zeichner als Aktionär zuzuweisen, der ehrlicher Weise nur mit dem Willen für ihn einzustehen, erklärlich ist. Sie haften für diesen Ausfall sammt ausfallenden Zinsen seit dem Zahlungstage (§ 218) ohne Weiteres, insbesondere ohne daß zuvor ein Ausschluß des Aktionärs nach § 219 nöthig wäre und ohne Berücksichtigung etwaiger Rechtsnachfolger (§ 220).

Abs. 4. Gründergenossen. Deren stellt das Gesetz vier Arten auf:

a) heimliche Empfänger von Gründerlohn: Nr. 1;
b) Theilnehmer an der Verheimlichung: Nr. 1;
c) Theilnehmer an böslicher Schädigung durch Einlagen oder Uebernahmen: Nr. 2.
d) öffentliche Ankündiger von Aktien im Falle des Abs. 1: § 203.

a) und b) setzen das Vergehen des § 313 Nr. 1 in der Person der Gründer voraus, nämlich Verheimlichung, d. h. wissentliche Verschweigung, also wissentlich falsche Angabe im Gesellschaftsvertrage; an diesem Vergehen nehmen die wissentlich zur Verheimlichung Mitwirkenden Theil, sind Mitthäter, Anstifter, Gehülfen, je nachdem, im Sinne der §§ 47 ff. StrGB. und würden schon deshalb nach BGB. § 840 mit den Thätern als Gesammtschuldner haften. Dagegen ist nicht gesagt, daß die heimlichen Empfänger an jenem Vergehen irgendwie theilnehmen, nicht ihre Mitwirkung zur Verheimlichung, sondern schon ihr Mitwissen beim Empfange um die beabsichtigte oder erfolgte Verheimlichung genügt zur Voraussetzung ihrer bürgerlichen Verantwortlichkeit; ohne daß sie sich nach § 313 Nr. 1 d. Ges., §§ 47 ff. StrGB. strafbar gemacht haben müßten.

Subjektive Voraussetzung für die Verpflichtung heimlicher Empfänger ist, daß sie zur Zeit des Empfangs — spätere Kenntniß schadet nichts — wußten oder (vgl. StrGB. § 259 u. RG. 7 S. 86 gegen RG.Str. 2 S. 143) nach den Umständen annehmen mußten, daß die Verheimlichung beabsichtigt oder erfolgt war, nämlich je nachdem sie die Vergütung vor oder nach der gesonderten Festsetzung des Gründungsaufwandes (§ 186 Abs. 3) empfingen. Vgl. Beispiel in RG. 18 S. 105.

c) Die dritte Art sind wiederum Theilnehmer an der civilrechtlich nach Abs. 1 Satz 2 den Gründern zur Last fallenden Thätigkeit, die daher, wenn diese Thätigkeit strafbar ist, weil z. B. ein Gründer zugleich Vorstands- oder Aufsichtsrathsmitglied ist (§ 312), auch wiederum als Theilnehmer im Sinne des StrGB. §§ 47 ff. haften.

d) s. § 203.

§ 203.

Wer vor der Eintragung der Gesellschaft in das Handelsregister oder in den ersten zwei Jahren nach der Eintragung eine öffentliche Ankündigung der Aktien erläßt, um sie in den Verkehr einzuführen, ist der Gesellschaft im Falle der Unrichtigkeit oder Unvollständigkeit von Angaben, welche die Gründer in Ansehung der Zeichnung oder Einzahlung des Grundkapitals oder in Ansehung der im § 186 vorgesehenen Festsetzungen zum Zwecke der Eintragung der Gesellschaft in das Handelsregister machen, sowie im Falle einer böslichen Schädigung der Gesellschaft durch Einlagen oder Uebernahmen für den Ersatz des ihr daraus entstehenden Schadens mit den im § 202 bezeichneten Personen als Gesammtschuldner verhaftet, wenn er die Unrichtigkeit oder Unvollständigkeit der Angaben oder die bösliche Schädigung kannte oder bei Anwendung der Sorgfalt eines ordentlichen Geschäftsmanns kennen mußte.

§ 203. **Oeffentliche Ankündiger der Aktienausgabe.** (Art. 213b, I 189, II 201.) — § 203 stimmt mit Art. 213b sachlich durchaus überein. Die Vorschrift beruht auf der Erwägung, daß die Firma des Emissionshauses für die Betheiligung des Publikums von wesentlicher Bedeutung ist, und wenn dieses daher gegen Gründungsschwindel und unrichtige und unvollständige Gründerangaben geschützt werden soll, auch die Emittenten in die Sicherheitsmaßregeln des Gesetzes einbezogen werden müssen. Sie sollen daher mit den Gründern als Gesammtschuldner für den durch deren falsche Angaben oder bösliche Beschädigung angerichteten Schaden mitverantwortlich sein, wenn sie vor der Eintragung oder in den beiden Sperrjahren in Kenntniß der Falschheit der Gründerangaben oder der böslichen Schädigung (§ 202 Abs. 1) öffentliche Ankündigungen zum Zwecke der Einführung solcher Aktien erlassen. Ob diese Ankündigungen selbst unrichtige Angaben enthalten, ist für diese Haftung aus § 203 gleichgültig. Die unmittelbare Verantwortlichkeit für den Inhalt der Ankündigung selbst und eigene unrichtige Angaben in derselben bestimmt sich nach bürgerlichem Rechte bezw. nach dem Börsengesetze; vgl. ROHG. 18 S. 180, 22 S. 388; Bolze 10 S. 276.

Eine öffentliche Ankündigung der Aktien, um sie, nämlich die angekündigten Aktien, in den Verkehr einzuführen, erläßt Jemand, d. i. der Emittent, oder seine Zeichenstelle (ROHG. 17 S. 49, 18 S. 183, vgl. aber 20 S. 255) nicht nur unter eigenem Namen, sondern auch ohne Unterzeichnung durch Inserat, in welchem der Autor deutlich erkennbar ist. Das geschieht auch durch Aufforderung zu Primitivzeichnungen (Mot. z. Nov. II S. 127), sowie zu Zeichnungen auf neue Aktien innerhalb zweier Jahre (§ 287). Auch wenn die Eintragung nichtig ist, kann eine längere als zweijährige Haftzeit seit der thatsächlichen Eintragung im Sinne des Gesetzes nicht angenommen werden.

Objektive Voraussetzung der Haftung des Emittenten ist der objektive Thatbestand des § 202 Abs. 1 über die Haftung der Gründer; subjektive Voraussetzung ist, daß der Emittent diesen objektiven Thatbestand des § 202 Abs. 1: die unrichtigen, unvollständigen Angaben oder die bösliche Schädigung, kannte oder kennen mußte. Diese subjektive Voraussetzung seiner Haftung: Kenntniß oder Pflicht der Kenntniß, nämlich zur Zeit der Veröffentlichung ist dem Emittenten nachzuweisen. Die Sorgfalt eines ordentlichen Geschäftsmannes wird regelmäßig die eines ordentlichen Kaufmanns sein, da der Emittent regelmäßig Banquier sein wird (§ 1 Abs. 2 Nr. 4); nothwendig ist es nicht.

Gegenstand der Haftung des Emittenten ist der Schaden, den die

Gründer durch ihre falschen Angaben oder ihre bösliche Schädigung der Gesellschaft, nicht etwa einzelner Aktionäre, anrichten, zu welchem Schaden auch derjenige gehört, der in Folge dieser Veröffentlichung entsteht.

Gesammtschuldner nicht nur mit den Gründern, sondern auch den anderen aus § 202 haftbaren Genossen. BGB. §§ 421 ff.

§ 204.

Mitglieder des Vorstandes und des Aufsichtsraths, die bei der ihnen durch die §§ 192, 193 auferlegten Prüfung die Sorgfalt eines ordentlichen Geschäftsmanns außer Acht lassen, haften der Gesellschaft als Gesammtschuldner für den ihr daraus entstehenden Schaden, soweit der Ersatz des Schadens von den nach den §§ 202, 203 verpflichteten Personen nicht zu erlangen ist.

§ 204. **Haftung von Vorstand und Aufsichtsrath.** (Uebereinstimmend Art. 213c, I 190, II 202.)

Die ausgesprochene Verantwortlichkeit der Mitglieder des Vorstandes und des Aufsichtsrathes ergiebt sich schon aus ihrer allgemeinen Verpflichtung nach §§ 241, 249; sie ist hier nur ausdrücklich ausgesprochen, weil es sich um ihre Obliegenheiten vor Entstehung der Gesellschaft als solcher handelt. — Außerdem sollen sie — allgemeinen Grundsätzen entsprechend, vgl. BGB. §§ 839, 841 — nur subsidiär haften, d. h. soweit der Ersatz des Schadens nicht von Gründern und Gründergenossen (§§ 202, 203) zu erlangen ist. Hierüber entscheidet richterliches Ermessen (Mot. z. Nov. II S. 124); vgl. BGB. §§ 771, 773. — In beiden Beziehungen muß die Gesellschaft beweisen. — Wegen vorsätzlicher Verletzung ihrer Prüfungspflicht haften die Mitglieder des Vorstandes sowohl strafrechtlich (§ 312) wie civilrechtlich in erster Linie (vgl. die Analogie in BGB. § 839 Abs. 1). — Wegen der Haftung der Revisoren vgl. § 192 Abs. 3.

§ 205.

Vergleiche oder Verzichtleistungen, welche die der Gesellschaft aus der Gründung zustehenden Ansprüche gegen die nach den §§ 202 bis 204 verpflichteten Personen betreffen, sind erst nach dem Ablaufe von fünf Jahren seit der Eintragung der Gesellschaft in das Handelsregister und nur mit Zustimmung der Generalversammlung zulässig; sie sind unzulässig, soweit in der Versammlung eine Minderheit, deren Antheile den fünften Theil des Grundkapitals darstellen, Widerspruch erhebt. Die zeitliche Beschränkung findet keine Anwendung, sofern sich der Verpflichtete im Falle der Zahlungsunfähigkeit zur Abwendung oder Beseitigung des Konkursverfahrens mit seinen Gläubigern vergleicht.

§ 205. **Vergleiche und Verzichte.** (Art. 213d, I 191, II 203.) Dies Gesetz stimmt mit dem bisherigen überein, bis auf die Sperrzeit, welche in der Kommission, weil doch Fälle vorkommen, in denen die Gründer die Aktien spät in Verkehr setzen, von drei Jahren auf fünf Jahre verlängert wurde. Die Vorschrift ist durch den Mißbrauch verursacht, daß den Gründern u. s. w. alsbald, womöglich schon in der errichtenden Generalversammlung, Entlastung gewährt wurde, so daß, wenn die Gesellschaft von dem Einflusse der Gründer frei geworden, die Urheber etwaigen Schadens gedeckt waren. Aus dieser Begründung der Vorschrift ergiebt sich, daß sie keine Anwendung finden kann auf Urtheile über Klagen der Haftpflichtigen auf Entlastung, selbst wenn sie auf Ungehorsam ergingen oder auf Kontumazialurtheile, durch welche Regreßklagen der Gesellschaft abgewiesen worden sind. Verzichtleistungen im Sinne des Gesetzes können in dem Ausbleiben der Vertreter der verklagten oder klagenden Gesellschaft nicht gefunden werden mit dem Erfolge, daß die Vorschriften der CPO. über die Rechtskraft von Ungehorsamsurtheilen gegen eine solche Gesellschaft fünf Jahre lang suspendirt wären. Entlastung (§ 260) ist auch Verzichtleistung. — Andere Ansprüche als die aus der Gründung in §§ 202—204 festgestellten Schadensersatzansprüche trifft die Vorschrift nicht, z. B. nicht Ansprüche aus Dividendengarantie; vgl. Bolze 11 Nr. 475. — Accorde und Zwangsvergleiche zur Abwendung oder Beseitigung des Konkursverfahrens sind innerhalb der fünfjährigen Sperrfrist zwar zulässig, unterliegen aber im Uebrigen allen Bedingungen dieses § 205; nämlich: der Zustimmung einer Mehrheit der Generalversammlung (§§ 251, 252), welcher keine Minderheit, die ein Fünftel des Grundkapitals darstellt, widerspricht.

§ 206.

Die Ansprüche der Gesellschaft gegen die nach den §§ 202 bis 204 verpflichteten Personen verjähren in fünf Jahren von der Eintragung der Gesellschaft in das Handelsregister an.

§ 206. **Verjährung.** (Uebereinstimmend Art. 213 f; I 192, II 204.) Die Verjährung beginnt gegen alle Verpflichteten gleichmäßig mit der Eintragung, nicht etwa gegen die subsidiär Verpflichteten des § 204 später. Es handelt sich um wahre Verjährung, auf welche im Uebrigen die Vorschriften des BGB. §§ 202 ff. Anwendung finden.

§ 207.

Verträge der Gesellschaft, nach denen sie vorhandene oder herzustellende Anlagen, die dauernd zu ihrem Geschäftsbetriebe bestimmt sind, oder unbewegliche Gegenstände für eine den zehnten Theil des Grundkapitals übersteigende Vergütung erwerben soll, bedürfen zu ihrer Wirksamkeit der Zustimmung der Generalversammlung, falls sie vor dem Ablaufe von zwei Jahren seit der Eintragung der Gesellschaft in das Handelsregister geschlossen werden.

Vor der Beschlußfassung hat der Aufsichtsrath den Vertrag zu prüfen und über die Ergebnisse seiner Prüfung schriftlich Bericht zu erstatten.

Der Beschluß, durch welchen dem Vertrage die Zustimmung ertheilt wird, bedarf einer Mehrheit, die mindestens drei Viertheile des bei der Beschlußfassung vertretenen Grundkapitals umfaßt. Wird der Vertrag im ersten Jahre nach der Eintragung der Gesellschaft in das Handelsregister geschlossen, so müssen außerdem die Antheile der zustimmenden Mehrheit mindestens ein Viertheil des gesammten Grundkapitals darstellen.

Nach erfolgter Zustimmung der Generalversammlung hat der Vorstand den Vertrag in Urschrift oder in öffentlich beglaubigter Abschrift mit dem Berichte des Aufsichtsraths nebst dessen urkundlichen Grundlagen zum Handelsregister einzureichen. Zum Handelsregister einer Zweigniederlassung findet die Einreichung nicht statt.

Bildet der Erwerb von Grundstücken den Gegenstand des Unternehmens, so finden auf einen solchen Erwerb die Vorschriften der Abs. 1 bis 4 keine Anwendung. Das Gleiche gilt für den Erwerb von Grundstücken im Wege der Zwangsversteigerung.

§§ 207, 208. **Nachgründung.** (Art. 213 f., I 193, 194, II 205, 206.) Das Gesetz wiederholt mit geringen Abweichungen den Art. 213 f. unter Aussonderung seines fünften Absatzes in den besonderen § 208. Die Vorschriften haben den Zweck, zu verhindern, daß die gesetzlichen Bestimmungen über die Einbringung oder Uebernahme von Vermögensgegenständen bei Gründung der Gesellschaft in der Weise umgangen werden, daß zunächst eine reine Geldgesellschaft ohne die in § 186 Abs. 2 erwähnten Abkommen gegründet wird, und nach der Eintragung im Wege der ordentlichen Geschäftsführung durch den Vorstand die betreffenden Gegenstände erworben werden. Nach Johow 10 S. 32 soll der Registerrichter allerdings bei berechtigtem Verdacht solcher Umgehung die Eintragung weigern und dadurch die Anmelder zur Beobachtung des Gesetzes in Betreff solcher Einlagen und Uebernahmen nöthigen können. Ist das nicht geschehen, so sollen in den nächsten zwei Jahren nach der Eintragung der Gesellschaft geschlossene Verträge über Betriebsanlagen und Grundstücke jedenfalls nicht allein von dem Befinden des Vorstandes abhängig sein, sondern der Zustimmung der Generalversammlung unterliegen.

Abs. 1. a) Erste Voraussetzung ist die, ob Verträge in der Sperrzeit geschlossen sind; wann sie erfüllt werden sollen, wann sie der Generalversammlung unterbreitet werden, ist ganz gleichgültig. Als fernere Voraussetzung präzisirt das Gesetz gegen das frühere den einen Gegenstand des Erwerbes: „Anlagen" in Gemäßheit der herrschenden Ring'schen Begriffsbestimmung (das RGes. vom 18. Juli 1884, Anm. 2 zu Art. 513 f.) als Betriebsanlagen der Gesellschaft, d. h. solche, die dauernd zu ihrem Geschäftsbetriebe bestimmt sind, z. B. Maschinen, auch wenn sie nicht mit Grund und Boden verbunden sind. — Der andere Gegenstand, der in der Sperrzeit nur mit Zustimmung der Generalversammlung erworben werden kann, sind unbewegliche Sachen, d. h. im Sinne des BGB. und dieses Gesetzes (vgl. letzten Abs.) Grundstücke und deren Bestandtheile (BGB. §§ 93—96 das.; vgl. die Ueberschriften des 3. Abschn. 2. Titels vor §§ 925 ff. und 3. Titels vor §§ 929 ff.) sowie Berggerechtsame (EG. z. BGB. Art. 67); dagegen nicht Schiffe (vgl. BGB. § 435, 9. Abschn. 1. Tit. §§ 1259 ff.) wie z. B. nach preuß. Zwangsvollstreckungsgesetz von 1884. Ausgenommen ist nach Abs. 5 Erwerb von Grundstücken, wenn er den Gegenstand des Aktienunternehmens bildet und in Zwangsversteigerung. — Davon abgesehen also, bedürfen Verträge über den Erwerb solcher Anlagen oder von Grundstücken durch die Gesellschaft in der zweijährigen Sperrzeit der Zustimmung der Generalversammlung, wenn die Vergütung dafür mehr als ein Zehntel des Grundkapitals betragen soll. Maßgebend für dieses Verhältniß ist die Zeit, nicht des Erwerbes, sondern der Generalversammlung, wenn etwa inzwischen das Grundkapital erhöht sein sollte.

Abs. 2. Formales Erforderniß ist vorgängige Prüfung des — also schriftlichen (vgl. auch Abs. 4) — Vertrages und Berichterstattung durch den Aufsichtsrath — nicht wie in § 192 durch die Mitglieder des Aufsichtsraths. Unterlassung derselben macht den Beschluß nach § 271 anfechtbar und die Aufsichtsrathsmitglieder nach § 249 haftbar. Dagegen ist selbst im Falle des § 208 der § 204 nicht anwendbar.

Abs. 3. Der Generalversammlungsmehrheitsbeschluß erfordert unter allen Umständen drei Viertel Mehrheit des bei der Beschlußfassung vertretenen (§§ 252, 258) Grundkapitals, und wenn der Vertrag im ersten Sperrjahre geschlossen ist, zugleich, daß die drei Viertel Mehrheit mindestens ein Viertel des gesammten Grundkapitals darstelle. Ein diesem Stimmenverhältniß nicht entsprechender Mehrheitsbeschluß ist ohne Weiteres ungültig und also nicht geeignet, den fraglichen Verträgen Wirksamkeit zu verleihen. Da es sich nicht um einen Form- sondern um Willensmangel (vgl. BGB. §§ 313, 182, 185) handelt, so heilt hinterherige Auflassung des Grundstückes den Mangel des Immobiliarvertrages nicht. — Das „bei der Beschlußfassung vertretene Kapital" beschränkt sich auf die abgegebenen Stimmen. Verzeichnete (§ 258), aber nicht mitstimmende Aktien zählen dabei nicht mit. Die Fassung wurde ausdrücklich so gewählt, um frühere Zweifel zu beseitigen. Dies wurde als Ansicht der verbündeten Regierungen und der Komm. ausdrücklich festgestellt.

Abs. 4 weicht von dem bisherigen Abs. 4 insofern ab, als dieser auch die Einreichung des Nachweises über die Beschlußfassung selbst verlangte. Aus § 277 folgt ein solches Gebot nicht, denn eine Abänderung des Gesellschaftsvertrages ist dieser Beschluß nur in der Motivirung des Gesetzes, aber nicht in der That und Form. Er bedarf also keiner Eintragung. Damit entfällt zugleich die Frage nach der Prüfungspflicht und -Befugniß des Registerrichters in Hinsicht des Zustandekommens des Beschlusses.

Auch der Schlußsatz ist neu und ergiebt sich aus § 195 Nr. 2, zu deren Ergänzung lediglich diese Anmeldung dienen soll, und § 201 Abs. 2, nach welchem jene Nr. 2 keine Anwendung auf Zweigniederlassungen findet.

Abs. 5. Ausnahmen. Der Erwerb von Grundstücken bildet dann den Gegenstand des Unternehmens (§ 182 Abs. 2 Nr. 2), wenn mit den Grundstücken Geschäfte gemacht werden sollen, nicht aber, wenn der ganz andere Gegenstand des Unternehmens zu dessen Gewerbebetrieb den Erwerb eines Grundstückes, z. B. zum Geschäftshause, erfordert (Johow 10 S. 33). — Der Schlußsatz, daß es auch zum Erwerbe von Grundstücken im Wege der Zwangsversteigerung keiner Zustimmung der Generalversammlung bedürfe, wird unzulässiger Weise auf Zwangsversteigerungen beschränkt, bei welchen die Gesellschaft Gläubigerin ist. Davon steht im Gesetze nichts; auch der Grund der Ausnahme offenbar deshalb zugelassen ist, weil bei solchen Erwerben das Motiv der ganzen Vorschrift, Umgehung des Gesetzes, ausgeschlossen ist, spricht nicht für diese Beschränkung, bei Zwangsversteigerungen im Allgemeinen kann man doch nicht an lange vorbereitete Spekulationen denken.

§ 208.

Erwirbt die Gesellschaft vor dem Ablaufe der im § 207 Abs. 1 bezeichneten Frist Vermögensgegenstände in Ausführung einer vor ihrer Eintragung in das Handelsregister von Gründern getroffenen Vereinbarung, so kommen in Betreff der Rechte der Gesellschaft auf Entschädigung und in Betreff der ersatzpflichtigen Personen die Vorschriften der §§ 202, 205, 206 zur Anwendung.

§ 208 dehnt den bisherigen Art. 213 f. Abs. 5, der sich natürlich auch nur auf Anlagen und Immobilien bezog, auf Vermögensgegenstände allgemein aus. Für jene Beschränkung liegt bei vorher mit den Gründern vereinbarten Erwerben gar kein Grund vor. Denn bei richtigem Verfahren mußte die Festsetzung desselben nach Maßgabe des § 186 Abs. 2 in den Gesellschaftsvertrag auf-

genommen werden und hätten die Gründer, wie nach § 201, bei jedem derartigen auch hinsichtlich dieses Erwerbes gehaftet. Die ordnungswidrige Unterlassung darf solche ihre Verantwortlichkeit keinenfalls beschränken.

§ 209.

Aktien oder Interimsscheine, die auf einen geringeren als den nach § 180 zulässigen Betrag gestellt werden, sind nichtig. Die Ausgeber haften den Besitzern für den durch die Ausgabe verursachten Schaden als Gesammtschuldner.

Das Gleiche gilt im Falle der Ausgabe von Interimsscheinen, die auf den Inhaber lauten, sowie im Falle der Ausgabe von Aktien oder Interimsscheinen vor der Eintragung der Gesellschaft in das Handelsregister.

§ 209. **Nichtigkeit von Aktien und Interimsscheinen.** (Art. 215c, I 195, II 207.)

Abs. 1 wiederholt Art. 215c Abs. 2 ersten Satz unter Hinzufügung des zweiten Satzes. Die Komm. änderte dabei den Ausdruck „entstehenden" in „verursachten" Schaden. — Ausgeber sind diejenigen Organe der Gesellschaft, denen nach Gesetz und Gesellschaftsvertrag die Ausgabe der Aktien obliegt: Vorstand, Aufsichtsrath, Liquidatoren, nicht die einzelnen nach der lediglich für das innere Verhältniß maßgebenden Geschäftsordnung damit etwa betrauten Beamten. Jene sind daher auch nur strafbar; vgl. § 314 Nr. 2—5. — Sie sind den Besitzern haftbar, d. h. nicht nur denjenigen, die zur Zeit der Klageanstellung im Besitze sind, sondern allen Besitzern, die durch eben diesen Besitz zu Schaden gekommen sind. Den Vorbesitzern, wenn sie wirklich Schaden gehabt haben, weil sie das Papier vielleicht gerade mit Rücksicht auf seine Nichtigkeit und auf bloße Haftung der Ausgeber niedriger veräußert haben, diesen Anspruch nicht zu gewähren, liegt kein Grund vor.

Abs. 2 wiederholt Art. 215c Abs. 1 und den Schlußsatz des Abs. 2 des Art. 215. Abs. 3 erster Satz desselben ist mit Aenderungen in § 179 Abs. 3, der zweite Satz in § 287 Abs. 1; Abs. 4 in § 180 Abs. 4 u. 5 aufgenommen.

Zweiter Titel.

Rechtsverhältnisse der Gesellschaft und der Gesellschafter.

Zweiter Titel: Rechtsverhältnisse der Gesellschaft und der Gesellschafter: §§ 210—230 (Art. 216—226: Rechtsverhältniß der Aktionäre).

§ 210.

Die Aktiengesellschaft als solche hat selbständig ihre Rechte und Pflichten; sie kann Eigenthum und andere dingliche Rechte an Grundstücken erwerben, vor Gericht klagen und verklagt werden.

Die Aktiengesellschaft gilt als Handelsgesellschaft, auch wenn der Gegenstand des Unternehmens nicht in dem Betrieb eines Handelsgewerbes besteht.

§ 210. **Die Aktiengesellschaft als solche.** (Art. 213 Abs. 1, 208, I 196, II 208.)

Abs. 1 wiederholt Art. 213 Abs. 1, dessen 2. Abs. über den Gerichtsstand durch CPO. § 17 (19) überflüssig geworden ist. — Die AG. „als solche" (vgl. dagegen § 124) wird als selbständiges Rechtssubjekt hervorgehoben. Da sie keine physische Person ist, kann sie nur eine juristische sein, keine strafbare Handlung begehen und sich daher nicht strafbar machen (ROHG. 8 S. 204, 13 S. 290, 21 S. 360; RGStr. 5 S. 182, 16 S. 123); sie kann aber für Strafthaten ihrer gesetzlichen Vertreter civilrechtlich verantwortlich sein, und zwar nicht nur soweit sie bereichert ist (RG. 18 S. 120), sondern allgemein für die Folgen der Thaten, insbesondere der Strafthaten ihrer gesetzlichen Vertreter als solcher (RG. 15 S. 182; 20 S. 190; 22 S. 259; Blums Ann. 7 S. 95; Bolze 10 Nr. 541) mit diesen solidarisch (RG. 30 S. 44). Vgl. auch Anm. zu § 124. — „Eigenthum ... erwerben"; vgl. Anm. zu § 124; das Gesetz spricht nur von deutschen AG., vgl. 201 letzter Abs., in Bezug auf ausländische bleiben die landesgesetzlichen Vorschriften unberührt, welche den Erwerb von Grundstücken durch sie von staatlicher Genehmigung abhängig machen (EG. z. BGB. Art. 88). — „Vor Gericht klagen und verklagt werden": Parteifähigkeit: CPO. § 50; wegen der Sicherheitsleistung von Ausländern: CPO. § 110 (102); Prozeßfähigkeit: CPO. §§ 51 (50), 55 (53), (Ausländer).

Abs. 2 wiederholt Art. 208; vgl. § 1 Art. 5 des BGes. v. 11. Juni 1870; vgl. §§ 2 u. 3. In Folge dieses Satzes finden die in Betreff der Kaufleute gegebenen Vorschriften auch auf AG. allgemeine Anwendung: § 6; vgl. §§ 343 ff.

§§ 211, 212. **Aktionärverbindlichkeit.**

§ 211.

Die Verpflichtung des Aktionärs zur Leistung von Kapitaleinlagen wird durch den Nennbetrag der Aktie und, falls der Ausgabepreis höher ist, durch diesen begrenzt.

§ 211. **Geldleistungen.** (Art. 219 Abs. 1, I 197 Abs. 1, II 209.) Die Vorschrift ist die nothwendige Folge von dem in § 178 ausgesprochenen Grundsatze; vgl. RG. 21 S. 148. Im Gegensatze zum bisherigen Rechte ist der Zusatz: „Zur Leistung von Kapitalanlagen" zu betonen. Daraus ergiebt sich einerseits die Unzulässigkeit jedes Mehrheitszwanges, der auf Erweiterung dieser Kapitalleistungsgrenze gerichtet ist (z. B. auf Nachzahlung behufs Umwandlung der Aktien in Reichswährung [ROHG. 23 S. 298], auf Zuzahlung gegen Vorzugsberechtigung [Johow 8 S. 16], auf Zusammenlegung [ROHG. 20 S. 97]; und der Gegensatz zu anderen Leistungen, deren Verpflichtung bisher bestritten war, und die jetzt durch § 212 festgestellt ist. Andererseits können die Aktionäre von dieser Verpflichtung nicht befreit werden (§ 221).

§ 212.

Neben den Kapitaleinlagen kann im Gesellschaftsvertrage den Aktionären die Verpflichtung zu wiederkehrenden, nicht in Geld bestehenden Leistungen auferlegt werden, sofern die Uebertragung der Antheilsrechte an die Zustimmung der Gesellschaft gebunden ist. Die Verpflichtung und der Umfang der Leistungen müssen aus den Aktien oder Interimsscheinen zu ersehen sein.

Im Gesellschaftsvertrage können für den Fall, daß die Verpflichtung nicht oder nicht gehörig erfüllt wird, Vertragsstrafen festgesetzt werden.

Im Gesellschaftsvertrage kann bestimmt werden, daß die Gesellschaft die Zustimmung zur Uebertragung der Antheilsrechte nur aus wichtigen Gründen verweigern darf.

§ 212. **Andere Leistungen.** (Neu; I 197 Abs. 2 (ohne Abs. 2), II 210.) Die Vorschrift ist veranlaßt durch die Zweifel, welche in Betreff der Rübenlieferungspflicht der Aktionäre von Rübenzuckerfabriken entstanden sind; sowohl in Hinsicht ihrer Gültigkeit und der Rechtsbeständigkeit so begründeter AG., namentlich dann, wenn der Rübenpreis statutenmäßig durch die Generalversammlung festgestellt wird, wie in Hinsicht der reichsgerichtlichen Auffassung solcher Bestimmungen als Nebenverträge, wenn dies nicht der Fall ist; vgl. RG. 17 S. 1 ff., 21 S. 148, 26 S. 85; JW. 24 S. 386, 25 S. 604; Bolze 4 Nr. 485, 8 Nr. 549, 10 Nr. 544; Seuff. Arch. 50 S. 56. Das Gesetz macht diesen Zweifeln und der Gezwungenheit ihrer theilweisen reichsgerichtlichen Lösung durch Konstruktion von Nebenverträgen ein Ende, indem es die Zulässigkeit solcher wiederkehrenden Leistungen eines Aktionärs ohne oder gegen Vergütung (§ 216) neben seiner Kapitaleinlage ausspricht, jedoch nur unter der Voraussetzung, daß dann die Uebertragung solcher Antheilsrechte an die Zustimmung der Gesellschaft gebunden ist (Abs. 4, vgl. § 180 Abs. 4 § 222 Abs. 4), weil die freie Uebertragbarkeit der Aktien, mit denen außer der Geldeinlage die Verbindlichkeit zu weiteren Leistungen verknüpft ist, Mißstände hervorrufen könnte. Auf diese sekundären Verpflichtungen bezieht § 221 sich nicht.

Abs. 1. Andere als wiederkehrende Leistungen, die nicht in Geld bestehen, läßt das Gesetz neben der Kapitaleinlage nicht zu. Es wollte nicht weiter gehen als das Bedürfniß verlangt, obwohl es grundsätzlich dem Wesen der AG. nicht widerspricht, die Beitragspflicht der Aktionäre auf andere Leistungen auszudehnen (Dernburg). Nur zum Theil genügt auch für solche Gesellschaftsbildungen das Gesellsch.Ges. vom 20. April 1892. Von 402 Zuckerfabriken sind 193 AG. und nur 40 Gesellschaften mit beschränkter Haftung. Mit Rücksicht hierauf wurden nicht nur wiederholte Anträge auf völlige Streichung des § 212 wie auch Einschränkung der Ausnahme auf landwirthschaftliche Erzeugnisse abgelehnt. Die Opposition hob besonders hervor, daß auch Seeassekuranzen von diesem Grundsatze Gebrauch gemacht und die Aktionäre verpflichtet hätten, ihre Versicherungen bei der Gesellschaft zu nehmen. Derartige Abmachungen fallen offenbar auch unter die vom Gesetze statuirte Ausnahme nicht. — Solche Verpflichtungen der Aktionäre sind gewiß keine Sacheinlagen im Sinne des § 186 Abs. 2 (vgl. § 216), da sie ja neben den Kapitaleinlagen gemacht werden, aus denen sich das Grundkapital zusammensetzt. Es versteht sich aber von selbst, daß sie im Gesellschaftsvertrage, als der Grundlage der AG., festgesetzt sein müssen, auf welche hin die Zeichnung erfolgt. Ist das nicht der Fall, so können sie hinterher nur mit Zustimmung sämmtlicher davon betroffenen Aktionäre begründet werden (§ 276). Selbstverständlich ist auch, was in dem Gesetze nicht hervorgehoben ist, daß die Verpflichtung schon aus dem Zeichnungsscheine (§ 189) ersichtlich und in demselben insoweit der am Schluß vorgeschriebene Inhalt der Aktien und Interimsscheine, wiedergegeben sein muß. Werden Aktien mit und ohne solche Verpflichtung ausgegeben, so wird freilich schon nach § 189 Abs. 2 die Betheiligung nach der Gattung (mit oder ohne Rübenlieferungspflicht) angegeben sein müssen, aber die Angabe des Umfanges der Leistung selbst ist in § 189, der nur Geldbeträge vor Augen hat, nicht aufgegeben. Der in § 189 Abs. 3 Nr. 1 angegebene § 186 trifft wie gesagt nicht zu, da es sich nicht um Einlagen auf das Grundkapital handelt.

Abs. 2 ist im zweiten Entwurfe hinzugefügt. Vgl. § 180 Abs. 3 ff. Daß die Vertragsstrafe eine Geldstrafe sei, ist nicht gesagt; vgl. BGB. §§ 339, 342 ff., 345.

Abs. 3. Der Gesellschaftsvertrag entscheidet darüber, durch welches Organ der Gesellschaft die Zustimmung ertheilt wird, und ob falls der Vorstand oder Aufsichtsrath hierzu berufen ist, dessen Entscheidung eine endgültige sein soll, oder ob eine Berufung an die Generalversammlung stattfindet. Durch die Vorschrift wichtiger Gründe für die Verweigerung der Zustimmung wird u. A. bei Rübenzuckergesellschaften die Möglichkeit geschaffen, für den Fall eines Gutsübergabe- oder Auszugsvertrages den Betheiligten die erforderliche Sicherheit zu gewähren, daß, falls nicht besondere Umstände entgegenstehen, auch das Aktienrecht auf den Gutserwerber übergehen soll. Ein wichtiger Grund ist gewiß namentlich die Unfähigkeit des Erwerbers, den mit dem Aktienrechte verbundenen Verpflichtungen, z. B. der Rübenbaupflicht, zu genügen.

Auf Grund dieser gesetzlichen Vorschriften kann es nicht mehr zweifelhaft sein, daß der Generalversammlung durch das Statut die Befugniß übertragen werden kann, den Rübenpreis alljährlich durch Mehrheitsbeschluß festzustellen und daß auch Bestimmungen des Gesellschaftsvertrages gültig sind, wonach der Rübenpreis für jedes Jahr durch Vorstand, Aufsichtsrath, Generalversammlung innerhalb eines bestimmten Limits festgesetzt wird, oder der Preis herabgesetzt werden kann, wenn zur Auszahlung desselben ausreichender Reingewinn nicht vorhanden ist (§ 216) (D.).

§ 213.

Die Aktionäre können ihre Einlagen nicht zurückfordern; sie haben, solange die Gesellschaft besteht, nur Anspruch auf den Reingewinn, soweit dieser nicht nach dem Gesetz oder dem Gesellschaftsvertrage von der Vertheilung ausgeschlossen ist.

§ 213. **Aktionäranspruch.** (Art. 216 Abs. 2, I 198, II 211.) Ein Antrag, auch Abs. 1 des Art. 216 zu wiederholen und auszusprechen, daß jeder Aktionär einen verhältnißmäßigen Antheil an dem Vermögen der Gesellschaft habe, wurde als unnöthig und unrichtig abgelehnt. Die Definition erwecke den Anschein, als wenn jeder Aktionär an jedem Stück des Gesellschaftsvermögens einen verhältnißmäßigen Antheil habe.

Die Aktionäre haben nicht nur kein Rückforderungsrecht auf ihre Einlagen, welche, soweit es überhaupt eigenthumsfähige Sachen sind, Eigenthum der Gesellschaft geworden sind; die Einlagen können ihnen auch nicht freiwillig zurückgezahlt werden (vgl. § 226), außer gemäß § 227. — Ebensowenig kann die Gesellschaft titulum possessionis verändern und z. B. vereinbaren, daß die Einlagen ihr als Schenkung verbleiben und die Einlagepflicht von neuem entstehen solle (RG. 27 S. 11).

Daß Jemand, der gar nicht Aktionär geworden ist, das irrthümlich als Einlage Gegebene zurückfordern kann (ROHG. 22 S. 194), ist ebensowenig eine Ausnahme wie die actio doli auf Rückforderung wegen arglistiger Veranlassung zur Betheiligung durch falsche Vorspiegelungen, weil die damit geltend gemachte Rückforderung die Nichtigkeit des Beitritts als Aktionär voraussetzt (BGB. § 142). (Vgl. auch BGB. § 812 und RG. 18 S. 116.)

„*Nur Anspruch auf den Reingewinn*“, nämlich von dem Gewinn der Gesellschaft; auf andere *Vergünstigungen* aller oder (§ 186 Abs. 1) einzelner Aktionäre bezieht sich die Vorschrift selbstverständlich nicht. — Der Anspruch entsteht erst durch die Feststellung der Generalversammlung. Aber ein Beschluß derselben, keine Dividende zu vertheilen, ist nach § 271 anfechtbar, „soweit der Reingewinn nicht nach dem Gesetz oder dem Gesellschaftsvertrage von der Vertheilung ausgeschlossen ist“. Deshalb sagt das Gesetz, der Aktionär habe Anspruch auf

„den Reingewinn", unter Abänderung des Entwurfes, welcher sagte, er habe einen Anspruch auf „einen verhältnißmäßigen Antheil am Reingewinn". Ist der Reingewinn unangefochten (RG. 15 S. 95) nach Gesetz und Gesellschaftsvertrag festgestellt, so hat der Aktionär auf ihn ein unentziehbares Recht (ROHG. 18 S. 153, 19 S. 141; RG. 22 S. 113, 37 S. 63). — Der Reingewinn wird erhoben auf Grund des Gewinnantheilscheins (§ 230). Lautet er auf den Inhaber (§ 228 Abs. 2), so berechtigt die Vorzeigung (BGB. §§ 935, 1006; RG. 4 S. 142) zur Erhebung. Neue Gewinnantheilscheine werden auf Grund des Erneuerungsscheines verabfolgt. Derselbe ist nicht Inhaberpapier, sondern zur Aktie gehöriger aber trennbarer (RG. 23 S. 270) Legitimationsschein (RG. 3 S. 154, 4 S. 141) und weicht daher dem Widerspruch des Aktienbesitzers (§ 230; ROHG. 10 S. 319, 17 S. 31). — Nachbezugsrecht: ROHG. 22 S. 372; RG. 9 S. 30, 15 S. 101; nach Verstaatlichung gegen den Staat? RG. 14 S. 168.

§ 214.

Die Antheile am Gewinne bestimmen sich nach dem Verhältnisse der Aktienbeträge.

Sind die Einzahlungen nicht auf alle Aktien in demselben Verhältnisse geleistet, so erhalten die Aktionäre aus dem vertheilbaren Gewinne vorweg einen Betrag von vier vom Hundert der geleisteten Einzahlungen; reicht der Jahresgewinn hierzu nicht aus, so bestimmt sich der Betrag nach einem entsprechend niedrigeren Satze. Einzahlungen, die im Laufe des Geschäftsjahrs zu leisten waren, werden nach dem Verhältnisse der Zeit berücksichtigt, welche seit dem für die Leistung bestimmten Zeitpunkte verstrichen ist.

Im Gesellschaftsvertrage kann eine andere Art der Gewinnvertheilung vorgesehen werden.

§ 214. **Bestimmung des Gewinnantheils.** (Neu, II 212.)

Abs. 1. Der Grundsatz ergiebt sich aus dem Begriff, vgl. § 178. Ein anderer grundsätzlicher Maßstab konnte für die Gewinnvertheilung nicht aufgestellt werden, wenn man ihn für die Vermögensvertheilung annahm: § 300 Abs. 2. Eine Einschränkung bestimmt

Abs. 2 für den Fall, daß ein Theil der Aktien vollständig, ein anderer nur theilweise eingezahlt ist, ebenso für die Gewinnvertheilung wie § 300 Abs. 3 für die Vermögensvertheilung. Die Meinungsverschiedenheit in Rechtsprechung und Wissenschaft über das in diesem Falle bestimmende Verhältniß ist vom Gesetze dahin gelöst, daß auch hier der Grundsatz des ersten Absatzes und nicht das Verhältniß der Einzahlungen als Maßstab angenommen ist. Einmal, weil diese Auffassung „auf das Maß der Betheiligung, das in den Aktienbeträgen und der hieraus sich ergebenden Einzahlungspflicht zum Ausdruck kommt, nicht die erforderliche Rücksicht nimmt, was namentlich in dem Falle seltsame Folgen haben würde, wenn z. B. wegen zweifelhafter Kreditwürdigkeit von einzelnen Aktionären höhere Einzahlungen gefordert werden, oder wenn sie über den eingeforderten Betrag hinaus freiwillig eingezahlt haben" (Kommissionsbericht). Andererseits führt jene Auffassung auch zu dem mißlichen Ergebnisse, daß der in erster Linie durch den Antheil am Gewinn bedingte Werth der verschiedenen Aktien mehr oder weniger von dem Ermessen der Gesellschaftsorgane abhängt; denn nur diese haben über den Umfang und die Zeit der Einforderung von Einzahlungen auf die Aktien zu entscheiden, während dem einzelnen Aktionär ein selbständiges Recht auf Vollzahlung seiner Aktien nicht zusteht. Jedoch wird daneben auf das Verhältniß der Einzahlungen insofern Rücksicht genommen, als zunächst nach Analogie der Gewinnvertheilung bei der offenen Handelsgesellschaft (§ 121 Abs. 1) ein Jahresgewinn in Höhe angemessener Kapitalzinsen nach jenem Verhältniß vorweg vertheilt werden soll.

§ 215.

Zinsen von bestimmter Höhe dürfen für die Aktionäre weder bedungen noch ausbezahlt werden, es darf nur dasjenige unter sie vertheilt werden, was sich nach der jährlichen Bilanz als Reingewinn ergiebt.

Für den Zeitraum, welchen die Vorbereitung des Unternehmens bis zum Anfange des vollen Betriebs erfordert, können den Aktionären Zinsen von bestimmter Höhe bedungen werden; der Gesellschaftsvertrag muß den Zeitpunkt bezeichnen, in welchem die Entrichtung von Zinsen spätestens aufhört.

§ 215. **Zinsen.** (Art. 217, I 190, II 213.)

Abs. 1. Zinsen von bestimmter Höhe, d. h. periodisch bestimmte Vergütungen in Geld für die Einlage, dürfen „für die Aktionäre" oder für einen einzelnen Aktionär (ROHG. 17 S. 388) weder bedungen noch ausbezahlt werden. Die einzigen Ausnahmen gestattet Abs. 2 und § 216. Die zulässige und oft geleistete Zusage einer Dividendengarantie, von Dritten regelmäßig an die AG. (ROHG. 22 S. 226), ist natürlich keine Ausnahme. — „Es darf" — nicht „muß" (RG. 28 S. 43) — „nur dasjenige unter sie vertheilt werden", d. h. das ist das zulässige Höchstmaß (s. aber § 262 Nr. 1), was sich nach der jährlichen Bilanz (§§ 39, 40, 261 f.; vgl. auch über ein abgekürztes Geschäftsjahr Goldschm. 37 S. 551), d. h. nach dem dieselbe festsetzenden Generalversammlungsbeschluß (§ 260), als Reingewinn ergiebt. — Der Absatz enthält ein absolutes Verbot öffentlichen Rechts, dessen Nichtbeachtung Nichtigkeit zur Folge hat (BGB. § 134).

Abs. 2 enthält eine Ausnahme von Abs. 1 für die Vorbereitungszeit des Unternehmens bis zum vollen Betriebe (Bauzinsen, der Generalversammlung nicht unterworfenes reines Gläubigerrecht: ROHG. 22 S. 11, 19 ff.). Ist der Endzeitpunkt nicht bestimmt, so ist das Versprechen ungültig: ROHG. a. a. O. Eine zweite Ausnahme enthält § 216.

§ 216.

Für wiederkehrende Leistungen, zu denen die Aktionäre nach dem Gesellschaftsvertrage neben den Kapitaleinlagen verpflichtet sind, darf eine den Werth der Leistungen nicht übersteigende Vergütung ohne Rücksicht darauf bezahlt werden, ob die jährliche Bilanz einen Reingewinn ergiebt.

§ 216. **Wiederkehrende Leistungen.** (Neu; I 200, II 214.) Vgl. § 212. Es handelt sich hauptsächlich um die Verbindlichkeit bei Zuckerfabriken zum alljährlichen Anbau und zur Lieferung einer bestimmten Menge von Rüben. Nachdem das Gesetz durch § 212 von der bisherigen Auffassung der betreffenden Festsetzungen als selbständiger Verträge der Gesellschaft mit den einzelnen Aktionären, welche in Ansehung ihres Anspruches auf den Rübenpreis der Gesellschaft nicht als Mitglieder, sondern als dritte Kontrahenten gegenüberstanden, abgewichen ist und ihre Rechte und Pflichten in das Gesellschaftsverhältniß selbst hineingezogen hat, bedurfte es natürlich dieser ausdrücklichen Bestimmung, wenn nicht der Grundsatz (§§ 213, 215 Abs. 1) Anwendung finden sollte, der eine Vergütung für Rüben nur dann zulassen würde, wenn und insoweit vorhandener Reingewinn solche gestattet. Bei Festhaltung an diesem Grundsatze würde aber angesichts der Vermögenslage vieler dieser kleinen Aktionäre diese Form der AG. sich nicht aufrecht erhalten lassen und § 212 seinen praktischen Zweck zum großen Theil verfehlen. „Die Aktionäre" oder einzelne von ihnen; vgl. § 215 Abs. 1.

§ 217.

Die Aktionäre haften für die Verbindlichkeiten der Gesellschaft, soweit sie den Vorschriften dieses Gesetzbuchs entgegen Zahlungen von der Gesellschaft empfangen haben. Was ein Aktionär in gutem Glauben als Gewinnantheil oder als Zinsen bezogen hat, ist er in keinem Falle zurückzuzahlen verpflichtet.

Ist über das Vermögen der Gesellschaft Konkurs eröffnet, so wird während der Dauer des Verfahrens das den Gesellschaftsgläubigern gegen die Aktionäre zustehende Recht durch den Konkursverwalter ausgeübt.

Die nach diesen Vorschriften begründeten Ansprüche verjähren in fünf Jahren vom Empfange der Zahlung an.

§ 217. **Haftung der Aktionäre.** (Art. 218, I 201, II 215.) Art. 218 wiederholte bloß den zweiten Theil der für die KG. gegebenen Vorschrift (Art. 198, § 172 Abs. 5), daß der Aktionär in keinem Falle verpflichtet sei, die in gutem Glauben empfangenen Zinsen und Dividenden zurückzugeben, nicht aber den ersten (§ 172 Abs. 4), daß er für die Verbindlichkeiten der Gesellschaft hafte, soweit er darüber hinaus gesetzwidrige Zahlungen von der Gesellschaft empfangen habe. Diese Haftung rechtfertigt sich aber aus dem Gesichtspunkte, daß das Vermögen der AG. den einzigen Gegenstand der Befriedigung für die Gesellschaftsgläubiger bildet und die Aktionäre also durch derartige Empfänge, insbesondere fingirte Gewinne oder Rückzahlung der Einlage, das einzige Befriedigungsmittel der Gesellschaftsgläubiger gesetzwidriger Weise mindern. Das Gesetz erklärt demzufolge gesetzwidrige, zum Nachtheil von Gläubigern der Gesellschaft geleistete Zahlungen der Gesellschaft an Aktionäre insofern für unverbindlich, als die Empfänger zum Betrage des Empfangenen „für die Verbindlichkeiten der Gesellschaft haften". Sie haften aber sowohl der Gesellschaft wie auch den Gläubigern unmittelbar, d. h. jeder Gläubiger hat ein eigenes selbständiges Recht, aus dem gesetzwidrig gezahlten Betrage von dem Empfänger unmittelbar befriedigt zu werden. Diese Prokuratur in rem suam des Gläubigers kann jedoch im Falle des Konkurses der AG. nur für alle gemeinsam durch den Konkursverwalter ausgeübt werden: vgl. zu § 171. Es ist nicht etwa auf den Fall beschränkt, daß durch die gesetzwidrigen Zahlungen das Grundkapital angegriffen ist.

Gutgläubigkeit des Empfängers schützt nur — dann aber auch unbedingt —, wenn es sich um Gewinnantheile und Zinsen handelt; in diesem Umfange unterscheidet aber das Gesetz zwischen Aktionär und Kommanditisten (§ 172), insofern als jenen schon seine eigene Gutgläubigkeit unbedingt schützt, diesen nur, wenn auch die Bilanz, auf Grund deren er gutgläubig empfangen hat, in gutem Glauben aufgestellt ist.

Abs. 2. Vgl. die Bemerkungen zu § 171 Abs. 2.

Abs. 3. Vgl. BGB. §§ 194 ff.

§§ 218—221. **Einzahlung.** Die neuen Vorschriften stimmen im Wesentlichen mit Art. 184—184c überein. Sie haben nur Baarzahlungen nicht Sacheinlagen im Auge.

§ 218.

Ein Aktionär, der den auf die Aktie eingeforderten Betrag nicht zur rechten Zeit einzahlt, hat Zinsen von dem Tage an zu entrichten, an welchem die Zahlung hätte geschehen sollen. Die Geltendmachung eines weiteren Schadens ist nicht ausgeschlossen.

Im Gesellschaftsvertrage können für den Fall, daß die Einzahlung nicht rechtzeitig erfolgt, Vertragsstrafen festgesetzt werden.

Ist im Gesellschaftsvertrage nicht ein Anderes bestimmt, so hat die Aufforderung zur Einzahlung in der Weise zu geschehen, in welcher die Bekanntmachungen der Gesellschaft nach dem Gesellschaftsvertrag erfolgen.

§ 218. Verzug. (Art. 219 Abs. 2 bezw. 184 ebenso, I 202, II 216.) Auf die Nebenverpflichtungen gemäß diesem § 218 findet die Vorschrift des § 221 keine Anwendung. Die Aktionäre können sowohl von denselben befreit werden wie auch gegen dieselben aufrechnen.

Abs. 1. Verzugszinsen. Der Aktionär ist „von Rechtswegen" (vgl. RG. 9 S. 44) zur Zinsenzahlung seit der Fälligkeit verpflichtet, wie es § 353 für Kaufleute aus beiderseitigen Handelsgeschäften allgemein vorschreibt. Mag der Tag der Fälligkeit nach dem Kalender bestimmt sein (BGB. § 284 Abs. 2) oder nicht, dies interpellas pro homine; die Einforderung ist für die Zinsverpflichtung gleichgültig; sie liegt zweifellos vor der Fälligkeit. Es fragt sich, ob es überhaupt einer Einforderung bedarf; wie sie erfolgen muß, wenn sie erforderlich ist, bestimmt Abs. 3. Das Gesetz scheint eine Einforderung allgemein, der Ueblichkeit entsprechend, vorauszusetzen. Allein nach § 189 Abs. 3 Nr. 3 enthält der Zeichnungsschein nothwendig den „Betrag der festgesetzten Einzahlungen". Nicht etwa den festgesetzten Betrag der Einzahlungen, sondern diese Festsetzung der Einzahlung ist ohne Zweifel eine zeitliche. Sie kann ganz verschieden erfolgen: etwa so: bei der ersten, zweiten, dritten u. s. w. so und so viel; oder so: in vierteljährlichen u. s. w. Raten oder in einer bestimmten Zeit seit der Einforderung. In allen diesen Fällen bedarf es natürlich einer solchen. Die Festsetzung kann aber auch bereits ohne Vorbehalt einer Einforderung im Zeichnungsscheine selbst kalendermäßig fest bestimmt sein; dann ist nicht einzusehen, wozu es einer weiteren Einforderung bedürfte. Vielmehr liegt dann ohne Weiteres die Einforderung der im Zeichnungsscheine zeitlich genau festgesetzten Einzahlungen in der Zutheilung der Aktien auf Grund jenes Angebots. Die Einforderung braucht nicht dem zeitigen Aktieninhaber gegenüber zu erfolgen (§ 223 Abs. 3). „Zur rechten Zeit", d. h. an dem Tage, an welchem die Zahlung des vorher eingeforderten Betrages hätte geschehen sollen. — Der zweite Satz wegen des weiteren Schadens stimmt wörtlich mit BGB. § 288 Abs. 2 überein.

Abs. 2. Für „nicht rechtzeitige" (s. o.) Zahlung können Vertragsstrafen festgesetzt werden; aber nur im Gesellschaftsvertrage; nur in dem ursprünglichen? Vgl. ROHG. 19 S. 297. Nach BGB. § 341 kann die Gesellschaft für diesen Fall sowohl die Strafe neben der Erfüllung verlangen, wie auch Schadensersatz wegen verspäteter Erfüllung. Vgl. auch § 348 und BGB. § 343.

Ein Antrag, diese Verschiedenheit zwischen Kaufmann und Nichtkaufmann zu beseitigen, wurde in der Kommission ausdrücklich abgelehnt.

Abs. 3. Einforderung. Vgl. § 182 Nr. 6; Bolze 5 Nr. 755. Das Gesetz macht keinen Unterschied zwischen Inhaber- und Namenaktien.

§ 219.

Erfolgt die Einzahlung nicht rechtzeitig, so kann den säumigen Aktionären für die Zahlung eine Frist mit der Androhung bestimmt werden, daß sie nach dem Ablaufe der Frist ihres Antheilsrechts und der geleisteten Einzahlungen verlustig erklärt werden.

Die Aufforderung muß dreimal in den im § 182 Abs. 3 bezeichneten Blättern (Gesellschaftsblättern) bekannt gemacht werden; die erste Bekanntmachung muß mindestens drei Monate, die letzte Bekanntmachung mindestens einen Monat vor dem Ablaufe der für die Einzahlung gesetzten Nachfrist erfolgen. Sind die Antheilsrechte nicht ohne Zustimmung der Gesellschaft übertragbar, so genügt an Stelle der öffentlichen Bekanntmachungen der einmalige Erlaß besonderer Aufforderungen an die säumigen Aktionäre; in diesen Aufforderungen muß eine Nachfrist gewährt werden, die mindestens einen Monat von dem Empfange der Aufforderung an beträgt.

Zahlt ein Aktionär den auf die Aktie zu leistenden Betrag ungeachtet der Aufforderung nicht ein, so ist er seines Antheilsrechts und der geleisteten Einzahlungen zu Gunsten der Gesellschaft verlustig zu erklären. Die Erklärung erfolgt mittelst Bekanntmachung in den Gesellschaftsblättern.

An Stelle der bisherigen Urkunde ist eine neue auszugeben, die außer den früher geleisteten Theilzahlungen den eingeforderten Betrag zu umfassen hat. Wegen des Ausfalls, den die Gesellschaft an diesem Betrag oder an den später eingeforderten Beträgen erleidet, bleibt ihr der ausgeschlossene Aktionär verhaftet.

§ 219. **Ausschlußandrohung.** (Art. 219 Abs. 2, 184a, I 203, II 217.)

Abs. 1 beruht auf anderweiter Fassung des Art. 184 Satz 1 durch die Kommission, wobei insbesondere auch der Verlust der geleisteten Einzahlungen hervorgehoben ist; — Rechtzeitig s. § 218 Abs. 1; — „kann bestimmt werden", Androhung und Ausschlußfrist sind nicht nothwendig sofort mit der Fälligkeit zu ergreifende Maßregeln, die, wenn nichts Anderes im Gesellschaftsvertrage vorgesehen ist, gemäß § 231 dem Vorstande zustehen. Aber wenn er sich gegen eigene Verhaftung aus § 241 wehren will, so muß er von diesem ihm zustehenden Rechte nach pflichtmäßigem Ermessen alsbald Gebrauch machen. Ist es geschehen, und der Aktionär zahlt trotzdem nicht, so muß er — und zwar wiederum durch den Vorstand, wenn nichts Anderes bestimmt ist — seines Antheilsrechtes verlustig erklärt werden (Abs. 3; vgl. RG. 27 S. 53).

Abs. 2. Bekanntmachung. Der Ausdruck „die Aufforderung" paßt offenbar zu dem in der Kommission abgeänderten ersten Absatze, der von „erneuter Aufforderung" sprach, nicht mehr recht; nicht von einer nochmaligen Zahlungsaufforderung, sondern von einer Fristbestimmung mit Androhung ist die Rede, welche ja freilich einer Zahlungsaufforderung materiell gleichsteht. — „Sind die Antheilsrechte nicht ohne Zustimmung der Gesellschaft übertragbar" (vgl. § 180 Abs. 3, § 222 Abs. 4), so gilt um so mehr nach § 223 Abs. 3 im Verhältnisse zu ihr nur derjenige als Aktionär, welcher als solcher im Aktienbuch vermerkt ist, demnach auch nur er als säumig, obwohl materiell der Inhaber verpflichtet ist. Ueber die deshalb kürzere Frist vgl. §§ 187 Abs. 1, 188 Abs. 2.

Abs. 3. Verlustigerklärung. „Ungeachtet der Aufforderung", d. h. der Fristbestimmung und Androhung des Abs. 1; nicht der „Einforderung" oder „Aufforderung" des § 218. Die Ausführung der Androhung, die Verlustigerklärung (Kaduzierung), ist obligatorisch. Wenn sie zu Unrecht erfolgt, so kann sie angefochten und auf Feststellung, daß dem Aktionär nach wie vor sein Antheilsrecht zustehe, bezw. auf Rücknahme der Erklärung geklagt werden, woran der Aktionär wegen des folgenden Absatzes ein dringendes rechtliches Interesse hat: CPO. § 256 (231); vgl. RG. 9 S. 42, 27 S. 50. Die Verlustigerklärung soll nach RG. 27 S. 50 nicht mehr angefochten werden können, sobald die neue Aktie ausgegeben ist (Abs. 4), weil einerseits, was zweifellos erscheint, die Rechte des gutgläubigen Inhabers der neuen Aktie (§ 366) nicht beeinträchtigt oder rückgängig gemacht werden können, andererseits, was zu bestreiten ist, nicht beide Aktien Geltung haben können, weil darin eine unzulässige Erhöhung des Grundkapitals (§§ 278 ff.) zu erblicken wäre; die neue Aktie ja auch nur „an Stelle der bisherigen Urkunde" ausgegeben ist. Nach Ausgabe der neuen Aktie soll deswegen der zu Unrecht ausgeschlossene Aktionär nur noch eine Schadensersatzklage haben (RG. 27 S. 54). Das erscheint nicht folgerichtig, sondern wenn die neue Aktie des gutgläubigen Erwerbers unanfechtbar, die mit Erfolg angefochtene Kaduzirung als von Anfang an nichtig zu gelten hat (BGB. § 142), so sind allerdings beide Aktien gültig und mag die Gesellschaft dafür Sorge tragen, daß die thatsächliche Erhöhung ihres Grundkapitals nach §§ 278 ff. in Ordnung gehe. Einstweilige Verfügung: CPO. § 935 (814) ist zulässig (RG. 27 S. 52 ff.).

Abs. 4. Neuausgabe. Das Antheilsrecht, d. h. die subjektive Betheiligung des zeitigen Aktionärs auf Grund der Einlage, wird vernichtet, nicht die Urkunde, die Trägerin jenes Rechtes. In Gemäßheit des Gesetzes (§ 179 Abs. 3, 4) ist dies eine auf Namen lautende Aktie oder ein auf Namen lautender Interimsschein. In diesem Falle ist die Nothwendigkeit einer neuen auf den Namen des neuen Aktionärs lautenden Urkunde ohne Weiteres klar. [Wären aber dem Gesetze zuwider Inhaberantheilscheine oder sogar strafbarer Weise vor Volleinzahlung Inhaberaktien (§§ 179, 209, 314 Nr. 2) ausgegeben, so wäre die Ausgabe neuer Urkunden nicht weniger nothwendig, schon weil die Einziehung und Rücklieferung der alten auf den Inhaber lautenden Aktien und Antheilscheine, die an sich auch als Träger des neuen Antheilsrechtes dienen könnten, wenn sie überhaupt einziehbar sind, doch mit irgend welcher Sicherheit und Raschheit nicht würde erwartet werden können.] Es bedarf also der Ausgabe neuer Urkunden — Antheilsscheine oder Aktien — „an Stelle der bisherigen". Die alte Urkunde ist nach Vernichtung des alten Antheilsrechtes für den Empfänger bezw. Besitzer werthlos. Mit dieser Ausgabe entsteht ohne Weiteres ein neues Antheilsrecht zu Gunsten der Gesellschaft, das sie bestmöglichst an die haftpflichtigen Rechtsvorgänger (§ 220 Abs. 1 a. E.) oder durch Verkauf verwerthen mag (§ 220 Abs. 3). Ohne solche Neuausgabe würde thatsächlich eine Herabsetzung des Grundkapitals um den Nominalbetrag der werthlosen Aktien eintreten, auf welche die Vorschriften der §§ 288 ff. Platz greifen müßten, bezw. eine Verringerung der Antheile, die sowohl begriffs- (§ 178) wie vertragswidrig (§ 182 Abs. 2 Nr. 3) wäre. Die neue Urkunde erhält derjenige Rechtsvorgänger, welcher den Rückstand zahlt (§ 220 Abs. 1 a. E.). Die Gesellschaft darf sie nicht behalten: § 226 Abs. 2. Der aus Art. 184a Abs. 2 a. E. übernommene Satz, daß die neue Urkunde „außer den früher geleisteten Theilzahlungen den eingeforderten Betrag zu umfassen" habe, erklärt sich betreffs der Aktien aus §§ 184 und 179 letzt. Abs., betreffs der Antheilscheine aus deren Begriff und Zweck (vgl. § 189 Abs. 3 Nr. 3). Im Uebrigen lautet auch die neue Urkunde selbstverständlich auf denselben Nennbetrag wie die alte.

Der Satz, daß der Aktionär auch noch nach seinem Ausschlusse für den Ausfall an dem von ihm eingeforderten Betrage und den später eingeforderten Beträgen haftet, ist eine nothwendige Folge der Aktionärverpflichtung zur Leistung der Kapitalanlage (§ 211) und der Unzulässigkeit, hiervon einen Aktionär zu befreien (§ 221). Er haftet für den Ausfall, den die Gesellschaft an diesen Beträgen erleidet; damit ist ausgesprochen, daß die Gesellschaft ihn nicht mehr sofort, principaliter auf die ursprünglich von ihm zu machenden aber nicht gemachten Einzahlungen zum vollen Betrage belangen kann, sondern zunächst seine Rechtsvorgänger zur Zahlung auffordern muß. Der ausgeschlossene Aktionär hat hierauf gegen die ihn aufs Ganze verklagende Gesellschaft einen mit dilatorischer Einrede erzwingbaren Anspruch. Wenn aber die Gesellschaft auch von seinen Rechtsvorgängern nicht gemäß § 220 Abs. 2 den Rückstand erlangen konnte, so ist damit der Ausfall gegen den ausgeschlossenen Aktionär festgestellt. Weder kann dieser verlangen, daß die Gesellschaft seine Rechtsvorgänger zunächst verklage, noch daß sie zu einem Verkaufe des Antheilrechts schreite; beides sind mit Kosten verknüpfte Maßregeln, welche die Gesellschaft, wenn sie sich Ersatz davon verspricht, einschlagen kann, aber nicht einschlagen muß. Sie hat vielmehr nach fruchtloser Aufforderung der Rechtsvorgänger gemäß § 220 Abs. 1 sofort drei Wege, um den Rückstand auf die schuldige Einlage zu erlangen: Klage gegen den ausgeschlossenen Aktionär, Klage gegen einen Rechtsvorgänger, Verkaufsrecht. Der geltende Rechtsvorgänger und ebenso der Käufer haben Anspruch auf die neue Urkunde; der ausgeschlossene Aktionär aber hat keinen Anspruch darauf, gegen nachträgliche Zahlung das neue Antheilsrecht zu erwerben; daß aber die Gesellschaft nicht befugt wäre, nach fruchtloser Aufforderung seiner Rechtsvorgänger (§ 220 Abs. 1) es ihm gegen Zahlung des Rückstandes zu übertragen (was streitig ist, vgl. Staub § 8 zu Art. 184 b), läßt sich mit Grund nicht behaupten; vielmehr kann dies nicht nur bei veränderten Verhältnissen durchaus der Billigkeit entsprechen und sogar das Gegentheil nach § 241 eine pflichtwidrige Handlungsweise darstellen. Der Vorstand hat bei dem ganzen Verfahren die ihm nach § 241 obliegende Sorgfalt zu beobachten. Findet er keinen Erwerber des neuen Antheilsrechtes — was praktisch kaum vorkommen wird —, und läßt sich auch nicht nach § 227 die neue Aktie einziehen, so bliebe nur Herabsetzung des Grundkapitals nach §§ 288 ff. übrig, was unter allen Umständen durch Vorsehung im Gesellschaftsvertrage zu vermeiden ist.

§ 220.

Soweit der ausgeschlossene Aktionär den eingeforderten Betrag nicht zahlt, ist dafür der Gesellschaft der letzte und jeder frühere in dem Aktienbuche verzeichnete Rechtsvorgänger verhaftet, ein früherer Rechtsvorgänger, soweit die Zahlung von dessen Rechtsnachfolger nicht zu erlangen ist. Dies wird vermuthet, wenn von dem letzteren die Zahlung nicht bis zum Ablaufe von einem Monate geleistet wird, nachdem an ihn die Zahlungsaufforderung und an den Rechtsvorgänger die Benachrichtigung von dieser erfolgt ist. Der Rechtsvorgänger erhält gegen Zahlung des rückständigen Betrags die neu auszugebende Urkunde.

Die Haftpflicht des Rechtsvorgängers ist auf die innerhalb der Frist von zwei Jahren auf die Aktien eingeforderten Beträge beschränkt. Die Frist beginnt mit dem Tage, an welchem die Uebertragung des Antheilsrechts zum Aktienbuche der Gesellschaft angemeldet wird.

Ist die Zahlung des rückständigen Betrags von Rechtsvorgängern nicht zu erlangen, so kann die Gesellschaft das Antheilsrecht zum Börsenpreis und in Ermangelung eines solchen durch öffentliche Versteigerung verkaufen.

§ 220. **Vormänner.** (Art. 219 Abs. 2, 184b ebenso, I 204, II 218.)

Abs. 1 enthält den Grundsatz, daß jeder Rechtsvorgänger des ausgeschlossenen Aktionärs für die Rückstände in der bestimmten Reihenfolge haftet. Nach § 221 kann er von dieser Haftpflicht nicht befreit werden. Dieselbe ist aber bedingt durch den Ausschluß des säumigen Aktionärs. Andererseits hat nach diesem Ausschluß jeder seiner Rechtsvorgänger in der bestimmten Reihenfolge einen Anspruch auf Erwerb der neuen Urkunde gegen Zahlung des Rückstandes und daher der Vorstand ihm gegenüber nicht das Recht, das Antheilsrecht vor dessen Zahlungsaufforderung und Ablauf der Monatsfrist zu verkaufen (Abs. 3). Der Rechtsvorgänger ist nur verhaftet für den Rückstand, nicht etwa auch für entstandene Kosten. Mit seiner Leistung und dem Erwerbe der neuen Urkunde erlöschen alle Verpflichtungen, sowohl des ausgeschlossenen Aktionärs wie dessen weiterer Vormänner, aus der alten Urkunde. Einer Kraftloserklärung derselben (§ 228) bedarf es nicht. Streitig ist, ob der Rechtsvorgänger Aushändigung der Urkunde durch freiwilliges Angebot des Rückstandes erzwingen kann; es ist nicht einzusehen warum nicht, da Aufforderung und Frist doch nur zu seinen Gunsten vorgeschrieben sind. Vgl. über das Verhältniß der Vormänner untereinander ROHG. 22 S. 214.

Abs. 2. Die Vorschriften beziehen sich, wie insbesondere dieser zweite Absatz beweist, nur auf den gesetzmäßigen Fall (§ 179), daß die Urkunde auf Namen lautet. Denn die zweijährige Haftfrist soll mit der Anmeldung der Uebertragung zum Aktienbuche beginnen. In das Aktienbuch (§ 222 Abs. 1) wird aber nur die Uebertragung von Namenaktien eingetragen (§ 223 Abs. 1). Von dieser zweijährigen Haftfrist kann deswegen bei Inhaberaktien oder -antheilscheinen keine Rede sein, wenn solche dem Gesetze (§§ 179, 209) zuwider ausgegeben sind (§ 314 [2]). Dagegen ist der Grundsatz von der Haftpflicht der Rechtsvorgänger bei Inhaberaktien und Interimsscheinen theoretisch keineswegs unzulässig, wenn auch praktisch vielleicht unausführbar. — Ende der Frist: BGB. § 188; der Anmeldetag zählt nicht mit: das. § 187 Abs. 1.

Abs. 3. Der Verkauf des Antheilsrechtes ist ein Recht der Gesellschaft; nicht dem ausgeschlossenen Aktionär gegenüber eine Pflicht, auf deren Beobachtung dieser einen Anspruch hätte, damit der Ausfall gegen ihn festgestellt würde. Das Verkaufsrecht der Gesellschaft ist aber ihm sowohl wie seinen Rechtsvorgängern gegenüber bedingt durch Beobachtung des in Abs. 1 vorgeschriebenen Verfahrens. Würde die Gesellschaft ohne vorherige Zahlungsaufforderung an die Rechtsvorgänger und vor Ablauf der ihnen gewährten Zahlungsfrist verkaufen, so würde sie für den dann entstehenden Ausfall weder mehr den ausgeschlossenen Aktionär noch seine Rechtsvorgänger heranziehen können. Denn jener hatte einen Anspruch darauf, daß der von ihm zu erlegende Ausfall durch zuvorige Einforderung von diesen festgestellt wurde und dies ist nach dem Verkaufe unmöglich, weil die Gesellschaft die neu auszugebende Urkunde den Rechtsvorgängern nicht mehr ausliefern kann, und diese können aus demselben Grunde nicht mehr zur Zahlung des Rückstandes angehalten werden, die sie nur gegen Aushändigung der neuen Urkunde zu leisten haben. Ist aber der Vorstand zunächst in Gemäßheit des ersten Absatzes gegen die Rechtsvorgänger ohne Erfolg eingeschritten, und dadurch der auch von dem ausgeschlossenen Aktionär zu deckende Ausfall festgestellt, so hat der Vorstand außer der Klage hierauf gegen ihn, sowie in der zweijährigen Frist gegen seine Rechtsvorgänger, das Recht zu verkaufen. Jener hat keinen Anspruch darauf, daß der Vorstand auch noch dieses vielleicht kostspielige und nachtheilige Verfahren einschlage, ehe er ihn auf den Ausfall belangt. Andererseits steht es wegen seiner Obliegenheiten aus § 241 der Gesellschaft gegenüber, nicht im Belieben des Vorstandes, den Verkauf zu unterlassen. Er hat vielmehr mit der Sorgfalt eines ordentlichen Geschäftsmannes zu verfahren und zu prüfen, ob das Interesse der Gesellschaft den Verkauf fordert oder rechtfertigt. Auf diese Weise kann demnach durch Unterlassen des Verkaufes ebenso wie auch bei erfolglosem Verkaufsversuche eine Herabsetzung des Grundkapitals eintreten. — „Zum Börsenpreis" (vgl. §§ 261, 290, 376 Abs. 2) und zwar nicht etwa bloß dem „amtlich festgestellten" (§ 400) muß der Vorstand verkaufen, wenn er verkauft, und die Aktie überhaupt einen Börsenpreis hat. Zum Börsenpreise aber kann er öffentlich oder unter der Hand verkaufen (vgl. § 373 Abs. 2). Können die Aktien aber nicht zum Börsenpreise verkauft werden, so können sie nur öffentlich, d. h. in öffentlicher Versteigerung (BGB. § 383 Abs. 3) verkauft werden. Nichtöffentliche Versteigerung, selbst wenn sie durch den Gerichtsvollzieher oder eine andere zur öffentlichen Versteigerung befugte Person (vgl. § 376 Abs. 3) erfolgte, würde nicht genügen.

§ 221.

Die Aktionäre und deren Rechtsvorgänger können von den in den §§ 211, 220 bezeichneten Leistungen nicht befreit werden. Sie können gegen diese Leistungen eine Forderung an die Gesellschaft nicht aufrechnen.

§ 221. **Unbefreibarkeit, Aufrechnung.** (Art. [219 Abs. 2] 184a Abs. 3, 184b Abs. 3, 184c, I 205, II 219.) Die Ausschließung des Zurückbehaltungsrechtes am Gegenstande der Einlage aus nicht konnexen Forderungen, ist aus Art. 184c nicht mitaufgenommen, weil BGB. § 273 ein solches überhaupt nur für — nicht auf Geld — gerichtete (arg. § 274) Ansprüche anerkennt, die auf demselben rechtlichen Verhältnisse wie die Verbindlichkeit des Schuldners beruhen; das weitergehende (§ 370) kaufmännische Zurückbehaltungsrecht hier aber nicht in Frage kommt. — Der erste Satz über die Unbefreibarkeit der Aktionäre und ihrer Rechtsvorgänger gilt in Bezug auf den Grund der Befreiung ganz allgemein und zwingend, er wirke mittelbar oder unmittelbar, und eine entgegengesetzte statutarische Bestimmung wäre nichtig (RG. 2 S. 40). In Bezug auf den Gegenstand trifft die Vorschrift nur die Kapitaleinlage (§§ 211, 220) nicht die Nebenleistungen (§§ 212, 218). Der zweite Satz macht keinen Unterschied, ob die Aufrechnung auf Gesetz (BGB. §§ 387 ff.) oder auf Vertrag beruht. Die Rechtsprechung (vgl. RG. 6 S. 69, 18 S. 1 ff., 19 S. 126 ff.) ließ jedoch die Vereinbarung der Aufrechnung mit fälligen Forderungen zu. Gegen Nebenansprüche aus § 218 ist nach Maßgabe des BGB. (§§ 387 ff.) auch Aufrechnung statthaft.

§ 222.

Auf Namen lautende Aktien sind mit genauer Bezeichnung des Inhabers nach Namen, Wohnort und Stand in das Aktienbuch der Gesellschaft einzutragen.

Sie können, soweit nicht der Gesellschaftsvertrag ein Anderes bestimmt, ohne Zustimmung der Gesellschaft auf Andere übertragen werden.

Die Uebertragung kann durch Indossament geschehen. In Betreff der Form des Indossaments, in Betreff der Legitimation des Inhabers und in Betreff seiner Verpflichtung zur Herausgabe finden die Vorschriften der Artikel 11 bis 13, des Artikels 36 Satz 1 bis 4 und des Artikels 74 der Wechselordnung entsprechende Anwendung.

Zur Uebertragung von Aktien, die gemäß § 180 Abs. 3 auf einen Betrag von weniger als eintausend Mark gestellt sind, ist die Zustimmung des Aufsichtsraths und der Generalversammlung erforderlich. Die Uebertragung dieser Aktien kann nur mittelst einer die Person des Erwerbers bezeichnenden, gerichtlich oder notariell beglaubigten Erklärung erfolgen.

§ 222. **Aktienübertragung.** (Art. [220] 182, 183 wesentlich übereinstimmend, I 207, 208, II 220, 221.) Die Vorschrift gilt auch für Interimsscheine: § 224. — Bei Inhaberaktien wird der Antheilsberechtigte durch den Besitz ausgewiesen wie der Besitzer jeder anderen beweglichen Sache (BGB. §§ 932, 933; HGB. § 366) jedoch mit der für Bankiers und Geldwechsler durch § 367 gegebenen Einschränkung (vgl. BGB. § 797: der Aussteller erwirkt durch Aushändigung der Schuldverschreibung auf den Inhaber Eigenthum, auch wenn der Inhaber nicht verfügungsberechtigt war). Auch über Inhaberaktien pflegt ein Aktienbuch geführt zu werden, in welches die Aktien nach Nummern und die sie betreffenden Thatsachen eingetragen sind. Dasselbe gehört nicht zu den Handelsbüchern im Sinne des § 38, da die Kenntniß der einzelnen Aktiennummern und ihrer Schicksale zur Erkenntniß der Vermögenslage der Gesellschaft ganz entbehrlich ist. Ein Antrag, hinsichtlich der Uebertragung von Inhaberaktien, die Grundsätze des BGB. für anwendbar zu erklären, wurde abgelehnt, weil sie insofern als die prinzipiellen Bestimmungen über Inhaberschuldverschreibungen auf Inhaberaktien naturgemäß Anwendung finden, selbstverständlich darüber hinaus unrichtig sei.

Abs. 1 handelt von der Eintragung bei Ausgabe der Aktien, also zu einer Zeit, wo ein „Inhaber" außer der Gesellschaft noch gar nicht existirt, sondern das Eigenthum an der Aktie dem Berechtigten durch ihre Aushändigung erst noch übertragen werden soll. Dieser erste Empfänger und Eigenthümer ist einzutragen und demnächst jeder weitere Erwerber in Gemäßheit des § 223.

Abs. 2. Im Falle der Gesellschaftsvertrag Zustimmung der Gesellschaft erfordert, wird dieselbe durch den Vorstand ertheilt (§ 231). Gegensatz: vinkulirte Namensaktien unter 1000 Mark (Abs. 4). Beschränkungen der Uebertragbarkeit, die nicht durch den Gesellschaftsvertrag auf die Aktie gelegt sind, wirken nur obligatorisch (Bolze 3 Nr. 801).

Abs. 3. Vgl. RG. 22 S. 183; Reichsanz. 1889 S. 51 (Reichsbankantheilscheine); WO. Art. 36 (Legitimation) und 74 (Ausschluß des bösgläubigen und des grobfahrlässigen Erwerbes) sind jetzt erst hinzugefügt. — Uebertragung (BGB. § 929) durch Indossament ist statthaft, nicht nothwendig; anders bei vinkulirten Namensaktien unter 1000 Mark: Abs. 4. Vgl. auch wegen des Eigenthumsübertragungswillens RG. 25 S. 207; Blums Ann. 4 S. 47.

Abs. 4 gerichtlich oder notariell vgl. EG. z. BGB. Art. 141; BGB. § 128; Ges. über d. freiw. Gerichtsbarkeit §§ 167 ff.

§ 223, 224. **Umschreibung, Legitimation.** (Art. 183, 220, 183a Abs. 1, I 207, 208, II 221, 222.)

§ 223.

Geht eine auf Namen lautende Aktie auf einen Anderen über, so ist dies, unter Vorlegung der Aktie und des Nachweises des Ueberganges, bei der Gesellschaft anzumelden und im Aktienbuche zu vermerken.

Die Echtheit der auf der Aktie befindlichen Indossamente oder der Abtretungserklärungen zu prüfen, ist die Gesellschaft nicht verpflichtet.

Im Verhältnisse zur Gesellschaft gilt nur derjenige als Aktionär, welcher als solcher im Aktienbuche verzeichnet ist.

§ 223. Abs. 1. An diesem Vermerke hat wegen Abs. 3 der Inhaber selbst zunächst ein Interesse, um seine Aktionärrechte geltend machen zu können, aber auch der Rechtsvorgänger, solange die Aktie nicht voll eingezahlt ist, wegen der von der Anmeldung zum Aktienbuche laufenden zweijährigen Haftfrist (§ 220 Abs. 2). Dieses Interesse allein begründet aber noch kein Klagerecht des Rechtsvorgängers auf Eintragung gegen den Nachfolger. Der Mangel des Nachweises des Ueberganges durch Indossament oder Abtretungserklärung ist nicht ein bloßer Formmangel des Veräußerungsgeschäfts, sondern der Mangel eines absolut nothwendigen Erfordernisses des Eigenthumserwerbes; RG. J.W. 25 S. 6. Bedingte Voraussetzung der Eintragung ist die thatsächlich erfolgte Ausgabe von Namensaktien oder Interimsscheinen. Ist sie nicht erfolgt, und trotzdem unzulässiger Weise eine Eintragung im Aktienbuche gemacht, so ersetzt diese nicht den Nachweis der Legitimation bei Ausübung des Stimmrechts: KG. Johow 14 S. 27.

Abs. 2. Vgl. WO. Art. 36. Den Zusammenhang der Indossamente muß die Gesellschaft allerdings prüfen, und sie kann sich im Falle der Unterlassung nicht auf die unberechtigter Weise von ihr bewirkte Eintragung in das Aktienbuch berufen; nämlich dem Eigenthümer gegenüber, der seinerseits Eintragung verlangt; s. Abs. 3.

Abs. 3. Der verzeichnete „gilt" als Aktionär, also auch im Falle der §§ 228, 229; nicht etwa ist die Gesellschaft bloß berechtigt, dem nichtverzeichneten Eigenthümer die Ausübung der Mitgliederrechte zu verweigern. „Im Verhältnisse" zu ihr, d. h. nicht nur der Gesellschaft gegenüber, sondern absolut, für jeden Dritten in Hinsicht des Verhältnisses des Aktionärs zu der Gesellschaft, so daß ein Generalversammlungsbeschluß unter Betheiligung eines nichtverzeichneten Aktionärs den Umständen nach anfechtbar ist. Im Verhältnisse der Betheiligten unter sich ist der Eigenthumserwerb von der Eintragung unabhängig. Ist die Einwilligung der Gesellschaft zur Uebertragung nothwendig (§ 180 Abs. 3; vgl. BGB. §§ 182 ff.), so ist diese ohne solche unwirksam (anders Dresden in Seuff. Arch. 50 S. 143). Bei vollbezahlten Aktien hat die Eintragung keinen anderen Zweck, als die jedesmalige Prüfung der Legitimation des Besitzers der Aktie zu ersparen. An der Eintragung der Interimsscheine und nicht vollgezahlten Aktien hat aber auch der zwei Jahre lang haftende Veräußerer erhebliches Interesse; vgl. § 220 Abs. 2. — Die Vorschriften gelten nach § 224 auch für Interimsscheine.

§ 224.

Die Vorschriften der §§ 222, 223 finden auch auf die Eintragung der Interimsscheine und deren Uebergang auf Andere Anwendung.

§ 225.

Steht eine Aktie mehreren Mitberechtigten zu, so können sie die Rechte aus der Aktie nur durch einen gemeinschaftlichen Vertreter ausüben.

Für die auf die Aktie zu bewirkenden Leistungen haften sie als Gesammtschuldner.

Hat die Gesellschaft eine Willenserklärung dem Aktionär gegenüber abzugeben, so genügt, falls ein gemeinschaftlicher Vertreter der Mitberechtigten nicht vorhanden ist, die Abgabe der Erklärung gegenüber einem Mitberechtigten. Auf mehrere Erben eines Aktionärs findet diese Vorschrift nur in Ansehung von Willenserklärungen Anwendung, die nach dem Ablauf eines Monats seit dem Anfalle der Erbschaft abgegeben werden.

§ 225. **Verhältniß mehrerer Mitberechtigter.** (Neu; II 225.) Vgl. Gesellsch.Ges. § 18; dagegen Genoss.Ges. § 77.

Abs. 1. Die Untheilbarkeit der Aktie (§ 179 Abs. 1) schließt das Miteigenthum Mehrerer an einer Aktie nicht aus, aber dieselben können „die Rechte aus der Aktie" nur durch einen gemeinschaftlichen Vertreter ausüben. — „Rechte aus der Aktie": §§ 185, 186 Abs. 1, 190, 196, 213—215 (Antheilsrecht am Vermögen und Gewinn); 229, 230 (auf neue Urkunden); 250, 252 (Stimmrecht); 254 (Berufungsrecht); 256, 263 Abs. 2 (auf Abschriften); 257 (auf Mittheilung); 266 Abs. 2 (auf Revision); 268, 270 (auf Verfolgung); 271 (Anfechtungsrecht); 275, 278, 288, 305 (Zustimmungsrecht); 282 (auf Zutheilung neuer Aktien); 290, 305 (auf den Erlös); 300 (Vertheilungsrecht). Anders verhält es sich mit Rechten auf die Aktie aus der Zeichnung Mehrerer und mit der Zutheilung an Mehrere (BGB. § 432) und mit Rechten an der Aktie, die nicht „aus der Aktie" als solcher folgen.

Abs. 2. Vgl. §§ 211, 212, 216, 218 ff.; BGB. § 421. Der Satz gilt auch für mehrere Miterben, wie die Kommission als ihre Ansicht ausdrücklich feststellte, „jedoch nur innerhalb der durch die Grundsätze des BGB. über die Haftung der Erben gezogenen Schranken".

Abs. 3. Vgl. § 125 Abs. 2 a. E.; BGB. § 28 Abs. 2. Ist ein gemeinschaftlicher Vertreter vorhanden, so genügt nicht die Abgabe der Erklärung an einen Anderen, sondern sie muß an den Vertreter erfolgen. — Anfall: BGB. §§ 1942, 1922; der Todestag zählt nicht mit: BGB. §§ 187 Abs. 1, 188 Abs. 2. Die Frist entspricht der Mindestfrist zur Errichtung des Nachlaßverzeichnisses.

§ 226.

Die Aktiengesellschaft soll eigene Aktien im regelmäßigen Geschäftsbetriebe, sofern nicht eine Kommission zum Einkauf ausgeführt wird, weder erwerben noch zum Pfande nehmen.

Eigene Interimsscheine kann sie im regelmäßigen Geschäftsbetrieb auch in Ausführung einer Einkaufskommission weder erwerben noch zum Pfande nehmen. Das Gleiche gilt von eigenen Aktien, auf welche der Nennbetrag oder, falls der Ausgabepreis höher ist, dieser noch nicht voll geleistet ist.

§ 226. **Erwerb eigener Aktien.** (Art. 215 d, I 219, II 224.) Die Vorschriften stimmen im Wesentlichen überein mit Art. 215 d Abs. 1; nur heißt es in Abs. 1 anstatt: „im geschäftlichen Betriebe", „im regelmäßigen Geschäftsbetriebe", und in Abs. 2 sind nicht voll gezahlte Namensaktien den Interimsscheinen gleichgestellt (§ 179 letzter Abs.).

Abs. 1. Soll: also instruktionell; das Geschäft ist gültig, da der Veräußerer nicht wissen kann, ob die Gesellschaft für sich oder Andere erwirbt (Bolze 8 Nr. 551, 12 Nr. 507). Vgl. auch § 220 Anm. — Verantwortlichkeit des Vorstandes bei Zuwiderhandlung: § 241 Abs. 3 Nr. 3. — Im regelmäßigen Geschäftsbetriebe, d. h. im Gegensatz zu Schenkung, Erbfall, Zwangsvollstreckung, gerichtlichem oder außergerichtlichem Vergleich; bei Kaduzirung: § 219 Abs. 3. Ueber Report- und Deportgeschäft vgl. RG. 19 S. 150; RG.Str. 12 S. 287. — Erworben, d. h. zu Eigenthum, im Gegensatze von zum Pfande nehmen: Beamtenkautionen gehören nach dem Grunde der Vorschrift nicht hierher. Ueber Zurückbehaltungsrecht s. § 369. — Sofern nicht ein Kommissionseinkauf (vgl. § 400; RG. 2 S. 40 [jetzt § 405 Abs. 1], 5 S. 2) ausgeführt wird; s. Abs. 2.

Abs. 2. Vgl. § 179 Abs. 3. Die Gesellschaft **kann** nicht solche Papiere erwerben; Zuwiderhandlung begründet Nichtigkeit.

§ 227.

Die Einziehung (Amortisation) von Aktien kann nur erfolgen, wenn sie im Gesellschaftsvertrag angeordnet oder gestattet ist. Die Bestimmung muß in dem ursprünglichen Gesellschaftsvertrag oder durch eine vor der Zeichnung der Aktien bewirkte Aenderung des Gesellschaftsvertrags getroffen sein, es sei denn, daß die Einziehung nicht mittelst Ausloosung, Kündigung oder in ähnlicher Weise, sondern mittelst Ankaufs der Aktien geschehen soll.

Jede Art der Einziehung darf, sofern sie nicht nach den für die Herabsetzung des Grundkapitals maßgebenden Vorschriften stattfindet, nur aus dem nach der jährlichen Bilanz verfügbaren Gewinn erfolgen.

§ 227. **Einziehung.** (Art. 215d Abs. 2, I 210, II 225.) Vgl. das ältere Recht in ROHG. 18 S. 423.

§ 227 enthält eine Abweichung von Art. 215d Abs. 2 insofern, als dieser auch zur Einziehung aus dem Jahresgewinne unbedingt Gestattung im ursprünglichen Gesellschaftsvertrage oder doch vor Ausgabe der Aktien forderte. Das geht zu weit bei einer Einziehung durch Ankauf, durch welchen der Aktionär mit seiner Zustimmung sein Antheilsrecht verliert, sich also nicht beklagen kann. Das Gesetz bestimmt daher Folgendes:

1. Auch diese Art der Einziehung durch Ankauf ist nur zulässig, wenn der Gesellschaftsvertrag die Einziehung von Aktien anordnet oder gestattet, sei es nun von vornherein oder nach späterer Abänderung gemäß §§ 274, 275 Abs. 1 Satz 1.

2. Jede andere Art der Einziehung ist nur dann zulässig, wenn die Einziehung im ursprünglichen Gesellschaftsvertrage oder doch jedenfalls vor der Zeichnung der Aktien und daher mit von vornherein bindender Wirkung für alle Aktionäre gestattet oder angeordnet ist (Abs. 1 Satz 2); denn sie enthält eine Entziehung des Antheilsrechtes wider Willen, die kein Aktionär sich gefallen lassen muß. Es kann nicht zweifelhaft sein, daß dieses Individualrecht auch **nach** der Zeichnung bei übereinstimmendem Beschluß **aller** Aktionäre gewahrt wird, und ein solcher Beschluß sollte daher jener ursprünglichen Bindung gleichgestellt sein.

3. Einziehung von Aktien (Amortisation) ist Selbsterwerb von Aktien (§ 226), nicht zur **Verwerthung**, sondern zur **Entwerthung** — wohl zu unterscheiden von der Amortisation als Kraftloserklärung (§ 228). — Ihr materieller Erfolg ist also Herabsetzung des Grundkapitals (§ 288); daher sind die für diese gegebenen Vorschriften zu beachten, es sei denn, daß die Einziehung aus dem Jahresgewinn erfolgt (Abs. 2).

4. In diesem Falle ist sie eine einfache Verwaltungshandlung, die, wenn der Gesellschaftsvertrag nichts Anderes bestimmt, weder des in § 288 vorgesehenen Beschlusses noch sonstiger Kautelen bedarf.

§ 228.

Ist eine Aktie oder ein Interimsschein abhanden gekommen oder vernichtet, so kann die Urkunde, wenn nicht das Gegentheil darin bestimmt ist, im Wege des Aufgebotsverfahrens für kraftlos erklärt werden. Die

Vorschriften des § 799 Abs. 2 und des § 800 des Bürgerlichen Gesetzbuchs finden entsprechende Anwendung.

Sind Gewinnantheilscheine auf den Inhaber ausgegeben, so erlischt mit der Kraftloserklärung der Aktie oder des Interimsscheins auch der Anspruch aus den noch nicht fälligen Gewinnantheilscheinen.

§ 228. **Kraftloserklärung.** (Neu; I 211, II 224.) Ueber rückwirkende Kraft s. EG. Art. 25.

Abs. 1 bezieht sich auch auf Namensaktien; BGB. § 799 ff. betreffen die Kraftloserklärungen von Schuldverschreibungen auf den Inhaber; § 799 Abs. 2 verpflichtet die Gesellschaft, die zur Erwirkung des Aufgebots erforderliche Auskunft zu ertheilen, § 800 giebt dem Inhaber der kraftlos erklärten Aktie das Recht, die Ertheilung einer neuen Aktie von der Gesellschaft zu verlangen, Alles auf seine Kosten.

Abs. 2. Anders BGB. § 803 über die anders gearteten Zinsscheine. „Die entsprechende Anwendung dieses Absatzes auf Fälle, in welchen die Aktie aus anderen Gründen (z. B. § 290, oder Kaduzirung) ihre Gültigkeit verliert, ergiebt sich aus der Natur der Sache". (D.)

§ 229.

Ist eine Aktie oder ein Interimsschein in Folge einer Beschädigung oder einer Verunstaltung zum Umlaufe nicht mehr geeignet, so kann der Berechtigte, sofern der wesentliche Inhalt und die Unterscheidungsmerkmale der Urkunde noch mit Sicherheit erkennbar sind, von der Gesellschaft die Ertheilung einer neuen Urkunde gegen Aushändigung der beschädigten oder verunstalteten verlangen. Die Kosten hat er zu tragen und vorzuschießen.

§ 229. **Beschädigung.** Die Vorschrift ist neu und erst von der Komm. aus BGB. § 798 eingefügt.

§ 230.

Neue Gewinnantheilscheine dürfen an den Inhaber des Erneuerungsscheins nicht ausgegeben werden, wenn der Besitzer der Aktie oder des Interimsscheins der Ausgabe widersprochen hat. Die Scheine sind in diesem Falle dem Besitzer der Aktie oder des Interimsscheins auszuhändigen, wenn er die Haupturkunde vorlegt.

§ 230. **Neue Gewinnantheilscheine.** Auch diese Vorschrift ist neu und erst von der Komm. nach BGB. § 805 eingefügt. Sie entspricht der bisherigen Rechtsprechung (RG. 3 S. 154; 4 S. 141), welche ihn lediglich als einen Ausweis behandelte, welcher als zur Aktie gehörig die Vermuthung der Aktieninhaberschaft begründet. Da die Verbindung beider aber aufgehoben werden kann (vgl. RG. 23 S. 268), so ist im Kollisionsfalle der Widerspruch des Inhabers der Aktie oder des Interimsscheins gegen die Ausgabe neuer Gewinnantheilscheine an den Inhaber des Erneuerungsscheines maßgebend (ROHG. 10 S. 319, 17 S. 31; RG. 32 S. 270).

Dritter Titel.

Verfassung und Geschäftsführung.

Dritter Titel. Verfassung und Geschäftsführung: §§ 231—273.

a) **Vorstand** (§§ 231—242);

b) **Aufsichtsrath** (§§ 243—249);

c) **Generalversammlung** (§§ 250—273) sind die drei verfassungsmäßig nothwendigen Organe der Aktiengesellschaft; (über andere Organe, z. B. Verwaltungsrath vgl. § 235 Abs. 2).

Der **Vorstand** ist a) (§ 231) regelmäßiges Vertretungsorgan außer bei eigenen Anfechtungsklagen und Rechtsgeschäften (§§ 247, 272 Abs. 1) und b) geschäftsführendes Organ (§ 241). Als ihm besonders zugewiesene Geschäfte werden aufgeführt: Anmeldung der Gesellschaft (§ 195), Sorge für gesetzliche Buchführung (§ 239), Berufung der Generalversammlung (§§ 253, 240), Anmeldung und Bekanntmachung von Aenderungen des Vorstandes und Aufsichtsraths (§§ 234, 244), Vorlage der Bilanz (§ 260 Abs. 2), Mitwirkung bei Ernennung von Revisoren (§§ 266 Abs. 4, 267), bei Anfechtung von Generalversammlungsbeschlüssen (§§ 272, 273), Berichterstattung an den Aufsichtsrath (§ 246), Ausführung der getrennten Verwaltung bei der Fusion (306 letzter Abs.).

Der **Aufsichtsrath** ist a) ausnahmsweise Vertretungsorgan für Rechtsgeschäfte der Gesellschaft mit dem Vorstande und bei Anfechtungsklagen desselben (§§ 247, 272 Abs. 1) und geschäftsführendes Organ bei der Anmeldung (§ 195), Zustimmung zur Uebertragung von Aktien (§ 222 letzter Abs.), Ermächtigung (§ 232 Abs. 2), Zustimmung zur Bestellung von Prokuristen (§ 238), Berufung der Generalversammlung 246 Abs. 2 (254 Abs. 3), Anmeldung von Beschlüssen (§ 280) und b) grundsätzliches Ueberwachungsorgan (§§ 207 Abs. 2, 246, 192 Abs. 1, 196 Abs. 3, 306 letzter Abs.).

Die **Generalversammlung** vertritt bei der Zeichnungsgründung die Gesellschaft, so lange diese noch keine anderen Organe hat (§ 190); im Uebrigen ist sie nur beschließendes Organ der Aktionäre (§ 250). Vor der Eintragung nehmen bei der Einheitsgründung die Gründer die Stelle der Generalversammlung ein: § 190 Abs. 1, 3.

a) **Vorstand:** §§ 231—242.

§ 231.

Die Aktiengesellschaft wird durch den Vorstand gerichtlich und außergerichtlich vertreten.

Der Vorstand kann aus einer oder mehreren Personen bestehen.

Die Bestellung zum Mitgliede des Vorstandes ist jederzeit widerruflich, unbeschadet des Anspruchs auf die vertragsmäßige Vergütung.

§ 231. **Vertretung.** (Uebereinstimmend Art. 227, I 212, II 227.)

Abs. 1. „Wird ... vertreten" bezeichnet die unabänderliche gesetzliche Nothwendigkeit (vgl. Genoss.Ges. § 9; Gesellsch.Ges. § 35). Ausnahmen: §§ 247, 268 Abs. 2, 272. Eine Beschränkung der Vertretungsbefugniß des Vorstandes ist gegen Dritte unwirksam (§ 235 Abs. 2). Der Vorstand ist auch gesetzlicher Vertreter in Prozessen: CPO. § 51 (50); vgl. über Eidesleistungen durch ihn CPO. § 473 ff. (435); über Unzulässigkeit seines Zeugnisses RG. 2 S. 400, 14 S. 20; über Zustellungen CPO. § 171 (157); über besonders bestellte Vertreter § 268 Abs. 2; CPO. § 57 (55); RG. 7 S. 404.

Abs. 2. Der Vorstand kann nicht aus Mitgliedern des Aufsichtsraths bestehen (§ 248), da dieser ja das Kontrolorgan für jenen ist (§ 246).

Abs. 3. Vgl. BGB. § 27 Abs. 2, dessen erster Satz von der Widerruflichkeit des Vereinsvorstandes hier lediglich wiederholt ist. Das Vertragsverhältniß zwischen den einzelnen Vorstandsmitgliedern und der Gesellschaft wird überhaupt in Ermangelung besonderer Bestimmungen nach den Vorschriften des BGB. über den Dienstvertrag (§§ 611 ff., 675) oder den Auftrag (§§ 662 ff.) geregelt; vgl. ROHG. 19 S. 58 ff.; RG. 7 S. 77 auch Goldschm. 47 S. 117 Nr. 256. — Ueber die Bestellung des ersten Vorstandes vgl. § 190 Abs. 3. Wenn dort von Bestellung „in anderer Weise als durch Wahl der Generalversammlung" die Rede ist, so soll damit nicht gesagt sein, daß die Bestellung jedem beliebigen von der Gesellschaft unabhängigen Dritten überlassen werden könnte (vgl. RG. 3 S. 129: rumänische Eisenbahn), sondern es kann nur ein anderes „Organ der Gesellschaft" gemeint sein (§ 236 Satz 2). Zu der Ausübung des Widerrufsrechts der Gesellschaft ist der Aufsichtsrath (vgl. § 190 Abs. 1, § 243) befugt, da derselbe nach § 247 zu der Vertretung der Gesellschaft bei Rechtsgeschäften mit den Vorstandsmitgliedern befugt ist; daß das zu der Bestellung desselben befugte Organ die Bestellung widerrufen könne, ist nicht ausdrücklich gesagt (vgl. dagegen in Betreff der Einwilligung zu Konkurrenzgeschäften § 236 Satz 2), aber nach allgemeinen Grundsätzen anzunehmen; jedenfalls ist die Generalversammlung als allgemeines Willensorgan der Gesellschaft dazu befugt. Vgl. RG. 3 S. 129. — Auf die Widerruflichkeit kann nicht verzichtet werden: ROHG. 14 S. 85, 23 S. 237; RG. 3 S. 186, 129. — Vgl. über Rücktritt und Kündigung BGB. §§ 620 ff., 675. Als Entlassungsgründe werden angeführt: Bestechlichkeit (ROHG. 13 S. 182); dauernde Krankheit (das. 19 S. 61); Vertrauensbruch (das. 21 S. 376); Widerspenstigkeit gegen den Aufsichtsrath (Bolze 5 Nr. 761); Eigenmacht und falsche Buchführung (Bolze 2 Nr. 1125); als Entlassungsgrund wird auch gelten können Zuwiderhandlung gegen § 236.

§ 232.

Zu Willenserklärungen, insbesondere zur Zeichnung des Vorstandes für die Gesellschaft, bedarf es der Mitwirkung sämmtlicher Mitglieder des Vorstandes, sofern nicht im Gesellschaftsvertrag ein Anderes bestimmt ist. Der Vorstand kann jedoch einzelne Mitglieder zur Vornahme bestimmter Geschäfte oder bestimmter Arten von Geschäften ermächtigen. Ist eine Willenserklärung der Gesellschaft gegenüber abzugeben, so genügt die Abgabe gegenüber einem Mitgliede des Vorstandes.

Steht nicht jedem einzelnen Vorstandsmitgliede die selbständige Vertretung der Gesellschaft nach dem Gesellschaftsvertrage zu, so kann durch diesen bestimmt werden, daß die Vorstandsmitglieder, wenn nicht mehrere zusammen handeln, in Gemeinschaft mit einem Prokuristen zur Vertretung der Gesellschaft befugt sein sollen. Auch kann durch den Gesellschaftsvertrag der Aufsichtsrath ermächtigt werden, einzelnen Mitgliedern des Vorstandes die Befugniß zu ertheilen, die Gesellschaft allein oder in Gemeinschaft mit einem Prokuristen zu vertreten. Die Vorschriften des Abs. 1 Satz 2, 3 finden in diesen Fällen entsprechende Anwendung.

§ 232. **Willenserklärungen.** (Art. 229 Abs. 1, I 213, II 228.) Es ist dispositives Recht; in erster Linie entscheidet der Gesellschaftsvertrag in ursprünglicher (§ 189) oder gemäß § 274 abgeänderter Fassung. Jedoch erscheint völlige Ausschließung eines Vorstandsmitgliedes von der Vertretung unstatthaft.

Abs. 1. Grundsatz ist, wie bisher, daß in Ermangelung abweichender Bestimmung des Gesellschaftsvertrages sämmtliche Mitglieder des Vorstandes nur gemeinsam zur Vertretung der Gesellschaft berechtigt sind; der Grundsatz wird abgeschwächt (vgl. § 125) durch die Vorschrift in Satz 2 und 3. Der Grundsatz erstreckt sich auch auf das innere Verhältniß im Gegensatz zu BGB. § 28. — Satz 2. Die Ermächtigung kann stillschweigend ertheilt werden, insbesondere durch fortgesetzte Duldung der selbständigen Vornahme bestimmter Geschäfte durch ein einzelnes Mitglied seitens der übrigen Vorstandsmitglieder. Gesetzliche Ermächtigung z. B. zur Annahme von Zahlungen im Laden besteht daneben. Satz 3 wiederholt BGB. § 28 Abs. 3; dolus eines einzigen Vertreters geht zu Lasten der Gesellschaft: JW. 22 S. 429; vgl. Goldschm. 47 S. 118 Nr. 258/9.

Abs. 2. Satz 1 vgl. § 125 Abs. 3. Besteht der Vorstand aus mehreren Personen, und hat nicht jedes einzelne Mitglied selbständige Vertretungsbefugniß, so kann der Gesellschaftsvertrag bestimmen, daß die Vorstandsmitglieder, wenn nicht Mehrere zusammenhandeln, in Gemeinschaft mit einem Prokuristen vertretungsberechtigt sind. Anordnung einer Kollektivvertretung mit einem Prokuristen ist also unzulässig, sowohl wenn der Vorstand nur aus einer Person besteht, wie auch wenn jedes einzelne Vorstandsmitglied für sich selbständig vertretungsbefugt ist. Gegentheilige Anordnung im Gesellschaftsvertrage wäre eigentlich ein Widerspruch in sich selbst und könnte jedenfalls nur instruktionelle Bedeutung haben, also nach § 235 Abs. 1 für die Betreffenden zwar maßgebend, nach § 235 Abs. 2 gegen Dritte aber nur gänzlich unwirksam sein. Ist dagegen überhaupt nur Kollektivvertretung zugelassen, so handelt der Einzelne so wie so ohne Vollmacht: JW. 23 S. 86 und dann liegt kein materieller Unterschied darin, ob er mit seinen Kollegen vom Vorstande oder mit dem Prokuristen zusammen handeln muß. Satz 2 setzt voraus, daß der Gesellschaftsvertrag über die Vertretungsbefugnisse der einzelnen Mitglieder keine Bestimmung trifft. Hat der Aufsichtsrath die Ermächtigung nach Abs. 2 Satz 2 ausgeübt, so muß ihm auch das Recht zustehen, die Vollmacht zu widerrufen: BGB. § 168. Durch eine derartige Befugniß des Aufsichtsrathes wird die Befugniß des Vorstandes nach Abs. 1 Satz 2 nicht berührt. Der Schlußsatz besagt einmal, daß bei Kollektivvertretung durch Vorstandsmitglieder und Prokuristen oder durch mehrere vom Aufsichtsrathe ermächtigte Vorstandsmitglieder die Abgabe einer Willenserklärung auch gegenüber einer von ihm erfolgen (Abs. 1 Satz 3), und daß auch der Aufsichtsrath bei Ausübung seiner Ermächtigung einzelner Mitglieder mit oder ohne Prokuristen deren Geschäftskreis spezialisiren kann (Abs. 1 Satz 2).

§ 233.

Der Vorstand hat in der Weise zu zeichnen, daß die Zeichnenden zu der Firma der Gesellschaft oder zu der Benennung des Vorstandes ihre Namensunterschrift hinzufügen.

§ 233. **Zeichnung.** (Art. 229 Abs. 2, I 214, II 229.) Ordnungsvorschrift: vgl. ROHG. 14 S. 317; RG. 14 S. 94; s. dagegen bei Formalakten, z. B. Wechselunterschriften: ROHG. 12 S. 172, 14 S. 174, 201, 16 S. 209.

§ 234.

Jede Aenderung des Vorstandes oder der Vertretungsbefugniß eines Vorstandsmitgliedes sowie eine auf Grund des § 232 Abs. 2 Satz 2 von dem Aufsichtsrate getroffene Anordnung ist durch den Vorstand zur Eintragung in das Handelsregister anzumelden.

Der Anmeldung ist eine öffentlich beglaubigte Abschrift der Urkunden über die Aenderung oder Anordnung beizufügen. Diese Vorschrift findet auf die Anmeldung zum Handelsregister einer Zweigniederlassung keine Anwendung.

Die Vorstandsmitglieder haben ihre Unterschrift zur Aufbewahrung bei dem Gerichte zu zeichnen.

§ 234. **Aenderung.** (Art. 228, 233 Abs. 1, I 215, II 230.) Auch diese Vorschrift bezieht sich auf die Stellvertreter: § 242.

Abs. 1 umfaßt sowohl Neubestellung des Vorstandes (Art. 228) — wegen der ersten Bestellung vgl. § 190 Abs. 3 — wie Aenderungen in der Zusammensetzung (Art. 233) und in der Vertretungsbefugniß, insbesondere die neue Vorschrift des § 232 Abs. 2 Satz 2. — Beobachtung der Vorschrift ist nicht erzwingbar: vgl. § 319 und § 14; die zivilrechtliche Folge bestimmt sich nach § 15. — Vgl. auch § 244 (Aufsichtsrath).

Abs. 2. „Oeffentlich": CPO. § 380; vgl. BGB. § 129; hier nur gerichtlich oder notariell; — der Urkunde: d. h. des Protokolls über die Generalversammlung (§ 259), über den betr. Aufsichtsrathsbeschluß u. s. w. — Wegen der Zweigniederlassung vgl. §§ 13, 201.

Abs. 3. Vgl. §§ 195 Abs. 4, 201 Abs. 1, 13.

§ 235.

Der Vorstand ist der Gesellschaft gegenüber verpflichtet, die Beschränkungen einzuhalten, welche im Gesellschaftsvertrag oder durch Beschlüsse der Generalversammlung für den Umfang seiner Befugniß, die Gesellschaft zu vertreten, festgesetzt sind.

Dritten gegenüber ist eine Beschränkung der Vertretungsbefugniß des Vorstandes unwirksam. Dies gilt insbesondere für den Fall, daß die Vertretung sich nur auf gewisse Geschäfte oder Arten von Geschäften erstrecken oder nur unter gewissen Umständen oder für eine gewisse Zeit oder an einzelnen Orten stattfinden soll oder daß für einzelne Geschäfte die Zustimmung der Generalversammlung, des Aufsichtsraths oder eines anderen Organs der Gesellschaft erfordert wird.

§ 235. **Vertretungsbeschränkung.** (Uebereinstimmend Art. 231, I 216, II 231.)

Abs. 1. Inneres Verhältniß, vgl. §§ 236 Abs. 2, 241 Abs. 2 ff. Zu den Festsetzungen im Gesellschaftsvertrage gehören auch die mittelbar, etwa durch den im Gesellschaftsvertrage ermächtigten Aufsichtsrath (vgl. § 232 Abs. 2) auferlegten Beschränkungen; auch ungesetzliche, vgl. § 271 Abs. 4. Zur Errichtung von Zweigniederlassungen ist der Vorstand an und für sich befugt, vgl. Goldschm. 47 S. 105 Nr. 213.

Abs. 2. Verhältniß nach außen. Beschränkung der Vertretungsbefugniß des Vorstandes außer durch das Gesetz, z. B. §§ 205, 270 (Vergleiche und Verzichte), 268 (Ansprüche aus der Gründung), 289 (Zahlungen und Befreiungen bei Kapitalherabsetzung), 279 (Abkommen bei Erhöhung) ist unbedingt unwirksam (Beispiel § 238); wirksam natürlich also auch dann, wenn die gesetzliche Beschränkung etwa im Gesellschaftsvertrage wiederholt sein sollte. Das gilt insbesondere auch von der Verpflichtung zum Schadensersatz gegen Dritte: RG. in Bad. Ann. 61 S. 234. — Zu Satz 2 vgl. auch § 232 Abs. 2; — „eines anderen Organs" wird auf den neben dem Aufsichtsrath vorkommenden Verwaltungsrath bezogen (Ring Anm. 5). Vgl. auch RG. 3 S. 129.

§ 236.

Die Mitglieder des Vorstandes dürfen ohne Einwilligung der Gesellschaft weder ein Handelsgewerbe betreiben noch in dem Handelszweige der Gesellschaft für eigene oder fremde Rechnung Geschäfte machen, auch nicht an einer anderen Handelsgesellschaft als persönlich haftende Gesellschafter Theil nehmen. Die Einwilligung wird durch dasjenige Organ der Gesellschaft ertheilt, welchem die Bestellung des Vorstandes obliegt.

Verletzt ein Vorstandsmitglied die ihm nach Abs. 1 obliegende Verpflichtung, so kann die Gesellschaft Schadensersatz fordern; sie kann statt dessen von dem Mitgliede verlangen, daß es die für eigene Rechnung gemachten Geschäfte als für Rechnung der Gesellschaft eingegangen gelten lasse und die aus Geschäften für fremde Rechnung bezogene Vergütung herausgebe oder seinen Anspruch auf die Vergütung abtrete.

Die Ansprüche der Gesellschaft verjähren in drei Monaten von dem Zeitpunkte an, in welchem die übrigen Vorstandsmitglieder und der Aufsichtsrath von dem Abschlusse des Geschäfts oder von der Theilnahme des Vorstandsmitgliedes an der anderen Gesellschaft Kenntniß erlangen; sie verjähren ohne Rücksicht auf diese Kenntniß in fünf Jahren von ihrer Entstehung an.

§ 236. **Konkurrenzverbot.** (Art. 232, 196a, I 217, II 232.)

Abs. 1. Vgl. § 60 (Handlungsgehülfen), § 112 (offene Gesellschafter); Uebergangsbestimmung: EG. Art. 27: „nur in der Beschränkung auf den Handelszweig der AG." Nicht wie früher dieses, sondern jenes Prinzip des § 60 ist zu Grunde gelegt; denn auch die Mitglieder des Vorstandes einer AG. stehen regelmäßig in einem dauernden Dienstverhältnisse zu ihr, und haben die Verpflichtung ihre Thätigkeit der Gesellschaft ungeschmälert zu widmen. (D). — Die Wirksamkeit des Verbots erstreckt sich nur auf die Zeit der Mitgliedschaft (vgl. ROHG. 16 S. 170) und nur bis zur Auflösung der Gesellschaft (ROHG. 21 S. 140). Auf stellvertretende Aufsichtsrathsmitglieder ist die Vorschrift nach § 248 Abs. 2 nicht anwendbar. — „Geschäfte machen": Vgl. § 112. Als Aufsichtsrathsmitglied thätig sein, fällt nicht darunter, dagegen stellte die Komm. fest, daß bei AG., welche Bankgeschäfte betreiben, eigene Spekulationsgeschäfte der Vorstandsmitglieder zweifellos darunter fallen; inwieweit Vermögensanlagen im Rahmen der Vermögensverwaltung, das ist von Fall zu Fall zu entscheiden. — Einwilligung — Bestellung: Vgl. § 231 Anm. zu Abs. 3, und 190 Abs. 3; auch Bolze 3 Nr. 808; während bisher wenn der Gesellschaftsvertrag nichts bestimmt hatte, immer ein Generalversammlungsbeschluß nöthig war.

Abs. 2. Eine Zuwiderhandlung begründet zwei alternative Ansprüche nämlich entweder a) auf Schadensersatz oder b) auf Eintritt in die Geschäfte und auf eine etwaige Vergütung, sei diese schon geleistet oder noch zu fordern. Vgl. § 113.

Abs. 3. Die Verjährung (a. M. Staub § 12 zu Art. 232) unterliegt im Uebrigen nach EG. Art. 2 dem BGB. § 195 ff. Die kurze Verjährung beginnt erst, wenn die übrigen Vorstandsmitglieder und der Aufsichtsrath Kenntniß von der Zuwiderhandlung erlangt haben. Die Kopulative ist erforderlich, weil gegenüber Vorstandsmitgliedern auch der Aufsichtsrath die Gesellschaft vertritt (§ 247). Bei jenen genügt der Fassung zufolge private Kenntniß, bei diesem ist solche gleichgültig; „der Aufsichtsrath" sind nicht die einzelnen Mitglieder.

§ 237.

Wird den Mitgliedern des Vorstandes ein Antheil am Jahresgewinne gewährt, so ist der Antheil von dem nach Vornahme sämmtlicher Abschreibungen und Rücklagen verbleibenden Reingewinne zu berechnen.

§ 237. **Gewinnantheil.** Die Vorschrift ist neu und von der Komm. beschlossen (§ 232 a). Denn erst dieser Reingewinn ist thatsächlicher Gewinn, da Abschreibungen und Rücklagen zu einer ordnungsmäßigen, vorsichtigen Verwaltung gehören.

§ 238.

Sofern nicht durch den Gesellschaftsvertrag oder durch Beschluß der Generalversammlung ein Anderes bestimmt ist, darf der Vorstand einen Prokuristen nur mit Zustimmung des Aufsichtsraths bestellen. Diese Beschränkung hat Dritten gegenüber keine Wirkung.

§ 238. **Prokurist.** (Art. 234, I 218, II 233).

Abgesehen von dieser Beschränkung der Geschäftsführung des Vorstandes, finden §§ 48 ff. auf die Prokura Anwendung; der Prokurist vertritt immer lediglich die Gesellschaft, nicht der Vorstand (§ 48). — Satz 2 besagt, daß der Mangel der Zustimmung des Aufsichtsraths bei Ertheilung der Prokura, Dritten gegenüber ohne Einfluß auf die Verbindlichkeit der Thätigkeit des Prokuristen ist, also weder zu ihren Gunsten noch zu ihren Ungunsten geltend gemacht werden kann. — Für das innere Verhältniß bestimmt sich die Zuwiderhandlung in ihren Folgen nach §§ 241 Abs. 2 ff., 249 Abs. 2 ff., 312.

§ 239.

Der Vorstand hat Sorge dafür zu tragen, daß die erforderlichen Bücher der Gesellschaft geführt werden.

§ 239. **Buchführung.** (Art. 239 Abs. 1, I 219, II 234.)

Vgl. §§ 38, 6, 222. Von der Verantwortlichkeit kann der Vorstand als solcher nicht befreit werden; vgl. RG.Str. 13 S. 235; 358.

§ 240.

Erreicht der Verlust, der sich bei der Aufstellung der Jahresbilanz oder einer Zwischenbilanz ergiebt, die Hälfte des Grundkapitals, so hat der Vorstand unverzüglich die Generalversammlung zu berufen und dieser davon Anzeige zu machen.

Sobald Zahlungsunfähigkeit der Gesellschaft eintritt, hat der Vorstand die Eröffnung des Konkurses zu beantragen; dasselbe gilt, wenn sich bei der Aufstellung der Jahresbilanz oder einer Zwischenbilanz ergiebt, daß das Vermögen nicht mehr die Schulden deckt.

§ 240. **Unterbilanz.** (Art. 240, I 220, II 235.)

Abs. 1. Vgl. §§ 253, 260, 261. Maßgebend ist der Verlust, welcher sich bei der Aufstellung, nicht, wie bisher, derjenige, welcher sich aus der Jahres- oder Zwischenbilanz (§§ 39 ff.) ergiebt. Diese muß unter Umständen (vgl. § 261 Nr. 1, 2) um die vorzeitige Vertheilung unsicherer Gewinne zu verhüten, eine Bewerthung der Vermögensobjekte vornehmen, welche sogar den äußeren Anschein einer Ueberschuldung (Abs. 2) hervorrufen kann, ohne daß eine solche thatsächlich vorliegt oder in der Weise vorliegt, daß deswegen der Vorstand zu den in § 240 vorgeschriebenen Schritten verpflichtet wäre. Insofern ist nicht der formale Bilanzverlust, sondern der wirkliche Werth für diese Schritte maßgebend. Andererseits ist nicht etwa alljährlich der aktuelle Verkaufswerth des Vermögens zu ermitteln; ein solches Prinzip würde zu unerträglichen Konsequenzen führen und ein dahinzielender Antrag auf Wiedereinfügung des gestrichenen dritten Absatzes des Entw. I wurde deswegen abgelehnt. Eine falsche Aufstellung der Bilanz kann den Vorstand nie entschuldigen. — „Unverzüglich": vgl. BGB. § 121. Voraussetzung für die Berufung der Generalversammlung ist keineswegs, daß das halbe Grundkapital verloren ist; dasselbe kann vielmehr vollständig intakt sein. Den Fall der Ueberschuldung betrifft erst Abs. 2.

Abs. 2. Vgl. KO. §§ 207 ff. (193). — Zahlungsunfähigkeit, d. i. „die Unfähigkeit, die Mittel zur Bezahlung fälliger Geldschulden herbeizuschaffen, unabhängig davon, ob der Gemeinschuldner sich im Zustande wirklicher Ueberschuldung (Vermögensunzulänglichkeit) befindet" (Mot. z. KO. § 102 [94]). Vgl. RG.Str. 3 S. 195, 294, 4 S. 61. Sie tritt ohne Zweifel auf bei der Zahlungseinstellung (vgl. RG. 6 S. 95; Str. 14 S. 222). Sobald Zahlungsunfähigkeit oder Ueberschuldung sich ergiebt, muß der Vorstand die Zahlungen einstellen und fernerhin geleistete Zahlungen persönlich ersetzen (§ 241 Abs. 3 Nr. 6). — Ueber die Strafbarkeit der Zuwiderhandlung gegen Abs. 2 s. § 315 Nr. 2.

§ 241.

Die Mitglieder des Vorstandes haben bei ihrer Geschäftsführung die Sorgfalt eines ordentlichen Geschäftsmanns anzuwenden.

Mitglieder, die ihre Obliegenheiten verletzen, haften der Gesellschaft als Gesammtschuldner für den daraus entstehenden Schaden.

Insbesondere sind sie zum Ersatze verpflichtet, wenn entgegen den Vorschriften dieses Gesetzbuchs:

1. Einlagen an die Aktionäre zurückgezahlt,
2. den Aktionären Zinsen oder Gewinnantheile gezahlt,
3. eigene Aktien oder Interimsscheine der Gesellschaft erworben, zum Pfande genommen oder eingezogen,
4. Aktien vor der vollen Leistung des Nennbetrags oder, falls der Ausgabepreis höher ist, vor der vollen Leistung dieses Betrags ausgegeben werden,
5. die Vertheilung des Gesellschaftsvermögens oder eine theilweise Zurückzahlung des Grundkapitals erfolgt,

6. Zahlungen geleistet werden, nachdem die Zahlungsunfähigkeit der Gesellschaft eingetreten ist oder ihre Ueberschuldung sich ergeben hat.

In solchen Fällen des Abs. 3 kann der Ersatzanspruch auch von den Gläubigern der Gesellschaft, soweit sie von dieser ihre Befriedigung nicht erlangen können, geltend gemacht werden. Die Ersatzpflicht wird ihnen gegenüber weder durch einen Verzicht der Gesellschaft noch dadurch aufgehoben, daß die Handlung auf einem Beschlusse der Generalversammlung beruht.

Die Ansprüche auf Grund dieser Vorschriften verjähren in fünf Jahren.

§ 241. **Verantwortlichkeit.** (Uebereinstimmend Art. 241, I 221, II 236, Art. 241 Abs. 1.) Daß die Vorstandsmitglieder aus Handlungen namens der Gesellschaft Dritten nicht persönlich haften, ist als selbstverständlich gestrichen und in Abs. 3 ist Art. 226 Nr. 4, 5 geändert; sonst das bisherige Recht beibehalten.

Abs. 1. (Vgl. § 249 Abs. 1: Aufsichtsrath); RG. 18 S. 76; beweispflichtig ist das Mitglied; Haftung auch gegenüber unzulässigen Zumuthungen: § 271 Abs. 4; Haftung für die Ausführung getrennter Verwaltung bei der Fusion: § 306 letzter Abs.; Haftung für rechtzeitige Berufung der Generalversammlung (§ 253): RG. 35 S. 87; für Bestellung des Aufsichtsraths: § 315 Nr. 1.

Abs. 2. Die Vorstandsmitglieder haften für ihre Pflichtverletzungen der Gesellschaft (Geltendmachung: §§ 268—270), den Gläubigern nur nach Maßgabe des Abs. 4; dann aber auch selbst dann, wenn die Gesellschaft gar keinen Anspruch gegen sie geltend machen kann; anderen Dritten, wozu auch die Aktionäre gehören, haften sie aus diesen Pflichtverletzungen überhaupt nicht: RG. 22 S. 133; dieselben müßten denn den Dritten gegenüber zugleich einen Thatbestand enthalten, der sie zu Ersatzforderungen berechtigt (vgl. BGB. §§ 812 ff., 822 ff., 249 ff.). Eine Pflichtverletzung der Gesellschaft gegenüber liegt keinenfalls in der Ausführung eines selbst nach § 271 Abs. 4 anfechtbaren Beschlusses derselben, und die Vorstandsmitglieder sind daher bei einem Verstoß gegen ihre Pflicht, die Generalversammlung zu berufen (§ 253), zu der Einrede befugt, daß diese ebenso beschlossen haben würde, wie sie gehandelt haben: RG. 35 S. 87.

Abs. 3 zählt Beispiele unbedingter Pflichtverletzung und Haftung der Vorstandsmitglieder gegen die Gesellschaft auf, ohne daß es weiteren Nachweises einer Vernachlässigung der ihnen obliegenden Sorgfalt bedürfte. Alle Beispiele betreffen Verstöße „gegen die Vorschriften dieses Gesetzbuches". Beruhen dieselben auf Beschlüssen der Generalversammlung, so wäre es dolos, wenn die Gesellschaft dessen ungeachtet Ersatz von den Vorstandsmitgliedern fordern wollte, wenngleich diese befugt gewesen sein sollten, den Beschluß anzufechten (§ 271 Abs. 3). Den Gläubigern gegenüber können sie sich darauf aber nicht berufen: Abs. 4 Schlußsatz. — Unter den Beispielen fehlt die Ausgabe von Aktien und Interimsscheinen vor Eintragung der Erhöhung des Grundkapitals (Art. 226 Nr. 4). Dieselbe kann keinen Civilanspruch (vgl. § 314 Nr. 3) gegen die Gesellschaft begründen und daher auch nicht einen Anspruch dieser gegen den Vorstand, und ist daher weggelassen.

Nr. 1. Vgl. § 213.

Nr. 2: §§ 214 ff.

Nr. 3: §§ 226, 227.

Nr. 4: §§ 179, 314².

Nr. 5: §§ 300 ff., 277, 288 ff.; auch §§ 210, 214. Der Fall der Fusion ist in §§ 305 ff. besonders behandelt.

Nr. 6. (Neu; § 240 Abs. 2.)

Abs. 4. Gesellschafts- und Gläubigeranspruch aus Abs. 3 stehen, sobald die

Voraussetzung dieses eingetreten ist, selbständig neben einander, denn nach den Worten des Gesetzes kann jener „auch von den Gläubigern . . . geltend gemacht werden". Dieselben sind zum Betrage des Ausfalls ihrer Forderung an die Gesellschaft, „soweit sie von dieser Befriedigung nicht erlangen können", procuratores in rem suam in Betreff dieses Ersatzanspruchs der Gesellschaft gegen die Vorstandsmitglieder (vgl. § 249 Abs. 3). Daher stehen ihnen dieselben Einreden entgegen, welche diese gegen die Gesellschaftsklage erheben können; nur können diese weder einen Verzicht noch einen bezüglichen Generalversammlungsbeschluß derselben den Gläubigern entgegensetzen. Jeder Gläubiger hat den Anspruch, Konkurs ist nicht erforderlich und die Klage des Gläubigers geht daher nicht auf Leistung an die Gesellschaftskasse, sondern an ihn. Ob durch Eröffnung des Konkurses der Gesellschaft der einzelne Gläubigeranspruch absorbirt werde und nur der Konkursverwalter legitimirt sei, war bestritten. Die singuläre Vorschrift des § 171 Abs. 2 ist hier nicht wiederholt (vgl. aber die Bemerkungen dort und Goldschm. 37 S. 552; RG. 14 S. 418).

Abs. 5. Im Uebrigen kommt BGB. §§ 198 ff. zur Anwendung. Die Verjährung beginnt auch für die Gläubiger mit der Entstehung des Anspruchs, d. h. mit Vollendung der fraglichen unter 1—6 aufgeführten Handlungen: §§ 198, 202 Abs. 2.

§ 242.

Die für die Mitglieder des Vorstandes geltenden Vorschriften finden auch auf die Stellvertreter von Mitgliedern Anwendung.

§ 242. **Stellvertreter.** (Art. 232a, I 223, II 237.) — Eine Ausnahme gilt in Betreff des Konkurrenzverbotes: § 248 Schluß. Aus Vergleichung mit § 235 folgt, daß es Dritten gegenüber gleichgültig ist, ob ein Vertretungsfall vorliegt oder nicht; der Gesellschaft gegenüber haben die Stellvertreter die Voraussetzungen desselben einzuhalten: vgl. RG. 24 S. 82. — Aufsichtsräthe können nicht dauernde Stellvertreter sein: § 248.

b) **Aufsichtsrath:** §§ 243—249; s. die Bemerkung vor § 231. Die Mitglieder des Aufsichtsraths stehen in einem Vertragsverhältniß zur Gesellschaft: RG.Str. 7 S. 280, nicht zu den Aktionären: RG. 28 S. 72.

§ 243.

Der Aufsichtsrath besteht, sofern nicht der Gesellschaftsvertrag eine höhere Zahl festsetzt, aus drei von der Generalversammlung zu wählenden Mitgliedern.

Die Wahl des ersten Aufsichtsraths gilt für die Zeit bis zur Beendigung der ersten Generalversammlung, welche nach dem Ablauf eines Jahres seit der Eintragung der Gesellschaft in das Handelsregister zur Beschlußfassung über die Jahresbilanz abgehalten wird.

Später kann der Aufsichtsrath nicht für eine längere Zeit als bis zur Beendigung derjenigen Generalversammlung gewählt werden, welche über die Bilanz für das vierte Geschäftsjahr nach der Ernennung beschließt; das Geschäftsjahr, in welchem die Ernennung erfolgt, wird hierbei nicht mitgerechnet.

Die Bestellung zum Mitgliede des Aufsichtsraths kann auch vor dem

Ablaufe des Zeitraums, für den das Mitglied gewählt ist, durch die Generalversammlung widerrufen werden. Sofern nicht der Gesellschaftsvertrag ein Anderes bestimmt, bedarf der Beschluß einer Mehrheit, die mindestens drei Viertheile des bei der Beschlußfassung vertretenen Grundkapitals umfaßt.

§ 243. **Bestand; Bestellung.** (Art. 209 f., 224, 191, I 223, II 238.) Vgl. über die Straffolgen § 315 Nr. 1.

Abs. 1. Die gesetzliche Dreizahl ist dispositiv nach oben, zwingend nach unten. Der Gesellschaftsvertrag kann die Zahl der Aufsichtsrathsmitglieder erhöhen, aber nicht vermindern. — Die Versammlung wählt auch den ersten Aufsichtsrath, außer bei der Einheitsgründung: § 190.

Abs. 2 umfaßt auch, wenngleich nicht wörtlich (vgl. Abs. 1), die Bestellung des Aufsichtsraths durch die Gründer bei der Einheitsgründung. — Die Zeit endet nicht mehr wie bisher mit dem Schlusse des Geschäftsjahres, weil sonst die Aufsichtsrathsmitglieder regelmäßig in einem Zeitpunkte ausscheiden müssen, in dem keine Möglichkeit zu Neuwahlen besteht. Siehe jedoch die Beschränkung in Abs. 4.

Abs. 3. Durch die fünfjährige Amtsdauer soll die Stetigkeit der ganzen Geschäftsführung gesichert werden. Ueber ihren Beginn bei Statutenänderung vgl. RG. 24 S. 54 ff.

Abs. 4 Satz 1. Entsprechend BGB. §§ 168, 620, 671 ff. Das Widerrufsrecht der Generalversammlung bezieht sich auch auf den ersten bei der Einheitsgründung von den Gründern bestellten Aufsichtsrath (§ 190 Abs. 1). — Ob mit dem Widerruf ohne Weiteres die Verpflichtung zu weiterer Vergütung für die zukünftig nicht mehr zu leistende Thätigkeit (§ 245) erlischt, ist eine Frage der Auslegung des einzelnen Vertrages. Es ist ebensowohl möglich, daß sie analog dem Verhältnisse der Vorstandsmitglieder (§ 227 Abs. 3) weiter gewährt werden muß; wie daß das Vertragsverhältniß von vornherein cum clausula jederzeitigen Widerrufs mit der Wirkung eingegangen ist, daß bei Ausübung des Widerrufs jeder Anspruch auf weitere Vergütung erlischt. Im Zweifel darf angenommen werden, daß das Vertragsverhältniß der Regel des BGB. §§ 620 ff., 675 unterliegen soll. Vgl. auch Anm. zu § 245.

Satz 2. Bei dem Mehrheitsbeschluß kommt es (gegen die bisherige Fassung) wie sonst auf Anwesenheit bei der Beschlußfassung, nicht in der Generalversammlung überhaupt, an; vgl. RG. 20 S. 144. Auch Aktionäre, welche Vorstandsmitglieder oder andere Gesellschaftsbeamte sind, sind aktiv wahlberechtigt; ein gegentheiliger Antrag wurde zwar in der Komm. angenommen, aber wieder beseitigt.

§ 244.

Jede Aenderung in den Personen der Mitglieder des Aufsichtsraths ist von dem Vorstand unverzüglich in den Gesellschaftsblättern bekannt zu machen. Der Vorstand hat die Bekanntmachung zum Handelsregister einzureichen.

§ 244. **Aenderung.** (Neu; I 224, II 239.) — Eintragung der Aufsichtsrathsmitglieder in das HR. erfordert das Gesetz nicht (§§ 198, 199 Abs. 1 Nr. 4), auch nicht für das erste Mal, sondern nur Veröffentlichung. Aber sie sind aus den zum HR. einzureichenden Anlagen ersichtlich, bezw. für das erste Mal aus der Anmeldung und Bestellungsurkunde § 195 Abs. 1, 2 Nr. 4; für die folgenden Male aus den eingereichten Generalversammlungsprotokollen (§ 259 letzter Abs.). — Ueber die Gesellschaftsblätter s. § 182 letzter Abs.

§ 245.

Erhalten die Mitglieder des Aufsichtsraths für ihre Thätigkeit eine Vergütung, die in einem Antheil am Jahresgewinne besteht, so ist der Antheil von dem Reingewinne zu berechnen, welcher nach Vornahme sämmtlicher Abschreibungen und Rücklagen sowie nach Abzug eines für die Aktionäre bestimmten Betrags von mindestens vier vom Hundert des eingezahlten Grundkapitals verbleibt.

Ist die den Mitgliedern des Aufsichtsraths zukommende Vergütung im Gesellschaftsvertrage festgesetzt, so kann eine Abänderung des Gesellschaftsvertrags, durch welche die Vergütung herabgesetzt wird, von der Generalversammlung mit einfacher Stimmenmehrheit beschlossen werden.

Den Mitgliedern des ersten Aufsichtsraths kann eine Vergütung für ihre Thätigkeit nur durch einen Beschluß der Generalversammlung bewilligt werden. Der Beschluß kann nicht früher als in derjenigen Generalversammlung gefaßt werden, mit deren Beendigung die Zeit, für welche der erste Aufsichtsrath gewählt ist, abläuft.

§ 245. **Vergütung.** (Abs. 1 u. 2 neu; Abs. 3 wie Art. 224, 192, I 225, II 240.) Ersatz baarer Auslagen wird hiervon nicht berührt. Vergütung für ihre Thätigkeit versteht sich für die Aufsichtsrathsmitglieder nicht von selbst, gilt aber nach BGB. § 612 Abs. 1 als stillschweigend vereinbart, „wenn die Dienstleistung den Umständen nach nur gegen eine Vergütung zu erwarten ist". Für die Zeit des einmal eingegangenen Vertragsverhältnisses kann, abgesehen von einem wichtigen Kündigungs- oder Widerrufsgrunde, die festgesetzte Vergütung nicht entzogen werden. Das folgt aus der Vertragsnatur, trotzdem es im Gegensatz zu § 227 Abs. 3 nicht ausgesprochen ist. Davon ging auch die Komm. aus, indem sie zu Abs. 3 in erster Lesung einen Antrag annahm, daß für die Mitglieder eines späteren Aufsichtsraths die Bewilligung zum voraus nur für ihre Amtszeit (§ 243 Abs. 3) erfolgen könne. Abs. 1 u. 2 beruhen auf Komm.- und Plenarbeschlüssen.

Abs. 1. Antheil am Jahresgewinne. Vgl. § 237. Der Unterschied gegenüber den Vorstandsmitgliedern besteht also darin, daß diese ohne Rücksicht auf eine Verzinsung der Aktien, die Aufsichtsrathsmitglieder nur nach 4% Zinsen auf die Aktien am übrigen Gewinne theilnehmen. Jahresgewinn: § 261 Nr. 6; Reingewinn: § 213; Abschreibungen: § 261 Nr. 3; Rücklagen: § 262 Nr. 1.

Abs. 2. Für die eingegangene Vertragszeit der aktuellen Aufsichtsrathsmitglieder ist natürlich der Gesellschaftsvertrag maßgebend, im Hinblick auf welchen das Vertragsverhältniß eingegangen ist. Abs. 2 hat nur die Abänderung des Gesellschaftsvertrages (§ 274) unter Wahrung laufender Verträge im Auge. Daß diese mit der Klausel jederzeitiger einseitiger Aenderung oder Aufhebung seitens der Gesellschaft geschlossen wären (Staub § 7 zu Art. 274), läßt sich so allgemein gewiß nicht behaupten, zumal dann nicht, wenn Nichtaktionäre zu Aufsichtsrathsmitgliedern für eine bestimmte Dauer gewählt werden. — Der Ton liegt auf „einfacher Stimmenmehrheit" im Gegensatz zu der Regel des § 275 Abs. 1.

Abs. 3. Die Vorschrift bezweckt, den Gründereinfluß auf die Kontrole zu beseitigen. Sie ist also öffentlichen Rechts und zwingend, und eine entgegengesetzte Bestimmung des Gesellschaftsvertrages würde nichtig sein. Der Beschluß kann also nie eine Abänderung desselben enthalten und die Mehrheit bestimmt sich also nach § 251, nicht nach § 275 Abs. 1. — Zu Satz 2 vgl. § 243 Abs. 2.

§ 246.

Der Aufsichtsrath hat die Geschäftsführung der Gesellschaft in allen Zweigen der Verwaltung zu überwachen und sich zu dem Zwecke von dem Gange der Angelegenheiten der Gesellschaft zu unterrichten. Er kann jederzeit über diese Angelegenheiten Berichterstattung von dem Vorstande verlangen und selbst oder durch einzelne von ihm zu bestimmende Mitglieder die Bücher und Schriften der Gesellschaft einsehen sowie den Bestand der Gesellschaftskasse und die Bestände an Werthpapieren und Waaren untersuchen. Er hat die Jahresrechnungen, die Bilanzen und die Vorschläge zur Gewinnvertheilung zu prüfen und darüber der Generalversammlung Bericht zu erstatten.

Er hat eine Generalversammlung zu berufen, wenn dies im Interesse der Gesellschaft erforderlich ist.

Weitere Obliegenheiten des Aufsichtsraths werden durch den Gesellschaftsvertrag bestimmt.

Die Mitglieder des Aufsichtsraths können die Ausübung ihrer Obliegenheiten nicht Anderen übertragen.

§ 246. **Amtspflichten.** (Art. 225, I 226, II 241.) Vgl. Bemerkung vor § 231; Verletzung: § 249. Die innere Organisation des Aufsichtsraths hat lediglich geschäftsordnungsmäßige Bedeutung; vgl. RG. 13 S. 50; Goldschm. 40 S. 106.

Abs. 1 enthält zwingende Bestimmungen. Satz 1. Unterrichtung „zu dem Zwecke", ist Pflicht, darüber hinaus Uebergriff. — Satz 2. Er kann „jederzeit Berichterstattung verlangen", aber nicht zur Unzeit, noch weniger chikanös. — Büchereinsicht u. s. w. ist nur dem Aufsichtsrath im Ganzen gestattet, einzelnen Mitgliedern nur als seinen Beauftragten. — Satz 3 gestattet keine Delegation, aber hier wie dort ist es dem Aufsichtsrathe nicht nur nicht verwehrt, sondern nöthigen Falls eine aus seiner allgemeinen Amtspflicht entspringende Obliegenheit, Sachverständige zuzuziehen (Mot. zu Art. 225, I 227; Goldschm. 40 S. 476).

Abs. 2. Vgl. § 253 Abs. 2, § 254 Abs. 3.

Abs. 3. Durch den Gesellschaftsvertrag in ursprünglicher (§ 182) oder abgeänderter (§ 274) Fassung.

Abs. 4. Die Mitglieder im Gegensatz zum Aufsichtsrath als solchem; vgl. Abs. 1. Nach dem Berichte der Komm. zu Art. 225 soll der Satz nur besagen, daß die Aufsichtsrathsmitglieder die Verantwortung „der Erfüllung ihrer Pflichten nicht auf Andere abwälzen können". Er wäre also lediglich eine Exemplifikation zu § 249. Allein er ist mehr, indem er ausspricht, daß die Aufsichtsrathspflicht, wie sich aus der Natur der Sache ergiebt, für alle seine Mitglieder eine höchst persönliche Pflicht ist, die keine Stellvertretung zuläßt.

§ 247.

Der Aufsichtsrath ist befugt, die Gesellschaft bei der Vornahme von Rechtsgeschäften mit den Vorstandsmitgliedern zu vertreten und gegen die letzteren die von der Generalversammlung beschlossenen Rechtsstreitigkeiten zu führen.

Handelt es sich um die Verantwortlichkeit der Mitglieder des Aufsichtsraths, so kann dieser ohne und selbst gegen den Beschluß der Generalversammlung gegen die Mitglieder des Vorstandes klagen.

§ 247. **Vertretung der Gesellschaft.** (Art. 223 Abs. 3, 194, I 227, II 242.) Hier handelt es sich nur um Feststellung der besonderen Vertretungs*befugnisse* des Aufsichtsraths neben der regelmäßigen Gesellschaftsvertretung durch den Vorstand. Auch kann die Generalversammlung noch besondere Bevollmächtigte zur Vertretung der Gesellschaft sowohl bei Rechtsgeschäften wie bei Rechtsstreitigkeiten bestellen. Für den Fall des § 268 Abs. 1 ist es in Abs. 2 das. ausdrücklich gesagt. Es folgt aber auch ohne Weiteres aus § 250 (bei Kollision solcher Vertretungen ist für den Vorstand § 235 maßgebend). Einer Anregung, hier die *Verpflichtung* des Aufsichtsraths zur Klageerhebung auszusprechen, wurde daher mit Recht nicht stattgegeben. Dieselbe ergiebt sich allgemein aus § 246 Abs. 3, speziell aus § 268.

Abs. 2. Hier handelt es sich also auch um Klagen der Gesellschaft, welche der Aufsichtsrath, weil eigene Verantwortlichkeit in Frage steht, selbst gegen deren Willen zu führen befugt ist. Die Folge des ablehnenden oder selbst verbietenden Beschlusses der Generalversammlung ist nicht Aufhebung der Vertretungsbefugniß, sondern Ersatzpflicht und auf Verlangen Kautionspflicht des Aufsichtsraths gegen die Gesellschaft, welcher es natürlich zusteht, die Bestellung der zeitigen Aufsichtsrathsmitglieder zu widerrufen.

§ 248.

Die Mitglieder des Aufsichtsraths können nicht zugleich Mitglieder des Vorstandes oder dauernd Stellvertreter von Vorstandsmitgliedern sein, auch nicht als Beamte die Geschäfte der Gesellschaft führen.

Nur für einen im voraus begrenzten Zeitraum kann der Aufsichtsrath einzelne seiner Mitglieder zu Stellvertretern von behinderten Mitgliedern des Vorstandes bestellen; während dieses Zeitraums und bis zur Entlastung des Vertreters darf der letztere seine Thätigkeit als Mitglied des Aufsichtsraths nicht ausüben. Auf die in solcher Weise bestellten Vertreter finden die Vorschriften des § 236 keine Anwendung.

Scheiden aus dem Vorstande Mitglieder aus, so können sie nicht vor der Entlastung in den Aufsichtsrath gewählt werden.

§ 248. **Ausschließlichkeit.** (Art. 225a, I 228, II 243.)

Abs. 1. *Regel.* Statt des bisherigen „*dürfen*" heißt es jetzt „*können nicht*". Ueber die Folgen, wenn Aufsichtsrathsmitglieder trotzdem eine derartige Stellung übernehmen oder als Beamte Geschäfte führen, sagt das Gesetz nichts. Da beide Funktionen aber von ihm für unvereinbar erklärt sind und der letzte Willensakt maßgebend ist, so muß allerdings mit Staub u. A. angenommen werden, daß sie damit aus dem Aufsichtsrathe ausscheiden.

Abs. 2 enthält eine dispositive Ausnahme vom Stellvertretungsverbot im Interesse von kleinen AG., die oft nur einen Vorstand und drei Aufsichtsrathsmitglieder haben, und denen es sonst an geeignetem Personal zur Vertretung behinderter Vorstandsmitglieder fehlen würde. Ein Zusatz: „sofern die zur Beschlußfähigkeit erforderliche Anzahl von Mitgliedern verbleibt", wurde deswegen abgelehnt. Derselbe Gedanke liegt der Unanwendbarkeit des Konkurrenzverbotes zu Grunde.

Abs. 3. Die Vorschrift ist öffentlich-rechtlich und zwingend; daher ist eine trotzdem erfolgte Wahl ungültig.

§ 249.

Die Mitglieder des Aufsichtsraths haben bei der Erfüllung ihrer Obliegenheiten die Sorgfalt eines ordentlichen Geschäftsmanns anzuwenden.

Mitglieder, die ihre Obliegenheiten verletzen, haften der Gesellschaft mit den Vorstandsmitgliedern als Gesammtschuldner für den daraus entstehenden Schaden.

Insbesondere sind sie zum Ersatze verpflichtet, wenn mit ihrem Wissen und ohne ihr Einschreiten die im § 241 Abs. 3 bezeichneten Handlungen vorgenommen werden. Auf die Geltendmachung des Ersatzanspruchs finden die Vorschriften des § 241 Abs. 4 Anwendung.

Die Ansprüche auf Grund der Vorschriften der Abs. 1 bis 3 verjähren in fünf Jahren.

§ 249. **Verantwortlichkeit.** (Art. 226, I 229, II 244.)

Abs. 1. Obliegenheiten: §§ 246, 204, 207 Abs. 2, 192, 193, 195, 196 Abs. 3. — Das Mindestmaß der Sorgfalt, das der Gesellschaftsvertrag aber erhöhen kann, bezieht sich nicht nur, wie bisher, auf die dem Aufsichtsrath im Gesetze zugewiesene Aufsichtsführung, sondern auf alle seinen Mitgliedern übertragenen Verrichtungen.

Abs. 2. Vgl. § 204. Vorausgesetzt natürlich, daß bei dem in Anspruch genommenen, einerlei ob Vorstands- oder Aufsichtsrathsmitglied eine Verletzung seiner Obliegenheiten vorliegt (Komm.B.). — Gesammtschuldner: BGB. §§ 421 ff. — Schaden: BGB. §§ 249, 252.

Abs. 3. Vgl. Anm. zu § 241 Abs. 3 und 4. — In der Komm. wurde festgestellt, daß Abs. 3 nur exemplifizirt und daß es auch für diese Fälle bei der Regel des Abs. 1 verbleibt.

Abs. 4. Vgl. § 241 letzter Abs.

c) Generalversammlung und Generalversammlungsbeschlüsse: §§ 250—273.

§ 250.

Die Rechte, welche den Aktionären in den Angelegenheiten der Gesellschaft, insbesondere in Bezug auf die Führung der Geschäfte, zustehen, werden durch Beschlußfassung in der Generalversammlung ausgeübt.

§ 250. **Grundsatz.** (Art. 221, I 230, II 245.) — „In den Angelegenheiten der Gesellschaft"; der Grundsatz (vgl. BGB. § 35), daß Sonderrechte der Mitglieder ohne deren Zustimmung durch Mehrheitsbeschlüsse der Generalversammlung nicht beeinträchtigt werden können, gilt auch für die AG. Welche Aktionärrechte Sonderrechte in diesem Sinne sind, ist nicht erschöpfend festgestellt, theilweise sind sie schärfer als bisher ausgeprägt (§§ 300, 227); im Uebrigen steht der Entwurf auf dem Standpunkte, daß die Grenze der Gesellschafts-Angelegenheiten nicht zu eng gezogen werden darf (D.). — Unmaßgeblichkeit eines Generalversammlungsbeschlusses: § 247 Abs. 2. — Den allgemeinen durch Mehrheitsbeschluß (§ 251) der Generalversammlung auszuübenden Aktionärrechten („Mitgliedschaftsrechten" M. S. 154) stehen die außerordentlichen Rechte einer Minderheit (Individualrechte) gegenüber (§§ 205, 254, 264 Abs. 1, 266 Abs. 2, 268 Abs. 1, 271 Abs. 3). Diese Minderheitsrechte beruhen gleichzeitig auf öffentlich-rechtlichen Interessen und ihre Voraussetzungen sind deshalb zwingend; es sei denn, daß das Gesetz ausdrücklich eine Abänderung durch den Gesellschaftsvertrag zuließe.

§ 251.

Die Beschlüsse der Generalversammlung bedürfen der Mehrheit der abgegebenen Stimmen (einfache Stimmenmehrheit), soweit nicht durch das Gesetz oder den Gesellschaftsvertrag eine größere Mehrheit oder sonstige Erfordernisse vorgeschrieben sind.

Für Wahlen können im Gesellschaftsvertrag andere Bestimmungen getroffen werden.

§ 251. **Beschlußfassung.** (Art. 209a Abs. 1 Nr. 5, I 271, II 246.)

Abs. 1. „Mehrheit der abgegebenen Stimmen" (einfache Stimmenmehrheit, mag man sie nun zweideutig absolute oder relative nennen), d. h. eine über die Hälfte der gültig abgegebenen Stimmen. Ungültige Stimmen (z. B. im Widerspruch mit § 223 Abs. 3, § 252 Abs. 2 u. 3, § 255 Abs. 3) oder sonstigen Erfordernissen des Gesellschaftsvertrages (§§ 252 Abs. 4, 255 Abs. 2) abgegebene sieht das Gesetz also als nicht abgegeben an. — Daß eine Generalversammlung, bestehend aus einem einzigen Aktionär gültig Beschlüsse fassen kann, ist nicht zweifelhaft: RG. 34 S. 111; — „soweit nicht" u. s. w.: eine Ausnahme von jener Regel ist von dem Behaupter zu beweisen; vgl. z. B. Abs. 2, §§ 196 (Errichtung), 207 (Genehmigung von Uebernahmen), 243 Abs. 3 (Abberufung des Aufsichtsraths), 205, 270 (Verzichte und Vergleiche), 275 ff. (Statutenänderung), 278 (Kapitalerhöhung), 288 (Kapitalherabsetzung), 292 Abs. 1 Nr. 2 (Auflösung), 303 (Veräußerung), 304 Abs. 1, 306 Abs. 1 (Ausschluß der Liquidation); „sonstige Erfordernisse" (wiederholt in §§ 275 Abs. 2, 303 Abs. 1), nämlich in Bezug auf die Stimmenmehrheit, z. B. bestimmtes Verhältniß zum Grundkapital (§ 207 Abs. 3), Sonderbeschluß benachtheiligter Aktionäre (§ 275 Abs. 3) oder anderer Gattungen (§§ 278 Abs. 2, 288 Abs. 3), andere Voraussetzungen der Beschlußfassung vorbehalten, z. B. §§ 245 Abs. 3, 248 Abs. 3, 256 Abs. 2 u. A.

Abs. 2. Insbesondere, daß relative Majorität (d. h. von mehreren Stimmengruppen die größte) genügen oder das Loos entscheiden soll.

§ 252.

Jede Aktie gewährt das Stimmrecht. Das Stimmrecht wird nach den Aktienbeträgen ausgeübt. Der Gesellschaftsvertrag kann für den Fall, daß ein Aktionär mehrere Aktien besitzt, die Ausübung des Stimmrechts durch Festsetzung eines Höchstbetrags oder von Abstufungen beschränken. Werden mehrere Gattungen von Aktien ausgegeben, so kann der Gesellschaftsvertrag den Aktien der einen Gattung ein höheres Stimmrecht beilegen als den Aktien einer anderen Gattung.

Das Stimmrecht kann durch einen Bevollmächtigten ausgeübt werden. Für die Vollmacht ist die schriftliche Form erforderlich und genügend; die Vollmacht bleibt in der Verwahrung der Gesellschaft.

Wer durch die Beschlußfassung entlastet oder von einer Verpflichtung befreit werden soll, hat hierbei kein Stimmrecht und darf ein solches auch nicht für Andere ausüben. Dasselbe gilt von einer Beschlußfassung, welche die Vornahme eines Rechtsgeschäfts mit einem Aktionär oder die Einleitung oder Erledigung eines Rechtsstreits zwischen ihm und der Gesellschaft betrifft.

Im Uebrigen richten sich die Bedingungen und die Form der Ausübung des Stimmrechts nach dem Gesellschaftsvertrage.

§ 252. **Stimmrecht.** (Art. 221 Abs. 2, 190 Abs. 1—3 u. 5, I 232, II 247.)

Abs. 1. Vgl. §§ 223 Abs. 3, 225 Abs. 1. Aus Satz 1 folgt für die folgenden Sätze, daß einer Aktiengattung das Stimmrecht nicht ganz entzogen werden kann, denn, wenn auch nur zu einem geringen Bruchtheil, hat jede Aktie Stimmrecht. Aktie ist hier Aktienrecht, nicht Urkunde: RG. 34 S. 111. Der letzte Satz beruht auf Entw. II. Darauf, daß die einzelnen Aktionäre sich im Besitz mehrerer Aktien befinden, kommt es nicht an. — Ueber Stimmenkauf und -Verkauf vgl. § 317.

Abs. 2 Satz 1 beruht auf Komm.-Beschluß. — Unbefugte Benutzung § 318. Der Gesellschaftsvertrag kann z. B. Frauen, Kinder, Personen, denen die bürgerlichen Ehrenrechte abgesprochen sind, von dem Erscheinen in der Generalversammlung ausschließen und nöthigen, sich vertreten zu lassen. Der Gesellschaftsvertrag kann auch bestimmen, daß nur Aktionäre bevollmächtigt werden können (Abs. 4). — Satz 2. Daß schriftliche Form genüge, ist zwingende Vorschrift, um weitere erschwerende Erfordernisse, z. B. notarielle Form, Entscheidung des Vorstandes u. A. zu beseitigen.

Abs. 3. Entlastung: §§ 248 Abs. 3, 260 Abs. 1. Eine hiergegen verstoßende Beschlußfassung ist jedoch nur ungültig, wenn die ungültigen Stimmen ausschlaggebend gewesen sind: J.W. 23 S. 20. Befreiung: vgl. auch §§ 205, 270. Auch ein Beschluß darüber, ob Schadensersatzansprüche geltend gemacht werden sollen, fällt darunter. Zu Satz 2 vgl. auch § 268 und BGB. § 34. „Vornahme eines Rechtsgeschäfts“, mag es die Zuwendung eines Vortheils enthalten oder nicht.

Abs. 4. „Im Uebrigen“. Das ist nicht ganz richtig, vgl. § 255 Abs. 3. Denn zu den Bedingungen der Ausübung gehört z. B. Hinterlegung (§ 255 Abs. 2). Eine Bedingung der Ausübung ist auch Zwangsvertretung (Abs. 2) von Frauen, Ausländern, Ehrverlustigen u. s. w. oder durch Aktionäre. Eine Bedingtheit des Stimmrechts, z. B. durch die Dauer des Aktienbesitzes, widerspricht der in Abs. 1 Satz 1 erklärten unbedingten Stimmberechtigung jeder Aktie (anders §§ 269 Abs. 2, 295 Abs. 2), und ist daher unzulässig. Zu der Form der Ausübung gehören Bestimmungen, z. B. ob durch Stimmzettel, durch Ja und Nein, Aufstehen, Sitzenbleiben u. s. w., abgestimmt werden soll. Von besonderen Vorschriften abgesehen, ist die Legitimation nach den allgemeinen Grundsätzen über den Erweis des Erwerbes von Rechten zu führen; der Betreffende muß also darthun, daß er Aktien als Gründer übernommen, gezeichnet, oder durch Uebertragung erworben hat. RG. Johow 14 S. 27; Goldschm. 47 S. 113 Nr. 240.

§ 253.

Die Generalversammlung wird durch den Vorstand berufen, soweit nicht nach dem Gesetz oder dem Gesellschaftsvertrag auch andere Personen dazu befugt sind.

Die Generalversammlung ist, außer den im Gesetz oder im Gesellschaftsvertrag ausdrücklich bestimmten Fällen, zu berufen, wenn das Interesse der Gesellschaft es erfordert.

§ 253. **Berufung.** (Art. 236 fast wörtlich übereinstimmend; I 233, II 248.)

Abs. 1. Unbedingt berufungsberechtigt ist der Vorstand, neben ihm „auch andere Personen", außer dem Gericht im Falle des § 196, der Aufsichtsrath (§ 246 Abs. 3), Gründer (§ 190 Abs. 2), andere Aktionäre (§ 254). Der Vorstand ist daher, abgesehen von § 196, auch immer für die Nichtberufung nach Abs. 2 verantwortlich; vgl. RG. 35 S. 87.

Abs. 2. Im Gesetz bestimmte Fälle sind eingeführt in § 240; vgl. §§ 207 (Genehmigung von Verträgen), 222 (Zustimmung zu Aktienübertragung), 243 (Wahl des Aufsichtsraths), 254 (auf Antrag von Aktionären), 266 (Bestellung von Revisoren), 274 f., 280, 288 (Abänderung des Gesellschaftsvertrages), 292 (Auflösung der Gesellschaft), §§. 303, 304 Abs. 2 (Veräußerung des Vermögens im Ganzen), 307 (Fortsetzung der Gesellschaft), u. A. — Der Einberufer kann die Berufung zurückziehen (Johow u. K. 3 S. 18).

§ 254.

Die Generalversammlung ist zu berufen, wenn Aktionäre, deren Antheile zusammen den zwanzigsten Theil des Grundkapitals erreichen, die Berufung schriftlich unter Angabe des Zwecks und der Gründe verlangen. Ist in dem Gesellschaftsvertrage das Recht, die Berufung der Generalversammlung zu verlangen, an den Besitz eines geringeren Antheils am Grundkapitale geknüpft, so hat es hierbei sein Bewenden.

In gleicher Weise haben die Aktionäre das Recht, zu verlangen, daß Gegenstände zur Beschlußfassung einer Generalversammlung angekündigt werden.

Wird dem Verlangen weder durch den Vorstand noch durch den Aufsichtsrath entsprochen, so kann das Gericht des Sitzes der Gesellschaft die Aktionäre, welche das Verlangen gestellt haben, zur Berufung der Generalversammlung oder zur Ankündigung des Gegenstandes ermächtigen. Zugleich kann das Gericht über die Führung des Vorsitzes in der Versammlung Bestimmung treffen. Auf die Ermächtigung muß bei der Berufung oder Ankündigung Bezug genommen werden.

Die Generalversammlung beschließt darüber, ob die entstandenen Kosten von der Gesellschaft getragen werden sollen.

§ 254. **Zwangsberufung auf Antrag von Aktionären.** (Abs. 1—3 übereinstimmend mit Art. 237 Abs. 4 neu; I 234, II 249.) Vgl. BGB. § 37.

Abs. 1. Es handelt sich weniger um die obligatorische Berufung durch Vorstand oder Aufsichtsrath (vgl. Abs. 3) — denn ihre Verantwortlichkeit wegen Nichtberufung bestimmt sich trotzdem lediglich nach §§ 241, 249 — als um ein unentziehbares Aktionärrecht. Erfordernisse sind materiell höchstens 1/20 des Grundkapitals, weniger ist statutarisch zulässig, formell: schriftliches Verlangen, Angabe von Grund und Zweck. Jedes von ihnen ist conditio sine qua non, deren Mangel die Unterlassung der Berufung rechtfertigt und daher ein Angehen des Gerichts (Abs. 3) ausschließt.

Abs. 2 setzt keineswegs voraus, daß der Fall des Abs. 1, das Verlangen einer außerordentlichen Generalversammlung vorliegt; vielmehr daß für die ordentlich berufene ein Gegenstand nicht auf die Tagesordnung gesetzt ist, z. B. § 267 Abs. 2.

Abs. 3 (vgl. Ges. über d. freiw. Gerichtsbarkeit § 135) tritt nur auf Antrag ein; er tritt nicht ein, wenn das Verlangen an Vorstand oder Aufsichtsrath den Erfordernissen des Abs. 1 nicht entsprach; vielmehr ist das Angehen des Gerichts dann unzulässig, ebenso, wenn die Minderheit nicht mehr die gesetzlich geforderte ist. Dagegen kann hier das Verlangen auch zu Protokoll des Gerichtsschreibers gestellt werden. — Die gerichtliche Ermächtigung ist fakultativ, ohne willkürlich ertheilt oder abgelehnt werden zu dürfen; sie ergeht nicht, wie das Gesetz ungenau sagt, an „die Aktionäre, welche das Verlangen gestellt haben", sondern an diejenigen dieser Aktionäre, welche demnächst auch das Gericht angegangen haben. — Die Ermächtigung richtet sich auf „Berufung der Generalversammlung" oder „Ankündigung des Gegenstandes", d. h. je nachdem das Eine oder das Andere verlangt war. — Satz 2 ist neu; vgl. BGB. § 37 Abs. 2. Versäumung der Vorschrift berechtigt zur Anfechtung nach § 271 Abs. 3.

Abs. 4 entscheidet eine alte Streitfrage; vgl. Staub § 12 zu Art. 237. Der Absatz will der Generalversammlung das — vorbehältlich der Anfechtung nach § 271 — endgültige Bestimmungsrecht über die entstandenen Kosten, einschließlich der gerichtlichen, einräumen, natürlich nur im Verhältniß zwischen Gesellschaft und Antragstellern, ohne die Ansprüche der Berechtigten, z. B. des Fiskus oder des Notars, dadurch zu binden. Ihnen gegenüber sind erste Schuldner die Antragsteller (Gerichtskostengesetz § 89).

§ 255.

Die Berufung der Generalversammlung hat in der durch den Gesellschaftsvertrag bestimmten Weise mindestens zwei Wochen vor dem Tage der Versammlung zu erfolgen. Der Tag der Berufung und der Tag der Generalversammlung sind hierbei nicht mitzurechnen.

Ist im Gesellschaftsvertrage die Ausübung des Stimmrechts davon abhängig gemacht, daß die Aktien bis zu einem bestimmten Zeitpunkte vor der Generalversammlung hinterlegt werden, so ist die Frist derart zu bemessen, daß für die Hinterlegung mindestens zwei Wochen frei bleiben. In diesem Falle genügt auch die Hinterlegung bei einem Notar.

Ist im Gesellschaftsvertrag eine Bestimmung der im Abs. 2 bezeichneten Art nicht getroffen, so müssen die Anmeldungen zur Theilnahme an der Generalversammlung zugelassen werden, wenn sie nicht später als am dritten Tage vor der Versammlung erfolgen.

§ 255. **Berufungsfrist.** (Art. 1 u. 2 übereinstimmend mit Art. 238 Abs. 1; Abs. 3 neu; I 235 Abs. 1, II 250 Abs. 1.)

Abs. 1. Vgl. §§ 316, 318. Der zweite Satz ist von der Komm. zugesetzt und entspricht BGB. § 187.

Abs. 2 Satz 1 schließt die Möglichkeit aus, daß die Tagesordnung für die Generalversammlung noch zu einer Zeit geändert oder ergänzt wird, in welcher wegen Ablaufs der Hinterlegungsfrist kein Aktionär mehr in der Lage ist, sich das Recht zur Theilnahme zu wahren. — Satz 2 ist neu und Zusatz der Komm., um die Theilnahme möglichst zu befördern. Um so mehr genügt Hinterlegung bei der Gesellschaft (§ 257). Im Uebrigen gilt wegen der Hinterlegungsstellen nach EG. z. BGB. Art. 144 ff. Landesrecht.

Abs. 3 zieht eine Schranke gegen etwaigen Mißbrauch der Beschränkung des Stimmrechts durch dispositive Bestimmung auf Grund des Abs. 2. Vgl. § 318.

§ 256.

Der Zweck der Generalversammlung soll bei der Berufung bekannt gemacht werden. Jedem Aktionär ist auf Verlangen eine Abschrift der Anträge zu ertheilen.

Ueber Gegenstände, deren Verhandlung nicht ordnungsmäßig mindestens eine Woche vor dem Tage der Generalversammlung angekündigt ist, können Beschlüsse nicht gefaßt werden; ist für die Beschlußfassung nach den Vorschriften dieses Gesetzbuchs oder des Gesellschaftsvertrags die einfache Stimmenmehrheit nicht ausreichend, so muß die Ankündigung mindestens zwei Wochen vor dem Tage der Generalversammlung erfolgen. An die Stelle des Tages der Generalversammlung tritt, falls die Ausübung des Stimmrechts von der Hinterlegung der Aktien abhängig ist, der Tag, bis zu dessen Ablaufe die Hinterlegung zu geschehen hat.

Zur Beschlußfassung über den in der Generalversammlung gestellten Antrag auf Berufung einer außerordentlichen Generalversammlung sowie zur Stellung von Anträgen und zu Verhandlungen ohne Beschlußfassung bedarf es der Ankündigung nicht.

§ 256. **Ankündigung der Tagesordnung.** (Art. 238 Abs. 2 u. 3, I 235 Abs. 2, II 250 Abs. 2.) Vgl. § 182 Abs. 2 Nr. 5; Seuff. Arch. 42 S. 440.

Abs. 1. Der Zweck der Generalversammlung, d. h. die Tagesordnung (vgl. Goldschm. 35 S. 248, 37 S. 553; RG. 17 S. 172; Bolze 4 Nr. 808) soll ... bekannt gemacht werden: Ordnungsvorschrift. — Satz 2 ist Zusatz der Komm.; seine Nichtbeachtung begründet ein Anfechtungsrecht des Aktionärs nach § 271 Abs. 3.

Abs. 2 Satz 1 vgl. RG. 36 S. 26 und ferner § 251 Anm. — Hinterlegung: § 255 Abs. 2.

§ 257.

Jeder Aktionär, der eine Aktie bei der Gesellschaft hinterlegt, kann verlangen, daß ihm die Berufung der Generalversammlung und die Gegenstände der Verhandlung, sobald deren öffentliche Bekanntmachung erfolgt, durch eingeschriebenen Brief besonders mitgetheilt werden. Die gleiche Mittheilung kann er über die in der Generalversammlung gefaßten Beschlüsse verlangen.

§ 257. **Besondere Mittheilung.** (Neu; durch die Komm. zugesetzt.) Zuwiderhandlung gegen Satz 1 begründet ein Anfechtungsrecht des Aktionärs nach § 271 Abs. 3. — Zu Satz 2 vgl. § 259.

§ 258.

In der Generalversammlung ist ein Verzeichniß der erschienenen Aktionäre oder Vertreter von Aktionären mit Angabe ihres Namens und Wohnorts sowie des Betrags der von Jedem vertretenen Aktien aufzustellen. Das Verzeichniß ist vor der ersten Abstimmung zur Einsicht auszulegen; es ist von dem Vorsitzenden zu unterzeichnen.

§ 258. **Präsenzliste.** (Neu; Zusatz der Komm.) Durch das Verzeichniß soll festgestellt werden, welche Personen an den Generalversammlungen theilnehmen, um hierüber eine für Jedermann zugängliche Kontrole zu haben. Dieselbe ist nicht nur für die Abstimmungen sehr wünschenswerth, sondern auch ein erhebliches Beweisstück bei Ausübung des Anfechtungsrechtes nach § 271 Abs. 3. Vgl. § 259 Abs. 3. Für die Abstimmungen bleibt aber immerhin zu berücksichtigen, daß nicht die erschienenen, sondern die bei der Beschlußfassung vertretenen Stimmen (§ 243 Abs. 4) gezählt werden. Eine Verlesung ist keinenfalls erforderlich, wurde vielmehr für unnützen Zeitaufwand erklärt.

§ 259.

Jeder Beschluß der Generalversammlung bedarf zu seiner Gültigkeit der Beurkundung durch ein über die Verhandlung gerichtlich oder notariell aufgenommenes Protokoll.

In dem Protokolle sind der Ort und der Tag der Verhandlung, der Name des Richters oder Notars sowie die Art und das Ergebniß der Beschlußfassungen anzugeben.

Das nach § 258 aufgestellte Verzeichniß der Theilnehmer an der Generalversammlung sowie die Belege über die ordnungsmäßige Berufung sind dem Protokolle beizufügen. Die Beifügung der Belege über die Berufung der Generalversammlung kann unterbleiben, wenn die Belege unter Angabe ihres Inhalts in dem Protokoll aufgeführt werden.

Das Protokoll muß von dem Richter oder Notar vollzogen werden. Die Zuziehung von Zeugen ist nicht erforderlich.

Eine öffentlich beglaubigte Abschrift des Protokolls ist unverzüglich nach der Generalversammlung von dem Vorstande zum Handelsregister einzureichen.

§ 259. **Protokolle.** (Art. 238a, I 236, II 251.)

Abs. 1. Der Ausdruck ist gegenüber den Worten Art. 238: „bedarf ... der gerichtlichen oder notariellen Beurkundung“ gerade so gewählt, um die bisherigen Schwierigkeiten, insbesondere bei Ergänzung der Bestimmung aus dem bisherigen Landesrecht zu beseitigen. Das Gesetz bestimmt daher ausdrücklich, „daß die fragliche Beurkundung in der Aufnahme eines Protokolls besteht, und giebt zugleich über den Inhalt des Protokolls die nöthigen Vorschriften“. Damit entfällt jede anderweite Bedingung der Gültigkeit des Protokolls sowohl durch das Ges. über d. freiw. Gerichtsbarkeit, insofern dasselbe im zehnten Abschnitt (§§ 167 ff.) von der Beurkundung eines Rechtsgeschäftes, nicht eines Vorganges, spricht, wie durch die Landesgesetze, deren allgemeine Vorschriften zudem, auch soweit sie unberührt bleiben, nach § 196 das. ohne Einfluß auf die Gültigkeit der Beurkundung sind. — Abschrift: letzter Abs., § 269 Abs. 1.

Abs. 2. Auch der Widerspruch eines Aktionärs ist in das Protokoll aufzunehmen: § 271 Abs. 3.

Abs. 3. Zusatz der Komm. Vgl. §§ 253—257 und § 258.

Abs. 4. Eine Anweisung über die Unterschrift des Vorsitzenden wurde gestrichen. — Einer Verlesung bedarf es zur Gültigkeit des Protokolls nach Anm. 1 keinenfalls; ein Antrag, vorzuschreiben, daß es auf Verlangen zu verlesen sei, wurde von der Komm. abgelehnt, indem sie als ihre Ansicht feststellte, „daß der Notar kraft Notariatsordnung wohl allgemein verpflichtet sei, das Protokoll zu verlesen, auch jeden Protest und jede erhobene Einwendung in das Protokoll aufzunehmen". Diese Meinung bezüglich der Verlesung ist jedoch irrthümlich. — Aus Abs. 4 ergiebt sich, daß es der Zuziehung eines Gerichtsschreibers zu einem gerichtlichen Protokoll über die Generalversammlung nicht bedarf.

Abs. 5. Nicht nur des Sitzes der Gesellschaft, sondern auch jeder Zweigniederlassung: § 13.

§§ 260—265. Beschlußfassung über Bilanz ꝛc.

§ 260.

Die Generalversammlung beschließt über die Genehmigung der Jahresbilanz und die Gewinnvertheilung sowie über die Entlastung des Vorstandes und des Aufsichtsraths.

Der Vorstand hat in den ersten drei Monaten des Geschäftsjahrs für das verflossene Geschäftsjahr eine Bilanz, eine Gewinn- und Verlustrechnung sowie einen den Vermögensstand und die Verhältnisse der Gesellschaft entwickelnden Bericht dem Aufsichtsrath und mit dessen Bemerkungen der Generalversammlung vorzulegen. Im Gesellschaftsvertrage kann eine andere Frist, jedoch nicht über die Dauer von sechs Monaten hinaus, bestimmt werden.

§ 260. **Vorlage.** (Art. 239 Abs. 2, I 237, II 252 Abs. 1, 2.)

Abs. 1. Die Generalversammlung ist hierzu ausschließlich berechtigtes Organ. Statutarische Uebertragung der Entlastung auf den Aufsichtsrath ist unzulässig. Jahresbilanz: §§ 39 ff.; Gewinnvertheilung: §§ 213 ff.; Entlastung: §§ 205, 270, vgl. auch § 248 Abs. 3.

Abs. 2. Ordnungsvorschrift: § 319 Abs. 1; vgl. auch §§ 263 Abs. 1; 265 Abs. 2. In der Vorlegungspflicht ist die Erläuterungspflicht enthalten: RG. 34 S. 58. Abs. 3 des Entw. II, daß der Geschäftsbericht darzulegen habe, insbesondere nach welchen Grundsätzen die Werthe in der Bilanz angesetzt und die Abschreibungen vorgenommen seien, und falls hierbei nach anderen Grundsätzen als im Vorjahre verfahren ist, aus welchen Gründen, wurde von der Komm. als überflüssig und unzweckmäßig abgelehnt. Ueber die weitergehende Pflicht des Vorstandes zur Rechnungslegung vgl. ROHG. 24 S. 364, 25 S. 179. — Für die Bilanzaufstellung (§ 261) sind diese Fristen nicht entscheidend; vgl. § 39. — Strafbestimmung: § 319 Abs. 1.

§ 261.

Für die Aufstellung der Bilanz kommen die Vorschriften des § 40 mit folgenden Maßgaben zur Anwendung:

1. Werthpapiere und Waaren, die einen Börsen- oder Marktpreis haben, dürfen höchstens zu dem Börsen- oder Marktpreise des Zeitpunktes, für welchen die Bilanz aufgestellt wird, sofern dieser Preis jedoch den Anschaffungs- oder Herstellungspreis übersteigt, höchstens zu dem letzteren angesetzt werden;
2. andere Vermögensgegenstände sind höchstens zu dem Anschaffungs- oder Herstellungspreis anzusetzen;
3. Anlagen und sonstige Gegenstände, die nicht zur Weiterveräußerung, vielmehr dauernd zum Geschäftsbetriebe der Gesellschaft bestimmt sind, dürfen ohne Rücksicht auf einen geringeren Werth zu dem Anschaffungs- oder Herstellungspreis angesetzt werden, sofern ein der Abnutzung gleichkommender Betrag in Abzug gebracht oder ein ihr entsprechender Erneuerungsfonds in Ansatz gebracht wird;
4. die Kosten der Errichtung und Verwaltung dürfen nicht als Aktiva in die Bilanz eingesetzt werden;
5. der Betrag des Grundkapitals und der Betrag eines jeden Reserve- und Erneuerungsfonds sind unter die Passiva aufzunehmen;
6. der aus der Vergleichung sämmtlicher Aktiva und sämmtlicher Passiva sich ergebende Gewinn oder Verlust muß am Schlusse der Bilanz besonders angegeben werden.

§ 261. **Bilanzaufstellung.** (Art. 239b, 185a, I 238, II 254.) Die Eröffnungsbilanz ist aufzustellen am Eintragungstage; vgl. RG.Str. 29 S. 223. — Die Unterzeichnung erfolgt durch den Vorstand: das. 7 S. 87, 8 S. 424. — Die Vorschriften unter Nr. 1—6 sind öffentlich-rechtlich und zwingend.

Nr. 1—3 enthalten eine Abweichung von § 40 Abs. 2.

Nr. 4—6. „Aktiva" ist Alles, was einen Vermögenswerth darstellt (Komm.B. zur Nov. S. 25). Die Kosten der Errichtung und Verwaltung gehören also nicht darunter, insofern durch sie kein Gegenwerth geschaffen wird; es ist aber nicht unbedingt ausgeschlossen, daß ein Theil der Generalunkosten in dem Ansatze des Anschaffungs- und Herstellungspreises steckt. Passiva sind nicht etwa bloß Schulden, sondern überhaupt Geschäftserfordernisse, daher insbesondere das Aktienkapital, auch der sog. Delcrederefonds als Abschreibung auf zu hohe Bewerthung zweifelhafter Forderungen; vgl. ROHG. 25 S. 326 ff.; RG. 22 S. 162. — Der Ueberschuß der Aktiva über die Passiva in jenem Sinne bildet den Jahresreingewinn; s. aber § 262. — Ein Antrag, als zweiten Abs. hinzuzufügen: „Im Uebrigen werden die Grundsätze, nach welchen die Werthe in der Bilanz anzusetzen und die Abschreibungen vorzunehmen sind, vom Vorstande unter Zustimmung des Aufsichtsraths festgesetzt", wurde zurückgezogen, nachdem darauf hingewiesen war, daß der Aufsichtsrath nach § 246 nicht nur die Grundsätze der Bilanzaufstellung zu prüfen, sondern sich um alle Einzelheiten zu kümmern verpflichtet sei.

§ 262.

Zur Deckung eines aus der Bilanz sich ergebenden Verlustes ist ein Reservefonds zu bilden. In diesen ist einzustellen:

1. von dem jährlichen Reingewinne mindestens der zwanzigste Theil

so lange, als der Reservefonds den zehnten oder den im Gesellschaftsvertrage bestimmten höheren Theil des Grundkapitals nicht überschreitet;

2. der Betrag, welcher bei der Errichtung der Gesellschaft oder bei einer Erhöhung des Grundkapitals durch Ausgabe der Aktien für einen höheren als den Nennbetrag über diesen und über den Betrag der durch die Ausgabe der Aktien entstehenden Kosten hinaus erzielt wird;

3. der Betrag von Zuzahlungen, die ohne Erhöhung des Grundkapitals von Aktionären gegen Gewährung von Vorzugsrechten für ihre Aktien geleistet werden, soweit nicht eine Verwendung dieser Zahlungen zu außerordentlichen Abschreibungen oder zur Deckung außerordentlicher Verluste beschlossen wird.

§ 262. **Reservefonds.** (Art. 239 b, 185 b, I 239, II 255.) Vgl. Goldschm. 38 S. 10 ff. — Der erste Satz bezeichnet den Zweck und die ausschließliche Verwendung des Reservefonds. Soweit derselbe auf Gesetz beruht, ist, abgesehen von Nr. 3, dieses auch in quanto zwingend und seine Aufhebung durch Statutänderung unmöglich; vgl. RG. 28 S. 43 ff. Noch weitere Rücklagen und Abschreibungen können beschlossen werden.

Nr. 1. 10% des „Grundkapitals", statt wie bisher des „Gesammtkapitals", ohne Rücksicht auf Einzahlung.

Nr. 2. Das ist das Agioerträgniß, welches nicht mehr als Gewinn bezeichnet ist, um nicht seine Eigenschaft als Kapitalsvermehrung in Zweifel zu stellen (vgl. RG. 32 S. 247, dagegen OVG. bei Holdheim 2 S. 251, 316, 4 S. 34, 5 S. 186), und ohne die Schranke der 10% in Nr. 1 dem Reservefonds unbedingt zufließt.

Nr. 3 ist beschränkt dispositiv: „soweit nicht eine Verwendung dieser Zahlungen" in der vom Gesetze allein anderweit gestatteten Richtung beschlossen wird, ist Nr. 3 auch zwingend. „Dabei ist der Minderung eines zu hohen Aktienpostens die Erhöhung eines zu gering bemessenen Passivpostens, z. B. eines zur Deckung für künftige ungewisse Verpflichtungen eingestellten Garantiekontos gleichzuachten."

§ 263.

Die im § 260 Abs. 2 bezeichneten Vorlagen sind mindestens während der letzten zwei Wochen vor dem Tage der Generalversammlung in dem Geschäftsraume der Gesellschaft zur Einsicht der Aktionäre auszulegen.

Auf Verlangen ist jedem Aktionär spätestens zwei Wochen vor dem Tage der Generalversammlung eine Abschrift der Bilanz, der Gewinn- und Verlustrechnung, der Bemerkungen des Aufsichtsraths und des Geschäftsberichts zu ertheilen.

An die Stelle des Tages der Generalversammlung tritt, falls die Ausübung des Stimmrechts von der Hinterlegung der Aktien abhängig ist, der Tag, bis zu dessen Ablauf die Hinterlegung zu geschehen hat.

§ 263. **Mittheilung der Vorlagen.** (Art. 239 Abs. 2 a. E., I 237 Abs. 2 u. 4, II 253.) Die zweiwöchige Frist und Abs. 3 beruhen auf Komm.-Beschlüssen. Nichtbeachtung begründet Anfechtbarkeit nach § 271 Abs. 3. — Ordnungsstrafe: § 319 Abs. 1.

§ 264.

Die Verhandlung über die Genehmigung der Bilanz ist zu vertagen, wenn dies in der Generalversammlung mit einfacher Stimmenmehrheit beschlossen oder von einer Minderheit, deren Antheile den zehnten Theil des Grundkapitals erreichen, verlangt wird, auf Verlangen der Minderheit jedoch nur, soweit von ihr bestimmte Ansätze der Bilanz bemängelt werden.

Ist die Verhandlung auf Verlangen der Minderheit vertagt, so kann von dieser eine erneute Vertagung nur gefordert werden, wenn über die in der früheren Verhandlung bemängelten Ansätze der Bilanz die erforderliche Aufklärung nicht ertheilt worden ist.

§ 264. **Vertagung.** (Art. 239a Abs. 2, I 240, II 256.)

Abs. 1. Die bisherige Vorschrift in Art. 239a Abs. 3, daß bei Vertagung auf Verlangen der Minderheit bezüglich der nicht bemängelten Ansätze der Bilanz die Entlastung des Vorstandes als erfolgt gelte, ist gestrichen. In der That ist bei dem engen Zusammenhang der Bilanzposten eine derartige Auseinanderreißung und theilweise Entlastung nicht zu rechtfertigen.

Abs. 2. Die „erforderliche Aufklärung" darf die Minderheit unbedingt verlangen. Was „erforderliche Aufklärung" sei, hat die Generalversammlung zu entscheiden; stellt sich dabei wiederum die in Abs. 1 bestimmte Minderheit heraus, so muß diese wiederum als maßgebend gelten, wenn ihr Recht nicht illusorisch sein soll.

§ 265.

Nach der Genehmigung durch die Generalversammlung ist die Bilanz sowie die Gewinn- und Verlustrechnung unverzüglich durch den Vorstand in den Gesellschaftsblättern bekannt zu machen.

Die Bekanntmachung sowie der im § 260 bezeichnete Geschäftsbericht nebst den Bemerkungen des Aufsichtsraths ist zum Handelsregister einzureichen. Zum Handelsregister einer Zweigniederlassung findet die Einreichung nicht statt.

§ 265. **Bekanntmachung.** (Art. 239b, 185c Abs. 1, I 241, II 257.)

Abs. 1. „Die Bilanz", wenn auch nicht in der oft sehr eingehenden Aufstellung, in welcher sie der Generalversammlung vorgelegt ist. Es muß genügen, wenn das Registergericht in der Lage ist, etwaige Bilanzveröffentlichungen, welche derartig summarisch gehalten sind, daß sie überhaupt keine Uebersicht über die Vermögensverhältnisse der Gesellschaft gewähren, als ungenügend zurückzuweisen, und den Vorstand durch Ordnungsstrafen zu einer anderweitigen Veröffentlichung anzuhalten" (D.). Vgl. Abs. 2. — Ueber die Gesellschaftsblätter vgl. § 182 letzter Abs.

Abs. 2. Vgl. § 14.

§ 266.

Die Generalversammlung kann mit einfacher Stimmenmehrheit die Bestellung von Revisoren zur Prüfung der Bilanz oder zur Prüfung von Vorgängen bei der Gründung oder der Geschäftsführung beschließen.

Ist in der Generalversammlung ein Antrag auf Bestellung von Revisoren zur Prüfung eines Vorganges bei der Gründung oder eines nicht länger als zwei Jahre zurückliegenden Vorganges bei der Geschäftsführung abgelehnt worden, so können auf Antrag von Aktionären, deren Antheile zusammen den zehnten Theil des Grundkapitals erreichen, Revisoren durch das Gericht, in dessen Bezirke die Gesellschaft ihren Sitz hat, ernannt werden.

Dem Antrag ist nur stattzugeben, wenn glaubhaft gemacht wird, daß bei dem Vorgang Unredlichkeiten oder grobe Verletzungen des Gesetzes oder des Gesellschaftsvertrags stattgefunden haben. Die Antragsteller haben die Aktien bis zur Entscheidung über den Antrag zu hinterlegen und glaubhaft zu machen, daß sie seit mindestens sechs Monaten, von der Generalversammlung zurückgerechnet, Besitzer der Aktien sind.

Vor der Ernennung sind der Vorstand und der Aufsichtsrath zu hören. Die Ernennung kann auf Verlangen von einer nach freiem Ermessen zu bestimmenden Sicherheitsleistung abhängig gemacht werden.

§§ 266, 267. Revisoren. (Art. 222a Abs. 1, 2, 239a Abs. 1, I 242, II 258.)

Abs. 1 faßt die beiden Fälle der Bestellung von Revisoren: zur Prüfung der Bilanz, sowie zur Prüfung der Vorgänge bei der Gründung oder der Geschäftsführung (einschließlich der Liquidation: § 299), zusammen. In Folge dessen wird die bestehende Verschiedenartigkeit der Behandlung beseitigt (§ 267). — Der Gesellschaftsvertrag kann dieses Recht der Generalversammlung und die einfache Stimmenmehrheit nicht beseitigen oder ändern. — Liquidation: § 299.

Abs. 2. (Art. 222a.) Die Voraussetzungen der Zulässigkeit des Antrages sind Ablehnung eines früheren Antrages in der Generalversammlung und neuer Antrag der erforderlichen Minderheit. Diese Voraussetzungen sind zwingend. Gegenstand des ersten abgelehnten Antrages muß Prüfung eines Vorganges bei oder innerhalb zweier Jahre vor der Gründung gewesen sein. Diese zweijährige Frist endigt nach der jetzigen Fassung des Gesetzes zweifellos (s. dagegen Staub § 2 zu Art. 222a) mit dem seiner Zahl nach dem Generalversammlungstage entsprechenden Tage des vierundzwanzigsten Monats rückwärts gerechnet (BGB. § 188 Abs. 2; vgl. RG. 11 S. 44). Die erforderliche Minderheit kann auch durch einen einzigen Aktionär gebildet werden, dessen Antheil 1/10 des Nominalbetrages des Grundkapitals bildet. Der Antrag kann zu Protokoll des Gerichtsschreibers erfolgen (Ges. über d. freiw. Gerichtsbarkeit § 11); zuständig ist das Amtsgericht für den Sitz der Gesellschaft (das. § 145). Vgl. RG. 32 S. 60.

Abs. 3. Antragsbegründung. „Wenn glaubhaft gemacht wird" (vgl. CPO. § 294 [266]; RG. 10 S. 322), daß u. s. w., so muß (Begr. S. 164) das Gericht dem Antrage stattgeben. Zu Satz 2 s. Abs. 2. — Hinterlegung: nach Maßgabe des Landesrechts; EG. z. BGB. Art. 144 ff.; § 255 Abs. 2 (Hinterlegung beim Notar) kann hier — dem Gerichte gegenüber — nicht Platz greifen; noch weniger § 257 (Hinterlegung bei der Gesellschaft). — Frist: BGB. § 188 Abs. 2. — „Besitzer der Aktien", d. h. Eigenthümer: BGB. § 932; vgl. bei Namensaktien außerdem § 223 Abs. 3.

Abs. 4. Zu Satz 1 vgl. Ges. über die freiw. Gerichtsbarkeit §§ 12 u. 146. — Beschwerde: das. Abs. 2. — Zu Satz 2 vgl. BGB. § 232.

§ 267.

Der Vorstand hat in den Fällen des § 266 den Revisoren die Einsicht der Bücher und Schriften der Gesellschaft und die Untersuchung des Bestandes der Gesellschaftskasse sowie der Bestände an Werthpapieren und Waaren zu gestatten.

Der Bericht über das Ergebniß der Prüfung ist von den Revisoren unverzüglich dem Handelsregister einzureichen und von dem Vorstande bei der Berufung der nächsten Generalversammlung als Gegenstand der Beschlußfassung anzukündigen. Zum Handelsregister einer Zweigniederlassung findet die Einreichung des Berichts nicht statt.

Im Falle des § 266 Abs. 2 beschließt die Generalversammlung, ob die entstandenen Kosten von der Gesellschaft zu tragen sind. Wird der Antrag auf Ernennung von Revisoren durch das Gericht zurückgewiesen oder erweist er sich nach dem Ergebnisse der Prüfung als unbegründet, so sind die Aktionäre, welchen eine bösliche Handlungsweise zur Last fällt, für einen der Gesellschaft durch den Antrag entstehenden Schaden als Gesammtschuldner haftbar.

§ 267. (Art. 222 Abs. 3, 5, I 243, II 259.)

Abs. 1. Erzwingung durch Ordnungsstrafe: § 319 Abs. 1.

Abs. 2 Satz 1. „Unverzüglich", d. h. ohne schuldhaftes Zögern: BGB. § 121; — „zum Handelsregister", wie im Entw. I richtig steht, nicht: „dem" Handelsregister (§ 14); — „anzukündigen": Ordnungsstrafe: § 319 Abs. 1, Recht der Aktionäre: § 254 Abs. 2. — Zu Satz 2 vgl. § 13.

Abs. 3 Satz 1. Der Generalversammlungsbeschluß ergeht natürlich unbeschadet der prinzipalen Kostenpflicht aus Gerichtskostenges. § 89; — „die entstandenen Kosten", einschließlich der etwa vereinbarten Vergütung der Revisoren, auf welche ein gesetzlicher Anspruch nicht besteht: Hans. GZ. 1894 S. 9, 128; — „bösliche Handlungsweise" (vgl. § 203, 269 letzter Abs.) ist nicht nur dolus, sondern auch frevelhafter Leichtsinn und Muthwillen; vgl. ROHG. 1 S. 158, 6 S. 432, 8 S. 429, 10 S. 218; RG. 1 S. 22, 38, 7 S. 125. Begr. zur Nov. S. 189. — Schaden: s. BGB. §§ 249, 252, 253. — Gesammtschuldner: BGB. §§ 421 ff.

§§ 268—270. **Gesellschaftsklagen.**

§ 268.

Die Ansprüche der Gesellschaft aus der Gründung gegen die nach den §§ 202 bis 204, 208 verpflichteten Personen oder aus der Geschäftsführung gegen die Mitglieder des Vorstandes und des Aufsichtsraths müssen geltend gemacht werden, wenn es in der Generalversammlung mit einfacher Stimmenmehrheit beschlossen oder von einer Minderheit, deren Antheile den zehnten Theil des Grundkapitals erreichen, verlangt wird.

Zur Führung des Rechtsstreits kann die Generalversammlung besondere Vertreter wählen. Ist die Geltendmachung des Anspruchs von der Minderheit verlangt, so können die von dieser bezeichneten Personen durch das Gericht des Sitzes der Gesellschaft als deren Vertreter zur Führung des Rechtsstreits bestellt werden. Im Uebrigen bewendet es bei den Vorschriften des § 247; diese kommen auch dann zur Anwendung, wenn die Geltendmachung des Anspruchs von der Minderheit verlangt ist.

§ 268. **Minderheitsantrag.** (Art. 223 Abs. 1, Abs. 2 Satz 2, Abs. 3, 195 Abs. 1 [Abs. 2 gestrichen], I 244, II 260.)

Abs. 1 in der jetzigen Fassung schließt die Annahme aus, als ob solche Ansprüche unbedingt nur nach vorgängigem (unanfechtbaren: a. M. Goldschm. 43 S. 325) Beschluß der Generalversammlung oder auf Antrag einer Zehntel- (früher Fünftel-) Minderheit geltend gemacht werden könnten (D.). A. M. früher RG. 18 S. 61; s. aber J.W. 1896 S. 697.

Abs. 2 Satz 1 ist eine bessere Fassung von Art. 195 Abs. 1, dessen 2. Abs. über gerichtliche Bestellung von Vertretern bei Hinderung ihrer Wahl in der Generalversammlung weggelassen ist. — Satz 2 setzt einen Antrag auf gerichtliche Bestellung der Vertreter voraus; die von dem Gerichte bestellten Vertreter schließen alle anderen sonst etwa noch legitimirten Vertreter, insbesondere den Aufsichtsrath (§ 247), aus. Dies folgt aus dem letzten Satze: „Im Uebrigen" u. s. w. Aus dessen Schlusse ergiebt sich zugleich, daß, wenn die Minderheit Geltendmachung verlangt, gerichtliche Bestellung von Vertretern aber nicht beantragt hat, der Aufsichtsrath insoweit, als Ansprüche gegen die Mitglieder des Vorstandes in Frage stehen, sich deren Geltendmachung unterziehen muß" (D.); — „des Anspruchs" bedeutet also nicht einen Anspruch nach Maßgabe des Abs. 1, sondern in der durch § 247 gegebenen Beschränkung.

§ 269.

Die Geltendmachung eines Anspruchs auf Verlangen der Minderheit muß binnen drei Monaten von dem Tage der Generalversammlung an erfolgen. Der Klage ist das Protokoll der Generalversammlung, soweit es die Geltendmachung des Anspruchs betrifft, in öffentlich beglaubigter Abschrift beizufügen.

Die Minderheit hat eine den zehnten Theil des Grundkapitals der Gesellschaft erreichende Anzahl von Aktien für die Dauer des Rechtsstreits zu hinterlegen; es ist glaubhaft zu machen, daß sich die Aktien seit mindestens sechs Monaten, von der Generalversammlung zurückgerechnet, im Besitze der die Minderheit, bildenden Aktionäre befinden.

Dem Beklagten ist auf Verlangen wegen der ihm drohenden Nachtheile von der Minderheit eine nach freiem Ermessen des Gerichts zu bestimmende Sicherheit zu leisten. Die Vorschriften der Civilprozeßordnung über die Festsetzung einer Frist zur Sicherheitsleistung und über die Folgen der Versäumung der Frist finden Anwendung.

Die Minderheit ist der Gesellschaft gegenüber verpflichtet, die Kosten des Rechtsstreits zu tragen.

Für den Schaden, der dem Beklagten durch eine unbegründete Klage entsteht, haften ihm die Aktionäre, welchen eine bösliche Handlungsweise zur Last fällt, als Gesammtschuldner.

§ 269. **Verfahren.** (Art. 223 Abs. 2 S. 1, 3—9, I 245, II 261.) Klagt der Vorstand, der ordentliche gesetzliche Vertreter der Gesellschaft, so bedarf es weder der Legitimation nach Abs. 2, noch steht der Ablauf der Frist der Klage entgegen u. s. w. Auf wessen Verlangen er klagt, ist gleichgültig; eines Beschlusses zur Klage durch ihn bedarf er nach § 231 Abs. 1 überhaupt nicht. § 269 kommt also nur zur Anwendung, wenn § 268 Abs. 2 Platz gegriffen hat; Abs. 1 Satz 2 insbesondere auch dann, wenn § 247 zutrifft. — Im Uebrigen ist lediglich die Gesellschaft Prozeßpartei; um ihren Anspruch handelt es sich (§ 268), sie ist dem Staate gegenüber kostenpflichtig (Abs. 4); sie wird aber gegen ihren Willen zutreffenden Falls vertreten durch die Minderheit, und diese trägt daher wie ein Vertreter ohne Prozeßvollmacht (CPO. § 85) der Gegenpartei gegenüber das Prozeßrisiko (Abs. 2 u. 3), während dem Staate natürlich die Partei selbst für die Kosten haftet (Abs. 4).

Abs. 1. Folge der Versäumniß ist Aufhören des gesetzlichen Zwanges aus § 268 Abs. 1, folglich Mangel der Legitimation, andererseits Ersatzpflicht der säumigen Mandatare bei Verschulden.

Abs. 2. Vgl. §§ 255 Abs. 2, 256; BGB. §§ 372 ff.

Abs. 3. Vgl. CPO. §§ 89 (85), 108 ff. (101).

Abs. 4. Nicht dem Staate gegenüber; vgl. § 328 Abs. 2.

Abs. 5. Vgl. die Bemerkungen zu §§ 203, 267 Abs. 3.

§ 270.

Bezüglich eines Anspruchs, dessen Geltendmachung die Minderheit auf Grund der Vorschrift des § 268 Abs. 1 verlangt hat, ist ein Verzicht oder ein Vergleich der Gesellschaft nur dann zulässig, wenn von den die Minderheit bildenden Aktionären so viele zustimmen, daß die Aktien der übrigen nicht mehr den zehnten Theil des Grundkapitals darstellen.

§ 270. **Verzicht, Vergleich.** (Neu; I 246, II 262.) Vgl. § 205. Mit anderen Worten, wenn keine Minderheit übrig bleibt, welche nach § 268 die Geltendmachung des Anspruchs verlangen könnte.

§§ 271—273. **Anfechtung von Generalversammlungsbeschlüssen.** Vgl. ROHG. 25 S. 307; RG. 3 S. 126. — Zusammenhang mit der Eintragung: § 16. — Oeffentliche Behörden als solche haben kein Anfechtungsrecht, etwa wie die Organe des Handelsstandes gegen Eintragungen in das HR. (Ges. über d. freiw. Gerichtsbarkeit § 126).

§ 271.

Ein Beschluß der Generalversammlung kann wegen Verletzung des Gesetzes oder des Gesellschaftsvertrags im Wege der Klage angefochten werden.

Die Klage muß binnen einem Monat erhoben werden.

Zur Anfechtung befugt ist jeder in der Generalversammlung erschienene Aktionär, sofern er gegen den Beschluß Widerspruch zum Protokoll erklärt hat, und jeder nicht erschienene Aktionär, sofern er zu der Generalversammlung unberechtigter Weise nicht zugelassen worden ist oder sofern er die Anfechtung darauf gründet, daß die Berufung der Versammlung oder die Ankündigung des Gegenstandes der Beschlußfassung nicht gehörig erfolgt sei. Eine Anfechtung, die darauf gegründet wird, daß durch den Beschluß Abschreibungen oder Rücklagen über das nach dem Gesetz oder nach dem Gesellschaftsvertrage statthafte Maß hinaus angeordnet seien, ist nur zulässig, wenn die Antheile des Aktionärs oder der Aktionäre, welche die Anfechtungsklage erheben, den zwanzigsten Theil des Grundkapitals erreichen.

Außerdem ist der Vorstand und, sofern der Beschluß eine Maßregel zum Gegenstande hat, durch deren Ausführung sich die Mitglieder des Vorstandes und des Aufsichtsraths strafbar oder den Gläubigern der Gesellschaft haftbar machen würden, jedes Mitglied des Vorstandes und des Aufsichtsraths zur Anfechtung befugt.

§ 271. **Voraussetzungen.** (Art. 222, 190a Abs. 1, I 247, II 263.)

Abs. 1. Verletzung des Gesetzes in weitester Bedeutung, auch Handelsgewohnheit einschließend, oder des Gesellschaftsvertrages (der Geschäftsordnung: RG. 36 S. 24; des Rechts auf Rechnungslage: 34 S. 58); Vortheil oder Nachtheil des Aktionärs oder der Gesellschaft sind gleichgültig (RG. 3 S. 126; Bolze 6 Nr. 644). Der Klaggrund ist nicht beschränkt auf den etwa angegebenen Widerspruchsgrund (RG. 20 S. 141); über das Erforderniß des Kausalzusammenhanges und den Beweis der Einflußlosigkeit der Verletzung auf den Beschluß vgl. Bolze 17 Nr. 531; J.W. 1897 S. 12; RG. 36 S. 25. Durch diese Anfechtungsklage wird die etwa gegebene Kontraktsklage nicht berührt (RG. 17 S. 16, 36 S. 136, 37 S. 65). Wegen der Werthfestsetzung vgl. RG. 24 S. 427.

Abs. 2. Den Tag der Generalversammlung nicht mitgerechnet. Die Frist läuft daher ab am Ende des gleichzahligen Tages des folgenden Monats: BGB. §§ 187 Abs. 1, 188 Abs. 2. Nach Ablauf der Frist ist das Anfechtungsrecht erloschen; wegen Verletzung zwingender Gesetzesvorschriften ungültige Beschlüsse werden deswegen nicht gültig, auch wenn sie eingetragen sind. Andererseits ist die Eintragung nicht zu versagen, wenn die verletzte Vorschrift wesentlich zu Gunsten der Anfechtungsberechtigten gegeben ist (D.).

Abs. 3. Widerspruch gegen den gefaßten Beschluß wird verlangt (RG. 22 S. 161); derselbe braucht nicht wiederholt zu werden, wenn er vorher eingelegt war? So RG. 20 S. 141. Er kann auch durch Protest gegen die Generalversammlung überhaupt erklärt werden (RG. 30 S. 51, 36 S. 24); er muß zum Protokoll (§ 259) erklärt sein, wenn auch seine Aufnahme nicht erfolgt ist (Begr. zu Nov. S. 157a). Begründung des Widerspruchs ist nicht nöthig und unpräjudizirlich (RG. 20 S. 140). — Ueber die Zulassung vgl. § 255 und Goldschm. 47 S. 114 Nr. 244; über die Redezeit Bolze 21 Nr. 570. — Ungehörigkeiten der Berufung oder Ankündigung (§§ 256, 257, 274 Abs. 2) müssen erheblich (RG. 34 S. 113) und nicht rechtzeitig berichtigt sein (Bolze 4 Nr. 808).

„Abschreibungen oder Rücklagen". (Neu; vgl. §§ 261, 262, 237, 245.) Die Eigenschaft als Aktionär, die Aktivlegitimation, ist gemäß §§ 222, 223 nachzuweisen; Hinterlegung ist nicht mehr erforderlich, die etwa nöthige Sicherheit (§ 272) kann auf andere Weise geleistet werden.

Abs. 4. Vgl. § 309. — Verletzungen von Vorschriften, welche nicht bloß die Interessen der vorhandenen Aktionäre berühren, sondern zur Sicherung der Gläubiger oder zum Schutze des Publikums dienen, oder Sonderrechte betreffen

RG. 36 S. 136, 37 S. 65), erlangen selbstverständlich weder durch die Unterlassung rechtzeitiger Anfechtung noch durch Eintragung in das HR. Gültigkeit (D., vgl. RG. 32 S. 96; KG. Johow 12 S. 37, 14 S. 23). Vgl. §§ 241, 246, 306 letzter Abs., 312 ff. — Liquidatoren: § 298 Abs. 2, vgl. RG. 34 S. 110. „Befugt": ohne Weiteres, auch wenn das Mitglied nicht anwesend war oder seinen Widerspruch nicht zum Protokoll erklärt hat.

§ 272.

Die Klage ist gegen die Gesellschaft zu richten. Die Gesellschaft wird durch den Vorstand, sofern dieser nicht selbst klagt, und durch den Aufsichtsrath vertreten.

Zuständig für die Klage ist ausschließlich das Landgericht, in dessen Bezirke die Gesellschaft ihren Sitz hat. Die mündliche Verhandlung erfolgt nicht vor dem Ablaufe der im § 271 Abs. 2 bezeichneten Frist. Mehrere Anfechtungsprozesse sind zur gleichzeitigen Verhandlung und Entscheidung zu verbinden.

Das Gericht kann auf Verlangen anordnen, daß der Gesellschaft wegen der ihr drohenden Nachtheile von dem klagenden Aktionär Sicherheit zu leisten ist. Art und Höhe der Sicherheit bestimmt das Gericht nach freiem Ermessen. Die Vorschriften der Civilprozeßordnung über die Festsetzung einer Frist zur Sicherheitsleistung und über die Folgen der Versäumung der Frist finden Anwendung.

Die Erhebung der Klage und der Termin zur mündlichen Verhandlung sind unverzüglich von dem Vorstand in den Gesellschaftsblättern bekannt zu machen.

§ 272. **Verfahren, Zuständigkeit.** (Art. 222, 190a Abs. 2—4, I 248, II 264.)

Abs. 1. Beklagte Partei ist unter allen Umständen die Gesellschaft. Sie wird auch dann, wenn selbst alle Mitglieder des Vorstandes oder Aufsichtsrathes als solche klagen (§ 271 Abs. 4), durch den Vorstand und (Bolze 21 Nr. 564) den Aufsichtsrath als ihre Organe vertreten (RG. 14 S. 142; Goldschm. 40 S. 95, 43 S. 325, 47 S. 113 Nr. 243; J.W. 1896 S. 662, 24 S. 602); sofern der Vorstand als solcher selbst klagt, durch den Aufsichtsrath allein. Klagen sämmtliche Mitglieder des Vorstandes, so wird nichtsdestoweniger auch dem Vorstande zuzustellen sein; ebenso „dem Aufsichtsrath" als Mitvertreter der Gesellschaft, auch wenn sämmtliche Mitglieder des Aufsichtsraths klagen; in der aktiven Vertretung ist aber in jenem Falle der Vorstand, in diesem der Aufsichtsrath so lange behindert, als thatsächlich alle Mitglieder Partei sind; klagen daher sämmtliche Mitglieder des Vorstandes und des Aufsichtsrathes, so steht zwar immerhin der Erhebung der Klage (§ 157 Abs. 3) nichts im Wege; es muß dann aber jedenfalls für anderweite Vertretung gemäß § 253 eventuell nach CPO. § 57 (55) gesorgt werden. — Einheitlicher Prozeßbetrieb durch beide Organe, wenn beide Vertreter sind, ist unbedingt nothwendig. — Zustellung: CPO. § 171 (157) Abs. 3; RG. 14 S. 142; J.W. 1895 S. 602; Goldschm. 43 S. 325. — Werth des Streitgegenstandes: RG. 24 S. 427.

Abs. 2. Satz 1: CPO. §§ 17, 40 Abs. 2; GVG. §§ 101 Nr. 3a, 102; also unbedingte Revisibilität: CPO. § 547 (509) Nr. 2; Seuff. Arch. 42 S. 441. —

Satz 2: Damit über alle zulässigen Anfechtungen gleichzeitig verhandelt werde. — Satz 3: Obligatorisch, vgl. dagegen CPO. § 147 (138), „dann sind die Anfechtungsberechtigten nothwendige Streitgenossen im Sinne des § 62 (59) CPO." „In dem Prozesse oder den verbundenen Prozessen können auch die nichtanfechtungsberechtigten Aktionäre als Nebenintervenienten nach CPO. § 66 (63) sich den Anfechtenden oder den Beklagten anschließen (Begr. zur Nov. S. 159). Sie gelten sogar zufolge § 273 Satz 1 als Streitgenossen der Hauptpartei im Sinne von CPO. §§ 61, 69 (58, 66).

Abs. 3. Gerichtliche Hinterlegung der Aktien (vgl. RG. 37 S. 112; J.W. 25 S. 435) ist als ein unnöthiger Eingriff in das Verfügungsrecht der Aktionäre weggefallen. Ueber Sicherheitsleistung vgl. BGB. § 232; CPO. § 112 (104). Die Frist ist obligatorisch; Versäumungsfolge ist: Zurücknahme der Klage bezw. des Rechtsmittels: CPO. § 113 (105). Die Form ist: Zwischenurtheil: RG. 24 S. 429; J.W. 23 S. 505.

Abs. 4. Unverzüglich: BGB. § 121; Gesellschaftsblätter: § 182 letzter Abs.; Ordnungsstrafe: § 319 Abs. 1.

§ 273.

Soweit der Beschluß durch rechtskräftiges Urtheil für nichtig erklärt ist, wirkt das Urtheil auch für und gegen die Aktionäre, die nicht Partei sind. Das Urtheil ist von dem Vorstand unverzüglich zum Handelsregister einzureichen. War der Beschluß in das Handelsregister eingetragen, so ist auch das Urtheil einzutragen; die Eintragung des Urtheils ist in gleicher Weise wie die des Beschlusses zu veröffentlichen.

Für einen durch unbegründete Anfechtung des Beschlusses der Gesellschaft entstehenden Schaden haften ihr die Kläger, welchen eine bösliche Handlungsweise zur Last fällt, als Gesammtschuldner.

§ 273. **Urtheil.** (Art. 190a Abs. 5, 190b, I 249, II 265.) War der Beschluß inzwischen ausgeführt, so kann der Vorstand dafür schon wegen der Ungültigkeit des Beschlusses allein nicht verantwortlich gemacht werden; Dritte, mit denen auf Grund desselben kontrahirt ist, sind meist durch § 231 Abs. 1, § 235 Abs. 2 gedeckt (Mot. zur Nov. S. 159).

Abs. 1. Zu Satz 1 vgl. CPO. § 66. Zu Satz 2: unverzüglich: BGB. § 121. „Das Urtheil", d. h. beglaubigte Abschrift. Zu Satz 3 vgl. §§ 277 Abs. 1, 280 Abs. 1, 289 Abs. 1, 293, 304 Abs. 3, 307 Abs. 3. Veröffentlichung: § 182 Abs. 3.

Abs. 2. Art. 190b. Schaden „der Gesellschaft", nicht der Aktionäre z. B. durch Kursfall, kommt in Betracht; die Kläger, nicht die Nebenintervenienten haften; über bösliche Handlungsweise: einerseits dolus im eigentlichen Sinne, andererseits frevelhafter Leichtsinn und Muthwillen, der zwar eine Beschädigung nicht beabsichtigt, aber sich doch der mit dem Handeln verbundenen Gefahr bewußt ist, die also von Jedermann vermieden werden kann (Mot. zur Nov. S. 122; ROHG. 17 S. 301; RG. 1 S. 22, 7 S. 125). Gesammtschuldner: BGB. §§ 426 ff.

Vierter Titel.

Abänderungen des Gesellschaftsvertrags.

Der vierte Titel (Abänderungen des Gesellschaftsvertrages: §§ 274—291) faßt die Vorschriften der Art. 214, 215 (Abs. 4 f. in § 305, Abs. 5 und 7 sind als selbstverständlich weggefallen, s. § 275), 215 a—c, 248 einheitlich zusammen wie das Gesellsch.Ges.; neu sind die §§ 276, 279, 282, 285, 290, 291.

§ 274.

Eine Abänderung des Gesellschaftsvertrags kann nur durch die Generalversammlung beschlossen werden. Die Vornahme von Aenderungen, die nur die Fassung betreffen, kann durch Beschluß der Generalversammlung dem Aufsichtsrath übertragen werden.

In der nach § 256 Abs. 1, 2 zu bewirkenden Ankündigung soll die beabsichtigte Aenderung des Gesellschaftsvertrags nach ihrem wesentlichen Inhalt erkennbar gemacht werden.

§ 274. **Grundsatz.** (Art. 215 Abs. 1—3, 6, I 251 Abs. 1, II 266.)
Abs. 1. Grundsatz ist ausschließlich Zuständigkeit der Generalversammlung. Ausnahme: Fassungsänderungen kann dieselbe dem Aufsichtsrathe übertragen, denn in manchen Fällen, z. B. nicht selten bei Erhöhung des Grundkapitals, ist eine gleichzeitige endgültige Fassung mit dem Beschlusse der sachlichen Aenderung unausführbar. Aus dieser positiven Ausnahme folgt, daß übrigens eine Delegation von Statutenänderungen durchaus unzulässig ist; vgl. Johow 14 S. 19, 15 S. 19; Goldschm. 47 S. 106 Nr. 217.
Abs. 2. Gegenwärtig wird keineswegs immer ein einwandfreies Verfahren beobachtet. Insbesondere richten sich die Beschwerden dagegen (D.), daß in der Bekanntmachung vielfach nur die Paragraphen des Statuts aufgezählt werden, die einer Aenderung unterzogen werden sollen, wogegen weder der Inhalt dieser Paragraphen noch der Inhalt der in Aussicht genommenen abändernden Bestimmungen angegeben wird, obwohl keineswegs davon ausgegangen werden kann, daß alle Aktionäre sich im Besitze des Gesellschaftsstatuts befinden. — Ein erheblicher Verstoß gegen diesen Absatz begründet die Anfechtungsklage nach § 271 Abs. 3.

§ 275.

In Ermangelung einer anderen Bestimmung des Gesellschaftsvertrags bedürfen die im § 274 Abs. 1 bezeichneten Beschlüsse der Generalversammlung einer Mehrheit, die mindestens drei Viertheile des bei der Beschlußfassung vertretenen Grundkapitals umfaßt.

Für eine Abänderung des Gegenstandes des Unternehmens muß diese Mehrheit erreicht sein; der Gesellschaftsvertrag kann noch andere Erfordernisse aufstellen.

Soll das bisherige Verhältniß mehrerer Gattungen von Aktien mit verschiedener Berechtigung zum Nachtheil einer Gattung geändert werden, so bedarf es neben dem Beschlusse der Generalversammlung eines in gesonderter Abstimmung gefaßten Beschlusses der benachtheiligten Aktionäre; auf diese Beschlußfassung findet die Vorschrift des Abs. 1 Anwendung. Die Beschlußfassung der benachtheiligten Aktionäre kann nur stattfinden, wenn sie gemäß § 256 Abs. 2 ausdrücklich unter den Zwecken der Generalversammlung angekündigt worden ist.

§ 275. **Mehrheit.** (Art. 215 Abs. 2, 3, 6, I 251, Abs. 2—4, II 267.)

Abs. 1. Dispositive Vorschrift. Das Gesetz selbst macht eine Ausnahme in § 245 Abs. 2. — „Des vertretenen Grundkapitals“: vgl. § 251. — Ob im Uebrigen der Beschluß gültig ist, ist eine andere Frage; vgl. z. B. RG. 3 S. 123, 6 S. 120 ff., 7 S. 34, 17 S. 17 ff., 22 S. 1.

Abs. 2. Die ³/₄-Mehrheit ist unabänderlich; der Gesellschaftsvertrag kann also nicht Einstimmigkeit vorschreiben, sondern nur „noch andere Erforderniſſe“ außer der Mehrheit. — Ueber Aenderung des Gegenstandes vgl. RG. 3 S. 128 (rumän. Eisenb.); Goldschm. 40 S. 474.

Abs. 3. Vgl. § 290; dagegen früher ROHG. 20 S. 93; RG. 14 S. 127; Hanf.GZ. 1896 S. 211. Der Sonderbeschluß, der in derselben Generalversammlung zu fassen ist, bedarf im Zweifel auch ³/₄-Mehrheit des bei der Beschlußfassung vertretenen Grundkapitals. Auf die Ankündigung findet auch § 274 Abs. 2 Anwendung. — Vgl. auch Bolze 17 Nr. 529.

§ 276.

Eine Verpflichtung der Aktionäre zu Leistungen der im § 212 bezeichneten Art kann, sofern sie nicht in dem ursprünglichen Gesellschaftsvertrage vorgesehen ist, nur mit Zustimmung sämmtlicher von der Verpflichtung betroffenen Aktionäre begründet werden.

§ 276. **Nebenleistungen.** (Neu; II 268.) Einfache Anwendung des alten Grundsatzes, daß ohne eigene Zustimmung die Rechtslage eines Aktionärs durch Beschluß nicht verschlechert werden kann. Bolze 17 Nr. 529; Seuff. Arch. 50 S. 56.

§ 277.

Die Abänderung des Gesellschaftsvertrags ist zur Eintragung in das Handelsregister anzumelden. Soweit sich nicht aus den nachfolgenden Vorschriften ein Anderes ergiebt, ist die Anmeldung durch den Vorstand zu bewirken.

Bei der Eintragung genügt, soweit nicht die Abänderung die im § 198 bezeichneten Angaben betrifft, die Bezugnahme auf die bei dem Gericht eingereichten Urkunden über die Abänderung. Die öffentliche Bekanntmachung findet in Betreff aller Bestimmungen statt, auf welche sich die in den §§ 199, 201 vorgeschriebenen Veröffentlichungen beziehen.

Die Abänderung hat keine Wirkung, bevor sie bei dem Gericht, in dessen Bezirke die Gesellschaft ihren Sitz hat, in das Handelsregister eingetragen worden ist.

§ 277. **Anmeldung.** (Art. 214, I 252, II 269.)

Abs. 1. Die Fortsetzung der Gesellschaft (Art. 214) ist, wenn die Dauer des Unternehmens im Gesellschaftsvertrage auf bestimmte Zeit beschränkt war (vgl. RG. 6 S. 124), nicht anders als im Wege einer Aenderung des Gesellschaftsvertrags möglich. Satz 2: „durch den Vorstand", nicht wie bei der ersten Anmeldung (§ 195) durch sämmtliche Vorstandsmitglieder; es genügt die zum Handeln für die Gesellschaft auch sonst nothwendige Zahl derselben. Ausnahmen: §§ 280 Abs. 1, 284 Abs. 1, 289 Abs. 1, 291. Ordnungsstrafe wegen Nichtanmeldung am Gesellschaftssitze findet nicht statt; § 319 Abs. 2.

Abs. 2. „Die Abänderung" (nicht wie früher der „Beschluß", der möglicher Weise weiter geht) hat vor der Eintragung keine Wirkung, weder nach innen noch nach außen: RG. 24 S. 58. — Sitz: CPO. § 17 (19).

§§ 278—288. **Erhöhung des Grundkapitals.** (Kein Verkaufgeschäft: Mot. z. Nov. S. 135; RG. 32 S. 284.) Daß die auf Aktien und Interimsscheine bezüglichen allgemeinen Vorschriften des ersten Titels, insbesondere diejenigen über den Mindestbetrag der einzelnen Aktien (§§ 170, 207), über das Verbot der Ausgabe von Inhaberaktien vor der Vollzahlung (§ 179), und über die Unzulässigkeit der Aktienausgabe unter Pari (§ 184 Abs. 1) auch im Falle einer Erhöhung des Grundkapitals Anwendung finden, braucht im Gesetze nicht besonders ausgesprochen zu werden (D.).

§ 278.

Eine Erhöhung des Grundkapitals durch Ausgabe neuer Aktien soll nicht vor der vollen Einzahlung des bisherigen Kapitals erfolgen. Für Versicherungsgesellschaften kann im Gesellschaftsvertrag ein Anderes bestimmt werden. Durch Rückstände, die auf einen verhältnißmäßig unerheblichen Theil der eingeforderten Einzahlung verblieben sind, wird die Erhöhung des Grundkapitals nicht gehindert.

Sind mehrere Gattungen von Aktien mit verschiedener Berechtigung vorhanden, so bedarf es neben dem Beschlusse der Generalversammlung eines in gesonderter Abstimmung gefaßten Beschlusses der Aktionäre jeder Gattung; auf diese Beschlußfassung finden die Vorschriften des § 275 Abs. 1, Abs. 3 Satz 2 Anwendung.

Sollen die auf die Kapitalserhöhung entfallenden neuen Aktien für einen höheren als den Nennbetrag ausgegeben werden, so ist der Mindestbetrag, unter dem die Ausgabe nicht erfolgen soll, in dem Beschluß über die Erhöhung des Grundkapitals festzusetzen.

§ 278. **Voraussetzungen.** (Art. 215a Abs. 1, 2, I 253, II 270.)

Abs. 1. Obwohl die Aktienzeichner vor voller Einzahlung nicht frei werden (§ 221), ist dies Verbot beibehalten, um übermäßiger Kapitalvermehrung entgegenzuwirken (D.). Jedoch heißt es statt „darf nicht" „soll nicht"; die trotzdem neu ausgegebenen Aktien sind nicht etwa nichtig, das träfe die Aktionäre und die Gläubiger, welche nicht ermitteln können, ob etwa das bisherige Aktienkapital voll eingezahlt ist, und welche sich auf die Gültigkeit der eingetragenen Kapitalserhöhung verlassen müssen. Hierzu dienen § 280 Abs. 2 und § 313 Nr. 3. — Ueber Erhöhung unter Aufnahme einer anderen AG. s. §§ 305, 306. Satz 2 rechtfertigt sich aus dem auch bei § 179 berücksichtigten Gesichtspunkte, daß die Versicherungsgesellschaften den eingezahlten Betrag als Garantiefonds behandeln. —

Satz 3 ist veranlaßt durch allgemeine Wortauslegung des bisherigen Gesetzes, vgl. RG.Str. 14 S. 36 ff. Der Entscheidung im einzelnen Falle muß es überlassen bleiben, was als ein „verhältnißmäßig unerheblicher Theil" anzusehen ist. Bei der Anmeldung des Erhöhungsbeschlusses ist daher der Rückstand anzugeben (§ 280 Abs. 2).

Abs. 2 ist die genauer gefaßte (vgl. ROHG. 25 S. 267) Konsequenz von § 275 Abs. 3.

Abs. 3: Vgl. § 184.

§ 279.

Wird auf das erhöhte Grundkapital eine Einlage gemacht, die nicht durch Baarzahlung zu leisten ist, oder wird auf eine Einlage eine Vergütung für Vermögensgegenstände angerechnet, welche die Gesellschaft übernimmt, so müssen der Gegenstand der Einlage oder der Uebernahme, die Person, von welcher die Gesellschaft den Gegenstand erwirbt, und der Betrag der für die Einlage zu gewährenden Aktien oder die für den übernommenen Gegenstand zu gewährende Vergütung in dem Beschluß über die Erhöhung des Grundkapitals festgesetzt werden.

Jedes Abkommen dieser Art, welches nicht die vorgeschriebene Festsetzung in dem Beschlusse der Generalversammlung gefunden hat, ist der Gesellschaft gegenüber unwirksam. Die Vorschriften der §§ 207, 208 bleiben unberührt.

§ 279. **Sacheinlagen, Uebernahmen.** (Neu; I 254, II 271.) Der Paragraph wiederholt die für die Gründung (vgl. § 186 Abs. 2 und 4) gegebenen Vorschriften. Vgl. Gesellsch.Ges. § 57.

§ 280.

Der Beschluß über die Erhöhung des Grundkapitals ist von sämmtlichen Mitgliedern des Vorstandes und des Aufsichtsraths zur Eintragung in das Handelsregister anzumelden.

In der Anmeldung ist die Versicherung abzugeben, daß das bisherige Grundkapital eingezahlt ist oder, soweit die Einzahlung nicht stattgefunden hat, daß darauf weitere als die in der Anmeldung bezeichneten Beträge nicht rückständig sind.

§ 280. **Anmeldung des Beschlusses.** (Art. 215 a Abs. 3, I 255, II 272.) Ordnungsstrafe für Nichtanmeldung am Gesellschaftssitze findet nicht statt: § 319 Abs. 2. Vgl. § 195 Abs. 1 und 3. Ohne die in Abs. 2 geforderte Versicherung ist die Eintragung abzulehnen.

§ 281.

Die Zeichnung der neuen Aktien geschieht mittelst Zeichnungsscheins. Der Zeichnungsschein soll doppelt ausgestellt werden; er hat außer den im § 189 Abs. 2 bezeichneten Angaben zu enthalten:

1. den Tag, an welchem der Beschluß über die Erhöhung des Grundkapitals gefaßt ist;
2. den Betrag, für welchen die Ausgabe der Aktien stattfindet, und den Betrag der festgesetzten Einzahlungen;
3. die im § 279 vorgesehenen Festsetzungen und, wenn mehrere Gattungen von Aktien mit verschiedener Berechtigung ausgegeben werden, den Gesammtbetrag einer jeden;
4. den Zeitpunkt, in welchem die Zeichnung unverbindlich wird, sofern nicht bis dahin die erfolgte Erhöhung des Grundkapitals in das Handelsregister eingetragen ist.

Die Vorschriften des § 189 Abs. 4, 5 finden mit der Maßgabe entsprechende Anwendung, daß an die Stelle der Eintragung der Gesellschaft in das Handelsregister die Eintragung der erfolgten Erhöhung des Grundkapitals tritt.

§ 281. **Zeichnung.** (Art. 215b Abs. 1, I 256, II 273.) Vgl. § 189.
Nr. 1. Die Angabe des Tages der Beschlußfassung ist lediglich der Identifizirung wegen von Bedeutung, im Uebrigen gleichgültig; die Angabe des Eintragungstages wäre wesentlicher.
Nr. 2. Vgl. § 189 Nr. 3 und § 278 Abs. 3.
Nr. 3. Vgl. § 189 Nr. 1.
Nr. 4. Vgl. § 189 Nr. 4, § 280. — Die Zeichnung ist ein Angebot der Mitgliedschaft unter den festgesetzten Bedingungen, welches durch Zutheilung der Aktien, nicht erst durch Anmeldung zum HR., seitens der Gesellschaft angenommen wird. Vgl. oben S. 136.

§ 282.

Jedem Aktionär muß auf sein Verlangen ein seinem Antheil an dem bisherigen Grundkapital entsprechender Theil der neuen Aktien zugetheilt werden, soweit nicht in dem Beschluß über die Erhöhung des Grundkapitals ein Anderes bestimmt ist.

Der Betrag, zu welchem die neuen Aktien an die Aktionäre ausgegeben werden, ist von dem Vorstand in den Gesellschaftsblättern zu veröffentlichen. In der Veröffentlichung kann eine Frist für die Ausübung des Bezugsrechts bestimmt werden; die Frist muß mindestens zwei Wochen betragen.

§§ 282, 283. **Bezugsrecht.** (Neu; anstatt Art. 215a Abs. 4; I 257 Abs. 1, 2, II 274.) Die Unwirksamkeitserklärung des Art. 215a Abs. 4 in Betreff von Zusicherungen von Bezugsrechten vor dem Generalversammlungsbeschlusse hat die Mißbräuche und das Agiotagespiel bei Ausgabe neuer Aktien nicht beseitigt, weil in Ermangelung statutenmäßiger Vorbehalte Vorstand und Aufsichtsrath bei Zutheilung derselben freie Hand hatten (D.). Daher die gesetzliche Einräumung des Bezugsrechtes an jeden Aktionär (§ 282) und Zulässigkeit anderweiter Zusicherungen nur unter Vorbehalt desselben (§ 283).
Abs. 2 sichert einerseits den Aktionären eine ausreichende Gelegenheit zur Ausübung ihres Rechtes und giebt andererseits die Möglichkeit, verspäteten Ansprüchen die Berücksichtigung zu versagen.

§ 283.

Eine Zusicherung von Rechten auf den Bezug neu auszugebender Aktien kann nur unter Vorbehalt des im § 282 bezeichneten Rechtes der Aktionäre erfolgen.

Eine Zusicherung, die vor dem Beschlusse über die Erhöhung des Grundkapitals geschieht, ist der Gesellschaft gegenüber unwirksam.

§ 283. (Art. 215a Abs. 4, I 248, II 275.)

Abs. 1. Wegen Fortbestehens älterer Bezugsrechte vgl. RG. 27 S. 1, 28 S. 79. Bolze 13 Nr. 506; Goldschm. 40 S. 475.

Abs. 2. Die Gesellschaft muß nach § 282 Abs. 1 durchaus frei sein, über die Zutheilung der neuen Aktien zu bestimmen. Vgl. auch § 279 Abs. 2.

§ 284.

Die erfolgte Erhöhung des Grundkapitals ist von sämmtlichen Mitgliedern des Vorstandes und des Aufsichtsraths zur Eintragung in das Handelsregister anzumelden:

Der Anmeldung sind beizufügen:

1. die Duplikate der Zeichnungsscheine und ein von den Mitgliedern des Vorstandes unterschriebenes Verzeichniß der Zeichner, welches die auf jeden entfallenen Aktien sowie die auf die letzteren geschehenen Einzahlungen angiebt;
2. im Falle des § 279 die Verträge, welche den dort bezeichneten Festsetzungen zu Grunde liegen oder zu ihrer Ausführung geschlossen sind;
3. eine Berechnung der für die Gesellschaft durch die Ausgabe der neuen Aktien entstehenden Kosten;
4. wenn die Erhöhung des Grundkapitals mit Rücksicht auf den Gegenstand des Unternehmens der staatlichen Genehmigung bedarf, sowie in den Fällen des § 180 Abs. 2 die Genehmigungsurkunde.

Die Vorschriften des § 195 Abs. 3 finden Anwendung.

Die der Anmeldung beigefügten Schriftstücke werden bei dem Gericht in Urschrift oder in beglaubigter Abschrift aufbewahrt.

In die Veröffentlichung, durch welche die Eintragung bekannt gemacht wird, ist auch der Betrag, zu welchem die Aktien ausgegeben werden, aufzunehmen.

§§ 284, 285. **Anmeldung der erfolgten Erhöhung.** (Art. 215b Abs. 2, I 259, II 276.) Vgl. § 195. Ordnungsstrafe wegen Nichtanmeldung bei dem Gerichte des Gesellschaftssitzes findet nicht statt: § 319 Abs. 2. Mit der Eintragung wird die Kapitalserhöhung perfekt (§ 277 Abs. 3).

Nr. 1. Vgl. § 195 Abs. 2 Nr. 3. Stempel: Hans. GZ. 1894 S. 173, 240.

Nr. 2. Das. Nr. 2.

Nr. 3. Desgl. entsprechend der bei der Errichtung vorzulegenden Berechnung des der Gesellschaft zur Last fallenden Gründungsaufwandes.

Nr. 4. Vgl. § 195 Abs. 2 Nr. 6.

Abs. 4. S. § 195 letzter Abs.

Abs. 5. S. § 199 Nr. 2.

§ 285.

Die Anmeldung und Eintragung der erfolgten Erhöhung des Grundkapitals kann mit der Anmeldung und Eintragung des Beschlusses über die Erhöhung verbunden werden.

§ 285. **Gleichzeitige Anmeldung.** (Neu; I 259 letzter Abs., II 277.) Die Uebernahme der neuen Emission kann nach § 283 bereits vor der Generalversammlung unter Vorbehalt stattgefunden haben und mit dem Erhöhungsbeschlusse genehmigt werden; es kann auch sofortige Zeichnung stattfinden.

§ 286.

Bei einem Gericht, in dessen Bezirke die Gesellschaft eine Zweigniederlassung hat, sind die in den §§ 280, 284 bezeichneten Anmeldungen zur Eintragung in das Handelsregister durch den Vorstand zu bewirken. Die Vorschrift des § 284 Abs. 5 findet Anwendung; die Vorschriften des § 280 Abs. 2 und des § 284 Abs. 2 bis 4 bleiben außer Anwendung.

§ 286. **Zweigniederlassung.** (Art. 215a Abs. 3 Satz 3, 215b Abs. 2 Satz 2, I 260, II 278.) Hier erfolgt die Anmeldung sowohl des Beschlusses wie der Erhöhung, der Regel des § 277 Abs. 1 gemäß, aber abweichend von § 201 Abs. 1, durch den Vorstand. Ohne diese vereinfachte Vorschrift würden die Belege, Erklärungen, Versicherungen überflüssiger Weise auch bei dem Gerichte der Zweigniederlassung nöthig sein.

§ 287.

Bevor die erfolgte Erhöhung des Grundkapitals in das Handelsregister eingetragen ist, können Aktien und Interimsscheine auf das zu erhöhende Kapital nicht ausgegeben werden.

Die Antheilsrechte an dem zu erhöhenden Kapitale können vor diesem Zeitpunkte mit Wirksamkeit gegenüber der Gesellschaft nicht übertragen werden.

§ 287. **Ausgabe vor Eintragung.** (Art. 215c Abs. 3 Satz 2, I 261, II 279.) Die materiell grundlose Verschiedenheit des bisherigen Rechts in der Beurtheilung der Wirkung unzulässiger Ausgabe von Aktien vor Eintragung der Errichtung (§ 209 Abs. 2) und vor Eintragung der Kapitalerhöhung ist beseitigt. Im einen wie im anderen Falle soll eine Prüfung der Aktie durch das Registergericht unbedingt vorher ermöglicht sein, und sind daher die vorher ausgegebenen Aktien nichtig.

Abs. 2 entspricht ebenfalls dem in § 200 Abs. 2 für die Errichtung ausgesprochenen Grundsatze. Der Satz bedeutet daher nur „Unveräußerlichkeit" mit Wirkung gegen die Gesellschaft; eine aus der „Uebertragung" sich ergebende Verbindlichkeit unter den Kontrahenten wird dadurch nicht berührt, und auf „Uebertragung" durch Erbfolge bezieht die Bestimmung sich überhaupt nicht.

§§ 288—291. **Herabsetzung des Grundkapitals.** Dieselbe umfaßt im Gegensatz zum bisherigen Rechte die theilweise Rückzahlung (Art. 248) wie die Amortisation (Art. 215d Abs. 2, vgl. § 227 und RG. 26 S. 132) und andere Zwecke, insbesondere auch die Herabsetzung zur Befreiung der Aktionäre (vgl. §§ 220, 221) von noch nicht geleisteten Einzahlungen, zur Beseitigung einer Unterbilanz (ROHG. 25 S. 280; RG. in J.W. 1896 S. 6) oder die Umwandlung eines Theils des Grundkapitals in einen der freien Verfügung unterliegenden Reservefonds. Durch die Herabsetzung tritt eine Werthverminderung der Aktie insofern nicht ein, als die Antheilsquote unverändert bleibt. Die an Stelle der alten ausgegebene neue Aktie tritt rechtlich an deren Stelle und wird Eigenthum des bisherigen Eigenthümers: RG. in J.W. 25 S. 6.

§ 288.

Eine Herabsetzung des Grundkapitals kann nur mit einer Mehrheit beschlossen werden, die mindestens drei Viertheile des bei der Beschlußfassung vertretenen Grundkapitals umfaßt. Der Gesellschaftsvertrag kann noch andere Erfordernisse aufstellen.

Durch den Beschluß muß zugleich festgesetzt werden, zu welchem Zwecke die Herabsetzung stattfindet, insbesondere, ob sie zur theilweisen Rückzahlung des Grundkapitals an die Aktionäre erfolgt, und in welcher Weise die Maßregel auszuführen ist.

Sind mehrere Gattungen von Aktien mit verschiedener Berechtigung vorhanden, so bedarf es neben dem Beschlusse der Generalversammlung eines in gesonderter Abstimmung gefaßten Beschlusses der Aktionäre jeder Gattung; auf diese Beschlußfassung finden die Vorschriften des Abs. 1 und des § 275 Abs. 3 Satz 2 Anwendung.

§ 288. **Beschluß.** (Art. 248 Abs. 1, 215d Abs. 2, I 262, II 280.)

Abs. 1. ¾-Majorität ist absolutes Mindesterforderniß; nur darüber hinaus ist die Vorschrift dispositiv. Vgl. §§ 275 Abs. 1, 251 Abs. 1, 271 Abs. 3 (Anfechtung).

Abs. 2. Der Beschluß muß den Zweck der Herabsetzung (s. Bemerkung vor § 288) und die Ausführungsweise festsetzen, z. B. ob Rückzahlung in Baar oder Sachen, Herabsetzung durch Zusammenlegung von Aktien (§ 290) oder wie sonst (§ 289 Abs. 4). Ein Verstoß hiergegen begründet Ungültigkeit des Beschlusses (vgl. RG. 26 S. 132) bezw. Recht und Pflicht des Registerrichters, seine Eintragung abzulehnen. Allgemeine Uebertragung der Festsetzung der Ausführungsmaßregeln an Vorstand oder Aufsichtsrath ist nach dem Wortlaut ausgeschlossen. Gesetzliche Konsequenzen des Beschlusses (§ 289 Abs. 2—4) sind keine Ausführungsmaßregeln in diesem Sinn, bedürfen also keiner Festsetzung im Beschlusse.

Abs. 3. Vgl. 275 Abs. 3.

§ 289.

Der Beschluß über die Herabsetzung des Grundkapitals ist von sämmtlichen Mitgliedern des Vorstandes zur Eintragung in das Handelsregister anzumelden.

Der Vorstand hat unter Hinweis auf die beschlossene Herabsetzung des Grundkapitals nach der Eintragung des Beschlusses die Gläubiger der Gesellschaft aufzufordern, ihre Ansprüche anzumelden. Die Aufforderung ist dreimal in den Gesellschaftsblättern zu veröffentlichen. Bekannte Gläubiger sind durch besondere Mittheilung zur Anmeldung aufzufordern.

Den Gläubigern, deren Forderungen vor der letzten öffentlichen Aufforderung begründet sind, ist Befriedigung zu gewähren oder Sicherheit zu leisten, sofern sie sich zu diesem Zwecke melden.

Zahlungen an die Aktionäre dürfen auf Grund der Herabsetzung des Grundkapitals erst erfolgen, nachdem seit dem Tage, an welchem die im Abs. 2 vorgeschriebene öffentliche Aufforderung zum dritten Male stattgefunden hat, ein Jahr verstrichen ist und nachdem die Gläubiger, die sich gemeldet haben, befriedigt oder sichergestellt worden sind. Eine durch die Herabsetzung bezweckte Befreiung der Aktionäre von der Verpflichtung zur Leistung von Einlagen auf die Aktien tritt nicht vor dem bezeichneten Zeitpunkt in Wirksamkeit.

§ 289. **Anmeldung des Beschlusses.** (Art. 248 Abs. 1 Satz 1, Abs. 2, I 263, II 281.)

Abs. 1 (Art. 248 Abs. 2). Die Anmeldung erfolgt nicht vom Vorstande, sondern von seinen sämtlichen Mitgliedern (§ 277 Abs. 1). Vor der Eintragung hat der Beschluß überall keine Wirkung (§ 277 Abs. 3). Durch die Fassung ist jetzt zweifellos klar, daß die Befolgung der nachstehenden Schutzvorschriften den Registerrichter nichts angeht; vgl. Johow 1 S. 13, 5 S. 26, 9 S. 20.

Abs. 2 ist den Vorschriften nachgebildet, welche Art. 248 Satz 1, 243, 245 Abs. 2 und 3 für die Auflösung der Gesellschaft vorschreiben. Die Nothwendigkeit der Vorschrift ergiebt sich aus dem Wesen der AG. (§§ 179 Abs. 1, 211, 217, 221), da die Rechte der Gläubiger zwar an sich durch den Beschluß nicht beeinträchtigt werden können (vgl. ROHG. 25 S. 260), eine praktische Durchführung desselben aber unmöglich erscheint, solange die Gläubigerrechte nicht durch Befriedigung oder Sicherung (Abs. 3) ihre Erledigung gefunden haben. „Bekannte Gläubiger" sind die „aus den Handelsbüchern ersichtlichen oder in anderer Weise bekannten Gläubiger" (Art. 245 Abs. 3). Ueber „Gesellschaftsblätter" s. § 182 letzter Abs.

Abs. 3. Die Gläubiger, auch die bekannten, welche sich nicht melden, gehen zwar dadurch nicht ihrer Ansprüche verlustig, können sich aber nicht beklagen, wenn sie in Folge Versäumung der für sie gesetzlich gegebenen Schutzmaßregeln und der Wirkungen des Beschlusses (letzter Abs.) Einbuße leiden.

Abs. 4. (Sperrjahr.) Ohne Befriedigung oder Sicherstellung der angemeldeten Gläubiger können die fraglichen Zwecke der Herabsetzung nicht erreicht werden. Nach Befriedigung oder Sicherstellung der angemeldeten Gläubiger und nach Ablauf des Sperrjahrs hindert das Bekanntsein anderer Gläubiger nicht, daß auf Grund der Herabsetzung wirksame (§§ 217 Abs. 1, 221) Rückzahlungen an die Aktionäre oder Befreiungen derselben (s. Anm. vor § 288) erfolgen.

§ 290.

Ist zur Ausführung der Herabsetzung des Grundkapitals eine Verminderung der Zahl der Aktien durch Umtausch, Stempelung oder durch ein ähnliches Verfahren vorgesehen, so kann die Gesellschaft die Aktien, welche trotz erfolgter Aufforderung nicht bei ihr eingereicht sind, für kraftlos erklären. Das Gleiche gilt in Ansehung eingereichter Aktien, welche die zum Ersatze durch neue Aktien erforderliche Zahl nicht erreichen und der Gesellschaft nicht zur Verwerthung für Rechnung der Betheiligten zur Verfügung gestellt sind.

Die Aufforderung zur Einreichung der Aktien hat die Androhung der Kraftloserklärung zu enthalten. Die Kraftloserklärung kann nur erfolgen, wenn die Aufforderung nach Maßgabe des § 219 Abs. 2 bekannt gemacht ist; sie geschieht mittelst Bekanntmachung in den Gesellschaftsblättern.

Die an Stelle der für kraftlos erklärten Aktien auszugebenden neuen Aktien sind für Rechnung der Betheiligten durch die Gesellschaft zum Börsenpreis und in Ermangelung eines solchen durch öffentliche Versteigerung zu verkaufen. Der Erlös ist den Betheiligten auszuzahlen oder, sofern die Berechtigung zur Hinterlegung vorhanden ist, zu hinterlegen.

§ 290. **Kraftloserklärung.** (Neu; I 264, II 282.)

Abs. 1. Das bisherige Recht gab keine Zwangsmittel zur Durchführung eines Aktienverminderungs- oder Zusammenlegungsbeschlusses gegen widerwillige Aktionäre (vgl. aber neuerdings RG. 36 S. 134, 37 S. 131, 38 S. 95; J.W. 1897 S. 113; Hans. GZ. 1896 S. 53 ff., 229, 237; gegen ROHG. 20 S. 96, 25 S. 262; Goldschm. 21 S. 445; Holdheim 1 S. 107, 6 S. 129, vgl. 4 S. 249, 327). Das durch dieses Gesetz der AG. gegebene Zwangsenteignungsrecht findet sowohl bei dem einfachen wie bei dem mit einer Kapitalserhöhung durch Zuzahlung gegen Einräumung von Vorzugsrechten verbundenen Zusammenlegungsbeschluß statt; vgl. RG. 36 S. 134, 38 S. 95; und sowohl gegenüber nicht eingereichten Aktien (Satz 1) wie gegenüber eingereichten, welche aber „die zum Ersatze durch neue Aktien erforderliche Zahl nicht erreichen", sog. Spitzen, wenn sie nicht der Gesellschaft zur Verfügung gestellt sind. Dies trifft auch dann zu, wenn eine Aktie zwar zum Eintausch einer neuen Aktie genügt, aber noch einen Ueberschuß läßt.

Abs. 2. Vgl. §§ 219 Abs. 2, 182 letzter Abs.

Abs. 3. Die Gesellschaft verkäuft in eigenem Namen für fremde Rechnung als Geschäftsführer selbst gegen den Willen des Geschäftsherren (BGB. § 679), hat das Geschäft mit der Sorgfalt eines ordentlichen Kaufmanns zu besorgen und ist wie ein Beauftragter nach BGB. §§ 666—668 verpflichtet. — Ueber Hinterlegung s. BGB. §§ 384 ff. und EG. z. BGB. Art. 144, 145.

§ 291.

Die erfolgte Herabsetzung des Grundkapitals ist von sämmtlichen Mitgliedern des Vorstandes zur Eintragung in das Handelsregister anzumelden.

§ 291. **Anmeldung der erfolgten Herabsetzung.** Die Vorschrift wurde auf Antrag der Komm. zu § 280 des zweiten Entwurfes neu eingeschoben. Vgl. §§ 289 Abs. 1, 277 Abs. 1.

Fünfter Titel.

Auflösung und Nichtigkeit der Gesellschaft.

Der fünfte Titel (Auflösung und Nichtigkeit der Gesellschaft: §§ 292—311) giebt im Wesentlichen die bisherigen Vorschriften wieder; neu sind die Vorschriften über die Veräußerung des Vermögens im Ganzen, außer dem Fall der Fusion (§§ 303, 304), über die Fortsetzung so aufgelöster Gesellschaften (§§ 307, 308) und über die Nichtigkeit von AG. (§§ 309 ff.).

§ 292.

Die Aktiengesellschaft wird aufgelöst:

1. durch den Ablauf der im Gesellschaftsvertrage bestimmten Zeit;
2. durch Beschluß der Generalversammlung; der Beschluß bedarf einer Mehrheit, die mindestens drei Viertheile des bei der Beschlußfassung vertretenen Grundkapitals umfaßt; der Gesellschaftsvertrag kann noch andere Erfordernisse aufstellen;
3. durch die Eröffnung des Konkurses über das Vermögen der Gesellschaft.

Die Vorschriften dieses Titels kommen auch zur Anwendung, wenn die Auflösung einer Aktiengesellschaft aus anderen Gründen erfolgt.

§ 292. **Auflösungsgründe.** (Art. 242, übereinstimmend I 265, II 283.)

Abs. 1. Die AG. wird durch die angegebenen Ereignisse nicht „aufgelöst", sondern ihr Zweck (nicht nothwendig als Erwerbsgesellschaft wie Staub, Art. 244 § 2, meint, denn das braucht sie gar nicht zu sein: § 210 Abs. 2) ist formell erledigt (§ 298) und wird ersetzt lediglich durch den Auflösungszweck der Abwickelung und Beseitigung des bisherigen Zweckvermögens. Das ist freilich nothwendig (außer § 304) der Anfang vom Ende, aber ihre effektive Endschaft erreicht die Gesellschaft erst, wenn thatsächlich kein Gesellschaftsvermögen mehr vorhanden ist (§§ 300—302, vgl. Mot. z. Nov. S. 240 zu Art. 244 ff.; ROHG. 19 S. 163, 194; RG. 3 S. 55, 15 S. 102; in Bad. Ann. 62 S. 101, 105; Goldschm. 47 S 119 Nr. 263). Die Liquidationsgesellschaft kann sogar noch Konkurs machen: KO. §§ 207, 209 (193) Abs. 2; vgl. § 315 Nr. 2, § 298 Abs. 2. Mit Eintritt eines Auflösungsgrundes werden weder geschlossene Verträge aufgelöst (RG. 5 S. 7, 24 S. 70; Busch Arch. 45 S. 361), noch auch nicht schon fällige Leistungen fällig (RG. 9 S. 15), noch hört die Firma auf (§§ 296 letzter Abs., 302 Abs. 1; vgl. RG. 15 S. 105, 29 S. 68, s. auch § 304 letzter Abs.); noch die Organisation der Gesellschaft: vgl. §§ 295 Abs. 1, 296 Abs. 1, 304 Abs. 3, 306 letzter Abs. über den Vorstand; §§ 295 Abs. 2, 306 letzter Abs. über den Aufsichtsrath; §§ 295 Abs. 3, 299 Abs. 2, 303 Abs. 3 über die Generalversammlung; vgl. auch ROHG. 16 S. 286, 19 S. 163, 22 S. 243; RG. 3 S. 54; Seuff. Arch. 41 S. 165, 43 S. 207. Mit dieser Maßgabe wirken die Auflösungsgründe — im Gegensatz zu der Errichtung: § 200 — ohne Weiteres; es bedarf zu ihrer Wirksamkeit (§ 294) keiner Eintragung (§§ 293, 303 Abs. 2), außer im Falle der Universalnachfolge in § 304 (das. Abs. 4).

Ebensowenig läßt sich die erfolgte Auflösung rückgängig machen ohne Neugründung (§§ 188, 189), außer im Falle der Universalnachfolge und des Konkurses:

§ 307. Rechtlich verschieden von der Auflösung ist die Nichtigkeitserklärung: §§ 309 ff. Auf diese hat der Aktionär ein Klagerecht, auf jene nicht (vgl. Mot. z. Nov. 239 zu Art. 242). Eine Verpflichtung des Vorstandes oder Aufsichtsrathes, Auflösung der Gesellschaft zu beantragen, besteht den Gesellschaftsgläubigern gegenüber auch nicht im Falle des § 240 Abs. 2: § 241 letzter Abs.

Nr. 1. Vgl. ROHG. 14 S. 366.

Nr. 2. Vgl. § 275 Abs. 1, § 240.

Nr. 3. Rückgängigkeit: § 307 Abs. 2. Vgl. §§ 240, 32. Auch über die Liquidationsaktiengesellschaft kann Konkurs eröffnet werden: KO. §§ 207 (193) Abs. 2.

Abs. 2. Z. B. bei Auflösung durch Amortisation sämmtlicher Aktien (D.), nicht aber durch Vereinigung aller Aktien in einer Hand (RG. 22 S. 116, 23 S. 202; J.W. 1897 S. 191); durch Verlegung des Sitzes ins Ausland? Vgl. RG. 7 S. 70 und dagegen §§ 201 Abs. 5, 13 Abs. 3; durch Veräußerung des Vermögens im Ganzen: § 303 Abs. 2.

§ 293.

Die Auflösung der Gesellschaft ist außer dem Falle des Konkurses durch den Vorstand zur Eintragung in das Handelsregister anzumelden.

§ 293. **Anmeldung.** (Art. 243 Abs. 2, I 266, II 285.) Die Anmeldung erfolgt „durch den Vorstand" nach Maßgabe der Statuten, nicht durch sämmtliche Vorstandsmitglieder. Fall des Konkurses: §§ 32, 6. — Auch bei dem Gerichte der Zweigniederlassung: § 13. — Ordnungsstrafe: §§ 14, 319.

§§ 294—308. **Liquidation.**

§ 294.

Nach der Auflösung der Gesellschaft findet die Liquidation statt, sofern nicht über das Vermögen der Gesellschaft der Konkurs eröffnet ist.

Bis zur Beendigung der Liquidation kommen die Vorschriften der vorausgehenden Titel zur Anwendung, soweit sich nicht aus diesem Titel oder aus dem Zwecke der Liquidation ein Anderes ergiebt.

§ 294. **Grundsatz.** (Art. 244a Abs. 1, I 267, II 285.)

Abs. 1. Nach der Auflösung tritt außer im Konkursfalle (KO. §§ 193 ff.) und im Falle der §§ 304 und 306 Abs. 1 Liquidationszustand ein, und zwar absolut, nicht wie bei der offenen HG. (§ 145) dispositiv. Generell ist diese Konsequenz also der Gesellschaftsverfügung entzogen; ausnahmsweise gestattet das Gesetz anderweite Disposition in §§ 304, 306 Abs. 1.

Abs. 2. Aus dem Zwecke der Liquidation folgt insbesondere, daß die auf den bisherigen Zweck zugeschnittene allgemeine Vertretung durch den Vorstand (§ 231) aufhört: §§ 295, 298; dagegen keineswegs der Fortfall der bisherigen Verfassung der Gesellschaft überhaupt (s. o. zu § 292 Abs. 1), auch nicht z. B. daß die Liquidationsgesellschaft als solche nicht einen anderen Sitz wählen könnte (a. M. KG. bei Johow 15 S. 35; Goldschm. 47 S. 120 Nr. 267).

§ 295.

Die Liquidation geschieht durch die Mitglieder des Vorstandes als Liquidatoren, sofern nicht durch den Gesellschaftsvertrag oder durch Beschluß der Generalversammlung andere Personen dazu bestimmt werden.

Auf Antrag des Aufsichtsraths oder von Aktionären, deren Antheile zusammen den zwanzigsten Theil des Grundkapitals erreichen, kann aus wichtigen Gründen die Ernennung von Liquidatoren durch das Gericht erfolgen, in dessen Bezirke die Gesellschaft ihren Sitz hat. Die Aktionäre haben bei Stellung des Antrags glaubhaft zu machen, daß sie seit mindestens sechs Monaten Besitzer der Aktien sind.

Die Abberufung von Liquidatoren kann durch das Gericht unter denselben Voraussetzungen wie die Bestellung stattfinden. Liquidatoren, die nicht vom Gericht ernannt sind, können durch die Generalversammlung auch vor dem Ablaufe des Zeitraums, für welchen sie bestellt sind, abberufen werden.

§ 295. **Liquidatoren.** (Art. 244 Abs. 1, 2, 4, I 268, II 286.)

Abs. 1. Die Vorstandsmitglieder, also sämmtliche, sind durch Gesetz nur eventuell berufen, und zwar ohne Aenderung ihres Dienstvertrages: RG. 24 S. 70, vgl. ROHG. 24 S. 212. Sie sowohl wie die durch den Gesellschaftsvertrag oder Generalversammlungsbeschluß (§ 251 Abs. 1) berufenen Liquidatoren müssen den vom Gerichte statt ihrer ernannten weichen (Abs. 2). Der Aufsichtsrath ist zur Ernennung von Liquidatoren nicht befugt. Auch wenn die gesetzliche Berufung Platz greift, hört der Vorstand nicht auf zu existiren (s. zu § 292), noch weniger, wenn die Mitglieder des Vorstandes nicht Liquidatoren sind; aber seine Vertretungsmacht (§ 231) als Vorstand hört auf (§ 298 Abs. 1), abgesehen von der ersten Anmeldung der Liquidatoren, die er noch vorzunehmen hat (§§ 296 Abs. 1, 304 Abs. 3). Die gesetzliche Berufung des Vorstandes dauert daher auch fort und wenn etwa gesetzlich bestellte Liquidatoren ohne Ersatz abberufen sein sollten, so treten nach dem Wortlaute die Vorstandsmitglieder wieder an ihre Stelle. Ein Beschluß über die Liquidatoren muß bereits mit der Auflösung vorliegen, sonst tritt die gesetzliche Berufung ein, und der nachträgliche Beschluß bestellt nicht erste Liquidatoren, sondern beruft die gesetzlichen ab: Abs. 3 Satz 2.

Abs. 2. Die gerichtliche Ernennung ist ein Akt freiwilliger Gerichtsbarkeit (vgl. § 146 Abs. 2; Johow 9 S. 23, 11 S. 5) und steht nach dem Ges. über d. freiw. Gerichtsbarkeit (§ 145) den Amtsrichtern zu. Ueber „glaubhaft machen" und „Besitzer": vgl. § 266 Abs. 3; über wichtige Gründe: §§ 146, 147.

Abs. 3, d. h. ebenfalls a) nur aus wichtigen Gründen; b) nur auf Antrag und zwar c) entweder des Aufsichtsraths oder der bewußten Aktionärzahl. Gerichtlich ernannte Liquidatoren kann nur das Gericht abberufen; andere, d. h. gesetzlich und statutarisch ernannte sowohl das Gericht wie die Generalversammlung, und zwar auch vor Ablauf ihrer Amtszeit (vgl. §§ 231 Abs. 3, 243 letzter Abs.; Johow 3 S. 29; RG. 7 S. 106).

Die Berufung und Abberufung durch die Generalversammlung erfolgt jederzeit mit einfacher Stimmenmehrheit, auch wenn es sich um Liquidatoren handelt, die im Gesellschaftsvertrage bestimmt sind, da die Einräumung jederzeitiger Abberufungsbefugniß absolutes Gesetz ist und ihre Ausübung keine Statutenveränderung im Sinne des § 275 Abs. 1 ist; es müßte denn der Gesellschaftsvertrag andere als einfache Mehrheit vorgeschrieben haben.

§ 296.

Die ersten Liquidatoren sind durch den Vorstand, jede Aenderung in den Personen der Liquidatoren ist durch die Liquidatoren zur Eintragung in das Handelsregister anzumelden. Ist bei der Bestellung der Liquidatoren eine Bestimmung über ihre Vertretungsbefugniß getroffen, so ist auch diese Bestimmung zur Eintragung anzumelden.

Der Anmeldung ist eine öffentlich beglaubigte Abschrift der Urkunden über die Bestellung oder Aenderung beizufügen; diese Vorschrift findet auf die Anmeldung zum Handelsregister einer Zweigniederlassung keine Anwendung.

Die Eintragung der gerichtlichen Ernennung oder Abberufung von Liquidatoren geschieht von Amtswegen.

Die Liquidatoren haben die Firma nebst ihrer Namensunterschrift zur Aufbewahrung bei dem Gerichte zu zeichnen.

§ 296. **Anmeldung.** (Art. 244 Abs. 3, I 269, II 287.)

Abs. 1. Satz 1. Der „Vorstand", d. h. die statutenmäßige Vertretung dieses Organs, hat also im Falle gesetzlicher Berufung seine eigenen Mitglieder, andernfalls die durch Vertrag oder Beschluß Berufenen als erste Liquidatoren anzumelden; auch dann noch, wenn inzwischen schon eine Aenderung der mit der Auflösung eingetretenen Liquidatoren durch spätere Beschlußfassung oder Ernennung stattgefunden haben sollte. — Jede Aenderung ist „durch die Liquidatoren anzumelden", diese Pflicht liegt keineswegs bloß denjenigen ob, die zur Zeit der Aenderung im Amte sind, sondern wenn sie sie versäumt haben, auch ihren Nachfolgern (a. M. Staub, Johow 14 S. 27; Goldschm. 47 S. 119 Nr. 265). Satz 2. Die Vertretungsbefugniß der Liquidatoren ist jedoch innerhalb ihres Geschäftskreises (§ 298 Abs. 1) Dritten gegenüber unbeschränkbar (§ 298 Abs. 2, 232, 235). — Die Unterlassung der Anmeldung beim Gerichte der Zweigniederlassung (§ 13; s. aber Abs. 2) ist strafbar nach § 14, sobald ihre Eintragung bei dem Gerichte der Hauptniederlassung erfolgt ist.

Abs. 2. Die Vorstandsmitglieder, wenn gesetzlich berufen, sind nicht bestellt, der Gesellschaftsvertrag andererseits befindet sich schon bei den Gerichtsakten (§ 195 Abs. 2 Nr. 1 u. Abs. 5). Die Eintragung der gerichtlich ernannten Liquidatoren dagegen erfolgt von Amtswegen (Abs. 3). Die gemeinten Urkunden über die Bestellung können daher nur der etwaige Beschluß der Generalversammlung sein, durch welchen Liquidatoren ernannt oder abberufen sind. „Diese Vorschrift", d. h. über die Beifügung dieser Urkunden, ist bei der Anmeldung zum HR. der Zweigniederlassung nicht zu beobachten, wohl aber bedarf es bei dem Gerichte der Zweigniederlassung des Nachweises der Eintragung beim Gericht des Gesellschaftssitzes (§ 13 Abs. 2).

Abs. 3. Nach dem allgemeinen Wortlaut sowohl bei dem Gerichte der Haupt-, wie der Zweigniederlassung, im letzten Falle also event. durch Requisition.

Abs. 4. Vgl. § 195 vorletzter Abs., § 298 Abs. 1, § 153.

§ 297.

Die Liquidatoren haben unter Hinweis auf die Auflösung der Gesellschaft die Gläubiger der Gesellschaft aufzufordern, ihre Ansprüche anzumelden. Die Aufforderung ist dreimal in den Gesellschaftsblättern zu veröffentlichen.

§ 297. **Gläubigeraufforderung.** (Art. 243 Abs. 1, 2, 245 Abs. 3, I 270, II 288.) Vgl. ROHG. 24 S. 254. Unterlassung ist nicht strafbar; begründet aber eventuell Verpflichtungen gegen die Gesellschaft (§§ 298 Abs. 2, 241).

§ 298.

Der Geschäftskreis der Liquidatoren sowie die Form, in welcher sie die Firma zu zeichnen haben, bestimmt sich nach den Vorschriften der §§ 149, 151, 153.

Im Uebrigen haben die Liquidatoren innerhalb ihres Geschäftskreises die Rechte und Pflichten des Vorstandes; sie unterliegen gleich diesem der Ueberwachung durch den Aufsichtsrath.

In Ansehung der Mitwirkung sämmtlicher Liquidatoren bei Willenserklärungen für die Gesellschaft findet die Vorschrift des § 232 Abs. 1 Satz 1 nur insoweit Anwendung, als nicht für die Liquidatoren im Gesellschaftsvertrag oder bei ihrer Ernennung ein Anderes bestimmt ist.

Eine Bestellung von Prokuristen findet nicht statt. Die Vorschriften des § 236 bleiben außer Anwendung.

§ 298. **Geschäftskreis.** (Art. 244a Abs. 1, 2, I 271, II 289.)
Abs. 1. Vgl. die Bemerkungen zu §§ 149, 151, 153.
Abs. 2—4. Vgl. §§ 231 ff. Insbesondere gilt für die Abgabe von Willenserklärungen der Liquidatoren § 232 nach Maßgabe des Abs. 3. Dagegen kann von der Bestellung eines Prokuristen (§§ 232 Abs. 2, 238) keine Rede sein Abs. 4, weil begrifflich die Prokura (§ 49) über den Zweck der Liquidationsgesellschaft und den Geschäftskreis der Liquidatoren (§ 149) hinausgeht. Gemäß § 235 sind die Liquidatoren der Gesellschaft gegenüber an die ihnen auferlegten Beschränkungen gebunden, Dritten gegenüber ist eine Beschränkung ihrer Vertretungsbefugniß unwirksam. Dagegen macht der Zweck der Liquidation das Konkurrenzverbot des § 236, sowie die Bestimmung des § 237 über einen Antheil am Jahresgewinn überflüssig; § 238 (Sorge für die Buchführung), § 240 (Pflicht zur Berufung der Generalversammlung, Beantragung des Konkurses vgl. § 315 Abs. 1 Nr. 2), § 241 (solidarische Verantwortlichkeit und Ersatzpflicht), § 246 (Ueberwachung durch den Aufsichtsrath), Bilanzirungspflicht (§ 299, vgl. Johow 14 S. 238) sind auch auf die Liquidatoren anwendbar. — Strafbestimmungen: §§ 312, 314, 315; Ordnungsstrafen: § 319.

§ 299.

Die Liquidatoren haben für den Beginn der Liquidation und weiterhin für den Schluß jedes Jahres eine Bilanz aufzustellen; das bisherige Geschäftsjahr der Gesellschaft kann beibehalten werden.

Die Vorschriften der §§ 260, 263 bis 267 mit Ausnahme derjenigen über die Gewinnvertheilung finden Anwendung; die Vorschriften der §§ 261, 262 bleiben außer Anwendung.

§ 299. **Bilanz.** (Art. 244a Abs. 3, I 272, II 290.) Vgl. die als anwendbar bezeichneten §§ 260, 263, 264—267. Die Grundsätze über Aufstellung der Bilanz und Bildung eines Reservefonds (§§ 261, 262) widerstreiten dem Zwecke der Liquidation: Verwerthung des Vermögens. — Ordnungsstrafen: § 319 Abs. 1.

§ 300.

Das nach der Berichtigung der Schulden verbleibende Vermögen der Gesellschaft wird unter die Aktionäre vertheilt.

Die Vertheilung erfolgt nach dem Verhältnisse der Aktienbeträge, sofern nicht mehrere Gattungen von Aktien mit verschiedener Berechtigung vorhanden sind.

Sind die Einzahlungen nicht auf alle Aktien in demselben Verhältnisse geleistet, so werden die auf das Grundkapital geleisteten Einzahlungen erstattet und ein Ueberschuß nach dem Verhältnisse der Aktienbeträge vertheilt. Reicht das vorhandene Vermögen zur Erstattung der Einzahlungen nicht aus, so haben die Aktionäre den Verlust nach dem Verhältnisse der Aktienbeträge zu tragen; die noch ausstehenden Einzahlungen sind, soweit es hierzu erforderlich ist, einzuziehen.

§ 300. **Vertheilung.** (Art. 245 Abs. 1, I 273, II 291.)

Abs. 1 wiederholt aus dem ersten Absatz des Art. 245 den Grundsatz, daß eine Vertheilung von Gesellschaftsvermögen nur nach Berichtigung der Schulden erfolgen kann; vgl. § 241 Nr. 5. Auf die Vertheilung und den ihm zukommenden Betrag hat der Aktionär ein Recht, das ihm durch Mehrheitsbeschluß der Generalversammlung nicht entzogen werden kann: ROHG. 3 S. 336. Daraus folgt namentlich, daß eine Verwendung des Gesellschaftsvermögens zu einem anderen Zwecke als zur Vertheilung unter die Mitglieder nur zulässig ist, wenn eine solche Verwendung schon in dem ursprünglichen Gesellschaftsvertrage vorgesehen war oder einstimmig beschlossen wird, sowie daß ein grundsätzlicher Ausschluß eines Theils der Aktionäre ohne dessen Zustimmung von der Berücksichtigung bei der Vermögensvertheilung nicht angängig ist (D.). Andererseits, daß der Aktionär, was er ohne zuvorige Berichtigung der Schulden empfängt, als grundlose Bereicherung dem Gesetze zuwider hat (§ 217). Ueber den unmittelbaren Ersatzanspruch der Gläubiger gegen die zuwiderhandelnden Liquidatoren und eventuell gegen den Aufsichtsrath; vgl. § 241 Abs. 3; RG. 7 S. 106 und im Fall des Konkurses RG. 36 S. 27.

Abs. 2 (neu) bestimmt das Antheilsverhältniß an dem zu vertheilenden Vermögen. Sind mehrere Gattungen von Aktien mit verschiedener Kapitalberechtigung vorhanden, so entscheidet natürlich der Vorzug unbedingt (vgl. dagegen RG. 33 S. 16 und Busch Arch. 34 S. 372); ist kein Vorzug da, sondern nur Eine Aktiengattung, so entscheidet das Verhältniß der Aktiennennbeträge (RG. 33 S. 16 ff.). Die verschieden berechtigten Gläubiger haben kein Rückgriffsrecht gegen einander: RG. 5 S. 7, 7 S. 109, 9 S. 14.

Abs. 3. Bei verschiedener Einzahlung war die Bemessung der Rückzahlung auf vollbezahlte und nicht vollbezahlte Aktien bisher zweifelhaft. Das Gesetz regelt sie nach demselben Grundsatz, wie die Vertheilung des Jahresgewinnes (vgl. § 214) dahin, daß zunächst die geleisteten Einzahlungen zur Erstattung kommen, ein Ueberschuß aber, sowie ein Fehlbetrag, nach dem Verhältniß der Nennbeträge vertheilt werden soll. — Rückstände: §§ 218 ff.

§ 301.

Die Vertheilung des Vermögens darf nur erfolgen, wenn seit dem Tage, an welchem die im § 297 vorgeschriebene öffentliche Aufforderung an die Gläubiger zum dritten Male stattgefunden hat, ein Jahr verstrichen ist.

Meldet sich ein bekannter Gläubiger nicht, so ist der geschuldete Betrag, wenn die Berechtigung zur Hinterlegung vorhanden ist, für den Gläubiger zu hinterlegen.

Ist die Berichtigung einer Verbindlichkeit zur Zeit nicht ausführbar oder ist eine Verbindlichkeit streitig, so darf die Vertheilung des Vermögens nur erfolgen, wenn dem Gläubiger Sicherheit geleistet ist.

§ 301. **Schutzvorschriften.** (Art. 245 Abs. 2, 3, 202 Abs. 1, 2, I 274, II 292.) Nach dem Vorbilde von BGB. §§ 51, 52.

Abs. 1. **Sperrjahr**; vgl. § 289 Abs. 4. Der Ablauf des Sperrjahrs schließt nicht den Anspruch des nicht gemeldeten Gläubigers aus, sondern seine thatsächliche Befriedigung aus dem vertheilten Vermögen, vgl. J.W. 1886 S. 119.

Abs. 2. Daß die bekannten, d. h. „die aus den Handelsbüchern der Gesellschaft ersichtlichen oder in anderer Weise bekannten" Gläubiger, auch hier (vgl. § 289 Abs. 2 a. E.) durch „besondere Mittheilung" zur Anmeldung aufzufordern seien, ist aus Art. 202 (Art. 245 Abs. 3) nicht wiederholt. Die allgemeine Aufforderung genügt auch für sie; Folge ist ja doch nur Hinterlegung, „wenn die Berechtigung zur Hinterlegung vorhanden ist": BGB. §§ 372—386.

Abs. 3 wiederholt Art. 202 Abs. 2.

§ 302.

Ist die Liquidation beendigt und die Schlußrechnung gelegt, so haben die Liquidatoren das Erlöschen der Gesellschaftsfirma zur Eintragung in das Handelsregister anzumelden.

Die Bücher und Papiere der Gesellschaft sind an einem von dem Gerichte des Sitzes der Gesellschaft zu bestimmenden sicheren Orte zur Aufbewahrung auf die Dauer von zehn Jahren zu hinterlegen.

Die Aktionäre und die Gläubiger können zur Einsicht der Bücher und Papiere von dem Gericht ermächtigt werden.

Stellt sich nachträglich noch weiteres der Vertheilung unterliegendes Vermögen heraus, so hat auf Antrag eines Betheiligten das Gericht des Sitzes der Gesellschaft die bisherigen Liquidatoren erneut zu bestellen oder andere Liquidatoren zu berufen.

§ 302. **Löschung der Firma.** (Art. 245 Abs. 4, 246, I 275, II 293.) „Ist die Liquidation beendet", d. h. von den Liquidatoren als beendet anzusehen, (vgl. letzt. Abs.), nämlich das nach Berichtigung der Schulden den Liquidatoren bekannte, etwa übrig gebliebene Vermögen vertheilt (§ 300 Abs. 1), so ist der Generalversammlung Schlußrechnung zu legen. Nur diese hat über die Entlastung der Liquidatoren zu beschließen: § 260, J.W. 1885 S. 128, vgl. über das Recht des einzelnen Aktionärs RG. 34 S. 57. — Die Abmeldung (§§ 13, 14) erfolgt durch die, d. h. alle zeitigen Liquidatoren. Die Eintragung schafft nicht, sondern beurkundet nur einen möglicher Weise (s. Abs. 5) unzutreffend mitgetheilten Zustand.

Abs. 2 wiederholt Art. 246 Abs. 2. Ordnungsstrafen: § 319 Abs. 1. Die gerichtliche Bestimmung ist ein Akt der freiw. Gerichtsbarkeit (Ges. über die freiw. Gerichtsbarkeit § 145). Sie setzt nach dem Wortlaut nicht einmal einen Antrag voraus. Die Kosten hat die Gesellschaft zu tragen, sie gehören zu den Schulden, für die nach § 301 Abs. 3 Sicherheit zu leisten ist.

Abs. 3, eine Wiederholung von Art. 246 Abs. 2, bestimmt ebenfalls eine dem Amtsgerichte obliegende Thätigkeit der freiwilligen Gerichtsbarkeit (Ges. über d. freiw. Gerichtsbarkeit § 145).

Abs. 4 (neu). „Betheiligt" sind insbesondere die Aktionäre und die Gläubiger. Bestellung und Berufung sind wiederum Akte der freiwilligen Gerichtsbarkeit.

§§ 303—308. **Veräußerung des Gesellschaftsvermögens im Ganzen.** (Form: BGB. § 311.) Dieselbe ist im alten HGB. nur insoweit berücksichtigt, als es sich um Uebertragung an eine andere AG. gegen Gewährung von Aktien derselben handelt (Art. 215 Abs. 4, 247). Es wird jedoch allgemein angenommen, daß die gesetzlichen Bestimmungen über die Liquidation der AG. einer solchen Verwerthung des Gesellschaftsvermögens nicht entgegenstehen, daß diese Verwerthung sich vielmehr nur als eine besondere Art der Liquidation darstelle. Die hierbei sich ergebenden Abweichungen von dem in den Vorschriften des alten HGB. allein in Betracht gezogenen regelmäßigen Verlaufe der Liquidation sind jedoch so erheblich, daß es angezeigt erschien, die Zulässigkeit des in Frage stehenden Verfahrens in diesem neuen Gesetze ausdrücklich anzuerkennen und die Voraussetzungen und Wirkungen desselben in den Hauptpunkten zu regeln. Im Allgemeinen geht auch dieses Gesetz davon aus (§ 303 Abs. 3), daß die Uebertragung des Vermögens der AG. im Ganzen eine besondere Art der Liquidation bildet, bei der namentlich die Maßregeln, welche die Befriedigung der Gesellschaftsgläubiger aus dem Gesellschaftsvermögen zu sichern bestimmt sind, zu entsprechender Anwendung kommen müssen (D.). Ausnahmen: § 304 und § 306.

§ 303.

Eine Verwerthung des Gesellschaftsvermögens durch Veräußerung des Vermögens im Ganzen ist nur auf Grund eines Beschlusses der Generalversammlung zulässig. Der Beschluß bedarf einer Mehrheit, die mindestens drei Viertheile des bei der Beschlußfassung vertretenen Grundkapitals umfaßt; der Gesellschaftsvertrag kann noch andere Erfordernisse aufstellen.

Der Beschluß hat die Auflösung der Gesellschaft zur Folge, sofern diese nicht bereits aufgelöst war.

Die Vorschriften der §§ 294 bis 302 kommen mit der Maßgabe zur Anwendung, daß die Liquidatoren zu denjenigen Geschäften und Rechtshandlungen befugt sind, welche die Ausführung der beschlossenen Maßregel mit sich bringt. Die Ausantwortung des Vermögens an den Uebernehmer darf nur unter Beobachtung der für die Vertheilung unter die Aktionäre nach den §§ 297, 301 geltenden Vorschriften stattfinden.

§ 303. **Regel.** (Neu; I 276, II 294.)

Abs. 1. Vgl. § 275 Abs. 1 u. 2.

Abs. 2. Das Vermögen der Gesellschaft bil et die nothwendige Voraussetzung ihres Bestehens und eine Fortdauer der Gesellschaft zum Zwecke der Ausnutzung der Gegenleistung des Uebernehmers kann nicht in Frage kommen (D.). Ein besonderer Auflösungsbeschluß ist daher nicht erforderlich; die Auflösung erfolgt von Rechtswegen, und ist sofort nach dem Beschluß (Abs. 1) zum HR. anzumelden (§ 293).

Abs. 3. Wenn der Beschluß der Generalversammlung gefaßt ist (Abs. 1), gilt der Regel nach die Gesellschaft als in Liquidation befindlich, und sind demgemäß die Vorschriften über die Liquidation im Allgemeinen anwendbar. Nur in Betreff des Geschäftskreises und der Befugnisse der Liquidatoren (§§ 149, 151, 298 Abs. 1), sowie in Betreff der Vertheilung des Gesellschaftsvermögens ist eine andere Regelung nöthig. Diese Punkte werden sich je nach der Art, wie das Verhältniß zu dem Uebernehmer geordnet ist, verschieden gestalten, sei es, daß bis zum Ablaufe des Sperrjahres (301) die Liquidatoren das im Betriebe befindliche Unternehmen weiter betreiben, um es dann dem Uebernehmer auszuantworten — in diesem Falle müssen die Liquidatoren alle Befugnisse haben, welche der Betrieb mit sich bringt —; sei es, daß die Geschäftsleitung schon während des Liquidationsstadiums mehr oder weniger dem Uebernehmer selbst überlassen wird, und die Aufgabe der Liquidatoren dann der Hauptsache nach in der Fürsorge besteht, daß das Gesellschaftsvermögen vom Vermögen des Uebernehmers getrennt bleibe und dem Liquidationszwecke nicht entfremdet werde (D.). An die Stelle der Vertheilung tritt die Ausantwortung des Vermögens an den Uebernehmer. Dabei sind § 297 (3malige Aufforderung der Gläubiger) und § 301 (Vertheilung nach Ablauf des Sperrjahres) stets zu beobachten.

Hierfür sind den Gläubigern die Liquidatoren und Mitglieder des Aufsichtsraths verantwortlich (§§ 298 Abs. 2, 241, 249), und die Aktionäre haften aus grundloser Bereicherung (§ 217). Die Befriedigung der Gläubiger erfolgt zwar namens der Gesellschaft, aber für Rechnung des Uebernehmers, da unter den Parteien die Uebertragung des Vermögens im Ganzen bedungen ist. Dem Uebernehmer muß es deshalb überlassen bleiben, die zur Befriedigung der Gläubiger erforderlichen Beträge, soweit die bereiten Mittel der Gesellschaft nicht ausreichen, zu beschaffen (D.).

§ 304.

Wird das Vermögen einer Aktiengesellschaft als Ganzes von dem Reiche, einem Bundesstaat oder einem inländischen Kommunalverband übernommen, so kann zugleich vereinbart werden, daß die Liquidation unterbleiben soll.

Die im § 303 Abs. 1 vorgesehene Zustimmung der Generalversammlung ist auch für eine solche Vereinbarung erforderlich.

Der Vorstand hat den Beschluß der Generalversammlung zugleich mit der Auflösung der Gesellschaft zur Eintragung in das Handelsregister anzumelden; der Anmeldung ist der mit dem Uebernehmer abgeschlossene Vertrag in Urschrift oder in öffentlich beglaubigter Abschrift beizufügen.

Der Beschluß hat keine Wirkung, bevor die Eintragung bei dem Gericht, in dessen Bezirk sich der Sitz der Gesellschaft befindet, stattgefunden hat.

Mit der Eintragung des Beschlusses gilt der Uebergang des Vermögens der Gesellschaft einschließlich der Schulden als erfolgt; die Firma der Gesellschaft erlischt.

§ 304. **Erste Ausnahme.** (Neu; I 277, II 295.)

Abs. 1. In diesem Falle macht die Person des Uebernehmers die Schutzvorschriften zu Gunsten der Gläubiger überflüssig und ein Liquidationsverfahren höchstens im Interesse des Reiches, Staates, Gemeindeverbandes wünschenswerth, damit zunächst eine Klärung der Vermögenslage stattfinde.

Abs. 2. Der vereinbarte Ausschluß der Liquidation ist mindestens einem 3/4-Mehrheitsbeschlusse unterworfen.

Abs. 3. Die Anmeldung im Interesse der Gläubiger hat durch den Vorstand, nicht durch sämmtliche Mitglieder zu erfolgen. — Form des Vertrags: BGB. § 311.

Abs. 4. Bis dahin muß daher auch die Ausantwortung des Gesellschaftsvermögens an den Uebernehmer unterbleiben.

Abs. 5 beruht auf der Erwägung, daß das Registergericht die Eintragung nur vorzunehmen hat, nachdem die Rechtsgültigkeit des geschlossenen Vertrages und des Beschlusses der Generalversammlung geprüft ist. Nach der Eintragung haftet daher der Uebernehmer allein den Gesellschaftsgläubigern (D.).

§§ 305, 306. **Vereinigung (Fusion).** (Art. 215 Abs. 4, 247, I 277, 278, II 296, 297.) Vgl. RG. 9 S. 17 ff.; Hans. G.Z. 1894 S. 13, 179; ROHG. 14 S. 361; und über den umgekehrten Fall: RG. 26 S. 334; Seuff. 50 S. 316 ff.; Gesellsch.Ges. §§ 78, 79.

§ 305.

Wird das Vermögen einer Aktiengesellschaft als Ganzes an eine andere Aktiengesellschaft oder an eine Kommanditgesellschaft auf Aktien gegen Gewährung von Aktien der übernehmenden Gesellschaft übertragen, so bleiben bei der Erhöhung des Grundkapitals der übernehmenden Gesellschaft die Vorschriften des § 278 Abs. 1, des § 280 Abs. 2, der §§ 281, 282, des § 283 Abs. 1 sowie des § 284 Abs. 2 Nr. 1 und Abs. 3 außer Anwendung.

Der Anmeldung der erfolgten Erhöhung des Grundkapitals zum Handelsregister ist der von der Generalversammlung der aufgelösten Gesellschaft genehmigte Vertrag über die Vermögensübertragung in Urschrift oder in öffentlich beglaubigter Abschrift beizufügen.

Auf den Umtausch der Aktien der aufgelösten Gesellschaft finden die Vorschriften des § 290 Anwendung.

§ 305. **Grundsatz.** (I 277, II 296.)

Abs. 1. Die Vereinigung einer AG. mit einer KG. auf Aktien wird, abweichend vom bisherigen Recht (vgl. Bolze 6 Nr. 644), der Vereinigung von zwei AG. gleichgestellt. Die allgemeinen Vorschriften des § 303 gelten auch für diesen Fall. Dagegen können die allgemeinen Bestimmungen über die mit einer solchen Vereinigung verbundene Erhöhung des Grundkapitals der übernehmenden Gesellschaft, insbesondere diejenigen, welche die Zeichnung und Einzahlung der Erhöhung und die dem Registergericht einzureichenden Belege betreffen, bei dieser Uebernahme des Gesellschaftsvermögens gegen Gewährung von Aktien keine Anwendung finden. Insbesondere ist unanwendbar die Beschränkung des § 278 Abs. 1 über die Unzulässigkeit der Erhöhung vor Vollzahlung der Aktien, da hier nur Umtausch von Aktien der einen Gesellschaft gegen solche der anderen in Frage steht.

Abs. 2. Zum Nachweise der Deckung der Kapitalserhöhung. — Der Vertrag (Gesellschaftsvertrag?: vgl. RG. 2 S. 303 Anm.; Anschaffungsgeschäft?:

RG. 33 S. 40) bedarf der gerichtlichen oder notariellen Beurkundung: BGB. § 311.

Abs. 3. Ohne die in § 290 gegebenen Zwangsmittel würde der Umtausch unter Umständen undurchführbar sein.

§ 306.

Ist im Falle des § 305 vereinbart, daß eine Liquidation des Vermögens der aufgelösten Gesellschaft nicht stattfinden soll, so finden die Vorschriften des § 304 entsprechende Anwendung; außerdem gelten die folgenden besonderen Vorschriften.

Das Vermögen der aufgelösten Gesellschaft ist durch die übernehmende Gesellschaft getrennt zu verwalten.

Der bisherige Gerichtsstand der aufgelösten Gesellschaft bleibt bis zur Vereinigung der Vermögen der beiden Gesellschaften bestehen.

Bis zu demselben Zeitpunkte gilt im Verhältnisse der Gläubiger der aufgelösten Gesellschaft zu der übernehmenden Gesellschaft und deren übrigen Gläubigern das übernommene Vermögen noch als Vermögen der aufgelösten Gesellschaft.

Die Vereinigung der beiden Vermögen darf erst erfolgen, nachdem die Gläubiger der aufgelösten Gesellschaft von der anderen Gesellschaft nach Maßgabe des § 297 zur Anmeldung ihrer Forderungen aufgefordert worden sind, und nur unter Beobachtung der nach § 301 für die Vertheilung des Vermögens unter die Aktionäre geltenden Vorschriften.

Die Mitglieder des Vorstandes und des Aufsichtsraths der übernehmenden Gesellschaft sind den Gläubigern der aufgelösten Gesellschaft für die Ausführung der getrennten Verwaltung als Gesammtschuldner verantwortlich, die Mitglieder des Aufsichtsraths jedoch nur, soweit eine Vereinigung der Vermögen beider Gesellschaften mit ihrem Wissen und ohne ihr Einschreiten erfolgt.

§ 306. **Ausschluß der Liquidation.** (Art. 247, I 278, II 297.)

Abs. 1. Da die Eintragung einen für beide Gesellschaften bindenden Vertrag voraussetzt (§ 304 Abs. 1 und 3), so bedurfte es keiner besonderen Vorschrift, daß die Eintragung nur geschehen kann, wenn sowohl der Generalversammlungsbeschluß der aufgelösten Gesellschaft als der durch die Erhöhung des Grundkapitals der anderen Gesellschaft bedingte Genehmigungsbeschluß der Generalversammlung dieser Gesellschaft bei dem Registergericht angemeldet sind. Das Registergericht hat die Rechtsgültigkeit beider Beschlüsse zu prüfen und die Eintragung für beide Gesellschaften gleichzeitig vorzunehmen. Mit der Eintragung gilt die Vereinigung beider Gesellschaften als vollzogen; die Firma der aufgelösten Gesellschaft erlischt und ihr Vermögen geht durch Gesammtnachfolge auf die andere Gesellschaft über (§ 304 letzt. Abs., s. aber § 306 Abs. 5).

Abs. 2. D. h. bis zum Ablauf des Sperrjahres: Abs. 4. Vgl. Art. 247 Nr. 1.

Abs. 3, 4. (Art. 247 Nr. 2.) Die Gläubiger der alten Gesellschaft, welche die Fusion nicht hindern können, sollen keine Erschwerung ihrer Rechtslage erleiden.

Abs. 5. (Art. 247 Nr. 5); s. §§ 297, 301.

Abs. 6. (Art. 247 Nr. 3.) Den Aufsichtsrath trifft kein Vorwurf für Nichtwissen, wenn dies auch nur unter Vernachlässigung der Sorgfalt eines ordentlichen Kaufmanns in ihrer Ueberwachungspflicht möglich war (§§ 247, 249).

§ 307.

Ist eine Aktiengesellschaft zum Zwecke der Veräußerung ihres Vermögens im Ganzen oder zum Zwecke der Umwandlung in eine andere Gesellschaft aufgelöst worden, so kann, wenn der beabsichtigte Zweck nicht erreicht wird, die Generalversammlung die Fortsetzung der Gesellschaft beschließen.

Das Gleiche gilt in dem Falle, daß die Gesellschaft durch die Eröffnung des Konkurses aufgelöst, der Konkurs aber nach Abschluß eines Zwangsvergleichs aufgehoben oder auf Antrag des Gemeinschuldners eingestellt worden ist.

Die Fortsetzung der Gesellschaft ist von dem Vorstande zur Eintragung iu das Handelsregister anzumelden.

§ 307. **Fortsetzung einer aufgelösten Gesellschaft.** (Neu; II 298.)

Abs. 1. Ohne ausdrückliche Vorschrift wäre es nicht möglich, die durch den einmal gefaßten Auflösungsbeschluß bewirkte Auflösung (§ 292 Nr. 2) durch neuen Mehrheitsbeschluß rückgängig zu machen. Das Gesetz ermöglicht es, weil „unter solchen Umständen in der Regel anzunehmen sein wird, daß die Absicht nicht auf eine Liquidation der Gesellschaft ging" (D.). Durch die Bestimmung wird zugleich eine Lücke in den §§ 78, 79 des Gesellsch.Ges. ausgefüllt. — Die Fortsetzung nach der Auflösung kann natürlich nicht von einer geringeren Mehrheit beschlossen werden als die Auflösung (§ 292 Abs. 2), auch wenn der Beschluß keine Aenderung des Gesellschaftsvertrages darstellen sollte (§ 295 Abs. 2).

Abs. 2. Vgl. § 144. Zweckmäßigkeitsvorschrift, um die sonst nöthige Liquidation zu vermeiden. Daß im Falle der Fortsetzung der Gesellschaft die Folgen des Konkurses nicht schlechthin beseitigt werden, die Rechtshandlungen des Konkursverwalters vielmehr von der fortgesetzten Gesellschaft als bindend anerkannt werden müssen, versteht sich von selbst.

Abs. 3. Natürlich, da die Auflösung einzutragen ist. — Von dem Vorstande, nicht wie die erste Anmeldung (§ 195), von sämmtlichen Mitgliedern.

§ 308.

Ist die Firma einer Aktiengesellschaft durch den Uebergang ihres Vermögens auf eine andere Gesellschaft oder juristische Person ohne vorgängige Liquidation erloschen, so ist eine Anfechtung des den Uebergang betreffenden Beschlusses der Generalversammlung gegen die Rechtsnachfolgerin der aufgelösten Gesellschaft zu richten.

§ 308. **Anfechtung.** (Neu; I 280, II 299.) Für die bisherigen Mitglieder der ohne Liquidation (§§ 304, 306) aufgelösten Gesellschaft, muß auch noch nach Löschung der Firma (§ 304 letzt. Abs., § 306 Abs. 1) die Möglichkeit der Anfechtung des Generalversammlungsbeschlusses, und zwar nicht nur nach § 271, berücksichtigt werden. Gegen die erloschene Gesellschaft (§ 272 Satz 1) kann die

Klage natürlich nicht gerichtet werden, sondern nur gegen die Rechtsnachfolgerin. Die Vorschrift trifft auch zu auf die Umwandlung in eine Gesellschaft mit beschr. Haftung (Gesellsch.Ges. §§ 78, 79).

§ 309.

Enthält der Gesellschaftsvertrag nicht die nach § 182 Abs. 2 wesentlichen Bestimmungen oder ist eine dieser Bestimmungen nichtig, so kann jeder Gesellschafter und jedes Mitglied des Vorstandes und des Aufsichtsraths im Wege der Klage beantragen, daß die Gesellschaft für nichtig erklärt werde. Die Vorschriften der §§ 272, 273 finden entsprechende Anwendung.

§§ **309—311. Nichtigkeit.** (Neu; I 281, II 300.) Unbedingte Voraussetzung der Nichtigkeitsklage ist ein wesentlicher Mangel, und für wesentlich erklärt das Gesetz völligen Mangel oder die Ungültigkeit einer der in § 182 Abs. 2 verlangten Bestimmungen. Klageberechtigt ist Jeder, der zur Zeit der Klageerhebung Gesellschafter oder Mitglied des Vorstandes oder Aufsichtsraths ist; nicht aber die Staatsbehörde.

Eine eingetragene Gesellschaft wird vorausgesetzt (§ 200 Abs. 1); aber der Registerrichter ist nicht auf ein formelles Nichtigkeitsurtheil angewiesen, um eine ungültige Eintragung zu löschen; vgl. Ges. über d. freiw. Gerichtsbarkeit § 142. Das Nichtigkeitsurtheil ist nur deklaratorisch; Rechtsgeschäfte mit Dritten (§ 311 Abs. 2) vorbehalten, gilt die nichtige AG. als von Anfang an nicht bestehend. Die Mitglieder können sich jederzeit auf die Nichtigkeit berufen, also auch die Leistung der Einlagen verweigern (s. aber § 311 Abs. 3) und Generalversammlungsbeschlüsse als unverbindlich behandeln, ohne an § 271 gebunden zu sein, Alles vorbehältlich einer Heilbarkeit nach § 310. — Nach § 272 ist die Klage gegen die Gesellschaft (vertreten durch Vorstand und Aufsichtsrath) an das ausschließlich zuständige Landgericht des Sitzes der Gesellschaft zu richten; Sicherheit zu leisten und die Klageerhebung bekannt zu machen. — Nach § 273 hat das Urtheil absolute Rechtskraft; ist nöthigenfalls einzutragen; Haftung böswilliger Kläger für entstehenden Schaden.

Ohne positive Gesetzesvorschrift ließe sich die Nichtigkeit einer AG. durch nachträglichen Generalversammlungsbeschluß natürlich nicht heilen.

§ 310.

Ein Mangel, der die Bestimmungen über die Firma oder den Sitz der Gesellschaft, den Gegenstand des Unternehmens, die Bestellung oder Zusammensetzung des Vorstandes, die Form der Bekanntmachungen der Gesellschaft oder die Form der Berufung der Generalversammlung betrifft, kann durch einen den Vorschriften dieses Gesetzbuchs über eine Aenderung des Gesellschaftsvertrags entsprechenden Beschluß der Generalversammlung geheilt werden. Die Berufung der Generalversammlung erfolgt, wenn der Mangel die Bestimmungen über die Form der Berufung betrifft, durch Einrückung in diejenigen Blätter, welche für die Bekanntmachungen der Eintragungen in das Handelsregister des Sitzes der Gesellschaft bestimmt sind.

§ 310. **Heilbarkeit.** (I 282, II 301.) Unheilbar bleibt nach dem Gesetze nur Mangel oder Ungültigkeit der Bestimmungen über die Höhe des Grundkapitals und über den Betrag der einzelnen Aktien (§ 182 Nr. 3). — Zu Satz 2 vgl. § 182 Nr. 5, §§ 10 und 11.

§ 311.

Ist die Nichtigkeit einer Gesellschaft in das Handelsregister eingetragen, so finden zum Zwecke der Abwickelung ihrer Verhältnisse die für den Fall der Auflösung geltenden Vorschriften entsprechende Anwendung.

Die Wirksamkeit der im Namen der Gesellschaft mit Dritten vorgenommenen Rechtsgeschäfte wird durch die Nichtigkeit nicht berührt.

Die Gesellschafter haben die versprochenen Einzahlungen zu leisten, soweit es zur Erfüllung der eingegangenen Verbindlichkeiten erforderlich ist.

§ 311. **Wirkung.** (Neu; I 283, II 302.) Die Nichtigkeit schließt nicht aus, daß der Gesellschaft insoweit, als es sich um Abwickelung ihrer Verhältnisse handelt, dennoch eine gewisse Rechtsbeständigkeit beigelegt wird.

Abs. 1. Die Gesellschaft wird also als Liquidationsgesellschaft anerkannt, und ist als solche nach den Grundsätzen des Aktienrechts zu beurtheilen. Sie hat demgemäß nicht nur die für den Liquidationszweck nöthige Rechts- und Handlungsfähigkeit, so daß selbst die Eröffnung des Konkurses nicht ausgeschlossen ist, sondern auch in Betreff ihrer inneren Verhältnisse finden die hinsichtlich einer aufgelösten AG. geltenden Vorschriften Anwendung, soweit die Mängel des Statuts es gestatten.

Abs. 2. War die AG. ins HR. eingetragen, so sind die namens ihrer mit Dritten geschlossenen Handelsgeschäfte so anzusehen, als wenn eine vollkommen zu Recht bestehende AG. sie abgeschlossen hätte. Das Gegentheil müßte die größte Verwirrung und Schädigung aller Betheiligten herbeiführen und wäre mit dem öffentlichen Glauben des HR. nicht zu vereinbaren.

Abs. 3. Deshalb können sich die Aktionäre, insoweit als die Befriedigung der Gläubiger es erfordert, der Einziehung ihrer Einlagen nicht entziehen, vorausgesetzt natürlich, daß die Verpflichtung zu deren Leistung so übernommen ist (vgl. § 189), daß nach den allgemeinen Grundsätzen des Aktienrechts eine Verbindlichkeit entstehen würde. Die Mitglieder einer für nichtig erklärten AG. können unmöglich in weiterem Umfange haften als die Aktionäre einer gültigen, demnächst aufgelösten AG. — In welchem Verhältnisse, sagt das Gesetz nicht, es würde aber aller Billigkeit widersprechen, wenn man die Aktionäre anders als pro rata zu dem auf sie entfallenden Antheil der erforderlichen Summe heranziehen wollte, denn wenn sie auch Einzahlungen von bestimmter Höhe versprochen haben und deswegen sich sonst nicht würden beklagen können, leisten zu müssen, was sie versprochen haben, so ist dies doch zunächst nichtig, und wenn es dann den Gläubigern gegenüber nicht als nichtig behandelt werden soll, so wäre dann doch lediglich die nichtige Gesellschaft unmittelbar haftbar. Ihrer singulären Haftung entspricht es, den Einzelnen für weitere Beträge, die seinen natürlichen Antheil an der Schuld übersteigen, nur insofern haften zu lassen, als bei Anderen ein Ausfall eintritt. Insofern sind sie einer Gesellschaft analog zu behandeln, die einen Verlust-Saldo auszugleichen hat: BGB. § 735.

Sechster Titel.

Strafvorschriften.

Sechster Titel. Strafvorschriften: §§ 312—319; Art. 249—249 g beziehen sich auf AG. und KG. auf Aktien gemeinschaftlich; während für diese jetzt nur eine Verweisung stattfindet (§§ 320 Abs. 3 und 325 Nr. 9). Sachlich ist gegen früher wenig geändert; vgl. § 312 Abs. 3, § 313 Nr. 1 und 3, § 314 Nr. 2, 3, 5, §§ 316 ff. — Die §§ 312—315 bedrohen im Wesentlichen Amtsvergehen der Angestellten der AG. (bezw. der Gründer), und zwar entweder gegen die Gesellschaft (§ 312) oder gegen das Publikum (§§ 313—315), die §§ 316—318 betreffen Vergehen in Bezug auf die Ausübung des Stimmrechts.

§ 312.

Mitglieder des Vorstandes oder des Aufsichtsraths oder Liquidatoren werden, wenn sie absichtlich zum Nachtheile der Gesellschaft handeln, mit Gefängniß und zugleich mit Geldstrafe bis zu zwanzigtausend Mark bestraft.

Zugleich kann auf Verlust der bürgerlichen Ehrenrechte erkannt werden.

Sind mildernde Umstände vorhanden, so kann ausschließlich auf die Geldstrafe erkannt werden.

§ **312. Untreue.** (Art. 249, I 284, II 303.)

Abs. 1. Gleichgültig ist, ob das Handeln vor oder nach Eintragung der Gesellschaft stattfindet (RG. 5 S. 18), ob das Mitglied selbst Kontrahent ist oder nicht (RG.Str. 26 S. 137). — Absichtlich (vorsätzlich, wissentlich), d. h. mit dem Bewußtsein der Benachtheiligung: RG.Str. 1 S. 329, 7 S. 282, 26 S. 137, ev. dolus: 27 S. 241. — Handeln, positiv oder negativ: RG.Str. 11 S. 414; „zum Nachtheil", nämlich zu thatsächlich eingetretenem Nachtheil: RG.Str. 1 S. 275, 2 S. 154, 14 S. 404, 16 S. 79, 27 S. 39; welcher entgangenen Gewinn einschließt: BGB. § 252; RG.Str. 23 S. 57, 26 S. 241, 27 S. 43. Gefängniß bis zu 5 Jahren: Str.GB. § 16.

Abs. 2. Str.GB. §§ 32 ff.

Abs. 3 ist von der Kommission beschlossen; „auf die Geldstrafe", nämlich bis 20000 Mark; nicht „auf Geldstrafe".

§ 313.

Mit Gefängniß und zugleich mit Geldstrafe bis zu zwanzigtausend Mark werden bestraft:

1. Gründer oder Mitglieder des Vorstandes oder des Aufsichtsraths, die zum Zwecke der Eintragung der Gesellschaft in das Handelsregister in Ansehung der Zeichnung oder Einzahlung des Grundkapitals, des Betrags, zu welchem die Aktien ausgegeben werden, oder der im § 186 vorgesehenen Festsetzungen wissentlich falsche Angaben machen;
2. diejenigen, welche in Ansehung der vorerwähnten Thatsachen

wissentlich falsche Angaben in einer im § 203 bezeichneten Ankündigung von Aktien machen;

3. Mitglieder des Vorstandes oder des Aufsichtsraths, die zum Zwecke der Eintragung einer Erhöhung des Grundkapitals in das Handelsregister in Ansehung der Einzahlung des bisherigen oder der Zeichnung oder Einzahlung des erhöhten Kapitals oder in Ansehung des Betrags, zu welchem die Aktien ausgegeben werden, oder in Ansehung der im § 279 bezeichneten Festsetzungen wissentlich falsche Angaben machen.

Zugleich kann auf Verlust der bürgerlichen Ehrenrechte erkannt werden. Sind mildernde Umstände vorhanden, so tritt ausschließlich die Geldstrafe ein.

§ 313. **Wissentlich falsche Angaben zum Zwecke der Eintragung in das HR.** (Art. 249a, I 285, II 304.) Auch wenn ein Nachtheil der Gesellschaft im Erfolge (§ 312) nicht eintritt. — Gefängniß bis zu 5 Jahren: Str.GB. § 16.

Abs. 1. Nr. 1. Gründer: § 202; Mitglieder des Vorstandes oder des Aufsichtsraths: §§ 195, 196, 198.

Nr. 3. Vgl. §§ 280 ff.

Abs. 2. Str.GB. §§ 32 ff.

Abs. 3. „Die Geldstrafe bis zu 20000 Mark" ist ausschließlich, nicht wie in § 312, wahlweise anwendbar. Bei ihrer Umwandlung darf nicht das Höchstmaß der Freiheitsstrafe überschritten werden (Str.GB. § 29 Abs. 2).

§ 314.

Mitglieder des Vorstandes oder des Aufsichtsraths oder Liquidatoren werden mit Gefängniß bis zu einem Jahre und zugleich mit Geldstrafe bis zu zwanzigtausend Mark bestraft, wenn sie wissentlich

1. in ihren Darstellungen, in ihren Uebersichten über den Vermögensstand der Gesellschaft oder in den in der Generalversammlung gehaltenen Vorträgen den Stand der Verhältnisse der Gesellschaft unwahr darstellen oder verschleiern;
2. auf Namen lautende Aktien, in denen die im § 179 Abs. 4 vorgeschriebene Angabe nicht enthalten ist, oder auf den Inhaber lautende Aktien ausgeben, bevor darauf der Nennbetrag oder, falls der Ausgabepreis höher ist, dieser Betrag voll geleistet ist;
3. Aktien oder Interimsscheine ausgeben, bevor die Gesellschaft oder im Falle einer Erhöhung des Grundkapitals die erfolgte Erhöhung in das Handelsregister eingetragen ist;
4. außer den Fällen des § 180 Abs. 2, 3 Aktien oder Interimsscheine ausgeben, die auf einen geringeren Betrag als eintausend Mark gestellt sind;
5. in den Fällen des § 180 Abs. 2, 3 Aktien oder Interimsscheine

ausgeben, in denen die im § 180 Abs. 4 vorgeschriebenen Angaben nicht enthalten sind.

Im Falle der Nr. 1 kann zugleich auf Verlust der bürgerlichen Ehrenrechte erkannt werden.

Sind mildernde Umstände vorhanden, so tritt ausschließlich die Geldstrafe ein.

§ 314. **Wissentlich unwahre Darstellung und verbotene Ausgabe von Aktien pp.** (Art. 249b, I 286, II 305.) — Wissentlich, wider besseres Wissen, bewußt unwahr müssen die Angaben sein; grobe Fahrlässigkeit, Wissenmüssen genügt nicht.

Nr. 1. Aberkennung der bürgerlichen Ehrenrechte (Abs. 2); „in ihren Darstellungen", prägnant, d. h. solchen, die sie als Vorstand, Aufsichtsrath, Liquidator machen; dahin gehören auch Vorträge, die nicht in der Generalversammlung gehalten, ja nicht einmal für die Aktionäre bestimmt gewesen sind (RG.Str. 5 S. 146); das „wissentlich" ist also auch auf die Amtseigenschaft zu beziehen, Privatmittheilungen Jemandes, der zwar zufällig Vorstand ist, sie aber ohne das Bewußtsein, als solcher dem Anderen bekannt zu sein, macht, gehören nicht hierher. — Bewußtes Schweigen des Aufsichtsrathes zu unwahren Darstellungen des Vorstandes selbst Darstellung? RG.Str. 14 S. 80. — „Stand der Verhältnisse" geht weiter als Vermögensstand: RG.Str. 21 S. 172.

Nr. 2. § 179 Abs. 4: Angabe der geleisteten Einzahlungen; Inhaberaktien: § 179 Abs. 3.

Nr. 3. § 200 Abs. 2, § 287 Abs. 1.

Nr. 4. § 180 Abs. 2: Genehmigung des Bundesrathes, Abs. 3: vinkulirte Namenaktien und Interimsscheine.

Nr. 5. § 180 Abs. 4: Angabe der ertheilten Genehmigung nach Abs. 2, bezw. der Beschränkungen in Ansehung der Uebertragung der vinkulirten Namenaktien und Interimsscheine.

Abs. 2. Str.GB. §§ 32 ff.

Abs. 3. „Die Geldstrafe" bis zu 20000 Mark; bei Umwandlung darf der Höchstbetrag von 1 Jahr Gefängniß nicht erreicht werden: Str.GB.: § 29 Abs. 2; RG.Str. 11 S. 132.

§ 315.

Mit Gefängniß bis zu drei Monaten und zugleich mit Geldstrafe bis zu fünftausend Mark werden bestraft:

1. die Mitglieder des Vorstandes oder die Liquidatoren sowie die Mitglieder des Aufsichtsraths, wenn länger als drei Monate die Gesellschaft ohne Aufsichtsrath geblieben ist oder in dem letzteren die zur Beschlußfähigkeit erforderliche Zahl von Mitgliedern gefehlt hat;
2. die Mitglieder des Vorstandes oder die Liquidatoren, wenn entgegen den Vorschriften des § 240 Abs. 2 und des § 298 Abs. 2 der Antrag auf Eröffnung des Konkursverfahrens unterblieben ist.

Sind mildernde Umstände vorhanden, so tritt ausschließlich die Geldstrafe ein.

Straflos bleibt derjenige, bezüglich dessen festgestellt wird, daß die

Bestellung oder Ergänzung des Aufsichtsraths oder der Eröffnungsantrag ohne sein Verschulden unterblieben ist.

§ 315. **Aufsichtsrathsmangel; Unterlassung Konkurs zu beantragen.** (Art. 249 c, I 287, II 306.)

Nr. 1. Vgl. § 243. Die Thatsache allein ist maßgebend, der Grund der Aufsichtsrathslosigkeit oder Beschlußunfähigkeit gleichgültig; s. aber Abs. 3; vgl. RG.Str. 5 S. 162. — Bei Umwandlung vgl. Str.GB. § 29 Abs. 2: RG.Str. 11 S. 132.

Abs. 3. Die Feststellung, daß diese Strafausschließungsgründe nicht vorliegen, ist unbedingt nothwendig: RG.Str. 2 S. 382. Rechtsirrthum über die Verpflichtung schließt Verschulden aus: RG.Str. 5 S. 161. Ueberstimmung bei der Beschlußfassung entschuldigt nicht.

§ 316.

Wer über die Hinterlegung von Aktien oder Interimsscheinen Bescheinigungen, die zum Nachweise des Stimmrechts in einer Generalversammlung dienen sollen, wissentlich falsch ausstellt oder verfälscht oder von einer solchen Bescheinigung, wissend, daß sie falsch oder verfälscht ist, zur Ausübung des Stimmrechts Gebrauch macht, wird mit Gefängniß bis zu einem Jahre und zugleich mit Geldstrafe bis zu zehntausend Mark bestraft. Daneben kann auf Verlust der bürgerlichen Ehrenrechte erkannt werden. Sind mildernde Umstände vorhanden, so tritt ausschließlich die Geldstrafe ein.

§ 316. **Falsche Hinterlegungsbescheinigungen.** (Art. 249 d Abs. 1 Nr. 3, Abs. 2, 3, I 288, II 307; Art. 249 d Abs. 1 Nr. 1, 2 und Abs. 4 sind durch Börsenges. § 75 ersetzt.) „Zur Ausübung des Stimmrechts" macht Gebrauch nicht schon der, welcher einer Mittelsperson die Bescheinigung aushändigt; Vorzeigung an ein zuständiges Organ muß hinzukommen: RG.Str. 1 S. 230.

§ 317.

Wer sich besondere Vortheile dafür gewähren oder versprechen läßt, daß er bei einer Abstimmung in der Generalversammlung in einem gewissen Sinne stimme oder an der Abstimmung in der Generalversammlung nicht Theil nehme, wird mit Geldstrafe bis zu dreitausend Mark oder mit Gefängniß bis zu einem Jahre bestraft.

Die gleiche Strafe trifft denjenigen, welcher besondere Vortheile dafür gewährt oder verspricht, daß Jemand bei einer Abstimmung in der Generalversammlung in einem gewissen Sinne stimme oder an der Abstimmung in der Generalversammlung nicht Theil nehme.

§ 317. **Stimmenkauf und -Verkauf.** (Art. 249 e, I 289, II 308.) Vgl. Str.GB. § 109.

Abs. 1. Stimmenverkauf. Besondere Vortheile, nicht nur materielle: RG.Str. 4 S. 48, 9 S. 166; „in einem gewissen Sinne", d. h. der Zweck muß erkennbar sein: RG.Str. 11 S. 222; Verkauf der Stimmenthaltung war bisher nicht strafbar. Wie sie ausgeführt wird, ob der Erschienene nicht abstimmt, ob er absichtlich nicht erscheint, oder die für die Zulassung erforderliche Anmeldung oder die Hinterlegung verzögert (§ 255), oder absichtlich ungenügende (mündliche) Vollmacht ertheilt (§ 252 Abs. 2) ist gleichgültig. — Der „Strohmann" übt ungestraft ein materiell fremdes Stimmrecht aus.

Abs. 2. (Neu.) Stimmenkauf; vgl. RG. 12 S. 122; — „nicht theilnehmen", d. h. in wirksamer Weise: s. vorige Bem. Verfügung über das eigene Stimmrecht kann natürlich Jeder nach Belieben vornehmen, und für die Ausübung seinen Bevollmächtigten bezahlen.

§ 318.

Wer die Aktien eines Anderen, zu dessen Vertretung er nicht befugt ist, ohne dessen Einwilligung zur Ausübung des Stimmrechts in der Generalversammlung oder zur Ausübung eines der in den §§ 254, 264, 266, 268, 271, 295, 309 bezeichneten Rechte benutzt, wird mit einer Geldstrafe von zehn bis dreißig Mark für jede der Aktien, jedoch nicht unter eintausend Mark, bestraft. Die gleiche Strafe trifft denjenigen, welcher Aktien eines Anderen gegen Entgelt leiht und für diese eines der vorbezeichneten Rechte ausübt, sowie denjenigen, welcher hierzu durch Verleihung der Aktien wissentlich mitwirkt.

§ 318. **Aktienmißbrauch.** (Art. 249 f., I 290, II 309.) Die bisherige gegen mißbräuchliche Benutzung oder unentgeltliche Leihe oder Verleihung von Aktien zur Ausübung des Stimmrechts in der Generalversammlung gerichtete Strafvorschrift wird auf die Benutzung der Aktien zur Ausübung eines der einer Minderheit eingeräumten Rechte ausgedehnt. Auch in diesen Fällen treffen die Gründe zu, welche einen strafrechtlichen Schutz gegen Fälschung von Entschließungen der Gesellschaft und der bei ihnen mitwirkenden Aktionäre erheischen (D.). § 254: 1/20-Minderheit zur Berufung der Generalversammlung oder Ankündigung von Gegenständen; § 264: 1/10-Minderheit zur Vertagung der Bilanzgenehmigung; § 266: 1/10-Minderheit zur gerichtlichen Bestellung von Revisoren; § 268: 1/10-Minderheit zu Klagen gegen Vorstands- und Aufsichtsrathsmitglieder; § 271: 1/20-Minderheit zur Anfechtungsklage wegen übermäßigen Abschreibungen und Rücklagen; § 295: 1/20-Minderheit zum Antrage auf gerichtliche Ernennung von Liquidatoren; § 309: Nichtigkeitsklage. — Nachträgliche Einwilligung genügt nicht.

§ 319.

Die Mitglieder des Vorstandes oder die Liquidatoren sind zur Befolgung der im § 240 Abs. 1, im § 246 Abs. 1, im § 260 Abs. 2, im § 263 Abs. 1, im § 267 Abs. 1, 2, im § 272 Abs. 4, im § 299 und im § 302 Abs. 2 enthaltenen Vorschriften von dem im § 195 bezeichneten Gerichte durch Ordnungsstrafen anzuhalten. Die Höhe der Strafen bestimmt sich nach § 14 Satz 2.

In Betreff der im § 195 Abs. 1, im § 277 Abs. 1, im § 280 Abs. 1, im § 284 Abs. 1, im § 304 Abs. 3 sowie im § 305 Abs. 2 vorgesehenen Anmeldungen zum Handelsregister findet, soweit es sich um die

Anmeldungen zum Handelsregister des Sitzes der Gesellschaft handelt, eine Verhängung von Ordnungsstrafen nach § 14 nicht statt.

§ 319. **Ordnungsstrafen.** (Art. 249 g Abs. 2, I 291, II 310.) Mit Rücksicht auf § 14 sind alle diejenigen Vorschriften, welche die Anmeldungen, die Zeichnung von Unterschriften und die Einreichung von Schriftstücken bei dem Registergerichte betreffen, hier nicht mehr besonders erwähnt.

Abs. 1 hebt vielmehr die Fälle hervor, in welchen dem Vorstande oder den Liquidatoren gewisse Pflichten auferlegt sind, deren Erfüllung das Registergericht gegebenen Falles durch Ordnungsstrafen erzwingen soll;

Abs. 2 diejenigen anderen Fälle, in welchen, wie bei der Errichtung der Gesellschaft und bei einer Aenderung des Gesellschaftsvertrages, der Rechtserfolg unbedingt von der Eintragung abhängig ist, ein Zwang zur Anmeldung also ausgeschlossen bleiben muß. Das trifft jedoch nur zu für die Anmeldung beim Registergericht des Sitzes der Gesellschaft, nicht für die Anmeldung am Sitze der Zweigniederlassung: §§ 201, 13.

Vierter Abschnitt.

Kommanditgesellschaft auf Aktien.

Vierter Abschnitt. Kommanditgesellschaft auf Aktien: §§ 320—334. Der Abschnitt ist im Verhältniß zum bisherigen HGB. umgestellt, und die Lehre in ihrem hauptsächlichsten Theile, der Aktionärbetheiligung, einfach den Vorschriften über AG. untergeordnet, „soweit sich nicht aus den nachfolgenden Vorschriften oder aus dem Fehlen eines Vorstandes ein Anderes ergiebt"; während das Rechtsverhältniß der persönlich haftenden Gesellschafter den Vorschriften über die Kommanditgesellschaft folgt: § 320.

§ 320.

Mindestens ein Gesellschafter der Kommanditgesellschaft auf Aktien haftet den Gesellschaftsgläubigern unbeschränkt (persönlich haftender Gesellschafter), während die übrigen sich nur mit Einlagen auf das in Aktien zerlegte Grundkapital der Gesellschaft betheiligen (Kommanditisten).

Das Rechtsverhältniß der persönlich haftenden Gesellschafter unter einander und gegenüber der Gesammtheit der Kommanditisten sowie gegenüber Dritten, insbesondere die Befugniß der persönlich haftenden Gesellschafter zur Geschäftsführung und zur Vertretung der Gesellschaft, bestimmt sich nach den für die Kommanditgesellschaft geltenden Vorschriften.

Im Uebrigen gelten für die Kommanditgesellschaft auf Aktien, soweit sich nicht aus den nachfolgenden Vorschriften oder aus dem Fehlen eines Vorstandes ein Anderes ergiebt, die Vorschriften des dritten Abschnitts über die Aktiengesellschaft.

§ 320. **Begriff.** (Art. 173 Abs. 1, I 292, II 311.)

Abs. 1. Vgl. § 161. Der Unterschied von der Kommanditgesellschaft besteht also lediglich darin, daß die Vermögenseinlagen der Kommanditisten Theile eines in Aktien zerlegten Grundkapitals sind. Dieses Grundkapital ist natürlich der Hauptfaktor der Gesellschaft und daher die ganze Organisation, statt wie früher der Kommanditgesellschaft, mit Recht jetzt der Aktiengesellschaft untergeordnet, von der sie sich nur dadurch unterscheidet, daß mindestens ein Gesellschafter den Gesellschaftsgläubigern unbeschränkt haftet. Sie ist eine Aktiengesellschaft mit mindestens einem persönlich haftenden Gesellschafter, der aber nicht selbst Aktionär zu sein braucht (§ 321 Abs. 1) und dessen Einlage andererseits nach Höhe und Art nicht mehr zu den wesentlichen Bestimmungen des Gesellschaftsvertrages gehört, weil das in Art. 174a vorgeschriebene Mindestmaß der gesammten Komplementäreinlage weggefallen ist (§ 322 Abs. 2).

Abs. 2 und 3 sind lediglich Konsequenzen dieser Kombination. Abs. 3 gilt insbesondere auch für die Persönlichkeit der Gesellschaft nach § 210, „sie hat als solche selbständig ihre Rechte und Pflichten, und die Aktionäre haften nicht persönlich als solche, auch wie nach § 217 nur wegen der Rechtswidrigkeit des Empfanges. Auch für die Bestellung eines Prokuristen gilt § 238; ROHG. 7 S. 412; vgl. dagegen 24 S. 166; Johow 6 S. 62.

§ 321.

Der Inhalt des Gesellschaftsvertrags muß von mindestens fünf Personen in gerichtlicher oder notarieller Verhandlung festgestellt werden. Die persönlich haftenden Gesellschafter müssen sich sämmtlich bei der Feststellung betheiligen; außer ihnen können nur Personen mitwirken, die als Kommanditisten Aktien übernehmen. In der Verhandlung ist der Betrag der von jedem Betheiligten übernommenen Aktien anzugeben.

Die Gesellschafter, welche den Inhalt des Gesellschaftsvertrags festgestellt haben oder andere als durch Baarzahlung zu leistende Einlagen machen, gelten als die Gründer der Gesellschaft.

§ 321. **Gründung.** (Art. 175 Abs. 1, I 293, II 312.) — Die Art der Gründung bei der Kommanditgesellschaft auf Aktien ist jetzt nicht mehr immer die Zeichnungs- (Successiv-)Gründung, weil der Gesellschaftsvertrag nicht ausschließlich von den Komplementären festgestellt werden muß (Art. 175 Abs. 1), sondern mindestens von fünf Personen, von denen möglicher Weise 4, 3, 2, 1 Aktionär sein können. Uebernehmen diese Aktionäre bei der Feststellung des Gesellschaftsvertrages oder im Anschluß daran (§ 188 Abs. 2) sämmtliche Aktien, so liegt (Simultan-) Einheitsgründung vor.

Abs. 1. Vgl. § 182 Abs. 1; wenn verschiedene Gattungen von Aktien ausgegeben werden, müssen auch die Gattungen angegeben werden. Daß dieser Zusatz der Kommission zu § 182 Abs. 1 hier nicht gelten solle, ergiebt sich aus dem letzten Satze nicht.

Abs. 2. Vgl. § 187.

§ 322.

Der Gesellschaftsvertrag muß außer den im § 182 Abs. 2 Nr. 1 bis 3, 5, 6 vorgesehenen Festsetzungen den Namen, Vornamen, Stand und Wohnort jedes persönlich haftenden Gesellschafters enthalten.

Vermögenseinlagen der persönlich haftenden Gesellschafter müssen, sofern sie nicht auf das Grundkapital erfolgen, nach Höhe und Art im Gesellschaftsvertrage festgesetzt werden.

Die Vorschrift des § 186 Abs. 1 findet auf alle zu Gunsten eines persönlich haftenden Gesellschafters bedungenen besonderen Vortheile Anwendung.

§ 322. **Inhalt des Gesellschaftsvertrages.** (Art. 175 Abs. 2 Nr. 1—4, 6, 7, 175b Abs. 1, I 294, II 313.)

Abs. 2. Die Höhe und Art der Einlage des persönlich haftenden Gesellschafters ist im Allgemeinen nicht mehr wie nach Art. 175[1] wesentliche Bestimmung des Gesellschaftsvertrages, da die Vorschriften über den gesetzlichen Mindestbetrag dieser Einlagen weggefallen sind, auch der etwaige Aktienbesitz der Komplementäre jeden Augenblick wechseln kann. Nur soweit die persönlich haftenden Gesellschafter solche nicht auf das Grundkapital machen, sind sie nach Höhe und Art im Gesellschaftsvertrage festzusetzen (§ 162 Abs. 1).

§ 323.

Zeichnungsscheine haben außer den im § 189 vorgesehenen Angaben die Bezeichnung derjenigen Gründer zu enthalten, welche persönlich haftende Gesellschafter sind.

In der mit der Anmeldung der Gesellschaft zum Handelsregister nach § 195 Abs. 3 Satz 1 zu verbindenden Erklärung ist in Ansehung der durch Baarzahlung zu leistenden Einlagen anzugeben, daß der eingeforderte Betrag baar eingezahlt und im Besitze der persönlich haftenden Gesellschafter ist.

Zur Theilnahme an der im § 196 bezeichneten Verhandlung sind auch die persönlich haftenden Gesellschafter berechtigt. Die der Errichtung der Gesellschaft zustimmende Mehrheit muß mindestens ein Viertheil der in dem Verzeichniß aufgeführten Kommanditisten begreifen; der Betrag ihrer Antheile muß mindestens ein Viertheil des nicht von den persönlich haftenden Gesellschaftern übernommenen Grundkapitals darstellen.

Bei der Eintragung in das Handelsregister sind statt der Mitglieder des Vorstandes die persönlich haftenden Gesellschafter anzugeben. Enthält der Gesellschaftsvertrag besondere Bestimmungen über die Befugniß der persönlich haftenden Gesellschafter zur Vertretung der Gesellschaft, so sind auch diese Bestimmungen einzutragen.

§ 323. **Zeichnungsgründung.** (Art. 175c, 176 Abs. 1 u. 3 Satz 1, 175f. Abs. 3 Satz 1, I 295, II 314.)

Abs. 1. Vgl. § 189 Abs. 3 Nr. 2 und § 321.

Abs. 3 Satz 1. Zur Theilnahme an der Generalversammlung der Aktionäre wären an sich (vgl. § 250) nur diese und also die persönlich haftenden Gesellschafter nur, wenn sie Aktien besitzen, berechtigt. Diese Konsequenz wäre höchst unzweckmäßig, daher die Bestimmung, daß dieselben als solche, auch wenn sie keine Aktien besitzen, zur Theilnahme berechtigt sind. Dessenungeachtet haben sie ohne Aktien kein Stimmrecht nach § 252 Abs. 1, und wenn sie Aktien besitzen, ist es ihnen durch § 327 Abs. 1 entzogen. Sie können daher der Konstituirung, sofern die Versammlung nicht zugleich Aenderungen des Gesellschaftsvertrages beschließt (§ 327 Abs. 2), nicht mehr widersprechen. — Satz 2 folgt aus § 327 Abs. 1, da das in den Händen der persönlich haftenden Gesellschafter nicht stimmfähig ist. Vgl. § 324.

Abs. 4. Vgl. § 198.

§ 324.

Für den im § 207 bezeichneten Beschluß der Generalversammlung bedarf es, wenn sich der Beschluß auf einen im ersten Jahre nach der Eintragung der Gesellschaft geschlossenen Vertrag bezieht, einer Mehrheit, deren Antheile mindestens ein Viertheil des nicht auf Aktien der persönlich haftenden Gesellschafter entfallenden Theiles des Grundkapitals darstellen. Die Vorschrift des § 207 Abs. 3 Satz 1 bleibt unberührt.

§ 324. **Nachgründung.** (Art. 180c Abs. 3, I 296, II 315.) Ohne diese Einschränkung der Stimmenzählung würde, wie in § 323 Abs. 3, ein gültiger Beschluß von vornherein unmöglich sein. — Satz 2 will sagen, daß der zustimmende Beschluß (abgesehen von dem Erforderniß des vorhergehenden Satzes, nämlich: 1/4 des Grundkapitals, das nicht im Besitz der persönlich haftenden Gesellschafter ist) auch noch 3/4-Mehrheit des von diesem Grundkapitale bei der Beschlußfassung vertretenen Kapitals erfordert. Das in Händen der persönlich haftenden Gesellschafter befindliche Kapital zählt in keinem Falle mit.

§ 325.

Die den Vorstand der Aktiengesellschaft betreffenden Vorschriften

1. über die Anmeldungen, Einreichungen und Erklärungen zum Handelsregister,
2. über die Berufung der Generalversammlung,
3. über die Aufstellung, Vorlegung und Veröffentlichung der Jahresbilanz und der Gewinn- und Verlustrechnung sowie über die Vorlegung des Geschäftsberichts,
4. über die Anfechtung von Beschlüssen der Generalversammlung,
5. über das Verfahren im Falle der Bestellung von Revisoren zur Prüfung der Bilanz oder zur Prüfung von Vorgängen bei der Gründung oder Geschäftsführung sowie über die Obliegenheiten gegenüber den Revisoren und dem Aufsichtsrathe,
6. über die im Falle einer Herabsetzung des Grundkapitals an die Gläubiger zu richtende Aufforderung,
7. über die Geltendmachung von Ersatzansprüchen der Gesellschaft wegen der Geschäftsführung,
8. über die Stellung des Antrags auf Eröffnung des Konkursverfahrens,
9. über die strafrechtliche Verantwortlichkeit und über die Verhängung von Ordnungsstrafen

finden auf die persönlich haftenden Gesellschafter entsprechende Anwendung.

§ 325. **Anwendbare Vorschriften über den Vorstand.** (Neu; I 297 Abs. 1, II 316.)

Nr. 1: §§ 195 (die erste Anmeldung liegt den persönlich haftenden Gesellschaftern schon als Gründern ob), 207 Abs. 4, 234, 267 Abs. 2, 273, 277, 280, 284, 286, 289, 291, 296, 304 Abs. 3, 305 Abs. 2, 307 Abs. 3.

Nr. 2: §§ 197, 253 ff., 310.

Nr. 3: §§ 240, 246, 260 f., 265 f., 299.

Nr. 4: §§ 271, 308.

Nr. 5: §§ 192, 266 f., 327 Abs. 3.

Nr. 6: §§ 289 Abs. 2, 290 Abs. 2.

Nr. 7: §§ 268 f.

Nr. 8: § 240, also nicht nur im Falle der Zahlungsunfähigkeit, sondern auch der Ueberschuldung; dies setzt voraus, daß durch entsprechende Aenderung des § 209 (198) KO. die Kommanditgesellschaft auf Aktien der AG. in Bezug auf die Gründe der Konkurseröffnung gleichgestellt wird.

Nr. 9: der Ausdruck ist nicht ganz genau, insofern diese Vorschriften nicht „den Vorstand", sondern „die Mitglieder des Vorstandes" betreffen: §§ 312 bis 315, 319.

§ 326.

Ein persönlich haftender Gesellschafter darf ohne Einwilligung der Gesellschaft weder in dem Handelszweige der Gesellschaft Geschäfte machen noch an einer anderen gleichartigen Handelsgesellschaft als persönlich haftender Gesellschafter Theil nehmen. Die Einwilligung wird durch die übrigen persönlich haftenden Gesellschafter und, sofern nicht die Befugniß zur Ertheilung durch den Gesellschaftsvertrag oder durch einen Beschluß der Generalversammlung dem Aufsichtsrath übertragen ist, durch die Generalversammlung ertheilt.

Verletzt ein persönlich haftender Gesellschafter die ihm nach Abs. 1 obliegende Verpflichtung, so findet die Vorschrift des § 236 Abs. 2 Anwendung.

Die Ansprüche der Gesellschaft verjähren in drei Monaten von dem Zeitpunkt an, in welchem die übrigen persönlich haftenden Gesellschafter und der Aufsichtsrath von dem Abschlusse des Geschäfts oder von der Theilnahme des persönlich haftenden Gesellschafters an der anderen Gesellschaft Kenntniß erlangen; sie verjähren ohne Rücksicht auf diese Kenntniß in fünf Jahren von ihrer Entstehung an.

§ 326. **Konkurrenzverbot.** (Art. 196 a, I 297 Abs. 2, II 317.) Vgl. § 236.

§ 327.

In der Generalversammlung haben die persönlich haftenden Gesellschafter, auch wenn sie Aktien besitzen, kein Stimmrecht.

Die Beschlüsse der Generalversammlung bedürfen der Zustimmung der persönlich haftenden Gesellschafter, soweit sie Angelegenheiten betreffen, für die bei der Kommanditgesellschaft das Einverständniß der persönlich haftenden Gesellschafter und der Kommanditisten erforderlich ist.

Zur Ausübung der Befugnisse, welche in Ansehung der Bestellung von Revisoren und der Geltendmachung von Ansprüchen der Gesellschaft aus der Gründung oder der Geschäftsführung nach den §§ 266 bis 269 der Generalversammlung oder einer Minderheit von Aktionären zustehen, bedarf es der Zustimmung der persönlich haftenden Gesellschafter nicht.

Beschlüsse der Generalversammlung, die der Zustimmung der persönlich haftenden Gesellschafter bedürfen, sind zum Handelsregister erst einzureichen, wenn die Zustimmung erfolgt ist. Bei Beschlüssen, die in das Handelsregister einzutragen sind, ist die Zustimmung der persönlich haftenden Gesellschafter in dem über die Verhandlung aufzunehmenden Protokoll oder in einem Anhange zu dem Protokolle zu beurkunden.

§ 327. **Generalversammlung.** (Art. 190 Abs. 4, I 298, II 318.) Die Generalversammlung ist nicht wie bei der AG. Organ der Gesellschaft als solcher, sondern nur der Kommanditisten; ihr stehen die persönlich haftenden Gesellschafter gegenüber.

Abs. 1. Sie dürfen auch nicht das Stimmrecht Anderer ausüben; „weil jeder Generalversammlungsbeschluß auf eine Vereinbarung zwischen Komplementär und der in der Generalversammlung vertretenen Gesammtheit der Kommanditisten hinzielt, eine derartige Bevollmächtigung daher zu einer unzulässigen Kollision der Interessen führen würde": Mot. zur Nov. S. 206 (Streitfrage, s. Staub § 1). „In der Generalversammlung". „Ihre Stimme bleibt ihnen außerhalb der Generalversammlung der Kommanditisten und unabhängig von derselben in allen Angelegenheiten der Gesellschaft vollständig gewahrt" (Mot. a. a. O.). Eine Ausdehnung ihres Einflusses auf die Generalversammlung ist nicht rathsam, da die letztere berufen sein soll, die Interessen der Kommanditisten den persönlich haftenden Gesellschaftern gegenüber zu wahren (D.).

Abs. 2. Vgl. §§ 164, 161 Abs. 2, 119, 170, 332 Abs. 2, 125 ff. Der Zustimmung der persönlich haftenden Gesellschafter bedarf es also nicht bei Beschlüssen, die sich nur auf Angelegenheiten der Kommanditisten beziehen, z. B. Wahl oder Abberufung von Aufsichtsrathsmitgliedern, Bestellung von Prozeßbevollmächtigten, Kündigung der Gesellschaft u. s. w.; s. auch Abs. 3. — Form: § 259.

Abs. 3. Vgl. § 325 Nr. 5.

Abs. 4; vgl. § 325[1]. Satz 1: Ordnungsstrafe ist daher hier ebenso wie nach § 319 Abs. 2 ausgeschlossen; vgl. § 325[9]. — Satz 2 ist nicht sehr klar gefaßt; das „über die Verhandlung aufzunehmende Protokoll" kann jedoch nur das über die Generalversammlungsverhandlung nach § 259 aufzunehmende Protokoll bedeuten; denn die Vorschrift, daß bei solchen Beschlüssen, „also namentlich bei Beschlüssen über eine Aenderung des Gesellschaftsvertrages (§ 321), die Zustimmung der persönlich haftenden Gesellschafter in dem gerichtlichen oder notariellen Protokoll oder in einem Anhange zu diesem zu beurkunden ist, bezweckt, die Grundlage für die Eintragung in das Handelsregister zu sichern" (D.). Der Antrag erfordert natürlich ebenfalls gerichtliche oder notarielle Form. „Für sonstige Beschlüsse, welche der Zustimmung der persönlich haftenden Gesellschafter bedürfen, insbesondere für den Beschluß über die Bilanz und die Gewinnvertheilung, kann eine derartige Formvorschrift entbehrt werden" (D.).

§ 328.

Die Beschlüsse der Kommanditisten werden durch den Aufsichtsrath ausgeführt, soweit nicht im Gesellschaftsvertrag ein Anderes bestimmt ist.

In Rechtsstreitigkeiten, welche die Gesammtheit der Kommanditisten gegen die persönlich haftenden Gesellschafter oder diese gegen die Gesammtheit der Kommanditisten zu führen haben, werden die Kommanditisten durch den Aufsichtsrath vertreten, es sei denn, daß in der Generalversammlung besondere Vertreter gewählt werden. Für die Kosten des Rechtsstreits, welche den Kommanditisten zur Last fallen, haftet die Gesellschaft, unbeschadet ihres Rückgriffs gegen die Kommanditisten.

Die Vorschrift des § 247 Abs. 2 findet entsprechende Anwendung.

Persönlich haftende Mitglieder können nicht Mitglieder des Aufsichtsraths sein.

§ 328. **Aufsichtsrath.** (Art. 186 Abs. 2, 191 Abs. 1 Satz 2, 194 Abs. 2, 195 Abs. 1, I 299, II 319.)

Abs. 1 dispositiv, ein sog. Verwaltungsrath ist zweifellos vertragsmäßig zulässig.

Abs. 2 Satz 1: § 268; Satz 2: § 269 Abs. 4. Die Gesellschaft kann sich durch Abzug der auf die Kommanditisten fallende Dividende oder Liquidationsrate an dieselben halten.

Abs. 3. Handelt es sich um die Verantwortlichkeit der Mitglieder des Aufsichtsraths, so kann dieser ohne und selbst gegen den Beschluß der Generalversammlung gegen die persönlich haftenden Gesellschafter klagen.

Abs. 4. Vgl. § 248.

§ 329.

Ergiebt sich für die persönlich haftenden Gesellschafter nach dem Jahresertragniß ein Gewinnantheil, der nicht auf ihre Aktien fällt, so hat die Auszahlung zu unterbleiben, falls eine Unterbilanz vorhanden ist, die ihre nicht in Aktien bestehenden Kapitalantheile übersteigt. Solange eine solche Unterbilanz besteht, ist auch eine sonstige Entnahme von Geld auf den Kapitalantheil ausgeschlossen.

Auf den Gewinn, der sich für die persönlich haftenden Gesellschafter ergiebt, findet die Vorschrift des § 262 Nr. 1 über den Reservefonds Anwendung.

§ 329. **Gewinnantheil.** (Neu; I 300, II 320.)

Abs. 1. Wenn die Kapitalantheile der persönlich haftenden Gesellschafter in Aktien bestehen, so finden in Betreff der Gewinnberechnung und -Auszahlung für diese Antheile dieselben Regeln Anwendung, wie für alle anderen Aktien. Dagegen ist es nicht gerechtfertigt, die persönlich haftenden Gläubiger zu nöthigen, auch ihre nicht auf das Aktienkapital gemachten Einlagen in unveränderter Höhe zu erhalten und bis zur Wiederergänzung derselben auf jeden Gewinnbezug zu verzichten ... Es kommt vielmehr darauf an, ob nicht die etwaige Unterbilanz nur darauf beruht, daß neben dem Grundkapital zugleich die außerhalb desselben bestehenden Kapitalantheile der persönlich haftenden Gesellschafter in den Bilanzpassiven enthalten sind; denn soweit die Unterbilanz den Betrag dieser Kapitalantheile nicht übersteigt, ist das Nettovermögen der Gesellschaft mindestens ausreichend, um den Gesellschaftsgläubigern die in Höhe des Grundkapitals zugesagte Sicherheit zu gewähren" (D.). Anders, wenn der hier vorausgesetzte Fall eintritt.

Abs. 2. Mit Rücksicht auf die Möglichkeit, daß sich auch im Falle einer Unterbilanz der Gesellschaft ein Gewinn für die persönlich haftenden Gesellschafter ergiebt, war diese besondere Hervorhebung nöthig, weil von einem bilanzmäßigen Reingewinn der Gesellschaft im Sinne des § 262[1] keine Rede sein kann.

§ 330.

In Betreff der Thatsachen, durch welche die Auflösung der Kommanditgesellschaft auf Aktien herbeigeführt wird, sowie in Betreff des Ausscheidens eines von mehreren persönlich haftenden Gesellschaftern aus der Gesellschaft finden die für die Kommanditgesellschaft geltenden Vorschriften mit folgenden Maßgaben Anwendung.

Die Eröffnung des Konkurses über das Vermögen eines Kommanditisten hat die Auflösung der Gesellschaft nicht zur Folge; die Gläubiger eines Kommanditisten sind nicht berechtigt, die Gesellschaft zu kündigen.

Für die Kündigung durch die Kommanditisten sowie für ihre Zustimmung zur Auflösung der Gesellschaft ist ein Beschluß der Generalversammlung erforderlich; der Beschluß bedarf einer Mehrheit, die mindestens drei Viertheile des bei der Beschlußfassung vertretenen Grundkapitals umfaßt. Das Gleiche gilt in Betreff des Antrags auf Auflösung der Gesellschaft durch gerichtliche Entscheidung. Der Gesellschaftsvertrag kann noch andere Erfordernisse für die Beschlußfassung aufstellen.

Das Ausscheiden von persönlich haftenden Gesellschaftern kann außer dem Falle der Ausschließung nur stattfinden, soweit es im Gesellschaftsvertrage für zulässig erklärt ist.

Die Auflösung der Gesellschaft sowie das Ausscheiden eines persönlich haftenden Gesellschafters ist von sämmtlichen persönlich haftenden Gesellschaftern zur Eintragung in das Handelsregister anzumelden. Die Vorschrift des § 143 Abs. 3 findet Anwendung.

§ 330. **Auflösung.** (Art. 175a Abs. 1 Nr. 6, 199, 200, I 301, II 321.)
Abs. 1. Vgl. §§ 131 ff., 161 Abs. 2.
Abs. 2. Vgl. §§ 131[5, 6], 135.
Abs. 3. Vgl. § 131[6], vgl. § 292 Nr. 2.
Abs. 4. Vgl. §§ 133, 140; vgl. RG. 24 S. 58. Ohne Zulassung des Ausscheidens im Gesellschaftsvertrage hat also eine Vereinbarung zwischen Generalversammlung und persönlich haftenden Gesellschaftern über das Ausscheiden eines von ihnen keine Wirkung. — Daß sowohl die Ausschließung wie jedes sonstige Ausscheiden eines persönlich haftenden Gesellschafters nur möglich ist, wenn mindestens noch ein anderer persönlich haftender Gesellschafter übrig bleibt, ist selbstverständlich.
Abs. 5. Vgl. § 143.

§ 331.

Sofern nicht der Gesellschaftsvertrag ein Anderes bestimmt, erfolgt die Liquidation durch sämmtliche persönlich haftende Gesellschafter und durch eine oder mehrere von der Generalversammlung gewählte Personen als Liquidatoren.

Zu dem Antrag auf Ernennung oder Abberufung von Liquidatoren durch das Gericht ist auch jeder persönlich haftende Gesellschafter befugt.

§ 331. **Liquidation.** (Art. 205 Abs. 1, 206, I 302, II 322.) Die Liquidation der KG. auf Aktien vollzieht sich ganz in derselben Weise, wie die der AG.

§§ 332—334. **Umwandlung.** Wohl zu unterscheiden von der auch auf die KG. auf Aktien anwendbaren Vereinigung nach §§ 305, 306. Abgesehen von einzelnen Aenderungen hauptsächlich in Betreff der Bilanz sind im Wesentlichen die Vorschriften des Art. 206a wiederholt.

§ 332.

Eine Kommanditgesellschaft auf Aktien kann durch Beschluß der Generalversammlung und aller persönlich haftenden Gesellschafter in eine Aktiengesellschaft umgewandelt werden.

Die Vorschriften über eine Abänderung des Gesellschaftsvertrags finden Anwendung.

Die Antheile der der Umwandlung zustimmenden Mehrheit der Kommanditisten müssen mindestens ein Viertheil des nicht auf Aktien der persönlich haftenden Gesellschafter fallenden Theiles des Grundkapitals darstellen. In dem Beschlusse sind die zur Durchführung der Umwandlung erforderlichen Maßregeln, insbesondere die Firma sowie die Art der Bestellung und Zusammensetzung des Vorstandes, festzusetzen.

§ 332. **Beschluß.** (Art. 206a Abs. 3 S. 1, 2, Abs. 4 Satz 1, 3, I 304, II 323.)
Abs. 1. Der Beschluß der Generalversammlung unterliegt der gewöhnlichen Form des § 259; der „Beschluß" aller persönlich haftenden Gesellschafter (vgl. § 119) ist „das Einverständniß" oder „die Zustimmung" derselben, wovon § 327 spricht, und ist der in Abs. 4 daselbst vorgeschriebenen Form unterworfen.
Abs. 2. § 277; vgl. § 333.
Abs. 3 zu Satz 1: vgl. § 323 Abs. 3; zu Satz 2: §§ 22 Abs. 1, 20, 30, 31, 182[1] und § 320 Abs. 3, 182[4].

§ 333.

Bei der Anmeldung des Umwandlungsbeschlusses sind zugleich die Mitglieder des Vorstandes zur Eintragung in das Handelsregister anzumelden. Eine öffentlich beglaubigte Abschrift der Urkunden über ihre Bestellung ist beizufügen; bei der Anmeldung zur Eintragung in das Handelsregister einer Zweigniederlassung bedarf es der Beifügung dieser Abschrift nicht. Auf die Anmeldung zur Eintragung in das Handelsregister des Sitzes der Gesellschaft finden die Vorschriften des § 14 keine Anwendung.

Der Anmeldung ist eine von der Generalversammlung genehmigte, für einen höchstens zwei Monate vor der Anmeldung liegenden Zeitpunkt aufgestellte Bilanz beizufügen. Auf diese Bilanz finden die Vorschriften des § 261, des § 263 Abs. 1 und des § 264 Anwendung.

Mit der Eintragung scheiden die persönlich haftenden Gesellschafter aus der Gesellschaft aus; die Gesellschaft besteht von diesem Zeitpunkt an als Aktiengesellschaft fort.

§ 333. **Anmeldung.** (Art. 206a Abs. 3 Satz 1, 2, Abs. 4 Satz 1, I 304, II 324.)

Abs. 1. Zu Satz 1 vgl. § 325[1]; zu Satz 2: § 195 Abs. 2 Nr. 4 und § 201 Abs. 2; zu Satz 3: § 319 Abs. 2 und § 195 Abs. 1.

Abs. 2: die Vorschrift des Art. 206a, die Bilanz für den Tag der Anmeldung aufzustellen, ist thatsächlich unausführbar. Dieselbe soll nicht nur den Gesellschaftsgläubigern ein Urtheil über die Vermögenslage der Gesellschaft ermöglichen, sondern auch den Aktionären selbst eine Grundlage für die Entscheidung geben, ob die Umwandlung und mit dieser die Entlassung der persönlich haftenden Gesellschafter aus der Gesellschaft stattfinden kann. Die Bilanz ist deshalb gemäß §§ 260, 263 Abs. 1, 264 der Generalversammlung zur Genehmigung vorzulegen; bei ihrer Aufstellung sind die für die ordentliche Jahresbilanz maßgebenden Regeln des § 261 zu beobachten, „da die der Umwandlung zu Grunde gelegte Bilanz mit den späteren Bilanzen der nunmehrigen AG. in Einklang stehen muß" (D.).

Abs. 3. Mit dem Ende des Tages der Eintragung beginnt die fünfjährige Verjährung: §§ 159, 161 Abs. 2, 320 Abs. 2. — Vgl. § 200. „Die Gesellschaft besteht . . . fort"; nicht das Rechtssubjekt, sondern seine Vertretung wechselt: § 320 Abs. 3.

§ 334.

Unverzüglich nach der Eintragung hat der Vorstand in den Gesellschaftsblättern die im § 333 Abs. 2 vorgesehene Bilanz zu veröffentlichen.

Er hat unter Hinweis auf die Umwandlung die Gläubiger der Gesellschaft aufzufordern, ihre Ansprüche anzumelden. Die Aufforderung ist dreimal in den Gesellschaftsblättern zu veröffentlichen. Bekannte Gläubiger sind durch besondere Mittheilung zur Anmeldung aufzufordern.

Den Gläubigern, deren Forderungen vor der letzten öffentlichen Aufforderung begründet sind, ist Befriedigung zu gewähren oder Sicherheit zu leisten, sofern sie sich zu diesem Zwecke melden.

Die Mitglieder des Vorstandes oder des Aufsichtsraths haften den Gläubigern für die Beobachtung dieser Vorschriften als Gesammtschuldner, die Mitglieder des Aufsichtsraths, soweit eine Zuwiderhandlung mit ihrem Wissen und ohne ihr Einschreiten erfolgt.

§ 334. **Bekanntmachung.** (Art. 206a Abs. 5, I 305, II 325.)
Abs. 1. Unverzüglich: BGB. § 121; vgl. § 182 Abs. 2 Nr. 6 und Abs. 3.
Abs. 2: vgl. § 289 Abs. 2.
Abs. 3: vgl. § 289 Abs. 3.
Abs. 4: vgl. Anm. zu § 306 letzter Absatz.

Fünfter Abschnitt.

Stille Gesellschaft.

Fünfter Abschnitt. Stille Gesellschaft: §§ 335—342. Die bisherigen Vorschriften in HGB. Buch III Tit. 1, Art. 250—265 sind mit geringen sachlichen Aenderungen (vgl. §§ 335, 336 Abs. 2, 338, 339, 340 f.) übernommen Dagegen ist der 2. Titel des III. Buches über die sog. Gelegenheitsgesellschaft fallen gelassen; vgl. BGB. §§ 707, 713 (666), 718 f., 720, 730 ff.

§ 335.

Wer sich als stiller Gesellschafter an dem Handelsgewerbe, das ein Anderer betreibt, mit einer Vermögenseinlage betheiligt, hat die Einlage so zu leisten, daß sie in das Vermögen des Inhabers des Handelsgeschäfts übergeht.

Der Inhaber wird aus den in dem Betriebe geschlossenen Geschäften allein berechtigt und verpflichtet.

§ 335. **Einlage.** (Art. 250 Abs. 1, 252 Abs. 1, 256, I 306, II 326.)

Abs. 1: „an dem Handelsgewerbe", auch eines Minderkaufmanns (§ 4, RG. 9 S. 80), nicht nur an einzelnen Handelsgeschäften (Gelegenheitsgesellschaft, s. o. und ROHG. 9 S. 160); „ein Anderer betreibt", und zwar nur unter dessen Firma: § 18 Abs. 1, z. B. auch eine offene Handelsgesellschaft, dann ist sie, und sind nicht die einzelnen Gesellschafter Komplementär; vgl. RG. 30 S. 35. — Vermögenseinlage: auch Dienste? commis intéressé: Bolze 10 Nr. 534, RG. 33 S. 129; nicht die Verpflichtung gegen Kredit zu verkaufen: RG. 31 S. 74; zu einer Erhöhung oder Ergänzung (Art. 252 Abs. 2, außer durch etwaigen späteren Gewinn: § 337 Abs. 2) ist der stille Gesellschafter nicht verpflichtet: BGB. § 707; — „betheiligt", d. h. vertragsmäßig, die bloß thatsächliche Verwendung fremden Vermögens allein begründet nicht schon eine stille Gesellschaft: Busch Arch. 24 S. 339; der stille Gesellschafter kann zugleich hypothekarischer Gläubiger sein: Bolze 5 Nr. 127, 1144; von solchen Besonderheiten (z. B. auch Immobiliareinlagen) abgesehen, ist der Vertrag formfrei (Art. 250 Abs. 2 erledigt sich durch die allgemeine Formfreiheit nach BGB.); — „in das Vermögen" ... „übergeht": nicht nothwendig in das Eigenthum (Art. 252 Abs. 1); hierzu bedarf es der nach allgemeinen Grundsätzen erforderlichen Uebertragungshandlungen, außerdem kann die Einlage in Gegenständen bestehen, welche nur zum Gebrauch überlassen werden.

Abs. 2. Das Handelsgewerbe geht nur unter dem Namen des Inhabers: § 18, die in seinem Betriebe geschlossenen Geschäfte lauten lediglich auf ihn. „Dies schließt nicht aus, daß unter Umständen durch die Kundmachung des Gesellschaftsverhältnisses eine Haftung des stillen Gesellschafters gegenüber den Gesellschaftsgläubigern eintreten kann, sofern nach allgemeinen Grundsätzen, insbesondere nach den Vorschriften über den Kreditauftrag (BGB. § 778), die Voraussetzungen hierfür vorliegen" (D.).

§ 336.

Ist der Antheil des stillen Gesellschafters am Gewinn und Verluste nicht bestimmt, so gilt ein den Umständen nach angemessener Antheil als bedungen.

Im Gesellschaftsvertrage kann bestimmt werden, daß der stille Gesellschafter nicht am Verluste betheiligt sein soll; seine Betheiligung am Gewinne kann nicht ausgeschlossen werden.

§ 336. **Gewinn- und Verlustantheil.** (Art. 250 Abs. 1, 254, I 307, II 327.)

Abs. 1 wie Art. 254; vgl. dagegen BGB. § 722.

Abs. 2. Satz 1 war nach Art. 250 streitig; vgl. ROHG. 12 S. 100; RG. 3 S. 9, 27 S. 16, 30 S. 57, 31 S. 35.

§ 337.

Am Schlusse jedes Geschäftsjahrs wird der Gewinn und Verlust berechnet und der auf den stillen Gesellschafter fallende Gewinn ihm ausbezahlt.

Der stille Gesellschafter nimmt an dem Verluste nur bis zum Betrage seiner eingezahlten oder rückständigen Einlage Theil. Er ist nicht verpflichtet, den bezogenen Gewinn wegen späterer Verluste zurückzuzahlen; jedoch wird, solange seine Einlage durch Verlust vermindert wird, der jährliche Gewinn zur Deckung des Verlustes verwendet.

Der Gewinn, welcher von dem stillen Gesellschafter nicht erhoben wird, vermehrt dessen Einlage nicht, sofern nicht ein Anderes vereinbart ist.

§ 337. **Gewinn- und Verlustberechnung.** (Art. 255, I 308, II 328.)

Abs. 1. Es werden nicht etwa zunächst 4% Zinsen gutgeschrieben (§ 121; ROHG. 9 S. 36), auch für persönliche Thätigkeit des Komplementärs nichts in Ansatz gebracht (Bolze 7 Nr. 627). Für den Fall der Nichtzahlung am Schlusse des Geschäftsjahres s. Abs. 3.

Abs. 2 Satz 2. Vgl. § 169 Abs. 2; condictio indebiti wird dadurch nicht ausgeschlossen; § 172 letzter Abs. schützt dagegen nicht.

Abs. 3. Er bleibt kreditirt und muß seit seiner Fälligkeit am Jahresschlusse (Abs. 1) verzinst werden (§ 353).

§ 338.

Der stille Gesellschafter ist berechtigt, die abschriftliche Mittheilung der jährlichen Bilanz zu verlangen und ihre Richtigkeit unter Einsicht der Bücher und Papiere zu prüfen.

Die im § 716 des Bürgerlichen Gesetzbuchs dem von der Geschäftsführung ausgeschlossenen Gesellschafter eingeräumten weiteren Rechte stehen dem stillen Gesellschafter nicht zu.

Auf Antrag des stillen Gesellschafters kann das Gericht, wenn wichtige Gründe vorliegen, die Mittheilung einer Bilanz oder sonstiger Aufklärungen sowie die Vorlegung der Bücher und Papiere jederzeit anordnen.

§ 338. **Mittheilungsanspruch.** (Art. 253, I 309, II 329.)
Abs. 1 wie bisher; vgl. § 166 Abs. 1.
Abs. 2. Nämlich sich von den Angelegenheiten des Geschäftes zu unterrichten und sich eine Uebersicht über den Stand des Vermögens anzufertigen (neu).
Abs. 3 wie Art. 253 Abs. 2. Akt der freiwilligen Gerichtsbarkeit; Ges. über d. freiw. Gerichtsbarkeit § 145; Beschwerde: das. §§ 19 ff.

§ 339.

Auf die Kündigung der Gesellschaft durch einen der Gesellschafter oder durch einen Gläubiger des stillen Gesellschafters finden die Vorschriften der §§ 132, 134, 135 entsprechende Anwendung. Die Vorschriften des § 723 des Bürgerlichen Gesetzbuchs über das Recht, die Gesellschaft aus wichtigen Gründen ohne Einhaltung einer Frist zu kündigen, bleiben unberührt.

Durch den Tod des stillen Gesellschafters wird die Gesellschaft nicht aufgelöst.

§ 339. **Auflösung.** (Art. 261 Nr. 6 Abs. 3, 263, 264, I 319, II 330.) Im Allgemeinen genügen die Vorschriften BGB. §§ 723 ff. (D.).
Abs. 1. § 132: Gesellschaft auf unbestimmte Zeit ist mindestens sechs Monate vor Schluß des Geschäftsjahrs zu kündigen; § 134 desgleichen bei Gesellschaft auf Lebenszeit oder stillschweigender Fortsetzung zeitlich begrenzter Gesellschaft; § 135: Kündigung durch Privatgläubiger.
Abs. 2 wie Art. 264 Abs. 2; — ebensowenig wird sie durch Auflösung der offenen HG. aufgelöst.

§ 340.

Nach der Auflösung der Gesellschaft hat sich der Inhaber des Handelsgeschäfts mit dem stillen Gesellschafter auseinanderzusetzen und dessen Guthaben in Geld zu berichtigen.

Die zur Zeit der Auflösung schwebenden Geschäfte werden von dem Inhaber des Handelsgeschäfts abgewickelt. Der stille Gesellschafter nimmt Theil an dem Gewinn und Verluste, der sich aus diesen Geschäften ergiebt.

Er kann am Schlusse jedes Geschäftsjahrs Rechenschaft über die inzwischen beendigten Geschäfte, Auszahlung des ihm gebührenden Betrags und Auskunft über den Stand der noch schwebenden Geschäfte verlangen.

§ 340. **Auseinandersetzung.** (Art. 265, I 312, II 331.) Vgl. BGB. § 740.
Abs. 1 wie Art. 265 Abs. 1; der stille Gesellschafter scheidet aus; vgl. ROHG. 12 S. 100. Werthberechnung: Bolze 3 Nr. 778, 5 Nr. 736. — Das

Guthaben ist cedirbar: RG. 18 S. 43; die Vorschrift ist nicht anwendbar auf Sachen, die nur zum Gebrauch eingelegt sind: Bolze 17 Nr. 514.

Abs. 2 Satz 1: von einer Liquidation kann keine Rede sein; vgl. RG. 19 S. 164. Verantwortlichkeit für diligentia quam suis: Bolze 11 Nr. 466. Satz 2: das Gegentheil kann vereinbart werden, vgl. Bolze 14 Nr. 483a, 20 Nr. 571.

Abs. 3; vgl. ROHG. 13 S. 274, 23 S. 131; Bolze 1 Nr. 1161, 2 Nr. 1100, 3 Nr. 777, 4 Nr. 795, 6 Nr. 456, 457, 629, 7 Nr. 626, 8 Nr. 539; 13 Nr. 490, 17 Nr. 514.

§ 341.

Wird über das Vermögen des Inhabers des Handelsgeschäfts der Konkurs eröffnet, so kann der stille Gesellschafter wegen der Einlage, soweit sie den Betrag des auf ihn fallenden Antheils am Verlust übersteigt, seine Forderung als Konkursgläubiger geltend machen.

Ist die Einlage rückständig, so hat sie der stille Gesellschafter bis zu dem Betrage, welcher zur Deckung seines Antheils am Verlust erforderlich ist, zur Konkursmasse einzuzahlen.

§ 341. **Stellung im Konkurse.** (Art. 258 ebenso; I 313, II 332.) Zwingendes Recht: RG. 27 S. 19; Goldschm. 40 S. 482. — Vgl. RG. 31 S. 33 ff.; Bolze 2 Nr. 1100; Gruchot 29 S. 996. Der stille Gesellschafter hat kein Absonderungsrecht nach KO. §§ 16, 51 (14, 44).

§ 342.

Ist auf Grund einer in dem letzten Jahre vor der Eröffnung des Konkurses zwischen dem Inhaber des Handelsgeschäfts und dem stillen Gesellschafter getroffenen Vereinbarung diesem die Einlage ganz oder theilweise zurückgewährt oder sein Antheil an dem entstandenen Verluste ganz oder theilweise erlassen worden, so kann die Rückgewähr oder der Erlaß von dem Konkursverwalter angefochten werden. Es begründet keinen Unterschied, ob die Rückgewähr oder der Erlaß unter Auflösung der Gesellschaft stattgefunden hat oder nicht.

Die Anfechtung ist ausgeschlossen, wenn der Konkurs in Umständen seinen Grund hat, die erst nach der Vereinbarung der Rückgewähr oder des Erlasses eingetreten sind.

Die Vorschriften der Konkursordnung über die Geltendmachung der Anfechtung und deren Wirkung finden Anwendung.

§ 342. **Anfechtung des Konkursverwalters.** (Art. 250, I 314, II 333.) „Auf Grund einer ... Vereinbarung", dieselbe mag unmittelbar auf Rückgewähr, oder z. B. auf Auflösung (Art. 259 Abs. 1; z. B. auch durch Kündigung und Annahme), welche gemäß § 340 die Rückgewähr zur Folge hat, gerichtet sein. Aber die Vereinbarung muß getroffen sein zwischen dem „Geschäftsinhaber" und dem „stillen Gesellschafter", nicht z. B. schon in dem Gesellschaftsvertrage selbst, der diese Eigenschaft erst begründet, auch nicht zwischen jenen und einem Dritten zu Gunsten des stillen Gesellschafters, falls diese zu seinen Gunsten getroffene Vereinbarung überhaupt rechtswirksam ist. — „Zurückgewährt“ umfaßt jede Art der wissentlichen Zurückschaffung der Einlage aus dem Vermögen des Geschäftsinhabers in das des stillen Gesellschafters; vgl. z. B. RG. 27 S. 17; ROHG. 14 S. 93; nicht aber Zurückschaffung der Einlage in das Vermögen des stillen Gesellschafters gegen den Willen des Geschäftsinhabers, z. B. durch Zurückbehaltung nach § 370; vgl. auch KO. § 34 (27). — Der „Erlaß“ kann nur in den Grenzen des § 141 Abs. 2 geltend gemacht werden, und nur für bereits entstandene, nicht erst nachträgliche (§ 340) Verluste, vgl. RG. 31 S. 37; der zur Deckung des Verlustantheils des stillen Gesellschafters nicht erforderliche Theil der Einlage kann unanfechtbar erlassen werden.

Abs. 2. Vgl. Bolze 2 Nr. 1101; ROHG. 14 S. 93. Dagegen ist es, wie nach KO. § 35 (28), ganz gleichgültig, ob in oder auf Grund der Vereinbarung ein vollstreckbarer Titel und die Herausziehung der Einlage aus dem Vermögen des Geschäftsinhabers durch Zwangsvollstreckung erfolgt ist oder nicht.

Abs. 3. KO. §§ 35 (28)—40 (33), auch § 41 (34) über die einjährige Verjährung des Anfechtungsrechts, findet Anwendung, da sie durch Unterlassung der Geltendmachung eintritt.

Drittes Buch.

Handelsgeschäfte.

Erster Abschnitt.

Allgemeine Vorschriften.

Drittes Buch. Handelsgeschäfte: §§ 343—372. Der wesentliche Unterschied vom bisherigen System ist die gänzliche Aufgabe des Begriffs der objektiven Handelsgeschäfte (vgl. § 1). Sodann sind in Folge ihrer Erledigung durch das BGB. hier in Wegfall gekommen die Vorschriften der Art. 278 (Auslegung der Handelsgeschäfte: BGB. § 133); — Art. 280 (Gesammtschuld: BGB. § 427); — Art. 281 Abs. 1 (Einrede der Theilung, nicht mehr nur im Handelsrechte ausgeschlossen: BGB. §§ 421, 426, 769); — Art. 283 (Schadensersatz: BGB. §§ 49, 251, 252); — Art. 285 (Daraufgabe: BGB. §§ 336, 338); — Art. 286 (Verletzung über die Hälfte ist nach BGB. kein Einwand); — Art. 288 Abs. 1 (Verzugszinsen seit Mahnung: BGB. §§ 284, 288); — Abs. 2 (Uebersendung der Rechnung, allgemein keine Mahnung); — Art. 293 (Zinsen über Kapitalbetrag, allgemein zuläſſig); — Art. 294 (Anerkennung einer Rechnung schließt den Beweis eines Irrthums oder Betruges in der Rechnung allgemein nicht aus: BGB. §§ 812 Abs. 2, 119, 123); — Art. 295 (Beweiskraft von Schuldschein und Quittung, vgl. EG. z. CPO. 17); — Art. 296 (Ermächtigung des Quittungsbringers zum Zahlungsempfang: BGB. § 370); — Art. 297, 298 (Vollmacht: vgl. Art. 1, 52, 54 Abs. 2, 55, § 52 Abs. 3; BGB. §§ 164 ff.); — Art. 297 (Antrag und Auftrag: BGB. §§ 130 Abs. 2, 153, 672, 675); — Art. 299 (Cessionsvaluta ist allgemein unbeschränkt); — Art. 318—322 (Vertragsantrag und -Abschluß; BGB. §§ 130—132, 145—155); — Art. 324, 325 (Erfüllungsort: BGB. §§ 269, 270); — Art. 326—334 (Erfüllungszeit: BGB. §§ 186—193, 271, 272; insbesondere kann gemäß BGB. § 271 Abs. 2 bei Festsetzung einer Erfüllungszeit im Zweifel der Gläubiger nicht früher fordern; der Schuldner aber früher leisten. Zu Art. 331 vgl. insbesondere BGB. § 157).

§ 343.

Handelsgeschäfte sind alle Geschäfte eines Kaufmanns, die zum Betriebe seines Handelsgewerbes gehören.

Die im § 1 Abs. 2 bezeichneten Geschäfte sind auch dann Handelsgeschäfte, wenn sie von einem Kaufmann im Betriebe seines gewöhnlich auf andere Geschäfte gerichteten Handelsgewerbes geschlossen werden.

§ 343. **Begriff.** (Art. 273 Abs. 1, 2, 272, Abs. 2, I 315, II 334.)

Abs. 1. Vgl. § 344 Abs. 1; alle Geschäfte, sie mögen Mobilien oder Immobilien betreffen (vgl. ROHG. 3 S. 432, Bolze 15 Nr. 215: Hypothek); vorbereitender oder ausführender Natur sein (ROHG. 10 S. 243, 19 S. 354, 22 S. 329, Bolze 5 Nr. 424, 19 Nr. 317; Busch 7 S. 189, Geschäfte, nicht bloß Verträge (ROHG. 10 S. 236; Bolze 9 Nr. 198, 13 S. 29); eines Kaufmanns: §§ 1 ff., 4, 6; „gehören", auch z. B. Annahme einer Aufsichtsrathsstelle (RG. 19 S. 123); Heirathsvermittelung (Goldschm. 40 S. 482; vgl. Bolze 18 Nr. 251); Gesellschaftseintritt (Bolze 5 Nr. 424); Auseinandersetzung (das. u. ROHG. 12 S. 368); Geschäftsveräußerung (ROHG. 11 S. 149); Gründung (ROHG. 20 S. 198); Lotteriespiel (RG. 30 S. 191); Schenkung (ROHG. 16 S. 184; RG. 6 S. 228, 26 S. 19, 29 S. 11; Bolze 4 Nr. 463, 6 Nr. 458, 8 Nr. 311, 12 Nr. 270, 14 Nr. 256, 19 Nr. 320; nicht aber Schenkung auf den Todesfall? RG. 18 S. 49).

Abs. 2. In Bezug auf die sog. Grundgeschäfte ist ein nach § 344 Abs. 1 zulässiger Zweifel gleichgültig; vgl. RG. 28 S. 315; Bolze 15 Nr. 215, 216, 19 Nr. 319).

§ 344.

Die von einem Kaufmanne vorgenommenen Rechtsgeschäfte gelten im Zweifel als zum Betriebe seines Handelsgewerbes gehörig.

Die von einem Kaufmanne gezeichneten Schuldscheine gelten als im Betriebe seines Handelsgewerbes gezeichnet, sofern nicht aus der Urkunde sich das Gegentheil ergiebt.

344. **Vermuthung.** (Art. 274, I 316, II 335.)

Abs. 1. „Von einem Kaufmann vorgenommen" sind nicht nur die in eigener Person, sondern auch die von einem Anderen innerhalb der ihm zustehenden Vertretungsmacht in jenes Namen (BGB. §§ 164 ff.), — sei es in Folge ständiger (§§ 48, 54 ff., 125, 231, 246) oder einmaliger Vollmacht (BGB. §§ 164 ff.), sei es mit vorheriger oder nachträglicher Zustimmung (BGB. §§ 183, 184 — vorgenommenen oder als von ihm vorgenommen geltenden Rechtsgeschäfte (nicht wie in Art. 274: „Verträge"). Auch nach BGB. § 185 konvaleszirende Verfügungen? Die Kaufmannseigenschaft muß jedenfalls zur Zeit der Vornahme bestehen: ROHG. 15 S. 27, 16 S. 380.

Abs. 2. Vgl. BGB. §§ 952, 371; EG. z. CPO. § 16 Nr. 1; ROHG. 2 S. 429, 3 S. 367, 9 S. 174, 12 S. 111; Zeichnung mit bürgerlichem Namen allein ist kein Gegenbeweis (ROHG. 14 S. 12, 210; Bolze 4 Nr. 466, 14 Nr. 492a) wohl in Verbindung mit anderen Indizien: ROHG. 14 S. 286; J.W. 1893 S. 203.

§ 345.

Auf ein Rechtsgeschäft, das für einen der beiden Theile ein Handelsgeschäft ist, kommen die Vorschriften über Handelsgeschäfte für beide Theile gleichmäßig zur Anwendung, soweit nicht aus diesen Vorschriften sich ein Anderes ergiebt.

§ 345. **Einseitige Handelsgeschäfte.** (Art. 277, I 317, II 336.) „Die Vorschriften über Handelsgeschäfte"; vgl. dagegen ROHG. 15 S. 390 (Prozeßvorschriften), GVG. § 101; — „ein Anderes ergiebt", nämlich: einseitige Bestimmungen, die nicht beiderseits gleichmäßig Anwendung finden, enthalten §§ 347, 350; zweiseitige Handelsgeschäfte setzen voraus §§ 352, 353, 369 ff.

§ 346.

Unter Kaufleuten ist in Ansehung der Bedeutung und Wirkung von Handlungen und Unterlassungen auf die im Handelsverkehre geltenden Gewohnheiten und Gebräuche Rücksicht zu nehmen.

§ 346. **Handelsgewohnheiten und -Gebräuche.** (Art. 279, I 318, II 337.) „Unter Kaufleuten": §§ 1—3, 6, auch minderen Rechts: § 4. Dagegen ist der dem eigentlichen Handelsgewohnheitsrecht bisher (Art. 1) eingeräumte Vorrang vor dem bürgerlichen Rechte aufgehoben.

§ 347.

Wer aus einem Geschäfte, das auf seiner Seite ein Handelsgeschäft ist, einem Anderen zur Sorgfalt verpflichtet ist, hat für die Sorgfalt eines ordentlichen Kaufmanns einzustehen.

Unberührt bleiben die Vorschriften des Bürgerlichen Gesetzbuchs, nach welchen der Schuldner in bestimmten Fällen nur grobe Fahrlässigkeit zu vertreten oder nur für diejenige Sorgfalt einzustehen hat, welche er in eigenen Angelegenheiten anzuwenden pflegt.

§ 347. **Sorgfalt.** (Art. 282, I 319, II 338.)
Abs. 1. Vgl. BGB. § 276.
Abs. 2. Grobe Fahrlässigkeit bei Verzug (§ 300), Schenkung (§ 521 ff.), Leihe (§§ 599 f.), Geschäftsführung (§ 680); diligentia quam suis bei unentgeltlicher Verwahrung (§ 690) und Gesellschaft § 708; vgl. aber auch BGB. § 277. Es kann wohl nicht zweifelhaft sein, daß § 347 auf den Gegenkontrahenten, für den das Geschäft kein Handelsgeschäft ist, nicht Anwendung findet (§ 345).

§ 348.

Eine Vertragsstrafe, die von einem Kaufmann im Betriebe seines Handelsgewerbes versprochen ist, kann nicht auf Grund der Vorschriften des § 343 des Bürgerlichen Gesetzbuchs herabgesetzt werden.

§ 348. **Vertragsstrafe.** (Art. 284 Abs. 1, I 320, II 339.) Vertragsstrafe, d. h. die von dem Schuldner für den Fall, daß er seine Verbindlichkeit nicht oder nicht in gehöriger Weise erfüllt, versprochene Zahlung einer Geldsumme (BGB. § 339), ohne Unterschied, ob das Geschäft auf Seite des Gegenkontrahenten Handelsgeschäft ist oder nicht. Kaufmann: §§ 1—3, 6. § 348 ist nicht anwendbar auf Kaufleute minderen Rechts (§ 4): § 351. — Im Betriebe seines Handelsgewerbes; im Zweifel: § 344 Abs. 1.

§ 349.

Dem Bürgen steht, wenn die Bürgschaft für ihn ein Handelsgeschäft ist, die Einrede der Vorausklage nicht zu. Das Gleiche gilt unter der bezeichneten Voraussetzung für denjenigen, welcher aus einem Kreditauftrag als Bürge haftet.

§ 349. **Einrede der Vorausklage.** (Art. 281 Abs. 2, I 321, II 340.) Vgl. BGB. §§ 771, 778; früher genügte schon, wenn die Bürgschaft auf Seiten nur eines Betheiligten ein Handelsgeschäft war; aber „ein Bürge, der nicht selbst dem Handelsstande angehört, darf nicht dadurch der ihm nach BGB. zustehenden Rechtswohlthat verlustig gehen, daß er sich einem Kaufmann oder für einen Kaufmann verbürgt hat" (D.). Die Kündigung an den einredelosen Bürgern genügt daher: RG. 2 S. 187. — Auch § 349 findet auf Kaufleute minderen Rechts keine Anwendung: § 350.

§ 350.

Auf eine Bürgschaft, ein Schuldversprechen oder ein Schuldanerkenntniß finden, sofern die Bürgschaft auf der Seite des Bürgen, das Versprechen oder das Anerkenntniß auf der Seite des Schuldners ein Handelsgeschäft ist, die Formvorschriften des § 766 Satz 1, des § 780 und des § 781 Satz 1 des Bürgerlichen Gesetzbuchs keine Anwendung.

§ 350. **Form der Bürgschaft, des Schuldversprechens und -Anerkenntnisses.** (Art. 717, I 334, II 341.) — BGB. § 766, 780, 781 fordern Schriftlichkeit des Bürgschaftsvertrages (nicht des Kreditauftrages § 778), des Schuldversprechens und -Anerkenntnisses. Im Uebrigen ist der Grundsatz der Formfreiheit des Art. 317 auch ins BGB. übergegangen, außer für Vermögensübertragungen (§ 311 vgl. §§ 303 ff. d. Ges.), Immobiliarverträge (BGB. § 313), Mieth- und Pachtverträge über ein Jahr (§§ 566, 581), über den künftigen gesetzlichen Erbtheil (§ 312), Schenkungs- (§ 518), Leibrenten- (§ 761), Erbschaftsverträge (§ 2371). — § 350 findet auf Kaufleute minderen Rechts keine Anwendung: § 351.

§ 351.

Die Vorschriften der §§ 348 bis 350 finden auf die im § 4 bezeichneten Gewerbetreibenden keine Anwendung.

§ 351. **Handwerker u. s. w.** (Neu; I 323, II 342.) Also: auf die Vertragsstrafe eines Handwerkers u. s. w. finden BGB. § 343 über die Herabsetzbarkeit, auf den Handwerkerbürgen §§ 771, 773 über die Vorausklage Anwendung, und Bürgschaftsvertrag, Schuldversprechen und -Anerkenntniß eines Handwerkers müssen schriftlich abgefaßt sein.

§ 352.

Die Höhe der gesetzlichen Zinsen, mit Einschluß der Verzugszinsen, ist bei beiderseitigen Handelsgeschäften fünf vom Hundert für das Jahr. Das Gleiche gilt, wenn für eine Schuld aus einem solchen Handelsgeschäfte Zinsen ohne Bestimmung des Zinsfußes versprochen sind.

Ist in diesem Gesetzbuche die Verpflichtung zur Zahlung von Zinsen ohne Bestimmung der Höhe ausgesprochen, so sind darunter Zinsen zu fünf vom Hundert für das Jahr zu verstehen.

§ 352. **Gesetzliche Zinsen.** (Art. 278, II 344.)

Abs. 1. Folge der Herabsetzung des gesetzlichen Zinsfußes auf 4% in BGB. §§ 246, 288.

Abs. 2. Z. B. §§ 353 ff.

§ 353.

Kaufleute unter einander sind berechtigt, für ihre Forderungen aus beiderseitigen Handelsgeschäften vom Tage der Fälligkeit an Zinsen zu fordern. Zinsen von Zinsen können auf Grund dieser Vorschrift nicht gefordert werden.

§ 353. **Zinsen seit Fälligkeit; Zinsen von Zinsen.** (Art. 289, I 324, II 345.) Abweichung von §§ 278, 288 (Verzugszinsen seit Mahnung). Diese Zinspflicht tritt also unabhängig vom Verzuge ein; § 289 BGB., daß von Zinsen Verzugszinsen zu entrichten sind, findet deshalb keine unmittelbare Anwendung. „Zur Vermeidung von Zweifeln ist daher ausdrücklich bestimmt, daß Zinsen von Zinsen, die ja mit dem Tage der Fälligkeit der Hauptforderung zu laufen beginnen, und von nun an alltäglich einen Theil der Forderung bilden, „auf Grund dieses § 353 nicht gefordert werden können" (D.). S. dagegen z. B. § 355.

§ 354.

Wer in Ausübung seines Handelsgewerbes einem Anderen Geschäfte besorgt oder Dienste leistet, kann dafür auch ohne Verabredung Provision und, wenn es sich um Aufbewahrung handelt, Lagergeld nach den an dem Orte üblichen Sätzen fordern.

Für Darlehen, Vorschüsse, Auslagen und andere Verwendungen kann er vom Tage der Leistung an Zinsen berechnen.

§ 354. **Vergütung für kaufmännische Geschäftsbesorgung.** (Art. 290 Abs. 1, 2 [Abs. 3 ist als überflüssig weggelassen]; I 325, II 346.)

Abs. 1 enthält in Bezug auf Provision eine Abweichung von BGB. § 662, stimmt dagegen in Bezug auf Lagergeld überein mit BGB. § 689.

Abs. 2. Vgl. BGB. §§ 683, 670, 278.

§§ 355—357. **Kontokurrent.** Vgl. ROHG. 6 S. 256, 10 S. 99, 11 S. 143; RG. 1 S. 18, 10 S. 53, 18 S. 247, 22 S. 148; Bolze 16 Nr. 387; J.W. 1892 S. 374. Nach der Auffassung des Gesetzes besteht der Zweck des durch die Kontokurrentverbindung begründeten Rechtsverhältnisses nur darin, die aus einem dauernden Geschäftsverkehre sich ergebenden Beziehungen zu vereinfachen und die Vielheit der gegenseitigen Ansprüche durch periodische Feststellung eines einzigen Forderungspostens zu ersetzen Demgegenüber kommt die Frage, ob mit der Eingehung der Kontokurrentverbindung zugleich die Einräumung eines Kredits zu Gunsten des einen der Betheiligten verbunden ist, für das Wesen des Kontokurrentverhältnisses an sich nicht entscheidend in Betracht. Welche Forderungen und Leistungen — natürlich in Geld: RG. 2 S. 263 — in das Kontokurrent gehören, welche nicht, hängt von der Art und dem Gegenstande der Geschäftsverbindung im einzelnen Falle ab (ROHG. 5 S. 42). Pfand- und Bürgschaftsforderungen oder sonstwie gesicherte Forderungen, Wechselforderungen oder dgl. sind im Zweifel nicht ausgeschlossen (§ 356 Abs. 1). Für die laufende Rechnung im Kommissionsgeschäft ist im Gegentheil anzunehmen, daß alle einzelnen Forderungen des Kommissionärs, auch wenn sie durch ein gesetzliches Pfandrecht an dem in seinem Besitze befindlichen Kommissionsgut gesichert sind, in dieselbe gehören. — Der anerkannte Saldo (BGB. § 782) ist selbständiger Klaggrund (RG. 32 S. 40); Zurückgreifen auf den ursprünglichen Rechtsgrund Klagänderung (ROHG. 10 S. 102, vgl. S. 55, 3 S. 4; RG. 28 S. 36). — Ueber Einwendungen gegen den festgestellten Saldo: ROHG. 10 S. 358, 11 S. 276; RG. 2 S. 338, 5 S. 126, 23 S. 138; Einrede des Differenzgeschäftes: J.W. 1892 S. 166, 1894 S. 55; Bolze 19 Nr. 578; vgl. Börsenges. § 66. Verjährung: BGB. § 195; Bolze 16 Nr. 144. — Einen Unterschied zwischen Kontokurrent und laufender Rechnung (RG. 9 S. 430; vgl. § 397) kennt das Gesetz ebensowenig mehr wie zwischen Kontokurrent unter Kaufleuten und zwischen Kaufmann und Nichtkaufmann.

§ 355.

Steht Jemand mit einem Kaufmanne derart in Geschäftsverbindung, daß die aus der Verbindung entspringenden beiderseitigen Ansprüche und Leistungen nebst Zinsen in Rechnung gestellt und in regelmäßigen Zeitabschnitten durch Verrechnung und Feststellung des für den einen oder anderen Theil sich ergebenden Ueberschusses ausgeglichen werden (laufende Rechnung, Kontokurrent), so kann derjenige, welchem bei dem Rechnungsabschluß ein Ueberschuß gebührt, von dem Tage des Abschlusses an Zinsen von dem Ueberschusse verlangen, auch soweit in der Rechnung Zinsen enthalten sind.

Der Rechnungsabschluß geschieht jährlich einmal, sofern nicht ein Anderes bestimmt ist.

Die laufende Rechnung kann im Zweifel auch während der Dauer einer Rechnungsperiode jederzeit mit der Wirkung gekündigt werden, daß derjenige, welchem nach der Rechnung ein Ueberschuß gebührt, dessen Zahlung beanspruchen kann.

§§ 355. **Zinsen. Rechnungsabschluß. Kündigung.** (Art. 291, I 326, II 317.)

Abs. 1. Die Saldoforderung als einen zinstragenden selbständigen Posten der neuen Rechnung zu behandeln (ROHG. 3 S. 145, 9 S. 245, 22 S. 337; Bolze 5 Nr. 548), erscheint nur dann gerechtfertigt, wenn auch für die im Laufe der Rechnungsperiode entstehenden beiderseitigen Ansprüche Zinsen in Rechnung zu bringen sind. Bei einer Geschäftsverbindung zwischen Kaufmann und Nichtkaufmann ist diese Voraussetzung nicht ohne Weiteres gegeben, sondern bedarf es einer ausdrücklichen oder stillschweigenden Vereinbarung der Betheiligten.

Abs. 2. Vgl. BGB. § 721. Der Halbjahresabschluß ist, wenigstens im Bankfache, so allgemein üblich, daß bei Eingehung einer Geschäftsverbindung mit einem Bankier derselbe von vornherein stets, wenn der lokale Geschäftsbrauch nicht ausnahmsweise anders ist, als stillschweigend vereinbart gelten darf, auch wenn die Geschäftsbedingungen nicht, wie gewöhnlich, mitgetheilt und empfangen sein sollten. Uebrigens erledigt sich die Frage praktisch durch

Abs. 3. Denn wenn der Kaufmann in dieser Beziehung nach Zusendung des Rechnungsabschlusses auf Widerspruch stößt, braucht er nur zu kündigen; wird aber kein Widerspruch erhoben, so erscheint der gewählte Zeitabschnitt genehmigt.

§ 356.

Wird eine Forderung, die durch Pfand, Bürgschaft oder in anderer Weise gesichert ist, in die laufende Rechnung aufgenommen, so wird der Gläubiger durch die Anerkennung des Rechnungsabschlusses nicht gehindert, aus der Sicherheit insoweit Befriedigung zu suchen, als sein Guthaben aus der laufenden Rechnung und die Forderung sich decken.

Haftet ein Dritter für eine in die laufende Rechnung aufgenommene Forderung als Gesammtschuldner, so findet auf die Geltendmachung der Forderung gegen ihn die Vorschrift des Abs. 1 entsprechende Anwendung.

§ 356. **Gesicherte Forderungen.** (Neu; I 327, II 348.)

Abs. 1. „Wird ... aufgenommen." Das Gesetz giebt keine allgemeine Regel darüber, welche Forderungen ins Kontokurrent gehören (s. o. vor § 355). Der Schuldner kann gegen die Aufnahme einer Forderung auf Grund der Art der Geschäftsverbindung im einzelnen Falle sich vielleicht verwahren, hat er die Aufnahme aber durch Anerkennung des Saldo genehmigt, so erlöschen damit nicht etwa, wie bisher angenommen wurde, in Folge Novation (Bolze 4 Nr. 802, 13 Nr. 343; RG. 10 S. 53; Bolze 6 Nr. 613; dagegen 18 S. 248, 28 S. 37) die bestehenden Sicherheiten, sie gelten auch nicht etwa auf den Saldo übertragen, soweit derselbe sich mit der gesicherten Forderung deckt. Sie bleiben vielmehr (wie bei der Verjährung: BGB. § 223) aus der gesicherten Forderung mit allen dieser anhaftenden Einwendungen in deren Höhe bestehen.

Abs. 2. D. h. soweit Forderung und Saldo sich decken, haftet der Mitschuldner nach wie vor; vgl. RG. 18 S. 249 und 25 S. 15. — „Der Gläubiger wird durch die Anerkennung des Rechnungsabschlusses nicht gehindert", dagegen wohl, selbstverständlich, durch anderweite Abmachung.

§ 357.

Hat der Gläubiger eines Betheiligten die Pfändung und Ueberweisung des Anspruchs auf dasjenige erwirkt, was seinem Schuldner als Ueberschuß aus der laufenden Rechnung zukommt, so können dem Gläubiger gegenüber Schuldposten, die nach der Pfändung durch neue Geschäfte entstehen, nicht in Rechnung gestellt werden. Geschäfte, die auf Grund eines schon vor der Pfändung bestehenden Rechtes oder einer schon vor diesem Zeitpunkte bestehenden Verpflichtung des Drittschuldners vorgenommen werden, gelten nicht als neue Geschäfte im Sinne dieser Vorschrift.

§ 357. **Neue Geschäfte.** (Neu; I 328, II 349.) Es genügt nicht, dem ein Saldoguthaben seines Schuldners pfändenden Gläubiger nach der bisher herrschenden Auffassung nur ein Recht auf dasjenige zu gewähren, was sich bei dem nächsten vereinbarungsgemäßen Rechnungsabschlusse als Guthaben des Schuldners ergiebt, weil derselbe es sonst in der Hand hätte, seine zur Zeit der Pfändung bestehende Forderung durch beliebige Schaffung neuer Schuldposten dem Pfändungspfandgläubiger zu entziehen. Das zur Zeit der Pfändung bestehende Kontokurrentguthaben muß deshalb mit der aus Satz 2 sich ergebenden Maßgabe festgelegt werden.

§ 358.

Bei Handelsgeschäften kann die Leistung nur während der gewöhnlichen Geschäftszeit bewirkt und gefordert werden.

§ 358. **Tageszeit der Leistung.** (Art. 332, I 329, II 350.) Vgl. BGB. § 242.

§ 359.

Ist als Zeit der Leistung das Frühjahr oder der Herbst oder ein in ähnlicher Weise bestimmter Zeitpunkt vereinbart, so entscheidet im Zweifel der Handelsgebrauch des Ortes der Leistung.

Ist eine Frist von acht Tagen vereinbart, so sind hierunter im Zweifel volle acht Tage zu verstehen.

§ 359. **Jahreszeit der Leistung. Frist.** (Art. 327 Abs. 1, 328 Abs. 1, I 330, II 351.) Vgl. BGB. § 242.

Abs. 1. In ähnlicher Weise, z. B. durch Bezug auf Masse, Ernte, Eröffnung der Schiffahrt u. a.

Abs. 2. Vgl. BGB. §§ 186 ff.; EG. Art. 2.

§ 360.

Wird eine nur der Gattung nach bestimmte Waare geschuldet, so ist Handelsgut mittlerer Art und Güte zu leisten.

§ 360. **Gattung.** (Art. 335, I 331, II 352.) „Nur der Gattung nach", d. h. ohne Bestimmung der Art und Güte, sonst ist diese maßgebend; vgl. ROHG. 4 S. 161, 11 S. 438; Goldschm. 38 S. 196; Bolze 16 Nr. 246. Die Klausel tel quel deckt nicht nur einigen Verderb und geringere Qualität (RG. 19 S. 31), sondern jede Beschaffenheit, wenn die Waare nur Handelsgut bleibt (Goldschm. 34 S. 353; Hans. GZ. 1895 Nr. 80, 96, 1896 Nr. 103). Vgl. BGB. §§ 242, 243.

§ 361.

Maß, Gewicht, Währung, Zeitrechnung und Entfernungen, die an dem Orte gelten, wo der Vertrag erfüllt werden soll, sind im Zweifel als die vertragsmäßigen zu betrachten.

§ 361. **Maß, Gewicht, Währung u. s. w.** (Art. 336 Abs. 1, I 332, II 353.) Im Zweifel ist der Erfüllungsort maßgebend; vgl. dagegen ROHG. 6 S. 87 (Leistung von Preußen in Oesterreich); RG. 6 S. 126 (umgekehrt). Vorbehaltlose Annahme präjudizirt: RG. 14 S. 154. — Währung: ROHG. 15 S. 330. — Zeitrechnung: ROHG. 15 S. 242. — Entfernungen, z. B. bei Frachtbestimmungen. Vgl. BGB. §§ 242, 244, 245.

§ 362.

Geht einem Kaufmanne, dessen Gewerbebetrieb die Besorgung von Geschäften für Andere mit sich bringt, ein Antrag über die Besorgung solcher Geschäfte von Jemand zu, mit dem er in Geschäftsverbindung steht, so ist er verpflichtet, unverzüglich zu antworten; sein Schweigen gilt als Annahme des Antrags. Das Gleiche gilt, wenn einem Kaufmann ein Antrag über die Besorgung von Geschäften von Jemand zugeht, dem gegenüber er sich zur Besorgung solcher Geschäfte erboten hat.

Auch wenn der Kaufmann den Antrag ablehnt, hat er die mitgesendeten Waaren auf Kosten des Antragstellers, soweit er für diese Kosten gedeckt ist und soweit es ohne Nachtheil für ihn geschehen kann, einstweilen vor Schaden zu bewahren.

§ 362. **Antwort auf Antrag.** (Art. 323 Abs. 1, 2, I 333, II 354.)
Abs. 1. „Ein Antrag", nicht wie früher „Auftrag". — Zu Satz 1 vgl. § 1 Nr. 4—7; BGB. §§ 145 ff. Schweigen gilt als Annahme im Gegensatz zu BGB. § 146.

Satz 2 erfordert Erbieten dem Antragsteller gegenüber; hat der Kaufmann sich nicht gegenüber dem Antragsteller, sondern öffentlich zur Besorgung von Geschäften erboten, so gilt BGB. § 663, wonach bei nicht rechtzeitiger Ablehnung des Antrags eventuell nur eine Schadensersatzpflicht eintritt.

Abs. 2. Die freiwillige Gerichtsbarkeit greift hier nicht mehr ein. Wenn der Kaufmann das Gut in der in Art. 323 Abs. 3 bezeichneten Weise niederlegen will, so kann er das auch ohne Gericht ebenso wie bei Annahmeverzug des Käufers (§ 373 Abs. 1) oder Mangelhaftigkeit der Waare (§ 379 Abs. 1) thun.

§§ 363—365. **Indossirung.** Landesgesetzlicher Vorbehalt: EG. Art. 16, 17, 21. Die Vorschriften des HGB. Art. 300, 301 Abs. 3 über die Anweisungsannahme sind mit Rücksicht auf BGB. §§ 783—793 und § 341 weggelassen. Dagegen ist die Uebertragbarkeit durch Indossament eine Eigenthümlichkeit kaufmännischer Anweisungen u. s. w.

§ 363.

Anweisungen, die auf einen Kaufmann über die Leistung von Geld, Werthpapieren oder anderen vertretbaren Sachen ausgestellt sind, ohne daß darin die Leistung von einer Gegenleistung abhängig gemacht ist, können durch Indossament übertragen werden, wenn sie an Order lauten. Dasselbe gilt von Verpflichtungsscheinen, die von einem Kaufmann über Gegenstände der bezeichneten Art an Order ausgestellt sind, ohne daß darin die Leistung von einer Gegenleistung abhängig gemacht ist.

Ferner können Konnossemente der Seeschiffer, Ladescheine der Frachtführer, Lagerscheine der staatlich zur Ausstellung solcher Urkunden ermächtigten Anstalten sowie Bodmereibriefe und Transportversicherungspolizen durch Indossament übertragen werden, wenn sie an Order lauten.

§ 363. **Indossable Papiere.** (Art. 301 Abs. 1, 302, I 335, II 355.) ROHG. 7 S. 204, 8 S. 431, 24 S. 237; RG. 11 S. 178, 12 S. 95, 32 S. 82, — Anweisungen, nicht von einem Kaufmann (Art. 301), sondern an einen Kaufmann ausgestellt; dagegen Verpflichtungsscheine von einem Kaufmann ausgestellt. Abhängigmachung der Leistung von einer Gegenleistung in der Urkunde schließt diese Uebertragbarkeit aus; nicht aber sonstige Bedingtheit: ROHG. 24 S. 241; Bolze 10 Nr. 386. Aushändigung der Urkunde ist keine Gegenleistung: ROHG. 19 S. 278. Ueber Prioritätsobligationen als Verpflichtungsscheine s. RG. 12 S. 92; Goldschm. 43 S. 355. Angabe eines Berechtigten ist erforderlich: RG. 8 S. 35, 14 S. 102; Gutscheine: Bolze 18 Nr. 365.

Abs. 2. „Konnossemente der Seeschiffer": §§ 642 ff.; Ladescheine der Frachtführer: §§ 444 ff.; Lagerschein: § 424; Bodmereibrief: §§ 682 f.; Transport- nicht nur See-Versicherungspolize: § 784. — Diese Indossabilitätserklärung schließt die Uebertragbarkeit durch Cession nicht aus; vgl. ROHG. 25 S. 340.

§ 364.

Durch das Indossament gehen alle Rechte aus dem indossirten Papier auf den Indossatar über.

Dem legitimirten Besitzer der Urkunde kann der Schuldner nur solche Einwendungen entgegensetzen, welche die Gültigkeit seiner Erklärung in der Urkunde betreffen oder sich aus dem Inhalte der Urkunde ergeben oder ihm unmittelbar gegen den Besitzer zustehen.

Der Schuldner ist nur gegen Aushändigung der quittirten Urkunde zur Leistung verpflichtet.

§ 364. **Wirkung des Indossaments.** (Art. 303, I 336, II 356.)

Abs. 1. „Alle Rechte aus dem indossirten Papier", nicht etwa „des Indossanten"; sie gehen daher über, ohne die etwa in dessen Person begründeten Einwände (vgl. J.W. 1885 S. 251); aber auch nicht außerhalb des Orderpapiers liegende Rechte, z. B. Hypothek (Goldschm. 35 S. 262). Außerdem ist Uebergabe des Orderpapiers (RG. 12 S. 78, 13 S. 119) bildliche Uebergabe der Waare: § 424 (Lagerschein, vgl. EG. Art. 16); § 450 (Ladeschein, vgl. zu Binnenschiff. Ges. § 72 EG. Art. 12 VIII); § 647 (Konnossement). Vgl. RG. 5 S. 157, 80, 9 S. 428, 12 S. 78, 13 S. 119, 28 S. 39, 32 S. 30. — Für das Rechtsverhältniß aus diesen Papieren ist das Recht des Erfüllungsortes maßgebend: RG. 34 S. 72; Hans. GZ. 1894 S. 28 ff.

Abs. 2. Logisch auch dem Inkassoindossatar. Das Privatverhältniß zwischen Indossanten und Indossatar geht den Schuldner nichts an. Vgl. BGB. § 784 Abs. 1, § 796.

Abs. 3. Bei Theilzahlungen kann Quittung auf dem Orderpapier verlangt werden, vgl. WO. Art. 38.

§ 365.

In Betreff der Form des Indossaments, in Betreff der Legitimation des Besitzers und der Prüfung der Legitimation sowie in Betreff der Verpflichtung des Besitzers zur Herausgabe, finden die Vorschriften der Artikel 11 bis 13, 36, 74 der Wechselordnung entsprechende Anwendung.

Ist die Urkunde vernichtet oder abhanden gekommen, so unterliegt sie der Kraftloserklärung im Wege des Aufgebotsverfahrens. Ist das Aufgebotsverfahren eingeleitet, so kann der Berechtigte, wenn er bis zur Kraftloserklärung Sicherheit bestellt, Leistung nach Maßgabe der Urkunde von dem Schuldner verlangen.

§ 365. **Form. Kraftloserklärung.** (Art. 305, I 337, II 357.)

Abs. 1. WO. Art. 11 (das Indossament muß auf den Wechsel, eine Kopie oder Allonge geschrieben werden); Art. 12 (Schrift des Namens oder der Firma des Indossanten auf der Rückseite [Blankoindossament] genügt); Art. 13 (jeder Inhaber ist befugt die Blankoindossamente auszufüllen, oder ohne das den Wechsel weiter zu indossiren); Art. 36 (Legitimation des Inhabers als Eigenthümer des Wechsels durch eine zusammenhängende bis auf ihn hinunter gehende Reihe von Indossamenten); Art. 74 (der also legitimirte Besitzer kann zur Herausgabe des Wechsels nur gezwungen werden bei Erwerb desselben in bösem Glauben oder mit grober Fahrlässigkeit).

Abs 2. „Die Urkunde" nämlich des § 363. Vgl. CPO. § 1003 (837) ff. Ohne Sicherheitsleistung die Hinterlegung der Schuldsumme zu verlangen, wie bisher nach WO. Art. 73 Satz 3, ist dem Berechtigten dagegen nicht mehr gestattet.

§§ 366, 367. **Hand muß Hand wahren.** (Art. 306 Abs. 1—3, I 338, II 358.) Vgl. BGB. § 1006. Der Schutz des gutgläubigen Erwerbers einer beweglichen Sache nach BGB. §§ 932—936, 1207, 1208 deckt der Regel nach nur den guten Glauben, daß dem Veräußerer die Sache gehöre. Ein solcher Schutz genügt für den Handelsverkehr nicht, wer von dem Kommissionär oder Handelsagenten Waaren oder Werthpapiere erwirbt oder zum Pfande nimmt, wird zwar oft vielleicht darüber nicht im Unklaren sein, daß dieselben dem Kommissionär nicht gehören; er darf sich aber darauf verlassen, daß derselbe berechtigt ist, für den Eigenthümer über sie zu verfügen; und es kann ihm regelmäßig nicht angesonnen werden, Ermittelungen über Gültigkeit und Umfang des Kommissionsauftrages anzustellen. Ohne diese Ausdehnung des Schutzes des guten Glaubens würden ferner die gesetzlichen Pfandrechte des Kommissionärs, Spediteurs, Lagerhalters, Frachtführers (Abs. 3) ihren Werth wesentlich einbüßen.

§ 366.

Veräußert oder verpfändet ein Kaufmann im Betriebe seines Handelsgewerbes eine ihm nicht gehörige bewegliche Sache, so finden die Vorschriften des Bürgerlichen Gesetzbuchs zu Gunsten derjenigen, welche Rechte von einem Nichtberechtigten herleiten, auch dann Anwendung, wenn der gute Glaube des Erwerbers die Befugniß des Veräußerers oder Verpfänders, über die Sache für den Eigenthümer zu verfügen, betrifft.

Ist die Sache mit dem Rechte eines Dritten belastet, so finden die Vorschriften des Bürgerlichen Gesetzbuchs zu Gunsten derjenigen, welche Rechte von einem Nichtberechtigten herleiten, auch dann Anwendung, wenn der gute Glaube die Befugniß des Veräußerers oder Verpfänders, ohne Vorbehalt des Rechtes über die Sache zu verfügen, betrifft.

Das gesetzliche Pfandrecht des Kommissionärs, des Spediteurs, des Lagerhalters und des Frachtführers steht hinsichtlich des Schutzes des guten Glaubens einem gemäß Abs. 1 durch Vertrag erworbenen Pfandrechte gleich.

§ 366. **Regel.**

Abs 1. „Veräußert“ vgl. Anm. S. 3 zu § 1. Insbesondere findet BGB. § 935 Abs 2 in der hier gegebenen Ausdehnung, jedoch mit der Maßgabe des § 367, auch (anders Art. 306 letzter Abs) Anwendung auf gestohlene, verloren gegangene oder sonst abhanden gekommene Gelder oder Inhaberpapiere oder im Wege öffentlicher Versteigerung veräußerte Sachen.

Abs 2. Ausdehnung des BGB. § 1208: Gutgläubigkeit „in Ansehung des Rechtes“ eines Dritten: auf Gutgläubigkeit in Ansehung der Befugniß des Veräußerers oder Verpfänders, ohne Vorbehalt solchen Rechtes über die Sache zu verfügen.

Abs. 3. Ohne Unterschied, ob der Schuldner Kaufmann ist oder nicht.

§ 367.

Wird ein Inhaberpapier, das dem Eigenthümer gestohlen worden, verloren gegangen oder sonst abhanden gekommen ist, an einen Kaufmann, der Bankier- oder Geldwechslergeschäfte betreibt, veräußert oder verpfändet, so gilt dessen guter Glaube als ausgeschlossen, wenn zur Zeit der Veräußerung oder Verpfändung der Verlust des Papiers von einer öffentlichen Behörde oder von dem aus der Urkunde Verpflichteten im Deutschen Reichsanzeiger bekannt gemacht und seit dem Ablaufe des Jahres, in welchem die Veröffentlichung erfolgt ist, nicht mehr als ein Jahr verstrichen war.

Der gute Glaube des Erwerbers wird durch die Veröffentlichung im Deutschen Reichsanzeiger nicht ausgeschlossen, wenn der Erwerber die Veröffentlichung in Folge besonderer Umstände weder kannte noch kennen mußte.

Auf Zins-, Renten und Gewinnantheilscheine, die nicht später als in dem nächsten auf die Veräußerung oder Verpfändung folgenden Einlösungstermine fällig werden, sowie auf Banknoten und andere auf Sicht zahlbare unverzinsliche Inhaberpapiere finden diese Vorschriften keine Anwendung

§ 367. **Inhaberpapiere.** (Neu; II 359). Vgl. BGB. § 935 Abs. 2, § 1006, § 1 Abs 2 Nr. 4; §§ 228, 365 d. Ges

Abs 1 Der gute Glaube des Bankiers, nämlich in der civilrechtlichen Bedeutung einer Voraussetzung für § 366 (BGB §§ 935, 1207, 1208), gilt als ausgeschlossen, vorbehältlich des in Abs 2 zugelassenen Gegenbeweises. — „Der Verlust des Papiers“ nach Maßgabe des vorausgesetzten Thatbestandes: gestohlen, verloren, abhanden gekommen. Vgl. §§ 225, 365; BGB § 799; CPO. § 985 (825) — „Oeffentliche Behörde“. vgl CPO. § 415 (380); gedacht ist besonders an die Polizeibehörde, — „im Deutschen Reichsanzeiger bekannt gemacht“ bezieht sich auf beiderlei Urheber der Bekanntmachung, sowohl die öffentliche Behörde wie auch den „aus der Urkunde Verpflichteten“; andere Bekanntmachungen begründen die Präsumtion nicht; solche nicht zu kennen, ist nicht ohne Weiteres grobe Fahrlässigkeit im Sinne von BGB. § 932 Abs 2

Abs. 2 Liegt dagegen eine Bekanntmachung im Deutschen Reichsanzeiger nach Abs 1 vor, so muß der Bankier sich durch den Nachweis besonderer Umstände entschuldigen; die Behauptung, sie nicht gelesen zu haben, genügt nicht, es gilt eben bis zum Nachweis besonderer Umstände als grobe Fahrlässigkeit, daß er sie nicht gelesen hat.

Abs. 3. Bei den großen Mengen, in welchen sich diese Papiere im Verkehr befinden, würde eine Berücksichtigung von Bekanntmachungen der in Frage stehenden Art als Grundlage für die in Abs. 1 aufgestellte Präsumtion nicht durchführbar sein. Das gilt jedoch nur für zur Zeit der Veräußerung oder Verpfändung bereits fällige oder im nächsten Einlösungstermin darnach fällig werdende Scheine. Denn wenn einem Bankier erst später fällig werdende Zins-, Renten- oder Gewinnantheilscheine angeboten werden, „so wird dies mit Rücksicht auf die bestehenden Verkehrsgewohnheiten und Usancen in vielen Fällen schon an sich geeignet sein, Zweifel hinsichtlich der Verfügungsbefugniß des Besitzers zu erwecken" (D.). Vgl. über Einlösung gestohlener Rententitel (örtliches Recht) Bolze 70 Nr. 12.

§ 368.

Bei dem Verkauf eines Pfandes tritt, wenn die Verpfändung auf der Seite des Pfandgläubigers und des Verpfänders ein Handelsgeschäft ist, an die Stelle der im § 1234 des Bürgerlichen Gesetzbuchs bestimmten Frist von einem Monat eine solche von einer Woche.

Diese Vorschrift findet auf das gesetzliche Pfandrecht des Kommissionärs, des Spediteurs, des Lagerhalters und des Frachtführers entsprechende Anwendung, auf das Pfandrecht des Spediteurs und des Frachtführers auch dann, wenn nur auf ihrer Seite der Speditions- oder Frachtvertrag ein Handelsgeschäft ist.

§ 368. **Pfandrecht.** (I 329, II 360.) Die Art. 309—312 über die kaufmännische Pfandbestellung an beweglichen Sachen, Inhaberpapieren und Papieren, die durch Indossament übertragen werden können, sowie über die Befriedigung aus den unter Kaufleuten bestellten Pfändern werden durch BGB. §§ 1204 ff., 1292—1296 entbehrlich.

Abs. 1. Eine Abweichung ist — vorbehältlich Abs. 2 a. E. — nur nothwendig in Betreff der bei beiderseitigen Handelsgeschäften zu langen Monatsfrist. Die in Art. 310 verlangte gerichtliche Bewilligung zum Verkauf ist als überflüssig beseitigt.

Abs. 2. Auch bei den gesetzlichen Pfandrechten bedarf es derselben (Art. 375, 387, 407) nicht mehr. Ueber die einwöchige Frist s. BGB. §§ 1234, 187 Abs. 1, 188 Abs. 2.

§§ 369—372. **Zurückbehaltungsrecht.** Im Wesentlichen übereinstimmend mit Art. 313—316; ausgedehnt in Betreff des Gegenstandes. Der obligatorische Charakter des Zurückbehaltungsrechts ist festgestellt durch § 369 Abs. 2 u. § 372; dasselbe ist ausgedehnt in Betreff der Art der Befriedigung (§ 371 Abs. 2) und ihrer Voraussetzung (Abs. 3). — Vgl. BGB. §§ 273, 274, 550, 1000, 175.

§ 369.

Ein Kaufmann hat wegen der fälligen Forderungen, welche ihm gegen einen anderen Kaufmann aus den zwischen ihnen geschlossenen beiderseitigen Handelsgeschäften zustehen, ein Zurückbehaltungsrecht an den beweglichen Sachen und Werthpapieren des Schuldners, welche mit dessen Willen auf

Grund von Handelsgeschäften in seinen Besitz gelangt sind, sofern er sie noch im Besitze hat, insbesondere mittelst Konnossements, Ladescheins oder Lagerscheins darüber verfügen kann. Das Zurückbehaltungsrecht ist auch dann begründet, wenn das Eigenthum an dem Gegenstande von dem Schuldner auf den Gläubiger übergegangen oder von einem Dritten für den Schuldner auf den Gläubiger übertragen, aber auf den Schuldner zurückzuübertragen ist.

Einem Dritten gegenüber besteht das Zurückbehaltungsrecht insoweit, als dem Dritten die Einwendungen gegen den Anspruch des Schuldners auf Herausgabe des Gegenstandes entgegengesetzt werden können.

Das Zurückbehaltungsrecht ist ausgeschlossen, wenn die Zurückbehaltung des Gegenstandes der von dem Schuldner vor oder bei der Uebergabe ertheilten Anweisung oder der von dem Gläubiger übernommenen Verpflichtung, in einer bestimmten Weise mit dem Gegenstande zu verfahren, widerstreitet.

Der Schuldner kann die Ausübung des Zurückbehaltungsrechts durch Sicherheitsleistung abwenden. Die Sicherheitsleistung durch Bürgen ist ausgeschlossen.

369. Regel. (Art. 313, I 340, II 361.) „Ein Kaufmann“ (§§ 1—3, 4, 6) „hat“ und behält das einmal erworbene Zurückbehaltungsrecht, auch nach Verlust seiner oder seines Schuldners Kaufmannseigenschaft (Strieth. Arch. 99 S. 125); „fälligen“, nämlich zur Zeit der Geltendmachung, wenn auch nicht zur Zeit der Besitzerlangung (Bolze 7 Nr. 114), nicht nothwendig liquiden (ROHG. 10 S. 236), auch nicht konnexen (s. aber Depotgesetz § 8) „aus zwischen ihnen geschlossenen“ (also nicht etwa wegen cedirter Forderungen, vgl. ROHG. 5 S. 304; RG. 18 S. 234; anders dagegen aus Indossament herrührende Forderungen: RG. 9 S. 45) — „beiderseitigen Handelsgeschäften“ vgl. ROHG. 6 S. 197; Einwilligung zu fremden Handelsgeschäften genügt hier nicht; — „an den beweglichen Sachen“ ꝛc. (ROHG. 18 S. 276), sofern sie nur überhaupt geeignet sind, nach den Vorschriften über das Pfandrecht Befriedigung zu verschaffen (§ 371 Abs. 2; vgl. BGB. §§ 90 ff., 1228, 1259, 1265, 1270, 1273, 1279; vgl. RG. 12 S. 901; 1291, 1292 ff.; vgl. RG. 36 S. 39). — „Des Schuldners“, vgl. RG. 3 S. 154, 13 S. 130; — „mit dessen Willen“, z. B. ROHG. 19 S. 372; RG. 9 S. 48; „auf Grund von Handelsgeschäften“ (ROHG. 19 S. 372; RG. 26 S. 58), wenn auch nicht zwischen ihnen geschlossenen, auch einseitigen (ROHG. 6 S. 197; Kaufofferte: ROHG. 10 S. 236); „Besitz“: BGB. §§ 854, 868, 856 ff., 870; ROHG. 16 S. 81; — „insbesondere“: vgl. §§ 424, 450, 647; RG. 13 S. 120. Satz 2 erweitert den bisherigen Umfang des Zurückbehaltungsrechtes (vgl. RG. 2 S. 1, 3 S. 154, 13 S. 130; ROHG. 19 S. 57; RG. 12, 80; Goldschm. 43 S. 358) auf nicht dem Schuldner gehörige Sachen; namentlich also bei Stellung zur Verfügung, im Falle ungerechtfertigter Bereicherung, bei unbezahlt gebliebenen Rimessen.

Abs. 2. Ob dinglicher oder obligatorischer Natur, war bisher bestritten; schon bei nur obligatorischem Charakter des Zurückbehaltungsrechts kann der Gläubiger auch dem Rechtsnachfolger des Schuldners, welcher die Sache veräußert oder belastet hat, die ihm gegen diesen zur Zeit des Eintritts der Rechtsnachfolge zustehenden Einwendungen entgegensetzen (BGB. §§ 404, 986 Abs. 2, 1032, 1065, 1205 Abs. 2, 870, 1227, 1249, 268 Abs. 3; Bankdepotges. § 8: Vgl. § 372). Später entstandenen gesetzlichen Pfand- oder Zurückbehaltungsrechten gegenüber hat das bloß obligatorische Zurückbehaltungsrecht freilich keine Wirkung. Bei Konkurrenz zwischen Absender (KO. § 44 [36]) und Spediteur oder Frachtführer geht jener vor.

Abs. 3. (Art. 313 Abs. 2.) Es handelt sich um eine besondere, nicht schon aus der Natur des obligatorischen Verhältnisses sich ergebende Rückgabepflicht. Vgl. ROHG. 19 S. 101, 372, 8 S. 49; RG. 12 S. 91; J.W. 1894 S. 20, 21. S. aber § 370 Abs. 2.

Abs. 4. Vgl. BGB. §§ 232 ff.; RG. 1 S. 305; ROHG. 2 S. 383.

§ 370.

Das Zurückbehaltungsrecht kann auch wegen nicht fälliger Forderungen geltend gemacht werden:

1. wenn über das Vermögen des Schuldners der Konkurs eröffnet ist oder der Schuldner seine Zahlungen eingestellt hat;
2. wenn eine Zwangsvollstreckung in das Vermögen des Schuldners ohne Erfolg versucht ist.

Der Geltendmachung des Zurückbehaltungsrechts steht die Anweisung des Schuldners oder die Uebernahme der Verpflichtung, in einer bestimmten Weise mit dem Gegenstande zu verfahren, nicht entgegen, sofern die im Abs. 1 Nr. 1, 2 bezeichneten Thatsachen erst nach der Uebergabe des Gegenstandes oder nach der Uebernahme der Verpflichtung dem Gläubiger bekannt werden.

§ 370. **Wegen nicht fälliger Forderungen.** (Art. 314, I 341, II 362.)
Abs. 1. Vgl. RG. 6 S. 95, 3 S. 114.
Abs. 2. Vgl. RG. 12 S. 91.

§ 371.

Der Gläubiger ist kraft des Zurückbehaltungsrechts befugt, sich aus dem zurückbehaltenen Gegenstande für seine Forderung zu befriedigen. Steht einem Dritten ein Recht an dem Gegenstande zu, gegen welches das Zurückbehaltungsrecht nach § 369 Abs. 2 geltend gemacht werden kann, so hat der Gläubiger in Ansehung der Befriedigung aus dem Gegenstande den Vorrang.

Die Befriedigung erfolgt nach den für das Pfandrecht geltenden Vorschriften des Bürgerlichen Gesetzbuchs. An die Stelle der im § 1234 des Bürgerlichen Gesetzbuchs bestimmten Frist von einem Monate tritt eine solche von einer Woche.

Sofern die Befriedigung nicht im Wege der Zwangsvollstreckung stattfindet, ist sie erst zulässig, nachdem der Gläubiger einen vollstreckbaren Titel für sein Recht auf Befriedigung gegen den Eigenthümer oder, wenn der Gegenstand ihm selbst gehört, gegen den Schuldner erlangt hat; in dem letzteren Falle finden die den Eigenthümer betreffenden Vorschriften des Bürgerlichen Gesetzbuchs über die Befriedigung auf den Schuldner entsprechende Anwendung. In Ermangelung des vollstreckbaren Titels ist der Verkauf des Gegenstandes nicht rechtmäßig.

Die Klage auf Gestattung der Befriedigung kann bei dem Gericht, in dessen Bezirke der Gläubiger seinen allgemeinen Gerichtsstand oder den Gerichtsstand der Niederlassung hat, erhoben werden.

§ 371. **Befriedigung.** (Art. 315, I 342, II 363.)

Abs. 1. Retentionsrecht, kein Pfandrecht: RG. 2 S. 36, 8 S. 83. Satz 1. Das Befriedigungsrecht setzt voraus, daß nicht anderweit Befriedigung (vgl. BGB. §§ 1217 Abs. 2, 1224) angeboten oder gewährt wird, sonst macht der Gläubiger sich schadensersatzpflichtig: ROHG. 2 S. 383, 15 S. 366; vgl. auch § 369 letzter Abs. — Satz 2. Das Befriedigungsrecht muß ebenso weit gehen als das Zurückbehaltungsrecht.

Abs. 2. Satz 1. „Die Befriedigung des Pfandgläubigers aus dem Pfande erfolgt durch Verkauf": BGB. § 1228 Abs. 1; das ist aber doch nur die Regel für körperliche Sachen, Inhaberpapiere und indossable Papiere, die Börsenpreis haben; bei anderen Werthpapieren, welche eine Forderung begründen, findet Einziehung statt: BGB. § 1282; für andere Werthpapiere, z. B. Namensaktien ohne Börsenpreis, giebt es nur den Weg der Zwangsvollstreckung: BGB. § 1277. Satz 2. Vgl. §§ 368 Abs. 1, 369 Abs. 1.

Abs. 3. Vgl. BGB. § 1277. Der Titel ist regelmäßig, aber doch nicht ausschließlich (Art. 315; vgl. CPO. §§ 794 [702], 801 [706]), im Wege der Klage zu bewirken. Befriedigung: vgl. BGB. §§ 267 ff., 1223 ff.

Abs. 4. Fakultativer Gerichtsstand aus CPO. §§ 12, 13, 21 (22), neben § 29 u. a.

§ 372.

In Ansehung der Befriedigung aus dem zurückbehaltenen Gegenstande gilt zu Gunsten des Gläubigers der Schuldner, sofern er bei dem Besitzerwerbe des Gläubigers der Eigenthümer des Gegenstandes war, auch weiter als Eigenthümer, sofern nicht der Gläubiger weiß, daß der Schuldner nicht mehr Eigenthümer ist.

Erwirbt ein Dritter nach dem Besitzerwerbe des Gläubigers von dem Schuldner das Eigenthum, so muß er ein rechtskräftiges Urtheil, das in einem zwischen dem Gläubiger und dem Schuldner wegen Gestattung der Befriedigung geführten Rechtsstreit ergangen ist, gegen sich gelten lassen, sofern nicht der Gläubiger bei dem Eintritte der Rechtshängigkeit gewußt hat, daß der Schuldner nicht mehr Eigenthümer war.

§ 372. **Dritte.** (Neu; I 343, II 364.)

Abs. 1. „In Ansehung der Befriedigung", entsprechend § 369 Abs. 2, d. h. der gutgläubige Gläubiger wird durch Deckung seiner Forderung aus dem Erlöse der zurückbehaltenen Sachen des Rechtsnachfolgers seines Schuldners nicht ungerechtfertigt bereichert, sondern effektiv „befriedigt" (BGB. §§ 362 ff.). Die Fiktion des fortgesetzten Eigenthums des Schuldners gilt aber auch nur „zu Gunsten des Gläubigers", ist dagegen für das Verhältniß zwischen Schuldner und Rechtsnachfolger namentlich ohne jede Bedeutung; andererseits gilt sie nur zu Gunsten des Gläubigers, nicht zu seinem Nachtheile, und wenn etwa die

Befriedigung aus der Sache in Folge von verschuldeter Verschlechterung geringer ausgefallen sein sollte (BGB. §§ 987 ff.), so kann der Schuldner sich darauf nicht berufen, weil er insofern nicht mehr als Eigenthümer gilt.

Abs. 2 enthält die Anwendung des in Abs. 1 in Ansehung der Befriedigung aufgestellten Fiktion auf die Rechtskraft eines auf Gestattung der Befriedigung für den Gläubiger gegen den Schuldner ergangenen Urtheils.

Zweiter Abschnitt.

Handelskauf.

Zweiter Abschnitt. Handelskauf. §§ 373—382. Die bisherigen Vorschriften, Art. 337—359, werden zum größten Theile durch BGB. §§ 433 ff. entbehrlich. Weggefallen sind daher insbesondere Art. 337 über Anerbieten zum Verkauf; Art. 339, 340 über Kauf auf und nach Probe (BGB. §§ 494—496); Art. 341: Begriffsbestimmung des Kaufes zur Probe; Art. 342 über Erfüllungsort und -Zeit (BGB. §§ 269, 270, 320, 337); Art. 344 über die Art der Uebersendung (BGB. § 447 Abs. 2); Art. 345: Uebergang der Gefahr (BGB. §§ 446, 447, 269 Abs. 3); Art. 346: Empfangspflicht (BGB. § 433 Abs. 2, 271); Art. 351: Kosten der Uebergabe (BGB. § 448 Abs. 1); Art. 353: Markt- oder Börsenpreis als Kaufpreis (BGB. § 453). Nur in vier Punkten ist der Handelskauf besonders gestellt, d. h. der Kauf von Waaren (außer Vieh: § 382) oder Werthpapieren (§ 381), bei welchem mindestens einer der Kontrahenten Kaufmann ist, und das Geschäft im Betriebe seines Handelsgewerbes geschlossen hat (§ 343). Diese Punkte sind: a) Annahmeverzug (§§ 373 bis 375), b) Erfüllungsverzug beim Fixgeschäft (§ 376), c) Beanstandung der Waare (§§ 377—379), d) Verkauf nach Gewicht (§ 380).

§§ 373—375. **Annahmeverzug. Voraussetzungen.** BGB. §§ 293 ff. Die Rechte des Verkäufers bei Annahmeverzug des Käufers nach BGB. §§ 372—386 reichen für den Handelsverkehr nicht aus.

§ 373.

Ist der Käufer mit der Annahme der Waare im Verzuge, so kann der Verkäufer die Waare auf Gefahr und Kosten des Käufers in einem öffentlichen Lagerhaus oder sonst in sicherer Weise hinterlegen.

Er ist ferner befugt, nach vorgängiger Androhung die Waare öffentlich versteigern zu lassen; er kann, wenn die Waare einen Börsen- oder Marktpreis hat, nach vorgängiger Androhung den Verkauf auch aus freier Hand durch einen zu solchen Verkäufen öffentlich ermächtigten Handelsmäkler oder durch eine zur öffentlichen Versteigerung befugte Person zum laufenden Preise bewirken. Ist die Waare dem Verderb ausgesetzt und Gefahr im Verzuge, so bedarf es der vorgängigen Androhung nicht; dasselbe gilt, wenn die Androhung aus anderen Gründen unthunlich ist.

Der Selbsthülfeverkauf erfolgt für Rechnung des säumigen Käufers.

Der Verkäufer und der Käufer können bei der öffentlichen Versteigerung mitbieten.

Im Falle der öffentlichen Versteigerung hat der Verkäufer den Käufer von der Zeit und dem Orte der Versteigerung vorher zu benachrichtigen; von dem vollzogenen Verkaufe hat er bei jeder Art des Verkaufs dem Käufer unverzüglich Nachricht zu geben. Im Falle der Unterlassung ist er zum Schadensersatze verpflichtet. Die Benachrichtigungen dürfen unterbleiben, wenn sie unthunlich sind.

§ 373. **Hinterlegung. Selbsthülfeverkauf.** (Art. 343 Abs. 2, 3, I 344, II 365.) Zur Aufbewahrung der Waare für den Käufer (Art. 343 Abs. 1) ist der Verkäufer nach BGB. §§ 276, 690 verpflichtet. Um sich dieser Verpflichtung zu entziehen, kann der Verkäufer hinterlegen oder (und) verkaufen. Diese Befugnisse (nicht Pflichten: ROHG. 19 S. 343, RG. 13 S. 22; Bolze 7 Nr. 595, 10 Nr. 493) schließen sich nicht aus: „er ist *ferner* befugt" (Abs. 2) zum Verkauf, auch nach der Hinterlegung. Sie sind aber die einzigen Mittel, vgl. ROHG. 14 S. 293, 19 S. 91; RG. 5 S. 62, 98 (Cessionar: RG. 13 S. 13).

Abs. 1. Annahmeverzug: BGB. §§ 293 ff.; *Hinterlegung* ist nach BGB. § 372 nur statthaft bei Gold, Werthpapieren, Urkunden, Kostbarkeiten, nach EG. Art. 145 auch bei sonstigen landesgesetzlich zugelassenen Sachen. — „*Lagerhaus oder sonst*", vgl. ROHG. 24 S. 32; Anzeige an den Käufer ist nicht nöthig (letzter Abs.).

Abs. 2. *Selbsthülfeverkauf* zur eigenen Befriedigung kennt das BGB. nicht, sondern nur (§ 383) Verkauf nicht hinterlegbarer Sachen zum Zweck der Hinterlegung des Erlöses. — *Theillieferungen*: ROHG. 21 S. 236, 24 S. 358; RG. 4 S. 7; Bolze 12 Nr. 456. — Handelsmäkler §§ 93 ff. — *Oeffentliche Versteigerung*: BGB. § 383; vgl. GO. § 36. — *Nicht zu ungünstigeren Bedingungen*: ROHG. 10 S. 372, 15 S. 150; RG. 19 S. 200; Bolze 20 Nr. 498; J.W. 1895 S. 540; vgl. aber Goldschm. 38 S. 262. — *Identität*: das. 43 S. 365; Bolze 9 Nr. 402; *Ort*: ROHG. 16 S. 425; Bolze 2 Nr. 1007. — *Zeit*: ROHG. 9 S. 84, 118, 21 S. 158; RG. 36 S. 89; Bolze 4 Nr. 723, 9 Nr. 395, 14 Nr. 441. — *Zum letzten Satz* vgl. BGB. § 384.

Abs. 3. Der *Ueberschuß* kommt demnach auch dem Käufer zu gut: RG. 5 S. 65; *Provision*: Bolze 12 Nr. 474. Vorausgesetzt wird, daß ernstlicher Verkauf vorliegt (*Scheinverkauf* wirkungslos: ROHG. 8 S. 378, 16 S. 284; Gruchot 28 S. 1065; Bolze 21 Nr. 484) und daß er ordnungsmäßig erfolgt ist: ROHG. 6 S. 361, 13 S. 58, 23 S. 84, RG. 32 S. 63, falls Käufer nicht die Beobachtung des Gesetzes erlassen hat: ROHG. 19 S. 92, 20 S. 24; Bolze 1 Nr. 1028, 11 Nr. 390, 16 Nr. 428.

Abs. 4. Vgl. BGB. § 1293 Abs. 1. Zweck: um einer Verschleuderung möglichst vorzubeugen.

Abs. 5. Vgl. BGB. § 384 Abs. 2, 3; *unverzüglich*: BGB. § 121; — *unthunlich* z. B. bei unbekanntem Aufenthaltsort des Käufers.

§ 374.

Durch die Vorschriften des § 373 werden die Befugnisse nicht berührt, welche dem Verkäufer nach dem Bürgerlichen Gesetzbuche zustehen, wenn der Käufer im Verzuge der Annahme ist.

§ 374. **Verhältniß zu BGB.** (Neu; I 345, II 366.) — Vgl. BGB. §§ 300 bis 304 (Haftung nur für Vorsatz und grobe Schuld, § 300 Abs. 1); — Uebergang der Gefahr (Abs. 2). — Aufhören der Verzinsung (§ 301) — Herausgabe nur der thatsächlichen Nutzungen (§ 302) — Dereliktionsrecht (§ 303) — Ersatzforderungen (§ 304).

§ 375.

Ist bei dem Kaufe einer beweglichen Sache dem Käufer die nähere Bestimmung über Form, Maß oder ähnliche Verhältnisse vorbehalten, so ist der Käufer verpflichtet, die vorbehaltene Bestimmung zu treffen.

Ist der Käufer mit der Erfüllung dieser Verpflichtung im Verzuge, so kann der Verkäufer die Bestimmung statt des Käufers vornehmen oder gemäß § 326 des Bürgerlichen Gesetzbuchs Schadensersatz wegen Nichterfüllung fordern oder vom Vertrage zurücktreten. Im ersteren Falle hat der Verkäufer die von ihm getroffene Bestimmung dem Käufer mitzutheilen und ihm zugleich eine angemessene Frist zur Vornahme einer anderweitigen Bestimmung zu setzen. Wird eine solche innerhalb der Frist von dem Käufer nicht vorgenommen, so ist die von dem Verkäufer getroffene Bestimmung maßgebend.

§ 375. **Bei vorbehaltener Bestimmung (Spezifikationskäufe).** (Neu; I 346, II 367.)

Abs. 1. Derartige Kaufverträge, bei welchen die Menge und Beschaffenheit der von dem Verkäufer zu liefernden Gegenstände unter Festsetzung gewisser Grundpreise nur im Allgemeinen vereinbart, die nähere Bestimmung über Form, Maß oder ähnliche Verhältnisse aber dem Käufer vorbehalten wird, sind namentlich in der Eisenindustrie häufig.

Abs. 2. Der Uebergang des Spezifikationsrechtes auf den Verkäufer entspricht BGB. § 264 Abs. 2. Derselbe nützt diesem natürlich nichts, wenn zu erwarten ist, daß der säumige Käufer die Waare schließlich doch nicht abnehmen und bezahlen wird, und daß auch ein Selbsthülfeverkauf ein befriedigendes Ergebniß haben wird; daß also Zeit und Arbeit für die Herstellung der Waare nutzlos aufgewendet werde. Daher muß der vertragstreue Verkäufer wahlweise die Möglichkeit haben, sich nach BGB. § 326 ganz von der Leistungspflicht zu befreien. Hat er die Spezifikation selbst vorgenommen, so darf er nicht etwa nachträglich noch wegen des Verzugs des Käufers in der Vornahme der Spezifikation Schadensersatz wegen Nichterfüllung fordern oder vom Vertrage zurücktreten, sondern muß nunmehr liefern; kann aber natürlich bei späterem Zahlungsverzug des Käufers nach BGB. § 326 verfahren. Neben diesen Rechten aus dem Verzuge des Käufers in der Spezifikation laufen die Rechte aus gleichzeitigem Annahmeverzuge nach § 373.

§ 376.

Ist bedungen, daß die Leistung des einen Theiles genau zu einer festbestimmten Zeit oder innerhalb einer festbestimmten Frist bewirkt werden soll, so kann der andere Theil, wenn die Leistung nicht zu der bestimmten Zeit oder nicht innerhalb der bestimmten Frist erfolgt, von dem Vertrage zurücktreten oder, falls der Schuldner im Verzug ist, statt der Erfüllung Schadensersatz wegen Nichterfüllung verlangen. Erfüllung kann er nur beanspruchen, wenn er sofort nach dem Ablaufe der Zeit oder der Frist dem Gegner anzeigt, daß er auf Erfüllung bestehe.

Wird Schadensersatz wegen Nichterfüllung verlangt und hat die Waare einen Börsen- oder Marktpreis, so kann der Unterschied des Kaufpreises und des Börsen- oder Marktpreises zur Zeit und am Orte der geschuldeten Leistung gefordert werden.

Das Ergebniß eines anderweit vorgenommenen Verkaufs oder Kaufes kann, falls die Waare einen Börsen- oder Marktpreis hat, dem Ersatzanspruche nur zu Grunde gelegt werden, wenn der Verkauf oder Kauf sofort nach dem Ablaufe der bedungenen Leistungszeit oder Leistungsfrist bewirkt ist. Der Verkauf oder Kauf muß, wenn er nicht in öffentlicher Versteigerung geschieht, durch einen zu solchen Verkäufen oder Käufen öffentlich ermächtigten Handelsmäkler oder eine zur öffentlichen Versteigerung befugte Person zum laufenden Preise erfolgen.

Auf den Verkauf mittelst öffentlicher Versteigerung findet die Vorschrift des § 373 Abs. 4 Anwendung. Von dem Verkauf oder Kaufe hat der Gläubiger den Schuldner unverzüglich zu benachrichtigen; im Falle der Unterlassung ist er zum Schadensersatze verpflichtet.

§ 376. **Fixgeschäfte.** (Art. 357, I 347, II 368.) Abgesehen von den Fixgeschäften bestimmt sich der Erfüllungsverzug auch beim Handelskauf nach BGB. § 326. Danach ist nicht mehr nur der Käufer, sondern auch der Verkäufer gegenüber dem säumigen Kontrahenten zu der sog. abstrakten Schadensberechnung berechtigt, ohne einen Selbsthülfeverkauf vornehmen zu müssen, der bei nicht marktgängigen Waaren unter Umständen zur Verschleuderung, bei börsengängigen Waaren aber zu einem schädlichen Preisdruck führt. Der immerhin nach wie vor zulässige Selbsthülfeverkauf bei Erfüllungsverzug des Käufers erfolgt, ebenso wie der Deckungskauf dieses, abweichend von Art. 354 und von § 373 Abs. 3 (Annahmeverzug), nicht mehr für Rechnung des säumigen Kontrahenten, sondern der etwaige Ueberschuß oder die Differenz kommt dem Deckungsverkäufer oder -Käufer zu gut. In Bezug auf die Formen, unter denen derselbe zu erfolgen hat, gilt (abweichend vom Verkauf bei Annahmeverzug: § 373 letzter Abs.) außer beim Fixgeschäft (§ 376 Abs. 3, 4) das BGB., d. h. keine Beschränkung. — Auch in Bezug auf Nachfrist und Anzeige (Art. 356) gilt jetzt ausschließlich BGB. § 326. Darin, daß bestimmt ausgesprochene Erfüllungsweigerung die Setzung einer Nachfrist erübrigt und die Wahlanzeige schon vor Eintritt der Erfüllungszeit gestattet, hat das BGB. nichts geändert; vgl. ROHG. 16 S. 421, 68 S. 336. — Ebenso gilt jetzt allgemein BGB. § 454, auch bezüglich der Wirkung der Uebergabe der Waare auf die Rechte des Verkäufers bei Erfüllungsverzug des Käufers, während Art. 354 dann Schadensersatz wegen Nichterfüllung und Rücktrittsrecht ausschloß. — Fixgeschäfte: Termingeschäfte „genau zu einer festbestimmten Zeit" u. s. w.; vgl. BGB. § 361. Ausdrücke wie sofortige Lieferung: ROHG. 20 S. 236; binnen kürzester Frist (das. 3 S. 288), „umgehend", „schleunigst", per März, per vier Wochen u. s. w.: ROHG. 3 S. 273, 6 S. 22, 227, 261, 7 S. 260, 11 S. 432, 13 S. 435 enthalten keine Terminirung für Fixgeschäfte; die Erfüllungszeit muß als wesentlicher Inhalt des Geschäfts hervortreten: ROHG. 2 S. 93, 3 S. 275, 5 S. 172, 11 S. 432, 13 S. 168, 16 S. 292, RG. 1 S. 241, 36 S. 84; Goldschm. 38 S. 221, 40 S. 520. — „Die Leistung des einen Theils" nicht nur die Lieferung der Waare (Art. 357; vgl. ROHG. 4 S. 286). — Verzug: BGB. §§ 284 ff. Der Ablauf des Stichtages begründet an sich noch keinen Verzug; sondern nach BGB. § 284 Abs. 2 nur, wenn er nach dem Kalender bestimmt ist. Aber auch ohne Verzug wird das

Rücktrittsrecht begründet. Keine purgatio morae: ROHG. 9 S. 411. Erfüllung muß ausdrücklich (vgl. ROHG. 16 S. 291) verlangt werden; umgekehrt wie sonst (BGB. § 326), sonst ist sie ausgeschlossen; vgl. J.W. 1893 S. 546, 1896 S. 703; ROHG. 5 S. 172; die Pflicht zur Anzeige kann durch vorherige Feststellung entbehrlich werden: ROHG. 13 S. 136; Goldschm. 38 S. 221.

Abs. 2. Fakultativ. Die Pflicht zum Selbsthülfeverkauf ist beseitigt: BGG. §§ 383 ff.

Abs. 3. Vgl. § 373 Abs. 2; BGB. § 385.

§ 377.

Ist der Kauf für beide Theile ein Handelsgeschäft, so hat der Käufer die Waare unverzüglich nach der Ablieferung durch den Verkäufer, soweit dies nach ordnungsmäßigem Geschäftsgange thunlich ist, zu untersuchen und, wenn sich ein Mangel zeigt, dem Verkäufer unverzüglich Anzeige zu machen.

Unterläßt der Käufer die Anzeige, so gilt die Waare als genehmigt, es sei denn, daß es sich um einen Mangel handelt, der bei der Untersuchung nicht erkennbar war.

Zeigt sich später ein solcher Mangel, so muß die Anzeige unverzüglich nach der Entdeckung gemacht werden; anderenfalls gilt die Waare auch in Ansehung dieses Mangels als genehmigt.

Zur Erhaltung der Rechte des Käufers genügt die rechtzeitige Absendung der Anzeige.

Hat der Verkäufer den Mangel arglistig verschwiegen, so kann er sich auf diese Vorschriften nicht berufen.

§§ 377, 378. **Mängelanzeige.** (Art. 347 Abs. 1—3, 350, I 348, II 369.) Dispositive Vorschriften: vgl. ROHG. 1 S. 85, 2 S. 379, 8 S. 250; Bolze 8 Nr. 501, 16 Nr. 416, 421; Seuff.Arch. 481, 183.

Abs. 1. Die Voraussetzungen weichen von den bisherigen des HGB. (vgl. dagegen EG. f. Hamburg § 43, Bremen § 33, Hannover § 28, Schleswig-Holstein § 53) darin wesentlich ab, daß erstens kein Distanzgeschäft, zweitens ein zweiseitiges Handelsgeschäft vorausgesetzt wird. — Handelsgeschäft: §§ 343 ff.; unverzüglich: BGB. § 121; — „nach der Ablieferung" der gekauften, dieser (§ 377) oder einer anderen (§ 378) Waare; bei ordnungsmäßigem Geschäftsgange: ROHG. 2 S. 237, 336, 3 S. 42, 47, 11 S. 306, 99, 15 S. 231; — „ein Mangel": Qualitätsmangel (Handelsgut mittlerer Art und Güte: § 360; ROHG. 6 S. 328; J.W. 1893 S. 238, 1895 S. 46); auch bei Verstoß gegen § 361 (s. aber § 378); unerhebliche Minderung des Werths oder der Tauglichkeit kommt nicht in Betracht: BGB. § 459. — Theilweiser Mangel: ROHG. 2 S. 306, 7 S. 229, 13 S. 355; Bolze 6 Nr. 568, 8 Nr. 491, 10 Nr. 469; bei schwieriger Ausscheidung: Bolze 2 Nr. 980, 5 Nr. 662; J.W. 1896 S. 437. — „Anzeige", weiter nichts (Abs. 2), vgl. RG. 25 S. 27, 27 S. 395; Goldschm. 40 S. 511 ff.; Anzeige, natürlich von dem sich zeigenden (vgl. Abs. 3) Mangel, wenn auch nicht detaillirt: ROHG. 5 S. 261, 14 S. 66, 156; J.W. 1897 S. 193; bei Kollektivsendungen: ROHG. 10 S. 269; bei Serienlieferungen: RG. 1 S. 53, 3 S. 100. Schriftlich oder sonstwie: ROHG. 19 S. 153; vgl. Abs. 4. Dem Verkäufer persönlich? vgl. ROHG. 11 S. 62, 14 S. 154; Bolze 3 Nr. 712.

Abs. 2. Vgl. dagegen BGB. § 464.

Abs. 3. ROHG. 14 S. 288; Bolze 7 Nr. 561; unverzüglich: BGB. § 121.

Abs. 4. Vgl. dagegen BGB. § 130.

Abs. 5. Art. 350. Vgl. ROHG. 2 S. 102, 4 S. 49, 185, 5 S. 323; RG. 1 S. 300; Bolze 4 Nr. 713; J.W. 1893 S. 163, 164; grobe Fahrlässigkeit schließt § 377 nicht aus: Goldschm. 38 S. 216.

§ 378.

Die Vorschriften des § 377 finden auch dann Anwendung, wenn eine andere als die bedungene Waare oder eine andere als die bedungene Menge von Waaren geliefert ist, sofern die gelieferte Waare nicht offensichtlich von der Bestellung so erheblich abweicht, daß der Verkäufer die Genehmigung des Käufers als ausgeschlossen betrachten mußte.

§ 378. (Neu; I 350, II 371.) Sofern die Genehmigung der gelieferten Waare als ausgeschlossen gilt, finden die allgemeinen Grundsätze Anwendung. Wenn der Verkäufer bei Beurtheilung der Frage, ob er auf eine Genehmigung des Käufers rechnen durfte, von irrigen Voraussetzungen ausging, oder thatsächlich nicht erwartete, daß derselbe genehmigen würde, oder gar keine Kenntniß von der Vertragswidrigkeit der Waare hatte, so ist das alles sein Schaden. Siehe auch Anm. zu § 379.

§ 379.

Ist der Kauf für beide Theile ein Handelsgeschäft, so ist der Käufer, wenn er die ihm von einem anderen Orte übersendete Waare beanstandet, verpflichtet, für ihre einstweilige Aufbewahrung zu sorgen.

Er kann die Waare, wenn sie dem Verderb ausgesetzt und Gefahr im Verzug ist, unter Beobachtung der Vorschriften des § 373 verkaufen lassen.

§ 379. **Aufbewahrungspflicht.** (Art. 348 Abs. 1, I 349, II 370.) Hier ist Distanzkauf nothwendige Voraussetzung; dann aber die Vorschrift sowohl bei Qualitäts- wie bei Quantitätsmängeln maßgebend, vorausgesetzt, daß die gelieferte Waare nicht offensichtlich so sehr von der Bestellung abweicht, daß der Verkäufer die Genehmigung als ausgeschlossen betrachten mußte. Ist dies der Fall, so greifen die Grundsätze über unbestellte Waaren (ROHG. 3 S. 43, 10 S. 144, 16 S. 131; Bolze 13 Nr. 432) und über Geschäftsführung ohne Auftrag Platz.

§ 380.

Ist der Kaufpreis nach dem Gewichte der Waare zu berechnen, so kommt das Gewicht der Verpackung (Taragewicht) in Abzug, wenn nicht aus dem Vertrag oder dem Handelsgebrauche des Ortes, an welchem der Verkäufer zu erfüllen hat, sich ein Anderes ergiebt.

Ob und in welcher Höhe das Taragewicht nach einem bestimmten Ansatz oder Verhältnisse statt nach genauer Ausmittelung abzuziehen ist, sowie, ob und wieviel als Gutgewicht zu Gunsten des Käufers zu berechnen ist oder als Vergütung für schadhafte oder unbrauchbare Theile (Refaktie) gefordert werden kann, bestimmt sich nach dem Vertrag oder dem Handelsgebrauche des Ortes, an welchem der Verkäufer zu erfüllen hat.

§ 380. **Gewicht.** (Art. 352, I 352, II 372.) Vertrag: vgl. ROHG. 1 S. 125. Gutgewicht: vgl. ROHG. 12 S. 59. Refaktie: ROHG. 7 S. 1.

§ 381.

Die in diesem Abschnitte für den Kauf von Waaren getroffenen Vorschriften gelten auch für den Kauf von Werthpapieren.

Sie finden auch Anwendung, wenn aus einem von dem Unternehmer zu beschaffenden Stoffe eine nicht vertretbare bewegliche Sache herzustellen ist.

§ 381. **Werthpapiere. Kauf- und Werkvertrag.** (Neu; I 353, II 373.) Abs. 1. „Werthpapiere, d. h. Papiere, die als solche den Gegenstand des Kaufs bilden, bei denen also der Erwerb des Rechts aus dem Papiere den sachenrechtlichen Grundsätzen über den Erwerb des Rechts aus dem Papiere folgt" (D.). Durch die Hervorhebung derselben sollte zum Ausdruck gebracht werden, daß der Kauf von Rechten, die nicht in Werthpapieren verkörpert sind, z. B. Hypothekenforderungen, auch wenn der Kauf im einzelnen Falle ein Handelsgeschäft ist, diesen Vorschriften nicht unterliegen.

Abs. 2. Vgl. BGB. § 651. Hieraus ergiebt sich unter Anderem, daß bei einem derartigen zweiseitigen Handelsgeschäfte der Besteller, obwohl die Verjährung nicht mit der Ablieferung (§ 477), sondern mit der Abnahme des Werks beginnt (§ 638), dennoch das Werk gemäß § 377 zu untersuchen verpflichtet ist. Hat er dies gethan, so verjähren die Ansprüche erst von der Abnahme an. Liegt ein eigentlicher Werkvertrag vor, so bewendet es ausschließlich bei BGB.

§ 382.

Die Vorschriften der §§ 481 bis 492 des Bürgerlichen Gesetzbuchs über die Gewährleistung bei Viehmängeln werden durch die Vorschriften dieses Abschnitts nicht berührt.

§ 382. **Viehmängel.** (Neu; I 354, II 374.) Vieh galt als Waare im Sinne des Art. 337 ff. und daher war Art. 347 auch auf den Viehhandel anwendbar: ROHG. 25 S. 232.

Dritter Abschnitt.

Kommissionsgeschäft.

Dritter Abschnitt. Kommissionsgeschäft. §§ 383—406. Im Wesentlichen, abgesehen von der Begriffsbestimmung (§ 383) der Gleichstellung von Einkaufs- und Verkaufskommission (§ 386), eine Wiederholung von Art. 360—378 mit einigen Zusätzen z. B. §§ 391, 401, 404. Das Gesetz behandelt nur die Ein- und Verkaufskommission von Waaren und Werthpapieren als selbständiges Handelsgewerbe (§ 1 Nr. 6). Für dieselbe gelten eventuell die Grundsätze des BGB. vom Dienstvertrage, und da es sich um eine Geschäftsbesorgung handelt, des § 675 BGB. Danach beantwortet sich insbesondere auch die Frage, inwieweit die Ausführung der Kommission einem Unterkommissionär übertragen werden darf (vgl. ROHG. 11 S. 146), sowie in Ansehung der Kündigung der Kommission: BGB. §§ 613, 627. Verjährung: BGB. §§ 196, 201.

§ 383.

Kommissionär ist, wer es gewerbsmäßig übernimmt, Waaren oder Werthpapiere für Rechnung eines Anderen (des Kommittenten) in eigenem Namen zu kaufen oder zu verkaufen.

§ 383. **Begriff.** (Art. 360 Abs. 1, I 355, II 375.) Nur Einkaufs- und Verkaufskommission sind Grundhandelsgeschäfte (§ 1), nicht Inkasso-, Zahlungs-, Kredit-, Versicherungskommission. Transportkommission ist Spedition (vierter Abschnitt); überseeische Kommission heißt Konsignation. — Ueber die Frage der Auslegung, ob Kauf oder Kommission vorliegt, vgl. ROHG. 18 S. 199 ff.; vgl. RG. 3 S. 109, 5 S. 84 ff., 20 S. 112; Bolze 4 Nr. 718, 6 Nr. 497; — in eigenem Namen: vgl. ROHG. 2 S. 402, 22 S. 25; — Beweislast: RG. 6 S. 48, 18 S. 20.

§ 384.

Der Kommissionär ist verpflichtet, das übernommene Geschäft mit der Sorgfalt eines ordentlichen Kaufmanns auszuführen; er hat hierbei das Interesse des Kommittenten wahrzunehmen und dessen Weisungen zu befolgen.

Er hat dem Kommittenten die erforderlichen Nachrichten zu geben, insbesondere von der Ausführung der Kommission unverzüglich Anzeige zu machen; er ist verpflichtet, dem Kommittenten über das Geschäft Rechenschaft abzulegen und ihm dasjenige herauszugeben, was er aus der Geschäftsbesorgung erlangt hat.

Der Kommissionär haftet dem Kommittenten für die Erfüllung des Geschäfts, wenn er ihm nicht zugleich mit der Anzeige von der Ausführung der Kommission den Dritten namhaft macht, mit dem er das Geschäft abgeschlossen hat.

§ **384. Rechte und Pflichten.** (Art. 361, 376 Abs. 3, I 356, 379, II 376.) Vgl. BGB. §§ 276, 665—668, 675.

Abs. 1. **Der Kommissionär muß** die Sorgfalt beweisen: ROHG. 8 S. 34, 10 S. 189, 14 S. 401, 19 S. 215, 25 S. 73; s. aber ROHG. 21 S. 262; RG. 20 S. 6; trotz Versehen des Kommittenten: ROHG. 4 S. 205. Der Kommissionär haftet nach Maßgabe dieses Absatzes auch für Rathschläge und Auskunftsertheilungen, wenn er eine auf Grund derselben ertheilte Kommission ausführt: BGB. § 676; RG. 19 S. 108, 27 S. 123; Goldschm. 40 S. 525.

Abs. 2. „Die erforderlichen Nachrichten": ROHG. 22 S. 78; RG. 27 S. 123; — „unverzüglich": BGB. § 121. — „Anzeige": ROHG. 11 S. 49 ff., 19 S. 360; RG. 7 S. 99; Wirkung der Unterlassung ist nicht Befugniß zum Widerruf: Bolze 2 Nr. 910, 912, noch Nichtigkeit: ROHG. 11 S. 43; vgl. auch ROHG. 18 S. 313 ff., 22 S. 183; RG. 14 S. 123; — „Rechenschaft ablegen" ist mehr als Rechnung legen, vgl. ROHG. 2 S. 436, 13 S. 40, und jenes muß er auch dann, wenn er das Geschäft nicht ausführt. Ueber weitere Aufbewahrung der Belege vgl. ROHG. 4 S. 352, 10 S. 91; RG. 21 S. 82; Bolze 1 Nr. 949, 2 Nr. 913. Ueber Verzicht vgl. Bolze 8 Nr. 435; ROHG. 17 S. 209.

Abs. 3 (an Stelle des durch EG. Art. 14 aufgehobenen § 74 Abs. 3 des Börsengesetzes). Vgl. RG. 1 S. 289, 4 S. 92 ff., 25 S. 71. Der Rechtssatz ist keinenfalls beschränkt auf markt- oder börsengängige Waaren, noch auf den Fall des thatsächlichen Selbsteintritts: § 400. Hat der Kommissionär thatsächlich mit einem nicht genannten Dritten abgeschlossen, so tritt nach Maßgabe des § 392 ein Gesammtschuldverhältniß (Delkredere) ein: BGB. §§ 421 ff.; hat er nicht mit einem Dritten abgeschlossen, so haftet er kraft Gesetzes aus der Anzeige, abgeschlossen zu haben; er haftet „für die Erfüllung des Geschäfts", d. h. desjenigen, über welches die Anzeige ergangen ist; der Kommittent aber hat, wenn dieses angezeigte Geschäft nicht gemäß seinen Weisungen abgeschlossen ist, die Wahl entweder auf Erfüllung desselben (dieser Absatz) und auf Schadensersatz wegen weisungswidriger Ausführung (§ 385 Abs. 1; ROHG. 22 S. 238; RG. 4 S. 92) oder auf Zurückweisung des Geschäfts und auf Schadensersatz wegen Nichtausführung der Weisung (§ 385 Abs. 1) zu klagen. Behauptet der Kommittent, der Kommissionär habe nicht das angezeigte Geschäft, sondern ein anderes abgeschlossen, so kann er nach Abs. 2 und § 392 auch dieses wirklich abgeschlossene und die Haftung des Kommissionärs für dessen Erfüllung gleicher Weise für sich geltend machen. Die Erklärung des Kommittenten über Ausübung seines Wahlrechts bindet ihn (RG. 6 S. 53).

§ 385.

Handelt der Kommissionär nicht gemäß den Weisungen des Kommittenten, so ist er diesem zum Ersatze des Schadens verpflichtet; der Kommittent braucht das Geschäft nicht für seine Rechnung gelten zu lassen.

Die Vorschriften des § 665 des Bürgerlichen Gesetzbuchs bleiben unberührt.

§ **385. Auftragswidrigkeit.** (Art. 362, I 357, II 377.)

Abs. 1: „gemäß den Weisungen" nach Maßgabe (Abs. 2) des BGB. § 665. Vgl. Bolze 1 Nr. 948, 3 Nr. 19; ROHG. 20 S. 322. — „Der Kommittent braucht das auftragswidrige (vgl. aber Abs. 2) Geschäft nicht für seine Rechnung gelten zu lassen; ausdrückliche Erklärung dahin ist nicht erforderlich (ROHG. 16 S. 252); Schweigen gilt als Annahme des neuen Antrags nach § 362. — Schadensersatz: BGB. §§ 249 ff.

Abs. 2. BGB. § 665 gestattet Abweichung von der Weisung im Sinne des Kommittenten.

§ 386.

Hat der Kommissionär unter dem ihm gesetzten Preise verkauft oder hat er den ihm für den Einkauf gesetzten Preis überschritten, so muß der Kommittent, falls er das Geschäft als nicht für seine Rechnung abgeschlossen zurückweisen will, dies unverzüglich auf die Anzeige von der Ausführung des Geschäfts erklären; anderenfalls gilt die Abweichung von der Preisbestimmung als genehmigt.

Erbietet sich der Kommissionär zugleich mit der Anzeige von der Ausführung des Geschäfts zur Deckung des Preisunterschieds, so ist der Kommittent zur Zurückweisung nicht berechtigt. Der Anspruch des Kommittenten auf den Ersatz eines den Preisunterschied übersteigenden Schadens bleibt unberührt.

§ 386. **Preisunterschied.** (Art. 363, 364, I 358, II 378.) Das Gesetz behandelt Einkaufs- und Verkaufskommission nicht mehr verschieden, sondern beide nach Art. 364. Spekulation auf Kosten des Kommittenten ist ausgeschlossen.

Abs. 1. Anwendung von § 362. Unverzüglich: BGB. § 121.

Abs. 2 Satz 2 nach Maßgabe von § 384 Abs. 1, vgl. ROHG. 2 S. 90, 11 S. 403 (Konventionalstrafe, Preisdruck u. a.).

§ 387.

Schließt der Kommissionär zu vortheilhafteren Bedingungen ab, als sie ihm von dem Kommittenten gesetzt worden sind, so kommt dies dem Kommittenten zu Statten.

Dies gilt insbesondere, wenn der Preis, für welchen der Kommissionär verkauft, den von dem Kommittenten bestimmten niedrigsten Preis übersteigt oder wenn der Preis, für welchen er einkauft, den von dem Kommittenten bestimmten höchsten Preis nicht erreicht.

§ 387. **Vortheilhaftere Ausführung.** (Art. 372 unverändert, I 368, II 379.) Beispiele: ROHG. 12 S. 180, 16 S. 133; Busch 9 S. 229. Es ist eine dispositive Vorschrift: ROHG. 22 S. 77.

§§ 388—391. **Verlust oder Beschädigung des Kommissionsgutes.**

§ 388.

Befindet sich das Gut, welches dem Kommissionär zugesendet ist, bei der Ablieferung in einem beschädigten oder mangelhaften Zustande, der äußerlich erkennbar ist, so hat der Kommissionär die Rechte gegen den Frachtführer oder Schiffer zu wahren, für den Beweis des Zustandes zu sorgen und dem Kommittenten unverzüglich Nachricht zu geben; im Falle der Unterlassung ist er zum Schadensersatze verpflichtet.

Ist das Gut dem Verderb ausgesetzt oder treten später Veränderungen an dem Gute ein, die dessen Entwerthung befürchten lassen, und ist keine Zeit vorhanden, die Verfügung des Kommittenten einzuholen, oder ist der Kommittent in der Ertheilung der Verfügung säumig, so kann der Kommissionär den Verkauf des Gutes nach Maßgabe der Vorschriften des § 373 bewirken.

§ 388. **Zustand bei der Ablieferung.** (Art. 365, I 359 Abs. 1, 360; II 380.)

Abs. 1 ist übereinstimmend mit Art. 365 Abs. 1 u. 2; — „über die Rechte gegen den Frachtführer" s. §§ 435 ff., 454, 455; gegen den Schiffer: §§ 608 ff.; über den Beweis des Zustandes vgl. EG. z. CPO. § 13 Abs. 4; CPO. § 486 (448); „unverzüglich": BGB. § 121. — Tritt der Kommissionär als Selbstkäufer ein, so gilt § 377; sonst schließt die Unterlassung der Benachrichtigung spätere Geltendmachung gegen den Kommittenten nicht aus: ROHG. 21 S. 147; Goldschm. 38 S. 229. Schadensersatz: BGB. §§ 249 ff.

Abs. 2. Voraussetzung ist das Zusammentreffen von zwei Thatsachen, von denen jede alternativ mit einer vorliegen muß; nämlich einerseits entweder a) Gefahr des Verderbens oder b) Veränderungen des Gutes mit Entwerthungsgefahr (nicht bloß Preisrückgang: ROHG. 4 S. 1); andererseits entweder a) Mangel an Zeit, eine Verfügung des Kommittenten einzuholen, oder b) Säumigkeit desselben in deren Ertheilung: BGB. §§ 130, 121. Der unter diesen Umständen dem Kommissionär gestattete (natürlich von dem Selbsthülfeverkauf bei Verzug §§ 389, 373 Abs. 3, 376 Anm. ganz verschiedene) Nothverkauf ist lediglich eine thatsächliche Sicherungsmaßregel im Interesse des Kommittenten (ROHG. 5 S. 293). Derselbe erfolgt daher insoweit, d. h. im Verhältniß zwischen ihm und dem Kommissionär, stets für dessen Rechnung. — Präjudiz: § 390.

§ 389.

Unterläßt der Kommittent über das Gut zu verfügen, obwohl er dazu nach Lage der Sache verpflichtet ist, so hat der Kommissionär die nach § 373 dem Verkäufer zustehenden Rechte.

§ 389. **Verfügungsverzug des Kommittenten.** (Art. 366 Abs. 2, I 361, II 381.) D. h. der Kommissionär kann nicht nur auf Kosten und Gefahr des Kommittenten verkaufen (Art. 366 Abs. 2), sondern auch hinterlegen. Er haftet für die Wahl der Maßregel mit der ihm allgemein obliegenden Sorgfalt. „Das Gut" bezieht sich nicht etwa auf § 388; nicht nur das dem Kommissionär zugesendete und abgelieferte, sondern überhaupt Kommissionsgut (vgl. § 397 Anm.) fällt unter § 389.

§ 390.

Der Kommissionär ist für den Verlust und die Beschädigung des in seiner Verwahrung befindlichen Gutes verantwortlich, es sei denn, daß der Verlust oder die Beschädigung auf Umständen beruht, die durch die Sorgfalt eines ordentlichen Kaufmanns nicht abgewendet werden konnten.

Der Kommissionär ist wegen der Unterlassung der Versicherung des Gutes nur verantwortlich, wenn er von dem Kommittenten angewiesen war, die Versicherung zu bewirken.

§ 390. **Verwahrung des Guts.** (Art. 367, I 362, II 382.) Auch hier ist allgemein Kommissionsgut in Frage, sofern es sich „in Verwahrung" des Kommissionärs befindet; nämlich körperlich, im Gegensatz zu Besitz im Allgemeinen, z. B. § 397.

Abs. 1. Der Kommissionär muß sich entschuldigen: ROHG. 10 S. 190, vgl. 8 S. 192, 12 S. 386, 19 S. 211. Trat er als Selbstkontrahent ein, so trifft ihn die Gefahr nach BGB. § 446.

Abs. 2. „Versicherung" im eigentlichen Sinne, nicht Deklaration des Guts, vgl. RG. 28 S. 140; Verpflichtung nur, wenn „angewiesen"; ausdrücklich oder stillschweigend: ROHG. 7 S. 361; Bolze 8 Nr. 436; also Ausnahme von § 384 Abs. 1; „die Versicherung zu bewirken": nach Maßgabe von § 384 Abs. 1, vgl. Goldschm. 40 S. 532; ROHG. 6 S. 115; ohne imaginären Gewinn: ROHG. 21 S. 172; Abtretung: §§ 384 Abs. 2, 392, ROHG. 2 S. 266. — Berechtigung nach Maßgabe von § 384 Abs. 1; vgl. ROHG. 7 S. 361.

§ 391.

Ist eine Einkaufskommission ertheilt, die für beide Theile ein Handelsgeschäft ist, so finden in Bezug auf die Verpflichtung des Kommittenten, das Gut zu untersuchen und dem Kommissionär von den entdeckten Mängeln Anzeige zu machen, sowie in Bezug auf die Sorge für die Aufbewahrung des beanstandeten Gutes und auf den Verkauf bei drohendem Verderbe die für den Käufer geltenden Vorschriften der §§ 377 bis 379 entsprechende Anwendung. Der Anspruch des Kommittenten auf Abtretung der Rechte, die dem Kommissionär gegen den Dritten zustehen, von welchem er das Gut für Rechnung des Kommittenten gekauft hat, wird durch eine verspätete Anzeige des Mangels nicht berührt.

§ 391. **Wenn Einkaufskommission „beiderseitiges Handelsgeschäft".** (Neu; I 363 Abs. 1, II 383.) Bei der Verkaufskommission bewendet es bei der gewöhnlichen Verpflichtung des Kommissionärs aus §§ 384, 388.

Satz 1. Art. 347 fand auf den Kommittenten nur Anwendung, wenn der Kommissionär als Selbstkontrahent eintrat. Derselbe hat aber allgemein wie der Verkäufer ein berechtigtes Interesse daran, von einer Beanstandung der Waare baldmöglichst Kenntniß zu erhalten.

Satz 2. Wegen der Herausgabepflicht des § 384 Abs. 2 kann der Kommissionär dem Kommittenten die Abtretung etwaiger Mängelansprüche gegen den Verkäufer unter Berufung auf verspätete Mängelanzeige nicht verweigern.

§ 392.

Forderungen aus einem Geschäfte, das der Kommissionär abgeschlossen hat, kann der Kommittent dem Schuldner gegenüber erst nach der Abtretung geltend machen.

Jedoch gelten solche Forderungen, auch wenn sie nicht abgetreten sind, im Verhältnisse zwischen dem Kommittenten und dem Kommissionär oder dessen Gläubigern als Forderungen des Kommittenten.

§ 392. **Abtretung der Forderungen.** (Art. 368, I 364, II 384.)

Abs. 1. Sonst würde die Lage des Dritten, der nur mit dem Kommissionär in ein Vertragsverhältniß getreten ist, sehr erschwert.

Abs. 2. Sie können also namentlich im Konkurse des Kommissionärs nur zur Befriedigung des Kommittenten dienen (ROHG. 7 S. 23; RG. 1 S. 315). Sie sind ferner ein Grund zur Zurückbehaltung nach § 369; zur Interventionsklage nach CPO. § 771 (§ 690); vgl. ROHG. 7 S. 18; Einschränkung: § 399.

§ 393.

Wird von dem Kommissionär ohne Zustimmung des Kommittenten einem Dritten ein Vorschuß geleistet oder Kredit gewährt, so handelt der Kommissionär auf eigene Gefahr.

Insoweit jedoch der Handelsgebrauch am Orte des Geschäfts die Stundung des Kaufpreises mit sich bringt, ist in Ermangelung einer anderen Bestimmung des Kommittenten auch der Kommissionär dazu berechtigt.

Verkauft der Kommissionär unbefugt auf Kredit, so ist er verpflichtet, dem Kommittenten sofort als Schuldner des Kaufpreises die Zahlung zu leisten. Wäre beim Verkaufe gegen baar der Preis geringer gewesen, so hat der Kommissionär nur den geringeren Preis und, wenn dieser niedriger ist als der ihm gesetzte Preis, auch den Unterschied nach § 386 zu vergüten.

§ 393. **Kreditirung.** (Uebereinstimmend Art. 369, I 365, II 385.) Kreditirt der Kommissionär befugterweise, so ist er immerhin nach § 384 Abs. 1 verantwortlich.

§ 394.

Der Kommissionär hat für die Erfüllung der Verbindlichkeit des Dritten, mit dem er das Geschäft für Rechnung des Kommittenten abschließt, einzustehen, wenn dies von ihm übernommen oder am Orte seiner Niederlassung Handelsgebrauch ist.

Der Kommissionär, der für den Dritten einzustehen hat, ist dem Kommittenten für die Erfüllung im Zeitpunkte des Verfalls unmittelbar insoweit verhaftet, als die Erfüllung aus dem Vertragsverhältnisse gefordert werden kann. Er kann eine besondere Vergütung (Delcredereprovision) beanspruchen.

§ 394. **Delcredere.** (Art. 370 übereinstimmend, I 366, II 386.)

Abs. 1. Auslegung: J.W. 1893 S. 237; ROHG. 5 S. 229. Ausschluß einer Delcredereprovision: RG. 20 S. 113; Höhe der Vergütung: Bolze 7 Nr. 517. Die Vorschrift ist natürlich dispositiv: RG. 20 S. 113. Auch bei der Delcrederekommission kann der Kommissionär als Selbstkontrahent eintreten (ROHG. 19 S. 52). Der Kommittent muß die Verbindlichkeit des Dritten beweisen: ROHG. 19 S. 187.

Abs. 2. Recht der Vorausklage giebt es nicht, nur Pflicht zur Abtretung nach § 384 Abs. 2 (ROHG. 9 S. 233, 19 S. 55); dagegen stehen dem Kommissionär alle Einreden des Dritten aus dem Vertragsverhältnisse zu, vgl. ROHG. 21 S. 147. — Ueber Delcredere für befristete Verpflichtungen vgl. ROHG. 5 S. 352 ff.; BGB. §§ 767, 777.

§ 395.

Ein Kommissionär, der den Ankauf eines Wechsels übernimmt, ist verpflichtet, den Wechsel, wenn er ihn indossirt, in üblicher Weise und ohne Vorbehalt zu indossiren.

§ 395. **Wechselkauf.** (Art. 373, I 369, II 387.) W.O. Art. 14, 15, 17. Vgl. RG. 20 S. 112 ff. und wegen des Regresses: ROHG. 13 S. 279.

§ 396.

Der Kommissionär kann die Provision fordern, wenn das Geschäft zur Ausführung gekommen ist. Ist das Geschäft nicht zur Ausführung gekommen, so hat er gleichwohl den Anspruch auf die Auslieferungsprovision, sofern eine solche ortsgebräuchlich ist; auch kann er die Provision verlangen, wenn die Ausführung des von ihm abgeschlossenen Geschäfts nur aus einem in der Person des Kommittenten liegenden Grunde unterblieben ist.

Zu dem von dem Kommittenten für Aufwendungen des Kommissionärs nach den §§ 670, 675 des Bürgerlichen Gesetzbuchs zu leistenden Ersatze gehört auch die Vergütung für die Benutzung der Lagerräume und der Beförderungsmittel des Kommissionärs.

§ 396. **Provision, Aufwendungen.** (Art. 371, I 367, Abs. 1, 3, II 388.) Gegenstand der actio mandati contraria: BGB. § 675, daher ist ein berechtigter Einwand das Verlangen, erst dem Auftrage zu genügen: ROHG. 10 S. 190, 22 S. 4; Bolze 1 Nr. 465; dispositive Vorschrift: ROHG. 16 S. 379.

Abs. 1 wiederholt Art. 371 Abs. 2 mit dem neuen bisher bestrittenen Schlußsatze. Der bloße Abschluß ist nicht ausreichend für Provisionsanspruch, zumal in der Regel die Kommission nicht auf Geschäftsabschluß beschränkt ist. Andererseits ist nicht vollständige Erfüllung erforderlich, sondern Ausführung nach den Anschauungen des Handelsstandes gilt nach wie vor als ausreichend: ROHG. 1 S. 77, 16 S. 305, 20 S. 325, mit der Maßgabe, daß ihr gleichsteht die Unterlassung aus einem in der Person des Kommittenten liegenden Grunde (RG. 17 S. 31), z. B. weil er die Waare nicht rechtzeitig geliefert hat: RG. 23 S. 413. — Vor Abschluß ist die Kommission jederzeit widerruflich (ROHG. 16 S. 305) und provisionslos; berechtigt aber selbstverständlich zum Ersatz der inzwischen gemachten Aufwendungen. — Etwaige Schadensansprüche bestehen unabhängig neben dem Provisionsanspruche; Selbsteintritt beseitigt ihn nicht: § 403.

Abs. 2 wie Art. 371 Abs. 1, jetzt nach Maßgabe BGB. cit. — Vorschüsse (solche sind kein Darlehn: § 397, ROHG. 10 S. 189) braucht der Kommissionär nicht zu machen: RG. 23 S. 413. Ersatz von geleistetem Schadensersatz wegen Nichterfüllung: ROHG. 23 S. 107; Prozeßkosten: das. 21 S. 311; Lagergeld: ROHG. 7 S. 382, vgl. § 420; „ob der Kommissionär neben der Provision auch noch Vergütung für die Arbeit seiner Leute beanspruchen kann (Art. 371 Abs. 1), ist nach den Umständen des Falls, insbesondere nach der Natur der Dienste, unter Berücksichtigung der Handelssitte zu beurtheilen" (D.). Zurückbehaltungsrecht: § 369, BGB. § 273.

§ 397.

Der Kommissionär hat an dem Kommissionsgute, sofern er es im Besitze hat, insbesondere mittelst Konnossements, Ladescheins oder Lagerscheins darüber verfügen kann, ein Pfandrecht wegen der auf das Gut verwendeten Kosten, der Provision, der auf das Gut gegebenen Vorschüsse und Darlehen, der mit Rücksicht auf das Gut gezeichneten Wechsel oder in anderer Weise eingegangenen Verbindlichkeiten sowie wegen aller Forderungen aus laufender Rechnung in Kommissionsgeschäften.

§ 397. **Pfandrecht.** (Art. 374 Abs. 1 übereinstimmend, I 370, II 389.) Vgl. §§ 356 Abs. 1, 366 Abs. 3, 368, 369 Abs. 2; Ausnahme: Bankdepotgesetz: § 8. — Kommissionsgut ist (ROHG. 20 S. 87) nur der Gegenstand der Kommission, nicht etwa Alles, was in Veranlassung derselben in den Besitz des Kommissionärs geräth (Bolze 3 Nr. 620, 8 Nr. 433) und den Umständen nach Gegenstand eines Zurückbehaltungsrechts sein kann. — Einerlei, ob der Kommittent Eigenthümer ist oder nicht: vgl. § 366, ROHG. 15 S. 424; RG. 29 S. 48; 33 S. 110; nicht dagegen, ob das Kommissionsgut Eigenthum des Kommissionärs ist (§ 398); vgl. ROHG. 11 S. 11, 14 S. 188, 16 S. 118, 19 S. 81; — im Besitze hat, vgl. dagegen § 390; Konnossement §§ 642 ff., 647; Lagerschein § 424; Ladeschein §§ 444 ff., 450; „darüber verfügen kann" der Kommissionär erst nach deren Aushändigung: RG. 13 S. 120. — Das Pfandrecht ist ein gesetzliches, aber dem vertragsmäßigen gleiches: §§ 366 Abs. 3, 368 Abs. 2; ROHG. 16 S. 123; KO. §§ 44, 49², 127 (36, 41⁸, 117); CPO. §§ 685, 690, 710; RG. 9 S. 425. Auch beim Verkauf (§ 368 Abs. 2) ist nach § 384 Abs. 1 die Sorgfalt eines ordentlichen Kaufmanns zu beobachten, aber auch Provisionsanspruch begründet; vgl. ROHG. 10 S. 187 ff., 194; Bolze 12 Nr. 474. Kosten der Lagerung pp.: § 396 Abs. 2, auch solche der Realisirung gehören dahin; Provision: § 396 Abs. 1; Wechsel: § 395; aus laufender Rechnung: §§ 355 ff. Daß die Forderungen fällig sein müßten, ist nicht gesagt.

§ 398.

Der Kommissionär kann sich, auch wenn er Eigenthümer des Kommissionsguts ist, für die im § 397 bezeichneten Ansprüche nach Maßgabe der für das Pfandrecht geltenden Vorschriften aus dem Gute befriedigen.

§ 398. **Verkaufsrecht.** (Art. 375, I 372, II 390.) Vgl. § 368. Neben dem Rechte, für seinen Anspruch auf Erfüllung und auf Schadensersatz wegen verspäteter Erfüllung, aus dem Kommissionsgute wie aus einem Pfande Befriedigung zu suchen, stehen dem Kommissionär im Falle eines Erfüllungsverzuges des Kommittenten weitere Rechte nicht zu. Insbesondere ist der Kommissionär nicht befugt, die angeschaffte Waare auf Grund der Erklärung, daß er von dem Kommissionsvertrage zurücktrete (anders natürlich auf Grund von § 369 und BGB. § 273), für sich zu behalten. BGB. § 326 trifft nicht zu, weil die dem Kommissionär obliegende Herausgabe der Leistung aus der Geschäftsbesorgung keine Gegenleistung im Verhältniß zu Provision oder Ersatz wäre.

§ 399.

Aus den Forderungen, welche durch das für Rechnung des Kommittenten geschlossene Geschäft begründet sind, kann sich der Kommissionär für die im § 397 bezeichneten Ansprüche vor dem Kommittenten und dessen Gläubigern befriedigen.

§ 399. **Befriedigung aus Forderungen.** (Art. 374 Abs. 2 übereinstimmend, I 371, II 391.) Nothwendige Einschränkung des in § 392 Abs. 2 aufgestellten Grundsatzes; vorausgesetzt natürlich, daß die Forderungen dem Kommittenten noch nicht cedirt sind.

Selbsteintrittsrecht. Die §§ 400—405 treten an Stelle der durch EG. z. HGB. Art. 14, V aufgehobenen §§ 70—74 des Börsengesetzes.

§ 400.

Die Kommission zum Einkauf oder zum Verkaufe von Waaren, die einen Börsen- oder Marktpreis haben, sowie von Werthpapieren, bei denen ein Börsen- oder Marktpreis amtlich festgestellt wird, kann, wenn der Kommittent nicht ein Anderes bestimmt hat, von dem Kommissionär dadurch ausgeführt werden, daß er das Gut, welches er einkaufen soll, selbst als Verkäufer liefert oder das Gut, welches er verkaufen soll, selbst als Käufer übernimmt.

Im Falle einer solchen Ausführung der Kommission beschränkt sich die Pflicht des Kommissionärs, Rechenschaft über die Abschließung des Kaufes oder Verkaufs abzulegen, auf den Nachweis, daß bei dem berechneten Preise der zur Zeit der Ausführung der Kommission bestehende Börsen- oder Marktpreis eingehalten ist. Als Zeit der Ausführung gilt der Zeitpunkt, in welchem der Kommissionär die Anzeige von der Ausführung zur Absendung an den Kommittenten abgegeben hat.

Ist bei einer Kommission, die während der Börsen- oder Marktzeit auszuführen war, die Ausführungsanzeige erst nach dem Schlusse der Börse oder des Marktes zur Absendung abgegeben, so darf der berechnete Preis für den Kommittenten nicht ungünstiger sein als der Preis, der am Schlusse der Börse oder des Marktes bestand.

Bei einer Kommission, die zu einem bestimmten Kurse (erster Kurs, Mittelkurs, letzter Kurs) ausgeführt werden soll, ist der Kommissionär ohne Rücksicht auf den Zeitpunkt der Absendung der Ausführungsanzeige berechtigt und verpflichtet, diesen Kurs dem Kommittenten in Rechnung zu stellen.

Bei Werthpapieren und Waaren, für welche der Börsen- und Marktpreis amtlich festgestellt wird, kann der Kommissionär im Falle der Ausführung der Kommission durch Selbsteintritt dem Kommittenten keinen ungünstigeren Preis als den amtlich festgestellten in Rechnung stellen.

§ 400. **Voraussetzungen.** (Uebereinstimmend Börsenges. § 71 Abs. 1—5; während der letzte Abs. jetzt § 402 bildet; Art. 376 Abs. 1, 2, I 374, II 392.) Allgemeine Verantwortlichkeit: § 384 Abs. 1.

Abs. 1 ist dispositiv: Bolze 21 Nr. 416. Stillschweigende anderweite Bestimmung des Kommittenten s. bei Bolze 3 Nr. 624, 9 Nr. 329; ROHG. 19 S. 55; 23 S. 104. Der Selbsteintritt muß ausdrücklich erklärt werden: § 405; er ist eine Art der Ausführung der Kommission (§ 396, vgl. RG. 1 S. 289, 4 S. 95, 25 S. 71); daher auch die Provisionsberechtigung: § 403. — Marktpreis: ROHG. 12 S. 181; RG. 34 S. 120; Werthpapiere einschl. Wechsel: Börsengeſ. § 80; „amtlich festgestellt wird", nämlich zur Zeit des Selbsteintritts: RG. 34 S. 120; vgl. Abs. 2 u. 4. Einerlei ist, ob der Kommissionär die Waare hat oder nicht: ROHG. 20 S. 326; „eintreten" kann er aber begrifflich nur, so lange er noch nicht mit einem Dritten abgeschlossen hat: Bolze 2 Nr. 908, 909, vgl. 1 Nr. 950; RG. 6 S. 54; vgl. ROHG. 20 S. 326; als Verkäufer — als Käufer: Bolze 21 Nr. 770. Uebrigens ohne Aenderung des Obligationsinhalts, daher auch ohne Aenderung des Erfüllungsortes, der also im Zweifel der Wohnsitz des Kommissionärs ist (RG. 10 S. 89, 23 S. 412; Bolze 8 Nr. 355, 720, 17 Nr. 289; CPO. § 29); Erfüllungsverzug: BGB. § 326; ROHG. 6 S. 190; RG. 25 S. 72; Mängelanzeige: § 391, ROHG. 25 S. 216; Pfandrecht: § 404; Goldschm. 36 S. 267.

Abs. 2—5 enthalten absolute Vorschriften zu Gunsten des Kommittenten: § 402. — Nachweis: RG. 1 S. 290. — „Zeit der Ausführung": vgl. dagegen BGB. § 130; — „zur Absendung an den Kommittenten abgegeben" ist die Anzeige nicht erst bei Aufgabe zur Post oder zum Telegraphenamt, sondern schon bei Absendung des Boten dahin.

Abs. 3 schließt in Verbindung mit § 401 Spekulation zum Nachtheil des Kommittenten unbedingt aus; der Preis darf keinenfalls ungünstiger als der Schlußkurs sein, muß aber einem früheren besseren Kurse entsprechen, wenn der Kommissionär zu diesem hätte kaufen sollen.

Abs. 4. (Limitirter Auftrag) wird durch § 401 beschränkt.

Abs. 5. Er muß aber nach § 401 den günstigeren Kurs berechnen.

§ 401.

Auch im Falle der Ausführung der Kommission durch Selbsteintritt hat der Kommissionär, wenn er bei Anwendung pflichtmäßiger Sorgfalt die Kommission zu einem günstigeren als dem nach § 400 sich ergebenden Preise ausführen konnte, dem Kommittenten den günstigeren Preis zu berechnen.

Hat der Kommissionär vor der Absendung der Ausführungsanzeige aus Anlaß der ertheilten Kommission an der Börse oder am Markte ein Geschäft mit einem Dritten abgeschlossen, so darf er dem Kommittenten keinen ungünstigeren als den hierbei vereinbarten Preis berechnen.

§ 401. **Preisberechnung.** (Uebereinstimmend Börsengeſ. § 72, ES. Art. 14, V, I 375 Abs. 1, 2, II 393.) Absolute Vorschrift: § 402; vgl. Börsengeſ. § 79 Nr. 2 (Strafe).

Abs. 1. Auch bei Limitirung (§ 400 Abs. 4) muß der Kommissionär zu günstigerem Kurse schließen, wenn er es bei Anwendung pflichtmäßiger Sorgfalt kann: ROHG. 8 S. 96, vgl. 12 S. 188, 23 S. 104. Daß er es konnte, — und bei mehreren Aufträgen gerade für ihn konnte — muß der Kommittent beweisen.

Abs. 2. Voraussetzungen: Abschluß mit einem Dritten a) vor der Absendung der Ausführungsanzeige (§ 405); b) aus Anlaß der ertheilten Komm. sei es in deren Ausführung — so daß eigentlich von Selbsteintritt nicht mehr die Rede sein könnte; s. o. zu 400 Abs. 1 — oder speziell zum Zwecke des Selbsteintritts, weil der Beweis der einen oder anderen Alternative meist nur durch Eid des Kommissionärs zu führen ist (vgl. J.W. 1897 S. 172): c) an der Börse oder am Markte.

§ 402.

Die Vorschriften des § 400 Abs. 2 bis 5 und des § 401 können nicht durch Vertrag zum Nachtheile des Kommittenten abgeändert werden.

§ 402. **Unabänderlichkeit.** (Uebereinstimmend Börsengeſ. §§ 71 letzter Abs., 72 letzter Abs., I 375 Abs. 3, II 395). Ausdrücklich zugesetzt ist: „zum Nachtheil des Kommittenten", was nach der Tendenz des Börsengeſ. als ebenso selbstverständlich angesehen wurde wie die Zulässigkeit von Verschärfungen zu Ungunsten des Kommissionärs.

§ 403.

Der Kommissionär, der das Gut selbst als Verkäufer liefert oder als Käufer übernimmt, ist zu der gewöhnlichen Provision berechtigt und kann die bei Kommissionsgeschäften sonst regelmäßig vorkommenden Kosten berechnen.

§ 403. **Provision.** (Uebereinstimmend § 73 des Börsengeſ. I 376, II 395.) Der selbsteintretende Kommissionär ist zu der gewöhnlichen Provision (§ 396) berechtigt, natürlich nicht zu der besonderen Delcredereprovision (§ 394 Abs. 2). Er kann die bei Kommissionsgeschäften: nämlich der fraglichen Art sonst regelmäßig vorkommenden Kosten vgl. § 396 Abs. 2, ferner z. B. Mäklercourtage, Telegrammkosten u. s. w. berechnen.

§ 404.

Die Vorschriften der §§ 397, 398 finden auch im Falle der Ausführung der Kommission durch Selbsteintritt Anwendung.

§ 404. **Pfand- und Befriedigungsrecht.** (I 377, II 396.) Die Frage war bisher streitig, vgl. Staub Anm. 20 zu Art. 376, § 71.

§ 405.

Zeigt der Kommissionär die Ausführung der Kommission an, ohne ausdrücklich zu bemerken, daß er selbst eintreten wolle, so gilt dies als Erklärung, daß die Ausführung durch Abschluß des Geschäfts mit einem Dritten für Rechnung des Kommittenten erfolgt sei.

Eine Vereinbarung zwischen dem Kommittenten und dem Kommissionär, daß die Erklärung darüber, ob die Kommission durch Selbsteintritt oder durch Abschluß mit einem Dritten ausgeführt sei, später als am Tage der Ausführungsanzeige abgegeben werden dürfe, ist nichtig.

Widerruft der Kommittent die Kommission und geht der Widerruf dem Kommissionär zu, bevor die Ausführungsanzeige zur Absendung abgegeben ist, so steht dem Kommissionär das Recht des Selbsteintritts nicht mehr zu.

§ 405. **Ausführungsanzeige.** (Uebereinstimmend § 74 des Börsenges., vgl. EG. Art. 14 V., I 377, II 397.)

Abs. 1 ist dispositiv, nur in der Richtung des Abs. 2 absolut; es kann also a) vorher vereinbart werden, daß wie immer die Anzeige laute, Selbsteintritt gelte (Mot. z. Börsenges. S. 72); b) vorher sogar vereinbart werden, daß der Selbsteintritt noch nach der Ausführungsanzeige am selben Tage erklärt werden dürfe; c) nachträglich, d. h. nach dem Tage der Ausführungsanzeige vereinbart werden, daß eine verspätet abgegebene Erklärung des Selbsteintritts gelten solle, überhaupt daß das Geschäft als unter Selbsteintritt geschlossen gelten solle. — Von Vereinbarung abgesehen ist die nach Abs. 1 geltende Erklärung des Kommissionärs „unwiderruflich" (Mot. z. Börsenges. S. 71); die Erklärung des Selbsteintritts kann nicht einseitig nachgeholt werden; bei ihrem Mangel gilt also das zu § 384 Abs. 3 Gesagte. — Vgl. auch § 3 des Depotges.

Abs. 3. Art. 377. Vgl. dagegen BGB. § 130; „zur Absendung abgegeben", wenn auch noch nicht auf dem Post- oder Telegraphenamte. — Beweislast: ROHG. 5 S. 281, 16 S. 305.

§ 406.

Die Vorschriften dieses Abschnitts kommen auch zur Anwendung, wenn ein Kommissionär im Betriebe seines Handelsgewerbes ein Geschäft anderer als der im § 383 bezeichneten Art für Rechnung eines Anderen in eigenem Namen zu schließen übernimmt. Das Gleiche gilt, wenn ein Kaufmann, der nicht Kommissionär ist, im Betriebe seines Handelsgewerbes ein Geschäft in der bezeichneten Weise zu schließen übernimmt.

Als Einkaufs- und Verkaufskommission im Sinne dieses Abschnitts gilt auch eine Kommission, welche die Lieferung einer nicht vertretbaren beweglichen Sache, die aus einem von dem Unternehmer zu beschaffenden Stoffe herzustellen ist, zum Gegenstande hat.

§ 406. **Analogie.** (Art. 378, I 386, II 398.)

Abs. 1. Satz 1 dehnt die Vorschriften über Einkaufs- und Verkaufskommission auch auf andere Kommissionen (Art. 360 Abs. 1; vgl. § 383 Anm.) aus. — Satz 2 wiederholt Art. 378.

Abs. 2 entspricht § 381 Abs. 2.

Vierter Abschnitt.

Speditionsgeschäft.

Vierter Abschnitt. Speditionsgeschäft. §§ 407—415. (Art. 379—389.) Das Gesetz hat die deutsche Auffassung des Speditionsgeschäftes dadurch schärfer hervorgehoben, daß es die abartigen Bestimmungen des Art. 383 gestrichen und die des Art. 384 gänzlich dem Frachtvertrag (§ 413) überwiesen hat. Davon abgesehen ist das bisher geltende Gesetz sachlich lediglich wiederholt. Nach deutscher Verkehrsgewohnheit hat der Spediteur regelmäßig nur die Versendung des Guts durch Auswahl der Frachtführer bezw. Verfrachter (Bestimmung des Transportweges, Abschluß des Frachtvertrages und Uebergabe des Gutes an den Frachtführer) zu besorgen, ist aber nicht selbst für die Ausführung des Transportes verantwortlich und haftet daher auch nicht ohne Weiteres (§§ 412, 413, 408 Abs. 1) für den Verlust oder die Beschädigung des Guts während der Beförderung oder für die verspätete Ankunft; er hat gegen seinen Auftraggeber, den Versender, Anspruch auf Provision (§ 409) und Ersatz seiner Auslagen (§ 410); aber keine selbständige Frachtforderung, außer nach §§ 412 Abs. 2, 413, und nur er selbst, nicht sein Auftraggeber gilt als der Absender des Guts, welcher den Frachtbrief (§ 426) ausstellt und die hierdurch entstehenden Verpflichtungen übernimmt. Nach der positiven Begriffsbestimmung der Kommission in § 383 ist die Spedition nicht mehr eine bloße Unterart derselben (ROHG. 15 S. 264).

§ 407.

Spediteur ist, wer es gewerbsmäßig übernimmt, Güterversendungen durch Frachtführer oder durch Verfrachter von Seeschiffen für Rechnung eines Anderen (des Versenders) in eigenem Namen zu besorgen.

Auf die Rechte und Pflichten des Spediteurs finden, soweit dieser Abschnitt keine Vorschriften enthält, die für den Kommissionär geltenden Vorschriften, insbesondere die Vorschriften der §§ 388 bis 390 über die Empfangnahme, die Aufbewahrung und die Versicherung des Gutes, Anwendung.

§ 407. **Begriff.** (Art. 379, 387, I 381, II 399.) Uebereinstimmend mit dem bisherigen Gesetz. Der Spediteur ist Kaufmann: § 1 Abs. 2 Nr. 6. Vgl. aber § 415. — „Durch Frachtführer": § 425; „durch Verfrachter": (§§ 556, 559) nicht durch Schiffer (§ 511), wie Art. 379 sagte; vgl. aber § 527 Abs. 2. Vgl. auch Binnenschiffahrtsges. § 7.

Abs. 2. Vgl. ROHG. 20 S. 193; Bolze 7 Nr. 518; über den Widerruf des Versenders ROHG. 16 S. 375; RG. 14 S. 152. Mit dem Empfänger steht der Spediteur an sich in keinem Rechtsverhältniß: ROHG. 12 S. 379, 13 S. 322; aber der Versender kann dessen Erfüllungsinteresse geltend machen: ROHG. 17 S. 78. — Vgl. zu § 388: ROHG. 15 S. 384, 20 S. 231; zu § 390: RG. 6 S. 115; zu § 392 ROHG. 11 S. 259, 15 S. 145.

§ 408.

Der Spediteur hat die Versendung, insbesondere die Wahl der Frachtführer, Verfrachter und Zwischenspediteure, mit der Sorgfalt eines ordentlichen Kaufmanns auszuführen; er hat hierbei das Interesse des Versenders wahrzunehmen und dessen Weisungen zu befolgen.

Der Spediteur ist nicht berechtigt, dem Versender eine höhere als die mit dem Frachtführer oder dem Verfrachter bedungene Fracht zu berechnen.

§ 408. **Pflichten.** (Art. 380 Abs. 1, 381 Abs. 2, I 382, II 400.)
Abs. 1. Vgl. über Sorgfalt: Bolze 8 Nr. 437, RG. 19 S. 97; über konkurrirendes Versehen des Versenders: Bolze 16 Nr. 361. — Anwendung der

pflichtmäßigen Sorgfalt hat selbstverständlich der Spediteur zu beweisen (Art. 380 Abs. 2, ROHG. 19 S. 211, RG. 11 S. 133); gegenüber speziellen Vorwürfen genügt deren Zurückweisung: ROHG. 8 S. 201, 12 S. 386; über Sorgfalt bei Wahl der Frachtführer u. s. w. s. ROHG. 7 S. 306, 22 S. 122; dennoch begangene Fehler fallen ihm nicht zur Last: ROHG. 12 S. 379, 16 S. 349, Bolze 4 Nr. 641; „dessen Weisungen zu befolgen": ROHG. 10 S. 300; Bolze 1 Nr. 965; Goldschm. 40 S. 480. — Schadensersatz: über Nachnahme vgl. RG. 13 S. 63; über Liegegelder: Bolze 14 Nr. 372; über Aufrechnung von Vortheil und Nachtheil: ROHG. 22 S. 182, RG. 10 S. 50.

Abs. 2. S. bei Sammelgut § 413 Abs. 2.

§ 409.

Der Spediteur hat die Provision zu fordern, wenn das Gut dem Frachtführer oder dem Verfrachter zur Beförderung übergeben ist.

§ 409. **Provision.** (Art. 381 Abs. 1; I 383 Abs. 1, II 401.) Vgl. §§ 396, 407 Abs. 2. Auch hier ist nicht die Vollendung des Transportes maßgebend und späterer Verlust des Gutes berührt den Provisionsanspruch nicht.

§ 410.

Der Spediteur hat wegen der Fracht, der Provision, der Auslagen und Verwendungen sowie wegen der auf das Gut gegebenen Vorschüsse ein Pfandrecht an dem Gute, sofern er es noch im Besitze hat, insbesondere mittelst Konnossements, Ladescheins oder Lagerscheins darüber verfügen kann.

§ 410. **Pfandrecht.** (Art. 382 Abs. 1, I 384, II 402.) Vgl. § 397. — Fracht: § 408 Abs. 2, Provision rc.: § 396, Vorschüsse: ROHG. 15 S. 200, RG. 29 S. 48. Einerlei, ob das Gut Eigenthum des Versenders ist oder nicht: § 366 Abs. 3; ist es Eigenthum des Spediteurs selbst, so greift nicht § 397, aber § 398 Platz. — Verkauf: § 368 Abs. 2, ROHG. 24 S. 269. — Zurückbehaltungsrecht: §§ 369 ff.; in Kollision mit dem Verfolgungsrechte: ROHG. 6 S. 302, 12 S. 394, 20 S. 197, 24 S. 351; J.W. 1896 S. 702, Bolze 1 Nr. 968.

§ 411.

Bedient sich der Spediteur eines Zwischenspediteurs, so hat dieser zugleich die seinem Vormanne zustehenden Rechte, insbesondere dessen Pfandrecht, auszuüben.

Soweit der Vormann wegen seiner Forderung von dem Nachmanne befriedigt wird, geht die Forderung und das Pfandrecht des Vormanns auf den Nachmann über. Dasselbe gilt von der Forderung und dem Pfandrechte des Frachtführers, soweit der Zwischenspediteur ihn befriedigt.

§ 411. **Zwischenspediteur.** (Art. 382 Abs. 3, 4, I 385, II 403.)

Abs. 1. Der Zwischenspediteur ist aber nicht verpflichtet, das Gut zu realisiren; sondern kann sich sofort an seinen Vormann halten: ROHG. 19 S. 217.

Abs. 2. **Das Pfandrecht besteht im Umfange der dem Vormanne thatsächlich gezahlten Nachnahme, ohne daß es einer Prüfung der Rechtmäßigkeit seiner Liquidation bedürfte:** ROHG. 20 S. 190, 24 S. 288.

§ 412.

Der Spediteur ist, wenn nicht ein Anderes bestimmt ist, befugt, die Beförderung des Gutes selbst auszuführen.

Macht er von dieser Befugniß Gebrauch, so hat er zugleich die Rechte und Pflichten eines Frachtführers oder Verfrachters; er kann die Provision, die bei Speditionsgeschäften sonst regelmäßig vorkommenden Kosten sowie die gewöhnliche Fracht verlangen.

§ 412. **Selbsteintritt.** (Uebereinstimmend Art. 385, I 386, II 404.)

Abs. 1. Vgl. § 400. An besondere Voraussetzungen ist das Selbsteintrittsrecht nicht geknüpft und ebensowenig hat der Selbsteintritt besondere objektive Wirkungen, darum liegt kein Anlaß für eine Anwendung des § 405 vor; formell nicht, weil §§ 412, 413 Vorschriften enthalten, welche seine Anwendung ausschließen.

Abs. 2. Der die Beförderung selbst ausführende Spediteur hat neben der Stellung als solcher zugleich in Hinsicht des Transportes die Rechte und Pflichten des Frachtführers: §§ 426 ff. Ist jedoch zwischen ihm und dem Versender sogar ein bestimmter Satz der Beförderungskosten vereinbart (§ 413), so hat er lediglich solche.

§ 413.

Hat sich der Spediteur mit dem Versender über einen bestimmten Satz der Beförderungskosten geeinigt, so hat er ausschließlich die Rechte und Pflichten eines Frachtführers. Er kann in einem solchen Falle Provision nur verlangen, wenn es besonders vereinbart ist.

Bewirkt der Spediteur die Versendung des Gutes zusammen mit den Gütern anderer Versender auf Grund eines für seine Rechnung über eine Sammelladung geschlossenen Frachtvertrags, so finden die Vorschriften des Abs. 1 Anwendung, auch wenn eine Einigung über einen bestimmten Satz der Beförderungskosten nicht stattgefunden hat. Der Spediteur kann in diesem Falle eine den Umständen nach angemessene Fracht, höchstens aber die für die Beförderung des einzelnen Gutes gewöhnliche Fracht verlangen.

§ 413. **Frachtvereinbarung. Sammelgut.** (Art. 384 I 387, II 405.)

Abs. 1. S. o. Eine solche Vereinbarung soll überhaupt nicht mehr als Spedition, sondern als Frachtgeschäft gelten, so daß den Spediteur die unmittelbare Verpflichtung für die Ausführung des Transports trifft. Der bestimmte Satz muß nicht nothwendig ein Pauschalsatz sein; es können auch Einheits- oder andere bestimmte Sätze sein, vgl. ROHG. 2 S. 247 ff., 14 S. 277. Diese sind zu zahlen ohne Rücksicht auf § 408 Abs. 2: ROHG. 12 S. 214. Bei Widerruf und Hinderung der Reise s. § 428 Abs. 2; vgl. ROHG. 16 S. 378.

Abs. 2 (neu). Wenn, wie dies häufig, insbesondere seitens größerer Spekulationsfirmen geschieht, die Beförderung im Sammelverkehr auf Grund eines vom Spediteur aufgestellten besonderen Tarifs, also nach einem zum voraus bedungenen festen Satze der Transportkosten übernommen wird, so findet ohne Weiteres Abs. 1 Anwendung. Hat aber eine derartige Einigung über einen bestimmten Satz der Beförderungskosten nicht stattgefunden, so soll der Spediteur die angemessene bezw. die gewöhnliche, z. B. die in den maßgebenden Eisenbahntarifen festgesetzte Stückgutfracht zu beanspruchen haben. Ihn den ganzen Vortheil des Wagenladungstarifs im Vergleich zum Stückgutstarif genießen zu lassen, wäre ungerechtfertigt; eine verhältnißmäßige Vertheilung der Gesammtfracht aber nur schwer durchführbar. — Uebrigens bezieht sich Abs. 2 auf alle, nicht bloß auf Eisenbahntransporte.

§ 414.

Die Ansprüche gegen den Spediteur wegen Verlustes, Minderung, Beschädigung oder verspäteter Ablieferung des Gutes verjähren in einem Jahre. Die Verjährungsfrist kann durch Vertrag verlängert werden.

Die Verjährung beginnt im Falle der Beschädigung oder Minderung mit dem Ablaufe des Tages, an welchem die Ablieferung stattgefunden hat, im Falle des Verlustes oder der verspäteten Ablieferung mit dem Ablaufe des Tages, an welchem die Ablieferung hätte bewirkt sein müssen.

Die im Abs. 1 bezeichneten Ansprüche können nach der Vollendung der Verjährung nur aufgerechnet werden, wenn vorher der Verlust, die Minderung, die Beschädigung oder die verspätete Ablieferung dem Spediteur angezeigt oder die Anzeige an ihn abgesendet worden ist. Der Anzeige an den Spediteur steht es gleich, wenn gerichtliche Beweisaufnahme zur Sicherung des Beweises beantragt oder in einem zwischen dem Versender und dem Empfänger oder einem späteren Erwerber des Gutes wegen des Verlustes, der Minderung, der Beschädigung oder der verspäteten Ablieferung anhängigen Rechtsstreite dem Spediteur der Streit verkündet wird.

Diese Vorschriften finden keine Anwendung, wenn der Spediteur den Verlust, die Minderung, die Beschädigung oder die verspätete Ablieferung des Gutes vorsätzlich herbeigeführt hat.

§ 414. **Verjährung.** (Art. 386, I 388, II 406.)

Abs. 1. Satz 1 ist eine Abweichung von BGB. § 196, der aber für die Ansprüche des Spediteurs nach wie vor maßgebend bleibt. — Satz 2 ist eine Abweichung von BGB. § 225.

Abs. 2 berücksichtigt die Grundsätze der Art. 45, 46 des Berner internationalen Vertrages. Abweichend von BGB. § 201 beginnt die Verjährung nicht erst mit Schluß des Jahres.

Abs. 3 enthält eine Ausnahme von BGB. § 222 und entspricht BGB. §§ 390, 478.

Abs. 4. „Diese Vorschriften“ sind die ersten drei Absätze. In diesem Falle tritt also im Allgemeinen, d. h. soweit nicht etwa BGB. § 196 Platz greifen könnte, die 30jährige Verjährung ein (BGB. § 195). Dem Vorsatz ohne Weiteres die grobe Fahrlässigkeit in dieser Beziehung gleichzustellen, würde zu weit gehen (D.). Vgl. BGB. § 478 Abs. 2.

§ 415.

Die Vorschriften dieses Abschnitts kommen auch zur Anwendung, wenn ein Kaufmann, der nicht Spediteur ist, im Betriebe seines Handelsgewerbes eine Güterversendung durch Frachtführer oder Verfrachter für Rechnung eines Anderen in eigenem Namen zu besorgen übernimmt.

§ **415. Analogie.** (Art. 388, I 389 Abs. 1, II 407 Abs. 1.) Vgl. § 406. Abs. 2 (Art. 389) wurde, weil durch § 93 überflüssig, von der Kommission gestrichen.

Fünfter Abschnitt.

Lagergeschäft.

Fünfter Abschnitt. Lagergeschäft. §§ 416—424. Neu; vgl. § 1 Abs. 2 Nr. 6. Die allgemeinen Vorschriften des BGB. §§ 688 über die Verwahrung reichen für den kaufmännischen Lagerhausbetrieb nicht aus. Wegen des vielfachen Uebergangs desselben und des Speditionsgeschäfts in einander und der Vereinigung beider sind die Vorschriften dieses Abschnittes thunlichst mit denen des vorhergehenden in Einklang gebracht (D.).

§ 416.

Lagerhalter ist, wer gewerbsmäßig die Lagerung und Aufbewahrung von Gütern übernimmt.

§ **416. Begriff.** (I 390, II 408.) Regelmäßig wird der Spediteur auch Lagerhalter sein, oft auch der Kommissionär, vgl. § 396 Abs. 2; jedenfalls ist der Lagerhalter selbständiger Kaufmann: § 1 Abs. 2 Nr. 6. „Gewerbsmäßig", also jedenfalls für eigene Rechnung, ob selbst oder durch Andere ist ebenso gleichgültig, wie ob der die Räume hergebende Dritte dies gelegentlich oder gewerbsmäßig thut; im letzten Falle wäre dieser ein Unterlagerhalter, der ebenso wie die Hintermänner des Kommissionärs und Spediteurs kontraktlich nur mit seinem Vormanne, nicht aber mit dem Eigenthümer zu schaffen hat. Diesem gegenüber — der natürlich nach Maßgabe des § 366 Eigenthümer bleibt; vgl. § 419 — hat er wie gegen jeden Dritten das Pfandrecht aus § 421; und wenn der Einlagerer mit Willen des Eigenthümers untereinlagerte, das Zurückbehaltungsrecht nach §§ 369 ff.

§§ **417—423. Dispositive Vorschriften. Rechte und Pflichten.**

§ 417.

Auf die Rechte und Pflichten des Lagerhalters in Ansehung der Empfangnahme, Aufbewahrung und Versicherung des Gutes finden die für den Kommissionär geltenden Vorschriften der §§ 388 bis 390 Anwendung.

Treten Veränderungen an dem Gute ein, welche dessen Entwerthung befürchten lassen, so hat der Lagerhalter den Einlagerer hiervon unverzüglich zu benachrichtigen. Versäumt er dies, so hat er den daraus entstehenden Schaden zu ersetzen.

§ 417. **Im Allgemeinen.** (I 391, II 409.)
Abs. 1. Die Uebernahme zur Lagerung und Aufbewahrung ist lediglich eine gewerbsmäßige Geschäftsbesorgung für Andere in dieser bestimmten Richtung (BGB. § 675). Der Lagerhalter haftet daher nicht für jeden Schaden außer dem durch höhere Gewalt verursachten, sondern wie der Kommissionär und der Spediteur in ihrer Art, für die gehörige kaufmännische Sorgfalt, welche dem Unternehmer eines solchen Geschäftszweiges angesonnen werden muß, mit der aus Abs. 2 sich ergebenden Maßgabe, welche ihn für die Folgen seiner Anzeigesäumniß unbedingt haften läßt. „Inwieweit der Lagerhalter bei Gefahr im Verzuge auch verpflichtet ist, das unmittelbar Nothwendige einstweilen selbst zu veranlassen, muß für den einzelnen Fall unter Berücksichtigung der nach den Umständen an seine Sorgfalt zu stellenden Anforderungen entschieden werden" (D.).

§ 418.

Der Lagerhalter hat dem Einlagerer die Besichtigung des Gutes, die Entnahme von Proben und die zur Erhaltung des Gutes nothwendigen Handlungen während der Geschäftsstunden zu gestatten.

§ 418. **Besichtigung.** (I 392, II 410.) Aus allgemeinen Vorschriften des BGB. würden diese für den Einlagerer unerläßlichen Befugnisse nicht zu folgern sein. Selbstverständlich bleibt es dem Lagerhalter überlassen, durch Vereinbarung mit dem Einlagerer weitergehende Verpflichtungen bezüglich der Sorge für die Erhaltung der bei ihm gelagerten Güter zu übernehmen und im Zusammenhange damit auch das Recht des Einlagerers zur eigenen Bearbeitung des lagernden Gutes zu beschränken.

§ 419.

Im Falle der Lagerung vertretbarer Sachen ist der Lagerhalter zu ihrer Vermischung mit anderen Sachen von gleicher Art und Güte nur befugt, wenn ihm dies ausdrücklich gestattet ist.

Der Lagerhalter erwirbt auch in diesem Falle nicht das Eigenthum des Gutes; aus dem durch die Vermischung entstandenen Gesammtvorrathe kann er jedem Einlagerer den ihm gebührenden Antheil ausliefern, ohne daß er hierzu der Genehmigung der übrigen Betheiligten bedarf.

Ist das Gut in der Art hinterlegt, daß das Eigenthum auf den Lagerhalter übergehen und dieser verpflichtet sein soll, Sachen von gleicher Art, Güte und Menge zurückzugewähren, so finden die Vorschriften dieses Abschnitts keine Anwendung.

§ 419. **Vertretbare Sachen.** (I 393, II 411.)
Abs. 1. Auch bei vertretbaren Sachen, insbesondere z. B. Petroleum, Spiritus, Getreide u. s. w. ist im Zweifel davon auszugehen, daß die eingelieferte Waare abgesondert von anderen gleicher Art aufzubewahren und so wie empfangen

zurückzugeben sei. Die Einräumung der Befugniß zu einer Vermischung setzt einen besonderen Grad des Vertrauens und regelmäßig geeignete Sicherungsmaßregeln zur Feststellung der Beschaffenheit der Waare voraus.

Abs. 2 ist nothwendig wegen BGB. § 700: Abs. 3. Der Eigenthumsübergang ist also durch dispositives (s. Abs. 3) Gesetz ausgeschlossen; in Folge der Vermischung tritt eine Gemeinschaft an der Gesammtmasse ein (vgl. BGB. §§ 948, 949) welche nunmehr zu gemeinsamem Gedeihen und Verderben steht. Die Hand in Hand damit gehende Auslieferungsbefugniß würde nach BGB. §§ 749 ff. dem Lagerhalter nicht zustehen.

Abs. 3. Vgl. BGB. § 700.

§ 420.

Der Lagerhalter hat Anspruch auf das bedungene oder ortsübliche Lagergeld sowie auf Erstattung der Auslagen für Fracht und Zölle und der sonst für das Gut gemachten Aufwendungen, soweit er sie den Umständen nach für erforderlich halten durfte.

Von den hiernach dem Lagerhalter zukommenden Beträgen (Lagerkosten) sind die baaren Auslagen sofort zu erstatten. Die sonstigen Lagerkosten sind nach dem Ablaufe von je drei Monaten seit der Einlieferung oder, wenn das Gut in der Zwischenzeit zurückgenommen wird, bei der Rücknahme zu erstatten; wird das Gut theilweise zurückgenommen, so ist nur ein entsprechender Theil zu berichtigen, es sei denn, daß das auf dem Lager verbleibende Gut zur Sicherung des Lagerhalters nicht ausreicht.

§ 420. **Lagerkosten.** (I 394, II 412.) Unter „Lagerkosten" versteht das Gesetz Lagergeld, Auslagen für Fracht und Zoll und sonst für das Gut gemachte Aufwendungen, z. B. an Versicherungsprämien (§ 390 Abs. 2), Kosten der zur Erhaltung des Guts etwa vorgenommenen Arbeiten (§ 418), nicht aber Ansprüche aus Vorschüssen oder auf Ersatz von Schäden, die durch die Beschaffenheit der Waare an anderen Gütern verursacht worden sind, sowie sonstige auf besonderen Rechtsgründen beruhende Forderungen (D.). Der Begriff ist wesentlich für das Pfandrecht: § 421.

Abs. 1. Vgl. §§ 689, 693. Genauer lassen sich die dem Lagerhalter zu erstattenden und durch ein Pfandrecht an dem Gute gedeckten (§ 421) Auslagen im Gesetze nicht bestimmen, namentlich kann die Frage, inwieweit etwaige Unkosten durch das dem Lagerhalter zukommende Lagergeld als abgegolten anzusehen sind, nur nach Lage des einzelnen Falles entschieden werden.

Abs. 2. Fälligkeit der Lagerkosten; vgl. BGB. § 699.

§ 421.

Der Lagerhalter hat wegen der Lagerkosten ein Pfandrecht an dem Gute, solange er es im Besitze hat, insbesondere mittelst Konnossements, Ladescheins oder Lagerscheins darüber verfügen kann.

§ 421. **Pfandrecht.** (I 395, II 413.) Das Gut haftet nach Gesetz nur für die Lagerkosten — anders §§ 397, 410 —, für sie aber auch ohne Weiteres, einerlei, ob es dem Einlagerer gehört oder nicht, nach Maßgabe des § 366. — Weitergehende Sicherheit kann das Gut dem Lagerhalter, abgesehen vom Zurückbehaltungsrecht (§§ 369 ff.), nur durch vertragsmäßige Verpfändung gewährt werden. Durch das gesetzliche Pfandrecht werden die Schwierigkeiten beseitigt, welche der Ausübung der Befugniß eines Betheiligten, Güter für Rechnung eines Anderen in einem Lagerhause zu hinterlegen (§§ 373 Abs. 1, 389, 407, 437 Abs. 2, 454) bisher entgegenstanden, indem derselbe, ohne eigene Gefahr zu laufen, es jetzt dem Lagerhalter überlassen kann, sich, so weit nöthig, aus dem Gute selbst zu befriedigen. — Konnossement §§ 642 ff., 647; Lagerschein § 424; Ladeschein §§ 444 ff., 450.

§ 422.

Der Lagerhalter kann nicht verlangen, daß der Einlagerer das Gut vor dem Ablaufe der bedungenen Lagerzeit und, falls eine solche nicht bedungen ist, daß er es vor dem Ablaufe von drei Monaten nach der Einlieferung zurücknehme. Ist eine Lagerzeit nicht bedungen oder behält der Lagerhalter nach dem Ablaufe der bedungenen Lagerzeit das Gut auf dem Lager, so kann er die Rücknahme nur nach vorgängiger Kündigung unter Einhaltung einer Kündigungsfrist von einem Monate verlangen.

Der Lagerhalter ist berechtigt, die Rücknahme des Gutes vor dem Ablaufe der Lagerzeit und ohne Einhaltung einer Kündigungsfrist zu verlangen, wenn ein wichtiger Grund vorliegt.

§ 422. **Rücknahme.** (I 396, II 414.)

Abs. 1. Recht des Einlagerers. BGB. § 696 würde dem kaufmännischen Verkehr nicht entsprechen. — Die 3-Monatsfrist ist im Anschluß an § 420 Abs. 2 gegeben. — Satz 2 soll den Einlagerer gegen die Nachtheile schützen, die ihm entstehen könnten, wenn er unvorhergesehener Weise genöthigt wird, sofort über das Gut zu verfügen. — Fordern kann der Einlagerer die Auslieferung des Gutes jederzeit, schon vor Ablauf der Lagerfrist, gegen Erfüllung seinerseits: BGB. § 695.

Abs. 2. Recht des Lagerhalters zu sofortiger Rückgabe, namentlich wenn das Gut sich als gefährlich für andere Waaren erweist.

§ 423.

Auf die Verjährung der Ansprüche gegen den Lagerhalter wegen Verlustes, Minderung, Beschädigung oder verspäteter Ablieferung des Gutes finden die Vorschriften des § 414 entsprechende Anwendung. Im Falle des gänzlichen Verlustes beginnt die Verjährung mit dem Ablaufe des Tages, an welchem der Lagerhalter dem Einlagerer Anzeige von dem Verluste macht.

§ 423. **Verjährung.** (I 397, II 415.) Der Abs. 2 des § 414 kann nicht allgemein maßgebend sein, weil es hier an einer bestimmten Zeit für die Auslieferung fehlt, das Gut vielmehr auf Verlangen des Einlagerers jederzeit herauszugeben ist. Zur Erstattung einer Anzeige von dem Verluste „ist der Lagerhalter nach den sein Verhältniß zum Einlagerer beherrschenden Grundsätzen von Treu und Glauben ohnehin verpflichtet“ (D.). Nach dem Wortlaute des Gesetzes kann frühere anderweite Kenntniß des Einlagerers von dem gänzlichen Verluste Beginn und Ablauf der Verjährung nicht herbeiführen. Mangels Anzeige des Lagerhalters ist der Anspruch gegen ihn bezw. seine Erben wegen gänzlichen Verlustes des Guts vielmehr unverjährbar, eine unter Umständen unerträgliche Konsequenz. Eine exceptio doli kann sie nicht schützen.

§ 424.

Ist von dem Lagerhalter ein Lagerschein ausgestellt, der durch Indossament übertragen werden kann, so hat, wenn das Gut von dem Lagerhalter übernommen ist, die Uebergabe des Lagerscheins an denjenigen, welcher durch den Schein zur Empfangnahme des Gutes legitimirt wird, für den Erwerb von Rechten an dem Gute dieselben Wirkungen wie die Uebergabe des Gutes.

§ **424. Lagerschein.** (I 398, II 416.) Einscheinsystem. Vgl. § 363 über Indossirung; EG. Art. 16 über den Vorbehalt der diese Paragraphen ergänzenden Landesgesetze (bisher von Bremen und Elsaß-Lothringen, welche das sog. Zweischeinsystem — Lagerschein und Lagerpfandschein — aufstellten). Die Wirkung der Aushändigung des Lagerscheins als Gutsübergabe tritt ein, „wenn", d. h. sobald das Gut vom Lagerhalter übernommen ist, sollte es auch zur Zeit der Aushändigung noch nicht eingelagert gewesen, der Lagerschein vielmehr in Aussicht der Einlagerung ausgestellt worden sein. Durch die Weitergabe des Lagerscheins wird das persönliche Verhältniß zwischen Lagerhalter und Einlagerer aus dem Lagervertrage nicht berührt. Insbesondere hat jener die Benachrichtigungspflicht aus § 417 Abs. 2, die Gestattungspflicht des § 418, den Rücknahmeanspruch des § 422, die Anzeigepflicht des § 423 aus diesem Vertrage lediglich gegenüber dem Einlagerer, dessen Indossatare er ja gar nicht kennt. Der Indossatar und Empfänger des Lagerscheins erwirbt durch diesen lediglich Rechte „an dem Gute", welche mit dessen Uebergabe begründet werden. Welcher Art diese Rechte sind, hängt von dem unterliegenden Rechtsgeschäfte ab. — Eine Ausnahme wird jedoch anzunehmen sein, wenn der Einlagerer mit dem Lagerschein bedingungslos Eigenthum an dem Gute übergeben und der Lagerhalter von dieser Eigenthumsübertragung Kenntniß erhalten hat. In solchem Falle wollte der Einlagerer mit dem Eigenthum auch seine Ansprüche aus dem Lagervertrage dem Erwerber übertragen und hat nach Analogie von BGB. § 407 der Lagerhalter den ihm bekannt gewordenen Rechtsnachfolger als Einlagerer zu betrachten. Wer zur Empfangnahme des Guts legitimirt ist, muß auch legitimirt gelten zu den in §§ 418, 419 Abs. 1 dem Einlagerer zustehenden Handlungen; deswegen aber noch nicht ohne Weiteres als die zur Entgegennahme der Benachrichtigung nach § 417 oder der Anzeige nach § 423 zuständige Person, und ebensowenig als zur Rücknahme nach § 422 verpflichtet.

Sechster Abschnitt.

Frachtgeschäft.

Sechster Abschnitt, Frachtgeschäft. (§§ 425—452, Art. 390—421) behandelt das Binnenfrachtrecht, im Gegensatz zum Seefrachtrecht; (§§ 556 ff.), enthält die allgemeine Grundlage für Binnenfrachtgeschäfte jeder Art (auch Lokalverkehr: ROHG. 12 S. 197; RG. 20 S. 51), wird aber in Hinsicht des Eisenbahnfrachtrechts durch den 7. Abschnitt, in Hinsicht der Binnenschiffahrt durch das Gesetz, betreffend die privatrechtlichen Verhältnisse der Binnenschiffahrt vom 15. Juni 1895, nach Maßgabe des EG. Art. 12, ergänzt. Die Mehrzahl der Vorschriften dieses Abschnitts hat den Zweck, die Uebereinstimmung des HGB. herzustellen mit den Vorschriften des Berner „Internationalen Uebereinkommens (B.) über den Eisenbahnfrachtverkehr" vom 14. Oktober 1890 (60 Artikel; RGBl. Nr. 39; bei Goldschm. 39 S. 2 ff., zwischen Belgien, Deutschland, Frankreich, Italien, Luxemburg, Holland, Oesterreich-Ungarn, Rußland, Schweiz; vgl. auch die Liste der Eisenbahnstrecken in RGBl. 1898 S. 7 ff.), und dessen Ausführungsbestimmungen (11 Paragraphen, RGBl. S. 874 ff.), sowie den Bestimmungen der vom Bundesrath erlassenen Verkehrsordnung für die Eisenbahnen Deutschlands vom 15. November 1892 (Verk.O. 91 Paragraphen; RGBl. 1892 Nr. 41 S. 923 ff.) und dem Binnenschiffahrtsgesetz herzustellen. — Erheblichere Abweichungen vom bisherigen Recht betreffen den Begriff des Frachtführers (§ 425); den Inhalt des Frachtbriefs (§ 426, polizeiliche Begleitpapiere, Unterschrift); die Haftung des Frachtführers (§ 429, 430 letzter Abs.); die Frist nachträglicher Bemängelung (§ 440); den Ladeschein (§§ 449, 450); die Post (§ 452).

§ 425.

Frachtführer ist, wer es gewerbsmäßig übernimmt, die Beförderung von Gütern zu Lande oder auf Flüssen oder sonstigen Binnengewässern auszuführen.

§ 425. **Frachtführer.** (Art. 390, I 399, II 417.) Die gewerbsmäßige Uebernahme, nicht die Ausführung (Art. 390) der Beförderung (RG. 25 S. 112) bestimmt den Begriff des Frachtführers als Kaufmann in Gemäßheit des § 1 Abs. 2 Nr. 5. Werkvertrag (BGB. §§ 631 ff.), nicht Sachmiethe (BGB. §§ 535 ff.) oder Dienstvertrag (BGB. §§ 611 ff.; ROHG. 13 S. 135): ROHG. 20 S. 340; RG. 15 S. 76, 25 S. 112; Bolze 7 Nr. 539, 8 Nr. 476; über Schleppvertrag vgl. ROHG. 23 S. 230; RG. 6 S. 99, 10 S. 166; Bolze 14 Nr. 406 c („frei Dampf").

§ 426.

Der Frachtführer kann die Ausstellung eines Frachtbriefs verlangen.

Der Frachtbrief soll enthalten:

1. den Ort und den Tag der Ausstellung;
2. den Namen und den Wohnort des Frachtführers;
3. den Namen dessen, an welchen das Gut abgeliefert werden soll (des Empfängers);
4. den Ort der Ablieferung;
5. die Bezeichnung des Gutes nach Beschaffenheit, Menge und Merkzeichen;
6. die Bezeichnung der für eine zoll- oder steueramtliche Behandlung oder polizeiliche Prüfung nöthigen Begleitpapiere;
7. die Bestimmung über die Fracht sowie im Falle ihrer Vorausbezahlung einen Vermerk über die Vorausbezahlung;
8. die besonderen Vereinbarungen, welche die Betheiligten über andere Punkte, namentlich über die Zeit, innerhalb welcher die Beförderung bewirkt werden soll, über die Entschädigung wegen verspäteter

Ablieferung und über die auf dem Gute haftenden Nachnahmen, getroffen haben;

9. die Unterschrift des Absenders; eine im Wege der mechanischen Vervielfältigung hergestellte Unterschrift ist genügend.

Der Absender haftet dem Frachtführer für die Richtigkeit und die Vollständigkeit der in den Frachtbrief aufgenommenen Angaben.

§ **426. Frachtbrief.** (Art. 391 Abs. 2, 392; B. Art. 6, 7; Verk.O. § 51; I 400, II 418.) **Der Frachtbrief, bei der Post: Begleitadresse, dient als Beweis über den Vertrag zwischen Frachtführer und Absender, und ist maßgebend für das Rechtsverhältniß zwischen diesen** (§ 446 Abs. 2). — **Duplikat?** § 455; B. Art. 8. **Um dem Empfänger eine, die Verfügungsbefugniß des Absenders schon während des Transportes beschränkende, Urkunde zu verschaffen, genügen die Bestimmungen über den Ladeschein** (§§ 444 ff.).

Abs. 2: „**soll enthalten**" **ist instruktionell;** s. **aber auch** Abs. 3. **Ein Mangel hebt die Urkundeneigenschaft nicht auf;** vgl. ROHG. 3 S. 133. **Die Gültigkeit etwaiger weiterer besonderer Bestimmungen** (vgl. Nr. 8, z. B. ROHG. 9 S. 73, 21 S. 184), **beurtheilt sich nach allgemeinen Grundsätzen** (BGB. §§ 134, 138; vgl. ROHG. 2 S. 293; RG. 20 S. 116; Bolze 4 Nr. 640, 19 Nr. 488; vgl. aber auch § 471). — Zu Nr. 6 vgl. § 427; neu ist die Vorschrift über polizeiliche Begleitpapiere —; Nr. 9 ist neu.

Abs. 3. Vgl. Verk.O. § 53. RG. bei Eger 1 S. 199, 5 S. 249. — Der **Eisenbahnfrachtvertrag** ist nach B. Art. 8; Verk.O. § 54 Abs. 1 (vgl. § 471 Abs. 2) abgeschlossen, „sobald das Gut mit dem Frachtbriefe von der Versandtstation zur Beförderung angenommen ist. Als Zeichen der Annahme wird dem Frachtbriefe der Tagesstempel der Abfertigungsstelle aufgedrückt".

§ 427.

Der Absender ist verpflichtet, dem Frachtführer die Begleitpapiere zu übergeben, welche zur Erfüllung der Zoll-, Steuer- oder Polizeivorschriften vor der Ablieferung an den Empfänger erforderlich sind. Er haftet dem Frachtführer, sofern nicht diesem ein Verschulden zur Last fällt, für alle Folgen, die aus dem Mangel, der Unzulänglichkeit oder der Unrichtigkeit der Papiere entstehen.

§ **427. Begleitpapiere.** (Art. 393, B. 10; Verk.O. § 59; I 401, II 419.) Vgl. § 426 Nr. 6; Verk.O. § 59. **Verschulden des Absenders wird nicht vorausgesetzt** (ROHG. 24 S. 213); **Verschulden des Frachtführers** (oder seiner Leute [§ 431]: das „selbst" in Art. 393 ist ausdrücklich weggelassen) **wird schon darin gefunden, daß er den Absender nicht über das Erforderniß der Begleitpapiere unterrichtet. Neu gegen Art. 393 ist die Ausdehnung auf polizeiliche Begleitpapiere.** — Vgl. Verk.O. § 59; B. Art. 10.

§ 428.

Ist über die Zeit, binnen welcher der Frachtführer die Beförderung bewirken soll, nichts bedungen, so bestimmt sich die Frist, innerhalb deren er die Reise anzutreten und zu vollenden hat, nach dem Ortsgebrauche. Besteht ein Ortsgebrauch nicht, so ist die Beförderung binnen einer den Umständen nach angemessenen Frist zu bewirken.

Wird der Antritt oder die Fortsetzung der Reise ohne Verschulden des Absenders zeitweilig verhindert, so kann der Absender von dem Vertrage zurücktreten; er hat jedoch den Frachtführer, wenn diesem kein Verschulden zur Last fällt, für die Vorbereitung der Reise, die Wiederausladung und den zurückgelegten Theil der Reise zu entschädigen. Ueber die Höhe der Entschädigung entscheidet der Ortsgebrauch; besteht ein Ortsgebrauch nicht, so ist eine den Umständen nach angemessene Entschädigung zu gewähren.

§ **428. Beförderungszeit.** (Art. 394; B. Art. 18, 24, 39 ff.; Verk.O. § 65, vgl. auch § 56, I 402, II 420.) — Ortsgebrauch, nämlich am Abgangsorte.
Abs. 2. Vgl. dagegen BGB. § 636. — Der Vordersatz ist im Binnenschiff.-Ges. § 70 Abs. 1 wiederholt EG. Art. 14. — Zeitweilig, d. h. im Verhältniß zu Zeit und Zweck der Reise: ROHG. 3 S. 135, 4 S. 174; Bolze 17 Nr. 430. Bei dauernder Verhinderung findet BGB. §§ 323 ff., 645 Anwendung. Hiernach kann, wenn die Weiterbeförderung durch Zufall dauernd verhindert wird, der Frachtführer keine Distanzfracht verlangen, es sei denn die zurückgelegte Strecke theilweise Erfüllung im Sinne des BGB. § 323, oder die Unmöglichkeit der Weiterbeförderung durch die Beschaffenheit des Guts veranlaßt. Weitergehend Binnenschiff.Ges. § 70 Abs. 2.

§ 429.

Der Frachtführer haftet für den Schaden, der durch Verlust oder Beschädigung des Gutes in der Zeit von der Annahme bis zur Ablieferung oder durch Versäumung der Lieferzeit entsteht, es sei denn, daß der Verlust, die Beschädigung oder die Verspätung auf Umständen beruht, die durch die Sorgfalt eines ordentlichen Frachtführers nicht abgewendet werden konnten.

Für den Verlust oder die Beschädigung von Kostbarkeiten, Kunstgegenständen, Geld und Werthpapieren haftet der Frachtführer nur, wenn ihm diese Beschaffenheit oder der Werth des Gutes bei der Uebergabe zur Beförderung angegeben worden ist.

§ **429. Schadenshaftung.** (Art. 395, 397, I 403, II 421.) Der bisherige Grundsatz der schärferen Haftung des römischen Rechts für Verlust und Beschädigung ist außer im Eisenbahnfrachtrecht (§ 456) aufgegeben, ebenso Binnenschiff.Ges. § 58. Der Frachtführer kann sich jedoch nicht schon durch eine allgemeine Berufung auf sorgsames Verhalten entschuldigen, sondern er hat „die Umstände darzuthun, welche den Schaden verursacht haben, und mit Bezug auf diese Umstände den Nachweis zu führen, daß ihm ein Verschulden nicht zur Last fällt. — Schadensumfang: § 430.
Abs. 2. Abweichend von Art. 395 Abs. 2 ist die Hervorhebung der „Kunstgegenstände" und das Erforderniß, die Angabe bei der Uebergabe zur Beförderung zu machen. Hiervon abgesehen, ist die Werthangabe mit ihren Wirkungen auch im gewöhnlichen Frachtgeschäfte wie allgemein im Eisenbahnfrachtverkehr (Art. 427 Nr. 1) weggefallen; vgl. §§ 430, 457, 461; den praktischen Ersatz bildet im Eisenbahnfrachtverkehr die Deklaration des Lieferungsinteresses (§ 463). Kostbarkeiten: relativ, RG. 13 S. 37; Bolze 14 Nr. 406b. Alternative Angabe: RG. 7 S. 126.

§ 430.

Muß auf Grund des Frachtvertrags von dem Frachtführer für gänzlichen oder theilweisen Verlust des Gutes Ersatz geleistet werden, so ist der gemeine Handelswerth und in dessen Ermangelung der gemeine Werth zu ersetzen, welchen Gut derselben Art und Beschaffenheit am Orte der Ablieferung in dem Zeitpunkte hatte, in welchem die Ablieferung zu bewirken war; hiervon kommt in Abzug, was in Folge des Verlustes an Zöllen und sonstigen Kosten sowie an Fracht erspart ist.

Im Falle der Beschädigung ist der Unterschied zwischen dem Verkaufswerthe des Gutes im beschädigten Zustand und dem gemeinen Handelswerth oder dem gemeinen Werth zu ersetzen, welchen das Gut ohne die Beschädigung am Orte und zur Zeit der Ablieferung gehabt haben würde; hiervon kommt in Abzug, was in Folge der Beschädigung an Zöllen und sonstigen Kosten erspart ist.

Ist der Schaden durch Vorsatz oder grobe Fahrlässigkeit des Frachtführers herbeigeführt, so kann Ersatz des vollen Schadens gefordert werden.

§ 430. **Schadensumfang.** (Uebereinstimmend Art. 396, B. Art. 34, 37, 41; Verk.O. §§ 80, 83, 88, I 404, II 422.)

Abs. 1, 2. **Wem Ersatz zu leisten ist, richtet er sich nach Lage des Falls;** vgl. §§ 435, 450; ROHG. 2 S. 356; Bolze 10 Nr. 441. **Maßgebend ist nicht** der thatsächliche Schaden (ROHG. 13 S. 393; Bolze 10 Nr. 441; Goldschm. 40 S. 538), vielmehr der gemeine Werth (vgl. ROHG. 8 S. 328) am Ablieferungsorte (vgl. auch §§ 611, 613) nicht am Absendungsorte (wie nach B. Art. 34 und § 457).

Abs. 3. **Schadensumfang:** BGB. § 252. Voraussetzung ist nicht mehr bloß bösliche Handlungsweise wie in Art. 396 Abs. 5; unterstellt wird aber, daß (Abs. 1) überhaupt Schadensersatzpflicht auf Grund des Frachtvertrages begründet ist, also nicht bei falscher oder unvollständiger Deklaration: § 426 a. E., ROHG. 8 S. 271; RG. 13 S. 38. — Was vom Frachtführer selbst, gilt nach § 431 auch von seinen Leuten: RG. 7 S. 129, 13 S. 37. — In der Annahme der Entschädigung liegt nach Verk.O. § 82 kein Verzicht auf das Gut selbst, wenn es sich wiederfindet.

§ 431.

Der Frachtführer hat ein Verschulden seiner Leute und ein Verschulden anderer Personen, deren er sich bei der Ausführung der Beförderung bedient, in gleichem Umfange zu vertreten wie eigenes Verschulden.

§ 431. **Verschulden Anderer.** (Art. 400, I 405, II 423.) Der Schlußworte bedurfte es wegen der veränderten Haftung des Frachtführers (s. dagegen § 458): ROHG. 9 S. 90, 12 S. 79; RG. 7 S. 126, 17 S. 62. Die Thätigkeit der Leute muß in einer Beziehung zur Beförderung stehen: ROHG. 12 S. 185; RGE. bei Eger 2 S. 354; wenn auch nicht unmittelbar bei Ausführung der ihnen obliegenden Arbeiten (so BGB. § 278) vorgenommen sein. Vgl. B. Art. 29; Verk.O. § 9.

§ 432.

Uebergiebt der Frachtführer zur Ausführung der von ihm übernommenen Beförderung das Gut einem anderen Frachtführer, so haftet er für die Ausführung der Beförderung bis zur Ablieferung des Gutes an den Empfänger.

Der nachfolgende Frachtführer tritt dadurch, daß er das Gut mit dem ursprünglichen Frachtbrief annimmt, diesem gemäß in den Frachtvertrag ein und übernimmt die selbständige Verpflichtung, die Beförderung nach dem Inhalte des Frachtbriefs auszuführen.

Hat auf Grund dieser Vorschriften einer der betheiligten Frachtführer Schadensersatz geleistet, so steht ihm der Rückgriff gegen denjenigen zu, welcher den Schaden verschuldet hat. Kann dieser nicht ermittelt werden, so haben die betheiligten Frachtführer den Schaden nach dem Verhältniß ihrer Antheile an der Fracht gemeinsam zu tragen, soweit nicht festgestellt wird, daß der Schaden nicht auf ihrer Beförderungsstrecke entstanden ist.

§ 432. **Unterfrachtführer.** (Art. 401, B. Art. 27, 47—49; Verk.O. § 79, I 406, II 424.) Vgl. § 469.

Abs. 1, 2 mit Art. 401 übereinstimmend. Mehrere im Gesammttransport mit durchgehendem Frachtbrief (RG. 18 S. 169) sich folgende Frachtführer haften dem Empfänger aus dem Einen Frachtvertrage solidarisch (BGB. §§ 421 ff.; ROHG. 24 S. 210; Eger RGE. 2 S. 136), nach Maßgabe des ursprünglichen Frachtbriefes (ROHG. 21 S. 59; RG. 1 S. 3); wenn nichts Anderes vereinbart ist (ROHG. 3 S. 62, 21 S. 57), was bei Eisenbahnen durch § 471 ausgeschlossen ist. Anders ist es natürlich bei mehreren sich folgenden Frachtbriefen, wenn auch auf den vorhergehenden Bezug genommen wird: ROHG. 7 S. 218, 11 S. 209.

Abs. 3. Regreß (B. Art. 47—49; Betr.-Regl. § 85), vgl. dagegen BGB. § 426. Verjährung: BGB. § 196 Nr. 3; vgl. § 439 Satz 2.

§ 433.

Der Absender kann den Frachtführer anweisen, das Gut anzuhalten, zurückzugeben oder an einen anderen als den im Frachtbriefe bezeichneten Empfänger auszuliefern. Die Mehrkosten, die durch eine solche Verfügung entstehen, sind dem Frachtführer zu erstatten.

Das Verfügungsrecht des Absenders erlischt, wenn nach der Ankunft des Gutes am Orte der Ablieferung der Frachtbrief dem Empfänger übergeben oder von dem Empfänger Klage gemäß § 435 gegen den Frachtführer erhoben wird. Der Frachtführer hat in einem solchen Falle nur die Anweisungen des Empfängers zu beachten; verletzt er diese Verpflichtung, so ist er dem Empfänger für das Gut verhaftet.

§ 433. **Nachträgliche Anweisung des Absenders.** (Art. 402, B. Art. 15; Verk.O. § 64, I 407, II 425.) Das Verfügungsrecht des Absenders (vgl. ROHG. 16

S. 199, 24 S. 418; RG. 15 S. 157) — bis zur Ankunft des Gutes am Ablieferungsorte (ROHG. 14 S. 1) und (vgl. § 435) Uebergabe (vgl. ROHG. 3 S. 436) des Frachtbriefes oder Klage darauf — hat zur Voraussetzung, daß kein Ladeschein ausgestellt ist; ist das der Fall, so darf der Frachtführer nachträglichen Anweisungen des Absenders nur gegen Aushändigung des Ladescheins Folge leisten (§ 447 Abs. 3). Das Frachtduplikat ist kein Ladeschein: B. Art. 8 letzter Abs.; Verk.O. § 54 Nr. 6, vgl. aber § 455.

Abs. 1. Vgl. ROHG. 21 S. 182, 25 S. 330. Satz 2 setzt voraus, daß die Mehrkosten nicht durch Schuld des Frachtführers entstanden sind.

Abs. 2. Vgl. ROHG. 6 S. 273; RG. 27 S. 84, B. Art. 26 Abs. 1. „Zur gerichtlichen Geltendmachung der aus dem internat. Eisenbahnfrachtvertrage gegenüber der Eisenbahn entspringenden Rechte ist nur derjenige befugt, welchem das Verfügungsrecht über das Frachtgut zusteht."

§ 434.

Der Empfänger ist vor der Ankunft des Gutes am Orte der Ablieferung dem Frachtführer gegenüber berechtigt, alle zur Sicherstellung des Gutes erforderlichen Maßregeln zu ergreifen und dem Frachtführer die zu diesem Zwecke nothwendigen Anweisungen zu ertheilen. Die Auslieferung des Gutes kann er vor dessen Ankunft am Orte der Ablieferung nur fordern, wenn der Absender den Frachtführer dazu ermächtigt hat.

§ 434, Vorläufige Verfügung des Empfängers. (Uebereinstimmend Art. 404, I 408, II 426.) Vgl. § 447 Abs. 2. — Es ist ein selbständiges mit Klage oder Antrag auf einstweilige Verfügung geltend zu machendes Recht des Empfängers gegen den Frachtführer; aber vorbehältlich besonderer Ermächtigung (letzter Satz). Durchaus beschränkt auf Maßregeln zur Sicherstellung des Guts.

Satz 2 vgl. ROHG. 14 S. 1; Bolze 17 Nr. 434; Binnenschiff.Ges. § 46 Abs. 2.

§ 435.

Nach der Ankunft des Gutes am Orte der Ablieferung ist der Empfänger berechtigt, die durch den Frachtvertrag begründeten Rechte gegen Erfüllung der sich daraus ergebenden Verpflichtungen in eigenem Namen gegen den Frachtführer geltend zu machen, ohne Unterschied, ob er hierbei in eigenem oder in fremdem Interesse handelt. Er ist insbesondere berechtigt, von dem Frachtführer die Uebergabe des Frachtbriefs und die Auslieferung des Gutes zu verlangen. Dieses Recht erlischt, wenn der Absender dem Frachtführer eine nach § 433 noch zulässige entgegenstehende Anweisung ertheilt.

§ 435. Rechte nach Ankunft des Gutes. (Art. 405, B. Art. 16; Verk.O. § 66, I 409, II 427.) „Nach der Ankunft" (vgl. Bolze 17 Nr. 434) „des Gutes" (nicht: „des Frachtführers" Art. 405); „am Orte der Ablieferung", d. h. an dem Orte, wohin das Gut nach dem Frachtbriefe zu befördern ist. — „Der Empfänger", d. h. der im Frachtbriefe bezeichnete Destinatär. — „Die durch den Frachtvertrag begründeten Rechte", d. h. auf Abmachungen des Absenders (RG. 13 S. 75), in dem Umfange und in der Geltung, welche sie zur Zeit ihrer Geltendmachung haben (ROHG. 7 S. 216, 8 S. 192), gegründete Ansprüche auf ordnungsmäßige Ablieferung des Guts (ROHG. 4 S. 359, 22 S. 331); — „gegen Erfüllung der sich daraus (nicht bloß wie bisher: „aus dem Frachtbrief") ergebenden Verpflichtungen", also einschließlich Nachnahme, Liegegelder u. s. w. (vgl. § 440, ROHG. 20 S. 410; Johow 14 S. 9); „in eigenem Namen" . . . „ohne Unterschied" (vgl. ROHG. 4 S. 359; RG. 13 S. 68). — „Er ist berechtigt" nicht verpflichtet, denn nicht er steht auf Grund des Frachtvertrages mit dem Frachtführer in Kontraktsverhältniß, anders wenn ein solches besonders zwischen ihnen hergestellt ist, vgl. ROHG. 20 S. 401. — Gegenanweisung: B. Art. 15; Verk.O. § 64; vgl. ROHG. 3 S. 436.

§ 436.

Durch Annahme des Gutes und des Frachtbriefs wird der Empfänger verpflichtet, dem Frachtführer nach Maßgabe des Frachtbriefs Zahlung zu leisten.

§ 436. **Verpflichtung.** (Art. 406, B. Art. 17; Verk.O. § 67, I 410, II 428.) Da es sich hier nicht, wie in § 435 um das Recht des Empfängers auf Auslieferung des Guts und die dafür von ihm zu gewährende Gegenleistung, sondern lediglich um eine durch Annahme des Gutes und des Frachtbriefes (Goldschm. 40 S. 542; vgl. ROHG. 20 S. 410) begründete selbständige Verpflichtung des Empfängers handelt, so ist der Frachtbrief für maßgebend erklärt. (Vgl. für die Seefracht Art. 615.) Aus demselben ergiebt sich z. B. auch die Nachnahme (Verk.O. § 62 Abs. 1, 5, § 68 Abs. 7); nicht aber etwaiges, durch den Destinatär verschuldetes, Liegegeld; vgl. ROHG. 20 S. 410; Johow 14 S. 9; s. aber § 440.

§ 437.

Ist der Empfänger des Gutes nicht zu ermitteln oder verweigert er die Annahme oder ergiebt sich ein sonstiges Ablieferungshinderniß, so hat der Frachtführer den Absender unverzüglich hiervon in Kenntniß zu setzen und dessen Anweisung einzuholen.

Ist dies den Umständen nach nicht thunlich oder der Absender mit der Ertheilung der Anweisung säumig oder die Anweisung nicht ausführbar, so ist der Frachtführer befugt, das Gut in einem öffentlichen Lagerhaus oder sonst in sicherer Weise zu hinterlegen. Er kann, falls das Gut dem Verderben ausgesetzt und Gefahr im Verzug ist, das Gut auch gemäß § 373 Abs. 2 bis 4 verkaufen lassen.

Von der Hinterlegung und dem Verkaufe des Gutes hat der Frachtführer den Absender und den Empfänger unverzüglich zu benachrichtigen, es sei denn, daß dies unthunlich ist; im Falle der Unterlassung ist er zum Schadensersatz verpflichtet.

§ 437. **Ablieferungshindernisse.** (Art. 407, B. Art. 19, 24; Verk.O. § 70, I 411, II 429.) Vgl. Binnenschiff.Ges. § 52.

Abs. 1. Im Falle der Unterlassung dieser Benachrichtigung ist der Frachtführer ebenso wie im Falle des Abs. 3 zum Schadensersatze verpflichtet. — „Unverzüglich": BGB. § 121. — Ueber die Befugniß der Betheiligten, die gerichtliche Bestellung von Sachverständigen zur Besichtigung des Gutes zu veranlassen (Art. 407 Abs. 1—3, 5), s. CPO. § 488 (449 a).

Abs. 2. Vgl. §§ 373, 379, 388, 389. BGB. §§ 372, 383—385 reichen hier nicht aus. Dasselbe gilt, wenn der Absender gemäß § 433 den Frachtführer angewiesen hat, das Gut anzuhalten; demnächst aber es unterläßt, über dasselbe zu verfügen.

§ 438.

Ist die Fracht nebst den sonst auf dem Gute haftenden Forderungen bezahlt und das Gut angenommen, so sind alle Ansprüche gegen den Frachtführer aus dem Frachtvertrag erloschen.

Diese Vorschrift findet keine Anwendung, soweit die Beschädigung oder Minderung des Gutes vor dessen Annahme durch amtlich bestellte Sachverständige festgestellt ist.

Wegen einer Beschädigung oder Minderung des Gutes, die bei der Annahme äußerlich nicht erkennbar ist, kann der Frachtführer auch nach der Annahme des Gutes und der Bezahlung der Fracht in Anspruch genommen werden, wenn der Mangel in der Zeit zwischen der Uebernahme des Gutes durch den Frachtführer und der Ablieferung entstanden ist und die Feststellung des Mangels durch amtlich bestellte Sachverständige unverzüglich nach der Entdeckung und spätestens binnen einer Woche nach der Annahme beantragt wird. Ist dem Frachtführer der Mangel unverzüglich nach der Entdeckung und binnen der bezeichneten Frist angezeigt, so genügt es, wenn die Feststellung unverzüglich nach dem Zeitpunkte beantragt wird, bis zu welchem der Eingang einer Antwort des Frachtführers unter regelmäßigen Umständen erwartet werden darf.

Die Kosten einer von dem Empfangsberechtigten beantragten Feststellung sind von dem Frachtführer zu tragen, wenn ein Verlust oder eine Beschädigung ermittelt wird, für welche der Frachtführer Ersatz leisten muß.

Der Frachtführer kann sich auf diese Vorschriften nicht berufen, wenn er den Schaden durch Vorsatz oder grobe Fahrlässigkeit herbeigeführt hat.

§ 438. **Erlöschen der Ansprüche gegen den Frachtführer.** (Art. 408 Abs. 1, 2; B. Art. 44; Verk.O. § 90, I 412, II 430.)

Abs. 1. Annahme des Guts allein, ohne Zahlung, bewirkt das Erlöschen noch nicht (vgl. dagegen Binnenschiff.Ges. § 61); „die Verhältnisse bringen es hier nicht, wie bei der Schiffahrt, mit sich, daß sich der Frachtführer häufig genöthigt sieht, das Gut ohne Bezahlung der Fracht auszuliefern (D.).

Abs. 2 (übereinstimmend Binnenschiff.Ges. § 61 Abs. 2) verschafft dem Empfänger die Möglichkeit, sich trotz Annahme des Guts und erfolgter Bezahlung seine Ansprüche wegen Beschädigung oder Minderung des Gutes zu erhalten. „Amtlich“, nicht nur gerichtlich zur Sicherung des Beweises, bestellte Sachverständige, „sondern auch solche, die von der zuständigen Behörde oder von einem dazu ermächtigten Organe des Handelsstandes ein für allemal bestellt sind“ (D.). Ein einseitiger Vorbehalt des Empfängers bei der Annahme des Guts ist wirkungslos, ein mit Zustimmung des Frachtführers gemachter Vorbehalt dagegen, wie auch ein Anerkenntniß der gerügten Mängel von Seiten des Frachtführers genügt auch ohne Feststellung durch Sachverständige zur Erhaltung des Anspruchs gegen denselben (B. 44 Abs. 3).

Abs. 3. Vgl. § 464. Im Allgemeinen wird man nach den Grundsätzen über Treu und Glauben davon ausgehen müssen, daß dem Empfänger eine äußere den Geschäftsbetrieb des Frachtführers nicht störende Besichtigung erlaubt ist. „Amtlich bestellte Sachverständige": s. Abs. 2. — „Unverzüglich": BGB. § 121. Die einwöchige Frist (gegen früher 4 Wochen des Art. 428 und der Verk.O. § 90 Abs. 2 Nr. 4) stimmt überein mit Binnenschiff.Ges. § 61 Abs. 2; B. Art. 44 Abs. 2 Nr. 4. Die Erstreckung der Antragsfrist bei zeitiger Anzeige liegt im Interesse aller Betheiligten; „häufig wird dadurch, daß sich der Empfänger zunächst an den Frachtführer wendet, eine Verständigung unter den Parteien erzielt werden" (D.).

Abs. 4 fehlt in Art. 407, 408 und lehnt sich an § 610 und Binnensch.Ges. § 61 Abs. 3 an.

Abs. 5. Vgl. § 430 letzter Abs., entsprechend B. Art. 44 Abs. 2 Nr. 1; Verk.O. § 90 Abs. 2 Nr. 1.

§ 439.

Auf die Verjährung der Ansprüche gegen den Frachtführer wegen Verlustes, Minderung, Beschädigung oder verspäteter Ablieferung des Gutes finden die Vorschriften des § 414 entsprechende Anwendung. Dies gilt nicht für die im § 432 Abs. 3 bezeichneten Ansprüche.

§ **439. Verjährung.** (Art. 408 Abs. 3; B. Art. 45, 46; Verk.O. § 91; I 413, II 431.) Dagegen verjähren die Ansprüche der Frachtführer in 2 Jahren: § 196 Nr. 4.

§§ 440—443. Gesetzliches Pfandrecht.

§ 440.

Der Frachtführer hat wegen aller durch den Frachtvertrag begründeten Forderungen, insbesondere der Fracht- und Liegegelder, der Zollgelder und anderer Auslagen, sowie wegen der auf das Gut geleisteten Vorschüsse ein Pfandrecht an dem Gute.

Das Pfandrecht besteht, solange der Frachtführer das Gut noch im Besitze hat, insbesondere mittelst Konnossements, Ladescheins oder Lagerscheins darüber verfügen kann.

Auch nach der Ablieferung dauert das Pfandrecht fort, sofern der Frachtführer es binnen drei Tagen nach der Ablieferung gerichtlich geltend macht und das Gut noch im Besitze des Empfängers ist.

Die im § 1234 Abs. 1 des Bürgerlichen Gesetzbuchs bezeichnete Androhung des Pfandverkaufs sowie die in den §§ 1237, 1241 des Bürgerlichen Gesetzbuchs vorgesehenen Benachrichtigungen sind an den Empfänger zu richten. Ist dieser nicht zu ermitteln oder verweigert er die Annahme des Gutes, so hat die Androhung und Benachrichtigung gegenüber dem Absender zu erfolgen.

§ **440. Umfang. Dauer. Verkauf.** (Art. 409 Abs. 1, 2; B. Art. 21, 22; I 414, II 432.) Vgl. BGB. § 1257.

Abs. 1. Vgl. § 366 Abs. 3. — Ueber Liegegelder: vgl. RG. 15 S. 76; — Nachnahme: ROHG. 20 S. 190, 24 S. 288 und 15 S. 200; — Kosten: Johow 14 S. 8; — Vorschüsse: B. Art. 20. — „An dem Gute, auch an den Erzeugnissen, die von dem Pfande getrennt werden“: BGB. § 1212.

Abs. 2. Der etwa hinterlegte Erlös eines Sicherungsverkaufes (§ 373) tritt an die Stelle des Pfandes: BGB. § 219. Konnossement: § 647; Ladeschein: § 450; Lagerschein: § 424.

Abs. 3 weicht ab von B. Art. 21, indem er es bei der dreitägigen Dauer des Art. 409, entsprechend den praktischen Bedürfnissen, beläßt. Denn ob etwa das Gut unterwegs eine Minderung erlitten hat, kann in vielen Fällen schon mit Rücksicht auf die Art der verfrachteten Waare vor der Ablieferung nicht festgestellt werden; bei Getreide müßte beispielsweise erst eine Verwiegung erfolgen. Oftmals wird aber der Empfänger Bedenken tragen, die Fracht zu zahlen, bevor feststeht, daß von dem Gute nichts verloren gegangen ist, und andererseits wird der Frachtführer zur Herausgabe des Guts nur bereit sein, wenn er wegen seiner Frachtforderung gesichert ist. Es dient daher dem Interesse beider Betheiligten, wenn das Pfandrecht des Frachtführers auch nach der Ablieferung noch kurze Zeit fortbesteht (D.). — „Binnen 3 Tagen“: BGB. §§ 187 Abs. 1, 188 Abs. 1. Erstreckt sich die Ablieferung über mehrere Tage, so ist der letzte derjenige, in welchen dieses Ereigniß fällt: Johow 14 S. 8.

Abs. 4. Vgl. § 368. Im Uebrigen gilt BGB. §§ 1228 ff. Die Abweichung in Betreff der Benachrichtigung bezweckt, die Unzuträglichkeiten zu vermeiden, welche regelmäßig dem Spediteur gegenüber entstehen würden, von dem der Frachtführer weiß, daß er nicht Eigenthümer ist, ohne zu wissen, wer Eigenthümer ist. Wird der Frachtführer vom Absender angewiesen (§ 433), das Gut zurückzugeben, so erscheint dieser als Empfänger. Ebenso muß er als solcher gelten, wenn er ohne Bezeichnung eines anderen Empfängers den Frachtführer anweist, das Gut zurückzuhalten. Bei einem an Order ausgestellten Ladeschein gilt der Absender von Rechtswegen als Empfänger: § 445 Nr. 4. — Wegen Art. 409 Abs. 3 (Verkaufsrecht gegenüber den anderen Gläubigern und der Konkursmasse des Eigenthümers) vgl. BGB. § 1257, KO. § 49^2; (41 Nr. 8).

§§ 441, 442. **Letzter Frachtführer.**

§ 441.

Der letzte Frachtführer hat, falls nicht im Frachtbrief ein Anderes bestimmt ist, bei der Ablieferung auch die Forderungen der Vormänner sowie die auf dem Gute haftenden Nachnahmen einzuziehen und die Rechte der Vormänner, insbesondere auch das Pfandrecht, auszuüben. Das Pfandrecht der Vormänner besteht so lange als das Pfandrecht des letzten Frachtführers.

Wird der vorhergehende Frachtführer von dem nachfolgenden befriedigt, so gehen seine Forderung und sein Pfandrecht auf den letzteren über.

In gleicher Art gehen die Forderung und das Pfandrecht des Spediteurs auf den nachfolgenden Spediteur und den nachfolgenden Frachtführer über.

§ 441. (Uebereinstimmend Art. 410; B. Art. 20, I 415, II 433.) „Die Forderungen“ der Vormänner und (Abs. 3) Spediteure, nicht bloß aus dem Frachtbrief, sondern alle durch den Fracht- bezw. Speditionsvertrag begründeten Forderungen, soweit sie ihm bekannt sind. — „Das Pfandrecht der Vormänner besteht solange als das Pfandrecht des letzten Frachtführers“: Art. 410 Abs. 4.

§ 442.

Der Frachtführer, welcher das Gut ohne Bezahlung abliefert und das Pfandrecht nicht binnen drei Tagen nach der Ablieferung gerichtlich geltend macht, ist den Vormännern verantwortlich. Er wird, ebenso wie die vorhergehenden Frachtführer und Spediteure, des Rückgriffs gegen die Vormänner verlustig. Der Anspruch gegen den Empfänger bleibt in Kraft.

§ **442.** (I 416, II 434.) Art. 412 stimmt mit der aus B. Art. 23 Abs. 2 entnommenen Ergänzung überein, daß der letzte Frachtführer in diesem Falle auch den Vormännern verantwortlich ist. Der Empfänger bleibt für die gemäß § 436 entstandene Verpflichtung und soweit darüber hinaus ein Anspruch gegen ihn begründet ist, auch nach Erlöschen des Pfandrechts verhaftet.

§ 443.

Bestehen an demselben Gute mehrere nach den §§ 397, 410, 421, 440 begründete Pfandrechte, so geht unter denjenigen Pfandrechten, welche durch die Versendung oder durch die Beförderung des Gutes entstanden sind, das später entstandene dem früher entstandenen vor.

Diese Pfandrechte haben sämmtlich den Vorrang vor dem nicht aus der Versendung entstandenen Pfandrechte des Kommissionärs und des Lagerhalters sowie vor dem Pfandrechte des Spediteurs und des Frachtführers für Vorschüsse.

§ **443.** **Rangordnung.** (Uebereinstimmend Art. 411, I 417, II 435.) Der Grundgedanke ist, daß der Werth des Guts je mehr sich erhöht, je näher es dem Bestimmungsorte gebracht wird; daher gehen die durch die Versendung oder durch die Beförderung, sei es seitens des Kommissionärs, Lagerhalters (Abs. 2) oder Anderer, entstandenen Pfandrechte, den anderen (Abs. 2) und unter jenen nach dem Grundsatz der Verwendung auf die Sache in l. 7 pr. D. 20, 4 das jüngere dem älteren vor.

§§ **444—450.** **Ladeschein.** Im Wesentlichen (siehe jedoch § 449) mit dem bisherigen Rechte, Art. 413—419, übereinstimmend, unter Hinzunahme des Binnensch.Ges. § 72.

§ 444.

Ueber die Verpflichtung zur Auslieferung des Gutes kann von dem Frachtführer ein Ladeschein ausgestellt werden.

444. **Begriff.** (Art. 413, I 418, II 436.) Der Ladeschein ist ein Verpflichtungsschein: RG. 13 S. 75, vgl. 5 S. 80; Bolze 5 Nr. 624. Der Ladeschein kann, muß aber nicht, wie Frachtbrief (§ 426) und Konnossement (§ 642), ausgestellt werden, es sei denn, daß der Frachtführer sich dem Absender dazu verpflichtet hat. Verpflichtet zur Auslieferung ist er dem Empfänger: § 446.

§ 445.

Der Ladeschein soll enthalten:

1. den Ort und den Tag der Ausstellung;
2. den Namen und den Wohnort des Frachtführers;
3. den Namen des Absenders;
4. den Namen desjenigen, an welchen oder an dessen Order das Gut abgeliefert werden soll; als solcher gilt der Absender, wenn der Ladeschein nur an Order gestellt ist;
5. den Ort der Ablieferung;
6. die Bezeichnung des Gutes nach Beschaffenheit, Menge und Merkzeichen;
7. die Bestimmung über die Fracht und über die auf dem Gute haftenden Nachnahmen sowie im Falle der Vorausbezahlung der Fracht einen Vermerk über die Vorausbezahlung.

Der Ladeschein muß von dem Frachtführer unterzeichnet sein.

Der Absender hat dem Frachtführer auf Verlangen eine von ihm unterschriebene Abschrift des Ladescheins auszuhändigen.

445. Inhalt. (Uebereinstimmend Art. 414, I 419, II 436.)

Abs. 1 (soll) enthält den üblichen Inhalt: ROHG. 17 S. 96; vgl. RG. 20 S. 57, den der zum Ladeschein Berechtigte verlangen kann. Derselbe stimmt naturgemäß in den meisten Nummern mit dem des Frachtbriefes (§ 426) überein, außer Nr. 6, 8, 9. Zu Nr. 4 vgl. § 363 Abs. 2. — Zu Nr. 6 vgl. § 426 Nr. 5. Diese Bezeichnung hat im Ladeschein dem Empfänger gegenüber nicht die Bedeutung wie ein Frachtbrief (§ 426 Abs. 3): RG. 5 S. 79, sondern nur den Zweck der Identitätsfeststellung. — Zu Nr. 7 vgl. RG. 13 S. 75.

Abs. 2 (muß) bezeichnet die Unterschrift des Frachtführers als wesentliche Voraussetzung eines Ladescheins (§§ 446 ff.).

Abs. 3 giebt dem Frachtführer die Möglichkeit, sich den Wortlaut des Ladescheins zu sichern, was trotz des Frachtbriefes, den er hat, namentlich dann für ihn von Interesse sein kann, wenn der Frachtbrief abweicht; vgl. § 446.

§ 446.

Der Ladeschein entscheidet für das Rechtsverhältniß zwischen dem Frachtführer und dem Empfänger des Gutes; die nicht in den Ladeschein aufgenommenen Bestimmungen des Frachtvertrags sind dem Empfänger gegenüber unwirksam, sofern nicht der Ladeschein ausdrücklich auf sie Bezug nimmt.

Für das Rechtsverhältniß zwischen dem Frachtführer und dem Absender bleiben die Bestimmungen des Frachtvertrags maßgebend.

§ 446. Rechtliche Bedeutung. (Art. 415, I 420, II 438.)

Abs. 1. RG. 14 S. 5; ROHG. 1 S. 200, 12 S. 309, 17 S. 98. Immerhin hat der Frachtführer auch dem Empfänger gegenüber nur die Verpflichtung, das Gut abzuliefern, welches er empfangen hat. Erweist es sich daher anders, als der Ladeschein angiebt, so kann der Frachtführer sich darauf berufen, daß er dieses Gut so empfangen habe, was er dann natürlich zu beweisen hat, vgl. ROHG. 8 S. 414. — Ueber Bezugnahme auf den Frachtbrief vgl. ROHG. 17 S. 74; RG. 14 S. 5. Im Uebrigen ist derselbe für das Rechtsverhältniß zwischen Frachtführer und Empfänger nicht maßgebend; vgl. ROHG. 2 S. 318, 25 S. 342; RG. bei Eger 2 S. 28.

Abs. 2. Vgl. § 426; Bolze 17 Nr. 429.

§ 447.

Zum Empfange des Gutes legitimirt ist derjenige, an welchen das Gut nach dem Ladescheine abgeliefert werden soll oder auf welchen der Ladeschein, wenn er an Order lautet, durch Indossament übertragen ist.

Der zum Empfange Legitimirte hat schon vor der Ankunft des Gutes am Ablieferungsorte die Rechte, welche dem Absender in Ansehung der Verfügung über das Gut zustehen, wenn ein Ladeschein nicht ausgestellt ist.

Der Frachtführer darf einer Anweisung des Absenders, das Gut anzuhalten, zurückzugeben oder an einen anderen als den durch den Ladeschein legitimirten Empfänger auszuliefern, nur Folge leisten, wenn ihm der Ladeschein zurückgegeben wird; verletzt er diese Verpflichtung, so ist er dem rechtmäßigen Besitzer des Ladescheins für das Gut verhaftet.

§ **447**. **Legitimation.** (Art. 416, 417, I 421, II 439.)

Abs. 1. Auch der Cessionar ist legitimirt: ROHG. 25 S. 340; der Inhaber beim Blankoindossament: RG. 4 S. 145; bei mehreren Exemplaren? vgl. § 646.

Abs. 2. Vgl. § 434; bisher streitig.

Abs. 3. Vgl. § 433 Abs. 1; arg. § 450. Sind mehrere Ladescheine ausgestellt, so bedarf es also der Rückgabe aller.

§ 448.

Der Frachtführer ist zur Ablieferung des Gutes nur gegen Rückgabe des Ladescheins, auf dem die Ablieferung des Gutes bescheinigt ist, verpflichtet.

§ **448**. **Rückgabe.** (Art. 418, I 422, II 440.) Wenn mehrere Ladescheine umlaufen? Vgl. WO. Art. 67.

§ 449.

Im Falle des § 432 Abs. 1 wird der nachfolgende Frachtführer, der das Gut auf Grund des Ladescheins übernimmt, nach Maßgabe des Scheines verpflichtet.

§ **449**. **Nachfolgender Frachtführer.** (Neu; I 423, II 441.) Abmachungen zwischen ihm und dem Vorgänger präjudiziren den Empfänger nicht. Vgl. ROHG. 16 S. 136.

§ 450.

Die Uebergabe des Ladescheins an denjenigen, welcher durch den Schein zur Empfangnahme des Gutes legitimirt wird, hat, wenn das Gut von dem Frachtführer übernommen ist, für den Erwerb von Rechten an dem Gute dieselben Wirkungen wie die Uebergabe des Gutes.

§ **450.** **Uebergabe des Ladescheins.** (I 424, II 442.) Vgl. § 424. Binnensch.Ges. § 72; EG. z. HGB. Art. 12 VIII.

§ 451.

Die Vorschriften der §§ 426 bis 450 kommen auch zur Anwendung, wenn ein Kaufmann, der nicht Frachtführer ist, im Betriebe seines Handelsgewerbes eine Beförderung von Gütern zu Lande oder auf Flüssen oder sonstigen Binnengewässern auszuführen übernimmt.

§ **451.** **Analoge Anwendung.** (Art. 420, I 425, II 443.) Vgl. § 343.

§ 452.

Auf die Beförderung von Gütern durch die Postverwaltungen des Reichs und der Bundesstaaten finden die Vorschriften dieses Abschnitts keine Anwendung. Die bezeichneten Postverwaltungen gelten nicht als Kaufleute im Sinne dieses Gesetzbuchs.

§ **452.** **Post.** (Art. 421 Abs. 2, I 426, II 443.) Vgl. Reichspostordnung vom 28. Oktober 1871. Ob die Postverwaltung als Kaufmann anzusehen, war bestritten. In Wirklichkeit entspricht es dem Wesen und den Aufgaben der Post nicht, wenn ihr Betrieb, für welchen der Erwerbszweig keineswegs das Entscheidende ist, als ein kaufmännisches Gewerbe behandelt wird (D.).

Siebenter Abschnitt.

Beförderung von Gütern und Personen auf den Eisenbahnen.

Der siebente Abschnitt (Beförderung von Gütern und Personen auf den Eisenbahnen: §§ 453—473) **entspricht dem bisherigen zweiten Abschnitt des fünften Titels** Art. 422—431, der jedoch nur eine Unterabtheilung des Frachtgeschäfts bildet, während jetzt die Personenbeförderung einbegriffen ist (Ueberschrift, § 472). Hinsichtlich der Haftung der Eisenbahnen steht das Gesetz auf einem anderen Standpunkte als das bisherige HGB., indem es nach Maßgabe des **Berner Vertrags und der Verkehrsordnung** (S. 302) das, was bisher als Inhalt des Frachtvertrages zugelassen oder ausgeschlossen war, zur gesetzlichen Norm erhebt und indem es auch von Rechtswegen feststellt, wofür unabänderlich (§ 471) die Bahn haftet oder nicht haftet, damit einerseits das unleidliche Mißverhältniß eines durch die bestehenden Eisenbahnverwaltungsordnungen thatsächlich gebotenen Zwanges gegenüber rechtlich bestehender Vertragsfreiheit (vgl. RG. 15 S. 146, 18 S. 170), andererseits die allgemeine Möglichkeit eines Normalmaximums der Ersatzpflicht (§§ 460, 461) beseitigt. Auch im Einzelnen schließt das Gesetz sich dem Berner Vertrag (B.) und der Eisenbahnverkehrsordnung (Verk.O. s. o. S. 302) an, und ändert daher z. B. Art. 396, 423 über die Höhe des Schadensersatzes (vgl. §§ 430, 471), Art. 428 über die Reklamationsfrist (§ 464). Durch die Aufnahme solcher von der Eisenbahnverkehrsordnung den Eisenbahnen vorgeschriebenen Bedingungen, sowie durch die allgemeine Bedeutung, welche das Gesetz derselben als Rechtsordnung beilegt (§§ 454, 471, 472), wird zugleich die bisher zweifelhafte (vgl. RG. 6 S. 100, 7 S. 130, 10 S. 107, 34 S. 42, 37 S. 10) Möglichkeit, eine Revision gemäß CPO. § 549 (511) auf Verletzung derartiger Vorschriften zu stützen, außer Frage gestellt. Dabei bleibt die in den einleitenden Vorschriften der Verkehrsordnung gewährte Möglichkeit, unter besonderen Voraussetzungen abweichende Bestimmungen zu treffen, vorbehaltlich § 471, unberührt. — Unter Eisenbahnen versteht das Gesetz nur solche, welche der Verkehrsordnung für die Eisenbahnen Deutschlands vom 15. November 1892 (RGes.Bl. Nr. 41 S. 923; Verk.O.) unterstehen, sowie die Kleinbahnen (§ 473).

§ 453.

Eine dem öffentlichen Güterverkehre dienende Eisenbahn darf die Uebernahme von Gütern zur Beförderung nach einer für den Güterverkehr eingerichteten Station innerhalb des Deutschen Reichs nicht verweigern, sofern

1. der Absender sich den geltenden Beförderungsbedingungen und den sonstigen allgemeinen Anordnungen der Eisenbahn unterwirft;
2. die Beförderung nicht nach gesetzlicher Vorschrift oder aus Gründen der öffentlichen Ordnung verboten ist;
3. die Güter nach der Eisenbahnverkehrsordnung oder den gemäß der Verkehrsordnung erlassenen Vorschriften und, soweit diese keinen Anhalt gewähren, nach der Anlage und dem Betriebe der betheiligten Bahnen sich zur Beförderung eignen;
4. die Beförderung mit den regelmäßigen Beförderungsmitteln möglich ist;
5. die Beförderung nicht durch Umstände, die als höhere Gewalt zu betrachten sind, verhindert wird.

Die Eisenbahn ist nur insoweit verpflichtet, Güter zur Beförderung anzunehmen, als die Beförderung sofort erfolgen kann. Inwieweit sie verpflichtet ist, Güter, deren Beförderung nicht sofort erfolgen kann, in einstweilige Verwahrung zu nehmen, bestimmt die Eisenbahnverkehrsordnung.

Die Beförderung der Güter findet in der Reihenfolge statt, in welcher sie zur Beförderung angenommen worden sind, sofern nicht zwingende

Gründe des Eisenbahnbetriebs oder das öffentliche Interesse eine Ausnahme rechtfertigen.

Eine Zuwiderhandlung gegen diese Vorschriften begründet den Anspruch auf Ersatz des daraus entstehenden Schadens.

§ **453.** **Beförderungspflicht.** (Art. 422; B. Art. 2—5; Verk.O. §§ 36, 49, 50; I 427, II 445.)

Abs. 1. „Dem öffentlichen Güterverkehr dienende Eisenbahn", daher nicht für Privatzwecke angelegte Eisenbahnen (RG. 1 S. 247, 7 S. 40), noch ausschließlich für Kriegszwecke bestimmte (ROHG. 21 S. 57); Kleinbahnen nur nach Maßgabe des § 473 für ihre Bahnstrecke; rechtlich gleichgültig ist, ob es Dampf- oder andere Eisenbahnen sind (RG. 1 S. 252, 7 S. 43); thatsächlich kommen nur jene in Frage (Verk.O. Eing. 1); „innerhalb des Deutschen Reichs" (vgl. die Liste V vom 2. Februar 1898, RGBl. Nr. 4), nicht mehr bloß (wie noch in Art. 422) „für ihre Bahnstrecke", außer bei Kleinbahnen (§ 473 Abs. 2; vgl. RG. 18 S. 170). Für Gütersendungen nach dem Auslande, auf welche der Berner Vertrag (B.) Anwendung findet, besteht nach dessen Vorschriften (Art. 2—5) dieselbe Transportpflicht wie für den Inlandverkehr. — „Die Uebernahme von Gütern": von der Personenbeförderung handelt ausschließlich § 472. — Zu Nr. 3 vgl. die Betriebsordnung für die Haupteisenbahnen Deutschlands, sowie die Normen für Bau und Ausrüstung derselben vom 5. Juli 1892 (RGes.Bl. S. 691, 747), die Bahnordnung für die Nebeneisenbahnen Deutschlands von demselben Tage (das. S. 764) und die Vorschriften über bedingungsweise zur Beförderung zugelassene Gegenstände (Anl. B. zu Verk.O. § 50, das. S. 969).

Abs. 2. Verk.O. § 55; über Haftung aus der Verwahrung bei Verweigerung der Annahme s. Verk.O. § 70 Abs. 2.

Abs. 3. Ueber die Reihenfolge s. B. Art. 5 Abs. 3; Verk.O. § 56 Nr. 4, 5; vgl. § 455 Abs. 1.

Abs. 4. Ohne weiteren Schuldbeweis; vgl. ROHG. 20 S. 373; Zuwiderhandlung ist hier Verschulden; vgl. § 455 Abs. 2.

§ 454.

Auf das Frachtgeschäft der dem öffentlichen Güterverkehre dienenden Eisenbahnen finden die Vorschriften des vorigen Abschnitts insoweit Anwendung, als nicht in diesem Abschnitt oder in der Eisenbahnverkehrsordnung ein Anderes bestimmt ist.

§ **454.** **Regel.** (Art. 431 Abs. 1, 3, I 428, II 446.) — Vgl. § 471 Abs. 2.

§ 455.

Die Eisenbahn ist verpflichtet, auf Verlangen des Absenders den Empfang des Gutes unter Angabe des Tages, an welchem es zur Beförderung angenommen ist, auf einem Duplikate des Frachtbriefs zu bescheinigen; das Duplikat ist von dem Absender mit dem Frachtbriefe vorzulegen.

Im Falle der Ausstellung eines Frachtbriefduplikats steht dem Absender das im § 433 bezeichnete Verfügungsrecht nur zu, wenn er das Duplikat vorlegt. Befolgt die Eisenbahn die Anweisungen des Absenders, ohne die Vorlegung des Duplikats zu verlangen, so ist sie für den daraus entstehenden Schaden dem Empfänger, welchem der Absender die Urkunde übergeben hat, haftbar.

§ 455. **Frachtbriefduplikat.** (B. Art. 8 Abs. 5, 15 Abs. 2; Verk.O. §§ 54 Abs. 5, 64 Abs. 2, I 429, II 447.)

Abs. 1. B. Art. 26 Abs. 2.

Abs. 2. Das Frachtbriefduplikat „hat aber nicht die Bedeutung des Originalfrachtbriefes und ebensowenig diejenige eines Konnossements (Ladescheins)"; vgl. § 447 Abs. 3.

§§ 456—464. Haftung für Verlust oder Beschädigung von Frachtgütern.

§ 456.

Die Eisenbahn haftet für den Schaden, der durch Verlust oder Beschädigung des Gutes in der Zeit von der Annahme zur Beförderung bis zur Ablieferung entsteht, es sei denn, daß der Schaden durch ein Verschulden oder eine nicht von der Eisenbahn verschuldete Anweisung des Verfügungsberechtigten, durch höhere Gewalt, durch äußerlich nicht erkennbare Mängel der Verpackung oder durch die natürliche Beschaffenheit des Gutes, namentlich durch inneren Verderb, Schwinden, gewöhnliche Leckage, verursacht ist.

Die Vorschrift des § 429 Abs. 2 findet Anwendung.

§ 456. **Grundsatz.** (Art. 395; B. Art. 30 Abs. 1; Verk.O. § 75 Abs. 1, I 430, II 448.)

Abs. 1. Die von § 429 Abs. 1 abweichende, aus dem römischen Recht und Art. 395 beibehaltene, schärfere Haftung der Eisenbahnen rechtfertigt sich mit Rücksicht darauf, daß „sie ein thatsächliches Beförderungsmonopol besitzen und zugleich so leistungsfähig sind, daß ihnen die Tragung der Betriebsgefahren ohne Unbilligkeit auferlegt werden kann" (D.). Sie „haftet" dem Absender (§ 446 Abs. 2; RG. 1 S. 1) und dessen Rechtsnachfolger (§§ 455 Abs. 2, 446) und überhaupt demjenigen, der auf Erfüllung des Frachtvertrages gegen die Eisenbahn als Frachtführerin Anspruch hat. — „Durch Verlust oder Beschädigung"; Präsumtion bei Verzögerung über dreißig Tage: Verk.O. § 79; — Reisegepäck: § 465; — Versäumung der Lieferfrist: § 466; — bei falscher Bezeichnung: § 467. Der Absender hat die Annahme und die Beschaffenheit zur Zeit der Annahme zu beweisen; — in der Zeit von der Annahme ... bis ...: vgl. ROHG. 9 S. 302, 13 S. 433; Bolze 3 Nr. 671, 9 Nr. 370; Ablieferung: ROHG. 2 S. 253, 14 S. 294; Abgabe an den Rollfuhrmann: ROHG. 8 S. 24; an die Steuerbehörde: das. 2 S. 254, vgl. RG. 13 S. 168; — höhere Gewalt: ROHG. 2 S. 248, 8 S. 26, 159, 19 S. 216; RG. 21 S. 16; Bolze 6 Nr. 530, 14 Nr. 406 d; Goldschm. 40 S. 536; — natürliche Beschaffenheit des Guts: z. B. RG. 15 S. 147; — „gewöhnliche Leckage", d. h. Lecken des Gefäßes einer Flüssigkeit ohne äußere Beschädigung.

§ 457.

Muß auf Grund des Frachtvertrags von der Eisenbahn für gänzlichen oder theilweisen Verlust des Gutes Ersatz geleistet werden, so ist der gemeine Handelswerth und in dessen Ermangelung der gemeine Werth zu ersetzen, welchen Gut derselben Art und Beschaffenheit am Orte der Absendung in dem Zeitpunkte der Annahme zur Beförderung hatte, unter Hinzurechnung dessen, was an Zöllen und sonstigen Kosten sowie an Fracht bereits bezahlt ist.

Im Falle der Beschädigung ist für die Minderung des im Abs. 1 bezeichneten Werthes Ersatz zu leisten.

Ist der Schaden durch Vorsatz oder grobe Fahrlässigkeit der Eisenbahn herbeigeführt, so kann Ersatz des vollen Schadens gefordert werden.

§ 457. **Schadenshöhe.** (Art. 396; B. Art. 34, 37; I vacat, II 449.)

Abs. 1. Für die Eisenbahnen treffen die Gründe für die Abweichung vom bisherigen Recht in § 430 — gemeiner Handelswerth am Orte der Absendung, nicht der Ablieferung — nicht zu, weil einerseits für die Eisenbahnen die strengeren Grundsätze des Art. 395 in § 456 bestehen bleiben, andererseits bei dem Eisenbahntransporte dem Absender das Recht vorbehalten ist, sich durch Angabe des Interesses an der Lieferung den Ersatz des vollen Schadens zu sichern: § 463. Davon abgesehen, ist die Werthdeklaration mit ihren bisherigen Wirkungen hinweggefallen, soweit nicht die Verk.O. sie nach Maßgabe des § 471 Abs. 1 etwa zulassen wird.

Abs. 3. Immer unter der allgemeinen Voraussetzung des Abs. 1, daß „auf Grund des Frachtvertrages“ Ersatz geleistet werden muß; vgl. auch §§ 459, 460, 467.

§ 458.

Die Eisenbahn haftet für ihre Leute und für andere Personen, deren sie sich bei der Ausführung der Beförderung bedient.

§ 458. **Haftung für die Leute.** (Art. 400; B. Art. 29; Verk. § 9, I 431, II 450.) Vgl. § 431.

§ 459.

Die Eisenbahn haftet nicht:

1. in Ansehung der Güter, die nach der Bestimmung des Tarifs oder nach einer in den Frachtbrief aufgenommenen Vereinbarung mit dem Absender in offen gebauten Wagen befördert werden,

   für den Schaden, welcher aus der mit dieser Beförderungsart verbundenen Gefahr entsteht;

2. in Ansehung der Güter, die, obgleich ihre Natur eine Verpackung zum Schutze gegen Verlust oder Beschädigung während der Beförderung erfordert, nach Erklärung des Absenders auf dem Frachtbrief unverpackt oder mit mangelhafter Verpackung zur Beförderung aufgegeben worden sind,

   für den Schaden, welcher aus der mit dem Mangel oder mit der mangelhaften Beschaffenheit der Verpackung verbundenen Gefahr entsteht;

3. in Ansehung der Güter, deren Aufladen und Abladen nach der Bestimmung des Tarifs oder nach einer in den Frachtbrief aufgenommenen Vereinbarung mit dem Absender von diesem oder von dem Empfänger besorgt wird,

   für den Schaden, welcher aus der mit dem Aufladen und Abladen oder mit einer mangelhaften Verladung verbundenen Gefahr entsteht;

4. in Ansehung der Güter, die vermöge ihrer eigenthümlichen natürlichen Beschaffenheit der besonderen Gefahr ausgesetzt sind, Verlust oder Beschädigung, namentlich Bruch, Rost, inneren Verderb, außergewöhnliche Leckage, Austrocknung und Verstreuung, zu erleiden,

   für den Schaden, welcher aus dieser Gefahr entsteht;

5. in Ansehung lebender Thiere

   für den Schaden, welcher aus der für sie mit der Beförderung verbundenen besonderen Gefahr entsteht;

6. in Ansehung derjenigen Güter, einschließlich der Thiere, welchen nach der Eisenbahnverkehrsordnung, dem Tarif oder nach einer in den Frachtbrief aufgenommenen Vereinbarung mit dem Absender ein Begleiter beizugeben ist,

   für den Schaden, welcher aus der Gefahr entsteht, deren Abwendung durch die Begleitung bezweckt wird.

Konnte ein eingetretener Schaden den Umständen nach aus einer der im Abs. 1 bezeichneten Gefahren entstehen, so wird vermuthet, daß er aus dieser Gefahr entstanden sei.

Eine Befreiung von der Haftpflicht kann auf Grund dieser Vorschriften nicht geltend gemacht werden, wenn der Schaden durch Verschulden der Eisenbahn entstanden ist.

§ 459. **Nichthaftung.** (Uebereinstimmend nach Maßgabe der Einleitung Art. 424; B. Art. 31; Verk.O. § 77; I 432, II 451.)

Abs. 1. Wie bisher schon bei der Verpackung Grundsatz war (Art. 424 Nr. 2, B. Art. 31 Nr. 2), soll die Eisenbahn auf eine mit dem Absender getroffene Vereinbarung über die Art des Transportes (Nr. 1, 3, 6) sich nur dann berufen können, wenn die Vereinbarung in den Frachtbrief aufgenommen ist. — Es handelt sich nur um Schaden nach § 456, nicht nach § 466; auch durch Diebstahl: ROHG. 6 S. 177, 19 S. 133; einerlei ob während des Transportes, oder vor- oder nachher, wenn nur zwischen Annahme und Ablieferung: s. o. zu § 456.

Nr. 1: Vgl. ROHG. 12 S. 120, 14 S. 218; RG. 1 S. 15, 10 S. 106.

Nr. 2: Die Erklärung des Absenders auf dem Frachtbriefe ist unerläßlich; s. o. S. 303 zu § 426; vgl. S. 325 zu § 467.

Nr. 3: GOHG. 6 S. 180, 13 S. 131.

Nr. 4: RG. 15 S. 149.

Abs. 2. ROHG. 12 S. 24; Bolze 16 Nr. 399; Gegenbeweis: ROHG. 17 S. 304, RG. 10 S. 305.

Abs. 3. Der Beschädigte hat zu beweisen: ROHG. 15 S. 86; RG. 20 S. 121; J.W. 1891 S. 297.

§ 460.

Bei Gütern, die nach ihrer natürlichen Beschaffenheit bei der Beförderung regelmäßig einen Gewichtsverlust erleiden, ist die Haftpflicht der Eisenbahn für Gewichtsverluste bis zu den aus der Eisenbahnverkehrsordnung sich ergebenden Normalsätzen ausgeschlossen.

Der Normalsatz wird, falls mehrere Stücke auf denselben Frachtbrief befördert werden, für jedes Stück besonders berechnet, wenn das Gewicht der einzelnen Stücke im Frachtbriefe verzeichnet ist oder sonst festgestellt werden kann.

Die Beschränkung der Haftpflicht tritt nicht ein, soweit der Verlust den Umständen nach nicht in Folge der natürlichen Beschaffenheit des Gutes entstanden ist oder soweit der angenommene Satz dieser Beschaffenheit oder den sonstigen Umständen des Falles nicht entspricht.

Bei gänzlichem Verluste des Gutes findet ein Abzug für Gewichtsverlust nicht statt.

§ 460. **Gewichtsverlust.** (Uebereinstimmend Art. 426; B. Art. 32; Verk.O. § 78; I 433, II 452.)

Abs. 1, 2. „Bei Gütern", offenbar anderer Art als die in § 459 Nr. 4 gemeinten. Verk.O. § 78 setzt für flüssige und feuchte Güter durchweg 2%, für trockene regelmäßig 1% fest.

Abs. 3. Vermuthung zu Gunsten der Eisenbahn, Beweis der besonderen Umstände zu Lasten des Befrachters 2c.

Abs. 4 fehlt in Art. 426, war aber bereits in Uebung.

§§ 461, 462. **Höchstbetrag.** (Art. 427 Abs. 1 Nr. 1 Abs. 2.) Die Angabe eines allgemein im voraus bestimmten Höchstbetrages (Art. 427) hatte schon vor diesem Gesetze keine praktische Bedeutung mehr, weil nach dem Vorgange des Berner Vertrages Art. 35, welcher ein solches allgemein vorausbestimmtes Normalmaximum nicht gestattet, auch die Verk.O. §§ 80 ff. davon abgesehen hat. Nur für den Fall veröffentlichter Ausnahmetarife (§ 461) im Anschluß an den Berner Vertrag Art. 35 und aus besonderen Zweckmäßigkeitsgründen für Kostbarkeiten 2c. (§ 462) läßt das Gesetz die Möglichkeit solcher Höchstbegrenzung der Ersatzpflicht zu.

§ 461.

Die Eisenbahnen können in besonderen Bedingungen (Ausnahmetarifen) einen im Falle des Verlustes oder der Beschädigung zu erstattenden Höchstbetrag festsetzen, sofern diese Ausnahmetarife veröffentlicht werden, eine Preisermäßigung für die ganze Beförderung gegenüber den gewöhnlichen Tarifen der Eisenbahn enthalten und der gleiche Höchstbetrag auf die ganze Beförderungsstrecke Anwendung findet.

Ist der Schaden durch Vorsatz oder grobe Fahrlässigkeit der Eisenbahn herbeigeführt, so kann die Beschränkung auf den Höchstbetrag nicht geltend gemacht werden.

a) **Ausnahmetarif.** § 461. (B. Art. 35, 41; Verk.O. §§ 81, 88; I 434, II 453.)

Abs. 1. Voraussetzungen: vgl. ROHG. 9 S. 339; 12 S. 24, 20 S. 404; RG. 2 S. 56. Es handelt sich nur um die Befugniß der Festsetzung eines Höchstmaßes der Ersatzpflicht; ob und welcher Schaden (bis zu dieser Höhe) zu ersetzen ist, muß der Befrachter nach allgemeinen Grundsätzen beweisen. Jede der drei Voraussetzungen jener Befugniß muß vorliegen; sonst greift § 457 Platz.

Abs. 2. Vgl. § 457 Abs. 3.

§ 462.

Inwieweit für den Fall des Verlustes oder der Beschädigung von Kostbarkeiten, Kunstgegenständen, Geld und Werthpapieren die zu leistende Entschädigung auf einen Höchstbetrag beschränkt werden kann, bestimmt die Eisenbahnverkehrsordnung. Die Vorschrift des § 461 Abs. 2 findet entsprechende Anwendung.

b) **Kostbarkeiten** rc. **§ 462.** (B. Art. 3 u. Ausf.Best. § 1 Abs. 1 Nr. 1, 2; Verk.O. § 30 Abs. 5, § 50 B. 2, I 435, II 454.) Vgl. § 429 Abs. 2, § 454. Die Vorschrift beruht auf Gründen der Billigkeit und Zweckmäßigkeit und berücksichtigt nach dem Vorbilde des österr.-ungar. Betriebsreglements das Interesse des Publikums, indem sie mit der Zulassung einer Beschränkung der Ersatzpflicht eine Erleichterung der besonderen Bedingungen für die Beförderung solcher Gegenstände anstrebt. Wegen des dem Absender zustehenden unbedingten Rechtes zur Deklaration des vollen Werthes des Gutes (Art. 427 Nr. 1, §§ 429 Abs. 2, 463) hat Verk.O. § 50 B. 2, hierin vom österr.-ungar. Betriebsreglement abweichend, die Festsetzung der Bedingungen, unter welchen Werthsachen zur Beförderung angenommen werden, den besonderen Vorschriften jeder Eisenbahn zu überlassen.

§ 463.

Ist das Interesse an der Lieferung nach Maßgabe der Vorschriften der Eisenbahnverkehrsordnung in dem Frachtbriefe, dem Gepäckschein oder dem Beförderungsschein angegeben, so kann im Falle des Verlustes oder der Beschädigung des Gutes außer der im § 457 Abs. 1, 2 bezeichneten Entschädigung der Ersatz des weiter entstandenen Schadens bis zu dem angegebenen Betrage beansprucht werden.

Ist die Ersatzpflicht nach den Vorschriften des § 461 oder des § 462 auf einen Höchstbetrag beschränkt, so findet eine Angabe des Interesses an der Lieferung über diesen Betrag hinaus nicht statt.

§ 463. **Deklaration des Lieferungsinteresses.** (B. Art. 38; Verk.O. §§ 34 Abs. 2, 48 Abs. 2, 84, 85, I 436, II 455.)

Abs. 1. Das Lieferungsinteresse ist nicht zu verwechseln mit dem Interesse an Innehaltung der Lieferfrist (§ 466). Jenes ersetzt die bisherige Deklaration des Werthes des Guts (Art. 427), auf den es sich nicht zu beschränken braucht:

BGB. § 252; im angegebenen Lieferungsinteresse kann auch die Vermeidung einer Benachtheiligung, die kein Vermögensschaden ist (BGB. § 253), berücksichtigt sein. — § 463 bezieht sich auch — „Gepäckschein" — auf Reisegepäck (§ 465). — Maßgebend ist vorbehältlich des Abs. 2 unbedingt der angegebene Betrag; anders bei Versäumung der Lieferfrist: § 466 Abs. 3.

Abs. 2. Hat eine Angabe dennoch stattgefunden und ist sie zugelassen, so würde sie weder durch § 471 Abs. 1, Abs. 2 Satz 1 betroffen werden, falls dadurch die Ersatzpflicht der Eisenbahn nicht beschränkt, sondern erweitert ist, noch durch § 471 Abs. 2 Satz 2, da bis jetzt wenigstens die Verk.O. (vgl. § 50 B. 2) eine entgegenstehende Vorschrift nicht kennt.

§ 464.

Wegen einer Beschädigung oder Minderung, die bei der Annahme des Gutes durch den Empfänger äußerlich nicht erkennbar ist, können Ansprüche gegen die Eisenbahn nach § 438 Abs. 3 nur geltend gemacht werden, wenn binnen einer Woche nach der Annahme zur Feststellung des Mangels entweder bei Gericht die Besichtigung des Gutes durch Sachverständige oder schriftlich bei der Eisenbahn eine von dieser nach den Vorschriften der Eisenbahnverkehrsordnung vorzunehmende Untersuchung beantragt wird.

Ist der Schaden durch Vorsatz oder grobe Fahrlässigkeit der Eisenbahn herbeigeführt, so kann sie sich auf diese Vorschrift nicht berufen.

§ 464. **Ausschlußfrist.** (Art. 428; B. Art. 44 Abs. 2 Nr. 1, 4; Verk.O. § 90 Abs. 2 Nr. 1, 4, I 437, II 456.)

Abs. 1. Vgl. CPO. § 486 (449 a). Wegen der Kosten wird § 438 Abs. 4 analog anzuwenden sein.

Abs. 2. Vgl. §§ 457 letzter Abs., 438 letzter Abs., 458. Vielmehr bewendet es dann lediglich bei der Verjährung des § 439.

§ 465.

Für den Verlust von Reisegepäck, das zur Beförderung aufgegeben ist, haftet die Eisenbahn nur, wenn das Gepäck binnen acht Tagen nach der Ankunft des Zuges, zu welchem es aufgegeben ist, auf der Bestimmungsstation abgefordert wird.

Inwieweit für den Fall des Verlustes oder der Beschädigung von Reisegepäck, das zur Beförderung aufgegeben ist, die zu leistende Entschädigung auf einen Höchstbetrag beschränkt werden kann, bestimmt die Eisenbahnverkehrsordnung. Ist der Schaden durch Vorsatz oder grobe Fahrlässigkeit der Eisenbahn herbeigeführt, so kann die Beschränkung auf den Höchstbetrag nicht geltend gemacht werden.

Für den Verlust oder die Beschädigung von Reisegepäck, das nicht zur Beförderung aufgegeben ist, sowie von Gegenständen, die in beförderten Fahrzeugen belassen sind, haftet die Eisenbahn nur, wenn ihr ein Verschulden zur Last fällt.

§ 465. **Reisegepäck.** (Uebereinstimmend Art. 425; Verk.O. § 34 Abs. 3, 5, I 438, II 457.)

Abs. 1. (Art. 425 Nr. 2.) „Reisegepäck“, s. den Begriff in Verk.O. § 30; „zur Beförderung aufgegeben“ ist auch solches, welches zwar einem Eisenbahnbeamten zur Beförderung übergeben, aber nicht ordnungsmäßig expedirt ist (Verk.O. § 34 Abs. 5, §§ 28, 31). — Auch nach Ablauf der Frist besteht der Anspruch auf Herausgabe des im Besitze der Bahn befindlichen Gepäcks, selbst nach Zahlung der Entschädigung.

Abs. 2. Verk.O. § 34 enthält eine solche allgemeine Bestimmung eines Höchstbetrages nicht; dagegen z. B. für den Berliner Vorortverkehr in Abs. 2 der Eingangsbestimmungen. Vgl. § 457 Abs. 3.

Abs. 3. (Art. 425 Abs. 1 Nr. 1.) Vgl. § 458.

§ 466.

Die Eisenbahn haftet für den Schaden, welcher durch Versäumung der Lieferfrist entsteht, es sei denn, daß die Verspätung von einem Ereignisse herrührt, welches sie weder herbeigeführt hat noch abzuwenden vermochte.

Der Schaden wird nur insoweit ersetzt, als er den in dem Frachtbriefe, dem Gepäckschein oder dem Beförderungsschein als Interesse an der Lieferung nach Maßgabe der Eisenbahnverkehrsordnung angegebenen Betrag und in Ermangelung einer solchen Angabe den Betrag der Fracht nicht übersteigt. Für das Reisegepäck kann an Stelle der Fracht durch die Eisenbahnverkehrsordnung ein anderer Höchstbetrag bestimmt werden.

Inwieweit ohne den Nachweis eines Schadens eine Vergütung zu gewähren ist, bestimmt die Eisenbahnverkehrsordnung.

Der Ersatz des vollen Schadens kann gefordert werden, wenn die Versäumung der Lieferfrist durch Vorsatz oder grobe Fahrlässigkeit der Eisenbahn herbeigeführt ist.

§ 466. **Lieferfrist.** (Art. 427 Abs. 1 Nr. 2 Abs. 2; B. Art. 39—41; Verk.O. §§ 36, 48 Abs. 2, 86—88, I 439, II 458.)

Abs. 1. Vgl. § 429 Abs. 1. Nach dem Vorgang des Berner Vertrages Art. 39 hat Verk.O. § 86 diesen gegen früher (Art. 397) strengeren Haftungsgrundsatz auf den inländischen Verkehr ausgedehnt.

Abs. 2—4 schließen sich an die Eingangs hervorgehobenen Vorschriften an. — Voller Schaden: BGB. § 252; vgl. ROHG. 4 S. 362.

§ 467.

Werden Gegenstände, die von der Beförderung ausgeschlossen oder zur Beförderung nur bedingungsweise zugelassen sind, unter unrichtiger oder ungenauer Bezeichnung aufgegeben oder werden die für diese Gegenstände vorgesehenen Sicherheitsmaßregeln von dem Absender unterlassen, so ist die Haftpflicht der Eisenbahn auf Grund des Frachtvertrags ausgeschlossen.

§ 467. **Verwirkung.** (Neu; entsprechend B. Art. 43; Verk.O. § 89, I 440, II 459.) Zwei Gründe: a) Der Rechtsgrund der Verwirkung durch unrichtige oder ungenaue Aufgabe eines von der Beförderung ausgeschlossenen oder nur bedingungsweise zugelassenen Gegenstandes ist die in § 426 Abs. 3 ausgedrückte Vertragspflicht. Irgend welcher dolus wird dabei keineswegs vorausgesetzt; dagegen ist, objektiv wenigstens, eine Beziehung der unrichtigen Angabe zu dem bedingten oder unbedingten Ausschließungsgrunde zu erfordern. Irgend welche unrichtige Angabe in anderer Beziehung, die mit demselben in keiner unmittelbaren oder mittelbaren Beziehung steht, genügt nicht. Also: wenn die Angabe in Betreff des Ausschließungsgrundes richtig ist, und die Eisenbahn aus irgend welchem Versehen oder mit Bewußtsein dennoch befördert, obwohl sie nicht verpflichtet war (§ 453 Nr. 2—4), so haftet sie, sollte auch im Uebrigen ein Fehler in der Angabe untergelaufen sein. Ist dagegen die Angabe in Hinsicht des Ausschließungsgrundes unrichtig oder unvollständig, so haftet sie nicht, selbst wenn sie es wußte und dennoch beförderte. Das Risiko dieses Mangels trägt mit oder ohne Bewußtsein stets der Absender. — b) Unterlassung der „vorgesehenen Sicherheitsmaßregeln", wiederum lediglich in objektivem Sinne. Sind sie „vorgesehen", sei es durch Gesetz, Verkehrsordnung, Polizeivorschrift, Vertrag (vgl. § 459 Nr. 2, 3, 6), so ist ihre Unterlassung lediglich zu Lasten des Versenders, mag er ihr rechtliches Erforderniß gekannt haben oder nicht. Hat jedoch die Eisenbahn ihn widerrechtlich verhindert, die vorgesehenen Sicherheitsmaßregeln zu treffen, so muß er nach allgemeinen Grundsätzen so behandelt werden, als hätte er sie getroffen; vgl. BGB. §§ 823, 254, 160, 300.

§ 468.

Für den Fall, daß auf dem Frachtbrief als Ort der Ablieferung ein nicht an der Eisenbahn liegender Ort bezeichnet wird, kann bestimmt werden, daß die Eisenbahn als Frachtführer nur für die Beförderung bis zur letzten Eisenbahnstation haften, bezüglich der Weiterbeförderung dagegen die Verpflichtungen des Spediteurs übernehmen soll.

§ 468. **Wenn Ablieferungsort nicht Eisenbahnstation.** (Art. 430; B. Art. 30 Abs. 2; Verk.O. §§ 76, 68 Abs. 3, I 441, II 460.) Die Fassung ist ungenau; ob der Ablieferungsort an der Eisenbahn liegt, ist gleichgültig; es kommt nur darauf an, ob er Station ist. Zur Beförderung nach einem Orte, welcher nicht eine „für den Güterverkehr innerhalb des Deutschen Reiches eingerichteten Station" ist, ist die Eisenbahn auf Grund dieses Gesetzes überhaupt nicht verpflichtet: § 453 Abs. 1. Insofern ist sie also vollständig verfügungsfrei; der Berner Vertrag Art. 30 Abs. 2 erstreckt die Frachtführerpflichten der Eisenbahn nur bis zur letzten Eisenbahnstation.

In welchen Fällen eine Beschränkung der Haftpflicht insoweit nicht eintritt, bestimmt Verk.O. §§ 68 Abs. 3, 76 Abs. 2.

Daß, wenn der Absender bestimmt hat, das Gut solle an einem an der Eisenbahn gelegenen Orte abgegeben werden oder liegen bleiben, der Transport bis zu diesem Orte als übernommen gilt (Art. 431), versteht sich von selbst.

§ 469.

Wird die Beförderung auf Grund desselben Frachtbriefs nach § 432 Abs. 2 durch mehrere auf einander folgende Eisenbahnen bewirkt, so können die Ansprüche aus dem Frachtvertrag, unbeschadet des Rückgriffs der Bahnen unter einander, im Wege der Klage nur gegen die erste

Bahn oder gegen diejenige, welche das Gut zuletzt mit dem Frachtbrief übernommen hat, oder gegen diejenige, auf deren Betriebsstrecke sich der Schaden ereignet hat, gerichtet werden.

Unter den bezeichneten Bahnen steht dem Kläger die Wahl zu; das Wahlrecht erlischt mit der Erhebung der Klage.

Im Wege der Widerklage oder mittelst Aufrechnung können Ansprüche aus dem Frachtvertrag auch gegen eine andere als die bezeichneten Bahnen geltend gemacht werden, wenn die Klage sich auf denselben Frachtvertrag gründet.

§ 469. **Mehrere Eisenbahnen.** (Art. 429; B. Art. 27 Abs. 3, 5; 28; Verk.O. § 74 Abs. 3, 4, I 442, II 461.)

Abs. 1. Der Grundsatz der Gesammtschuld mehrerer auf einander folgenden Frachtführer (§ 432) muß im Eisenbahnverkehr naturgemäß konzentrirt werden. Es haften auf Klage (dagegen Abs. 3) nur die Annahmebahn, die Ablieferungsbahn, die Schadensbahn, diese solidarisch nach BGB. §§ 421 ff.; Rückgriff: B. Art. 47 ff.; vgl. § 432 Abs. 3; ROHG. 24 S. 211.

Abs. 2. Nur das Klagewahlrecht erlischt; nicht der Anspruch; dessen Geltendmachung auch nicht wie gegen die anderen Bahnen nach Abs. 3 beschränkt ist.

Abs. 3. CPO. §§ 33, 278 (251) bis 280 (253), §§ 147 (136), 150 (141), 529 (491) Abs. 2. Voraussetzung ist, daß die Eisenbahn aus demselben Frachtvertrag klagt; es handelt sich um Beförderung „auf Grund desselben Frachtbriefes" (Abs. 1). — Unterbrechung der Verjährung: §§ 425, 209 Nr. 3, 215.

§ 470.

Ansprüche der Eisenbahn auf Nachzahlung zu wenig erhobener Fracht oder Gebühren sowie Ansprüche gegen die Eisenbahn auf Rückerstattung zu viel erhobener Fracht oder Gebühren verjähren in einem Jahre, sofern der Anspruch auf eine unrichtige Anwendung der Tarife oder auf Fehler bei der Berechnung gestützt wird. Die Verjährung beginnt mit dem Ablaufe des Tages, an welchem die Zahlung erfolgt ist.

Die Verjährung des Anspruchs auf Rückerstattung zu viel erhobener Fracht oder Gebühren sowie die Verjährung der im § 439 Satz 1 bezeichneten Ansprüche wird durch die schriftliche Anmeldung des Anspruchs bei der Eisenbahn gehemmt. Ergeht auf die Anmeldung ein abschlägiger Bescheid, so beginnt der Lauf der Verjährungsfrist wieder mit dem Tage, an welchem die Eisenbahn ihre Entscheidung dem Anmeldenden schriftlich bekannt macht und ihm die der Anmeldung etwa angeschlossenen Beweisstücke zurückstellt. Weitere Gesuche, die an die Eisenbahn oder an die vorgesetzten Behörden gerichtet werden, bewirken keine Hemmung der Verjährung.

§ 470. **Verjährung von Ansprüchen auf Frachtnachzahlung und Rückerstattung.** (Neu; B. Art. 12 Abs. 4; Verk.O. § 61 Abs. 4; I 443, II 462.)

Abs. 1. Im Uebrigen gilt für die Verjährung der Ansprüche der Eisenbahn BGB. § 196 Nr. 3 ff.; der Ansprüche gegen die Eisenbahn § 439 d. Ges.

Abs. 2 rechtfertigt sich aus der Erwägung, daß „die Prüfung der bei den Eisenbahnen eingehenden Reklamationen und die zu diesem Zwecke angeordneten Ermittelungen nicht selten eine geraume Zeit erfordern, und es unbillig wäre, in einem solchen Falle schließlich eine Zurückweisung des Anspruches aus dem Grunde zuzulassen, weil er inzwischen verjährt sei" (D.).

§ 471.

Die nach den Vorschriften des § 432 Abs. 1, 2, der §§ 438, 439, 453, 455 bis 470 begründeten Verpflichtungen der Eisenbahnen können weder durch die Eisenbahnverkehrsordnung noch durch Verträge ausgeschlossen oder beschränkt werden.

Bestimmungen, welche dieser Vorschrift zuwiderlaufen, sind nichtig. Das Gleiche gilt von Vereinbarungen, die mit den Vorschriften der Eisenbahnverkehrsordnung im Widerspruch stehen.

§ 471. **Nichtigkeit.** (Art. 423; B. Art. 5; Verk.O. Eingang; I 444, II 463.)

Abs. 1 erweitert nicht nur den Ausschluß der Vertragsfreiheit wesentlich, sondern beschränkt auch die einseitige Bestimmungsbefugniß der Verk.O. in Betreff der erwähnten Verpflichtungen mit der Wirkung, daß zuwiderlaufende Bestimmungen derselben nichtig sind. — Nur mit dieser Maßgabe ist der zweite Satz des Abs. 2 zu verstehen, über die Nichtigkeit von Vereinbarungen, welche mit Vorschriften der Verk.O. in Widerspruch stehen, vorausgesetzt nämlich, daß nicht diese selbst gemäß Satz 1 nichtig sind.

§ 472.

Die Vorschriften über die Beförderung von Personen auf den Eisenbahnen werden durch die Eisenbahnverkehrsordnung getroffen.

§ 472. **Personenbeförderung.** (I 445, II 464.) Vgl. Verk.O. §§ 10—29.

§ 473.

Bei einer dem öffentlichen Verkehr dienenden Bahnunternehmung, welche der Eisenbahnverkehrsordnung nicht unterliegt (Kleinbahn), sind insoweit, als in den §§ 453, 459, 460, 462 bis 466 auf die Vorschriften der Eisenbahnverkehrsordnung verwiesen ist, an deren Stelle die Beförderungsbedingungen der Bahnunternehmung maßgebend.

Den Vorschriften des § 453 unterliegt eine solche Bahnunternehmung nur mit der Maßgabe, daß sie die Uebernahme von Gütern zur Beförderung auf ihrer Bahnstrecke nicht verweigern darf.

§ 473. **Kleinbahnen.** (I 446, II 465.) Vgl. preuß. Ges. über Kleinbahnen vom 28. Juli 1892. Preuß. Kleinbahnen zum öffentlichen Betriebe sind auch zur Personenbeförderung verpflichtet: § 21 das.

Einführungsgesetz zum Handelsgesetzbuche.

Vom 10. Mai 1897.

Artikel 1.

Das Handelsgesetzbuch tritt gleichzeitig mit dem Bürgerlichen Gesetzbuch in Kraft.

Der sechste Abschnitt des ersten Buches des Handelsgesetzbuchs tritt mit Ausnahme des § 65 am 1. Januar 1898 in Kraft.

Der siebente Abschnitt des dritten Buches des Handelsgesetzbuchs kann durch Kaiserliche Verordnung mit Zustimmung des Bundesraths vor dem im Abs. 1 bezeichneten Zeitpunkt in Kraft gesetzt werden.

Art. 1. Das BGB. tritt mit 1. Januar 1900 in Kraft, gleichzeitig mit einem Gesetze betreffend Aenderungen des GVGes., der CPO. und der KO., einem Gesetze über die Zwangsversteigerung einer GBO. und dem mehrfach angeführten Gesetze über die Angelegenheiten der freiwilligen Gerichtsbarkeit. Wann die durch dieses EG. gegebenen Bestimmungen in Kraft treten, ist nicht gesagt; und zumal in Bezug auf die durch Art. 9 ff. angeordneten Aenderungen anderer Gesetze auch (s. o.) das HGB. zu verschiedenen Zeiten in Kraft tritt, keineswegs selbstverständlich. Lediglich aus dem Titel und Begriff des EG. ist zu entnehmen, daß sie keinenfalls nach 1. Januar 1900 in Kraft treten sollen.

Artikel 2.

In Handelssachen kommen die Vorschriften des Bürgerlichen Gesetzbuchs nur insoweit zur Anwendung, als nicht im Handelsgesetzbuch oder in diesem Gesetz ein Anderes bestimmt ist.

Im Uebrigen werden die Vorschriften der Reichsgesetze durch das Handelsgesetzbuch nicht berührt.

Art. 2. Ausdrückliche Verweisungen auf das BGB. finden sich insbesondere in Bezug auf die offene HG. (§ 105 Abs. 2), Hand muß Hand wahren (§ 366), Befriedigung aus dem Pfande (§ 371), Folgen des Annahmeverzugs beim Kaufe

(§ 374); auf bestimmte Paragraphen des BGB. wird verwiesen in §§ 27, 62, 139, 228, 338, 339, 348, 364, 367, 371, 378, 381, 392, 436. — Wegen der Landesgesetze s. Art. 15.

Artikel 3.

Soweit in Reichsgesetzen oder in Landesgesetzen auf Vorschriften des Allgemeinen Deutschen Handelsgesetzbuchs verwiesen ist, treten die entsprechenden Vorschriften des Handelsgesetzbuchs an deren Stelle.

Art. 3. Vgl. z. B. Art. 11 unter XI, Art. 12 I.

Artikel 4.

Die nach dem bürgerlichen Rechte mit einer Eintragung in das Güterrechtsregister verbundenen Wirkungen treten, sofern ein Ehegatte Kaufmann ist und seine Handelsniederlassung sich nicht in dem Bezirke des für den Wohnsitz des Ehemanns zuständigen Registergerichts befindet, in Ansehung der auf den Betrieb des Handelsgewerbes sich beziehenden Rechtsverhältnisse nur ein, wenn die Eintragung auch in das Güterrechtsregister des für den Ort der Handelsniederlassung zuständigen Gerichts erfolgt ist. Bei mehreren Niederlassungen genügt die Eintragung in das Register des Ortes der Hauptniederlassung.

Wird die Niederlassung verlegt, so finden die Vorschriften des § 1559 des Bürgerlichen Gesetzbuchs entsprechende Anwendung.

Art. 4. Vgl. HGB. § 12; Ges. über d. freiw. Gerichtsbarkeit § 125. Für die Eintragung in das Güterrechtsregister ist es gleichgültig, ob der Kaufmann Vollkaufmann oder minderen Rechtes (§ 4) ist. Vgl. HGB. §§ 1—3.
Abs. 2. Vgl. HGB. § 31.

Artikel 5.

Auf Bergwerksgesellschaften, die nach den Vorschriften der Landesgesetze nicht die Rechte einer juristischen Person besitzen, findet der § 2 des Handelsgesetzbuchs keine Anwendung.

Art. 5. Vgl. preuß. Bergges. §§ 95 ff.

Artikel 6.

Die Vorschriften der §§ 474, 475 des Handelsgesetzbuchs finden auch im Falle der Veräußerung eines Seeschiffs, das nicht zum Erwerbe durch die Seefahrt bestimmt ist, sowie im Falle der Veräußerung eines Antheils an einem solchen Schiffe Anwendung.

Artikel 7.

Die Vorschriften des § 485 und des § 486 Abs. 1 Nr. 3 des Handelsgesetzbuchs über die Haftung des Rheders für das Verschulden einer

Person der Schiffsbesatzung sowie die Vorschriften der §§ 734 bis 739 des Handelsgesetzbuchs über die Haftung im Falle des Zusammenstoßes von Schiffen finden auch Anwendung, wenn die Verwendung eines Schiffes zur Seefahrt nicht des Erwerbes wegen erfolgt.

Artikel 8.

Aufgehoben werden:

1. das Gesetz, betreffend die Löschung nicht mehr bestehender Firmen und Prokuren im Handelsregister, vom 30. März 1888 (Reichs-Gesetzbl. S. 129);
2. der Artikel 80 der Wechselordnung;
3. der § 68 der Seemannsordnung vom 27. Dezember 1872 (Reichs-Gesetzbl. S. 409);
4. der § 86 Abs. 2 des Gesetzes, betreffend die Unfallversicherung der Seeleute und anderer bei der Seeschiffahrt betheiligter Personen, vom 13. Juli 1887 (Reichs-Gesetzbl. S. 329).

Art. 8. Nr. 1. Vgl. HGB. § 31 Abs. 2.

Artikel 9.

Die Gewerbeordnung wird dahin geändert:

I. Als § 15a werden folgende Vorschriften eingestellt:

Gewerbetreibende, die einen offenen Laden haben oder Gast- oder Schankwirthschaft betreiben, sind verpflichtet, ihren Familiennamen mit mindestens einem ausgeschriebenen Vornamen an der Außenseite oder am Eingange des Ladens oder der Wirthschaft in deutlich lesbarer Schrift anzubringen.

Kaufleute, die eine Handelsfirma führen, haben zugleich die Firma in der bezeichneten Weise an dem Laden oder der Wirthschaft anzubringen; ist aus der Firma der Familienname des Geschäftsinhabers mit dem ausgeschriebenen Vornamen zu ersehen, so genügt die Anbringung der Firma.

Auf offene Handelsgesellschaften, Kommanditgesellschaften und Kommanditgesellschaften auf Aktien finden diese Vorschriften mit der Maßgabe Anwendung, daß für die Namen der persönlich haftenden Gesellschafter gilt, was in Betreff der Namen der Gewerbetreibenden bestimmt ist.

Sind mehr als zwei Betheiligte vorhanden, deren Namen hiernach in der Aufschrift anzugeben wären, so genügt es, wenn die Namen von zweien mit einem das Vorhandensein weiterer Betheiligten andeutenden Zusatz aufgenommen werden.

Die Polizeibehörde kann im einzelnen Falle die Angabe der Namen aller Betheiligter anordnen.

II. Als § 133f wird folgende Vorschrift eingestellt:

Eine Vereinbarung zwischen dem Gewerbeunternehmer und einem der im § 133a bezeichneten Angestellten, durch die der Angestellte für die Zeit nach der Beendigung des Dienstverhältnisses in seiner gewerblichen Thätigkeit beschränkt wird, ist für den Angestellten nur insoweit verbindlich, als die Beschränkung nach Zeit, Ort und Gegenstand nicht die Grenzen überschreitet, durch welche eine unbillige Erschwerung seines Fortkommens ausgeschlossen wird.

Die Vereinbarung ist nichtig, wenn der Angestellte zur Zeit des Abschlusses minderjährig ist.

III. Der § 148 erhält folgenden Zusatz:

14. wer den Vorschriften des § 15a zuwiderhandelt.

Art. 9 I. Vgl. HGB. §§ 4, 17 ff. Zu Abs. 3 vgl. HGB. § 6. — Zu II vgl. HGB. § 74.

Artikel 10.

Das Gesetz, betreffend die Erwerbs- und Wirthschaftsgenossenschaften, vom 1. Mai 1889 (Reichs-Gesetzbl. S. 55) wird dahin geändert:

I. An die Stelle des § 13 tritt folgende Vorschrift:

Vor der Eintragung in das Genossenschaftsregister ihres Sitzes hat die Genossenschaft die Rechte einer eingetragenen Genossenschaft nicht.

II. Der § 16 Abs. 4 wird durch folgende Vorschrift ersetzt:

Der Beschluß hat keine rechtliche Wirkung, bevor er in das Genossenschaftsregister des Sitzes der Genossenschaft eingetragen ist.

III. Der § 23 Abs. 4 fällt weg.

IV. An die Stelle der §§ 28, 29 treten folgende Vorschriften:

§ 28.

Jede Aenderung des Vorstandes sowie die Beendigung der Vertretungsbefugniß eines Vorstandsmitgliedes ist durch den Vorstand zur Eintragung in das Genossenschaftsregister anzumelden. Eine Abschrift der Urkunden über die Bestellung oder über die Beendigung der Vertretungsbefugniß eines Vorstandsmitgliedes ist der Anmeldung beizufügen und wird bei dem Gericht aufbewahrt.

Die Vorstandsmitglieder haben ihre Unterschrift vor dem Gerichte zu zeichnen oder die Zeichnung in beglaubigter Form einzureichen.

§ 29.

Eine Aenderung des Vorstandes, eine Beendigung der Vertretungsbefugniß eines Vorstandsmitgliedes sowie eine Aenderung des Statuts rücksichtlich der Form für Willenserklärungen des Vorstandes kann, solange sie nicht in das Genossenschaftsregister eingetragen und öffentlich gemacht ist, von der Genossenschaft einem Dritten nicht entgegengesetzt werden, es sei denn, daß dieser von der Aenderung oder Beendigung Kenntniß hatte.

Nach der Eintragung und Bekanntmachung muß der Dritte die Aenderung oder Beendigung gegen sich gelten lassen, es sei denn, daß er sie weder kannte noch kennen mußte.

Für den Geschäftsverkehr mit einer in das Genossenschaftsregister eingetragenen Zweigniederlassung ist im Sinne dieser Vorschriften die Eintragung und Bekanntmachung durch das Gericht der Zweigniederlassung entscheidend.

V. Der § 49 Abs. 1 wird durch folgende Vorschriften ersetzt:

Ein Beschluß der Generalversammlung kann wegen Verletzung des Gesetzes oder des Statuts im Wege der Klage angefochten werden. Die Klage muß binnen einem Monat erhoben werden.

Zur Anfechtung befugt ist jeder in der Generalversammlung erschienene Genosse, sofern er gegen den Beschluß Widerspruch zum Protokoll erklärt hat, und jeder nicht erschienene Genosse, sofern er zu der Generalversammlung unberechtigter Weise nicht zugelassen worden ist oder sofern er die Anfechtung darauf gründet, daß die Berufung der Versammlung oder die Ankündigung des Gegenstandes der Beschlußfassung nicht gehörig erfolgt sei. Außerdem ist der Vorstand und, wenn der Beschluß eine Maßregel zum Gegenstande hat, durch deren Ausführung sich die Mitglieder des Vorstandes und des Aufsichtsraths strafbar oder den Gläubigern der Genossenschaft haftbar machen würden, jedes Mitglied des Vorstandes und des Aufsichtsraths zur Anfechtung befugt.

VI. Im § 49 Abs. 4 wird das Wort „ungültig" ersetzt durch das Wort „nichtig."

VII. Im § 80 Abs. 2 Satz 1 werden die Worte „vom Vorstande“ ersetzt durch die Worte:
„von den Liquidatoren“.

VIII. Der § 82 wird durch folgende Vorschriften ersetzt:

Die ersten Liquidatoren sind durch den Vorstand, jede Aenderung in den Personen der Liquidatoren, sowie eine Beendigung ihrer Vertretungsbefugniß ist durch die Liquidatoren zur Eintragung in das Genossenschaftsregister anzumelden. Eine Abschrift der Urkunden über die Bestellung der Liquidatoren oder über die Aenderung in den Personen derselben ist der Anmeldung beizufügen und wird bei dem Gericht aufbewahrt.

Die Eintragung der gerichtlichen Ernennung oder Abberufung von Liquidatoren geschieht von Amtswegen.

Die Liquidatoren haben ihre Unterschrift persönlich vor dem Gerichte zu zeichnen oder die Zeichnung in beglaubigter Form einzureichen.

IX. Der § 87 wird durch folgende Vorschriften ersetzt:

Die Liquidatoren haben die aus den §§ 26, 27, § 31 Absatz 1, § 32, §§ 42 bis 45, § 46 Absatz 2, § 49 sich ergebenden Rechte und Pflichten des Vorstandes und unterliegen gleich diesem der Ueberwachung des Aufsichtsraths. Sie haben sofort bei Beginn der Liquidation und demnächst in jedem Jahre eine Bilanz aufzustellen. Die erste Bilanz ist zu veröffentlichen; die Bekanntmachung ist zu dem Genossenschaftsregister einzureichen.

X. Der § 88 Abs. 2 wird durch folgende Vorschriften ersetzt:

Meldet sich ein bekannter Gläubiger nicht, so ist der geschuldete Betrag, wenn die Berechtigung zur Hinterlegung vorhanden ist, für den Gläubiger zu hinterlegen. Ist die Berichtigung einer Verbindlichkeit zur Zeit nicht ausführbar oder ist eine Verbindlichkeit streitig, so darf die Vertheilung des Vermögens nur erfolgen, wenn dem Gläubiger Sicherheit geleistet ist.

XI. Der sechste Abschnitt erhält folgende Ueberschrift:
„Auflösung und Nichtigkeit der Genossenschaft.“

Am Schlusse dieses Abschnitts werden folgende Vorschriften eingestellt:

§ 90a.

Enthält das Statut nicht die für dasselbe wesentlichen Bestimmungen oder ist eine dieser Bestimmungen nichtig, so kann jeder Genosse und jedes Mitglied des Vorstandes und des Aufsichtsraths im Wege der Klage beantragen, daß die Genossenschaft für nichtig erklärt werde.

§ 90b.

Als wesentlich im Sinne des § 90a gelten die in den §§ 6, 7 und 125 bezeichneten Bestimmungen des Statuts mit Ausnahme derjenigen über die Beurkundung der Beschlüsse der Generalversammlung und den Vorsitz in dieser sowie über die Grundsätze für die Aufstellung und Prüfung der Bilanz.

Ein Mangel, der eine hiernach wesentliche Bestimmung des Statuts betrifft, kann durch einen den Vorschriften dieses Gesetzes über Aenderungen des Statuts entsprechenden Beschluß der Generalversammlung geheilt werden.

Die Berufung der Generalversammlung erfolgt, wenn sich der Mangel auf die Bestimmungen über die Form der Berufung bezieht, durch Einrückung in diejenigen öffentlichen Blätter, welche für die Bekanntmachung der Eintragungen in das Genossenschaftsregister des Sitzes der Genossenschaft bestimmt sind.

Betrifft bei einer Genossenschaft mit beschränkter Haftpflicht der Mangel die Bestimmungen über die Haftsumme, so darf durch die zur Heilung des Mangels beschlossenen Bestimmungen der Gesammtbetrag der von den einzelnen Genossen übernommenen Haftung nicht vermindert werden.

§ 90c.

Das Verfahren über die Klage auf Nichtigkeitserklärung und die Wirkungen des Urtheils bestimmen sich nach den Vorschriften des § 49 Absatz 3 bis 5 und des § 50.

§ 90d.

Ist die Nichtigkeit einer Genossenschaft in das Genossenschaftsregister eingetragen, so finden zum Zwecke der Abwickelung ihrer Verhältnisse die für den Fall der Auflösung geltenden Vorschriften entsprechende Anwendung.

Die Wirksamkeit der im Namen der Genossenschaft mit

Dritten vorgenommenen Rechtsgeschäfte wird durch die Nichtigkeit nicht berührt.

Soweit die Genossen eine Haftung für die Verbindlichkeiten der Genossenschaft übernommen haben, sind sie verpflichtet, die zur Befriedigung der Gläubiger erforderlichen Beträge nach Maßgabe der Vorschriften des folgenden Abschnitts zu leisten.

XII. Im § 116 Abs. 2 werden die Schlußworte „ohne daß den letzteren die Einrede der Theilung zusteht" gestrichen.

XIII. Der § 117 Abs. 3 wird gestrichen.

XIV. Der § 127 Abs. 1 erhält folgenden Zusatz:

Bekannte Gläubiger sind durch besondere Mittheilung zur Anmeldung aufzufordern.

XV. Der § 148 Abs. 3 fällt weg.

XVI. Der § 152 Abs. 1 erhält folgende Fassung:

Die Mitglieder des Vorstandes sind von dem Gerichte (§ 10) zur Befolgung der im § 8 Absatz 2, § 14, §§ 28, 30, § 59 Absatz 2, § 61, § 76 Absatz 2, § 77 Absatz 2 enthaltenen Vorschriften durch Ordnungsstrafen anzuhalten; die einzelne Strafe darf den Betrag von dreihundert Mark nicht übersteigen. In gleicher Weise sind die Mitglieder des Vorstandes und die Liquidatoren zur Befolgung der im § 31 Absatz 2, § 45, § 46 Absatz 2, § 49 Absatz 4 und 5, § 82, § 83 Absatz 2, § 87 Absatz 1, § 148 Absatz 2 enthaltenen Vorschriften anzuhalten.

Art. 10 I. Vgl. HGB. §§ 200. — II. HGB. § 277 Abs. 3. — IV. das. §§ 234, 15. — V. das. § 271. — VII. das. § 296. — VIII. das. § 298. — IX. § 301. — X. §§ 309 ff. — XIV. § 319.

Artikel 11.

Das Gesetz, betreffend die Gesellschaften mit beschränkter Haftung, vom 20. April 1892 (Reichs-Gesetzbl. S. 477) wird dahin geändert:

I. Der § 7 Abs. 1 wird durch folgende Vorschrift ersetzt:

Die Gesellschaft ist bei dem Gerichte, in dessen Bezirke sie ihren Sitz hat, zur Eintragung in das Handelsregister anzumelden.

II. Der § 8 Abs. 3 wird durch folgende Vorschrift ersetzt:

Die Geschäftsführer haben ihre Unterschrift zur Aufbewahrung bei dem Gerichte zu zeichnen.

III. Der § 9 Abs. 3 erhält folgende Fassung:

Die Ansprüche auf Grund der vorstehenden Bestimmungen verjähren in fünf Jahren seit der Eintragung der Gesellschaft in das Handelsregister.

IV. Der § 10 wird durch folgende Vorschriften ersetzt:

Bei der Eintragung in das Handelsregister sind die Firma und der Sitz der Gesellschaft, der Gegenstand des Unternehmens, die Höhe des Stammkapitals, der Tag des Abschlusses des Gesellschaftsvertrages und die Personen der Geschäftsführer anzugeben.

Enthält der Gesellschaftsvertrag besondere Bestimmungen über die Zeitdauer der Gesellschaft oder über die Befugniß der Geschäftsführer oder der Liquidatoren zur Vertretung der Gesellschaft, so sind auch diese Bestimmungen einzutragen.

In die Veröffentlichung, durch welche die Eintragung bekannt gemacht wird, sind außer dem Inhalte der Eintragung die nach § 5 Absatz 4 getroffenen Festsetzungen und, sofern der Gesellschaftsvertrag besondere Bestimmungen über die Form enthält, in welcher öffentliche Bekanntmachungen der Gesellschaft erlassen werden, auch diese Bestimmungen aufzunehmen.

V. An die Stelle des § 11 Abs. 1 tritt folgende Vorschrift:

Vor der Eintragung in das Handelsregister des Sitzes der Gesellschaft besteht die Gesellschaft mit beschränkter Haftung als solche nicht.

VI. Der § 12 wird durch folgende Vorschriften ersetzt:

Auf die Anmeldung der Gesellschaft zur Eintragung in das Handelsregister eines Gerichts, in dessen Bezirke sie eine Zweigniederlassung besitzt, finden die Bestimmungen im § 8 Absatz 1 und 2 keine Anwendung. Der Anmeldung ist eine von dem Gerichte der Hauptniederlassung beglaubigte Abschrift des Gesellschaftsvertrages und der Liste der Gesellschafter beizufügen.

Die Eintragung hat die im § 10 Absatz 1 und 2 bezeichneten Angaben zu enthalten. In die Veröffentlichung, durch welche die Eintragung bekannt gemacht wird, sind auch die im § 10 Absatz 3 bezeichneten Bestimmungen aufzunehmen, die nach § 5 Absatz 4 getroffenen Festsetzungen jedoch nur dann, wenn die Eintragung innerhalb der ersten zwei Jahre nach der Eintragung in das Handelsregister des Sitzes der Gesellschaft erfolgt.

VII. Der § 15 Abs. 3 Satz 2 fällt weg.

VIII. Der § 20 Abs. 2 fällt weg.

IX. Im § 23 und im § 27 Abs. 2 werden die Worte: „durch einen Makler oder zur Vornahme von Versteigerungen befugten Beamten öffentlich verkaufen" ersetzt durch die Worte:

„im Wege öffentlicher Versteigerung verkaufen".

X. An die Stelle des § 39 treten folgende Vorschriften:

Jede Aenderung in den Personen der Geschäftsführer sowie die Beendigung der Vertretungsbefugniß eines Geschäftsführers ist zur Eintragung in das Handelsregister anzumelden.

Der Anmeldung ist eine Abschrift der Urkunden über die Bestellung der Geschäftsführer oder über die Beendigung der Vertretungsbefugniß beizufügen. Diese Bestimmung findet auf die Anmeldung zum Handelsregister einer Zweigniederlassung keine Anwendung.

Die Geschäftsführer haben ihre Unterschrift zur Aufbewahrung bei dem Gerichte zu zeichnen.

XI. Der § 40 fällt weg.

XII. Im § 23 werden die Worte: „nach den Artikeln 224 bis 226 Absatz 1 des Handelsgesetzbuchs" ersetzt durch die Worte:

„nach § 243 Absatz 1, 2, 4, §§ 244 bis 248 und § 249 Absatz 1, 2 des Handelsgesetzbuchs".

XIII. An die Stelle des § 55 treten folgende Vorschriften:

Die Abänderung des Gesellschaftsvertrages ist zur Eintragung in das Handelsregister anzumelden.

Bei der Eintragung genügt, sofern nicht die Abänderung die im § 10 Absatz 1 und 2 bezeichneten Angaben betrifft, die Bezugnahme auf die bei dem Gerichte eingereichten Urkunden über die Abänderung. Die öffentliche Bekanntmachung findet in Betreff aller Bestimmungen statt, auf welche sich die im § 10 Absatz 3 und im § 12 vorgeschriebenen Veröffentlichungen beziehen.

Die Abänderung hat keine rechtliche Wirkung, bevor sie in das Handelsregister des Sitzes der Gesellschaft eingetragen ist.

XIV. Als § 59a wird folgende Vorschrift eingestellt:

Auf die Anmeldungen zu dem Handelsregister eines Gerichts, in dessen Bezirke die Gesellschaft eine Zweigniederlassung besitzt, finden die Bestimmungen im § 58 Absatz 2,

Absatz 3 Nr. 1 und im § 59 Absatz 1 Nr. 4 keine Anwendung.

XV. Der fünfte Abschnitt erhält die Ueberschrift:
„Auflösung und Nichtigkeit der Gesellschaft".

XVI. An die Stelle des § 60 Abs. 1 Nr. 4 tritt folgende Vorschrift:
4. durch die Eröffnung des Konkursverfahrens; wird das Verfahren nach Abschluß eines Zwangsvergleichs aufgehoben oder auf Antrag des Gemeinschuldners eingestellt, so können die Gesellschafter die Fortsetzung der Gesellschaft beschließen.

XVII. Der § 64 Abs. 3 fällt weg.

XVIII. An die Stelle des § 65 treten folgende Vorschriften:

Die Auflösung der Gesellschaft ist außer dem Falle des Konkursverfahrens zur Eintragung in das Handelsregister anzumelden. Das Gleiche gilt von einer Fortsetzung der Gesellschaft in den im § 60 Absatz 1 Nr. 4 bezeichneten Fällen.

Die Auflösung ist von den Liquidatoren zu drei verschiedenen Malen durch die im § 30 Absatz 2 bezeichneten öffentlichen Blätter bekannt zu machen. Durch die Bekanntmachung sind zugleich die Gläubiger der Gesellschaft aufzufordern, sich bei derselben zu melden.

XIX. Der § 67 wird durch folgende Vorschriften ersetzt:

Die ersten Liquidatoren sind durch die Geschäftsführer, jede Aenderung in den Personen der Liquidatoren sowie eine Beendigung ihrer Vertretungsbefugniß ist durch die Liquidatoren zur Eintragung in das Handelsregister anzumelden.

Der Anmeldung ist eine Abschrift der Urkunden über die Bestellung der Liquidatoren oder über die Aenderung in den Personen derselben beizufügen. Diese Vorschrift findet auf die Anmeldung zum Handelsregister einer Zweigniederlassung keine Anwendung.

Die Eintragung der gerichtlichen Ernennung oder Abberufung von Liquidatoren geschieht von Amtswegen.

Die Liquidatoren haben ihre Unterschrift zur Aufbewahrung bei dem Gerichte zu zeichnen.

XX. Der § 69 fällt weg.

XXI. An die Stelle des § 74 Abs. 2 treten folgende Vorschriften:

Meldet sich ein bekannter Gläubiger nicht, so ist der geschuldete Betrag, wenn die Berechtigung zur Hinterlegung vorhanden ist, für den Gläubiger zu hinterlegen. Ist die Berichtigung einer Verbindlichkeit zur Zeit nicht ausführbar oder ist eine Verbindlichkeit streitig, so darf die Vertheilung des Vermögens nur erfolgen, wenn dem Gläubiger Sicherheit geleistet ist.

XXII. Hinter den § 75 werden im fünften Abschnitte folgende Vorschriften eingestellt:

§ 75a.

Enthält der Gesellschaftsvertrag nicht die nach § 3 Absatz 1 wesentlichen Bestimmungen oder ist eine dieser Bestimmungen nichtig, so kann jeder Gesellschafter, jeder Geschäftsführer und, wenn ein Aufsichtsrath bestellt ist, jedes Mitglied des Aufsichtsraths im Wege der Klage beantragen, daß die Gesellschaft für nichtig erklärt werde.

Die Vorschriften der §§ 272, 273 des Handelsgesetzbuchs finden entsprechende Anwendung.

§ 75b.

Ein Mangel, der die Bestimmungen über die Firma oder den Sitz der Gesellschaft oder den Gegenstand des Unternehmens betrifft, kann durch einstimmigen Beschluß der Gesellschafter geheilt werden.

§ 75c.

Ist die Nichtigkeit einer Gesellschaft in das Handelsregister eingetragen, so finden zum Zwecke der Abwickelung ihrer Verhältnisse die für den Fall der Auflösung geltenden Vorschriften entsprechende Anwendung.

Die Wirksamkeit der im Namen der Gesellschaft mit Dritten vorgenommenen Rechtsgeschäfte wird durch die Nichtigkeit nicht berührt.

Die Gesellschafter haben die versprochenen Einzahlungen zu leisten, soweit es zur Erfüllung der eingegangenen Verbindlichkeiten erforderlich ist.

XXIII. An die Stelle der §§ 76, 77 treten folgende Vorschriften:

§ 76.

Die in diesem Gesetze vorgesehenen Anmeldungen zum Handelsregister sind durch die Geschäftsführer oder die Liquidatoren, die im § 7 Absatz 1, § 12 Absatz 1, § 58 Absatz 1, § 59 Absatz 1 Nr. 3, § 78 Absatz 5 vorgesehenen Anmeldungen sind durch sämmtliche Geschäftsführer zu bewirken.

§ 77.

In Ansehung der in §§ 7, 55, § 58 Absatz 1, § 59 Absatz 1 Nr. 3, § 78 Absatz 5 bezeichneten Anmeldungen zum Handelsregister findet, soweit es sich um die Anmeldung zum Handelsregister des Sitzes der Gesellschaft handelt, eine Verhängung von Ordnungsstrafen nach § 14 des Handelsgesetzbuchs nicht statt.

XXIV. Im § 80 Abs. 1 Nr. 1 werden die Worte „Eintragung des Gesellschaftsvertrags" durch die Worte „Eintragung der Gesellschaft" ersetzt.

Art. 11. Vgl. die Verweisungen zu Art. 10.

Artikel 12.

Das Gesetz, betreffend die privatrechtlichen Verhältnisse der Binnenschiffahrt, vom 15. Juni 1895 (Reichs-Gesetzbl. S. 301) wird dahin geändert:

I. An die Stelle des § 26 tritt folgende Vorschrift:

Auf das Frachtgeschäft zur Beförderung von Gütern auf Flüssen und sonstigen Binnengewässern finden die Vorschriften der §§ 425 bis 427, 430 bis 436, 439 bis 443, 445 bis 451 des Handelsgesetzbuchs Anwendung.

II. Im § 36 Abs. 4 werden die Worte „gerichtlich oder in anderer sicherer Weise niederzulegen" ersetzt durch die Worte „in einem öffentlichen Lagerhaus oder in anderer sicherer Weise zu hinterlegen". Im § 52 Abs. 1, 3, im § 54 Abs. 2, 3, im § 77 Abs. 2 und im § 91 Abs. 3 werden die Worte „niederzulegen, Niederlegung, Niederlegungsverfahren, niedergelegt" ersetzt durch die Worte „zu hinterlegen, Hinterlegung, Hinterlegungsverfahren, hinterlegt".

III. Im § 52 werden die Abs. 2, 3 durch folgende Vorschriften ersetzt:

Ist der Empfänger des Gutes nicht zu ermitteln oder verweigert er die Annahme oder ergiebt sich ein sonstiges Ablieferungshinderniß, so hat der Frachtführer den Absender unverzüglich hiervon in Kenntniß zu setzen und dessen Anweisung einzuholen. Ist dies den Umständen nach nicht thunlich oder ist der Absender mit der Ertheilung der Anweisung säumig oder die Anweisung nicht ausführbar, so kann der Frachtführer nach der Bestimmung im Absatz 1 verfahren, auch wenn die Wartezeit noch nicht abgelaufen ist. Er kann, falls das Gut dem Verderben ausgesetzt und Gefahr im

Verzug ist, das Gut auch gemäß § 373 Absatz 2 bis 4 des Handelsgesetzbuchs verkaufen lassen.

Von der Hinterlegung und dem Verkaufe des Gutes hat der Frachtführer den Absender und den Empfänger unverzüglich zu benachrichtigen; im Falle der Unterlassung ist er zum Schadensersatze verpflichtet. Ist der Empfänger nicht zu ermitteln, so hat die Benachrichtigung von der Hinterlegung durch öffentliche Bekanntmachung in ortsüblicher Weise zu erfolgen; im Uebrigen dürfen die Benachrichtigungen unterbleiben, soweit sie unthunlich sind.

IV. Der § 55 erhält folgende Fassung:

In den Fällen der §§ 53 und 54 hat der Frachtführer an einem der ortsüblichen Löschplätze anzulegen. Ist durch Vereinbarung dem Empfänger das Recht zur Anweisung des Löschplatzes eingeräumt, so finden die Bestimmungen im § 46 Absatz 2 und 3 Anwendung.

V. Der § 56 Abs. 2 fällt weg. Der Abs. 3 erhält folgende Fassung:

Die Bestimmungen des § 42 Absatz 1 finden entsprechende Anwendung.

VI. Im § 58 fällt der Abs. 3 weg; der Abs. 4 wird durch folgende Vorschrift ersetzt:

Für den Verlust oder die Beschädigung von Kostbarkeiten, Kunstgegenständen, Geld und Werthpapieren haftet der Frachtführer nur, wenn ihm die Beschaffenheit oder der Werth des Gutes bei der Uebergabe zur Beförderung angegeben worden ist.

VII. Der § 61 wird durch folgende Vorschriften ersetzt:

Nach der Annahme des Gutes durch den Empfangsberechtigten können wegen einer Beschädigung oder Minderung des Gutes, die bei der Annahme äußerlich erkennbar ist, Ansprüche nur geltend gemacht werden, wenn vor der Annahme der Zustand des Gutes durch amtlich bestellte Sachverständige festgestellt ist.

Wegen einer Beschädigung oder Minderung des Gutes, die bei der Annahme äußerlich nicht erkennbar ist, kann der Frachtführer auch nach der Annahme des Gutes in Anspruch genommen werden, wenn der Mangel in der Zeit zwischen der Uebernahme des Gutes durch den Frachtführer und der Ablieferung entstanden ist und die Feststellung des Mangels durch amtlich bestellte Sachverständige unverzüglich nach der Entdeckung und spätestens binnen einer Woche nach der Annahme beantragt wird. Ist dem Frachtführer der Mangel unverzüglich nach der Entdeckung und binnen der bezeichneten Frist angezeigt, so genügt es, wenn die Feststellung unverzüglich nach dem Zeitpunkte beantragt wird, bis zu welchem der Eingang einer Antwort des Frachtführers unter regelmäßigen Umständen erwartet werden darf.

Die Kosten einer von dem Empfangsberechtigten beantragten Feststellung sind von dem Frachtführer zu tragen, wenn ein Verlust oder eine Beschädigung ermittelt wird, für welche derselbe Ersatz leisten muß.

Der Frachtführer kann sich auf die Vorschriften der Absätze 1, 2 nicht berufen, wenn er den Schaden durch Vorsatz oder grobe Fahrlässigkeit herbeigeführt hat.

VIII. Als § 61a werden folgende Vorschriften eingestellt:

Der Frachtführer haftet für den durch verspätete Ablieferung des Gutes entstandenen Schaden, es sei denn, daß die Verspätung auf Umständen beruht, die durch die Sorgfalt eines ordentlichen Frachtführers nicht abgewendet werden konnten.

Ist die Fracht nebst den sonst auf dem Gute haftenden Forderungen bezahlt und das Gut angenommen, so kann der Anspruch nicht geltend gemacht werden, es sei denn, daß der Frachtführer die Verspätung durch Vorsatz oder grobe Fahrlässigkeit herbeigeführt hat.

Die Vorschrift im Absatz 2 findet auch auf andere Ansprüche gegen den Frachtführer aus dem Frachtvertrag Anwendung, soweit die Ansprüche nicht den Vorschriften des § 61 unterliegen.

IX. Der § 70 Abs. 1 wird durch folgende Vorschrift ersetzt:

Wird der Antritt oder die Fortsetzung der Reise ohne Verschulden des Absenders zeitweilig verhindert, so braucht der Absender die Aufhebung des Hindernisses nicht abzuwarten, er kann vielmehr vom Vertrage zurücktreten.

X. Der § 72 fällt weg.

XI. Der § 87 Abs. 4 wird gestrichen.

XII. Im § 89 Abs. 2 Satz 1, im § 97 Abs. 1 Satz 1 und im § 103 Abs. 1 werden die Worte: „mit den im § 41 der Konkursordnung bezeichneten Wirkungen" gestrichen.

XIII. Im § 89 Abs. 3 wird der letzte Satz durch folgende Vorschrift ersetzt:

Die Geltendmachung des Pfandrechts durch den Frachtführer erfolgt nach Maßgabe der Vorschriften, die für das Pfandrecht des Frachtführers wegen der Fracht und der Auslagen gelten.

XIV. Der § 91 Abs. 2 wird durch folgende Vorschrift ersetzt:

Gegen Hinterlegung des beanspruchten Beitrags bei einer öffentlichen Hinterlegungsstelle hat die Auslieferung der Güter zu erfolgen.

XV. Im § 102 wird die Nr. 6 durch folgende Vorschrift ersetzt:

6. die Forderungen, welche der Berufsgenossenschaft nach den Vorschriften über die Unfallversicherung, der Versicherungsanstalt nach den Vorschriften über die Invalidenversicherung und den Gemeinden und Krankenkassen nach den Vorschriften über die Krankenversicherung gegen den Schiffseigner zustehen.

XVI. Der § 110 fällt weg.

XVII. An die Stelle des § 111 tritt folgende Vorschrift:

Wird außer dem Falle der Zwangsversteigerung das Schiff veräußert, so ist der Erwerber berechtigt, die Ausschließung der unbekannten Schiffsgläubiger mit ihren Pfandrechten im Wege des Aufgebotsverfahrens zu beantragen.

XVIII. Der § 112 wird durch folgende Vorschrift ersetzt:

Die Vorschrift des § 111 findet keine Anwendung, wenn nur der Antheil eines Miteigenthümers des Schiffes den Gegenstand der Veräußerung bildet.

XIX. An die Stelle des § 114 tritt folgende Vorschrift:

Insoweit bei der Zwangsversteigerung oder bei einer sonstigen Veräußerung des Schiffes der Schiffseigner das Kaufgeld eingezogen hat, haftet er den Schiffsgläubigern, deren Pfandrechte in Folge der Zwangsversteigerung oder in Folge eines nach § 111 eingeleiteten Aufgebotsverfahrens erloschen sind, persönlich in gleicher Weise, wie im Falle der Einziehung der Fracht.

XX. Im § 118 wird die Nr. 8 gestrichen.

XXI. Der zehnte Abschnitt (§§ 131 bis 137) fällt weg.

XXII. Der § 138 wird durch folgende Vorschrift ersetzt:

In bürgerlichen Rechtsstreitigkeiten, in welchen durch Klage oder Widerklage ein Anspruch auf Grund dieses Gesetzes geltend gemacht ist, wird die Verhandlung und Entscheidung letzter Instanz im Sinne des § 8 des Einführungsgesetzes zum Gerichtsverfassungsgesetze dem Reichsgerichte zugewiesen.

Art. 12 III. Vgl. HGB. § 437. — IV. vgl. HGB. §§ 429, 462. — V. das. § 438. — VI. das. § 429. — VII. § 428 Abs. 2. — X. das. §§ 440 ff.

Artikel 13.

Der Reichskanzler wird ermächtigt, die Texte des Gesetzes, betreffend die Erwerbs- und Wirthschaftsgenossenschaften, des Gesetzes, betreffend die Gesellschaften mit beschränkter Haftung, und des Gesetzes, betreffend die privatrechtlichen Verhältnisse der Binnenschiffahrt, wie sie sich aus den in den Artikeln 10 bis 12 vorgesehenen Aenderungen ergeben, unter fortlaufender Nummernfolge der Paragraphen und Abschnitte durch das Reichs-Gesetzblatt bekannt zu machen.

Hierbei sind die in den bezeichneten Gesetzen enthaltenen Verweisungen auf Vorschriften des Allgemeinen Deutschen Handelsgesetzbuchs durch Verweisungen auf die nach Artikel 3 des gegenwärtigen Gesetzes an die Stelle jener Vorschriften tretenden Vorschriften zu ersetzen. Den Verweisungen auf Vorschriften der Civilprozeßordnung und der Konkursordnung sind diese Gesetze in der Fassung zu Grunde zu legen, welche sie durch das im Artikel 1 des Einführungsgesetzes zum Bürgerlichen Gesetzbuche vorgesehene Gesetz erhalten.

Soweit in Reichsgesetzen oder in Landesgesetzen auf Vorschriften der im Abs. 1 bezeichneten Gesetze verwiesen ist, treten die entsprechenden Vorschriften der durch den Reichskanzler bekannt gemachten Texte an ihre Stelle.

Art. 13. Die Bekanntmachung (vom 20. Mai 1898) ist erfolgt in Nr. 25 des RGBl. von 1898 S. 369 ff.

Artikel 14.

Das Börsengesetz vom 22. Juni 1896 (Reichs-Gesetzbl. S. 157) wird dahin geändert:

I. Die §§ 33, 34 werden durch folgende Vorschriften ersetzt:

§ 33.

Das von dem Kursmakler zu führende Tagebuch ist vor dem Gebrauche dem Börsenvorstande zur Beglaubigung der Zahl der Blätter oder Seiten vorzulegen.

Wenn ein Kursmakler stirbt oder aus dem Amte scheidet, ist sein Tagebuch bei dem Börsenvorstande niederzulegen.

§ 34.

Die Kursmakler sind zur Vornahme von Verkäufen und Käufen befugt, die durch einen dazu öffentlich ermächtigten Handelsmakler zu bewirken sind.

II. Der § 45 Satz 2 fällt weg.

III. Der § 58 Abs. 2 wird durch folgende Vorschrift ersetzt:

Ehefrauen, die nicht Handelsfrauen sind, bedürfen der Genehmigung des Ehemannes.

IV. Der § 63 Abs. 1 Satz 2 wird durch folgende Vorschrift ersetzt:

Für Ehefrauen, die nicht Handelsfrauen sind, genügt der Antrag des Ehemannes.

V. Der § 69 erhält folgenden Abs. 2:

„Diese Vorschrift wird durch die Vorschrift des § 764 des Bürgerlichen Gesetzbuchs nicht berührt."

VI. Die §§ 70 bis 74 fallen weg.

Art. 14 I. § 33 vgl. HGB. §§ 100 ff. — § 34 vgl. z. B. HGB. § 376 Abs. 3; BGB. §§ 385, 1221, 1235, 1295. — VI betrifft das Selbsteintrittsrecht des Kommissionärs, vgl. §§ 400 ff., 405 Abs. 1, 2, 384 Abs. 3.

Artikel 15.

Die privatrechtlichen Vorschriften der Landesgesetze bleiben insoweit unberührt, als es in diesem Gesetze bestimmt oder als im Handelsgesetzbuch auf die Landesgesetze verwiesen ist.

Soweit die Landesgesetze unberührt bleiben, können auch neue landesgesetzliche Vorschriften erlassen werden.

Art. 15. Vgl. Art. 16—21. Im HGB. finden sich Vorbehalte für die Landesgesetzgebung, abgesehen von § 4 Abs. 3 hauptsächlich im Seehandel; vgl. z. B. §§ 480, 521, 566, 708. Vgl. EG. z. BGB. Art. 55, 75, 76. Im Uebrigen verlieren die durch § 2 des Bundesges. v. 5. Juni 1869 zu Gunsten der Landesgesetzgebung gemachten Vorbehalte, soweit sie nicht in diesen Gesetzen aufrecht erhalten sind, durch die neue reichsgesetzliche Regelung von selbst ihre Bedeutung. — Abs. 2 vgl. EG. z. BGB. Art. 2.

Artikel 16.

Unberührt bleiben die landesgesetzlichen Vorschriften über Lagerscheine und Lagerpfandscheine, die Vorschriften über Lagerscheine jedoch nur insoweit, als sie den § 363 Abs. 2 und die §§ 364, 365, 424 des Handelsgesetzbuchs ergänzen.

Art. 16. Das sog. Zweischeinsystem, „bei welchem das Lagergut gleichzeitig mittelst des einen Scheins verpfändet und mittelst des anderen Scheins veräußert werden kann" (D. S. 248), ist eingeführt in Bremen und in Elsaß-Lothringen.

Artikel 17.

Unberührt bleiben die landesgesetzlichen Vorschriften über Checks.

Art. 17. Der Check fällt unter den allgemeinen Begriff der Anweisung (BGB. §§ 783—792). „Die Regelung des Checkwesens wird nöthigenfalls im

Wege eines besonderen Gesetzes ihre Erledigung finden müssen." Meistens sind die Checks auf den Inhaber gestellt oder sie lauten zwar auf eine bestimmte Person, aber mit dem Zusatze, daß der Bezogene auch an jeden Inhaber zahlen solle. Die rechtliche Zulässigkeit solcher Checks ist auch künftig nicht zweifelhaft; nur das Accept des Inhaberchecks wird durch BGB. § 795 ausgeschlossen (D.). Wegen Checks auf eine bestimmte Person oder Inhaber vgl. BGB. § 808; wegen indossabeler Order-Checks HGB. § 363. Vgl. Goldschm. 35 S. 262 f. Art. 17 bezielt insbesondere das in Elsaß-Lothringen geltende Checkgesetz vom 14. Juni 1865.

Artikel 18.

Unberührt bleiben die landesgesetzlichen Vorschriften über den Vertrag zwischen dem Brauer und dem Wirthe über die Lieferung von Bier, soweit sie das aus dem Vertrage sich ergebende Schuldverhältniß für den Fall regeln, daß nicht besondere Vereinbarungen getroffen werden.

Art. 18. Der Vorbehalt betrifft aktuell Bayern; vgl. bayr. Landtagsabschied vom 10. November 1861, § 26 Nr. 2 Abs. 5; V. vom 25. April 1811, Tit. 2 Art. 23—27; Ges. vom 23. Mai 1846 §§ 11, 12.

Artikel 19.

Unberührt bleiben:

1. für das Großherzogthum Mecklenburg-Schwerin die §§ 51 bis 53, 55 der Verordnung vom 28. Dezember 1863, betreffend die Publikation des Handelsgesetzbuchs, sowie die zur Abänderung dieser Verordnung ergangene Verordnung vom 22. Oktober 1869;
2. für die freie Hansestadt Bremen die Verordnung vom 12. Februar 1866, betreffend die Löschung der Seeschiffe, nebst den dazu später ergangenen Gesetzen;
3. für die freie und Hansestadt Hamburg der § 50 des Einführungsgesetzes zum Allgemeinen Deutschen Handelsgesetzbuche vom 22. Dezember 1865.

Art. 19. Seerechtliche Vorschriften.

Artikel 20.

Unberührt bleiben die landesgesetzlichen Vorschriften, nach welchen ein Pfandrecht an einem im Bau begriffenen Schiffe ohne Uebergabe des Schiffes durch Eintragung in ein besonderes Register bestellt werden kann, sowie die landesgesetzlichen Vorschriften über die Zwangsversteigerung eines solchen Schiffes.

Art. 20. BGB. §§ 1259 ff. gelten nur für in das Schiffsregister eingetragene Schiffe; nach BGB. kann daher ein Pfandrecht an unvollendeten, noch in Bau begriffenen Schiffen nur nach Maßgabe der allgemeinen Grundsätze über den Erwerb von Pfandrechten an beweglichen Sachen, d. h. durch Besitzübertragung erworben werden. Der Vorbehalt betrifft das gegentheilige Recht von Bremen.

Artikel 21.

Unberührt bleiben die landesgesetzlichen Vorschriften zur Ausführung der Allgemeinen Deutschen Wechselordnung, soweit sie durch das Bundesgesetz vom 5. Juni 1869 (Bundes-Gesetzbl. S. 379) aufrecht erhalten sind. Dies gilt jedoch nicht für die Vorschriften über kaufmännische Anweisungen.

Art. 21. Vgl. EG. z. BGB. Art. 55. Der Vorbehalt des ersten Satzes bezieht sich hauptsächlich auf die landesgesetzlichen Vorschriften über die Fälligkeit der Meßwechsel, die Proteststunden und die besonderen Vorschriften über den Wechselverkehr zwischen Hamburg und Altona. — Satz 2 vgl. EG. z. HGB. für Bayern Art. 47; für Sachsen (Königreich) § 17; Sachsen-Weimar § 23; Reuß ä. u. j. L. Art. 23 § 23. Frankfurter EG. z. WO. § 12. Diese Gesetze sind mithin aufgehoben.

Art. 22—28. **Uebergangsvorschriften.**
Durch dieselben werden die Uebergangsbestimmungen der Aktien-Novelle vom 18. Juli 1884, abgesehen von der aus Art. 3 d. Ges. sich ergebenden Folge, an sich nicht berührt. Dieselben sind jedoch bis auf die in §§ 4—6 enthaltenen Vorschriften über das Stimmrecht in der Generalversammlung, über die Unzulässigkeit der Befreiung der Aktienzeichner von der Haftung für weitere Einzahlungen, über den Handelsbetrieb von Vorstandsmitgliedern und deren Bestellung zu Aufsichtsrathsmitgliedern, durchweg veraltet.

Artikel 22.

Die zur Zeit des Inkrafttretens des Handelsgesetzbuchs im Handelsregister eingetragenen Firmen können weitergeführt werden, soweit sie nach den bisherigen Vorschriften geführt werden durften.

Die Vorschriften des § 20 des Handelsgesetzbuchs über die in die Firma der Aktiengesellschaften und der Kommanditgesellschaften auf Aktien aufzunehmenden Bezeichnungen finden jedoch auf die bei dem Inkrafttreten des Handelsgesetzbuchs für eine solche Gesellschaft in das Handelsregister eingetragene Firma Anwendung, wenn die Firma aus Personennamen zusammengesetzt ist und nicht erkennen läßt, daß eine Aktiengesellschaft oder eine Kommanditgesellschaft auf Aktien die Inhaberin ist.

Artikel 23.

Auf die Errichtung einer Aktiengesellschaft oder Kommanditgesellschaft auf Aktien, die vor dem Inkrafttreten des Handelsgesetzbuchs zur Eintragung in das Handelsregister angemeldet ist, finden die bisherigen Vorschriften Anwendung, sofern vor diesem Zeitpunkte die Voraussetzungen erfüllt sind, an deren Nachweis die bisherigen Vorschriften die Eintragung knüpfen.

Artikel 24.

Sind die Aktien einer bestehenden Aktiengesellschaft oder Kommanditgesellschaft auf Aktien gemäß den vor dem Inkrafttreten des Gesetzes vom 18. Juli 1884 (Reichs-Gesetzbl. S. 123) in Geltung gewesenen Vorschriften auf einen geringeren Betrag als eintausend Mark gestellt, so bleiben im Falle einer Zusammenlegung oder sonstigen Umwandlung dieser Aktien die Vorschriften des § 180 Abs. 1 des Handelsgesetzbuchs außer Anwendung. Der Nennbetrag der Aktien darf jedoch nicht herabgesetzt werden.

Wird das Grundkapital einer bestehenden Aktiengesellschaft oder Kommanditgesellschaft auf Aktien durch Ausgabe neuer Aktien erhöht, so finden die Vorschriften des § 180 Abs. 1 des Handelsgesetzbuchs auf die neuen Aktien Anwendung, auch wenn die Ausgabe mittelst Umwandlung von Aktien der im Abs. 1 bezeichneten Art geschieht.

Diese Vorschriften gelten auch für Interimsscheine.

Artikel 25.

Die Vorschriften des § 228 des Handelsgesetzbuchs über die Kraftloserklärung abhanden gekommener oder vernichteter Aktien finden auch in dem Falle Anwendung, daß eine Aktie vor dem Inkrafttreten des Handelsgesetzbuchs abhanden gekommen oder vernichtet worden ist.

Artikel 26.

Die vor dem Inkrafttreten des Handelsgesetzbuchs erfolgte Außerkurssetzung einer auf den Inhaber lautenden Aktie verliert mit dem Inkrafttreten des Handelsgesetzbuchs ihre Wirkung.

Artikel 27.

Auf Personen, die bei dem Inkrafttreten des Handelsgesetzbuchs Mitglieder des Vorstandes einer Aktiengesellschaft sind, finden für die Dauer der Bestellung die Vorschriften des § 236 des Handelsgesetzbuchs über den Betrieb eines Handelsgewerbes und über die Betheiligung an einer anderen Gesellschaft nur in der Beschränkung auf den Handelszweig der Aktiengesellschaft Anwendung.

Artikel 28.

Die Vorschrift des § 283 Abs. 1 des Handelsgesetzbuchs über die Zusicherung von Rechten auf den Bezug neu auszugebender Aktien findet auf eine vor dem Inkrafttreten des Handelsgesetzbuchs ertheilte Zusicherung keine Anwendung.

Alphabetisches Sachregister.

Die Zahlen sind Paragraphenzahlen; A.: Artikel des EG. z. HGB.

A.

B.

F.

G.

H.

J.

K.

L.

M.

N.

O.

P.

Q.

R.

S.

V.

W.

Berichtigungen.

S. 4 § 3 Abs. 1 Anmerkung muß es heißen: so ist sie **keine** HG. und § 6 findet **keine** Anwendung.

S. 9 § 13 Abs. 1 Anmerkung muß es heißen: 1. das Gericht am Orte der Niederlassung.

S. 46 ff. Titel und Seitentitel muß lauten: **Handlungsagenten**, nicht Handelsagenten.

FSC
www.fsc.org
MIX
Papier | Fördert gute Waldnutzung
FSC® C083411

Kolibri 360 GmbH
Ferdinand-Jühlke-Straße 7
99095 Erfurt, Deutschland
produktsicherheit@kolibri360.de